# 盐池 年鉴

YANCHI NIANJIAN

2019

◎《盐池年鉴》编纂委员会 编

方志出版社

**图书在版编目（CIP）数据**

盐池年鉴．2019 /《盐池年鉴》编纂委员会编．——北京：方志出版社，2020. 3
ISBN 978-7-5144-4151-2

Ⅰ．①盐… Ⅱ．①盐… Ⅲ．①盐池县 -2019- 年鉴 Ⅳ．① Z524. 34

中国版本图书馆 CIP 数据核字（2020）第 056043 号

## 盐池年鉴（2019）

**编　　者：**《盐池年鉴》编纂委员会
**责任编辑：** 王海荣

**出 版 者：** 方志出版社
地址　北京市朝阳区潘家园东里 9 号（国家方志馆 4 层）
邮编　100021
网址　http://www.fzph.org
**发　　行：** 方志出版社图书经销中心
电话（010）67110500
**经　　销：** 各地新华书店
**印　　刷：** 银川市昊博彩色印刷有限公司

**开　　本：** 889 × 1194　1/16
**印　　张：** 28.75
**字　　数：** 690 千字
**版　　次：** 2020 年 3 月第 1 版　2020 年 3 月第 1 次印刷
**印　　数：** 001 ~ 500 册

ISBN 978-7-5144-4151-2　定价：360.00 元

# 《盐池年鉴（2019）》编委会



# 《盐池年鉴（2019）》编辑人员

# 编辑说明

一、《盐池年鉴》是由盐池县委、政府主办，盐池县委党史和地方志研究室负责逐年编纂的盐池县地方综合资料性工具书，创刊于2012年（其中，2012年由宁夏人民出版社公开出版，2018年由方志出版社公开出版，其他年份均作为内部交流刊物出版）。

二、《盐池年鉴（2019）》以马克思列宁主义、毛泽东思想、邓小平理论、“三个代表”重要思想、科学发展观、习近平新时代中国特色社会主义思想为指导，深入贯彻党的十九大及十九届四中全会精神。坚持为盐池县域经济建设、政治建设、文化建设、社会建设、生态文明建设和党的建设以及深入实施“十三五”规划，确保实现盐池率先建成全面小康社会的目标而服务。

三、《盐池年鉴（2019）》主要记载了盐池县2018年度政治、经济、文化和社会生活等方面的基本情况、重大事件和最新成就。资料真实，内容丰富，为领导决策提供依据，为人们进一步了解盐池、建设盐池提供信息咨询服务，也为地方史志留下宝贵的历史资料。

四、《盐池年鉴（2019）》主要采用分类编辑法，以类目、分目和条目组成框架结构的主体部分，少数分目中增设子分目层次。全书条目标题统一用黑体字加【】表示。全书前有目录，后有索引，具有比较完善的检索功能。

五、《盐池年鉴（2019）》设特载、大事记、盐池综览、党政、群众团体、法治建设、综合经济管理、社会事业、财政 税务、生态建设与环境保护、农业与农村经济、工业经济、城乡建设与管理、交通 邮政、商业贸易、教育 体育 科技、文化 旅游 广播影视、卫生 医疗、金融 保险、国有公司 社会企业、乡镇 街道、荣誉、附录等23个类目。

六、《盐池年鉴（2019）》表述形式有专文、图片、条目、大事记、表格等多种，其中条目为最基本的表述形式。本年鉴对各分目、条目之间的交叉重复，在分清主次和互补的基础上，采取平衡删留、详略互见、区别视角等不同记述方法。

七、《盐池年鉴（2019）》所辑录的文字和图片资料全部由各有关部门负责提供，并经入编单位主管领导审核。年鉴中辑录的反映盐池县经济社会发展的主要数据依据《盐池县2018年国民经济和社会发展统计公报》，统计公报中没有的以主管部门统计为准。

八、《盐池年鉴（2019）》严格按出版物汉字使用管理办法、出版物数字用法、标点符号用法以及《宁夏年鉴》编纂手册要求，力求规范化，科学化。使用区、市、县、乡、村名时，一般写明全称，使用机关、单位简称时，统一规范，如“中共宁夏回族自治区党委”简称“自治区党委”，“盐池县人民政府”简称“盐池县政府”等；文中“年初”“年内”“年末”是指2018年年初、年内、年末。

2018 年 10 月 15 日，自治区党委书记石泰峰（左六）带领有关部门调研哈巴湖自然保护区生态环境保护治理工作

2018 年 3 月 26 日，自治区党委副书记、政府主席咸辉（前排右二）带领有关部门调研盐池县青山乡脱贫攻坚工作

2018年4月18日，自治区党委常委、纪委书记、监察委主任许传智（前排左二）调研盐池县群众反映突出问题落实情况

2018年3月7日，自治区党委常委、政法委书记徐广国（前排右二）带领有关部门调研盐池县政法工作

2018 年 8 月 8 日，自治区政协副主席王紫云（前排左一）调研盐池县青山乡草原生态建设工作

2018 年 6 月 14 日，自治区党委第二巡视组在盐池宾馆召开巡视盐池县情况反馈会

2018 年 4 月 27 日，吴忠市委书记沈左权（前排右三）调研盐池县回六庄行政村岔岱自然村脱贫攻坚工作

2018 年 5 月 22 日，中国航空油料集团总经理奚正平（右二）带领公司有关负责同志深入盐池县农村了解定点扶贫产业发展情况

2018 年 11 月 27 日，盐池县人大常委会主任韩向春（前排左二）带领有关委室视察落实代表议案建议办理情况

2018 年 7 月 4 日，盐池县政协主席贺满文（右二）带领相关委室调研委员基层联系点工作开展情况

2018 年全国农民春晚宁夏盐池县长城关分会场现场

2018 年 9 月 23 日，全区首届“中国农民丰收节”盐池分会场启动仪式在盐池县城滩羊小镇举行

2018 年 10 月 16 日，自治区党委、政府在盐池县组织召开盐池县脱贫退出现场会

2018 年 10 月 16 日，全区首届“中国农民丰收节”在盐池举行（一）

2018 年 10 月 16 日，全区首届“中国农民丰收节”在盐池举行（二）

麻黄山生态建设成果

盐池滩羊（山羊品种）

2018 年 4 月 18 日，吴忠市委书记沈左权（前排右三）调研信访案件“解套 ”工作

2018 年 6 月 26 日，中科院有关部门及专家在王乐井乡刘相庄养殖园区调研滩羊养殖情况

2018 年 8 月 29 日，盐池县人大常委会主任韩向春（前左四）带领有关委室调研基层法庭工作

2018 年 10 月 10 日，县政协组织部分委员参加县域经济观摩

2018 年 9 月 17 日至 18 日，福建省泉州市洛江区委书记洪飞跃（左四）带领党政企业考察团到盐池县对接两县区经济协作事宜

2018 年 11 月 28 日，举行闽宁协作 · 盐池县向福建省转移建档立卡户就业人员欢送会

2018 年 5 月 25 日，盐池县举办全县驻村第一书记和工作队员脱贫富民政策培训班

2018 年 2 月 12 日，盐池县召开全县扫黑除恶专项斗争工作启动会

2018年10月16日，自治区政府副主席马顺清（主席台中）、扶贫办主任梁积裕（主席台右一）在盐池县主持召开脱贫退出验收会

2018年9月12日，县纪委、县监委组织召开全县扶贫领域腐败和作风问题专项治理工作例会

2018年10月25日，盐池县有关部门组织召开全县保密工作暨保密知识培训会

2018 年 11 月 12 日，盐池县委、县政府召开全县脱贫富民推进会

2018 年 10 月 23 日至 24 日，中国航空油料集团公司党委副书记曹永晖（右五）带领公司有关部门对盐池县协作帮扶项目进展情况进行调研，并与盐池县党政领导、有关部门进行工作研讨

2018 年 10 月 30 日，盐池县有关部门组织召开全县政务公开专题培训班

2018 年 7 月 27 日，“航空嘉年华”全国定点跳伞比赛在盐池县举行

2018 年 9 月 21 日，盐池县举办全县干部职工、青年志愿者“环花马古城迷你马拉松”比赛

2018年7月，盐池县有关部门组织开展法律宣传活动

2018年1月25日，盐池县纪委、县监委召开领导班子民主生活会

2018年8月5日，由盐池县科协组织的“筑梦盐州，我心飞翔”全国模拟飞行锦标赛在盐池县科技馆举行

2018年2月11日，盐池县城关街道党工委组织举办迎新春树新风暨乡贤村贤道德模范集中慰问活动

2018年9月，自治区文联组织区内艺术家为“金秋翰墨飘香　盐州美景如画”书画剪纸摄影展到盐池县现场创作作品

2018年4月23日，共青团盐池县委员会组织举办“品古韵书香，传中华经典”世界读书日经典诵读活动

2018年9月23日，全区首届“中国农民丰收节”盐池分会场志愿服务现场

2018年6月13日至14日，盐池县老干部局组织全县部分离退休干部40余人赴六盘山红军长征纪念馆和将台堡接受“不忘初心，牢记使命”主题教育

2018年6月5日，盐池县委书记、总河长滑志敏（左三）带领有关部门到麻黄山乡调研石油企业污染防治工作

2018年9月29日，盐池县县长戴培吉（前排右四）带领有关部门调研洁净煤生产仓储供应配送中心项目建设情况

2018 年 4 月 5 日，盐池县委宣传部邀请中科院刘彦随教授作“新时代乡村振兴与精准扶贫”报告

2018 年 5 月 23 日，盐池县县长戴培吉（右五）调研县城供热设施维修改造工作

2018 年 10 月 28 日，科技部农村科技司基层科技处处长杨如（左三）调研盐池县科技创新工作

2018 年 8 月 4 日，北京林业大学水土保持学院人才培养基地在哈巴湖自然保护区内揭牌

2018 年 12 月 6 日，盐池县委、县政府召开全县生态环境保护大会

2018 年 10 月 15 日，盐池县人民政府与上海东证期货有限公司、东方证券股份有限公司结对帮扶签约仪式在盐池宾馆举行

2018 年 9 月 23 日，盐池县有关部门举办了滩羊基因（SNP）鉴定技术成果发布会

2018 年 6 月 1 日，盐池县农牧局召开迎接中央环保督察“回头看”工作动员部署会

2018 年 9 月 3 日，盐池县人民政府和宁夏水投集团水务一体化合作签约仪式举行

2018 年 7 月 3 日，长盐公司上半年绩效考核柳高首站现场

2018 年，盐池县公安局进一步加大道路交通安全执法检查

2018 年 10 月，盐池县农机监理站组织开展农机安全检查

2018 年 3 月 30 日，哈巴湖管理局在盐池县花马广场组织举办民兵应急消防点验现场会

2018 年 3 月 20 日，盐池县人力资源社会保障局和就业局、扶贫办、总工会等部门在花马广场举办 2018 年春风行动暨脱贫富民现场招聘会

2018 年，盐池县政务服务中心积极推进“不见面马上办”政务审批服务

2018 年 4 月下旬，自治区有关部门在盐池县文化馆组织举办盐同红连片贫困地区广场舞、刺绣、剪纸培训班

2018 年 4 月 27 日，盐池县第二届酒店及餐饮业专业技能大赛在盐池宾馆举行

2018 年 3 月 20 日，盐池县有关部门在花马广场组织开展全民参保政策宣传活动

2018 年 5 月 8 日，全区脱贫富民文化助力小康乡村振兴参会人员参观盐池县文化馆民俗文化长廊

2018 年 6 月 1 日，盐池县四套班子领导分组慰问全县 10 所小学校、幼儿园和特教学校

2018 年 12 月，盐池县有关部门在各小学和幼儿园组织开展“小橘灯”公益阅读活动

2018 年 4 月 23 日，盐池县有关部门在长城关组织开展“童心向党，快乐成长”百米长卷绘盐州全县中小学生绘画活动

2018 年 7 月 28 日，宁蒙陕甘文化旅游艺术节在盐池县开幕

2018年元宵节期间，长城关游九曲活动吸引数十万名周边游客群众参与

2018年9月10日，盐州艺术团赴希腊参加艺术节，在塞萨洛尼基州参观当地军事博物馆

2018年7月2日，盐池县中医院组织开展中医药文化知识宣传暨义诊活动

2018年10月26日至28日，有关企业在盐池县城举办中国人保购车节促销活动

2018 年春节期间，盐池县城滩羊小镇的街舞表演

2018 年 1 月 26 日，盐池县文化中心承办的中国民族春晚宁夏分会场节目会演现场

2018年2月26日，长城关春节文化活动民俗展演现场

2018年6月15日，吴忠市文化和自然遗产周文化旅游宣传展示展演活动在哈巴湖自然保护区举行

2018年5月19日，盐池县长城关文化旅游赶大集活动现场

## 花马池镇 2018年重点工作掠影

北塘新村举行 2018 年迎新春文艺演出

李毛庄枸杞种植基地

盈德村黄花晾晒场

惠泽村肉牛养殖

2018 年 7 月 11 日，世界人口日来临之际，裕兴村居民在长城关表演节目

## 2018 年重点工作掠影　大水坑镇

2018 年 2 月 15 日，盐池县委副书记、县长戴培吉（左四）带领有关部门到大水坑镇调研德昌铁路物流工程建设情况

2018 年 6 月 9 日，大水坑镇党委召开扶贫工作暨环境专项整治推进会

2018 年 10 月 26 日，大水坑镇党委组织全镇干部观摩镇域经济

特色产业——文冠果种植大棚

大水坑镇养牛基地

## 惠安堡镇

2018年重点工作掠影

2018 年 5 月 10 日，全国政协常委吴晓青（前排左一）、于革胜（前排左二），全国政协委员刘惠好（前排左一）在自治区政协副主席王紫云等陪同下调研惠安堡镇黄花产业发展情况

2018 年 8 月 15 日，全区现代化生态灌区暨高效节水灌溉推进会与会人员在惠安堡镇贾家圈灌区现场观摩

2018 年 3 月 10 日，盐池县委宣传部，惠安堡镇党委、镇政府在镇中心广场举行“落实十九大精神，讲好脱贫富民故事”群众文化活动

杨儿庄村进行建档立卡户政策培训

隰宁堡水库 165 万立方米蓄水池

惠安堡镇基本农田建设

2018 年重点工作掠影

## 高沙窝镇

传统农作物种植

2018 年 7 月，高沙窝镇开展“振新乡村文化、树立乡村文明、迎接幸福生活”文化周活动

2018 年 6 月 30 日，58 同城“码上宁夏”到高沙窝镇开展盐池滩羊美食之旅营商推介活动

民俗文化展示

污水处理厂建设

特色旅游产品

黄记台美丽村庄建设

## 王乐井乡　　2018 年重点工作掠影

曾记畔村滩鸡养殖

王乐井乡曾记畔村牛记山自然村皮影戏演出

官滩村自办群众文艺演出

王吾岔千亩枣树嫁接改良发展林下滩鸡养殖助力脱贫攻坚示范点

2018 年 11 月 2 日，王乐井乡农村改厕现场推进会在丁记井村召开

盐池县精准脱贫示范村——曾记畔村小流域治理成果

## 青山乡

2018 年 4 月 11 日，自治区人大常委会副主任左军（左三）带领有关部门到青山乡调研草原确权工作

2018 年 4 月 23 日，盐池县委副书记、县长戴培吉（右三）带领县人大、政协有关领导到青山乡召开脱贫攻坚座谈会

2018 年 9 月 6 日，吴忠市中级人民法院院长黄金柱（左三）带领有关科室考察青山乡脱贫攻坚工作

2018 年 4 月 4 日，自治区有关部门到青山乡调研乡村振兴战略发展工作

2018 年 8 月 11 日，召开县委第二巡察组巡察青山乡工作动员会

2018 年 4 月 25 日，青山乡开展“进老年饭桌、关爱弱势群体、弘扬传统美德”志愿者服务活动

## 冯记沟乡

2018年3月26日，自治区政府主席咸辉（前排右二）带领有关部门到冯记沟乡回六庄村岔岱自然村调研脱贫攻坚工作，与回族群众交谈

节水农业综合示范种植区

2018年11月7日，自治区党委统战部、吴忠市委统战部有关领导深入冯记沟乡回六庄村强记滩清真东寺、岔岱清真寺调研民族团结进步创建工作

平台村巨丰源农业有限公司小杂粮示范种植区

2018年8月17日，固原市委、市政府及有关部门和乡镇工作组到冯记沟乡岔岱村调研脱贫攻坚工作

雨强村黄花种植示范基地

## 2018年重点工作掠影　　麻黄山乡

2018年6月1日，麻黄山乡党委组织乡、村两级干部观摩村级党建促脱贫工作

2018年5月22日　，麻黄山乡组织开展“文化小康助力脱贫富民乡村振兴”主题文化周活动

2018年12月26日，麻黄山乡党委、乡政府结合“5+x”主题党日活动，组织各行政村开展首届乡村邻里节活动

2018年7月23日，举行麻黄山乡范应贵文化大院落成庆典

麻黄山乡农村文化大院建设成果——何家大院

CONTENTS

# 目录

## 特　载



## 大事记

## 盐池综览



## 党 政

## 群众团体

## 法治建设



## 综合经济管理

## 社会事业



## 财政　税务



## 生态建设与环境保护



## 农业与农村经济

## 工业经济

## 城乡建设与管理



## 交通　邮政



## 商业贸易

## 金融　保险



## 国有公司　社会企业

## 乡镇 街道

## 荣 誉



## 附 录

# 特 载

TEZAI



## 盐池县委工作报告

### ——在中共盐池县委十四届六次全体（扩大）会议上的报告

（2019 年 1 月 5 日）

盐池县县委书记　滑志敏

过去的一年，是盐池发展历史上极不平凡而又充实坚定的一年。一年来，面对前所未有的压力和挑战，我们坚持以习近平新时代中国特色社会主义思想为指导，在党中央和区市党委、政府的坚强领导下，以绝对忠诚诠释责任担当，以精诚团结凝聚发展合力，以超常付出干好盐池工作，圆满完成了各项目标任务，办成了一批打基础、利长远的大事要事，政治、经济、文化、社会、生态文明和党的建设取得了新成效，为与全国全区同步建成全面小康社会打下了坚实基础。

过去的一年，常委会以高度的政治自觉，重点抓了 5 件事关全局的大事。

一是深入学习贯彻习近平新时代中国特色社会主义思想和党的十九大精神。常委会始终坚守政治担当，把学习贯彻习近平新时代中国特色社会主义思想和党的十九大精神作为最重要的政治任务，在学懂弄通做实上下功夫，围绕习近平新时代中国特色社会主义思想、党的政治建设、脱贫攻坚、乡村振兴、防范化解风险、意识形态工作、马克思主义民族观宗教观和习近平总书记视察宁夏时的重要讲话等，铆足劲、持续抓、反复学，县委先后举办 17 次县委中心组集体学习、7 次领导干部专题学习班、160 余场次各类学习培训班，集中学习研讨，领会精神实质，切实做到真学真懂、真信真用，统一了全县上下思想认识，增强了对习近平新时代中国特色社会主义思想的政治认同、思想认同、情感认同。同时，注重借力发展、借脑发展、借势发展，围绕脱贫富民、乡村振兴、产业转型等重点工作，组织基层干部走出去，举办各类培训班 11 期，促进干部开阔了视野、增长了见识，真正用党中央的精神指导实践、推动工作。

二是坚决抓好巡视反馈问题整改落实。常委会始终坚持政治巡视和政治整改，主动认领中央第八巡视组巡视宁夏反馈意见，全力配合自治区党委第二巡视组来盐开展巡视监督，集中开展解决群众反映强烈的突出问题活动，认真办理巡视移交问题线索和群众信访件，切实做到立行立改、坚决整改。中央第八巡视组巡视宁夏和自治区党委第二巡视组巡视盐池反馈意见后，常委会按照“整改不落实就是对党不忠诚”的要求，自觉扛起主体责任，成立整改工作领导小组，专门设立整改办公室，认真研究制定整改方案，先后分解27项141条和52项181条整改任务措施，各乡镇、各部门对照反馈问题举一反三，共细化分解具体整改措施2058条，特别是针对重大问题、移交案件，常委会按照“所有整改问题逐一部署、反馈问题逐一过问、具体环节逐一协调、移交案件逐一督办”的要求，先后召开22次常委会议安排部署，常委会班子成员主动领办，广泛带头约谈分管联系单位，层层传导压力，共同压实整改责任，中央第八巡视组和自治区党委第二巡视组移交211件问题线索和信访案件，办结207件，办结率达98%；中央第八巡视组巡视宁夏，盐池县自查认领问题整改完成25项，正在整改2项；自治区党委第二巡视组反馈问题整改完成51项，正在整改1项，并向党内和社会进行了公开，真正做到“事事有回音、件件有着落”。同时，注重对巡视整改成果的运用，制定完善规章制度193项，开展主题教育239场次，不断巩固和扩大整改成果。

三是扎实落实创新驱动战略。常委会坚持把创新驱动作为盐池未来发展的核心竞争力，建立了党委领导、政府推动、企业主导、社会参与的多元化科技创新投入体系，全县科技投入达9300万元，全社会R&D投入达1%。持续深化体制机制改革，加大政策支持力度，制定出台创新驱动28条、转型升级16条等政策，优先保障扶持创业创新，先后组织实施省部级以上科技示范项目35个，建成“两院两中心”产业创新平台，培育了知学云、金裕海等高新技术企业、中小科技企业17家，企业主力主角作用进一步凸显。立足产业发展需求，柔性引进各类高端人才，建立科教示范、人才培训基地10个，先后取得授权专利328件，获省部级以上科技进步奖8项。荣获全国科技管理系统先进集体，成为全区唯一列入全国首批创新型县（市）建设名单的县区。

四是扎实落实脱贫富民战略。常委会坚持把脱贫富民作为今后发展的价值取向和工作导向，统揽经济社会发展全局，举全县之力向贫困堡垒发起总攻，广大干部群众用心、用情、用脑集中攻坚、补齐短板，投资12.2亿元，先后实施了基础设施、产业培育等七大巩固提升工程，经国家严格评估考核，自治区人民政府批准，盐池县以综合贫困发生率0.66%，没有发现错退和漏评问题，群众认可度97.71%的优异成绩，于2018年9月正式退出了贫困县序列，一举摘掉贫困帽子，荣获全国脱贫攻坚组织创新奖，为全区打赢脱贫攻坚战探出了路子、树立了标杆、做出了示范，是全区脱贫攻坚史上具有里程碑意义的一件大事。自治区专门召开盐池县脱贫退出现场会，泰峰书记、咸辉主席等7名自治区领导出席会议，这是盐池发展史上规格最高、影响最广、意义最深远的一次历史性盛会，充分体现自治区党委、政府对盐池县脱贫整体工作的充分肯定，对全县干部群众辛勤付出的高度认可，集中展现了老区人民不屈不挠、不甘贫困的惊人创造，全面展示了全县干部群众接续奋斗、艰苦奋斗、不懈奋斗，坚决打赢脱贫攻坚战的豪情壮志。

五是扎实落实生态立区战略。常委会坚持把良好的生态环境作为最公平的公共产品、最普惠的民生福祉，坚决贯彻习近平生态文明思想，牢固树立绿水青山就是金山银山的发展理念，持续推进退耕还林、防沙治沙、天然林保护等重点生态工程，高标准建成了长城旅游观光带生态修复、围城10公里生态圈、美丽乡村绿化等一批精品工程，境内200万亩沙化土地全部得到有效治理，全县森林覆盖率达21.3%，超出全区7个百分点，盐州大草原再添辉煌。全国草原普法宣传月活动在盐池县举行，先后荣获“全国林业系统先进集体”“三北防护林体系建设工程先进集体”。严格落实环境保护政策，重拳出击、铁腕整治环保突出问题，中央环保督察“回头看”反馈38件46个转办件按要求全部上报，绿盾“2018”专项行动反馈点位整治到位，哈巴湖国家级自然保护区勘界立标全面完成；深入开展铁腕治污百日专项行动，严格落实环境保护政策，农业面源污染全面遏制，“散乱污”企业有效整治，全县空气质量优良率达96.2%，宁夏东部区域生态安全屏障更加稳固。

过去的一年，常委会在把方向、谋全局，议大事、抓大事的同时，统筹抓好稳增长、促改革、调结构、惠民生、防风险各方面工作，及时研究新情况、解决新问题、推动新发展。

——坚持以政治建设为统领凝聚发展共识。常委会始终坚持把党的政治建设摆在首位，引导各级党组织和广大党员干部树牢“四个意识”，坚定“四个自信”，坚决做到“两个维护”。一是坚持和加强党的全面领导。认真落实《中共中央政治局关于加强和维护党中央集中统一领导的若干规定》，制定出台了《县委常委会关于坚定维护以习近平同志为核心的党中央集中统一领导的若干意见》，严格执行新形势下党内政治生活若干准则。充分发挥县委总揽全局、协调各方的作用，常委会专题听取县人大常委会、政府、政协、法检“两院”党组，县纪委监委工作汇报，召开3次议军会议，强化党管武装工作，定期研究群团工作，确保党的领导落实到各领域各方面，确保政令畅通。二是严守党的政治纪律政治规矩。坚持把政治纪律政治规矩挺在前面，严格执行党章和《中国共产党纪律处分条例》，严格落实因公出国（境）备案制度、外出活动请销假制度和个人有关事项报告制度，重大事项及时向区市党委、政府报告请示。旗帜鲜明讲政治顾大局，对标对表党中央决策部署，特别是习近平总书记对宁夏工作的重要指示精神，对一段时间以来脱贫攻坚、民族宗教、生态环保等领域存在的偏差偏向问题坚决纠正。组织对近年来全县出台的文件进行全面清理，及时修订、废止文件58个，坚决同以习近平同志为核心的党中央保持高度一致。三是坚决贯彻落实上级党委决策部署。全面落实党中央召开的重要会议、出台的重要文件、部署的重要工作，区市党委的决议决定，先后召开28次县委常委会传达学习，研究贯彻意见，不折不扣贯彻执行。聚焦贯彻党的十九大精神，打好“三大攻坚战”；围绕落实自治区十二次党代会精神，实施“三大战略”“五个扎实推进”和盐同红集中连片贫困区域发展，按照自治区党委、政府提出的“盐池县要打造脱贫富民、乡村振兴两个示范县”的要求，召开推进会、工作会，有针对性地出台政策文件，进行全面部署，推动中央和区市决策部署落到实处、收到实效。

——坚持以新理念为引领推动经济社会持续健康发展。面对经济下行压力持续加大的不利形势，常委会坚持不懈调结构促转型，着力提升经济发展的质量和效益，全县经济运行持续保持了稳中向好的态势。预计全年地区生产总值、工业总产值均突破百亿大关，农民人均可支配收入首次突破万元大关，全县人均GDP突破6万元，地区生产总值、规上工业增加值、一般公共预算收入、城镇居民人均可支配收入等主要经济指标实现两位数增长，均居区市前列。聚焦聚力，发展后劲显著增强。紧抓争项目争资金和招商引资不放松，既抓数量保总量，又调结构优投向，挤干水分、培植后劲，有效投资保持强劲拉动。全年争取各类项目135个，落实资金29.5亿元；依托资源、特色、区位三大优势，深入开展绿色招商、产业招商、精准选商，招商引资质量和效益持续提升，全年落地项目26个，到位资金71.6亿元，位居区市前列。中南部水源工程等“自治区60大庆”重点项目建成运行，宁鲁石化苯乙烯等一批重点项目快速推进，汉唐甲醇产业链一体化等一批重点项目签约落地，全县经济社会发展后劲明显增强。综合施策，工业经济转型加快。我们主动出击，精准发力，综合运用政策引导、金融支撑、强化服务等措施，制定出台工业园区优化整合方案，投资1.5亿元，高标准建设了高沙窝工业集中区污水处理厂等工程，园区承载和配套能力进一步提升，实施巨拓石膏等重点工业项目23个，改造提升天利丰等8家传统重点企业，完成高沙窝功能区污水处理厂建设等园区低成本改造项目，转产盘活新珂源能源等7家“僵尸企业”，新增规上企业6家，预计实现工业增加值34.5亿元，增长15%。培优扶强，现代农业势头强劲。坚持以工业化理念发展农业，抓质量、强龙头，打品牌、拓市场，促进农业提质增效，预计全年实现农业总产值16.2亿元，同比增长4.5 %。启动滩羊大数据平台建设，成功开发滩羊基因鉴定技术，盐池滩羊肉进入阿里巴巴盒马鲜生、京东商城等线上线下销售平台，连续三年荣登国宴餐桌，品牌效应持续扩大，以滩羊为主导的特色产业对群众增收的贡献率达到80%。在全区率先成立黄花菜研究院和黄花产业发展协会，黄花产业实现产值1.5亿元，盐池滩羊肉、黄花菜荣获“全区十大农产品区域公用品牌”。成功打造旺四滩等千亩中药材种植示范基地3个，全县高效节水灌溉42.3万亩，节水改造达90%以上，全区高效节水灌溉现场推进会在盐池县召开，被评为“第三批国家高效节水灌溉示范县”。创新引领，第三产业活力显现。出台《盐池县促进服务业加快发展的实施意见》，设立1000万元服务业发展引导基金，实施“九曲”民俗文化园等文化旅游重点项目，盐州古城历史文化旅游区国家AAAAA级旅游景区创建工作有序推进，哈巴湖生态旅游区成功创建国家AAAA级景区，成功举办“两华一节”特色节会，全县旅游接待人数达110万人次，旅游综合收入达3.3亿元。德昌铁路物流一期投入试运营，辐射陕甘宁蒙物流集散中心初具雏形。依托“邮乐购”网络平台，开展线上线下促销活动，电商交易额达2.8亿元。预计实现社会消费品零售总额达14.9亿元，同比增长9%。突出重点，风险防控效果明显。聚焦政府债务、金融等重点领域，积极研究政府性债务风险化解措施办法，制定风险防控方案，持续开展互联网金融风险专项整治行动，严厉打击乱办金融、非法集资等非法金融活动，政府债务风险总体可控，防范化解重大风险积极有效。

——坚持以人民为中心不断保障和改善民生。常委会始终把保障和改善民生作为最大政治，在县财政收入困难的情况下，坚持标准不降、力度不减、优先落实，全县民生领域支出达31.6亿元，占公共财政支出的86.1%，成为群众得实惠最多的一年。社会事业蓬勃发展。坚持教育事业优先发展战略，深入推进“互联网+教育”行动，启动在线互动课堂建设项目，大力实施改薄工程，学校标准化建设水平显著提升,深入推进城乡教育优质均衡化发展，扎实开展创新素养教育，义务教育均衡发展顺利通过国家复验；全县综合体育馆建成运行，成功举办全国定点跳伞大奖赛等重大赛事活动，被评为“全区群众体育先进单位”。持续推进医药卫生体制综合改革，创新开展“互联网+医疗健康”信息化建设，实现远程医疗健康管理县域内全覆盖，健康扶贫经验做法向全国推广交流，被评为国家健康扶贫工程先进县。计生工作扎实推进，成功创建全国计划生育基层群众自治示范县、妇幼健康优质服务示范县。深入实施文化发展铸魂行动，高标准建设数字文化馆，国家公共文化服务体系示范区创建通过验收，文化软实力全面提升，全市文化大院建设推进会在盐池县召开。社会保险、社会救助提标扩面扎实推进，残疾人托养中心、康复中心等一批公建项目投入使用，在全区社会救助绩效考核中实现“四连优”。积极引导“大众创业、万众创新”，设立了800万元返乡创业引导基金，发放创业担保贷款9697万元，转移农村劳动力就业4.6万人，实现收入4.8亿元，被评为“自治区转移就业示范县”。城乡统筹步伐加快。以创建全国第三批新型城镇化试点县为契机，在协调发展中拓宽空间，在加强薄弱领域中增强后劲，城区规划布局更加合理，区域空间布局不断优化。投资27亿元，启动实施棚户区改造、美丽村庄等30个城乡重点建设项目，集中打造了环城公园景观带绿化等一批景观提升工程，古城墙修复工程全线贯通，全年新增绿地面积100亩，新增商住面积

20万平方米，城市品位和文化内涵进一步提升。大水坑镇特色小镇建设和王乐井乡、青山乡美丽小城镇建设有序推进，建成了杜记沟等30个美丽村庄，完成农户改厕2100户，城乡面貌发生了明显变化，荣获“全国美丽乡村先进县”。全面落实县乡村三级河长制，扎实开展农村人饮安全巩固提升工程，农村安全饮水普及率达99.7%以上，饮用水水源地水质达标率100%，人饮安全保障走在全区前列。持续推进交通网络建设，银百高速、G338等国道干线改造步伐加快，建设完成王牛线至田记掌等22条农村公路201.5公里，全县通车公路总里程达3358公里，自然村通硬化公路率为80.6%，被评为自治区级“四好农村路”示范县。

——坚持稳定是硬道理着力优化发展环境。常委会按照“发展是硬道理，稳定也是硬道理，抓发展、抓稳定两手都要硬”的要求，把促进改革发展同维护社会稳定有机结合起来，全面加快依法治县进程，加强和创新社会治理，不断巩固发展民主团结、安定和谐的大好局面。民主政治建设得到新加强。全力支持人大依法行使职权，聚焦经济运行、社会民生、依法治县等方面开展视察检查、专题询问，有力地推动“一府一委两院”依法行政、公正司法。全力支持政协依章履行职能，聚焦产业转型、现代服务业等方面开展协商议政活动，汇聚力量、建言献策。人民武装、国防动员及双拥工作取得新进步。民族团结进步创建工作再上新台阶，全市“三化”治理现场会在盐池县召开，治理工作受到了区市领导高度评价。充分发挥工会、团委、妇联、工商联、残联、科协、文联等群众团体的桥梁纽带作用，齐心协力推动经济社会发展。深改活力持续增强。深入推进“放管服”改革，大幅压减取消行政审批事项，非行政许可事项全部清零，80%以上事项实现了可不见面办理，工商登记前置审批事项压缩68.5%。围绕农村发展，深化农村综合改革，“房地一体”确权有序推进，农村土地确权工作全面完成。社会治理工作创新推进。深化“平安盐池”建设，集中开展扫黑除恶专项斗争和信访维稳、安全生产等专项整治行动，建立全区首家平安电话联防平台，涉黑团伙、涉恶村霸、治安乱点得到有效整治，安全生产责任制全面落实，连续六年实现进京到非接待场所涉访零纪录，四项约束性指标防控到位，社会治安形势持续平稳向好，申报创建国家信访局“三无县”和全区禁毒示范县。组建退役军人事务筹备机构，完成信息采集录入，退伍军人安置协议签订率达94%。深入推进普法依法治理工作，常态化开展“法律八进”工作，荣获第四批“全国法治县（市区）创建活动先进单位”。

——坚持以党的建设为保障筑牢发展根基。常委会把全面从严治党作为最大的政治责任，强化管党治党政治担当，坚持严字当头，聚精会神抓好党建各项工作，不断增强各级党组织的创造力、凝聚力和战斗力。意识形态工作全面加强。牢牢掌握意识形态工作领导权，认真贯彻落实意识形态工作责任制，制定出台了《盐池县党委（党组）意识形态责任制考核办法》和《实施细则》，健全完善网络舆情处置长效机制，定期研究重大舆情、重点情况、重要社情民意，及时妥善处置了一批舆论热点问题，坚守思想主阵地。宣传思想工作有声有色。认真践行社会主义核心价值观，持续推进习近平新时代中国特色社会主义思想和党的十九大精神等重大宣传，扎实开展“改革开放40周年”“自治区成立60周年”系列采访活动和“三先开路话脱贫”主题宣讲，吴海霞获得2018年“全国向上向善好青年”，白春兰、朱玉国分别被评为自治区敬业奉献和脱贫富民先进典型，讲好盐池故事、传播盐池声音。盐池县“三先开路”经验做法在全区宣传思想工作会议上交流。全区加快推进文化小康助力脱贫富民和乡村振兴战略现场会在盐池县召开。基层组织建设整体提升。大力推行“党建+”组织设置模式，培育了奋林滩羊养殖、住建局城市绿化等一批特色功能党小组，整顿转化农村软弱涣散党组织15个，基层党组织的凝聚力、战斗力持续提升。认真落实好干部标准，围绕产业链调班子、围绕结构要求配班子，一批遇事敢担当、干事重创新、做事高标准的优秀干部得到重用，心齐劲足、风清气正的干事创业氛围更加浓厚。全年共调整交流提拔干部38名，储备后备干部154人，特别是在全县范围公开竞聘中小学校长21名，得到社会各界和干部群众的一致好评。制定领导干部能上能下实施细则、不胜任现职干部召回管理办法等制度，5名领导干部被召回处理，干部考核能上能下的经验做法在全区组织工作会议上交流。党风廉政建设深入推进。全面完成了国家监察体制改革任务，率先在全区探索实践了监察职能向乡镇、村延伸，实现了对村、组监察无盲区、全覆盖。强化县委巡察监督，完成县委巡察办机构组建，先后开展3轮巡察，移交问题线索45件，立案12件，处分23人，问责31人，巡察“利剑”作用充分发挥。审计监督成效明显，查处违规、管理不规范资金1.2亿元，核减工程投资1.3亿元。全面推行“一书三册”纪实制度，建立“3+1”监督机制，建设廉政教育网络学习平台，聚焦脱贫攻坚、中央“八项规定”精神、环境污染防治等重点工作重拳出击、严审严查，全年立案查处违纪案件118件，处分154人，在全县形成不想腐、不敢腐、不能腐的强大震慑。扶贫领域监督执纪问责的经验做法得到了自治区党委常委、纪委书记、监委主任许传智的充分肯定，并向全区推广。

一年来，常委会在抓好各项工作的同时，以更高的标准、更严的要求、更实的作风全面加强自身建设，树牢“四个意识”，带头学习贯彻习近平新时代中国特色社会主义思想和党的十九大精神，坚决做到“两个维护”，始终与党中央和区市党委保持高度一致；认真贯彻民主集中制，严格按议事规则和决策程序办事，密切协作、相互支持，以县委班子的团结带动了县四套班子的团结、全县上下的团结，营造了风清气正的政治生态；严肃党内政治生活，认真召开专题民主生活会，自觉参加所在支部组织生活，经常主动深入基层开展调查研究，保持了密切联系群众的优良作风；认真落实廉洁自律准则和领导干部廉洁从政各项规定，自觉接受党员干部和群众以及社会监督，永葆了共产党人政治本色。

过去的一年，面对宏观形势复杂多变的巨大压力、面对巡视督察的重大考验、面对脱贫摘帽首战必胜的艰巨任务，我们能够取得这些成绩，实属来之不易，必须倍加珍惜。回顾一年的奋进实践，让我们深切感悟的是，无论发展任务多么艰巨、发展压力多么巨大，只要始终与以习近平同志为核心的党中央保持高度一致，坚决贯彻落实上级决策部署，紧紧围绕既定思路目标，心无旁骛、持之以恒、真抓实干，就一定能够开创新局面、拓展新空间！让我们深有感触的是，面对区域百舸争流，尤其是兄弟县市区放大发展优势、抢占发展先机、竞相追赶跨越的激烈态势，只要始终保持“小县大作为”的豪迈气概，大力弘扬老区精神，高位推进、攻坚克难、砥砺奋进，就一定能够在披荆斩棘中取得新成效、在负重前行中展现新业绩！让我们深受感动的是，在盐池脱贫攻坚关键时刻，区市领导多次亲临指导，区市部门大力支持，四套班子精诚团结，干部群众勠力同心，社会各界广泛参与，汇聚了战无不胜的强大力量。只要始终保持不忘初心、继续前行的本色，凝心聚力、开拓奋进、苦干实干，就一定能够在坚持中深化、在前进中创新，不断开启盐池新时代高质量发展的新征程！在此，我代表县委常委会，向所有关心、支持和参与盐池县改革发展的同志们、朋友们，表示衷心的感谢和诚挚的敬意！

在肯定成绩的同时，常委会也认真分析了存在的问题和不足：一是学习的深度不够，对习近平新时代中国特色社会主义思想蕴含的丰富内涵和精神实质没有全面了解和掌握；二是县域经济实力不强，经济结构不尽合理，招商引资难度加大，投资拉动后劲不足，转型升级任务重，财政收支矛盾突出；三是特色农产品精深加工能力弱，产业链条短，附加值低，龙头企业带动不足，脱贫富民任务艰巨；四是影响稳定因素仍然较多，维护社会稳定任务十分繁重；五是基层组织建设还存在薄弱环节，干部群众思想还不够解放，党员干部作风需要进一步改进，等等。对于以上问题，我们将在今后的工作中采取有力措施，切实加以解决。

# 盐池县人大常委会工作报告

## ——在盐池县十七届人民代表大会第三次会议上

（2019年1月11日）

盐池县人大常委会副主任　强永海

### 2018年主要工作回顾

2018年，在县委的正确领导下，县人大常委会坚持以习近平新时代中国特色社会主义思想为指导，认真贯彻党的十九大精神，坚持党的领导、人民当家做主、依法治国有机统一，紧紧围绕全县中心工作，依法行使宪法和法律赋予的各项职权，为全县经济社会发展和民主法治建设做出了积极贡献。全年召开人大常委会会议7次，主任会议14次，组织开展视察、检查、专题询问36次，专项听取和审议“一府一委两院”工作报告16项，作出决议决定8项，形成审议评议意见18条，组织开展调研40余次，较好地完成了县十七届人大二次会议确定的各项目标任务。

### 一、坚持以十九大精神为指导，提高政治站位

盐池是革命老区县，具有光荣的革命传统。县人大常委会传承红色基因，不忘初心，旗帜鲜明讲政治。

坚守政治自觉。县人大常委会始终把加强思想政治建设摆在首位，增强政治觉悟、强化政治引领，认真学习贯彻习近平新时代中国特色社会主义思想，着力增强“四个意识”，树立“四个自信”，筑牢“两个维护”思想基础。自觉运用党的十九大精神武装头脑、指导实践、推动工作，始终在思想上政治上行动上同以习近平同志为核心的党中央保持高度一致。

坚持党的领导。主动把人大工作置于党的领导下，坚决维护县委总揽全局、协调各方的领导地位，认真落实县委的各项决策部署，严格按照法定程序，紧紧围绕县委中心工作安排和部署县人大常委会各项工作。

充分发挥党组作用。坚持把党的领导同人大依法履职统一起来，充分发挥党组把方向、谋大局、议大事作用，全面领会和深刻认识人大党组性质和地位，制定出台了《人大党组工作规则》等规章制度，规范决策程序，找准定位，使党组与人大常委会的工作有机统一、深度融合。

全面加强自身建设。认真履行全面从严治党主体责任，严守政治纪律和政治规矩，严格执行党风廉政建设责任制，严肃认真抓好巡视反馈问题整改，使整改整治成为广大党员干部接受党风廉政教育的过程。深入开展贯彻落实中央“八项规定”精神突出问题专项治理和制度“学习月”活动，切实增强了执行规定制度的自觉性和约束力。扎实推进“两学一做”学习教育常态化制度化，不断提高常委会组成人员和机关干部职工的政治素质、法治素养和履职能力。坚持以问题整改为导向，制定和完善了公务接待、财务管理等规章制度，推进各项工作制度化、规范化。

## 二、坚持聚焦发展大局，依法决定重大事项

县人大常委会坚持把行使重大事项决定权作为推动县域经济社会发展的重要抓手。依据中央和自治区党委有关精神，制定出台了《盐池县人大常委会讨论决定重大事项和县人民政府重大决策出台前向人大报告暂行办法》，进一步明确人大常委会行使重大事项决定权应遵循的原则、要求、重点、范围、工作程序等，进一步促进重大事项决定权民主化、科学化、规范化。按照中共中央办公厅、国务院办公厅《关于印发地方政府隐性债务问责办法的通知》精神，常委会密切关注、主动跟进，依法听取县人民政府地方政府债务情况报告，对减少和杜绝债务风险，确保财政资金安全高效运行发挥了作用。根据“关于建立政府向同级人大常委会报告国有资产管理情况制度”要求，积极推进国有资产报告制度建设，切实管好用好国有资产，造福人民群众。加强对规范性文件备案审查，依法向吴忠市人大报备决议决定8件，审查备案县人民政府规范性文件11件。依法审议通过并作出2018年度新增财力安排使用情况、“十三五”规划实施情况中期评估、2017年财政决算的决议，依法对一些事关长远发展的问题作出决定，促进了经济社会持续健康发展。

## 三、坚持正确监督有效监督，增强监督实效

按照党委有要求、代表有呼声、群众有期盼的原则，县人大常委会科学安排监督议题，改进监督方式，加大监督力度，提升监督实效。

聚焦中心工作，着力突出重点监督。紧紧围绕助力“三场攻坚战”发挥作用。助力打赢脱贫攻坚战。把脱贫攻坚作为第一要务，全程参与、积极履职、主动作为，对与脱贫攻坚及脱贫富民相关的产业、人饮工程、危房改造、扶贫资金使用等进行了专项检查和督导，专题听取和审议了脱贫迎验准备工作进展情况的报告，凝聚推动脱贫攻坚的强大合力。助力推动生态环境保护。加强对环境保护系列监督，专题听取和审议县人民政府关于全县环境状况和环境保护目标完成情况的报告，配合区市人大中华环保世纪行到盐池调研督查等，以实际行动扛起推动生态文明建设的政治责任，守护好盐池的绿水青山。助力推动防范化解重大风险。加强对财政转移支付及扶贫、科技、水利、教育等重点领域国家财政专项资金使用情况监督，强化约束，优化存量，聚力提效。建立了人大预算联网监督中心，完成同县财政、自治区预算审查监督信息平台物理链接，实现了对预决算全口径审查和对预算执行全过程的在线监督。

聚焦民生热点，着力增进民生福祉。常委会坚持把实现好、维护好、发展好最广大人民群众利益作为人大工作的出发点和落脚点。先后听取和审议全县农村道路管理、基本公共卫生服务、承诺为民办实事等工作情况的报告，努力促进政府及相关部门进一步改进工作，让人民群众更好地共享改革发展红利；针对物业管理、居民住房、环境卫生、饮水安全、交通出行等存在的问题提出意见建议，全程跟踪督办，一些涉及群众切身利益问题得到及时解决；助推食品安全示范县创建，常委会对《中华人民共和国食品安全法》贯彻实施及食品安全工作进行专题询问，重点围绕农贸食品安全检测、屠宰检验检疫、小食品作坊监管等事关群众切身利益进行监督，筑牢食品安

全防线，保障全县人民“舌尖上的安全”。

聚焦民主法治，着力推进公正司法、法治惠民。坚持“宪法至上”理念，常委会把学习贯彻党的十九大精神与学习宪法、忠于宪法、实施宪法、维护宪法有机结合起来，通过了《关于深入学习宣传贯彻新修订宪法的决定》，在全县掀起了尊崇宪法、学习宪法、维护宪法的新高潮。积极推进法治盐池建设，依法听取和审议了“七五”普法实施情况中期评估报告，促进法律法规在本行政区域正确有效实施。围绕《中华人民共和国监察法》的贯彻实施，听取县监察委员会工作运行情况的报告，支持监察机关依法履行职责。听取和审议了县人民法院民事案件审理工作情况报告，要求县人民法院完善各项便民措施、提高审判质效、维护社会公平正义和法律尊严。听取和审议了县人民检察院行政执法与刑事司法衔接工作报告，全面了解和掌握盐池县“两法”衔接工作，对存在的不足和问题提出具体建议。依法对扫黑除恶工作进行了专项检查，督促公安机关细化措施、形成合力、精准打击，着力提升人民群众对公平、正义、安全的期望。

高度重视并认真做好人大信访工作。坚持把做好人大信访工作作为解民忧、维护民利的有效途径，畅通渠道，使广大群众上诉有门、讲理有地。积极协调、交办群众来信来访，督促“一府一委两院”及相关部门，对群众反映的合理问题及时予以解决。全年受理群众来信来访 138 人（次），全部依照程序转办落实，重点督办的信访件全部落实，有效回应了群众诉求，维护了社会和谐稳定。

## 四、坚持党管干部原则，依法任免国家机关工作人员

坚持党管干部原则与人大依法任免干部有机统一，认真履行任免权。对县委推荐的“一府一委两院”拟任国家机关工作人员，严把法律关，认真组织好任前法律测试、供职报告、票决任命及任后向宪法宣誓、表态发言等程序。一年来，依法任免国家机关工作人员 22 人（次）。依法开展任后监督，十七届人大十四次常委会上对人大常委会任命的 34 名国家机关工作人员“依法履职、依法行政”进行了述职评议，评议结果向县委报告，并向社会公开。通过依法监督，体现了“一府一委两院”国家机关工作人员由人大产生、对人大负责、受人大监督，增强了国家机关工作人员履职意识、公仆意识和接受监督意识。

## 五、坚持代表主体地位，充分发挥代表作用

人大代表代表人民行使国家权力。县人大常委会注重发挥代表作用，以深化和拓展“五贴近双联系”活动为载体，不断强化工作措施，丰富活动内容，提升活动标准，支持和保障代表依法履职。

提升代表服务保障水平。加强代表的履职学习培训，在选派部分县乡人大代表赴深圳全国人大代表培训基地和红色教育基地接受教育的基础上，组织开展了 2 期代表履职及脱贫富民政策专题培训学习班；在人大双联微平台、代表微信群开设了“每日必阅”栏目，使代表培训教育常态化，不断提升代表的法律政策水平和履职能力。搭建代表履职平台，全县建成“人大代表之家”9 个，代表工作室 55 个，代表个人联系点 28 个，全市“人大代表之家”建设经验交流会在盐池县召开。按照代表专业、职业特点，组建了法治司法、科学教育等 6 个专业活动小组，扎实做好代表知情知政服务保障工作，先后邀请 100 多名区、市、县、乡人大代表列席人大常委会，130 多名代表参与常委会组织的脱贫攻坚、乡村振兴、环境保护、医疗服务等重点工作视察、检查、督查、调研等工作，160 多名代表参加“一府一委两院”及有关部门开展的各类“开放日”专题活动，率先开展了人大代表进法庭活动。落实乡镇人大工作经费和代表活动经费，为代表依法履职创造条件，提供保障。

规范和激发代表履职活力。出台和完善了《盐池县人大常委会代表履行职能积分评价办法》，建立了代表履职报告制度等，让代表肩有责任、干有标准、做有保障。认真开展代表述职活动，今年先

后有178名县乡人大代表向选民进行了述职，自觉接受选民监督评议。注重讲好人大代表履职故事，宣传代表典型，编辑印刷了《身影·声音·深情》（第三辑），国内及区内多家媒体先后对盐池县人大代表履职风采进行了报道，各级人大代表不辱使命、依法履职、担当尽责，在各行各业中带头建功立业，展示了代表的时代风采。

密切与人民群众的联系。人大代表来自于人民，根植于人民，扎实推进人大常委会组成人员联系人大代表、人大代表联系人民群众工作深入开展，积极引导全体人大代表争做脱贫致富的带头人、联系群众的贴心人、化解矛盾的维权人、民风建设的宣传人、产业发展的引领人。“人大代表在行动，代表参与全员化”，结合脱贫攻坚，县人大常委会发出“三倡导、七提升”倡议书，弘扬乡风文明、助推脱贫富民工作；2018年11月中旬组织开展了“密切联系人民群众系列活动”，区、市、县、乡四级人大代表通过走访、调研、向选民述职等形式走进选民家中，用脚丈量民情，用心收集民意，打造了盐池县人大联系基层群众、汇聚人民意愿的新品牌。

提高议案建议办理实效。坚持常委会领导牵头督办、“一府一委两院”分管领导领办制度，对十七届二次人代会上提出的41件议案建议，通过视察、检查、督办、面对面交流、“回头看”等方式，推动办理工作取得新的突破。闭会期间，通过人大代表微信群、双联微平台等渠道收到各类意见建议110件，经梳理转交“一府一委两院”办理70件，均得到有效办理，切实做到了民有所呼，我有所应。代表议案建议意见整体办理质量明显好于往年。

一年来，县人大常委会在县委的坚强领导下，务实创新、与时俱进，取得了较好的成绩，广西、贵州、内蒙古等外省市县人大来到盐池县考察学习交流，对盐池县人大工作给予充分肯定，也有效展示了盐池县日新月异的变化，提升了盐池对外名誉度和影响力。

各位代表，过去一年县人大常委会取得的成绩，是坚持习近平新时代中国特色社会主义思想科学指导的结果，是坚持和完善人民代表大会根本政治制度的结果，是县委坚强领导的结果，是全县人民、全体代表以及各乡镇人大主席团、街道人大工作室、各有关方面大力关心和支持的结果。在此，我谨代表县人大常委会，向关心、支持我们工作的同志们和社会各界，表示崇高敬意和衷心感谢！

回顾过去的一年，我们深感常委会的工作还存在一些需要加强和改进的地方：对标新时代中国特色社会主义的新任务新要求，我们在服务发展大局、有效担当起各项法定职责的能力方面还需要不断增强；对标人民群众日益增长的美好生活需要，我们在回应社会关切、推动相关问题解决方面还需要持续发力；对标广大代表不断提升的履职需求，我们在加强代表履职服务保障、更好发挥代表主体作用方面还需要进一步完善。在新的一年中，我们将认真改进自身工作的不足，更好地履行宪法和法律赋予的职权。

## 2019年目标任务

2019年，县人大常委会在县委正确领导下，坚持以习近平新时代中国特色社会主义思想为指导，深入学习贯彻党的十九大及十九届二中、三中全会精神，全面落实习近平总书记对宁夏重要指示批示及来宁视察重要讲话精神和“建设美丽新宁夏、共圆伟大中国梦”的要求，按照自治区第十二次党代会、吴忠市第五次党代会安排部署，围绕县委十四届六次全委会确定的中心工作，依法履行宪法和法律赋予的各项职责，勇于担当、积极作为，为全县打好“三大攻坚战”，实施好“三大战略”，建设“乡村振兴、脱贫富民”两个示范县、推动新时代盐池高质量发展、与全国全区同步建成全面小康社会做出新的更大贡献，以优异成绩庆祝新 中国成立70周年。

### 一、提高站位，坚定方向，使人大工作更加与时俱进

坚持以习近平新时代中国特色社会主义思想

为引领，深入学习贯彻习近平总书记关于坚持和完善人民代表大会制度的重要思想，全面落实县委的决策部署，自觉把党的领导贯穿于人大工作的全过程和各方面，营造凝心聚力、上下一心、狠抓落实的浓厚工作氛围。坚持依法决定重大事项，对“一府一委两院”提请审议的重大事项，依法作出决议决定。坚持党管干部原则，确保县委推荐的人选通过法定程序成为国家政权机关的工作人员，全力服务好、维护好盐池县改革大局、发展大局、稳定大局。

## 二、突出重点，创新理念，使监督工作更加精准务实

坚持以人民为中心，突出问题导向，紧紧围绕全县工作大局依法开展监督。把监督重点放在推动新时代盐池高质量发展上，适时就重大改革、富民惠民、规划编制等重大事项作出决定决议；把监督重点放在同步建成全面小康社会上，紧盯经济运行、转型升级、深化改革、扩大有效投资等开展监督；把监督重点放在加快“乡村振兴、脱贫富民”两个示范县建设上，紧盯特色产业培育、城乡统筹、创新发展等开展监督；把监督重点放在提升民生福祉水平上，紧盯养老服务、社会救助、医疗保障、就业创业、文化繁荣等开展监督；把监督重点放在改善生态环境质量上，紧盯全面深化生态修复、环境治理、年度环境保护目标完成情况等开展监督；把监督重点放在民主法治建设上，紧盯依法行政、公正司法、法治政府建设开展监督；把监督重点放在预算管理、防范债务风险、国有资产监管上，紧盯支出预算和政策拓展、全口径审查和全过程监管开展监督。

## 三、提升服务，强化保障，使代表工作更加规范有序

牢固树立代表主体意识，支持和保障代表在新时代建设与发展的征程中，留下属于自己的时代足迹。继续强化对代表培训，积极探索新形势下开展代表工作的有效途径；建立县人大常委会和“一府一委两院”向人大代表通报工作制度；不断拓展和深化“五贴近双联系”主题活动，密切代表与人民群众的联系；充分发挥网络平台作用，推进“数字人大”建设，畅通社情民意反映渠道；加大代表建议督办力度，推动代表反映的突出问题及时解决；建立代表评价、激励、约束及退出机制，增强代表依法履职的自觉性；加强与区市人大常委会的工作协同，更好为代表履职服务。

## 四、牢记使命，强化担当，着力加强自身建设

常委会要始终把学习贯彻党的十九大精神特别是习近平新时代中国特色社会主义思想作为首要政治任务，不断学习新知识，拓宽新视野，探索新举措，全面提升履职能力和服务保障水平。进一步加强制度建设，提高常委会工作制度化、规范化、科学化水平。进一步加强作风建设，打造忠诚、尽职、担当、有作为的干部队伍，努力创造一流成绩。进一步加强与各乡镇人大的联系，强化业务指导，推进乡镇人大规范化建设向高水平迈进。进一步加强理论研究和宣传工作，注重一线调研，加强对人大依法履职实践和人大代表履职风采的宣传，为人大工作与时俱进创新发展营造良好环境。进一步落实全面从严治党责任，始终把纪律和规矩挺在前面，巩固巡视成果，持之以恒反对“四风”，努力把人大机关建设成为全面担负起宪法法律赋予的各项职责的工作机关，成为同人民群众保持密切联系的代表机关。

各位代表，征程万里风正劲，重任千钧再努力；人民群众对我们充满期待，神圣使命需要我们倍加努力！让我们高举习近平新时代中国特色社会主义思想的伟大旗帜，更加紧密地团结在以习近平同志为核心的党中央周围，在县委的坚强领导下，开拓创新，与时俱进，共同谱写新时代盐池人大工作的新篇章，为决战脱贫富民、决胜全面小康、建设美丽新盐池而不懈奋斗！

# 盐池县政府工作报告

## ——在盐池县第十七届人民代表大会第三次会议上

（2019 年 1 月 10 日）

盐池县人民政府县长　戴培吉

### 一、迎难而上，锐意进取，经济社会发展取得新成就

刚刚过去的 2018 年，在区市党委、政府和县委的坚强领导下，在县人大、政协的监督支持下，全县上下深入学习贯彻习近平新时代中国特色社会主义思想和党的十九大精神，全面落实区市县党代会部署，坚持稳中求进工作总基调，坚决打好“三大攻坚战”，全面实施“三大战略”，统筹抓好稳增长、促改革、调结构、惠民生、防风险各项工作，保持了经济社会平稳健康发展。预计全年完成地区生产总值 100 亿元，增长 10%；完成固定资产投资 136 亿元，下降 5%；实现社会消费品零售总额 14.9 亿元，增长 9%；县级一般公共预算收入 8.28 亿元，增长 15.2%；城镇和农村居民人均可支配收入分别达到 26898 元和 10599 元，增长 9% 和 11%。

一年来的主要工作和成效是：

——如期高质量实现脱贫摘帽。坚持以脱贫富民统揽经济社会发展全局，整合资金 12.2 亿元，全方位巩固脱贫成果。持续推进脱贫村“回头看”和非贫困村“补短板”，加快盐同红集中连片贫困区域发展，修建村组道路 470 公里，新建改造农村电网 311 公里，保障 4.8 万人的饮水安全。新增扶贫信贷 6.5 亿元，“扶贫保”理赔 1610 万元。实施“普惠 + 特惠”产业扶持政策，贫困户人均可支配收入预计达到 9200 元，贫困村集体年收入均达到 22 万元以上。将 30 种慢性病门诊报销比例提高到 85% 以上，贫困患者住院医疗费用实际报销达 90% 以上，健康扶贫受到国务院扶贫办、卫健委通报表扬。累计资助贫困家庭学生 1.8 万人次，完成贫困群众技能培训 3360 人次，举办“三先开路话脱贫”等主题巡回宣讲 120 余场次。全县干部群众勠力同心、众志成城，展开了一场读秒时间的决战，高质量通过了国家评估检查，荣获全国脱贫攻坚组织创新奖，被列入全国 20 个脱贫退出示范县进行宣传。盐池的脱贫摘帽，是 1986 年国家设立贫困县以来，宁夏第一次实现贫困县数量净减少，是盐池乃至宁夏扶贫开发史上的一座里程碑，展现了老区干部群众战天斗地、摆脱贫困的惊人创造，也让老区人民更

加自信地向着全面建成小康社会阔步前进。

——经济发展基础更加稳固。面对投资下行的严峻形势，我们坚定不移挤水分、调结构、提质量，保持了经济基本面的稳定。抢抓新型城镇化建设、乡村振兴、全域旅游等机遇，争取项目资金29.5亿元。坚持瞄准产业链精准招商，签订嘉泽环保、苏沪新材料等重大项目合作协议，力促山东华浩、新珂源等一批企业落户盐池，招商引资到位资金71.6亿元，争项目争资金和招商引资考核位居全市前列。自治区60大庆重点项目隰宁堡水库建成蓄水，银西高铁、宁鲁石化苯乙烯等一批事关长远发展的重大项目顺利实施，全县产业结构调整、经济高质量发展的基础更加坚实。

——产业转型升级成效显著。特色农业稳步壮大。充分发挥滩羊集团和协会的引领作用，培育滩羊标准化养殖示范村27个、示范场21个，盐池滩羊入选首批中国特色农产品优势区。继续在大中城市开展盐池滩羊肉专场推介，与阿里巴巴盒马鲜生、本来生活网进行战略合作，新增盐池滩羊肉专营店36家，累计达226家。盐池滩羊肉“三上国宴”，促进了市场价格稳步提高、外销量明显增加，品牌影响力位居2018中国区域农业畜牧类榜首。成立了黄花产业协会和研究院，新增黄花种植2万亩，累计达8.1万亩，盐池黄花菜荣获全区十大农产品公用品牌。种植中药材6万亩、小杂粮44.2万亩、优质牧草14.5万亩，认证“三品一标”农产品5个，盐池县被列入全国首批农村产业融合发展先导区。新增高效节水灌溉3.2万亩，覆盖率达90%以上，全区高效节水灌溉推进会在盐池召开，盐池县被评为国家高效节水灌溉示范县。全年预计实现农业总产值16.2亿元，增长4.5%。工业经济持续向好。出台“创新驱动28条”、优化营商环境等政策，整合投入1.5亿元支持工业发展。新建续建峰腾塑业、中圣石油等5000万元以上工业项目23个。巨拓石膏一期建成投产，石膏资源精深加工、高效开发利用开始破题，青山工矿区荣获全国先进石膏产业园称号。实施技改项目8个，新增专精特新企业4家，天利丰成为首家“绿色工厂”，金裕海、知学云两家企业被评为国家级高新技术企业，实现了盐池县高新技术企业“零突破”，工业两化融合率达35%以上。着眼转型发展，推进园区整合优化，园区功能定位更加明确，基础设施日臻完善。盘活“僵尸企业”7家，淘汰落后产能10万吨，单位工业增加值能耗同比下降18个百分点，新增规上企业6家，规上工业增加值预计增长15%。服务业快速发展。出台“引客入盐”和促进旅游产业发展扶持办法，组建旅游产业发展服务中心。明长城保护项目、九曲民俗文化园全面建成，长城关博物馆、旅游导览标识等项目加快推进。哈巴湖景区成功创建国家AAAA级景区，被评为宁夏首家五星级自驾运动营地。盐池宾馆获评四星级旅游饭店和“全区十佳旅游饭店”。哈巴湖鹿血酒、养真堂布艺荣获中国特色旅游商品大赛金奖。成功举办民俗嘉年华、滩羊美食文化节等特色节会，全年游客接待量和旅游综合收入分别增长56%和57%。新建京东盐池特色馆等线上销售平台3个、农村电商站点10个，电商交易额达2.8亿元。盐州商贸广场、综合农贸市场、大型货运停车场一期建成投运，滩羊美食文化街、宝利再生资源市场等项目启动建设，国美电器、德克士、银河影院等一批知名品牌相继入驻，德昌铁路物流中心一期正式投入运营，商贸物流业发展步入快车道。中国银行、石嘴山银行落户盐池，全县银行业金融机构累计达到9家。全年预计实现服务业增加值31.3亿元、增长9%，第三产业对经济增长贡献率同比提高6.2个百分点、达到32.5%。

——生态环境质量持续改善。深入实施蓝天碧水净土三大行动，以壮士断腕的决心推进环境治理。中央环保督察“回头看”反馈问题全部办理，哈巴湖自然保护区人类活动点位全面清理，保护区边界核准基本划定，区市交办的重点环保任务、污染治理项目全面完成。集中整治散乱污企业64家，取缔非法采矿点29处、非法收油点23处、“地条钢”窝点2处，整顿环保不达标企业115家，淘汰黄标车老旧车1403辆、工业园区燃煤锅炉111台，城市建成区20蒸吨以下燃煤锅炉实现“清零”。立案查处环保违法案件68起，行政拘留34人，问责约谈领导干部12名。全年空气质量优良天数比例预计达到96%。全面落实河湖长制，清理整治河道岸线469公里，取缔违规打井及排污点36处，饮用水水源地水质稳定达标。规模化畜禽养殖场污染防治设施实现全覆盖。完成营造林10.5万亩，平茬柠条20万亩，补播改良草原7.5万亩，治理水土流失170平方公里，森林覆盖率达21.3%，高于全区7个百分点。全国草原普法宣传月活动在盐池县举行。县环林局荣获三北防护林体系建设工程先进集体。

——城乡建设协调推进。启动编制全县空间规划和乡村振兴规划，城乡建设完成投资27亿元，城镇化率达到54%。古城墙修复工程全线闭合，县委党校、大水坑客运站等项目主体完工。新修改造城市道路排水及供热管网23.8公里，建成停车场2处、港湾式公交站台20个，安装电动车智能充电设备100套。新开发商住面积20万平方米，综合改造老旧小区30个、棚户区1058户。新增城市绿地100亩，城市绿地率达38.6%。大水坑区级特色小镇建设稳步推进，中期评估位居全区前列。新建美丽小城镇2个、美丽村庄30个，完成农村改厕2100户。银百高速、国道338等国省干道快速推进，新修改造农村公路201公里，“四纵八横”路网进一步完善，荣获自治区“四好农村路”示范县。深入开展农村人居环境三年整治行动，农村环卫市场化运营机制不断完善，荣获全国美丽乡村先进县，城市功能明显提升，农村面貌焕然一新。

——改革创新活力竞相迸发。全面完成49项重点改革任务。建成县乡村三级政务服务“一张网”，设立园区“一站式”服务窗口，将行政审批事项由404项压减到184项，商事制度改革实现“四十四证合一”，企业开办时间压减至5天，80%的服务事项实现可不见面办理，新增市场主体2669户，营商环境进一步优化。持续加大风险防范化解力度，将政府性债务严格控制在限额以内。国税地税征管体制改革、社保费非税收入划转基本完成，累计为1560家企业减免税额3.3亿元。行政村集体资产清查、农村宅基地“两证合一”登记颁证扎实推进，农村产权抵押贷款规模达3000万元。河湖水域岸线划界确权、地下水确权有序推进，扬黄水资源确权全面完成，实现水权交易243万立方米。宁夏水投盐池水务公司挂牌成立，实现了水务一体化管理。国有林场改革通过自治区考核验收。县统计局荣获第三次全国农业普查先进集体。县属国资国企完成重组优化，“四大投融资平台”资产总额达17.3亿元。建立产业创新平台4个，培育国家级星创天地企业2家、自治区级科技型中小企业、创业创新梯队企业16家。滩羊标准化生产关键技术等3个科研项目荣获自治区科技进步三等奖，全社会研发与试验投入强度达到1%，被列入全国首批创新型县建设名单。

——民生保障进一步加强。10件民生实事全部办结，财政支出的80%以上用于民生。新改扩建中小学校19所、幼儿园3所，盐池六小主体完工，全县“超大班额” 全部消除，90%的教室实现与全国优质教育资源共享共用。全县中小学校长首次全部公开竞聘，“两支队伍”素质持续提升。义务教育均衡发展顺利通过国家复验，第二届宁夏教育科研成果报告会在盐池县召开。惠安堡、高沙窝卫生院扩建项目主体完工，县乡远程会诊实现全覆盖，累计建设区级以上重点专科3个、县级特色科室5个，实现跨省异地就医协议医疗机构直接结算，县级公立医院综合考核全区第一。三年免费乙肝疫苗接种基本完成，健康促进县创建经验入选国家卫健委优秀案例汇编。成功创建全国妇幼健康优质服务示范县、全国计划生育基层群众自治示范县。城乡居民基础养老金标准由170元提高到190元。

“两院一中心”全面建成，永宏乐丰康养项目一期主体完工。社会救助工作绩效考核获全区优秀等次。县综合体育馆建成运营，社区健身中心主体完工，成功举办全国跳伞大奖赛、全国模拟飞行锦标赛、沿长城国际自行车邀请赛等32项赛事，荣获全区群众体育先进单位。档案馆、科技馆建成投用，图书馆、博物馆分别被评为国家二级和三级馆。组织编排了《活出个样子》等一批文艺精品，《就恋这把土》荣获亚洲微电影艺术节优秀作品奖，盐州艺术团代表国家赴希腊演出取得圆满成功，全国乡村春晚、民族春晚宁夏分会场在盐池县成功举办，国家公共文化服务体系示范区创建顺利通过验收，荣获全区村级综合文化服务中心建设先进县。组建退役军人事务筹备机构，妥善安置了退役军人，让这些曾经为国家做出贡献的军人们感受到了社会的温度。出台人才强县工程实施方案，柔性引进各类高端人才30名。大力推进支持农民工等人员返乡创业全国试点，设立了800万元的创业引导资金，发放创业担保贷款9697万元，带动就业7271人，城镇登记失业率控制在3%以内，农村劳动力转移就业4.6万人，荣获全区转移就业示范县。

——政府行政效能得到提升。坚持把党的领导贯彻政府工作始终，进一步增强“四个意识”，坚定“四个自信”，坚决做到“两个维护”。深入推进“两学一做”学习教育常态化制度化，对标对表中央和区市决策部署，修订政府工作规则和政府常务会议工作规则，完善了国资处置、公务接待等多项管理制度。严格执行重大事项向人大报告制度，自觉接受人大法律监督、政协民主监督和社会舆论监督，办理人大代表议案建议41件、闭会期间代表建议70件，办理政协委员提案74件、社情民意13件，解决群众反映强烈的突出问题263件。开通“12345”热线平台，政府公报创刊运行。深入推进法治政府建设，组建了政府法律咨询专家库和政府法律顾问队伍。严格落实党风廉政建设责任制，集中开展违反中央“八项规定”精神突出问题专项治理，主动接受纪检监察监督，加大督查督办问责力度，审计核减工程投资1.3亿元，政府行政成本持续下降，执行力和服务水平进一步提升。

一年来，我们持续加强“平安盐池”建设，深入开展扫黑除恶专项斗争，打掉涉恶团伙2个、“村霸”5个，刑事案件破案率和治安案件查处率“双提升”，成功创建全区禁毒示范县。严格落实县领导定期接访和包保化解稳控制度，创新推行“四联机制”，成功化解重点疑难信访案件31件，连续6年实现进京到非接待场所上访零纪录，信访考核连续三年全区第一。顺利通过“七五”普法中期督查评估验收，荣获全国法治县创建活动先进单位。安全生产形势稳定向好，事故起数和死亡人数同比下降27%、36%，成功创建自治区食品安全示范县。国防动员和后备力量建设有力推进，民兵调整改革工作考核全区第一。统计调查、气象地震、应急管理、粮食工作不断加强，工青妇、慈善、老龄、残疾人事业健康发展。民族团结进步创建实现全覆盖，先后有12个单位荣获区市民族团结先进集体，民族团结、宗教和顺、社会稳定的良好局面更加稳固。

各位代表，艰难困苦，玉汝于成。过去的一年，我们热烈庆祝了改革开放40周年和自治区成立60周年，凝聚起“建设美丽新宁夏、共圆伟大中国梦”的磅礴力量；我们以高度的政治自觉，全力推进中央巡视、环保督察和国务院大督查、自治区巡视反馈意见整改落实；我们风雨同舟、砥砺奋进，经受住了各种困难和挑战，经济社会发展跃上新台阶，各行各业取得了丰硕成果，先后有50多项工作受到国家和省部级表彰奖励。这些成绩的取得，是习近平新时代中国特色社会主义思想科学指引的结果，是区市党委、政府和县委正确领导的结果，是人大、政协监督支持的结果，是全县干部群众一个汗珠子摔八瓣干出来的结果。在此，我代表县人民政府，向奋战在全县各条战线上的广大干部群众，向人大代表、政协委员、各民主党派、工商联，向离退休老同志和社会各界人士，向驻盐单位、部队致以崇高的敬意和衷心的感谢！

安不忘危，稳不忘忧。我们也清醒认识到，在前进的道路上还会碰到一个又一个艰难险阻，面临着一项又一项的艰巨任务。一是贯彻落实新发展理念还不到位，一些部门和干部惯性思维、路径依赖还没有根本转变，产业发展层次较低，创新能力还不强，推动高质量发展的任务艰巨。二是经济下行压力较大，部分企业经营困难，特别是受市场需求不旺、项目接续储备不足等影响，扩大精准有效投资的任务艰巨。三是城乡基本公共服务均等化水平仍然较低，教育、医疗、养老等方面还不能很好满足人民群众的需要，巩固脱贫成果、加快富民步伐的任务艰巨。四是生态环保压力传导还不到位，油区、矿区等领域环境治理仍需持续加强，生态环境质量不够稳定，打好污染防治攻坚战的任务艰巨。五是政府各部门执行力还不够强，作风建设仍需持久用力，政府职能转变的任务艰巨，等等。我们将高度重视这些问题，采取有效措施，认真加以解决。

## 二、振奋精神，务实苦干，奋力开创全面小康建设新局面

今年是新中国成立70周年，是实施“十三五”规划的重要一年，也是盐池从脱贫摘帽向全面小康迈进的关键之年。新的一年，机遇大于挑战，希望多于困难。虽然我国发展面临的环境更复杂、不确定性更大、风险挑战更多，但仍处于重要战略机遇期，经济长期向好的态势没有变。习近平总书记“建设美丽新宁夏、共圆伟大中国梦”的重要指示，为宁夏发展勾画了美好蓝图，指明了前进方向。随着新时代改革开放再出发、新一轮西部大开发深入实施，特别是自治区推动工业园区转型发展、支持盐池打造“两个示范县”等重大部署的落实，必将为盐池县加快发展、赶超跨越注入强大动力。只要我们坚定信心、顺势而为，始终以永不懈怠的精神状态干在实处、走在前列，就一定能够成功应对风险挑战，继续保持良好发展态势，蹚出一条符合盐池实际的新时代高质量发展之路。

今年政府工作的总体要求是：坚持以习近平新时代中国特色社会主义思想为指导，深入学习贯彻党的十九大及十九届二中、三中全会精神，全面落实习近平总书记对宁夏重要指示批示、到宁夏视察重要讲话精神和“建设美丽新宁夏、共圆伟大中国梦”的要求，牢固树立和践行新发展理念，坚持稳中求进工作总基调，紧紧围绕区市县党代会安排部署，以促进脱贫富民、推动乡村振兴为统揽，继续打好“三大攻坚战”，接续实施好“三大战略”，扎实推进深化改革、产业转型、城乡统筹、民生改善、社会治理各项工作，坚定不移全面从严治党，为加快建设“乡村振兴、脱贫富民”两个示范县、推动新时代盐池高质量发展、与全国全区同步建成全面小康社会奠定坚实基础，以优异成绩庆祝新中国成立70周年。

主要预期目标是：地区生产总值增长9%，固定资产投资增长5%，县级一般公共预算收入同口径增长10%，社会消费品零售总额增长7%，城镇和农村居民人均可支配收入分别增长8%和10%。全面完成年度生态环保、节能减排等约束性指标。

重点抓好六方面的工作：

（一）大力实施乡村振兴战略，加快脱贫富民步伐。统筹衔接脱贫富民与乡村振兴，按照“产业兴旺、生态宜居、乡风文明、治理有效、生活富裕”的总要求，加快推进农业农村现代化。

着力巩固脱贫成果。按照脱贫不脱责任、不脱政策、不脱帮扶、不脱监管的要求，深入实施“七大巩固提升工程”，统筹推进盐同红集中连片贫困地区发展，年内再减贫400人，全县贫困发生率控制在0.3%以内。持续提升脱贫村及偏远边界村基础设施，新修改造村组道路240公里，完成全县人饮安全监测和刘家沟至萌城段改造工程。创新推进金融扶贫，开展新一轮评级授信，加强扶贫小额信贷和互助资金监管，推动“2+X”扶贫保降补增效。实施产业扶贫“四个一”示范带动工程，持续做大

做强主导产业，加快培育“旅游+”“电商+”等新业态。大力推进闽宁协作、央企定点帮扶和“百企帮百村”行动，实施一批帮扶协作示范项目，培育一批带动性强的新型经营主体。大力实施新型职业农民培育工程，完成中长期技能培训2000人以上。着力提升健康扶贫、教育扶贫保障水平，坚决防止因病因学致贫、返贫。持续完善扶贫领域作风建设长效机制，确保脱贫富民扎实推进。

加快提升农业效益。科学调整产业发展政策，增强“1+4”特色优势产业导向引领。编制农产品质量全体系追溯规划，加快滩羊等特色产业大数据平台建设，培育高质量品牌，争创质量强县。充分发挥滩羊集团、产业协会作用，突出抓好产加销各环节标准执行，重点培育30个滩羊养殖示范村、30个示范园区，种植优质牧草10万亩，滩羊饲养量达到318万只。全面推广滩羊追溯体系和基因检测技术，启动建设滩羊文化馆、农特产品展示展销中心，举办盐池滩羊产业交流大会暨滩羊肉品鉴推介会，持续加强品牌保护和宣传营销，以高端化引领推动滩羊产业提质增效。加大甘草种质资源扩繁科研攻关力度，建设4个万亩野生甘草采种基地、4个中药材种植示范基地。突出抓好农村产业融合发展先导区建设，组建黄花产业联合体，高标准筹办全国黄花产业研讨会，打造花马池滩羊示范镇等一批多产融合型精品工程。培育10个重点农产品加工示范企业、11个示范性新型经营主体，带动全县种植黄花、小杂粮8万亩和40万亩以上，新增“三品一标”农产品3个。大力推进农田水利基本建设，新增高效节水灌溉3万亩，实施灌区高效节水现代化运行管理改造，夯实特色农业发展基础。

不断增强农村活力。深化农业农村改革，落实好新修订的农村土地承包法，全面完成“两证合一”确权颁证，逐步扩大农村土地“三权分置”，让农民更多分享土地增值收益。扎实推进农村集体产权制度改革，做好股权量化等工作，打造8个农村产权股份制改革示范村。健全农村产权交易中心运行机制，完善土地、草原、水权、林权等产权交易制度，扩大农村产权抵押贷款规模。深入推进乡村治理体系建设，健全村规民约，推进移风易俗，营造崇德向善的村风民风，激发农民内生动力，增强农业发展活力，让农村成为安居乐业的美好家园。

（二）持续强化创新驱动，推动经济高质量发展。深化供给侧结构性改革，加快推动结构优化、动力转换、方式转变，着力构建结构优、配套好、带动强的现代产业集群。

增强科技创新能力。修订完善“创新驱动28条”，年内重点打造滩羊产业研究院等2个创新研发平台，培育自治区级数字化车间1家、绿色工厂1家、高新技术企业2家。加强产学研合作，启动建设宁夏生态草牧业研究院创新平台，重点完成黄花标准化生产关键技术等4个科研项目，争取举办防沙治沙等国内高水平学术论坛。健全完善人才评价、激励和服务体系，积极引进高端紧缺人才，培养用好本土实用人才。充分发挥科技后补助等撬动作用，引导企业加大科技投入，全社会研发与试验投入强度达到1.2%。

扩大精准有效投资。紧盯国家、自治区宏观政策和投资导向，在乡村振兴、生态环保等领域谋划一批大项目、好项目，完善项目储备库，健全上争外引推进机制，全年争取项目资金29亿元以上。研究出台促进民营经济健康发展实施意见，修订招商引资考核办法和优惠政策，全面推行园区招商、专业小分队招商等市场化运作模式，认真落实招商引资“一站式”办理服务机制，完成招商引资落地资金80亿元以上。实行重点项目县级领导包抓和稽查督导制，做细做实项目前期准备和全程服务工作，力促春季项目开复工率达到60%，全年完成投资140亿元以上，为高质量发展增添后劲。

加速工业转型升级。坚定“工业强县”战略不动摇，将工业园区作为县域经济发展主引擎、创新驱动主战场、招商引资主平台、产城融合主体区，以整合优化和改革创新为主线，以协同创新、集约集群、绿色安全为导向，开展行业对标提升“六大专项行动”，持续壮大煤化工、油气化工、农副产品和石膏精深加工“四大主导产业”，力争通过三年持续建设，园区工业总产值突破百亿元大关，基础设施实现“九通一平”，所有规上企业完成一轮技术改造，基本形成布局合理、优势突出、绿色循环、集约高效的工业高质量发展格局。今年重点实施5000万元以上工业项目17个，力争规上工业增加值增长11%以上。加强要素保障和监测分析，确保金裕海、明峰建材等骨干企业平稳运行。建立企业问题台账销号制度，帮助天利丰、黄河汇通等企业解决融资难题。加快新珂源、苏沪等13个新建项目进度，推动恒汇鲁丰、润广石化等6个项目建成投产。突出抓好深燃众源BOG提氦等10个技改技创项目，加快淘汰低端煤炭洗选、建材等落后产能。建立“个转企、小升规、规改股、股上市”目标企业库，年内新增规上企业5家以上、“专精特新”企业4家。加快园区绿色化和低成本化改造，推进供气、供热和污水厂尾水处理等配套建设，加大“僵尸企业” 清理盘活力度，提高土地集约利用率，释放园区发展空间。协调推动中石油、中石化“扩油增气”，实现产能倍增目标。全力推动盛华龙、信合等石膏精深加工项目落地，高标准筹办全国石膏产业年会，打响石膏产业“盐池品牌”，打造工业经济新的增长极。

推进服务业供给创新。修编完善全域旅游总体规划和重点景区修建性详规，科学统筹全域旅游示范县创建，集中力量打造核心景区、开发精品线路。加快推进游客中心、智慧旅游等重点项目建设，完善景区管理运行机制，力争盐州古城历史文化旅游区成功创建国家AAAA级景区，为创建AAAAA级景区打下坚实基础。集中培育兴武营、沙边子等乡村旅游示范点，扶持发展生态农庄和星级农家乐5家、三星级以上宾馆2家，力争落地四星级宾馆1家，加快开发特色旅游产品，打造“厚道盐池”伴手礼，全面提升旅游接待能力和服务水平。继续办好“两华一节”特色节会，不断扩大“滩羊之乡·多彩盐池”知名度和影响力。全年旅游接待人数达到120万人次，实现旅游综合收入4亿元。着力盘活农村电商站点，持续扩大特色产品线上销售，年内实现电商交易额3亿元以上。出台县城专业市场和商业网点布局规划，整合优化综合农贸市场、盐州商贸广场等18个专业市场，加快培育体育文化特色街、滩羊美食街等7个特色街区，推动德昌铁路物流中心发挥辐射带动效应，提升“吃、住、行、游、购、娱”全要素服务水平。有重点、分层次推进骨干企业主辅分离，加快发展生产性服务业，多渠道提高服务业比重，力争服务业增加值增长8%。

（三）狠抓环境保护治理，提升生态文明建设水平。持续巩固中央环保督察和“绿盾”专项行动整治成果，全力打好污染防治攻坚战，筑牢宁夏东部生态安全屏障。

加强生态系统保护治理。坚定生态立县战略不动摇，出台进一步加强哈巴湖保护区管理实施意见，完善保护区社区共建共管机制，加强日常监管执法，着力破解生态保护与民生发展突出问题。持续推进大规模国土绿化，扎实开展油区、矿区、移民迁出区生态修复，完成营造林7.5万亩，补播改良草原4万亩，平茬柠条20万亩，治理水土流失70平方公里、中小河流15公里。突出抓好封山禁牧、林草管护等工作，严厉打击破坏生态环境违法违规行为，守护好几代盐池人用汗水乃至生命换来的青山绿水。高标准举办2019绿色中国行活动，完善提升白春兰冒贤业绩园生态教育示范基地，全面宣传展示盐池生态建设成果，鼓舞全县人民开创新时代盐池生态建设新局面，加快谱写美丽宁夏的盐池篇章。

坚持铁腕整治环境污染。认真落实打赢蓝天保卫战三年行动计划，加快一区一热源项目建设，统筹推进“煤改气”“煤改电”和集中供热，完善清洁煤配送体系，逐步解决农村散煤污染问题。严禁县城建成区新建35蒸吨以下燃煤锅炉，依法治理工业炉窑、挥发性有机物和散煤堆场，彻底整治散乱污企业，确保全年空气优良天数比例稳定达到90%以上。严格落实河湖长制，推动问题、目标、任务、责任、措施“五张清单”全覆盖。实施德胜墩水资源综合利用工程，确保城北排水沟水质稳定达到地表Ⅳ类标准，实现水资源循环有效利用。协调做好苦水河上游污染治理，新建十字河宁陕甘交界拦污坝，彻底消除跨界污染隐患。完成生态红线勘界定标、全国第二次污染普查和土壤污染状况详查。实施污水处理厂污泥碳化、园区固废堆场等项目，加大油区等重点行业污染物、危险废弃物治理力度，实现污油泥不落地、全行业标准化。严格绿色矿山建设标准，争创全国绿色矿业发展示范区。持续加大环保监管执法力度，以“零容忍”的态度惩处破坏生态环境行为，让盐州大地天更蓝、地更绿、水更清、环境更优美。

（四）坚持城乡融合发展，加速新型城镇化进程。高标准完成国家第三批新型城镇化综合试点，加快城乡一体、产城融合发展，持续改善人居环境。

着力完善城乡规划。牢固树立规划先行理念，深化“多规融合”工作，高标准完成盐池县空间规划、乡村振兴规划编制，加快推进海绵城市等专项规划、乡镇总规、村庄规划编制，年内实现乡镇规划全覆盖。加强空间治理和管控，大力开展城市低效用地和违章建筑专项治理，坚决维护规划的严肃性，以科学规划引领城乡协调发展。

提升城市服务功能。整合投入26亿元，实施城市重点建设项目26个。改造老旧小区15个、棚户区100户，新开发商住面积20万平方米，新建城市公共停车场3个，新修改造道路及排水管线7.6公里，改建提升公园广场、节点绿化11处，新增城市绿地500亩。加快南关社区基础改造完善，着力打造盐州印象民俗旅游基地。出台市政公共基础设施管理暂行办法，加强公共设施维修管护。大力推进智慧环卫建设，加快完善城乡生活垃圾处理及资源化利用设施。制定物业管理标准化小区建设三年行动方案，健全监管考评机制，提高物业管理服务质量。加强城市综合执法管理，重点抓好低速电动车、占道经营等专项整治，促进城市管理法治化、智能化、精细化。

加快建设美丽乡村。突出抓好非贫困村基础设施提升和农村环境卫生整治，推动公共服务向农村覆盖延伸。高标准完成大水坑区级特色小镇建设，再现昔日石油商贸重镇的繁华景象。新建美丽小城镇1个、美丽村庄16个，改造危窑危房900户，完成农村改厕1500户，创建自治区人居环境示范乡镇2个、示范村5个。做好银百高速等国省干线建设服务保障工作，实施国道307线盐池至高沙窝段改造升级工程，新修改造农村公路122公里。深化农村客运公交改革，推动大水坑客运站建成投运，实现城乡交通客运服务无缝衔接。改造农村电网215公里，着力实现自然村4G网络全覆盖，加快建立城乡一体的基本公共服务体系，让农村居民过上宜居宜业的美好生活。

（五）深化关键领域改革，激发市场主体活力。抓住重点领域和关键环节，加大改革举措落实，努力推动改革在新起点上实现新突破，为经济社会发展增添新动能。

深化“放管服”改革。加快推进政务服务“一网、一门、一次”改革，完成税务、人社分厅整合入驻政务服务大厅，着力提高可不见面服务事项办理量，持续深化“证照分离”改革，大力优化审批程序，将企业开办时间压缩至3个工作日以内，政府、社会投资项目审批时间分别控制在80个和65个工作日以内。完善“双随机一公开”监管机制，扎实开展中介服务“减时、降费、提质”专项行动和“减证便民”行动，打造“审批少、收费低、速度快、服务优”的政务服务环境。

推进财税金融改革。完善预算管理制度，增强预算执行刚性约束。健全部门、乡镇财务监管机制，加强全过程绩效管理，提高财政资金使用效益。调整优化财政支出结构，集中财力保基本、保民生、保重点。加快推进社会保险费和非税收入征管等改革，开展重点行业、重点税源监管清查行动，持续提高税收在财政收入中的比重。坚决打好防范化解重大风险攻坚战，完善政府债务动态管理和监测预警制度，严控债务增量，稳妥化解存量。严厉打击违法违规金融活动，建立园区投融资平台，充分发挥政府基金撬动作用，推动金融机构更好服务实体经济。

加快市场化改革。完善国有资产管理体制，健全法人治理结构，加强国企国资监管，提高国有资本经营效益。全面落实支持民营经济发展政策措施，严格执行新一轮减税降费政策，大力推进价格改革和电力交易改革，鼓励支持民营企业参与混合所有制改革。坚持无事不扰、有求必应，建立企业家参与涉企政策制定机制，构建亲清型政商关系，让企业家在市场竞争中有公平感、在合法经营中有安全感、在社会生活中有尊严感。

（六）全力办好民生实事，提高群众幸福指数。坚持以人民为中心的发展思想，量力而行、尽力而为，努力让全县人民生活得更幸福更美好。

加快发展社会事业。新改扩建农村幼儿园2所，改造义务教育阶段薄弱学校校舍3450平方米，确保盐池六小秋季投入使用。加快推进学校基础网络改造，实现在线互动课堂全覆盖，争创全区“互联网+教育”示范县。持续加强德育教育，推动教育内涵式发展，确保“普高”工作顺利通过国家验收。深化职业教育产教融合、校企合作，大力推进“双师型”教师培养工程，打响职业教育盐池品牌。深入开展文化惠民工程，完成县图书馆搬迁，精心打造花马池古城文化园。编辑整理盐池人文历史、图说盐池脱贫纪实等精品丛书，大力倡导全民阅读，建设书香盐池和学习型社会。完成第三批非遗项目普查，做好游九曲、荞皮枕头等申遗保护传承工作，争创中国地名文化遗产千年古县。深入开展综合医改，维修改造大水坑卫生院，推动惠安堡、高沙窝卫生院8月底前投入使用，探索组建县域医疗集团，创建全国现代医院管理示范县。加快搭建“上联三甲、下联乡镇”的远程会诊平台，确保县内就诊率达到90%以上，争创全区“互联网+医疗健康”示范县。全面抓好两孩政策和计划生育“三项制度”落实。启动建设鼠防监测站，加大传染病防治力度，确保全国结核病防治示范县、区级健康城镇和健康村镇示范点通过验收。加强群众健身设施配套建设，完善全民健身中心等场馆运行管护机制，办好各类品牌赛事，争创全国运动健身模范县。

提升社会保障水平。扎实推进支持农民工等人员返乡创业全国试点工作，发放创业担保贷款1.5亿元，创建县级创业孵化园区5个，转移农村劳动力就业4万人。年内基本实现养老保险和医疗保险全覆盖，“五项”社保一票征缴率达95%以上。加强医保基金管理，探索建立以医共体为单位的总额打包支付制度。持续推进城乡社会救助体系建设，出台城镇困难群体帮扶解困实施方案，强化低保等社会救助动态管理，争取实现全区社会救助绩效考核“五连优”目标。制定公建民营等助残、养老支持政策，推动残疾人康复中心、永宏乐丰康复生态养生园投入运营，提高残疾康复及养老服务水平，打造全区养老服务示范县。

加强社会治理创新。大力开展社会主义核心价值观“六进”活动，建成县级文明实践中心和融媒体中心，全力推动意识形态安全。扎实开展“七五”普法，强化公共法律服务，不断提升全民法律素养。深入学习运用“枫桥经验”，完善人民调解“四张网”。持续开展信访“三无”县、“四无”乡镇和“无访”村创建活动，探索推行大水坑“三级一律”信访闭合式管理模式，全力抓好农村社区建设和城乡社区协商试点工作，推动社会治理重心下移。纵深推进扫黑除恶专项斗争，持续巩固禁毒示范县创建成果，加快建设“雪亮工程”，严厉打击各类违法犯罪。严格落实安全生产责任，深入开展隐患排查治理，实行最严格的食品药品监管，构建统一高效的应急管理体系，加强防灾减灾救灾能力建设，全面提升人民群众的安全感。持续深化民族团结进步创建活动，探索“互联网＋民族团结”新载体，全面依法治理民族宗教领域突出问题。持续抓好退役军人服务管理工作，进一步加强国防动员、民兵应急应战能力建设，促进军民融合深度发展，为创建全国“双拥”模范县奠定坚实基础。支持工、青、妇等群团及驻盐单位推进改革发展，增强凝聚力，画好同心圆。

## 三、不忘初心，牢记使命，加快建设人民满意的政府

适应新形势，完成新任务，对政府工作提出了新的更高要求。我们将始终坚持把政治建设放在首位，全面提高政府执行力和落实力，努力建设人民满意的服务型政府。

必须保持绝对忠诚。坚持将政府一切工作置于党的领导之下，认真开展“不忘初心、牢记使命”主题教育，始终把“两个维护”作为首要政治任务，树牢“四个意识”，坚定“四个自信”，在政治立场、政治方向、政治原则、政治道路上同以习近平同志为核心的党中央保持高度一致，坚决把中央大政方针、区市党委、政府和县委部署要求不折不扣落实到位，切实履行全面从严治党主体责任，坚决做党的建设的实践者、推动者。

必须坚持依法行政。牢固树立宪法和法律意识，扎实推进法治政府建设，深化行政综合执法改革。严格执行重大决策专家论证、合法性审查、公示听证等程序，依法接受人大法律监督、工作监督和政协民主监督，高度重视司法、舆论、社会监督。全面推进政务公开，做好政策解读回应，加强诚信政府建设。全面完成新一轮政府机构改革，统筹推进深化事业单位改革，完善政府部门权责清单，落实市场准入负面清单，把政府该管的管住管好，把政府不该管的交给市场。

必须快捷高效办事。各级政府工作人员要加强学习、担当实干，不断提高推动改革创新发展的能力。要发扬打脱贫攻坚战的作风，拿出钉钉子的精神和抓铁有痕的韧劲，集中精力确保县委、县政府各项既定目标落地落实。进一步强化绩效考核和督查问责，严格落实正向激励和容错纠错机制，坚决纠正懒政、庸政、怠政行为。要始终把企业和群众的小事当作政府的大事，多干让群众有获得感的实事，多干雪中送炭的好事，多干百姓急需解决的难事，用我们的辛苦指数提升群众的幸福指数。

必须厉行勤政廉政。社会主义是干出来的，幸福都是奋斗出来的。坚持说实话、办实事、求实效，把精力和心思集中到干事创业上，建立重点工作清单制，推行扁平化管理，践行“一线工作法”。严格落实中央“八项规定”及实施细则精神，加强廉政风险防控，狠抓审计监督、统计执法，坚决惩治各类不正之风，把所有公权力都关进制度的笼子。强化过“紧日子”思想，严控“三公”经费和一般性支出。认真执行新《中华人民共和国公务员法》，打造忠诚干净担当的干部队伍，以为民务实清廉的良好形象取信于民。

各位代表，使命呼唤担当，奋斗创造幸福。让我们紧密地团结在以习近平同志为核心的党中央周围，在区市党委、政府和县委的坚强领导下，在县人大、政协的监督支持下，紧紧团结和依靠全县人民，继续以赶考的勇气、攻坚的锐气、成事的底气，不忘初心勇担当，撸起袖子加油干，为决胜全面建成小康社会、“建设美丽新宁夏、共圆伟大中国梦”而努力奋斗。

### 附：有关情况说明

1. 三先开路话脱贫：围绕扶贫先扶志、治穷先治愚、脱贫先脱旧，组织全县脱贫典型、致富带头人和孝老爱亲等先进典型深入乡、村、组开展巡回宣讲活动。

2. 盐池滩羊肉“三上国宴”：盐池滩羊肉先后入选二十国集团领导人杭州峰会、金砖国家领导人厦门会晤和上海合作组织青岛峰会国宴特供

食材。

3. 三品一标：无公害农产品、绿色食品、有机农产品和农产品地理标志。

4. 绿色工厂：用地集约化、原料无害化、生产洁净化、废物资源化、能源低碳化的工厂。

5. 僵尸企业：丧失自我发展能力，必须依赖非市场因素即政府补贴或银行续贷来维持生存的企业。这些企业不产生效益，但依然占有土地、资本、劳动力等要素资源，严重妨碍了新技术、新产业等新动能的成长。

6. 地条钢：以废钢铁为原料、经过感应炉等熔化、不能有效地进行成分和质量控制生产的钢及以其为原料轧制的钢材。

7. 四十四证合一：商事制度改革在全面实现“三十三证合一”基础上，再将十一项涉企（包括企业、个体工商户、农民专业合作社）证照事项整合到营业执照上，实现“四十四证合一”。

8. 两证合一：农村宅基地使用权证和房屋所有权证合一。

9. 四大投融资平台：融盐国有资本投资运营有限公司、兴盐国有资本投资运营有限公司、盐池滩羊产业发展集团有限公司、昫盐文化旅游投资发展有限公司。

10. 超大班额：义务教育阶段，班级人数 66 人及以上的称为超大班额。

11. 两支队伍：校长队伍和教师队伍。

12. 两院一中心：县农村敬老院、大水坑镇敬老院和县老年活动中心。

13. 四个一示范带动工程：培育产业扶贫示范村 100 个、产业扶贫龙头企业 100 家、扶贫产业合作社 1000 家、提升发展致富带头人 10000 名。

14. 三权分置：所有权、承包权、经营权三权分置。

15. 行业对标提升“六大专项行动”：实施工业提质增效行动、产业提升行动、大企业培育行动、服务提升行动、低成本化改造行动、绿色发展行动。

16. 九通一平：工业园区通道路和供电、给水、雨水、污水、天然气、电信、热力、有线电视管线，土地自然地貌平整。

17. “专精特新”企业：生产专业化、管理精细化、产品或服务特色化、发展方式新颖化的企业。

18. “厚道盐池”伴手礼：将盐池特色产品融入盐池人民厚道、质朴品质等地方民俗文化元素，打造便于购买携带的特色旅游商品。

19. 双随机一公开：在监管过程中随机抽取检查对象，随机选派执法检查人员，抽查情况及查处结果及时向社会公开。

20. 双师型：既具备理论教学素质，也具备实践教学素质的职业教育教师。

21. 计划生育“三项制度”：“少生快富”工程、农村部分计划生育家庭奖励扶助和计划生育家庭特别扶助。

22. 社会主义核心价值观“六进”活动：开展社会主义核心价值观进家庭、进社区、进农村、进机关、进企业、进学校活动。

23. 大水坑“三级一律”信访闭合式管理模式：建立镇、村、组三级矛盾纠纷调处网络，对信访问题一律登记受理、办理答复、回访反馈，信访事项登记、办理、分流、答复全程留痕，每月对各村信访和矛盾纠纷调处情况进行通报，作为年终考核依据。

# 中国人民政治协商会议盐池县第十届委员会常务委员会工作报告

## ——在政协盐池县第十届委员会第三次会议上

（2019 年 1 月 9 日）

盐池县政协主席　贺满文

### 2018 年工作回顾

刚刚过去的 2018 年，在县委的坚强领导下，十届县政协及其常委会以习近平新时代中国特色社会主义思想为指导，深入学习贯彻党的十九大精神，认真落实中共盐池县委一系列重大决策部署，广泛团结参加政协的各党派团体和各族各界人士，集众智、用众力、重大局，努力推动人民政协事业迈出新步伐。

一年来，县政协常委会着力加强和创新以下重点工作，取得新成就。

一是坚持党对政协工作的绝对领导。坚决维护习近平总书记的核心地位，坚决维护党中央的权威和集中统一领导，自觉服从和维护县委的领导，坚持重大事项向县委请示报告制度。坚持县委中心工作推进到哪里，政协履职就跟进到哪里。充分发挥政协党组的领导核心作用，党组研究讨论政协重要工作和重大事项形成制度。建立县政协中共党员委员学习教育制度，探索党组成员联系党员委员、党员委员联系其他委员机制，重要会议、重大活动成立临时党组织，政协履职的组织保证更加坚强有力。紧扣县委决策部署，围绕年度协商计划，年内召开专题议政性常委会 5 次、专题协商主席会 11 次、主席专题协商座谈会 2 次，形成协商报告 13 份上报县委政府，委员人均参加协商活动 2 次以上。

二是把增强思想政治引领摆在首位。高度重视政协系统的意识形态工作。扎实开展习近平总书记关于加强和改进人民政协工作的重要思想学习研讨活动，组织机关干部、政协委员、政协参加单位分不同层次，围绕“政协工作在中国特色社会主义事业中的地位和作用”等重大问题，专题培训 1 次，学习研讨 4 次，撰写理论文章、心得体会 32 篇；参加区市政协系统学习研讨会，并作交流发言，吴忠市政协系统学习研讨会在盐池召开。全面落实党组中心组学习制度和机关干部学习制度，把学习融入日常、抓在经常。坚持定期研讨、党组成员主题领学辅导制度，引导党员干部提高政治站位、把握正确方向、明辨是非曲直；面向广大政协委员，推送政策理论学习内容，编印学习资料 7 期，利用“盐池议政”微信平台开展“每日一学”，推进委员线上线下交流学习；举办委员培训班 2 期，选派 11 名委员参加全国政协委员培训班，引领委员学习新政策，了解新知识，掌握新技能。加强政协工作宣传报道，先后在《人民政协报》、宁夏政协网、《华兴时报》等媒介刊登信息 50 余篇；《华兴时报》头版头条报道了盐池县政协听取工作通报监督纪实，各类媒介专题报道 10 名委员履职风采，有效扩大了政协影响力。切实抓实机关作风建设。扎实做好中央和自治区党委巡视反馈问题整改。先后召开政协党组专题会议 8 次、专题民主生活会 2 次，深入分析问题成因，集体研究整改重点，动真碰硬改问题。在此基础上，建立健全《政协全体会议工作规则》《机关财务管理制度》等 28 项政协工作制度和 6 项机关管理制度，形成了系统完善的政协工作制度体系。

三是以务实创新引领政协事业发展。积极探索有效发挥政协协商民主重要渠道和专门机构作用的实践途径，不断提升围绕中心服务大局的能力和水平。改进和完善政协年度协商工作计划确定机制。将围绕全县中心工作和各方面普遍关心的议题线索的初步调研、县委办政府办政协办三办联合协商选题、县委政府主要领导审题确定为必经程序，初步形成了“社会征集线索、政协调研选题、‘三办’协商建议、主席会议初审、县委常委会决策、政协常委会审议、政协全委会决定”的协商计划制定机制，推进政协协商与县委政府工作有效衔接。切实改进调查研究工作。重视调研视察前的准备，把主席会审定调研视察方案、组织政策性专业性专题学习培训作为必修课，明确调研方向，把准工作重点；重视调研视察过程控制，按照深入一线、沉到基层、实地查看、问卷调查、走访群众、座谈讨论、查阅资料等固定程序组织调研，确保情况搞得清、问题说得准、建议提得对。努力改进协商议政方式。邀请界别代表旁听政协常委会，各级群众参与协商座谈会，让群众看得见、够得着、用得上协商民主。充分运用已有协商平台，深入实践提案办理协商、界别协商、对口协商，探索利用“委员微讲堂”开展网络议政，广泛、多层、制度化的协商格局基本形成。2018 年协商计划任务全面、高质量完成。大力度推进民主监督工作。认真贯彻落实中央《关于加强和改进人民政协民主监督工作的意见》，围绕党委政府的重要决策部署的贯彻落实和重要民生工作，开展不同形式的民主监督；首次将民主监督议题纳入协商计划，占比超过了 60%。

四是将汇聚力量凝聚共识贯穿政协工作全过程。深入贯彻落实全国政协关于人民政协在建言资政和凝聚共识两方面双向发力的要求，更加重视畅通委员建言资政渠道，引导各界委员有序表达意见诉求，更加重视在协商议政中增进共识。一方面，在协商活动和委员基层联系的过程中，带着问题、带着政策下去，在听取群众意见建议的同时，协助党和政府做解疑释惑、宣传政策、理顺情绪、化解矛盾的工作，最大限度统一思想、凝心聚力。另一方面，政协协商报告或充分吸收委员和群众的建议，或以社情民意方式反映委员和群众的意见建议，并努力促进协商成果转化和提案、社情民意办理，以此凝聚发展合力。

一年来，常委会主要开展了以下工作。

（一）围绕中心协商议政，为盐池改革发展增助力聚合力。常委会紧扣全县改革发展的重大问题，深度调研、集中协商，努力贡献政协智慧。十届二次全体会议期间，委员们围绕脱贫富民、特色产业发展、国企改革、构建新型政商关系、加强社会救助等方面进行大会发言；围绕《政府工作报告》和其他工作报告协商讨论，积极建诤言献良策，共提交大会发言材料34篇，提出的100余条意见建议整理形成综述上报县委、县政府。专题议政性常委会聚焦县委关于农业农村工作的一系列决策部署，围绕农村土地“三权分置”改革议题开展专题议政性协商，组织委员深入乡镇、村、企业以及群众中调查研究，广泛征求意见、交流讨论，常委会议协商形成的“进一步搞活农村承包土地经营权”等20多条前瞻性、可操作性的意见建议报县委政府。主席会议针对创建国家科技创新示范县、深化教育体制改革等重点工作，围绕科技型企业发展和义务教育均衡发展等议题，在深入调研座谈的基础上进行专题协商，提出意见建议30余条，为党委政府推进相关工作提供了参考。主席专题协商座谈会围绕人才培养和引进、小微食品加工等事关发展和群众切身利益的热点问题，以专委会组织、政协委员和群众广泛参与的形式组织协商调研，提出针对性意见建议24条，促进认识在交流中统一、分歧在讨论中减少、问题在协商中解决。

（二）紧扣重点民主监督，助推县委政府重大决策落地生根。政协加大民主监督力度是一年来常委会工作的鲜明特点。首次开展常委会监督性专题议政。围绕城市综合执法体制改革工作推进情况议题，组织委员视察调研，深入基层、部门和服务对象了解实际情况，针对执法体制改革推进中存在的五个方面的突出问题，提出意见建议19条，为党委政府决策提供参考。继续开展视察监督。围绕县委政府全域旅游三年行动方案落实情况、特色小城镇建设推进情况，组织委员实地视察座谈，查找问题，提出意见建议20余条，形成视察监督协商报告报县委、县政府。首次开展专项监督。围绕大气和水环境治理中的控烟、控排、控尘、水源地保护等重点工作任务落实情况，中央环保督察组转办问题整改情况等开展专项监督，形成专项督查协商报告报县委、县政府。首次将常委会民主评议部门监督纳入协商计划。按照评议制度和规定程序，组织委员对社会保险事业管理局、车辆管理所、师资培训中心工作进行民主评议。常委会评议意见及时向县委政府及组织、纪检等部门进行上报、抄报。对座谈交流、问卷调查等评议过程中群众反映的问题及时向部门通报，促进被评议单位改进工作、更好地服务群众。进一步明确了常委会听取情况通报这一民主监督的重要形式。常态化听取法院、检察院、纪委党风廉政工作通报，专题听取县人民政府关于文化体制改革和财税、招商引资工作通报。为提升监督实效，会前深入相关单位、企业调查研究，查找问题，听取意见建议，首次将调研活动征求到的意见建议和常委会协商成果整理形成综合监督性协商报告，上报县委政府，为改进工作提供参考。常态化组织在盐三级政协委员视察县域经济及重点项目建设情况。组织委员听取政府工作通报和大会发言，促进政协委员掌握县情民情、积极建言献策、提振发展信心、凝聚发展合力。

（三）秉持履职为民理念，助力社会各项事业发展。牢固树立“以人民为中心”思想，围绕中央和区市县各项惠民政策的落实、民生实事的实施，提出提案、反映社情民意，倾力推动民生事业发展。创新提案工作机制。县政协十届二次会议审查立案提案84件，其中梳理重点督办提案6件，向县委政府专报重要提案23件。内容涵盖经济建设、城乡建设、生态环境保护、文化旅游、教育卫生、民生保障等方方面面。县委滑志敏书记和政府戴培吉县长就认真负责做好提案办理工作做出重要批示。县政协在坚持提案办理面对面协商、联合县委办、政府办全面督办等措施的基础上，推动实行由“一次性办理”转变为“跟踪式办理”、集中召开提案督办会议、开展提案质量“双向评价”等创新性工作机制，取得显著效果。一大批事关发展、事关民生的提案得到了采纳和落实。畅通社情民意渠道。全年收集社情民意35条，整理编发《社情民意》13期，上报区市政协9期，办复率达到100%。《关于出台流动“小餐饮车”管理办法的建议》被自治区政协采纳并批转相关厅局办理。倾心助力脱贫攻坚。全面贯彻县委关于脱贫攻坚工作的决策部署，组织机关人员深入乡（镇）、村、组开展结对帮扶，动员和组织广大政协委员开展一系列为群众办好事、解难事活动，捐资捐物200余万元，向困难群众、弱势群体送温暖、献爱心。

（四）突出大团结大联合，发挥爱国统一战线组织作用。常委会注重发挥政协的特点优势，不断拓展团结面，画大同心圆，努力为改革发展凝聚人心、汇聚力量。深化合作共事。以政协会议为平台、调研视察为载体、界别活动为纽带，建立政协参加单位、党派、人民团体参加政协各类会议和大会发言、听取工作情况、联合调研、座谈协商等工作机制，营造了更加浓厚的协商氛围。加强交流联谊。开展“不忘初心促和谐发展，履职尽责展巾帼风采”等联谊活动，增强政协凝聚力。增进与各地政协组织间的交流，配合区市政协来盐开展各类调研活动，先后接待区市和各兄弟县区政协组织16批300余人来盐池县交流学习。围绕科技型企业发展和小微食品加工企业管理，组织委员赴阿拉善左旗、乌海市考察学习，加强了交流，借鉴了经验。挖掘文史资政育人。致力文化传承和发展，按照“亲历、亲见、亲闻”的“三亲”原则，编印出版文史资料《花马池问史录》，启动《盐池记忆》等文史资料征集工作。

（五）加强政协自身建设，不断夯实工作基础。

常委会主动适应政协工作发展需要，以创新理念、务实举措不断加强和改进经常性工作，为政协履行职能提供有力保障。

加强委员服务管理。进一步深化委员基层联系工作，着力深化和拓展“三联系”活动。开展义诊、科普、科技咨询、政策宣传等主题活动20余场次，参与群众5000余人。增加走访接待委员频次，看望并听取委员对全县及政协工作的意见建议。年内走访委员单位11个，走访接待委员60余人次，召开委员座谈会7场次，激发了委员履职热情。积极配合自治区政协建设“互联网＋政协”综合服务系统，为委员履职提供综合信息服务。

规范机关管理。始终把目标责任管理作为加强机关建设、提高工作效能的重要抓手，制定了《2018年工作分工落实方案》等多个管理文件，将主要任务、责任目标落实到各委（室），分解到个人，使机关工作有章可循。坚持机关每周学习和工作碰头会制度，加强机关内部各委（室）之间的协调互动，增强了工作的整体合力。加强对机关干部的日常教育、管理和监督，抓早抓小、从严从实，努力营造风清气正的政治生态。

各位委员，过去一年成绩的取得，是县委坚强领导的结果，是上级政协和县政府及各部门大力支持的结果，是全体政协委员、政协参加单位及社会各界共同努力的结果。在此，我代表县政协常委会向所有关心支持政协工作的各级组织和社会各界表示衷心的感谢和崇高的敬意！

在肯定成绩的同时，我们也清醒地认识到，常委会工作还存在不足和薄弱环节，政协协商和民主监督工作机制还需进一步健全和完善，专委会和界别作用还需进一步发挥，政协机关工作中的创新能力和服务水平有待进一步提高，政协委员联络工作还需不断加强，等等。这些问题，需要我们在今后的工作中不断改进，也希望各位委员多提批评意见。

## 2019年工作思路

2019年是中华人民共和国和人民政协成立70周年，是推进“十三五”规划的重要一年，也是盐池实现全面小康的关键一年。县政协工作总的要求是：坚持以习近平新时代中国特色社会主义思想为指导，深入学习贯彻中共十九大及十九届二中、三中全会精神，全面落实习近平总书记对宁夏重要指示批示及来宁视察重要讲话精神和“建设美丽新宁夏，共圆伟大中国梦”的要求，贯彻落实习近平总书记关于加强和改进人民政协工作的重要思想，贯彻落实自治区第十二次党代会决策部署，围绕县委十四届六次全会工作要求，牢固树立和践行新发展理念，坚持团结和民主两大主题，突出履职质量导向，充分发挥人民政协协商民主重要渠道和专门机构作用，努力开创政协工作新局面，为盐池县打好“三大攻坚战”、实施好“三大战略”、建设“乡村振兴、脱贫富民”两个示范县、推动新时代盐池高质量发展、与全国全区同步建成全面小康社会做出新的更大贡献。以优异成绩庆祝新中国成立70周年和人民政协成立70周年。

## 一、牢牢把握正确政治方向，用习近平新时代中国特色社会主义思想统领政协工作

强化政治引领，深入贯彻中共中央办公厅《关于加强新时代人民政协党的建设工作若干意见》和自治区党委《关于加强新时代人民政协党的建设工作的实施意见》，开展“不忘初心牢记使命”学习教育，深化习近平总书记关于加强和改进人民政协工作的重要思想学习研讨，树牢“四个意识”、坚定“四个自信”，旗帜鲜明讲政治、围绕中心讲大局、严守纪律讲规矩，坚定不移走中国特色社会主义发展道路。加强意识形态工作，唱响主旋律，壮大正能量。严格落实党组中心组学习制度和机关集中学习制度，建立健全政协学习制度体系，切实加强思想武装，提高工作本领。

## 二、牢牢把握新时代目标任务，聚焦全县中心工作献计出力

常委会将按照县委打好“三大攻坚战”、实施“三大战略”，建设“两个示范县”的战略部署，以助推脱贫富民、乡村振兴为主线，聚焦深化改革、产业转型、城乡统筹、民生改善、生态建设和环境保护、文化旅游等重点工作，深入调查研究，积极议政建言。围绕乡村振兴“农业产业化龙头企业发展”进行专题议政性常委会协商，努力形成高质量议政建言成果。围绕“城市道路交通建设”“文化人才建设”“基层协商民主”“政协协商与成果转化”“乡风文明建设”等议题，通过主席会议和主席专题协商座谈会形式，开展专题协商，向县委政府提出务实的建议。紧扣县委政府重点工程、重大决策和关系群众切身利益的民生实事等具体问题，更加务实有效地组织提案办理协商、对口协商、界别协商。围绕“优化营商环境”“推进养老服务体系建设”等议题，配合自治区政协进行上下联动调研。探索网络议政，搭建常态化、机制化的协商平台。

## 三、牢牢把握协商式监督要义，不断加强和改进政协民主监督工作

全面贯彻落实自治区党委《关于加强和改进人民政协民主监督的实施意见》，规范政协监督的形式及程序，聚焦党政决策部署的落实落地实施民主监督。围绕“城市和农村面源污染治理”，开展常委会专题监督。围绕“工业园区‘散乱污’和僵尸企业整治”“‘互联网+医疗健康’示范县工作完成情况”进行视察监督和专项监督，深入实际开展监督性视察，发现问题和不足，提出批评和建议。着力改进民主评议工作，围绕扶贫办技能培训工作、政务服务中心行政审批工作、公安局“扫黑除恶”工作进行民主评议监督，促进相关工作务实开展。不断强化听取工作通报监督，组织委员视察县域经济发展，听取经济社会发展情况通报；常委会听取政府社会消费品零售总额完成、乡村振兴规划2019年任务、工业园区体制改革、石油资源开发、国有资产运营和提案社情民意办理等情况通报。更加重视社情民意监督，开办《委员建言》，搭建委员向党委政府真实反映带有全局性、倾向性、苗头性的重要问题

和民生问题的“直通车”，为县委、县政府提供决策参考。大力推进政协委员民主监督员民主监督工作。

## 四、牢牢把握团结民主两大主题，广泛凝聚改革发展的智慧和力量

坚持把发扬民主、增进团结、协调关系、化解矛盾作为重要着力点。正确处理一致性和多样性的关系，坚持求同存异、求同化异，在各种履职活动中凝聚共识、增进团结。加强同各阶层、各领域人士的沟通联系，做好民族宗教界人士、非公经济人士、新的社会阶层人士的联谊沟通工作，搭建交流合作平台，促进共同发展。注重为政协参加单位、民主党派履职创造条件。加强与各地政协之间的交流与合作。认真做好文史资料征集和政协书画院工作。主动参与脱贫富民工作。

## 五、牢牢把握履职能力提升要求，不断加强自身建设

进一步发挥委员的主体作用。健全完善委员学习培训和履职管理制度，充分利用“盐池议政”微信平台，继续办好委员“每日一学”，着力把学习贯穿于委员履职的全过程。充分利用“互联网+政协”载体，引导委员积极通过网络协商议政。进一步加强委员基层联系，深化“三联系”活动和基层联系点工作，引导委员深入基层广泛收集民情民意，客观真实反映群众呼声。

进一步发挥界别和专委会作用。充分发挥专委会联系委员、联系界别的桥梁纽带作用和在专题协商、对口协商、提案办理协商中的基础作用，积极引导委员在履职中发挥专业特长。支持各界别通过提案、发言、座谈等载体，就县委政府的重大决策部署和人民群众关心的重点难点问题，开展协商讨论，有序保障界别群众的政治参与。

进一步发挥政协机关的组织服务作用。配合县委完成政协机构改革。系统梳理本届政协在推进协商民主、履行“三大职能”、推进高质量协商、加强自身建设等方面的创新实践，准确把握新时期政协工作的特点和规律，推动政协工作在总结中深化、在继承中发展。切实提高机关服务意识、服务能力、服务实效，不断提升机关干部的服务水平。

进一步加强党建和党风廉政建设。全面落实从严治党的政治责任，从严落实党风廉政建设的各项政策法规，严格落实中央“八项规定”精神，坚持重要工作、重大事项向县委报告请示制度，加快推进政协组织功能型党支部建设，实现党的组织和党的工作在党员委员和政协组织中的全覆盖。发挥党组在政协工作中把方向、管大局、保落实的重要作用，确保县委的决策部署落到实处。

各位委员，新时代开启新征程，新思想指引新作为。让我们紧密团结在以习近平同志为核心的党中央周围，在中共盐池县委的坚强领导下，携手新时代、贯彻新理念、聚焦新目标、落实新部署，为决胜全面建成小康社会、“建设美丽新宁夏，共圆伟大中国梦”贡献政协的智慧和力量！

# 大事记

DASHIJI



## 1月

**1月1日** 盐池县公安局出入境建成24小时自助服务区并投入使用。这标志着盐池县出入境管理工作迈入了24小时全天候服务的新阶段。

**1月2日** 盐池县国家税务局首张水资源税税票成功开具，盐池县城乡供水有限公司财务人员申报2017年12月城镇公共供水用水量67080立方米，共缴纳水资源税12654.5元。这是宁夏回族自治区试点改革水资源税以来，该县首笔水资源税税款，标志着该县水资源税征收工作正式启动。

**1月8日** 审计署西安特派办一行7人（甘云亭处长、于建科副处长、吴艺雯、薛皓天、李宁、王建茂、胡彦民）到盐池县展开扶贫审计，主要围绕精准扶贫、精准脱贫等方面政策落实情况展开审计工作。

**是日** 盐池县邀请首都医科大学附属北京安定医院心理危机干预与压力管理中心主任、中国心理卫生协会心理咨询师专业委员会常务委员西英俊博士为全县领导干部作了“压力管理与策略”的专题讲座。

**1月9日** 自治区政协副主席安纯人带领考评组到盐池县就2017年度卫生和计划生育目标管理责任制（党政线）工作进行考核评估。

**1月10日** 盐池县委、县政府主办，县教体局、篮球协会承办的2018年迎新春全民健身季“中国体育彩票杯”全县首届农民篮球争霸赛开幕式在高级中学举行。

**1月11日** 科学技术部资源配置与管理司副处长朱星华一行调研盐池县科技创新工作，调研了宁夏盐池美雅滩羊裘皮有限公司、众创空间、宁夏盐池县鑫海食品有限公司。

**1月12日** 国家安监总局统计司副司长乔树清带领国务院安委会安全生产第五考核组，通过查阅档案资料、现场问询等形式，对盐池县2017年度安全生产工作进行延伸考核。

**1月15日** 《国家卫生计生委办公厅关于2017年度妇幼健康优质服务示范工程情况的通报》（国卫办妇幼发〔2018〕1号）通报，盐池县获得2017年度“国家级妇幼健康优质服务示范县”称号。

**1月18日** 盐池县世纪商业广场项目举行商户入驻启动仪式。

**是日**　2018年全国乡村春晚盐池分会场节目录制圆满完成。此次全国乡村春晚活动，由浙江省丽水市政府主办，福建省龙岩市武平县、三明市大田县、广东省清远县、安徽省宿州市埇桥区、陕西省渭南市临渭区、江西省吉安市吉水县、浙江省温州市瑞安县、金华市武义县和盐池县九地政府共同举办。盐池县此次活动的主题为“滩羊之乡・多彩盐池・民俗嘉年华”。

**1月19日**　自治区党委常委、纪委书记许传智对盐池县脱贫攻坚工作进行调研，并指导县委常委班子专题民主生活会。会前，许传智先后走访了盐池县王乐井乡陈庄子村2户建档立卡贫困户，并到王乐井乡政府对涉农扶贫资金“三级公开”模式进行实地调研。调研了盐池县纪委监委组建成立情况。

**1月20日**　民政部副部长窦玉沛，民政部救灾司司长、国家减灾中心主任庞陈敏，民政部救灾司救灾处处长曾伟，民政部办公厅秘书郭喜良一行，对盐池县受灾群众过冬生活情况进行实地督查。

**1月21—22日**　盐池县委书记滑志敏深入麻黄山乡何新庄、沙崾岘等13个行政村开展专题调研，并逐村进行专项座谈。

**1月26日**　盐池县首期环保税培训班正式开班，这是盐池县国家税务局、环林局联手举办的第一期培训班，也是宁夏回族自治区范围内在县级局举办的第一期培训班。

**1月28日**　盐池县哈巴湖鹿血酒在第二届中国（国际）一乡一品产业博览会、第七届中国民营企业家春节联欢晚会暨中国好品牌颁奖盛典中，获中国好品牌金奖。

**1月29日**　国家卫生计生委人发中心许立斌、卫发中心苏岱到盐池县调研核实健康扶贫工作进展数据信息。调研组先后到盐池县花马池镇和高沙窝镇，通过实地走访卫生院、贫困户进行调研核实，核对盐池县健康扶贫工作数据信息；了解贫困患者对健康扶贫惠农政策的感受以及健康扶贫工作有关政策内容等。

**1月31日**　盐池县首家种植企业——盐池县天朗现代农业有限公司，获评2017年度全国农业农村信息化示范基地。

**是月**　盐池县供销社被中华供销合作总社授予全国供销合作社系统先进集体称号，同时获全区供销合作社系统2017年度效能目标考核一等奖。

**是月**　盐池县被列为全国农村太阳能路灯试点地区，率先开展农村太阳能路灯试点工作，推广半导体照明（LED）应用。

**是月**　盐池县王乐井乡中心卫生院、高沙窝镇中心卫生院经过地方申报、资料审核、现场复核等工作，成功入围国家卫生计生委基层卫生司“2016—2017年度群众满意的乡镇卫生院”。

**是月**　首批中国特色农产品优势区出台，“盐池滩羊”成为首批中国特色农产品优势区。

**是月**　在2017供给侧改革与果菜产业绿色发展全国年会和第十五届中国果菜产业论坛上，“盐池黄花菜”获评“2017全国果菜产业绿色发展百佳地标品牌”和“2017全国十佳蔬菜地标品牌”。

**是月**　国家卫计委对盐池县“全方位宣传培植文明新风、创新机制提升惠民服务、实施多元政策破解救助难题”等“幸福家庭创建”三项典型经验面向全国推广。实现了村级综合文化服务中心和文化广场等实体阵地建设全覆盖。电视台、门户网、微信社交群等媒体网络触及宣传末梢。积极探索健康养老PPP模式，启动建设了老年生态养生园。

## 2月

**2月2日** 国务委员王勇到盐池调研盐池县民政和残疾人工作，实地走访残疾人康复教育中心看望残疾人，考察残疾人教育、就业、康复等工作，听取基层干部群众意见建议。

**2月7日** 自治区党委常委、宣传部部长赵永清一行到盐池县开展新春走访慰问活动。对高沙窝镇安康社区、城镇低保对象魏某某，冯记沟乡困难党员白某某，惠安堡镇惠苑新村老年饭桌、低保对象赵某进行了走访慰问，为他们送去了节日问候和慰问金、慰问品。

**2月8日** 吴忠市委常委、副市长张学慧带领慰问组对盐池县困难党员、建档立卡户、残疾户、如家互助幸福养老院、利民社区等进行走访慰问。

**2月9日** 盐池县委书记滑志敏对县城内、王乐井乡的离休干部、“五类”模范代表、贫困党员、重点优抚对象、建档立卡户、脱贫示范户、王乐井乡康洁公司进行节前慰问。

**是日** 盐池县委副书记、县长戴培吉对县城、青山乡的离休老干部、尊老敬老模范、低保户、乡贤村贤、贫困党员、离任村干部、致富带头人等进行慰问。

**是日** 盐池县中医院举行中西医结合康复医学中心揭牌仪式。

**2月12日** 盐池县召开2017年度总结表彰大会。会议通报了全县2017年获得市厅级以上表彰奖励情况及全县2017年度效能目标管理责任制考核结果，宣读了县委、县政府的表彰决定，对2017年度责任制考核及各项工作中涌现出来的先进集体、先进个人进行表彰奖励。

**是日** 吴忠市委书记沈左权到盐池同红交界处集中连片贫困区进行走访慰问，向贫困区的干部群众送去了党和政府的亲切关怀和新春祝福。

**是日** 盐池县被评为中国人民大学品牌农业课题组案例研究基地。

**是日** 盐池县纪委召开十四届二次全体（扩大）会议暨全县党风廉政建设和反腐败工作会议。

**2月24日** 盐池县召开2018年第一次编委会议：同意设立中共盐池县委巡察工作领导小组办公室（简称县委巡察办），为中共盐池县委巡察工作领导小组的日常办事机构，列入县委工作机构序列；研究了部分事业单位编制调整的意见；同意对县社会保险事业管理局等4个单位的编制进行调整。调整后，盐池县同一事业单位使用两种编制的问题得以整改。

**2月26日** 盐池县委书记滑志敏对全县春季造林绿化工作情况进行调研。先后到高沙窝镇兴武营、长城旅游带起点、安定堡、花马池镇红沟梁村等地，对全县2018年春季造林总体规划及旅游景点绿化、重要地段绿化等情况进行详细了解。

**是日** 盐池县举行“盐州大集　民俗嘉年华”2018年冬春季文化旅游系列活动之一“陕甘宁戏曲电视大赛盐池选拔赛”。来自陕甘宁三省区的50多位戏曲爱好者，用他们深厚的艺术才蕴为现场观众带来了一场精彩演出。

**是月** 制定印发了《盐池县核减事业编制工作方案》（盐编发〔2018〕6号），落实自治区编委下达的全县核减事业编制95名的减编任务。

## 3月

**3月1日** 盐池县召开组织宣传思想文化统战工作会议。贯彻落实全区、全市组织部长、宣传部长、统战部长工作会议精神，深入总结2017年全县组织、宣传、统战工作，安排部署2018年工作任务。

**是日** 盐池县召开政法综治信访维稳禁毒暨打黑除恶专项斗争工作会议。落实中央政法工作、全国扫黑除恶专项斗争、全区政法综治信访维稳禁毒和扫黑除恶专项斗争工作会议精神，总结2017年的工作，安排部署2018年全县政法综治信访维稳禁毒和扫黑除恶专项斗争工作。

**3月7日** 自治区党委第二巡视组进驻盐池县开展扶贫领域专项巡视。巡视突出问题导向，盯住关键少数，查找政治偏差，围绕党的政治建设、思想建设、组织建设、作风建设、纪律建设和深入推进反腐败斗争开展监督检查，加强对十一届自治区党委巡视整改情况的监督检查。自治区党委第二巡视组组长李伟在巡视工作动员会上作了动员讲话，进一步明确了巡视监督的内容、方法和工作重点。

**3月8日** 盐池县庆祝“三八”国际妇女节108周年暨最美家庭表彰大会。总结了2017年妇女工作，安排部署了2018年工作，表彰了妇女工作先进集体和先进个人及2017年“最美家庭”。

**3月9日** 盐池县2018年农村工作暨脱贫富民工作推进会召开，全面落实中央、区市农村工作和扶贫工作会议精神，动员全县上下深入实施乡村振兴战略，加快脱贫富民步伐，更好地推进新时代“三农”工作。

**是日** 澳大利亚魏基成“天籁列车”助听器捐赠活动在盐池县天使特教中心举行。

**3月13日** 暂时冻结盐池县各乡镇、各部门机构编制审批工作，严格控制人员调入和提拔。

**是日** 盐池哈巴湖生态旅游区被宁夏回族自治区旅游景区质量等级评定委员会批准为“国家AAAA级旅游景区”。

**3月14日** 印发《关于对形式主义官僚主义等“四风”问题开展集中整治的实施方案》，开展为期一年的形式主义官僚主义等“四风”问题集中整治工作；印发《盐池县落实基层党建责任制“三项制度”》。

**3月14—16日** 吴忠市委书记沈左权在对吴忠国家农业科技园区、太阳山开发区重点项目开工筹备情况督查后，对盐池县宁夏德昌铁路物流中心项目建设情况进行了督导检查，并召开座谈会，听取了盐池县1—2月经济运行、重点项目开工筹备情况、存在的问题及下一步工作措施。市委副书记朱云及相关部门负责人作了点评，提出了意见和建议。

**3月15日** 盐池县召开2018年治理拖欠职工（农民工）工资暨构建和谐劳动关系工作会议。会议总结了2017年治理拖欠职工（农民工）工资工作，安排了2018年治理拖欠职工（农民工）工资工作，传达了自治区农民工领导小组办公室3月13日在全区召开的关于做好迎接国务院考核组2017年度保障农民工工资支付考核工作的紧急会议精神。

**3月20日** 盐池县召开十四届县委第二轮扶贫领域专项巡察工作动员部署会。3月23日—4月30日，县委第一、二巡察组对花马池镇、大水坑镇、王乐井乡、冯记沟乡开展扶贫领域专项巡察。

**3月23日** 盐池县委书记滑志敏对全县金融扶贫工作进行调研。滑志敏一行先后到花马池镇盈得村、田记掌村、王乐井乡丁记掌村等地，通过走访农户、查看产业、座谈交流等方式，了解扶贫小额贷款、农业生产、特色产业发展、农户创业增收、评级授信等一线情况，掌握乡村实施金融扶贫政策、扶贫对象、扶贫举措、扶贫成效等一手资料，听取群众对金融扶贫工作的意见。

**是日** 吴忠市副市长马玉龙对盐池县2018年春季造林规划情况进行调研。先后到青山乡北马坊生态休闲旅游区、猫头梁防护区等地，通过实地查看、听取汇报等方式，对盐池县2018年春季造林规划情况进行详细了解。

**3月26—27日** 自治区主席咸辉到盐池县对脱贫攻坚和春季农业生产工作进行调研。咸辉先后到冯记沟乡岔岱村、大水坑镇移民搬迁安置点、青山乡龙记湾村，走访2017年已经脱贫的建档立卡贫困户。咸辉说，盐池县要坚定信心，按照中央“两不愁、三保障”的脱贫标准做好迎检工作，确保高质量通过专项评估，为自治区其他贫困县区脱贫摘帽提供经验、做出表率。

**是日** 宁夏盐池美丽哈巴湖生态旅游开发有限公司“哈巴湖鹿血酒”被评为第二十届中国农产品加工业投资贸易洽谈会金质产品，同时获2017年休闲农业创意精品大赛包装设计金奖。

**3月29日** 少年健康发展试点项目专家组成员汝小美带领评估组，对盐池县计划生育家庭青少年健康发展试点工作进行中期评估。

**是日** 盐池县召开2018年总河长会议。传达了《宁夏回族自治区全面推行河长制重点任务进展情况通报》；听取了《盐池县2018年河长制工作实施方案》的汇报；总结了全县2017年度河长制工作，安排部署了2018年度河长制工作；签订了2018年度河长制工作目标责任书。

**3月30日** 吴忠市委书记沈左权一行人到盐池县惠安堡镇调研隰宁堡生态移民新村土地流转有关事宜。

**是月** 自治区发改委下达了全区文化旅游提升工程和农村电网改造工程中央预算内投资计划，盐池县长城保护管理设施建设、农村电网改造升级和广播电视台基础设施建设项目获中央投资2378万元。

## 4月

**4月2—3日** 全区农村饮水安全工程建设管理培训班在盐池县召开。培训班邀请宁夏大学教授姚青云、自治区环保厅环境监测站副主任王晓春进行授课。参训人员先后到花马池镇二堡移民吊庄、县城乡供水公司等地，通过实地考察、听取介绍、观看PPT等方式，对新材料、新技术应用情况进行了解。盐池县、彭阳县代表分别对农村饮水工程建设管理工作进行了经验交流。

**4月3日** 盐池县委书记滑志敏对全县黄花产业发展情况进行调研。滑志敏先后到花马池镇、惠安堡镇等黄花种植区域，实地了解黄花选种、栽种、种植面积、群众积极性等情况。

**是日** 2018年宁夏全民健身公益行送培到基层暨第四届健身嘉年华“中国体育彩票杯”操舞类培训活动启动仪式在盐池县振远广场举行。

**4月4日** 盐池县出台《“引客入盐”旅游项目以奖代补管理办法》和《盐池县促进旅游产业发展扶持办法》。

**4月9日** 盐池县委书记滑志敏对全县滩羊产业发展情况进行调研。到花马池镇杨记圈村、李记沟村、刘记沟村、十六堡村等地，通过实地查看、听取汇报等形式，对滩羊产业发展情况进行详细了解。在随后召开的座谈会上，听取了县农牧局、滩羊集团负责人关于2018年及近期滩羊产业发展的工作思路及工作重点。

**4月11日** 自治区人大常委会副主任左军带领检查组，对盐池县实施《宁夏回族自治区禁牧封育条例》情况进行执法检查。检查组先后到高沙窝镇、王乐井乡石山子飞达农机化服务专业合作社、冯记沟乡黑土坑养殖园区、青山乡政务大厅等地，通过实地检查、听取介绍、查看资料等方式，对盐池县草原封育、草原生态补奖、饲草料加工配送、滩羊养殖、青黄贮储备利用、草原确权登记颁证等情况进行全面检查。

**4月13日** 在银川会展中心举行的2018中国西北旅游营销大会上，盐池县就旅游资源和产品进行推介，并发布《“引客入盐”旅游项目以奖代补管理办法》和《盐池县促进旅游产业发展扶持办法》。

**4月21日** 在北京召开的第二届中国县域经济发展论坛上，盐池县获2018年“中国县域经济投资潜力县”和“中国县域经济发展优秀实践县”两项殊荣。

**4月25日** 为期三天的2018年盐同红集中连片贫困地区广场舞、刺绣、剪纸培训班开班仪式在盐池县举行。

**4月28日** 国务院办公厅下发《国务院办公厅关于对真抓实干成效明显地方加大激励支持力度的通知》，对2017年落实推进供给侧结构性改革、适度扩大总需求、深化创新驱动、优化营商环境、保障和改善民生等有关重大政策措施真抓实干、取得明显成效的25个省（区、市）、82个市（地、州、盟）、116个县（市、区、旗）等予以督查激励，相应采取24项奖励支持措施。盐池县榜上有名。

**是月** 盐池县多方筹措资金660万元，在花马池镇城西滩建设集农资供应、配方施肥、节水灌溉、农机作业、统防统治等功能于一体的农业现代服务中心。

## 5月

**5月4日** 吴忠市区域教研共同体2018年中考备考研讨会在盐池县召开。区、市相关部门负责人及吴忠市、同心县、盐池县、青铜峡市、红寺堡区教研室中学教研员、部分学校主管教学的副校长、教务主任以及初三教师代表近500人参加会议。

**5月8日** 由中国国家品牌网、新华网、湖南卫视联合制作的国内首个品牌主题大型节目“中国品牌年度盛典”在湖南卫视成功录制。“盐池滩羊”与华为、阿里巴巴、伊利、北斗导航、科大讯飞等国内品牌同台亮相，盐池县副县长叶黎明作为全国8个“一县一品”贫困县代表之一受邀参加盛会。

**是日** 自治区加快推进文化小康助力脱贫富民和乡村振兴战略启动会在盐池县召开。落实中央、自治区关于坚决打赢脱贫攻坚战、实施乡村振兴战略和推动文化繁荣兴盛的部署要求，对加快推进文化小康助力脱贫富民和乡村振兴战略进行动员部署。

**5月16日** 宁夏盐池滩羊产业化联合体正式揭牌成立。

**5月17日** 盐池县委召开了县委领导班子严格执行中央“八项规定”精神专题民主生活会。会议传达学习了《自治区党委关于贯彻落实中央“八项规定”精神进一步加强和改进自治区党委常委会作风建设的若干意见》精神；滑志敏代表县委领导班子作对照检查，并作了个人对照检查发言，主动接受各位班子成员的批评。随后，其他班子成员逐一进行了对照检查，相互间开展了严肃认真的批评与自我批评。

**是日** 盐池县政府召开了县政府领导班子严格执行中央“八项规定”精神专题民主生活会。传达学习了党章、中央“八项规定”及实施细则等文件精神。盐池县委副书记、县长戴培吉代表县政府领导班子进行了对照检查，并作了个人对照检查发言，主动接受班子成员的批评。随后，其他班子成员逐一进行了对照检查，相互间开展了严肃认真的批评与自我批评。

**是日** 2018年宁夏学生定向锦标赛（中职组）在盐池县职教中心举行，来自全区18所中等职业技术学校的300多名运动员齐聚一堂，共享全区定向运动盛会，展示宁夏中等职业教育发展成果。

**5月20—22日** 福建省泉州市洛江区区长苏汉庭率党政及企业家代表团赴盐池县调研对口扶贫协作工作。21日上午，盐池·洛江对口协作联系会暨民企帮扶贫困村捐赠仪式在盐池宾馆召开。

**5月24日** 宁夏军区领导到盐池县调研指导“三群体”人员精准帮扶和基层武装部建设工作。调研组听取了县人武部全面建设情况工作的汇报，并与现役军人家属及参战、参试、退伍等人员进行座谈交流。

**是日** 盐池县委书记滑志敏对全县环保工作进行督查。到花马池、大水坑、青山、高沙窝等乡镇，对生猪养殖场、屠宰场、宁夏宝利再生资源回收市场、北园子停车场、煤炭市场、私人油井、石膏工矿区、预制厂、白灰厂、面包砖厂等地的环保工作开展情况进行督查，并对督查中发现的问题提出明确整改要求。

**5月28日** 盐池县召开全县生态建设和环境保护委员会第三次会议。会议通报了中央第八环保督察组转办件及反馈问题整改情况，研究了《佟记圈自然村养殖园区拆除及后续产业发展扶持工作方案》《宁夏哈巴湖国家级自然保护区和骆驼井水源地一级保护区生态移民项目实施方案（讨论稿）》等。

**5月29日** 盐池县委书记滑志敏对“互联网+医疗健康”平台建设促卫生健康服务工作进行了调研。到县医院、城关社区卫生服务中心、花马池镇卫生院等地，通过实地查看、听取汇报、询问了解等方式，对全县“互联网+医疗健康”平台建设促卫生健康服务工作进行详细了解。

**是日** 吴忠市副市长王天军督导盐池县中央环保督察反馈意见整改情况座谈会在县城召开。会议听取了盐池县整改任务落实情况的汇报，通报了市督查组近期督查发现的环保问题，与会人员就如何做好环保及中央环保督察反馈意见整改工作进行了讨论交流。

**是月** 起草了《盐池县2018年全面深化改革工作要点》，明确了2018年49项改革任务。

# 6月

**6月5日** 盐池县委书记滑志敏对盐池县2018年普通高等学校招生全国统一考试考务工作进行调研。先后到哈尼先生网吧、奥斯卡网吧、高级中学、枕鑫苑施工工地、紫都学府施工工地、教体局等地，对高考期间网吧安全管理、高考考场安排、建筑工地施工安全管理、高考试卷保密等工作进行调研。

**是日** 盐池县委书记、总河长滑志敏深入麻黄山乡调研河长制及石油污染防治工作。随后，滑志敏通过随机抽查的方式，先后参观第五采油厂麻南作业区、麻南作业区163井区并召开座谈会，对采油厂的生产效益、油井标准化井场建设的管理模式和污水治理排放情况进行详细地询问和查看。

**6月6日** 盐池县委书记滑志敏对全县环保工作进行督查调研。先后到王乐井乡徐光滩村、青山乡工业园区、冯记沟乡马儿庄村等地，通过实地查看、听取汇报等形式，重点对2016年中央环保督查组转办件“李庄子地区油井封井环境综合整治项目”办理情况、石膏开采粉尘污染及生猪养殖合作社污水治理情况进行详细了解。

**是日** 盐池县黄花产业发展协会成立暨第一次会员大会召开。会议宣读了关于成立盐池县黄花产业发展协会筹备工作领导小组的批复，宣读并审议通过了《盐池县黄花产业发展协会章程（草案）》《盐池县黄花产业发展协会选举办法（草案）》；选举产生了盐池县黄花产业发展协会理事、监事、会长、副会长、秘书长、监事会主席。

**6月7日** 全国普通高校招生考试开考，盐池县有1643名考生参加高考。

**6月11日** 盐池县委书记滑志敏对盐池县骆驼井水源地环境保护情况进行调研。在花马池镇骆驼井水源地环境保护区，查看水源地环境保护工作开展情况，并听取相关情况的汇报。

**是日** 盐池县委书记滑志敏到惠安堡镇杨儿庄村调研脱贫攻坚工作，并走访看望贫困户。

**6月13日** 盐池县开始开展河湖水域岸线划界确权工作。

**6月14日** 盐池县召开全县环保工作推进会。传达了十二届自治区党委第二轮巡视第二巡视组巡视盐池意见反馈情况，传达学习了中共中央纪委《关于六起生态环境损害责任追究典型问题的通报》和《关于进一步加强转办件报送工作的通知》精神；听取了近期中央环保督察组“回头看”反馈问题办理情况和县领导包抓反馈案件情况的汇报。

**6月19日** 组建盐池县人民政府法律专家库和县政府法律顾问，并以《盐池县人民政府办公室关于聘用县人民政府法律咨询专家库人员和政府法律顾问的通知》（盐政办发〔2018〕71号）向社会公布。

**6月21日** 自治区政协副主席冯志强带领调研组对盐池县污水处理运营情况进行调研。通过实地查看、听取汇报等方式，对盐池县惠安堡镇污水处理站、县城污水处理厂建设运营情况进行了全面解。

**是日** 盐池县召开2018年扶贫开发领导小组第5次会议。会议传达学习了《中共中央 国务院关于打赢脱贫攻坚战三年行动的指导意见》，并研究了贯彻意见，研究审定了《2018年动态调整新增建档立卡贫困户的报告》《盐池县2018年脱贫富民补充方案》《花马池镇苏步井易地扶贫搬迁后续产业发展扶持补充方案》。

**6月22日** “湘约”宁夏—2018“塞上江南·神奇宁夏”湖南宣传周活动在湖南长沙开幕。盐池县参加了“滩羊之乡·多彩盐池”为主题的滩羊品牌宣传和盐池旅游推介。

**6月24—28日** 中国社会科学院国家全球战略智库常务理事长兼秘书长，亚太与全球战略研究院党委书记、研究员、调研组组长王灵桂一行对盐池县改革开放40年来经济社会发展情况和脱贫攻坚情况进行调研，并召开了金融扶贫座谈会。

**6月26日** 盐池县委书记滑志敏、县委常委徐经生对新中国成立前老党员，党龄60年以上的老党员，生活困难党员，离任村（社区）党组织书记进行慰问，为他们送去了慰问金和节日的美好祝福。

**6月25—27日** 国家林业和草原局、自治区农牧厅、吴忠市联合盐池县举办了2018年全国草原普法宣传现场活动，来自内蒙古、四川、西藏、甘肃、宁夏、青海、新疆7个省区80余人参加了现场活动。

**是月** 盐池县政研室起草了《关于深入推进乡村振兴战略三年（2018—2020）行动方案》。

## 7月

**7月2日** 国家民委组织清华大学第一附属医院专家组到盐池县开展的“中华民族一家亲”下基层义诊活动在县医院举行。

**7月4日** 国家卫健委应急办副主任王文杰带领国家督导组，对盐池县鼠疫防控工作进行督导调研。到花马池镇卫生院、县医院、城关社区卫生服务中心、柳杨堡鼠防点等地，通过实地查看、听取汇报、查阅档案资料、召开座谈会等方式，对盐池县鼠疫防控工作开展情况进行全面了解。

**7月5日** 自治区副主席、公安厅厅长许尔锋对盐池县王乐井乡徐光滩村中央环保督察反馈的长庆油田采油三厂土壤污染问题整改情况进行调研督办。许尔锋一行实地察看王乐井乡徐光滩村土壤污染问题整改情况，听取采油三厂负责人相关情况的介绍，并与举报问题的群众面对面了解有关情况，同时对整治区域内70多亩生态植被成活率较低的问题提出整改要求。

**7月8日** 盐池县委召开关于中央第八巡视组移交信访件办理情况专题会议，听取中央巡视组移交信访件整体办结情况及存在问题，安排部署迎接2018年国务院大督查自查工作。

**7月14—21日** 国务院贫困县退出评估检查组委托兰州大学对盐池县8个乡镇进行为期6天的评估检查。

**7月16日** 盐池县花马池镇柳杨堡村获全国一村一品示范村称号。

**7月17日** “盐池黄花菜”区域公用品牌标识被正式确定。

**7月19日** 中共盐池县委下发《关于启用“中国共产党盐池县盐州路街道工作委员会”印章的通知》，原“中国共产党盐池县城关街道工作委员会”正式更名为“中国共产党盐池县盐州路街道工作委员会”，原“盐池县城关街道办事处”也更名为“盐池县盐州路街道办事处。”

**7月20日** 印发《关于落实党员领导干部以普通党员身份参加双重组织生活及所在党组织活动的指导意见》。

**是日** 国家税务总局盐池县税务局正式挂牌。

**7月24日** 吴忠市政协委员提案集中办理协商会在盐池县召开。相关提案承办单位汇报了提案办理工作进展情况，与会市政协委员们根据承办单位的具体办理情况提出了相应的意见和建议。

**7月27日** 2018年中国（盐池）定点跳伞大奖赛暨“航空嘉年华”文化旅游系列活动开幕式。既有紧张而激烈的全国定点跳伞大奖赛、全国模拟飞行锦标赛、自行车邀请赛、长城徒步赛，又有激情四射的哈巴湖星空露营音乐节、宁蒙陕甘青文化旅游艺术节。

**是月** 农业部公布了第八批全国“一村一品”示范村镇，盐池县花马池镇柳杨堡村以盐池滩羊产业获此殊荣。

## 8月

**8月1日** 吴忠市委书记沈左权调研督查盐同红交界处集中连片贫困区脱贫富民战略推进情况，调研督查惠安堡镇中心卫生院改造提升项目进展情况以及惠安堡镇大坝村黄花采摘、烘干、销售等情况。

**8月4—5日** 2018全国模拟飞行锦标赛在盐池县举行。来自北京、四川、江苏、湖南等地的36支参赛队、160名运动员参赛。此次锦标赛以“多彩盐池·我心飞翔”为主题，由国家体育总局航空无线电模型运动管理中心、中国航空运动协会主办，盐池县人民政府承办。竞赛内容主要包括转场飞行(民航飞机)、穿越气柱竞赛(运动飞机)、无动力降落(教练机)、航空飞镖(现代战机)。

**8月4日** 北京林业大学水土保持学院人才培养基地揭牌仪式在宁夏盐池哈巴湖博物馆举行。

**8月7日** 盐池县委召开2018年扶贫开发领导小组第六次会议。传达学习《关于自治区扶贫开发领导小组2018年第四次会议精神和吴忠市脱贫攻坚推进会议精神》，并研究贯彻意见；研究审定了《关于中央第八巡视组反馈脱贫攻坚突出问题整改落实方案》《关于2018年部分扶贫保险政策调整补充方案》。

**是日** 盐池县农牧局发放首张农药经营许可证。

**是日** 盐池县委召开2018年第十次县委中心组理论学习会议。传达学习了《中共中央 国务院 关于印发〈乡村振兴战略规划（2018—2022年）〉的通知》精神。

**8月9日** 十四届盐池县委第三轮扶贫领域专项巡察动员部署会召开。传达学习了全区市县（区）党委巡察工作推进会精神，宣布了十四届县委第三轮扶贫领域专项巡察工作任务、时间安排、主要内容、巡察方法及各巡察组组长、副组长授权名单，巡察组人员安排情况。

**是日** 盐池县高沙窝镇普降暴雨，汛情严峻，整个高沙窝镇停水停电、道路塌方、房屋被淹、群众被困。高沙窝派出所闻警而动，启动应急机制，联合高沙窝镇政府领导干部深入一线、靠前指挥，全体民警、辅警坚守奋战在最前线，疏散群众、转移财产、房屋排水、疏导交通，全力保护人民群众生命财产安全。

**8月15日** 全区现代化生态灌区暨高效节水灌溉推进会在盐池县惠安堡镇召开。自治区党委常委、副主席马顺清出席会议并讲话。会上，自治区水利厅通报了全区高效节水灌溉和现代化生态灌区建设进展情况，安排部署了下一步工作。盐池县、利通区在大会上作了交流发言。

**8月16日** 自治区副主席杨培君带领调研组对盐池县“医疗+医疗健康”和全民健身工作进行调研。到县城环城公园、解放公园、县医院、城关社区卫生服务中心、社区全民健身体育馆、全民健身活动中心、花马池镇中心卫生院、花马池镇长城村卫生室等地，详细了解盐池县“医疗+医疗健康”应用、家庭医生签约服务及重点人群管理、“互联网+家庭医生服务平台”应用及健康扶贫、公立医院改革、“互联网+远程门诊”，以及相关基层医疗卫生、社区全民健身体育馆项目建设和全民健身等工作情况。

**8月31日** “行走塞上江南·见证神奇宁夏”2018年中国百名记者自驾游宁夏（盐池）采风活动在花马广场启动。

**是日** 盐池县公安局破获自治区公安厅挂牌督办的“5·29”特大电信网络诈骗案。

## 9月

**9月3日** 宁夏水投集团与盐池县“水务一体化”合作签约暨宁夏水投盐池水务公司揭牌仪式在县城举行。

**9月7日** 盐池县春雪荞麦壳制品有限公司选送的荞真堂手工滩羊布艺作品参加在四川省峨眉山市举办的2018中国特色旅游商品大赛，并从全国31个省市区的8万多件参赛商品中脱颖而出，获此次大赛金奖。

**9月8日** 2018年宁夏第四届全民健身节沿长城中国·盐池国际自行车邀请赛暨环宁夏自行车联赛（盐池站）在盐池县举行。来自突尼斯、苏丹、乌兹别克斯坦、伊朗、哈萨克斯坦、俄罗斯等7个国家的12名运动员、全国各省市70多家自行车协会、俱乐部和车队及盐池县各党委（党组）的共计600多名运动员参加了比赛。

**9月8日** 宁夏回族自治区党委书记、人大常委会主任石泰峰到盐池县进行脱贫攻坚调研，了解中央脱贫攻坚考核反馈问题整改及脱贫摘帽进展情况，强调要深入贯彻落实关于脱贫攻坚的重要论述，认真落实中央和自治区关于打赢脱贫攻坚战三年行动的决策部署。在深入走访当地产业龙头企业宁夏供销集团盐池县鑫海食品有限公司以及王乐井乡、冯记沟乡的建档立卡户后，指出各地要因地制宜、立足各地实际、坚持发展特色脱贫产业，不断拓宽贫困群众增收致富空间，打造持续可脱贫模式，各地要借鉴学习盐池滩羊产业发展经验和产业脱贫模式。

**9月10日** 盐池县举行庆祝第三十四个教师节暨教育表彰大会，表彰奖励一批爱岗敬业、严谨笃学、群众公认的优秀教师及教育工作者。

**9月17—18日** 福建省泉州市洛江区委书记洪飞跃带领党政企考察组到盐池县考察交流，对接两县区协作事宜。到王乐井乡曾记畔村，大水坑镇宁夏巨拓实业有限公司，麻黄山乡何新庄村、包塬村，青山乡古峰庄村，惠安堡镇大坝村、惠苑村等地，通过实地查看，听取介绍、入户走访等方式，对盐池县金融扶贫、乡镇振兴项目建设、石膏加工产业、德昌铁路物流中心建设、全域旅游项目开发、老年饭桌建设等情况进行了全面了解，同时还开展“镇村结对帮扶共建”活动。

**9月23日** 全区首届“中国农民丰收节”盐池县分会场——滩羊美食文化旅游系列活动在宁夏盐池县滩羊小镇启动。活动期间，举办了滩羊选美、休闲农业体验、盐池滩羊基因（SNP）鉴定技术成果发布会、中国品牌网“一县一品”品牌扶贫行动、农特产品展示展销、滩羊美食汇、啤酒音乐节、2018年盐池县秋季服装暨农副产品交易会等活动；金秋九月“最美盐州”古城文化旅游系列活动则安排了环古城迷你马拉松比赛、“庆丰收”农民文艺调演、古城民俗文化展示等活动。

**是日** 盐池滩羊基因（SNP）鉴定成果技术发布会在盐池举行。宁夏农林科学院联合中国农业科学院北京畜牧兽医研究所、北京康普生农业科技有限公司利用全基因组重测序和生物信息学分析的方法，发现滩羊区别于绵羊品种的特异的25个SNP基因位点，构建滩羊基因组变异的“指纹图谱”，开发了盐池滩羊基因（SNP）鉴定技术。

**是日** 盐池黄花菜入选自治区特色优质农产品品牌建设领导小组公布的“十大农产品区域公用品牌”之列。

**9月25日** “CCTV—2019·全球旗袍春晚”海选赛在澳门百老汇剧场正式拉开帷幕。宁夏盐池县民间旗袍艺术协会选送的《天下最美，花舞人间》参赛作品，以清新优雅、婀娜多姿的舞台表演风格征服了现场观众和评委，在50支参赛队伍中脱颖而出，获“最佳百花奖”。

**是日** 盐池县委召开了县委常委会从严整改中央巡视反馈问题专题民主生活会。传达学习了石泰峰书记在专题听取自治区巡视情况汇报会上的讲话精神；盐池县委书记滑志敏代表县委班子作对照检查，并作了个人对照检查发言，主动接受各位班子成员的批评和建议意见。随后，其他班子成员逐一进行对照检查，相互间开展了严肃认真的批评与自我批评。

**9月27日** 盐池县政府召开政府领导班子从严整改中央巡视和自治区党委巡视反馈问题专题民主生活会议。传达学习了石泰峰书记在专题听取自治区巡视情况汇报会上的讲话精神，书面通报了政府领导班子征求意见情况，盐池县委副书记、县长戴培吉代表县政府班子作了对照检查，并作了个人对照检查发言，主动接受各位班子成员的批评和建议意见。

**9月29日** 自治区人民政府正式批复《关于申请批准盐池县脱贫退出的请示》，并发布《关于盐池县退出贫困县的公告》，同意盐池县退出贫困县序列。根据国家贫困县退出专项评估检查结果，盐池县综合贫困发生率为0.66%，群众认可度为97.71%，没有发现错退和漏评问题，符合贫困县退出条件。这是宁夏9个贫困县区中首个脱贫退出的县区。

**是月** 盐池县中南部水源工程隰宁堡水库暨自治区60大庆献礼项目如期完工，工程共开挖土石方111.23万立方米，浇筑混凝土2.12万立方米，累计完成投资9900万元。

**是月** 盐池县盐州商贸广场正式投入运营。

**是月** 由中央电视台拍摄的《盐池滩羊》品牌宣传片完成摄制，将作为庆祝自治区成立60周年宁夏优质特色农产品品牌宣传周宣传片，在央视七套《每日农经》播出。

**是月** 经全国脱贫攻坚奖评选委员会初评和复评，国务院扶贫开发领导小组公布了2018年全国脱贫攻坚奖建议人选（组织）公示名单，盐池县获全国脱贫攻坚组织创新奖，为宁夏唯一入围该奖的组织。

## 10月

**10月4日** 2018宁夏盐池“美丽哈巴湖”首届全国弹弓旅游赛在园林人家举行。

**10月9日** 2018年全区青少年足球锦标赛

开幕式在盐池县全民健身中心举行。

**10月10日** 固原市西吉县扶贫干部到盐池县学习精准扶贫精准脱贫经验做法培训班在县委党校举行。

**是日** 投资3.6亿元的全区首家民营铁路物流中心——宁夏德昌铁路物流一期项目，顺利完成与太中银铁路并轨，全面进行试运行准备阶段。

**10月11日** 宁夏残联党组书记、理事长娄晓萍带领参加2018年全区残疾人工作现场观摩会的与会人员到盐池县花马池镇柳杨堡村残疾人扶贫基地进行现场观摩交流。观摩团成员通过听取汇报、现场观摩，全面了解盐池县残疾人工作情况和残疾人扶贫基地建设情况，并对花马池镇柳杨堡村残疾人扶贫基地开展的“合作社+基地+残疾户”的残疾人就业创业模式给予了充分肯定。

**10月12日** 宁夏动物检疫监督信息化建设暨病死畜禽无害化处理现场培训班在盐池县举办。

**是日** 盐池县民间旗袍艺术协会参加CCTV—2019年全球旗袍春晚（澳门站）海选赛并获得了“最佳百花奖”。以旗袍亮相于澳门的舞台，让全世界知道了富有魅力的“多彩盐池·滩羊之乡”。

**10月13日** “寻味盐池·鲜天下”盐池滩羊品牌推广会暨县政府与盒马鲜生战略合作启动仪式在上海小南国花园酒店举行，盐池滩羊肉正式入驻盒马鲜生零售门店，开启“优质”到“优价”的零售新模式。

**10月14日** 盐池县与本来生活网在上海举行座谈会，就进一步通过本来生活网等电商搭建的精准扶贫平台，助力盐池县农业产业发展，将盐池滩羊及其他特色农产品打造成具有影响力的中国农产品品牌进行了交流和探讨。

**10月15日** 全区首届“中国农民丰收节”系列活动之一“金秋翰墨飘香·盐州美景如画”书画剪纸摄影展在盐池县长城关举办。

**是日** 宁夏回族自治区党委书记、人大常委会主任石泰峰到盐池县调研督查哈巴湖自然保护区生态建设及中央环保督察“回头看”反馈问题整改情况，强调要坚决贯彻习近平生态文明思想，大力实施生态立区战略，加强生态环境保护，加快建设天蓝、地绿、水美的美丽家园，让老百姓在绿水青山中有更多获得感、幸福感。自治区领导马顺清、赵永清参加调研。

**10月16日** 宁夏盐池县脱贫退出现场会在盐池县城召开，自治区党委书记、人大常委会主任石泰峰出席现场会并讲话，强调要深入学习贯彻习近平新时代中国特色社会主义思想和党的十九大精神，深入贯彻落实习近平总书记关于扶贫工作的重要论述，坚持精准扶贫精准脱贫基本方略，认真学习借鉴盐池县脱贫攻坚的做法和经验，坚持问题导向，增强必胜信心，把各项工作做得更精准更扎实更有效，坚决打好打赢精准脱贫攻坚战。自治区党委副书记、自治区主席咸辉主持现场会并参加观摩活动。现场会上，自治区党委常委、自治区副主席马顺清宣读了《自治区人民政府关于盐池县脱贫退出的批复》《自治区党委和人民政府关于表彰盐池县脱贫攻坚工作的决定》。自治区党委和政府决定，奖励盐池县“以奖代补”资金3000万元。

**是日** 全国政协委员、九三学社宁夏区委副主席、宁夏农林科学院荒漠化治理研究所所长、研究员蒋齐带队，国家牧草产业技术体系盐池试验站站长、研究员张蓉，九三学社宁夏区委参政议政处处长张锐等一行8人到盐池就“宁夏草原生态建设与草畜产业发展”进行专题调研。

**10月17日** 国家扶贫日当天，2018年全国脱贫攻坚奖揭晓，140个先进个人和组织获奖，宁夏共有1个组织和2位个人获得表彰。全国脱贫攻坚奖设奋进奖、贡献奖、奉献奖、创新奖、组织创新奖五个奖项。其中，盐池县获得组织创新奖。此前，宁夏的马希丰、党彦宝、朱玉国获得了全国脱贫攻坚奖。

**10月19日** 吴忠市“传承红色文化基因·争做时代新人”主题教育活动现场会在盐池县召开。

**10月23—24日** 中国航空油料集团公司党委副书记曹永晖一行，对盐池县帮扶项目建设情况进行调研，并召开座谈会，就持续推进定点帮扶协作工作落实，巩固提升企地合作成果进行深入交流。

**10月25日** 盐池县政府与石嘴山银行战略合作签约仪式、石嘴山银行“美丽盐池”环卫车捐赠仪式暨石嘴山银行盐池支行开业仪式在世纪广场举行。

**是日** 吴忠市委常委、副市长苏慧娟一行督查盐池县经济运行及项目建设情况座谈会在县城召开。

**10月26日** 全国绿化委员会办公室专职副主任胡章翠带领农业农村部检查组对盐池县非洲猪瘟防控工作进行检查。

**10月27日** 由中华预防医学会组织举办的基层互联网慢病管理领航项目——北区第二场慢病研讨会在盐池县举行。

**10月27—28日** 海南省乐东黎族自治县县委书记吴川祝带领党政考察团到盐池县考察调研，并召开座谈会。对盐池县滩羊产业深加工、金融扶贫、小产业发展、旧村庄改造、光伏扶贫、乡村扶贫档案收集整理、村集体经济发展等情况进行全面了解。

**是月** 盐池县政府决定授予杨志、赵尚佐见义勇为先进个人称号，并给予表彰奖励。

**是月** 投资3.6亿元的全区首家民营铁路物流中心——宁夏德昌铁路物流一期项目，顺利完成与太中银铁路并轨，全面进行试运行准备阶段。

**是月** 盐池县整合投入5600万元，分两年实施“盐池滩羊”产业示范镇建设项目。

**是月** “盐池黄花菜”入选自治区特色优质农产品品牌建设领导小组公布的“十大农产品区域公用品牌”。

## 11月

**11月1日** 盐池县组织人大代表、政协委员、党代表、各党委代表暨各乡镇扶贫工作代表等100多人赴银川参观了建设美丽新宁夏 共圆伟大中国梦——宁夏回族自治区成立60周年大型成就展。

**是日** 盐池滩羊代表宁夏品牌农产品入选由农业农村部、湖南省人民政府、湖南卫视联合举办第十六届中国国际农交会全国品牌农产品推介活动“乡人乡味”晚会，并走进湖南电视台演播室。来自盐池县奋林农畜交易中心（有限公司）的强奋林和青岛上合组织峰会国宴总指挥、厨师长唐卓为盐池滩羊肉站台推介。

**是日** 农业农村部乡村产业发展司公布，盐池县等155县（市、区）为2018年全国农村一、二、三产业融合发展先导区。入选全国农村一、二、三产业融合发展先导区创建名单，将为盐池县加快转变农业发展方式、拓宽农民增收渠道、构建现代农业产业体系奠定坚实基础。

**11月2日** 十四届县委第四轮脱贫攻坚专项巡察工作动员部署会在盐池县委党校召开。传达学习了中央脱贫攻坚专项巡视、十二届自治区党委第四轮巡视、五届市委第四轮巡察工作动员部署会议精神；宣布了十四届县委第四轮脱贫攻坚专项巡察、巡察组组长授权任职及任务分工名单；宣读了十四届县委第四轮脱贫攻坚专项巡察工作方案。

**11月5日** 盐池县委副书记、县长戴培吉主持召开全县经济发展推进会，贯彻落实全区经济发展推进会和吴忠市经济运行调度会精神，深入分析研判当前全县经济运行中存在的问题。

**11 月 7 日** 吴忠市委书记沈左权到盐池县惠安堡镇督察调研。先后到惠安社区、惠安堡镇中心小学、狼布掌村等地，对社区党建、民族团结创建、“互联网 + 教育”等工作进行调研。

**11 月 9 日** 盐池县成立县深化机构改革领导小组，谋划党政机构改革前期准备工作。

**11 月 11 日** 由宁夏卫视主办的电商扶贫“2018 我是县长我代言”公益网络直播活动在宁夏广播电视台演播厅举行，盐池县副县长边卡为盐池县的特色农副产品和旅游项目代言。

**11 月 12 日** 盐池县召开脱贫富民工作推进会，全面落实在盐池县脱贫退出现场会上石泰峰书记、咸辉主席、马顺清副主席的新要求、新任务，总结全县脱贫攻坚经验做法，分析当前存在的新问题，对当前和今后一个时期脱贫富民工作进行安排部署。会议宣读了《自治区人民政府关于盐池县脱贫退出的批复》《自治区党委 人民政府关于表彰盐池县脱贫攻坚的决定》；传达了自治区召开盐池县脱贫退出现场会议精神。

**11 月 13 日** 自治区人大常委会副主任吴玉才一行对盐池县脱贫攻坚工作进行调研。调研组一行先后深入长流墩行政村、顾记圈自然村实地查看民俗长廊情况，并到贫困户家中切实了解贫困户的生活情况和牲畜养殖情况。随后在长流墩村村部召开扶贫攻坚座谈会。

**11 月 15 日** 自治区生态环境保护重点任务督查检查组第三组组长吴洪相带领督查检查组对盐池县生态环境保护重点任务进行督查检查。对高沙窝区块污水处理厂运行情况、宁夏佳能创科化工有限公司挥发性有机污染物气体治理项目建设情况、南环新村散煤治理情况等进行督查。

**11 月 16 日** 盐池全县公益诉讼工作推进会在县城召开。学习贯彻落实中央、自治区党委、市委和县委关于公益诉讼工作的重要部署，共同推进全县公益诉讼工作深入开展，以维护国家利益和社会公共利益，为盐池县生态战略顺利实施提供有力的司法执法保障。

**11 月 17 日** 长富宫尊享品鉴会“臻鲜之旅”——“盐池滩羊”宣传推介活动在北京举行。县委书记滑志敏作主题推介，共享餐饮文化，共话发展大计。

**11 月 19 日** 由盐池县委宣传部、宁夏森虎文化传媒有限公司联合摄制的公益微电影《就恋这把土》，在云南临沧举办的第六届亚洲微电影艺术节上，从 4000 多部作品中脱颖而出，斩获亚洲微电影艺术节“优秀作品奖”。

**11 月 19—23 日** 盐池县档案馆闭馆，并往新馆搬迁馆藏档案。

**11 月 21 日** 盐池县税收组织入库 17.33 亿元，同比增长 30.53%，完成年度计划任务的 108.32%。预计全年税收收入有望突破 18 亿元，地方级全年完成 11.2 亿元，同比增长 2 亿元。

**11 月 22—24 日** “冬游宁夏・享受阳光”宁夏旅游推介会——“滩羊之乡・多彩盐池”主题宣传推介活动在海南省海口市举行。塞北名肴滩羊肉和盐州大草原让“椰岛”人享受了一场饕餮盛宴。县长戴培吉作主题推介。签约仪式上，海南省乐东黎族自治县与盐池县签订了《战略合作框架协议》；海南销售公司与盐池县滩羊企业签订了《滩羊肉销售合作协议》。11 月 23 日举行的第三届海南世界休闲旅游博览会上，昫盐文化旅游投资发展有限公司、滩羊产业发展集团有限公司等企业在宁夏特色产品展销区精彩亮相。11 月 24 日海口市举行的 2018 年（第十九届）海南国际旅游岛欢乐节开幕式上，盐池县委副书记牛犇与友好县乐东县县长李永群等领导先后到乐东县展馆、宁夏馆盐池展区参观并了解特色产品展示情况。

**11 月 23 日—2019 年 3 月 16 日** 为期 3 个月的“中国重要农业文化遗产主题展”在北京全国农业展览馆开幕。展览包括 91 个中国重要农业文化遗产，其中中国被联合国粮农组织列为“全球重要农业文化遗产”的15项18个遗产，宁夏盐池县滩羊系列产品也陈列其中。

**11月27日** 盐池县人大常委会主任韩向春带领视察组，对县政府办理代表议案建议情况进行视察。视察组先后对城区内煤炭配送小、乱、散、污整治，北环综合农贸交易市场建设运，南关社区平房区改造，南苑新村供暖及破损道路维修，农村厕所改造等情况进行了实地察看，并听取了相关情况的介绍。

**11月29日** 盐池县委召开2018年扶贫开发领导小组第八次会议。学习了《习近平扶贫论述摘编》第一章节相关内容，传达了全区扶贫领域腐败和作风问题专项治理工作例会暨扫黑除恶专项斗争监督执纪问责工作推进会精神，并研究了贯彻意见。听取了《2018年全县脱贫攻坚巩固提升成效考核工作方案》《关于盐池县脱贫摘帽专项评估检查反馈问题的整改方案》和《盐池县脱贫富民三年行动实施方案》、关于调整2018年脱贫富民项目资金使用情况、2018年动态调整建档立卡贫困户情况的汇报。

**是月** 第十六届中国国际农产品交易会在湖南长沙举办。作为唯一代表宁夏参加此次交易会的农产品——盐池滩羊肉，受到了长沙市民的追捧和青睐。

**是月** 总投资1.5亿元，全长4.3公里的古城墙保护性修复工程实现全线贯通。盐池县花马池古城始建于明正统八年(1443年)，距今已有500多年的历史，是宁夏唯一的保护相对完整的古城遗迹。

## 12月

**12月1日** 位于盐池县城北园子片区的货运车辆大型停车场一期基础设施建设竣工，并正式投入运营。

**12月5日** 中国航空油料集团有限公司与盐池县合作框架协议签订。中航油集团公司副书记曹永晖与县长戴培吉签订了帮扶协议。

**12月7日** 盐池县规模最大、配套最完善的综合农贸市场开业。同时，周五集市也搬迁至新农贸市场南侧。

**12月13日** 盐池县2019年工作谋划情况汇报会在县城召开。

**12月14日** 根据《科技部关于公布首批创新型县（市）建设名单的通知》（国科发农〔2018〕301号）精神，盐池县被列为全国首批52家创新型县（市）建设单位之一，也是宁夏地区唯一的一家。

**12月18日** 中国银行盐池支行隆重开业。

**是日** 盐池县委召开全县滩羊产业发展座谈会，听取2018年全县滩羊产业发展情况及2019年滩羊产业发展规划的汇报，并与部分单位和县乡村协会负责人、企业和金融机构代表就当前全县滩羊产业发展状况、存在的问题及产业持续发展的对策建议进行广泛交流与讨论。

**12月20日** 中国航空油料集团有限公司董事长、党委书记周强一行到盐池县调研中航油定点扶贫项目推进情况，并召开座谈会，就持续推进定点帮扶工作落实、推动企地合作深层次发展进行深入交流。

**是日** 召开盐池县机构改革领导小组办公室会议，会议讨论了《盐池县机构改革方案（讨论稿）》《关于拟定盐池县党政部门机构编制职数框架的原则》、框架模板和部门“三定”规定模板。

**12月21日** 召开盐池县机构改革领导小组会议，研究《盐池县机构改革方案（讨论稿）》《关于拟定盐池县党政部门机构编制职数框架的原则》和框架模板。研究关于盐池县机构改革涉及相关工作进一步细化任务分工建议。

**12月23日** 宁夏“盐池滩羊”品牌宣传暨经贸合作推介会在美丽的园林城市江苏省苏州市

东山宾馆举行。推介会上，县政府与苏州绿化特种草业公司签订了战略合作协议，与苏州宁夏商会签订了委托招商引资协议，盐池滩羊产业发展集团有限公司与苏州东山宾馆签订了盐池滩羊肉供销合作协议。推介活动中，与会嘉宾观看了《滩羊之乡·多彩盐池》宣传片和G20峰会宴会盐池滩羊肉——羊羔冻的烹饪过程，品鉴了盐池滩羊肉的美味。上海兴国宾馆总经理黄斌、中国国宾馆协会荣誉主席王照龙等170多名嘉宾和商会、企业代表及盐池县相关部门负责人参加了活动。

**12月28日** 吴忠市文化大院建设推进会暨2019年“两节”文化活动部署会在盐池县举行。会议宣读了《关于命名首批吴忠市文化大院的决定》，利通区、红寺堡区、青铜峡市、盐池县、同心县、市文体新广局代表分别围绕文化大院建设工作作了交流发言，安排部署了2019年元旦、春节文化活动。

**是年** 盐池县被国务院扶贫宣教中心列为全国19个脱贫示范县总结推广扶贫工作经验，聘请华中师范大学编写《中国县域脱贫攻坚案例研究——盐池县卷》和《图说中国脱贫攻坚——盐池县的故事》；盐池县实施精准识别。2018年实现了125户272人稳定脱贫，及时将因灾和因大病造成家庭困难的43户109人纳入建档立卡贫困户；盐池县实施特色产业工程，全年羊只饲养量315.7万只、黄花菜累计种植面积达8.1万亩、小杂粮种植44.2万亩、一年生优质牧草12.9万亩、中药材1.3万亩；盐池县实施基本公共服务。新修柏油路201.5公里，完成村组巷道查漏补缺水泥路硬化70公里，完成村组连接路、灌区主干道路260公里；完成人饮安全提升改造和高效节水灌溉等中小型水利工程20个。建设村集体集中式黄花晾晒场31700平方米；完成污水处理及改厕2000户；完成惠安堡镇杜记沟村、王乐井乡王乐井村、冯记沟乡杨庄台村等30个美丽村庄建设；完成了“十三五”易地扶贫搬迁到户产业项目、产业配套基础设施建设等项目；实施金融扶贫。全县符合条件的贫困户户均贷款8.8万元；全面推行“2+X扶贫保”，对建档立卡贫困户和一般农户2个人身保险全额补贴；对X扶贫保险中产业保险群众自筹部分财政补贴40%。建档立卡贫困户家庭综合意外伤害险和大病补充医疗险投保率均达100%；实施健康扶贫。全面落实健康扶贫8道保障网，全县建档立卡贫困患者住院医疗费用实际报销比例达90.6%。将城市居民最低生活保障标准由450/月提高到560元/月；农村低保标准由每人每年3150元提高到3800元，高于当年扶贫线，财政月人均补差水平由245元提高到270元；实施社会帮扶工作。积极争取闽宁对口扶贫协作资金2855万元（含2017年475万元），组织实施闽宁示范村建设和社会事业、特色产业发展等15类20个建设项目。盐池县与中国航空油料集团公司签订了《中国航空油料集团公司盐池县人民政府合作框架协议（2018—2020年）》，2018年落实项目资金800万元；实施扶贫资金项目库建设。入库项目三年共计划投资25.56亿元，项目库系统共录入项目10149个。2018年统筹整合财政涉农资金68305万元，已支出63667万元，支出率为93.21%；2018年财政扶贫专项资金27931.16万元，已支出27255.71万元，支出率为97.6%；扶贫信息三级公开。通过盐池县智慧扶贫综合管理服务系统、扶贫门户网站、扶贫百事通APP、扶贫微信公众平台、触控查询一体机和短信平台等现代科技手段和公示栏等便于群众知晓、理解和监督的形式，实现了扶贫信息县、乡（镇）、村“三级公开”。

# 盐池综览

YANCHIZONGLAN



## 地理人文

【概 况】 盐池县总面积8522平方公里，东西略宽，南北较长；是宁夏面积最大的县。全县辖4个乡、4个镇、100个村、1个街道办事处、11个社区。盐池县是革命老区，1936年6月21日西征红军解放了盐池县城，建立了宁夏第一个县级红色政权。盐池县境内有隋、明长城4道250余公里，绵延横亘，气势恢宏，被誉为中国的“长城博物馆”。长城关、烽火台、深沟高垒、八步站台等遗址雄踞边塞，曾经为防御匈奴发挥了重要作用，现保存较为完整的隋长城在全国已不多见。长城、红色遗址遗迹已经成为盐池县重要的旅游资源。

【自然资源】盐池县是优质小杂粮集中产地。全县可利用草原714万亩，耕地134万亩；境内有石油、煤炭、石灰岩、石膏、石英砂、砂砾石、池盐、芒硝、铜、铁等，其中已探明石油储量4500万吨，煤炭储量81亿吨；地下蕴藏的矿产资源已发现16种之多，石膏4.5亿立方米，白云岩3.2亿立方米，石灰石11亿立方米，开发利用前景十分广阔。皮毛、食盐、甘草素称盐池“三宝”。

【气候条件】盐池县地广人稀，属于典型的温带大陆型气候。雨水偏少，风沙较多，气候干燥，冬季严寒，夏季温凉，春迟秋早，晨凉、午热、夜寒，有“早穿皮袄午穿纱，晚上围着火炉吃西瓜”之说。2018年最高气温34.7℃，最低气温-22.3℃，年平均气温9.3℃，全年降水量385.5毫米，蒸发量1222.1毫米，日照2683.3小时，无霜期167天，大风天数3天，扬沙14次，浮尘9次。去除沙尘天气影响，全县空气质量优良率96.7%，同比提高12个百分点。可吸入颗粒物（$PM_{10}$）平均浓度65微克/立方米，细颗粒物（$PM_{2.5}$）平均浓度33微克/立方米，同比改善23.8%和29.8%。

【历史文化遗存】全县第三次全国文物普查统计结果中，经文物部门实地调查登记在册的不可移动文物共489处。其分布类型分别为古遗址（聚落址、村落址）110处，烽火台136处，堡址44处，城址21处，古建筑（坛庙祠堂）49处，清真寺9处，古墓葬33处，长城及长城附属建筑15处，石窟2处，近现代重要史迹及代表性建筑10处，其他类60处。盐池独特的地理位置和悠久的历史，形成了盐池独特的多边文化，这里农耕、游牧文化交融，远古、现代文明沉积，既有秦汉时期的长城墩堠，又有近代革命历史遗迹，既有中原农耕文化，又有塞外游牧文化，既有陕北信天游，又有西北花儿，还有内蒙古草原文化。

**【名优特产】**盐池县是全国滩羊集中产区和宁夏畜牧业生产重点县，2003年，被国务院特产委员会命名为“中国滩羊之乡”，2005年成功注册“盐池滩羊”产地证明商标，2018年滩羊饲养量达315.7万只，滩羊肉、二毛皮享誉海内外，以滩羊为主的畜牧业已成为盐池的“一号产业”；1995年被国务院命名为“中国甘草之乡”，境内分布的野生中药材有130多种，甘草、苦豆草面积分别为235万亩和300万亩，所产甘草品质好、药用价值高，在国内外享有很高声誉，近年来人工甘草发展势头强劲，留床面积达54万多亩。2018年，成立了全区首家黄花菜研究院和黄花产业发展协会，新增黄花种植面积2万亩，累计种植面积达8.1万亩，实现产值1.5亿元，“盐池滩羊肉”“盐池黄花菜”被评为全区十大农产品区域公用品牌。

## 国民经济

**【概 况】**2018年全县实现地区生产总值90.28亿元，同比增长10.6%（按可比价格计算，下同），增速比上年同期提高0.5个百分点，在全区22个县（区、市）中与兴庆区并列第一。分季度看，全年经济运行呈“一”字形走势，一季度增长10.1%，二季度增长12.9%，三季度增长10.3%，四季度增长10.6%。分产业看，第一产业实现增加值7.25亿元，增长4.3%，增速较上年同期提高0.1个百分点；第二产业实现增加值51.94亿元，增长15.5%，增速较上年同期提高3.3个百分点；第三产业实现增加值31.09亿元，增长3.5%，增速较上年同期下降4.3个百分点。从三次产业的构成看，三次产业增加值结构由上年同期的7.4 ∶ 60.4 ∶ 32.2调整为2018年的8.1 ∶ 57.5 ∶ 34.4，产业结构渐趋合理，第一产业比重提高0.7个百分点，第二产业比重下降2.9个百分点，第三产业比重提高2.2个百分点。从三次产业对经济增长的贡献来看，一、二、三产业对经济增长的贡献率由上年同期的3.5%、70.2%和26.3%变为2018年的3.2%、86.0%和10.8%，第二产业对经济增长的贡献率较上年同期提高15.8个百分点，第三产业贡献率较上年同期下降15.5个百分点。一产拉动经济增长0.3个百分点，二产拉动经济增长9.1个百分点，三产拉动经济增长1.2个百分点。按常住人口计算，全县人均地区生产总值57146元，较上年增长9.6%。

单位：万元

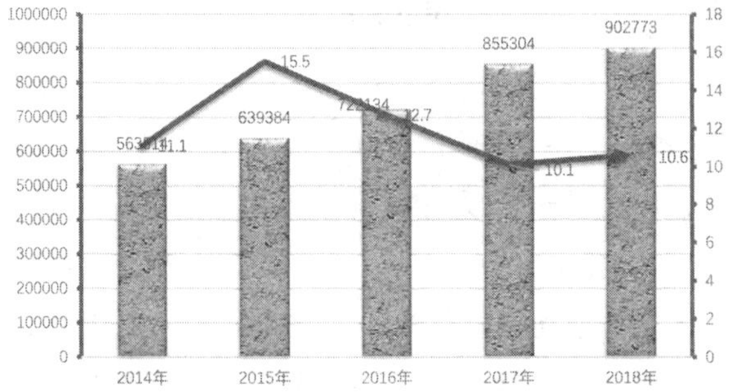


图1 2014—2018年地区生产总值总量及增速图

表1 2018年盐池县地区生产总值构成情况统计表

| 指标 | 绝对值（万元） | 比上年增长（%） |
|---|---|---|
| 地区生产总值 | 902773 | 10.6 |
| 农林牧渔业 | 78117 | 4.2 |
| 工业 | 319400 | 14.6 |
| # 开采辅助活动 | 165 | 14.6 |
| 金属制品、机械和设备修理业 | 171 | 14.6 |
| 建筑业 | 200327 | 18.0 |
| 批发和零售业 | 12318 | 5.2 |
| 批发业 | 7628 | 5.7 |

续表 1

| 指标 | 绝对值（万元） | 比上年增长（%） |
|---|---|---|
| 零售业 | 4690 | 4.4 |
| 交通运输、仓储和邮政业 | 31085 | -25.1 |
| 住宿和餐饮业 | 19113 | 5.5 |
| 住宿业 | 3970 | 1.5 |
| 餐饮业 | 15142 | 6.6 |
| 金融业 | 78035 | 6.5 |
| 房地产业 | 19309 | 4.5 |
| 房地产业（K门类） | 2427 | 1.3 |
| 自有房地产经营活动 | 16882 | 5.0 |
| 其他服务业 | 145070 | 7.3 |
| 营利性服务业 | 56665 | 15.2 |
| 信息传输、计算机服务和软件业 | 28576 | 36.1 |
| 其他营利性服务业 | 28089 | 1.1 |
| 非营利性服务业 | 88405 | 3.2 |
| 第一产业 | 72473 | 4.3 |
| 第二产业 | 519391 | 15.5 |
| 第三产业 | 310909 | 3.5 |

单位：%

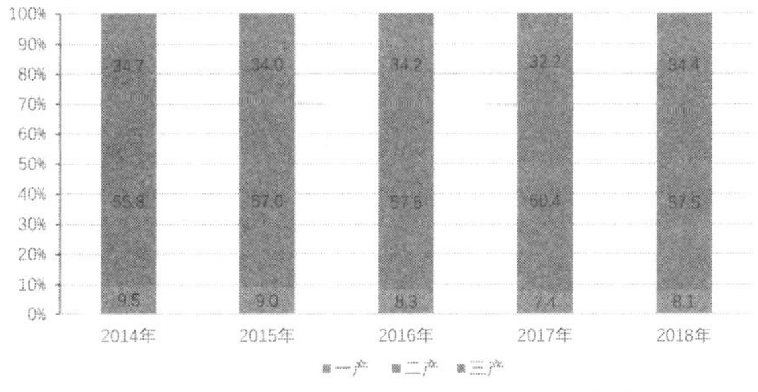

图 2　2014—2018 年地区生产总值构成图

【农业农村经济】全年实现农林牧渔业总产值 16.68 亿元，增长 4.2%，增速较上年同期下降 0.2 个百分点；其中农业产值 56173.8 万元，增长 4.3%，林业产值 5527.2 万元，增长 128.0%，牧业产值 96117.8 万元，增长 3.1%，农林牧渔服务业产值 8818.2 万元，增长 3.9%。实现农林牧渔业增加值 7.81 亿元，增长 4.2%，增速较上年同期提高 0.1 个百分点；其中，农业实现增加值 30663.3 万元，同比增长 4.3%，占农林牧渔业增加值的比重达 39.3%，畜牧业实现增加值 39533.6 万元，同比增长 3.1%，占农林牧渔业增加值的比重达 50.6%。羊存栏 111.2 万只，同比增长 33.8%，羊出栏 107.6 万只，同比增长 21.7%。生猪存栏 4.6 万头，同比下降 8.4%，生猪出栏 6.3 万头，同比下降 3.5%，肉类总产量 25516 吨，同比增长 13.94%，其中，羊肉产量 20099 吨，同比增长 20.17%。全年粮食播种面积 85.25 万亩，同比增长 4.5%，实现粮食产量 12.68 万吨，同比增长 16.0%；其中玉米播种面积 19.8 万亩，增长 10.0%，实现产量 7.92 万吨，增长 17.2%；马铃薯播种面积 15.2 万亩，下降 9.5%，实现产量 2.28 万吨，增长 28.8%。

**表 2　2018 年盐池县畜牧业生产情况统计表**

| 畜牧业生产情况 | 总量 | 增长（%） |
|---|---|---|
| 生猪出栏（头） | 62845 | -3.46 |
| 羊出栏（只） | 1076117 | 21.67 |
| 牛出栏（头） | 2038 | 14.11 |
| 家禽出栏（只） | 117327 | -13.58 |
| 肉类总产量（吨） | 25516 | 13.94 |
| # 羊肉产量（吨） | 20099 | 20.17 |
| 禽蛋产量（吨） | 958 | -3.33 |
| 牛奶产量（吨） | 18312 | 26.97 |
| 期末牛存栏（头） | 7425 | 6.28 |
| 期末猪存栏（头） | 46200 | -8.44 |
| 期末羊存栏（只） | 1112451 | 33.82 |
| 期末家禽存栏（只） | 71500 | -17.30 |

【工业经济】全年全县规模以上工业增加值增长 15.5%，增速较上年同期下降 3.5 个百分点。全部工业增加值占 GDP 的比重为 35.38%，对经济增长的贡献率为 59%，拉动经济增长 6.3 个百分点。从行业分类看，超六成行业保持增长，13 个行业"八升五降"，其中增长的行业有：煤炭开采和洗选业增长 17.9%；石油、煤炭及其他燃料加工业增长 16.7%；电力、热力生产和供应业增长 15.2%；燃气生产和供应业增长 25.3%；农副食品加工业增长 52.4%；纺织业增长 10.2%；皮革、毛皮制造业增长 4.7%；非金属矿物制品业增长 2.0%。下降的

行业有：橡胶和塑料制品业下降 16.9%；金属制品业下降 16.6%；木材加工制造业下降 6.3%；医药制造业下降 17.8%；化学原料和化学制品制造业下降 10.0%。从产品产量看（规模以上工业）：全县重点监测的产品中产量有增有减。其中：水泥 162.7 万吨，下降 9.6%；鲜、冷藏肉 1878 吨，增长 12.3%；天然毛皮服装 10.7 万件，增长 1.5%；化学药品原药 9.0 吨，下降 29.7%；原煤 781 万吨，增长 81.1%；汽油 3.34 万吨，下降 21.7%；柴油 2.78 万吨，下降 19.4%；发电量 427641 万千瓦时，增长 15.9%。

单位：万元、%

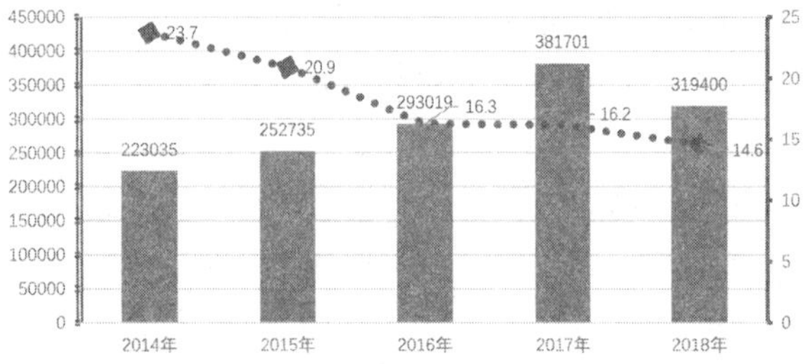


图 3　2014—2018 年工业增加值总量及增速图

表 3　2018 年盐池县主要工业产品产量（规模以上工业）统计表

| 项目 | 产量 | 增长（%） |
| --- | --- | --- |
| 原煤（万吨） | 781.0 | 81.1 |
| 水泥（万吨） | 162.7 | –9.6 |
| 鲜冷藏肉（吨） | 1878.0 | 12.3 |
| 发电量（万千瓦时） | 427640.6 | 15.9 |
| 天然毛皮服装（万件） | 10.7 | 1.5 |
| 化学药品原药（吨） | 9.0 | –29.7 |
| 柴油（吨） | 27822.9 | –19.4 |
| 汽油（吨） | 33399.4 | –21.7 |

**【建筑行业】** 2018 年全县资质内建筑企业 14 家，实现建筑业增加值 20.03 亿元，增长 18.0%，增速较上年同期提高 15.3 个百分点。建筑业增加值占 GDP 的比重为 22.19%，对经济增长的贡献率为 27.0%，拉动经济增长 2.9 个百分点。

**【固定资产】** 全年全县固定资产投资增速同比下降 6.8%。增速比自治区（–18.2%）高 11.4 个百分点，比吴忠市（–11.7%）高 4.9 个百分点。从三季度末开始，随着重点项目的集中开工建设，全县投资增速缓慢回升。一产占比持续下降。第一产业完成固定资产投资 3.07 亿元，增速较上年同期下降 77.6%，一产投资仅占投资总量的 2.2%，占比较上年同期下降 7.2 个百分点。二产贡献依然较大。第二产业完成投资 79.55 亿元，同比增长 20.8%，占固定资产投资总量的 58.4%，上拉投资增速 9.4 个百分点。三产形势不容乐观。第三产业完成投资 53.70 亿元，同比下降 19.5%，占固定资产投资总量的 39.4%，下拉投资增速 8.8 个百分点。房地产业持续低迷，大幅度下拉全县固定资产投资。房地产投资同比下降 76.2%。下拉民间投资 5.5 个百分点，下拉全县投资 8.5 个百分点。商品房销售面积 27.83 万平方米，同比增长 2.14%；商品房销售额 11.56 亿元，同比增长 21.87%。

单位：%

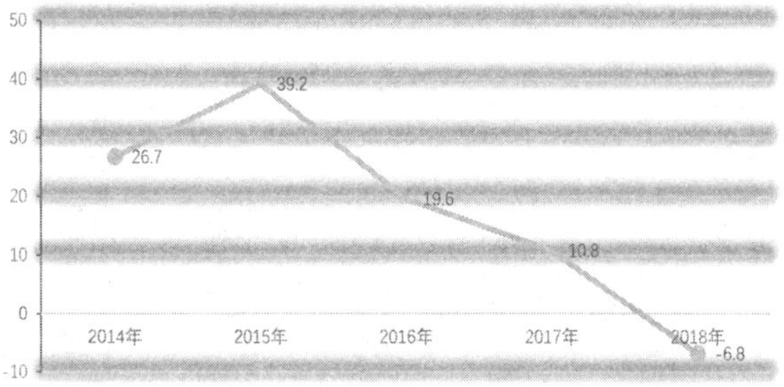


图 4　2014—2018 年固定资产投资增速图

**【交通运输】** 2018 年年底，全县公路通车总里程为 3358 公里，其中国道 7 条 476 公里，省道 6 条 280 公里，县道 1 条 6 公里、乡道 20 条 386 公里，村道 250 条 2210 公里；高速公路 170.3 公里，一级公路 48 公里，二级公路 358.2 公里，三级公路 590 公里，四级公路 2191.5 公里，分别占总里程的 5.07%、1.43%、10.67%、17.57%、65.26%；沥青（水泥、机砖）路面公路 2881 公里，沙砾路面公路 477 公里，分别占总里程的 85.8%、14.2%，等级公路密度为 39.4 公里 / 百平方公里。全县境内铁路总里程为 137.6 公里，其中太中银北线 76 公里、南线为 61.6 公里。公路通车总里程为 3358 公里，其中国省干线及高速公路为13条756公里，农村公路271条2602公里，公路密度为39.4公里/百平方公里。以县城为中心，3条高速公路为骨架，10条国省干线公路为依托，县乡公路为支脉，南通北畅、东进西出、外通内连的公路“三纵八横”覆盖城乡的交通网络，实现了所有建制村村村通硬化公路，661个自然村有533个通硬化公路，80.63%自然村通硬化公路。年末全县拥有营运车辆5296辆，其中营运普货车3937辆，危险货运车辆584辆，班线客车110辆，出租车615辆，公交车50辆，各类汽车和其他机动车维修业户433家，汽车综合性能检测站A级站2家。

**【邮政、通信事业持续发展】** 2018年邮政电信业务总量1.29亿元。年末固定电话用户数3882部，移动电话用户数18.7万户，宽带用户6.35万户。

**【社会消费】** 全年完成社会消费品零售总额14.39亿元，增长6.1%，增速比上年同期下降4.2个百分点，比前三季度下降0.5个百分点。从销售所在地看，城镇销售额增速快于乡村39.5个百分点。城镇实现社会消费品零售总额13.82亿元，增长8.5%，占比96.04%，乡村实现社会消费品零售总额0.57亿元，下降31.0%，占比3.96%。分行业看，批发业增长26.3%，零售业下降115.8%，餐饮业增长10.0%，住宿业增长676.5%。

单位：万元、%

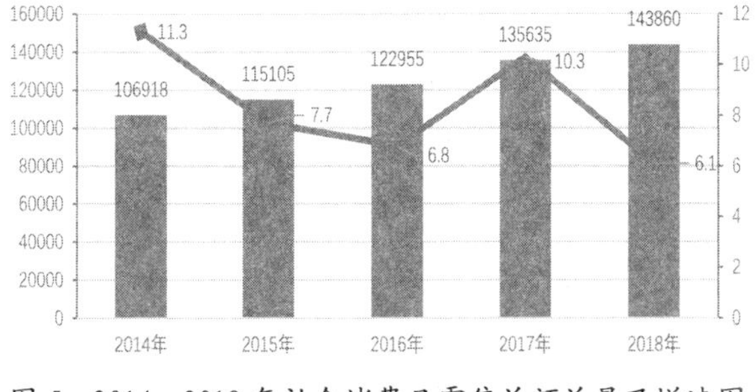


图5　2014—2018年社会消费品零售总额总量及增速图

**【财政收支】** 全年全县一般公共预算总收入22.84亿元，同比增长17.0%；县级一般公共财政预算收入完成8.28亿元，同口径增长15.2%，其中税收收入完成5.67亿元，同比增长15.5%，占比68.5%。县级一般公共预算支出36.68亿元，同比增长0.2%。其中，一般公共服务支出3.15亿元，同比下降5.3%；公共安全支出0.75亿元，同比下降25.8%；教育支出3.9亿元，同比下降3.0%；社会保障和就业支出4.15亿元，同比增长25.5%；医疗卫生与计划生育支出2.81亿元，同比增长4.3%；节能环保支出1.77亿元，同比增长10.9%；城乡社区事务支出5.15亿元，同比增长9.2%。

单位：万元、%

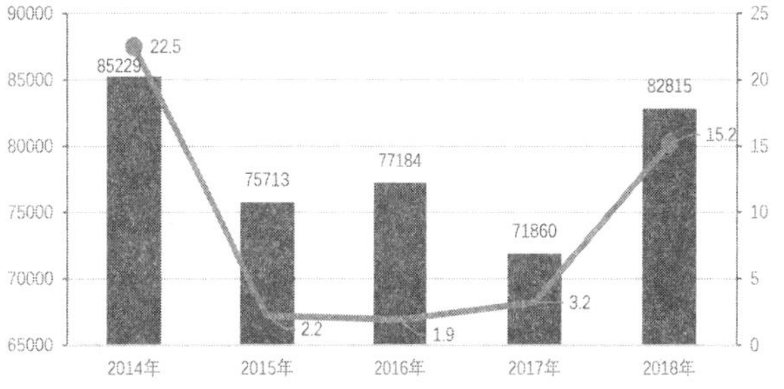


图6　2014—2018年财政收入总量及增速图

**【金融市场】** 2018年年末，全县金融机构人民币各项存款余额106.94亿元，比上年年末增加9.84亿元，同比增长10.1%；其中，住户存款余额67.55亿元，较上年年末增加8.73亿元，同比增长14.9%，非金融企业存款余额14.51亿元，较上年年末减少3.04亿元，同比下降17.5%；广义政府存款余额24.88亿元，较上年年末增加4.25亿元，同比增长20.6%；金融机构人民币各项贷款余额67.75亿元，较上年年末增加5.58亿元，同比增长9.0%。其中住户贷款余额52.08亿元，较上年年末增长3.37亿元，同比增长6.9%。2018年全县金融保险业增加值7.8亿元，同比增长6.5%，占第三产业的比重为25.1%。

单位：亿元、%

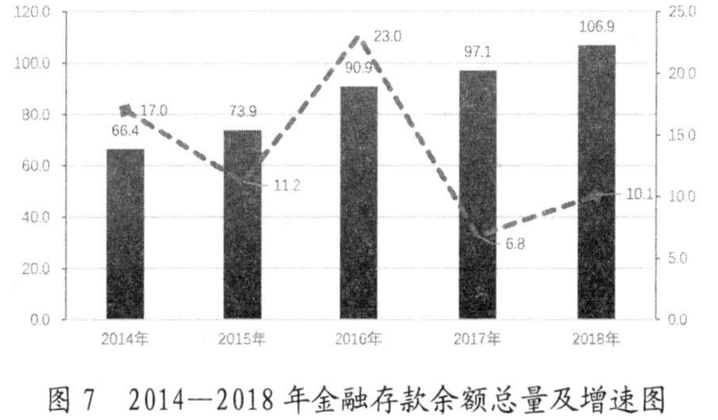


图7　2014—2018年金融存款余额总量及增速图

【教育教学】2018年全县有各级各类学校65所，其中：高级中学2所（民办1所）、职业中学1所、初级中学5所、完全小学20所、教学点15所、幼儿园21所（含民办6所）、特教学校1所。在校学生28079人，其中：普通高中2667人、职业中学1586人、初中6065人、小学12031人、学前班108人、在园幼儿5517人，特教学生105人；毕业生数5664人，其中：普通高中986人，职业中学507人，初中2002人，小学2160人，特教9人；招生数5495人，其中：普通高中900人，职业中学378人，初中2010人，小学2202人，特教5人。学龄儿童入学率：100%；初中毛入学率：114.37%；净入学率：100%；初中升学率：96.12%；高中升学率：78.6%。全县教职工2169人，其中：普通高中247人、职业中学58人、初中467人、小学829人、幼儿园554人，特教学校14人；专任教师1982人，其中普通高中233人、职业中学57人、初中428人、小学811人、幼儿园442人，特教11人。

【文化旅游】2018年，健全了文化馆、图书馆、盐池革命烈士纪念园、体育馆、影剧院、慢读书吧等公共文化设施。其中县文化馆建筑面积8300平方米，达到部颁一级标准，数字化文化馆已经建成并投入使用；县图书馆1440平方米，达到部颁二级标准。按照国家一级馆标准打造的新图书馆主体工程已完成，2019年全面开始布展搬迁工作；全面贯通古城文化园，全程4.3公里。乡镇层面，建成乡镇综合文化站8个，设置率达100%，单独设置且站舍面积达300平方米以上的7个，单独设置率达87.5%。村级层面，99个村（整合4个）综合文化服务中心建设实现全覆盖，文化活动室、文化广场、乡村大舞台、公共图书（电子）阅览室、各类器材等已全部配备。统筹推进农村广播电视“户户通”、农村智能广播“村村响”、农家书屋全覆盖。2018年7月，顺利通过国家公共文化服务体系示范区验收组验收工作。举办了全国乡村春晚、中国民族春晚、“盐州大集·民俗嘉年华”冬春季文化旅游系列活动、中国文联下基层、宁蒙陕甘青文化旅游艺术节、文化动车·丝路情——陕甘宁青津四省一市文化交流巡演、吴忠市2018年“文化和自然遗产周”文化旅游系列活动、首届“中国农民丰收节”——滩羊美食文化旅游等系列大型活动。以“盐州大集·民俗嘉年华”为主题的冬春季文化旅游系列活动取得良好成效，社会影响广泛，50余万人次参与到此次冬春季文化旅游系列活动。整个活动在多家网络媒体同步直播，新华网、《宁夏日报》等媒体予以报道。其中欢庆元宵活动被央视《新闻联播》《晚间新闻》报道。全年开展各类群众性文化演出活动300余场次，总观众达36万余人次。全县广播电视综合人口覆盖率48.5%。全年接待游客人数达110万人次，综合收入突破3.3亿元。游客人数和综合收入同比分别增长56.7%和57.1%。

【卫生健康】年末全县各级各类医疗卫生机构141所，其中县级公立医院2所，妇幼保健计划生育服务中心、疾控中心、卫生监督所各1所，乡镇卫生院8所，社区卫生服务机构6所，村卫生室102所，个体诊所18所，民营医院1家，门诊部1所。2018年年末全县执业医师（助理）312人，注册护士330人，卫生机构实有病床658张，每千人拥有职业（助理）医师数、注册护士数、床位数分别为1.98人、2.10人和4.18张。

【人口变动】据公安年报资料显示，2018年年末全县户籍人口总户数68294户，比上年增加737户，总人口173109人，比上年增加526人。总人口中，按性别分，男性88447人，占总人口的51.1%，女性84662人，占总人口的48.9%；按户口分，城镇人口26741人，乡村人口146368人。以回族为主的少数民族人口4247人，占总人口的2.45%，其中回族人口3739人，占总人口的2.16%。分乡镇看，花马池镇25450户58293人，大水坑镇9603户25129人，惠安堡镇6756户19582人，高沙窝镇4558户11900人，王乐井乡8294户22390人，冯记沟乡4338户11242人，青山乡4892户12796人，麻黄山乡4403户11777人。分年龄看，18周岁以下38580人，占总人口22.29%；18周岁至34周岁45683人，占总人口26.39%；35岁至59岁64498人，占总人口37.26%；60岁以上人口24348人，占总人口14.07%。据人口变动抽样调查数据显示，2018年全县常住人口总户数55237户，常住人口数为158531人，较上年增加1109人；其中城镇人口79926人，乡村人口78605人，城镇化率为50.42%，比上年提高0.39个百分点。2018年全县人口出生率为13.10‰，死亡率为6.08‰，人口自然增长率为7.02‰。

【劳动就业】2018年年末全县新增就业人员1809人，城镇登记失业率2.50%。全年城乡居民养老保险参保缴费72520人，完成率为100%；企业职工养老保险参保17692人，完成目标任务17349人的102%；机关事业单位养老保险参保6715人，完成目标任务6623人的101%。城乡居民基本医疗保险参保146454人，完成目标任务143500人的102%；城镇职工医疗保险参保17048人，完成日标任务14000人的122%。失业保险参保7034人，完成目标任务6596人的107%。工伤保险参保13078人，完成目标任务10000人的131%。全县32871名建档立卡贫困人员2018年城乡居民基本养老保险和基本医疗保险参保率均达到100%实现全覆盖。年末城镇居民最低生活保障人数2042人；农村居民最低生活保障人数8477人。2018年年末，全县养老机构20个（盐池县老年福利服务中心、盐池县老年活动中心、盐池县农村敬老院、大水坑镇敬老院、互助养老院8个、城镇社区日间照料中心8个），其中床数1036张，收养人数222人。

【居民收入】2018年全县城镇居民人均可支配收入26602元，较上年增加1924元，同比增长7.8%；其中工资性收入16856元，增长3.2%；经营净收入5689元，增长58.4%；财产净收入1062元，下降13.8%；转移性收入2995元，下降14.9%。城镇人均生活消费支出14723.3元，同比下降2.1%。2018年农村居民人均可支配收入10685元，较上年增加1136元，同比增长11.9%；其中工资性收入1373元，增长11.0%；经营净收入7715元，增长12.7%；财产净收入234元，增长13.8%；转移性收入1363元，增长8.4%；在经营净收入中，牧业收入4685元，增长13.7%，占全部收入的43.8%。农民人均生活消费支出9818.04元，同比增长5.8%。

单位：元、%　年增长8.5%

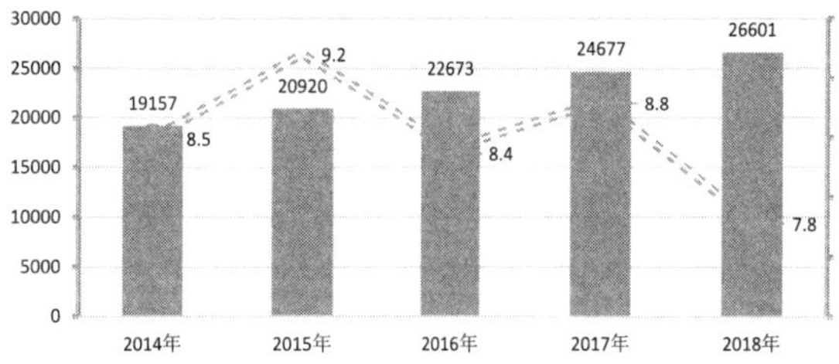


图8　2014—2018年城镇居民人均可支配收入总量及增速图

单位：元、%　年增长11.4%

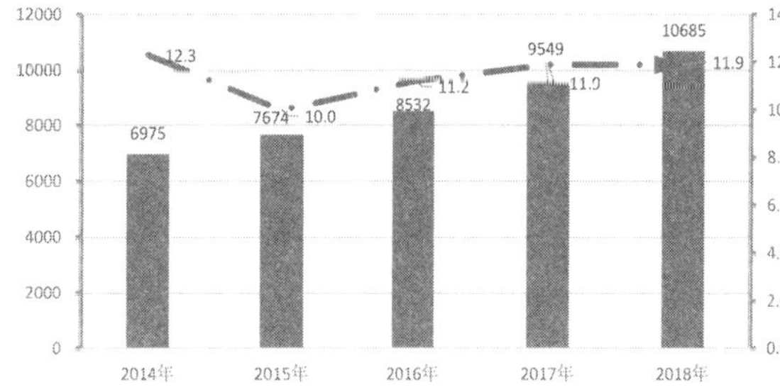


图9　2014—2018年农村居民人均可支配收入总量及增速图

2018年全年共发生各类生产安全事故8起，同比下降27.0%；死亡7人，同比下降36.0%；受伤人数14人；直接经济损失3.84万元。全县亿元地区生产总值安全事故死亡人数为0.078人，同比下降39.5%；工矿商贸从业人员10万人生产安全死亡率为0；煤矿百万吨死亡率为0；道路交通万车死亡率1.82。

注：

1. 地区生产总值及构成数据为初步核算数，最终核定数据以《盐池经济要情手册》为准。

2. 地区生产总值及各产业和各行业增加值指标绝对数按现价计算，增长速度按可比价格计算。

3. 从 2011 年开始，纳入规模以上工业统计范围的工业企业起点标准从年主营业务收入 500 万元提高到 2000 万元。

4. 2018 年年末户籍人口数为公安年报数，是指已在其经常居住地的公安户籍管理机关登记了常住户口的人；常住人口数以自治区统计局反馈的人口变动抽样调查数据为准。

5. 数据来源：交通运输业数据来自县交通运输局；邮政、通信数据来自邮政局、电信局、移动公司、联通公司、网络公司；财政数据来自财政局；金融数据来自人行；教育、卫生、文化数据分别来自县教体局、文化旅游广播电视局、卫计局；就业数据来自就业创业和人才服务局；人口户籍数据来自公安局，常住人口数来自区统计局人口变动抽样调查数据；社会保障数据分别来自民政局、社保局；气象数据来自气象局；安全生产数据来自县安全生产监督管理局；价格指数来自吴忠市调查队，农村居民人均可支配收入、城镇居民人均可支配收入来自国家统计局盐池调查队。

# 党 政

DANGZHENG



## 中国共产党盐池县委员会

【概　况】2018年，全县坚持以习近平新时代中国特色社会主义思想和党的十九大精神为指导，深入贯彻落实“建设美丽新宁夏，共圆伟大中国梦”新要求和自治区第十二次党代会、吴忠市第五次党代会及县第十四次党代会精神，坚持稳中求进工作总基调，大力实施“三大战略”，全力打好脱贫富民、产业转型、环保整治、巡视整改等硬仗，全县经济社会发展继续保持健康平稳发展态势。全年预计完成地区生产总值100亿元，增长10%；预计完成固定资产投资136亿元，同比下降5%；县级一般公共财政预算收入预计完成8.28亿元，增长15.2%；城镇和农村居民人均可支配收入预计达26898元和10599元，分别增长9%和11%。政治建设、文化建设、社会建设、生态文明建设和党的建设进一步加强，为打赢脱贫攻坚战、与全国全区同步建成全面小康社会奠定了坚实基础。

【政治建设】坚持把学习宣传贯彻习近平新时代中国特色社会主义思想和党的十九大精神作为重要政治任务，广泛深入学习，强化宣传教育，严格督促检查，把思想和行动统一到十九大精神上来，把智慧和力量凝聚到落实十九大确定的各项目标任务上来，确保十九大精神在盐池落地生根。强化理论武装，理想信念更加坚定。充分利用县委中心组、全委会、集中研讨交流等形式，学原文、读原著、悟原理，学懂弄通做实，在学思践悟中融会贯通，在考验磨砺中提高觉悟，牢固树立“四个意识”，切实增强“四个自信”，自觉践行“两个维护”，思发展、议发展、谋发展成为推动盐池加快发展的时代强音。强化教育培训，宣传氛围更加浓厚。先后邀请中央部委、区市领导、专家学者专题辅导7次，集中举办党的十九大精神、马克思主义民族观宗教观等各类相关培训11期，撰写各类调研文章300余篇，组织开展“十九大精神进万家”等多种形式的宣讲160余场次，推进学习教育常态化、制度化，实现全县各级党组织学习培训全覆盖，将十九大精神往深里学、往实里干，凝聚成为高度的政治自觉、思想自觉和行动自觉。强化责任落实，推动工作更加有力。出台了《关于学习宣传贯彻党的十九大精神的意见》，举办各类知识测试、演讲比赛、读书征文等活动，以考助学、以考督学、以赛促学，不断增强工作的主动性，同时通过明察暗访、知晓率测评等方式对全县各单位学习进度、成效和重点工作落实情况进行专项督查60余次，推动各级各部门在脱贫富民、乡村振兴、从严治党等重点工作方面见行见效，切实将党的十九大精神成果转化为指导实践、推动工作的强大合力，领导干部迎难而上的勇气、披荆斩棘的魄力和干事创业的劲头蔚然成风，全县上下形成了“团结一致向前看、凝心聚力促发展”的生动局面。

【改革创新】坚持问题导向、破题指向、为民取向，分类施策，狠抓落实，改革红利不断释放。深入推进“放管服”改革，县乡村三级服务网络全面建立，不断加大“不见面，马上办”审批改革和“多证合一、一照一码”登记制度改革力度，80%以上公共服务事项实现可不见面办理。稳步推进经济体制改革，有效防范化解重大风险。深化减税降费改革，提高企业投资积极性，减免税额3.3亿元。创新开展“双随机、一公开”监管模式，健全随机抽查细则，提高综合执法效率，减轻企业负担。农村宅基地和房屋所有权一体确权有序推进，农村土地确权工作和农村集体资产清产核资全面完成。启动实施事业单位公车改革，不断加强公务用车服务管理。成立了盐池县机构改革工作领导小组，各项准备工作有序推进。组建了盐池县退役军人事务局筹备组，基本完成全县退伍军人信息采集录入工作，退伍军人安置协议签订率达94%，为解决好退伍士兵安置遗留问题打好基础。金融扶贫、健康扶贫、公立医院改革、农民工返乡创业等工作走在全区、全市前列，获“中国县域医改样板医院”称号。深入实施创新驱动战略，严格落实“创新驱动30条”，建成“两院两中心”4个产业创新平台，知学云、金裕海2家企业已进入国家高新技术企业认定审批阶段。全县科技投入达9300万元，全社会R&D投入达1%，获评全国科技管理系统先进集体，成为宁夏唯一列入全国首批创新型县（市）建设名单的县区。

【项目与资金】面对经济下行压力持续加大的不利形势，进一步加强对经济工作的领导，通过抓项目落地、抓产业调整、抓潜力提升等措施，确保经济指标健康平稳运行。争项目争资金取得实效。抢抓支持革命老区发展和自治区成立60周年的历史机遇，千方百计争取项目资金。全年争取各类项目135个，落实资金29.5亿元。项目建设提质增效。坚持县领导包抓重点项目工作制，压实责任，全力以赴抓好项目建设。全年实施各类项目170个，29个市级重点项目开工建设27个，完成投资64亿元，自治区“60大庆”重点项目中南部水源工程隰宁堡水库建成投运。招商引资实现突破。大力开展绿色招商、园区招商、以商招商、专业招商和小分队招商，引进峰腾塑业年产8万吨聚丙烯及2亿条编织袋、天利丰3万立方米储罐扩建等一批重点项目。全年共引进落地项目26个，到位资金71.6亿元，招商引资完成情况位居区市前列。

【工业经济】全面贯彻落实新发展理念，加快工业产业转型升级步伐，提升园区基础设施建设，扎实推进县域经济高质量发展。年内新增规上企业6家，预计完成工业总产值108亿元，实现规上工业增加值34.5亿元，增长15%。主导产业稳步壮大。立足资源优势转化和产业链条延伸，着力推进油气化工、石膏等产业提档升级。实施了巨拓2亿支高晶艺术石膏线条及GRG墙体材料生产等投资5000万元以上工业项目23个，改造提升了宁鲁石化20万吨苯乙烯等8个技改项目，转产盘活了新珂源能源等7家“僵尸企业”，淘汰落后产能10

万吨，单位工业能耗同比下降 18.6%，完成投资 81 亿元。全县产值过亿元以上企业达 20 家。园区建设不断完善。牢固树立“经济建设项目化、项目建设园区化”理念，整合优化一园两区，增强园区功能优势。持续推进园区低成本化改造，投资 1.5 亿元，高标准完成了高沙窝工业集中区污水处理厂、青山功能区污水收集池防渗等工程建设，园区承载和配套能力进一步提升。发展环境更加优化。制定出台《创新驱动战略推动工业经济高质量发展实施意见》《盐池县全面优化营商环境促进民营经济发展的实施意见（2018—2020）》等文件，进一步优化营商环境，降低企业运行成本，提振企业发展信心。破解企业资金短缺难题，积极争取扶持资金 4126.7 万元，落实信贷资金 17 亿元，用于扶持中小企业发展。全面实行投资项目在线审批，累计受理各类项目 270 件，进一步减少办事流程，提高行政效能。

【特色产业】依托特色品牌资源优势，以增加农民收入、优化农业结构为目标，扎实推进以滩羊为主导的“1+4+X”特色产业向规模化、品牌化、高端化发展。预计全年实现农业总产值 16.2 亿元，同比增长 4.5%。滩羊产业快速发展。充分发挥滩羊集团公司和滩羊协会作用，大力推行标准化养殖、订单养殖，流转规模养殖场空棚 1890 座，建设饲草加工配送企业 8 家，全县滩羊饲养量达 315.7 万只，标准化养殖达 60% 以上。紧紧围绕滩羊产业“四大体系建设”，对产业链关键环节实行“六统一”，建立和完善了盐池滩羊追溯系统，研发公布盐池滩羊基因鉴定技术，牢牢掌握滩羊肉话语权，实现优质优价。先后在南京、上海等大中型城市举办滩羊品牌宣传推介会 7 次，“盐池滩羊肉”再次登上上海合作组织青岛峰会国宴餐桌，与盒马鲜生、本来生活网建立合作关系，品牌影响力和知名度大幅度提升，“盐池滩羊”高端消费市场份额占有率持续攀升。黄花产业不断壮大。成立了全区首家黄花菜研究院和黄花产业发展协会，新增黄花种植面积 2 万亩，累计种植面积达 8.1 万亩，实现产值 1.5 亿元，“盐池滩羊肉”“盐池黄花菜”被评为全区十大农产品区域公用品牌。节水农业增效明显。打造了旺四滩等 3 个千亩中药材种植示范基地，建成了王乐井狼洞沟等 3 个甘草采种基地，抚育种植以甘草为主的中药材 6 万亩。加大扬黄灌区节水改造力度，全县高效节水灌溉 42.3 万亩，节水改造达 90% 以上，全区现代化生态化灌区暨高效节水灌溉现场推进会在盐池县召开，被评为第三批国家高效节水灌溉示范县。雨养农业稳步发展。大力调整农作物结构，持续推进保水、蓄水、用水方面技术应用，不断提高农业规模化、集约化水平。种植以荞麦为主的小杂粮 44.2 万亩，优质牧草 14.5 万亩。以滩羊为主的特色产业产值 12.9 亿元，占农业总产值比重达 80%，对群众增收的贡献率达 80% 以上。

【第三产业】把加快发展服务业作为稳增长、调结构、惠民生的重要抓手，出台了《盐池县促进服务业加快发展的实施意见》，加大推进力度，全面推动服务业发展提速。商贸流通蓬勃发展。高标准实施了盐池综合农贸市场等建设工程，世纪商业广场、体育文化用品一条街投入运营，现代化城市商业圈更加凸现。大力实施“互联网 + 流通”行动计划，依托“邮乐购”“京东盐池馆”等电商平台，开展线上线下融合促销活动，电商交易额达 2.8 亿元。宁夏德昌铁路物流一期项目进入试运营阶段，辐射陕甘宁蒙的物流集散中心已初现雏形。全年预计社会消费品零售总额达到 14.9 亿元，同比增长 9%。特色旅游持续升温。抢抓国家全域旅游示范区创建重大机遇，大力实施旅游基础提标、服务提质、品牌提升工程，开工建设长城关博物馆、“九曲”民俗文化园等文化旅游重点项目。盐州古城历史文化旅游区国家 AAAAA 级旅游景区创建工作有序推进，哈巴湖生态旅游景区成功创建国家 AAAA 级旅游景区，盐池宾馆被评为四星级旅游饭店和“全区十佳旅游饭店”，哈巴湖鹿血酒、荞真堂手工滩羊制品先后获中国特色旅游商品大赛金奖。大力实施“旅游+”，推动旅游新业态优化升级，举办民俗嘉年华、航空嘉年华、滩羊美食文化旅游节等系列特色节会赛事活动，生态观光游、红色教育游、民俗风情游、文化体验游蓬勃发展，“一心三横一纵四板块”的旅游发展格局初具规模，“滩羊之乡·多彩盐池”特色旅游品牌知名度和影响力显著提升，旅游已成为县域经济新的增长点。全年旅游接待人数达110万人次，实现旅游综合收入3.3亿元。

【生态环保】牢固树立绿水青山就是金山银山的发展理念，按照“北治沙、中治水、南治土”的总体思路，大力实施蓝天、碧水、净土三大行动，着力构建县域“一圈两廊三区”生态安全格局，打造宁夏靓丽东大门。实施了长城旅游观光带、美丽乡村建设等重点工程，完成营造林10.5万亩，补播改良草原7.5万亩，平茬柠条20万亩，全县森林覆盖率达21.3%，高出全区平均水平7个百分点，盐州大草原再添辉煌，生态建设成果已成为美丽盐池的“金字招牌”。全国草原普法宣传月活动在盐池县举行，获评“全国林业系统先进集体”“三北防护林体系建设工程先进集体”。全面落实县乡村三级河长制，扎实开展河湖水域岸线划界确权工作和河沟污染专项整治行动，清理整治河道岸线469公里，取缔违规侵占河道及打井、排污点36处，饮用水水源地水质达标率100%。以壮士断腕的决心推进环境治理，中央环保督察“回头看”38件46个转办件按要求已全部上报，“绿盾2018”专项行动反馈152处点位全部整治完成，哈巴湖国家级自然保护区边界核准全面完成，区市交办的62项重点环保任务、55个污染治理项目全面完成。持续加大环保执法力度，取缔非法采矿点29处、非法收油点23处、“地条钢”窝点2处，整顿环保不达标企业115家，淘汰园区燃煤锅炉111台，集中整治“散乱污”企业64家，全年立案查处环境违法案件68件，行政处罚363万元。秸秆综合利用率达90%以上，农业源污染得到全面遏制，剔除沙尘天气，截至11月底，全县空气质量优良率96.2%，全县生态环境质量持续改善。

【城乡建设】以国家第三批新型城镇化综合试点创建为主线，围绕城市“双修”工作，启动了《盐池县城市生态修复和城市修补总体规划》《盐池县空间规划（2018—2035）》《盐池县海绵城市建设专项规划》等编制工作，深入推进城乡融合发展。投资27亿元，启动实施了棚户区改造、美丽村庄等30个城乡重点建设项目。集中打造了环城公园景观带绿化等一批景观提升工程，全年新增绿地面积100亩。未成年人保护中心、科技馆等6个公建项目全面完成并投入使用。古城墙修复工程实现全线贯通，城市品位和文化内涵进一步提升。全年新增商住面积20万平方米，综合改造老旧小区30个，完成棚户区改造1000余户。大水坑特色小镇建设有序推进，启动实施了王乐井乡、青山乡2个美丽小城镇建设，完成了杜记沟、杨庄台等30个美丽村庄建设，改厕2100户，农村人居环境得到全面改善，获“全国美丽乡村先进县”称号。

【基础设施】坚持把城乡基础设施建设作为改善发展条件、缩小城乡差距的重要抓手，盯重点、抓关键、促提升，推动城乡发展再上新台阶。全面完成农村人饮安全巩固提升工程，农村安全饮水普及率达99.7%以上，人饮安全保障走在全区前列。持续推进交通网络建设，银百高速、G338等国道干线改造步伐加快，建设完成王牛线至田记掌等22条农村公路201.5公里，全县通车公路总里程达3358公里，自然村通硬化公路率为80.6%，被评为自治区级“四好农村路”示范县。投资6240万元，实施农村电网提档升级，配电网结构进一步优化。邮政、通信等各项事业快速发展，群众生产生活更加便利。

【脱贫攻坚】坚持以脱贫富民为统揽，靶向治疗、精准施策，整合各类资金12.2亿元，深入实施基础改善、产业扶贫、金融扶贫、健康扶贫、教育扶贫等巩固提升工程，贫困群众的获得感和幸福感明显提升。以综合贫困发生率0.66%，群众认可度97.71%的成绩，高标准通过国家2017年贫困县退出专项评估检查，成为宁夏首个脱贫摘帽的贫困县，并获全国脱贫攻坚组织创新奖。中央电视台《新闻联播》《朝闻天下》栏目对盐池县金融扶贫工作和“最美基层干部”朱玉国进行了专题报道，自治区在盐池县高规格召开了“盐池县脱贫退出现场会”，高度肯定了盐池县脱贫攻坚工作，并给予以奖代补3000万元。群众收入稳定增长。立足资源禀赋和市场需求，采取“普惠＋特惠”的政策，实现贫困户所有产业政策全覆盖，推动“一乡一业、一村一品、一户一项目”和三次产业融合发展，不断夯实贫困群众增收致富的基础。全县贫困户人均可支配收入提升到9200元以上，实现减贫125户272人。全面总结提升金融扶贫“盐池模式”，实现所有农户金融扶贫政策全覆盖，全县小额扶贫贷款余额达33.1亿元，建档立卡贫困户户均贷款8.8万元，覆盖率为86%。全面推行“2+X”菜单式扶贫保，充分发挥1000万元扶贫保风险补偿金作用，建立盈亏互补机制，解决了贫困群众的后顾之忧。同时积极探索发展“光伏＋”“旅游＋”“电商＋”等扶贫新业态，构建多业增收的产业扶贫新格局。公共服务更加完善。突出抓好偏远山区村组路网辐射，打通断头路，对接出境路，实现村组道路提升改造全覆盖。全面推进基层公共文化设施建设等工作，村级综合文化服务中心建设、管理运行走在全区前列。全面落实健康扶贫八道保障网，建档立卡贫困患者住院医疗费用实际报销比例达90.6%。建档立卡贫困户家庭意外伤害险和家庭大病补充医疗险投保率均达100%，投保保费1752万元，理赔达808万元。健康扶贫工作受到国家扶贫办卫健委通报表扬，经验做法被国务院办公厅在全国进行交流并转发推广。内生动力不断增强。坚持精神脱贫与物质脱贫并重，深入开展“育人塑魂”工程、“三先开路话脱贫”等主题巡回演讲活动120余场次，进一步激发贫困群众自力更生、自主脱贫的内生动力。全面落实学前至高中阶段各项免补政策，资助贫困学生1.8万人次2948.1万元，九年义务教育阶段实现“零辍学”。开展“菜单式”职业技能培训贫困群众3360人，实现有条件的贫困户每人掌握1～2门实用技术，贫困群众的综合素质不断提高。突出正向激励，推行村规民约和红白理事会，推动家风民风持续好转。干部队伍持续发力。坚持“脱贫是底线、富民是目标”，采取县领导包抓、干部结对帮扶、选派到乡镇挂职等举措，层层传导压力、级级压实责任，构建了县乡村三级组织抓扶贫、全县动员促攻坚的工作格局。全面推行“三包五到位”工作法，深入基层一线，与贫困群众合力齐心、同甘共苦，帮助理思路、谋发展、解难题，用心用情用脑抓扶贫促增收，锻造了一批吃苦耐劳、能打胜仗、敢于担当的队伍，谱写了感天动地、可歌可泣的辉煌扶贫史，赢得了群众的普遍赞誉。

【教育体育】坚持以提高教育教学质量为目标，深化教育体育领域改革，全力改善办学条件，推动教育体育事业蓬勃发展。新改扩建幼儿园3所，改造薄弱学校19所，盐池六小主体工程完工，义务教育均衡发展顺利通过国家复验。启动实施“互联网＋教育”在线互动课堂建设项目，持续推进教育现代化发展，第二届宁夏教育科研成果推介报告会在盐池县召开。注重培养学生社会情感，搭建家校共育平台，盐池县成为2017年度宁夏唯一被教育部、联合国儿童基金会确定的“社会情感学习（SEL）”项目辐射县，项目实施经验在全国交流。公开竞聘中小学校长21名，继续重奖优秀校长和教师，“两支队伍”建设进一步加强，尊师重教的氛围更加浓厚。大力发展体育事业，举办宁夏盐池·2018沿长城中国国际自行车邀请赛、环古城墙迷你马拉松比赛等赛事活动，被自治区体育局评为“全区群众体育先进单位”。

【文化事业】以满足人民群众精神文化需求为出发点和落脚点，大力实施文化惠民工程，全力提升文化软实力。高标准完成了数字文化馆、4个图书馆分馆建设，集长城博物馆、红色记忆馆等于一体的古城文化园初见成效，图书馆被评为“国家二级图书馆”，博物馆被评为“国家三级博物馆”。村综合文化服务中心管理运行走在全区前列，广场文化、文化旅游赶大集、农村文艺巡演等活动异彩纷呈，国家公共文化服务体系示范区通过验收，文化软实力全面提升，全市文化大院建设推进会在盐池县召开。举办全区首届“中国农民丰收节”盐池县分会场等系列活动，2018全国乡村春晚开幕活动、2018中国民族春晚（宁夏分会场）在盐池县录制并通过国内主流网络平台进行直播，中央电视台科教频道《地理中国》栏目专题播出《走进宁夏千年盐川》节目。高质量完成了《坚决打赢脱贫攻坚战——盐池脱贫攻坚纪实》《盐池——中国滩羊之乡》等多部形象宣传片的拍摄工作，创作编排了《圆梦盐州》《把关》等一批文艺精品，公益微电影《就恋这把土》获第六届亚洲微电影艺术节“优秀作品奖”，盐州艺术团代表中国远赴希腊参加文化旅游艺术节活动，赢得了到访国家和观众的广泛赞誉。

【卫生计生】以提高人民健康水平为目标，健全服务体系，强化优质服务，建设人民满意的卫生计生事业。加大医疗卫生服务体系建设力度，高沙窝镇卫生院主体工程完工，盐同红贫困连片区县人民医院惠安堡分院改扩建项目有序推进，县乡村三级医疗卫生服务机构全部实现标准化建设。规范建立城乡居民电子健康档案，常住居民建档率达90%以上；落实“七免一救助”等惠民政策，不断加强布病、结核病、乙肝等重点传染病防控力度，居民免费乙肝疫苗接种率达99.9%；家庭医生签约服务成效明显，群众满意度达95%以上。创新开展“互联网+医疗”信息化建设工作，构建新型卫生健康服务模式，有效解决了县域内医疗资源供给不平衡不充分等问题。全面开展“健康盐池大讲堂”等活动，不断巩固健康促进县成果，提高全民健康素养和防病治病意识。扎实推进全面两孩政策实施，人口出生性别比107.5%，出生政策符合率92.5%。获评“全国计划生育群众自治示范县”。

【社会保障】围绕“保障民生、服务发展”工作大局，统筹实施城乡居民养老和医疗保险等“五大保险”全覆盖，社会救助体系不断完善，城乡困难群众的幸福指数进一步提升，在全区社会救助绩效考核中实现“四连优”。城乡居民养老保险和医疗保险参保率均达100%，在全区率先实现“双百”目标。深入推进跨省异地就医即时结算服务，实现了全县与全国31个省份定点协议机构的住院医疗费用直接结算。残疾人托养中心等一批公建项目建成完工并投入使用，社会保障水平大幅度提升。积极引导“大众创业、万众创新”，设立800万元返乡创业引导基金，发放创业担保贷款9697万元，创业带动就业7271人，城镇登记失业率控制在3%以内，零就业家庭年内实现动态消零；转移农村劳动力就业4.6万人，实现收入4.8亿元。被自治区创业就业工作领导小组评为“转移就业示范县”。

【社会治理】坚持专项治理与系统治理、综合治理、依法治理、源头治理相结合，全面提升社会治理“四化”水平，扎实推进“平安盐池”建设。持续开展扫黑除恶、信访维稳等专项斗争，打掉涉恶团伙2个，村霸5个，扫黑除恶专项斗争取得初步成效，为治本、治根打下了坚实基础。扎实推进大收戒等“七大战役”，全面强化“两打击一整治”，实现了“命案零发生”。建立全区首家平安电话联防平台，实现了城乡网格化全覆盖，农村警务专干配备率达100%，可防性案件发案同比下降55.1%。严格实行县领导定期接访、重点约访、不定期下访随访等制度，全力推动信访矛盾化解，共化解矛盾纠纷144件，连续三年位居全区信访工作责任考核第一名，连续六年实现进京到非接待场所涉访零纪录，申报创建国家信访局“三无县”和“全区禁毒示范县”。严格落实安全生产责任制，安全生产主要指标同比下降，亿元GDP事故死亡率为零，全年未发生较大安全事故。深入推进普法依法治理工作，创新开展“四联机制”工作模式，打造规范化人民调解委员会16个，构建大调解格局，有效提升司法行政水平。常态化开展“法律八进”工作，加强宪法宣传教育，获评第四批“全国法治县创建活动先进单位”。

【民主法治】充分发挥县委总揽全局、协调各方的领导核心作用，健全完善决策机制，严格决策程序，确保县委各项决策经得起人民和历史的检验。支持人大依法行使职权，聚焦经济运行、民生热点等方面开展视察、监督和评议，有力推动“一府一委两院”依法行政、依法监督、公正司法。支持政协及民主党派依照章程充分履行职能，围绕脱贫富民、城乡建设等方面开展协商议政活动，有效发挥了协调关系、汇聚力量、建言献策、服务大局的作用。充分发挥人大、政协领导在重点工作重点项目推进中监督指导、推动落实的作用，四套班子精诚团结、齐抓共管的工作局面更加稳固。坚持党管武装原则，军民融合发展和双拥工作持续发展，国防动员和后备力量建设取得明显成效，全县民兵组织调整改革获全区第一名。民族团结进步创建工作稳步提升，“三化”治理成效显著，全市“三化”治理现场会在盐池县召开，治理工作受到了区市领导的高度评价。全县“一心向党、团结进步、繁荣发展”强大合力逐步形成，大统战工作格局更加稳固。发挥工会、共青团、妇联、科协等人民团体桥梁纽带作用，全力推动经济社会发展。

【思想宣传】牢牢掌握意识形态工作领导权，认真贯彻落实意识形态工作责任制，制定出台《盐池县党委（党组）意识形态责任制考核办法》和《实施细则》，健全完善网络舆情处置长效机制，定期研究重大舆情、重点情况、重要社情民意，及时妥善处置了一批舆论热点问题，坚守思想主阵地。积极开展“最美家庭”“亮家风、晒家规、传家训”“最美吴忠人”宣讲及文明单位创建活动，命名表彰市县级文明单位（村）20个，推荐评选全国及区市县“最美家庭”124户，5名道德典型入选 “全国向上向善好青年”“自治区60年感动宁夏人物”，向上向善的乡风民风日渐浓厚。开展“改革开放40周年”“自治区成立60周年”“主流媒体看吴忠”系列采访活动，《人民日报》“蓝天绿地 创业沃土”专版对盐池县各项工作进行全面宣传报道，中央电视台及各类媒体发表稿件2000余篇，再创历史新高。中国社科院国家全球战略智库调研组把盐池县列为百城百县百企调研点之一。创建77个民族团结进步示范点，最大限度地促进交融、建立感情、增进团结。组织开展了“中国梦 盐州情 脱贫攻坚走基层”采风活动、“金秋翰墨飘香 盐州美景如画”书画剪纸摄影展和“第二届盐池县文学艺术奖”评选活动，进一步提升了盐池县对外知名度。

【组织建设】以组织工作“五大工程”为载体，扎实开展“三大三强”行动，实施“两个带头人”工程，推动各级党组织全面进步、全面过硬。大力推行“党建+”组织设置模式，把党支部建在扶贫链上、产业链上，打造村级党建示范点18个，整顿转化农村软弱涣散党组织15个。大力构建“五联五化”城市党建工作机制，进一步推动社区、单位、行业党建互联互动工作，建立联合工委1个，社区联合党委17个，设置村级党建工作站169个，打通了基层党建“神经末梢”。深入实施“三强九严”工程，重点整治机关党建责任落实、制度执行不到位等问题，对博物馆党支部等4个基层党组织作出降星处理。建立了“五位一体”联动管理机制和“一述职两测评四联考”考核机制，加强对驻村第一书记和工作队的管理，全年调整18名，切实做到敢派、真督、严考。持续推行“三会一课”与“5+X”主题党日融合机制，进一步坚定了党员干部的理想信念，8556名党员作出不信仰宗教承诺。进一步规范干部选任工作程序和标准，出台了《盐池县乡镇（街道）党政正职、县直部门（单位）正职综合业绩考核评价办法（试行）》《盐池县退出现职岗位干部管理办法》等文件，进一步提高干部选任工作的公信度。制定领导干部能上能下实施细则、不胜任现职干部召回管理办法等制度，5名领导干部被召回处理，激励干部干事创业的经验做法在全区组织工作会议上交流，全年共调整交流提拔干部38名，储备后备干部154人，中长期培养对象127人。

【巡视整改】2018年，盐池县委把巡视整改作为最大的政治任务，按照“真认账、真反思、真整改、真负责”的要求，突出问题导向，强化责任落实，严格跟踪问效，不折不扣推动巡视整改工作“事事有回音、件件有着落”。以上率下，压实责任。确定了“一统三分”的整改思路，成立了由县委主要领导任组长的巡视整改工作领导小组，抽调精兵强将成立了巡视整改办公室，先后召开20余次会议，精心谋划指导，聚焦问题本质，制定《盐池县关于落实自治区党委第二巡视组反馈问题整改方案》《自治区党委第二巡视组反馈问题整改台账及整改清单》，将巡视反馈问题分解细化，逐一明确责任领导、牵头单位、责任单位、整改时限，形成了全县整改工作上下联动、齐抓共管的强大合力，确保整改工作落到实处。强化担当，真抓实改。坚决克服“交卷”思想和“过关收场”心态，建立巡视反馈问题销号台账，实行“接到整改任务立即挂号，已处理问题及时销号，问题未处理好一直留号”的对账销号制度，挂图作战、立行立改、严查督办，对全县40个牵头单位开展4轮重点督查、督办，先后下发整改通知单36份、督办单17份，推动整改工作不留盲区、不留死角。县委召开了巡视整改专题民主生活会，围绕巡视反馈问题，主动承担责任，全面剖析，深刻查摆，进一步增强了巡视整改的思想自觉和行动自觉。中央第八巡视组巡视宁夏反馈问题盐池县主动认领问题及自治区党委第二巡视组反馈问题分解细化出的8个方面52项具体问题，完成整改51项，整改完成率为98%，并向党内和社会进行公开。建章立制，务求实效。紧盯问题多发易发的重点领域和关键环节，深挖细查，举一反三，认真做好巡视整改“后半篇”文章，不断巩固和扩大整改成果。围绕巡视反馈和群众反映强烈突出问题，重点聚焦农业农村、拆迁安置、住房建设等六个方面，扎实开展了矛盾问题大排查、严肃查处违反中央“八项规定”精神和隐形变异“四风”问题等专项行动，集中发现和解决了一批突出问题。中央第八巡视组、自治区党委第二巡视组移交盐池县120件信访件，已办结118件，正在办理2件，办结率98%。移交盐池县违纪问题102件，已办结91件，党政纪处分62人，诫勉谈话54人，提醒约谈19人。同时，坚持治本和预防相结合，制定和完善《盐池县落实自治区党委第二巡视组反馈问题整改工作材料汇编》等193个管长远、治根本的有效制度，构建堵塞漏洞、解决问题的长效机制，有力推动了干部作风转变和经济社会健康发展。

【廉政建设】全面推行“一书三册”纪实等制度，建立“3+1”监督机制，针对苗头性、倾向性问题，各级领导干部开展提醒谈话1944人次，党风廉政建设“两个责任”逐级压实。研发“廉政教育网络学习平台”，分层级分对象分批次开展经常性廉政教育，2176名公职人员参与学习，不想腐的自觉进一步增强。聚焦脱贫攻坚、中央“八项规定”精神的贯彻落实、环境污染防治等重点，坚持在减存量、遏增量上积极作为，加大纪律审查力度，全年立案查处违纪案件118件，处分154人，通报曝光典型案例24起42人，在全县形成不敢腐的强大震慑。审计监督成效明显，查处违规及管理不规范资金1.2亿元，核减工程投资1.3亿元。盐池县扶贫领域监督执纪问责的经验做法得到了自治区党委常委、纪委书记、监委主任许传智的肯定和批示，并在全区各级纪检监察机关推广。全面完成了国家监察体制改革任务，顺利通过区、市评估验收，并在全区率先探索实践了监察职能向乡镇、村延伸，实现了对村、组监察对象监察无盲区、全覆盖。完成了巡察办机构组建及人员配备，开展扶贫领域专项巡察3轮，前两轮发现问题218个，移交问题线索45件，立案12件，处分23人，问责31人，巡察“利剑”作用充分发挥。

## 党委重要会议

【十四届第一次县委常委会】 2018年1月3日在党政大楼六楼第一会议室召开，县委书记滑志敏主持。会议传达学习了习近平总书记2018年新年贺词，传达学习了自治区党委十二届三次全体会议、全区经济工作会议和吴忠市委五届五次全体会议、全市经济工作会议精神，并研究了贯彻意见，传达学习了自治区银川都市圈建设工作推进会议精神，并研究了贯彻意见，学习了《关于郭进挺违反中央“八项规定”精神有关问题的通报》（宁纪通〔2017〕20号）精神，并研究了贯彻意见；会议决定：由县委办、县政府办和政研室负责，认真学习、深刻领会区市党委全委会议和经济工作会议精神，进一步补充完善《中共盐池县委2018年工作要点》、政府工作报告等，提交县委、县政府审定后印发执行。由环林局负责，抓紧时间起草盐池县的关于在重大节庆及婚丧嫁娶活动中控制燃放烟花爆竹和祭祀烧纸的方案，提交县委、县政府相关会议审定后印发执行。由施铉峰、尹益龙负责，组织发改局、工业园区管委会等相关部门，在《银川都市圈建设实施方案》的基础上，抓紧制定全县的贯彻意见，进一步明确时间表、列出规划图，确保各项工作能够落实到位。原则同意县委组织部提交的《盐池县乡镇（街道）党政正职、县直部门（单位）正职综合业绩考核评价办法（试行）》，由马丽红负责，组织组织部，根据会议提出的意见建议，进一步修改完善后，以县委办、政府办文件印发执行。原则同意县委组织部提交的《盐池县乡镇（街道）、部门（单位）科级及以下人员“三评一推优”日常考核办法（试行）》，由马丽红负责，组织组织部，根据会议提出的意见建议，进一步修改完善后，以县委办文件印发执行。原则同意县委组织部提交的《盐池县2017年度村级组织和村干部绩效考核办法》，由马丽红负责，组织组织部根据会议提出的意见建议，进一步修改完善后，以县委办、县政府办文件印发执行。

【十四届第二次县委常委会】 2018年1月23日在党政大楼六楼第一会议室召开，县委书记滑志敏主持。传达学习了党的十九届二中全会公报精神、吴忠市五届人大三次会议和政协吴忠市五届二次会议精神，并研究了贯彻意见，学习传达了全国全区宣传部长会议、统战部长会议和组织部长会议精神，并研究了贯彻意见，传达学习了《关于张八五严重违纪案件的通报》（宁纪通〔2018〕1号）、《关于张湧严重违纪案件的通报》（宁纪通〔2017〕19号）和《关于我市3起违反中央“八项规定”精神问题典型案例的通报》（吴纪发〔2017〕127号）精神，并研究了贯彻意见；会议决定：原则同意政府党组提交的《盐池县“盐州大集·民俗嘉年华”2018年冬春季文化旅游系列活动实施方案》，由边卡负责，组织文广局等相关部门，根据会议提出的意见建议抓紧时间进行修改完善，以两办文件印发执行。原则同意政府党组提交的《盐池县2018年元旦春节慰问（救助）暨送温暖活动实施方案》，由马瑞英负责，组织民政局等相关部门，根据会议提出的意见建议抓紧时间进行修改完善，以两办文件印发执行。同意县委组织部提交的县总工会、团委、妇联挂职、兼职人员的意见，由马丽红负责，组织组织部等相关部门，严格按照组织程序办理。安排了近期有关工作。研究了有关干部事宜。

**【十四届第三次县委常委会】** 2018年2月10日在党政大楼六楼第一会议室召开，县委书记滑志敏主持。传达学习了中央政法工作、全国扫黑除恶专项斗争会议和全区政法综治信访维稳暨扫黑除恶专项斗争工作会议精神，并研究了《盐池县开展扫黑除恶专项斗争实施方案》和召开全县政法综治信访维稳禁毒暨扫黑除恶专项斗争工作会议有关事宜；传达学习了十九届中央纪委二次全会和自治区纪委十二届二次全会精神，并研究了《盐池县纪委十四届二次全体（扩大）会议工作报告（送审稿）》和研究召开盐池县纪委十四届二次全体（扩大）会议暨全县党风廉政建设和反腐败工作会议有关事宜。传达学习了自治区十二届人大一次会议和自治区政协十一届一次会议精神，并研究了贯彻意见，传达学习了《中共中央办公厅 国务院办公厅 中央军委办公厅〈中国人民武装警察部队兵力需求军地对接工作规定（试行）〉的通知》（中办发电〔2017〕118号）精神，并研究了贯彻意见，传达学习了自治区2018年农村工作会议、全区脱贫攻坚工作会和全区扶贫办主任会议精神，并研究召开全县2018年农村工作暨脱贫富民工作推进会议有关事宜，传达学习了《关于8起涉农扶贫领域腐败问题典型案例的通报》（宁纪通〔2018〕4号）精神，传达学习了《自治区党委办公厅 人民政府办公厅印发〈关于实施人才强区工程助推创新驱动发展战略的意见〉的通知》（宁党办〔2018〕1号）和《自治区党委办公厅 印发〈关于防止干部“带病提拔”的实施意见〉的通知》（宁党办〔2018〕8号）精神。会议决定：3月上旬，召开全县政法综治信访维稳禁毒暨扫黑除恶专项斗争工作会议，由施铉峰负责，组织政法委、信访局、维稳办等相关部门，认真做好各项会务筹备工作，确保会议取得圆满成功。由施铉峰、武耀兵负责，组织政法委等相关部门，立即组织召开全县扫黑除恶专项斗争工作启动会，并及时与市政法委进行沟通，结合此次会议提出的意见建议，抓紧时间对《实施方案》进行修改完善，待区市实施方案下发后印发执行。原则同意县纪委提交的《盐池县纪委十四届二次全体（扩大）会议工作报告（送审稿）》，由孙佰柱负责，组织纪委根据会议提出的意见建议，进一步修改完善后，提交盐池县纪委十四届二次全体（扩大）会议暨全县党风廉政建设和反腐败工作会议审议。定于2月12日下午，召开盐池县纪委十四届二次全体（扩大）会议暨全县党风廉政建设和反腐败工作会议，由孙佰柱负责，组织纪委等相关部门，认真做好各项会务筹备工作，确保会议取得圆满成功。由张学良、徐经生、吴科负责，组织扶贫办等相关部门，利用春节前后这段时间，针对各乡镇脱贫攻坚工作中存在问题的整改情况，进行一轮督查，并将督查情况和春节前谈心谈话活动中梳理出来的意见建议，纳入2018年脱贫攻坚工作方案。定于3月上旬，召开全县2018年农村工作暨脱贫富民工作推进会议，由张学良、徐经生、吴科负责，组织县委办、政府办、政研室等相关部门，认真做好各项会务筹备工作，确保会议取得圆满成功。原则同意县纪委提交的《关于盐池县2018年至2020年开展扶贫领域腐败和作风问题专项治理的实施方案》，由孙佰柱负责，组织纪委等相关部门，根据会议提出的意见建议抓紧时间进行修改完善，以纪委文件印发执行。原则同意县委政研室提交的《盐池县全面深化改革督查实施办法（试行）》，由张学良负责，组织政研室等相关部门，根据会议提出的意见建议抓紧时间进行修改完善，以两办文件印发执行。由纪委、组织部负责，对全县2017年度效能目标管理责任制考核排名后两位的乡镇和部门一把手和班子成员进行约谈，提出工作要求，督促其坚持问题导向，抓好整改落实，进一步推动主体责任落到实处。原则同意县效能目标管理责任制考核领导小组提交的关于2017年度乡镇部门效能目标管理责任制考核结果的意见，由施铉峰负责，组织县责任制考核办公室认真核实后，以县委办、县政府办文件印发。原则同意县效能目标管理责任制考核领导小组提交的关于表彰奖励2017年度各项重点工作、重点项目先进集体和先进个人的意见，以县委、县政府名义，在全县2017年度总结表彰大会上予以表彰。定于3月上旬，召开全县组织宣传统战工作会议，由陈旭、张学良、马丽红负责，组织组织部、宣传部、统战部等相关部门，认真做好各项会务筹备工作，确保会议取得圆满成功。原则同意县委组织部提交的关于2017年度全县村级组织和村干部绩效考核结果的意见，由马丽红负责，组织组织部认真核实后，以县委办、县政府办文件印发。定于2月12日上午，召开全县2017年度总结表彰大会，由张学良、吴科负责，组织县委办、政府办、县责任制考核办公室等相关部门，认真做好各项会务筹备工作，确保会议取得圆满成功。原则同意县委办提交的《中共盐池县委领导班子2017年度民主生活会的整改方案》，由张学良负责，组织县委办，根据会议提出的意见建议，进一步修改完善后，以县委办文件印发执行。同意县委组织部提交的关于选派干部到信访局挂职锻炼的意见，由马丽红负责，组织组织部等相关部门，严格按照组织程序办理。

**【十四届第四次县委常委会】** 2018年3月1日在党政大楼六楼第一会议室召开，县委书记滑志敏主持。传达学习了全区领导干部学习贯彻习近平新时代中国特色社会主义思想和党的十九大精神专题学习班精神，并研究了贯彻意见，传达学习了石泰峰在自治区信访局《关于宁夏信访工作情况的汇报》上的批示精神，并听取了盐池县信访工作情况汇报，传达学习了《关于进一步加强和改进机关党的建设的意见》精神，并研究了贯彻意见，传达学习了十二届自治区党委第二轮巡视工作动员部署会议精神，并研究了贯彻意见。会议决定：由陈国鸿负责，组织法院等相关部门，针对大水坑镇出现的不允许召开村民自治代表大会村霸黑恶案件，限期依法严肃处理，并作为典型案例进行打击整治。由施铉峰、尹益龙负责，针对盐池县近期扬言进京上访的5起信访案件，尽快研究解决方案，依法果断进行解决。由徐经生、吴科负责，组织扶贫办等相关部门，针对脱贫攻坚领域中存在的问题，抓紧时间再进行一次督查，进一步查找分析存在问题的原因，充分反馈到向巡视组汇报的材料中。原则同意政府党组提交的《关于进一步加强禁牧工作的意见》，由吴科负责，组织农牧局等相关单位，根据会议提出的意见建议，进一步修改完善后，以县委办、政府办文件印发执行。原则同意政府党组提交的《盐池县2018年造林绿化实施方案》，由吴科负责，组织环林局等相关单位，根据会议提出的意见建议，进一步修改完善后，以县委办、县政府办文件印发执行。原则同意政府党组提交的《盐池县实施创新驱动战略推动工业经济高质量发展的意见》和《盐池县2018年工业工作方案》，由张晨、刘宝清负责，组织工业园区管委会、工业信息化和商务局等相关部门，根据会议提出的意见建议，进一步修改完善后，《盐池县实施创新驱动战略推动工业经济高质量发展的意见》以县委、县政府文件印发执行，《盐池县2018年工业工作方案》以县委办、政府办文件印发执行。同意县编办提交的《中共盐池县委巡察工作领导小组办公室主要职责和人员编制方案》，由马丽红负责，组织编办等相关单位，根据会议提出的意见建议，进一步修改完善后，以县委办文件印发执行。

**【十四届第五次县委常委会】** 2018年3月19日在党政大楼六楼第一会议室召开，县委书记滑志敏主持。传达学习了《习近平总书记在打好精准脱贫攻坚战座谈会上的讲话》（中办通报〔2018〕第9期）和自治区扶贫开发领导小组2018年第2次会议精神，并研究了贯彻意见。传达学习了《中共中央办公厅〈关于严明纪律切实保证党和国家机构改革顺利进行的通知〉》（中办发电〔2018〕11号）和《自

治区党委办公厅 关于全区机构编制和人员有关事项的通知》（宁党厅字〔2018〕14号）精神，并研究了贯彻意见。传达学习了《宁延令、石泰峰同志在中央第八巡视组巡视宁夏回族自治区工作动员会议上的讲话》（宁党办通报〔2018〕8号）和《关于三起违反中央"八项规定"精神典型问题的通报》（宁纪通〔2018〕5号）精神，并研究了贯彻意见。传达学习了《石泰峰同志在2017年度地级市党委和自治区各行业系统党（工）委书记抓基层党建述职评议考核会上的讲话》（宁党办通报〔2018〕3号）、全区机关党的建设工作会议和《自治区党委办公厅关于对自治区司法厅等8个部门（单位）党建工作责任追究情况的通报》(宁党办〔2018〕22号）精神，并研究了贯彻意见。传达学习了全区老干部局长会议精神。会议决定：由组织部负责，组织抽调相关人员，对盐池县基层党建工作，特别是基层党建助推脱贫攻坚工作进行全面系统的总结，为全区提供可借鉴、可复制的经验做法。原则同意县纪委提交的《2018年盐池县全面从严治党、党风廉政建设和反腐败主要任务分工》，由孙佰柱负责，组织纪委等相关单位，根据会议提出的意见建议，进一步修改完善后，以县委办文件印发执行。原则同意县巡察办提交的《中共盐池县委员会巡察工作规划（2018—2021年）（送审稿）》，由孙佰柱负责，组织巡察办等部门，根据会议提出的意见建议，进一步修改完善后，以县委文件印发执行。原则同意县委组织部提交的《关于进一步加强和改进离退休干部工作的实施意见》，由马丽红负责，组织老干部局等相关单位，根据会议提出的意见建议，进一步修改完善后，以县委办、县政府办文件印发执行。同意县委办公室提交的《盐池县委常委会关于坚定维护以习近平同志为核心的党中央集中统一领导的若干规定》，由张学良负责，组织县委办等相关单位，进一步修改完善后，以县委文件印发执行。同意县委组织部提交的关于县科协挂职、兼职人员的意见，由马丽红负责，组织组织部等相关部门，严格按照组织程序办理。原则同意县巡察办提交的《十四届县委第二轮扶贫领域专项巡察工作方案》，由孙佰柱负责，组织巡察办，根据会议提出的意见建议，进一步修改完善后，严格按照方案要求开展巡察工作。

**【十四届第六次县委常委会】**2018年3月28日在党政大楼六楼第一会议室召开，县委书记滑志敏主持。传达学习了自治区党委副书记、政府主席咸辉到盐池调研工作时的指示精神，并研究了贯彻意见。传达学习了全国"绿盾2018"自然保护区监督检查专项行动视频会议、集中式水源地环境保护专项行动部署会议精神，并研究审定了《盐池县2018年蓝天碧水净土专项整治行动实施方案》。传达学习了中央巡视办专项检查组召开的部分市县党委巡察工作汇报会精神，并研究了贯彻意见。会议听取了全县意识形态工作情况汇报。传达学习了自治区党委2018年第13次常委会议有关精神，并听取了政府党组关于全县民生工程和民生政策落实情况的汇报。会议决定：由张学良负责，组织县脱贫攻坚专项督察组和"两办"督查室，对全县脱贫退出工作进行新一轮的督促检查，重点查找责任落实不到位的问题，同时要特别关注介于贫困户和非贫困户之间群众的政策落实情况，并将督查结果于4月中旬前报县委、县政府。原则同意县政府党组提交的《盐池县2018年蓝天碧水净土专项整治行动实施方案》，由吴科负责，组织环林局等相关单位，根据区市要求和盐池县实际进一步修改完善后，以县委办、县政府办文件印发执行。原则同意县纪委提交的《盐池县落实党风廉政建设责任制工作全程纪实制度（试行）》，由孙佰柱负责，组织县纪委等相关单位，根据会议提出的意见建议进一步修改完善后，以县委办文件印发执行。原则同意县纪委提交的《关于对形式主义官僚主义等"四风"问题开展集中整治的实施方案》，由孙佰柱负责，组织县纪委等相关单位，根据会议提出的意见建议进一步修改完善后，以县纪委文件印发执行。原则同意县政府党组提交的《盐池县促进旅游产业发展扶持办法（试行）》和《“引客入盐”旅游项目以奖代补管理办法（试行）》，由边卡负责，组织文广局等相关单位，根据会议提出的意见建议，进一步修改完善后，以县委办、政府办文件印发执行。研究了有关干部事宜。

**【十四届第七次县委常委会】**2018年4月12日在党政大楼六楼第一会议室召开，县委书记滑志敏主持。传达学习了《石泰峰同志在自治区领导干部大会上的讲话》（宁党办通报〔2018〕第11期）精神，并研究了贯彻意见。传达学习了自治区总河长第二次会议精神，并研究了贯彻意见。传达学习了《石泰峰同志在调研督办解决群众反映强烈的突出问题时的讲话》（宁党办通报〔2018〕第12期）精神，并研究了贯彻意见。传达学习了《中共宁夏回族自治区委员会关于深入学习宣传和贯彻实施〈中华人民共和国宪法〉的通知》（宁党发〔2018〕11号）精神，并研究了贯彻意见。传达学习了《中共中央办公厅关于加强调查研究提高调查研究实效的通知》（中办发〔2018〕20号）精神，并研究了贯彻意见。传达学习了《关于六起违反中央“八项规定”精神典型问题的通报》（宁纪通〔2018〕7号）精神，并研究了贯彻意见。会议听取了全县迎接国家脱贫摘帽考核验收工作情况汇报。会议决定：由吴科负责，组织县环林局等相关部门，认真梳理盐池县环保工作方面存在的问题，建立整改台账、落实整改责任、明确时间任务，确保在规定时间内全面整改完成。由县财政局、审计局负责，成立联合财政审计执法小组，对各乡镇的财务工作进行全面审计检查，确保财务工作规范运行。由官秀敏负责，组织扶贫办、各乡镇，对县、乡、村各级档案逐项审核、统一归类，对已审定的档案装订成册，加强管理。由宣传部负责，做好迎验考核影像资料的准备工作，于4月20日前制作完成，报县委、县政府研究审定。由扶贫办负责，认真梳理全县督查尚未整改完成的问题和县脱贫攻坚督查组新一轮督查发现的问题，并进行整理反馈各乡镇、各帮扶部门，逐一进行对照检查、建立工作台账，逐项销号整改。在2017年已经制定脱贫摘帽迎验考核预案的基础上，进一步修改完善，列出任务清单，逐项进行排查预演。原则同意县委办提交的《关于深入贯彻中央“八项规定”精神进一步加强和改进县级领导班子作风建设的实施意见（修订稿）》，由张学良负责，组织县委办根据会议提出的意见建议，再次认真对照区市《意见》进行修改完善后，以县委文件印发执行。研究了有关干部事宜。

**【十四届第八次县委常委会】**2018年4月17日在党政大楼六楼第一会议室召开，县委书记滑志敏主持。传达学习了自治区十二届党委2018年第14次常委会议《听取关于集中开展解决群众反映强烈的突出问题活动情况的汇报》精神，并研究了贯彻意见。传达学习了全区中央第八环境保护督察组督察反馈意见整改工作调度会议精神，并研究了贯彻意见。会议决定：原则同意县纪委提交的《盐池县关于落实自治区党委第二巡视组反馈违反中央“八项规定”精神问题整改方案》，由孙佰柱负责，组织县纪委对方案进一步修改完善后，以县委文件印发执行并报自治区第二巡视组。原则同意县委办公室提交的《中共盐池县第十四届委员会常务委员会工作规则》，由张学良负责，组织县委办再次认真对照区市规则进行修改完善后，以县委文件印发执行。研究了有关纪检案件。

**【十四届第九次县委常委会】**2018年4月27日在党政大楼六楼第一会议室召开，县委书记滑志敏主持。传达学习了自治区党委常委、纪委书记、监委主任许传智到盐督导解决群众反映强烈的突出问题及调研脱贫攻坚工作精神，并研究了贯彻意见。传达学习了吴忠市委书记沈左权到盐池督查调研脱贫攻坚工作精神，并研究了贯彻意见。传达学习了《中共中央办公厅 国务院办公厅关于严禁自行出台政策发放工资津贴补贴有关问题的通知》（中办发电〔2018〕20号）精神，并研究了贯彻意见。传达学习了《自治区党委关于深入开展违反中央“八项规定”精神突出问题专项治理的通知》（宁党发〔2018〕15号）精神，并研究了贯彻意见。传达学习了自治区全面深化改革领导小组督查通报和《吴忠市关于对自治区调研督察改革工作通报问题进行自查整改的通知》（吴改办发〔2018〕4号）精神（书面传达）。会议决定：为了加强对全县开展违反中央“八项规定”精神突出问题专项治理工作的领导，成立由孙佰柱为主任，县委办、政府办负责同志为副主任，县纪委、财政局、审计局负责同志为成员的县专治办公室，负责专项治理工作的督察督办等工作。由各乡镇、各部门负责，按照《自治区党委关于深入开展违反中央“八项规定”精神突出问题专项治理的通知》（宁党发〔2018〕15号）要求，全面开展自查自纠，并将自查自纠情况于5月2日前报县专治办。由吴科负责，纪委、财政、审计等相关单位配合，尽快组织研究制定盐池县机关事务工作的规章制度和工作方案，统一规范好全县的后勤服务和管理工作，提交县委常委会议审定。原则同意县深改工作领导小组办公室提交的《盐池县全面深化改革2018年工作要点（送审稿）》，由张学良负责，组织县深改工作领导小组办公室根据会议提出的意见建议，进一步修改完善后，以县委办、县政府办文件印发执行。原则同意县政研室提交的《中共盐池县委 县人民政府关于深入推进乡村振兴战略的实施方案（送审稿）》，由吴科负责，组织县政研室根据会议要求进一步修改完善后，以县委、县政府文件印发执行。原则同意县委组织部提交的《关于实施“三强九严”工程进一步加强和改进机关党的建设的实施意见》，由马丽红负责，组织组织部根据会议提出的意见建议进一步修改完善后，以县委文件印发执行。安排了近期有关工作。一要抓好信访维稳工作。二要抓好安全生产工作。三要抓好重点项目建设。四要抓好党风廉政建设工作五要加强节日期间值守应急工作。

**【十四届第十次县委常委会】** 2018年5月7日在党政大楼六楼第一会议室召开，县委书记滑志敏主持。传达学习了全区脱贫攻坚突出问题整改推进会议精神及自治区党委常委、政府副主席马顺清约谈各县市区党政主要负责人讲话精神，并研究了贯彻意见。传达学习了自治区十二届党委2018年第16次常委会议关于《传达学习全国网络安全和信息化工作会议精神》的精神，并研究了贯彻意见。传达学习了《中共中央办公厅 国务院办公厅印发〈关于加强和改进新形势下伊斯兰教工作的意见〉》（中办发〔2018〕24号）等文件，并听取了成立盐池县民族宗教领域突出问题专项治理工作领导小组有关事宜。传达学习了中央纪委常委邹加怡在宁夏贫困县（区）纪委书记例会上的讲话和调研情况通报、自治区十二届党委2018年第16次常委会议关于《研究自治区党委办公厅〈关于深入开展违反中央“八项规定”精神突出问题专项治理的通知（送审稿）〉》精神，并听取部分县委常委分别就履行分管责任和监督责任不到位情况向县委常委会的检查。传达学习了自治区十二届党委2018年第16次常委会议关于《审议自治区政府党组〈关于宁夏农村环境整治三年行动实施方案（送审稿）〉》精神，并研究了贯彻意见。听取了中央第八环保督查组反馈问题整改情况汇报。听取了全县政府性债务防范化解工作情况汇报。会议决定：由徐经生、吴科负责，组织县扶贫办等相关部门，尽快制定全县脱贫攻坚突出问题整改方案，经县委、县政府分管领导审核后，提交县扶贫开发领导小组会议研究审定；组织县委办、县政府办、扶贫办等相关部门，对盐池县脱贫攻坚各类政策文件中文字表述不准确等情况进行全面清理，5月底前整改到位；组织组织部、扶贫办等相关部门，针对扶贫标准把握不准确、责任和措施落实不到位的问题，尽快组织召开全县脱贫攻坚专题培训班，讲政策、教方法、提要求，确保各级干部真正掌握政策要点、验收程序。由陈旭负责，组织县委宣传部、网信办等相关部门，开展网络安全“清朗”“净网”等专项行动，彻底整治网上违法违规有害信息，持续净化网络空间；并加强对全县单位网站、微信平台、政务微博、自媒体等网络媒体的建设和管理，全面提升网络规范化管理水平。原则同意县委统战部提交的《关于成立盐池县民族宗教领域突出问题专项治理工作领导小组的意见》，由张学良负责，组织统战部等相关单位，根据会议提出的意见建议，进一步修改完善后，以县委办文件印发执行。由县财政局、审计局、扶贫办、农牧局、环林局、水务局等各职能部门负责，加强违反中央“八项规定”精神专项整治活动的自查自纠力度，充分发挥职能部门监管作用，加大整改力度，对在专项治理工作中发现的违规、违纪、违法问题线索及时移交县纪委监委，确保专项治理取得实实在在的效果。原则同意政府党组提交的《盐池县深化城乡社区警务工作改革实施方案》，由武耀兵、张晨负责，组织公安局等相关部门，根据会议提出的意见建议，修改完善后，以县委办、县政府办文件印发执行。原则同意政府党组提交的《关于设立盐池县机关事务管理服务中心的筹备方案》，由吴科、边卡负责，严格要求各级各部门，认真执行中央“八项规定”实施细则和自治区的相关规定，进一步规范盐池县机关事务管理工作，保障机关正常运行，降低机关运行成本。

**【十四届第十一次县委常委会】** 2018年5月28日在党政大楼六楼第一会议室召开，县委书记滑志敏主持。传达学习了《纪铮同志在全区扫黑除恶专项斗争推进会上的讲话》（宁党办通报〔2018〕17号）精神，并研究了贯彻意见。传达学习了《关于转发丁薛祥同志在中央保密委员会全体会议上的讲话的通知》（宁密委发〔2018〕3号）和《关于印发〈纪峥同志在2018年自治区党委保密委员会第二次全体（扩大）会议上的讲话〉的通知》（宁密委发〔2018〕7号）精神，并研究了贯彻意见。传达学习了《自治区党委关于印发〈中共宁夏回族自治区委员会党务公开实施细则（试行）〉的通知》（宁党发〔2018〕16号）精神，并研究了贯彻意见。传达学习了自治区中央环境保护督察“回头看”工作部署会议精神，并研究了贯彻意见。传达学习了《关于十三起违反中央“八项规定”精神典型问题的通报》（宁纪通〔2018〕14号）精神，并听取了关于自治区党委巡视组反馈违反中央“八项规定”精神问题整改及开展突出问题专项治理工作情况的汇报。会议决定：由县纪委监委负责，结合开展扫黑除恶专项行动，对群众反映强烈突出问题排查化解中不按规定办理、不积极配合公安部门线索取证的单位、部门和个人，要严肃查处、绝不姑息。由政法委负责，县纪委监委、组织部、公安局等单位配合，成立联合督查工作组，加大对各乡镇、各部门扫黑除恶专项斗争工作开展情况的督查力度，对于敷衍了事、不积极作为的单位和个人要及时通报并限期整改。由县委保密委员会办公室负责，抓紧制定《关于涉密领域国产化替代工程实施方案》，并严格按照时序进度督促各乡镇、各部门抓好落实，推动盐池县涉密领域国产化替代工程落到实处。由县委、县政府督查室负责，环林局等相关单位配合，针对当前盐池县在燃煤锅炉淘汰慢、城乡接合部集中供暖覆盖率不高、银西高铁银百高速扬尘防控不到位、含油废水非法倾倒无法破案、中石油中石化加油站双层罐防渗池改造慢5项环境保护方面重点工作，立即启动、全面督查、重点督办，确保盐池县环保工作取得实效。由环林局负责，各乡镇各部门配合，通过县电视台、微信公众号、村组宣传栏等方式，把环境保护举报电话向全县公布，集中收集群众反映突出的环境保护问题。由纪委负责，针对哈巴湖保护区内佟记圈生猪养殖场违规新建的问题，要与整改工作同步开展调查，严肃查处问责相关单位和领导审批监管责任不到位的问题。由武耀兵负责，组织公安局等相关单位，针对部分企业违法偷排偷投放含油废水、工业污水的问题，进一步加大侦破力度，严格调查取证，依法严厉打击。由尹益龙负责，组织国土局等相关单位，针对部分企业非法盗采的行为，尽快搜集相关证据移交法院，依法严惩，形成震慑。原则同意县政府党组提交的《盐池县促进服务业加快发展的实施意见》，由边卡负责，组织发改局等相关部门，进一步优化提升后以县委办、政府办文件印发执行。同意县委统战部提交的《关于推荐自治区第八次民族团结进步创建先进集体、先进个人的意见》，由张学良负责，严格按照程序上报。由马丽红负责，组织组织部等相关单位，针对扶贫领域专项巡察中发现的在政治学习方面弄虚作假，心得体会、学习笔记粘贴抄袭等问题，彻查彻纠，形成处理意见。由吴科负责，组织扶贫办等相关单位，针对扶贫领域专项巡察中发现在扶贫领域存在微腐败、侵害群众切身利益的行为，全面查处、严肃整改，形成处理意见。由孙佰柱负责，组织县纪委等相关单位，针对本次扶贫领域专项巡察中发现存在的违反中央“八项规定”等问题，严肃追责问责，形成处理意见；组织巡察办等相关单位，尽快拿出下一轮扶贫领域专项巡察工作方案，迅速开展下一轮巡察，保持巡察力度不减，震慑威力不减。原则同意县深化监察体制改革试点工作小组提交的《关于在全县试行乡镇监察全覆盖的工作方案》，由孙佰柱负责，组织纪委监委等相关单位，按照会议要求进一步修改完善后，以县委办文件印发执行。研究了有关纪检案件。研究了有关干部事宜。

**【十四届第十二次县委常委会】**2018 年 6 月 17 日在党政大楼六楼第一会议室召开，县委书记滑志敏主持。传达学习了自治区党委第 22 次常委会议关于《传达学习习近平总书记关于打赢脱贫攻坚战三年行动的重要批示精神》的精神。传达学习了《习近平、李克强、韩正同志在全国生态环境保护大会上的讲话》（中办通报〔2018〕17 号）和自治区党委第 22 次常委会议关于《听取中央第二环保督察组督查反馈问题整改情况的汇报》、石泰峰同志在《关于认真落实中央环保督查“回头看”边督边改工作的报告》（宁党督函〔2018〕1096 号）上的批示、吴忠市委督查室《关于中央第二环保督察组转办件办理结果上报情况的通报》（督查工作通报〔2018〕第 7 期）精神，并研究了贯彻意见。传达学习了全国、全区、全市禁毒工作电视电话会议和《宁夏回族自治区禁毒工作领导责任追究办法》（宁党办〔2018〕24 号）、《关于推行“八责机制”强力推进创建全国禁毒示范省区工作的通知》精神，并研究了贯彻意见。传达学习了《自治区党委办公厅转发〈中共中央办公厅秘书局关于严禁擅自发布传播中央文件有关事项的通知〉的通知》精神（宁党厅字〔2018〕33 号）（以下简称《通知》），并研究了贯彻意见。传达学习了《自治区党委办公厅关于印发〈党员涉嫌违纪违法信息通报和及时处理工作实施办法〉的通知》（宁党办发〔2018〕46 号）精神，并研究了贯彻意见。传达学习了《近期安徽六安市教师集体上访舆情事件分析及启示》（舆情专报〔2018〕第 22 期）精神，并研究了贯彻意见。传达学习了全区市、县（区）巡察工作推进会和《关于印发中共宁夏回族自治区委员会巡视工作规划（2018—2022 年）的通知》（宁党发〔2018〕20 号）精神，并研究了贯彻意见。会议决定：由县纪委监委负责，对全县义务教育阶段学生辍学返校情况进行核查，发现弄虚作假、工作落实不到位的相关责任人要进行严肃处理。由县委、县政府督查室负责，针对全县养殖圈棚空置的问题，开展一次专项督查，将督查结果及时通报县纪委监委。由哈巴湖管理局负责，环林局、相关乡镇配合，针对哈巴湖国家级自然保护区内人类活动点位的整改，尽快出台整改落实方案，明确目标、落实责任，进一步加强办理工作力量，采取坚决果断措施，扎实推进问题整改。由张晨同志负责，环林局配合，将 2016 年中央第八环保督察组反馈的 23 个转办件、中央第二环保督察组“回头看”反馈的转办件和中央第二环保督察组“回头看”下沉哈巴湖国家级自然保护区内督察发现的 6 个方面的问题整改情况，适时组织回访督办，确保整改到位。由各乡镇、各相关部门负责，对各自辖区和主管行业领域环保工作进行排查梳理，对发现的问题第一时间上报，第一时间向群众做好政策解释说明，在最短时间内稳控化解。由禁毒办负责，将《宁夏回族自治区禁毒工作领导责任追究办法》(宁党办〔2018〕24号)(以下简称《办法》)转发全县各级各部门学习。由县保密办、网信办负责，针对各单位文件管理岗位工作人员，在全县范围内组织开展保密工作专题培训，进一步规范文件管理工作程序，提升相关工作人员保密意识和工作能力。由县委办负责，人大办、政府办、政协办等相关单位配合，认真对照《通知》要求，立即在全县范围内组织开展自查，进一步规范文件管理和使用，确保整改工作和规定执行落实到位。由县保密办负责，对全县各级各部门涉密文件的管理工作进行督查，检查制度是否健全、程序是否规范、手续是否完备，管理是否到位，查找问题、补漏纠错，确保涉密文件管理不留死角和盲区。由县委组织部负责，按照《办法》明确的程序和要求，制定《盐池县党员涉嫌违纪违法信息通报和及时处理工作实施办法》，以县委办文件下发各级党委、党组贯彻执行。由县委组织部负责，建立全县党员涉嫌违纪违法信息通报和及时处理工作联席会议制度，每季度召集有关单位分管领导通报涉案党员有关信息，及时对违纪违法党员作出严肃处理。由县委组织部负责，县委巡察办配合，建立优秀干部到巡察岗位接受锻炼制度，将拟提拔、新提拔的科级干部纳入巡察组长库，将审计、财会、扶贫等方面专业技术人员纳入巡察人才库。由县委巡察办负责，抓紧时间制订县委第三轮扶贫领域专项巡察计划，于2018年7月下旬组织实施，确保十四届县委任期内县委巡察高质量实现全覆盖。由网信办负责，公安局配合，建立健全网络舆情分析研判制度，不断完善舆情监管、研判、报送、会商和处置体系，定期召开专题会议，分析研判网络舆情存在的突出问题，提升全媒体环境下网络舆情工作效果，切实维护网络意识形态安全。原则同意《盐池县关于落实自治区党委第二巡视组反馈问题的整改方案》，由施铉峰负责，组织县委办等相关单位，根据会议提出的意见建议，进一步修改完善后，以县委文件上报自治区党委第二巡视组和吴忠市委、吴忠市纪委；同时，以县委办文件印发执行。由施铉峰牵头，马丽红、孙佰柱全力配合，组织县纪委监委、县委办、人大办、政府办、政协办、组织部等相关单位，抽调责任心强、能力突出、经验丰富的干部，成立整改工作领导小组办公室，专门负责自治区党委第二巡视组反馈问题的统筹协调、督查督办、整改落实等工作，确保高标准、高质量地完成整改工作，并于8月初向自治区党委巡视工作领导小组上报盐池县整改情况和县委书记组织落实情况。由各整改工作牵头单位负责，于6月20日前拿出各自整改工作子方案，建立工作台账，按时销号整改。同意县维护社会稳定工作领导小组办公室提交的《2018年全县维护社会稳定重点工作责任分工方案》，由武耀兵负责，组织维稳办等相关单位，进一步修改完善后，以维护社会稳定工作领导小组办公室文件印发执行。同意县委组织部提交的《2018年“七·一”走访慰问方案》，由马丽红负责，以县委办文件印发组织实施。原则同意县巡察办提交的《中共盐池县委员会巡察工作规划（2018—2021年）（修订稿）》，由孙佰柱负责，组织县巡察办等部门，进一步修改完善后，以县委文件加密印发执行。由孙佰柱负责，组织县纪委监委、巡察办等相关单位，对《中共盐池县委员会巡察工作规划（2018—2021年）》（盐党发〔2018〕10号）进行收回废止。研究了有关纪检案件。

**【十四届第十三次县委常委会】**2018年7月3日在党政大楼六楼第一会议室召开，县委书记滑志敏主持。传达学习了自治区党委第十二届四次全体会议和五届市委2018年第12次常委(扩大)会议精神，并研究了贯彻意见。传达学习了《李克强总理在国务院全体会议上的讲话》(《内部情况通报》第12期)和全区产业转型发展推进会精神，并研究了贯彻意见。传达学习了《关于学习贯彻石泰峰同志在全区宣传思想文化工作及60大庆宣传文化活动筹备工作调研座谈会讲话的通知》（宁宣发〔2018〕72号）精神，并研究了贯彻意见。传达学习了自治区党委中心组学习会议精神，并听取了中央第八环保督察组反馈问题整改回访情况和中央环保督察“回头看”反馈问题及下沉检查整改情况汇报。会议决定：由张晨负责，组织工业和商务局，组建专业招商队伍，成立对外招商工作专项小组，认真做好前期策划筹备等工作，于7月下旬有针对性地开展招商引资工作。由宣传部负责，各乡镇各相关部门配合，充分挖掘、总结盐池在经济、政治、文化、社会、生态、民族团结及党的建设等方面的成绩，集中展现盐池改革开放40年的辉煌成就，全力组织开展好自治区60年大庆盐池县的宣传工作。由吴科、张晨负责，组织县国土局、公安局、资源能源服务中心和各相关乡镇，针对中央环保督察发现油区中存在的非法乱排乱放、乱开乱垦等问题，尽快查处，依法制止，严厉打击。由县委督查室、县政府督查室负责，环林局配合，进一步加大环境保护工作督查督办力度，实行挂账督办、跟踪问效，对长期整改的问题，持续跟进、狠抓落实，确保年内中央督查“回头看”反馈问题全都得到整改。由孙佰柱负责，组织纪委监委、自治区巡视组反馈问题整治办公室，针对巡视反馈问题整改不到位、认识不足、站位不高，特别是对反馈问题不认领的单位重新进行查办，对应付差事、蒙混过关的单位负责人按照中央“八项规定”专项治理要求从严处理。由信访局负责，针对中央第八巡视组和自治区党委第二巡视组移交信访件办理过程中存在的问题，抓紧时间组织开展“回头看”督查复核，对存在的问题进行通报。由吴科负责，组织县委办、政府办、扶贫办等相关单位，抓紧时间制定盐池县迎接国家贫困县退出专项评估检查工作细化分工方案，进一步明确各级领导干部的职责分工、工作任务、时间节点和目标要求，在认真对照考核检查工作要求后逐步进行完善，并严格组织实施。由范钧负责，组织扶贫办等相关单位，认真梳理盐池县的各类政策要点，并将政策要点整理成访谈提纲印发全县各级各相关领导，全面做好接受访谈的准备工作。原则同意县委组织部提交的《盐池县党员涉嫌违纪违法信息通报和及时处理工作实施办法》和《盐池县党员涉嫌违纪违法信息通报和及时处理工作联席会议制度》，由马丽红负责，组织组织部等相关单位，根据会议提出的意见建议，进一步修改完善后，以县委办文件印发执行。原则同意政府党组提交的《盐池县深入推进“百企帮百村”富民行动实施方案（2018—2020）》，由张晨负责，组织工业信息化和商务局等相关单位，根据会议提出的意见建议，进一步修改完善后，以县委办、县政府办文件印发执行。原则同意政府党组提交的《盐池县2018年城镇棚户区改造工程房屋征收补偿安置方案》和关于成立盐池县2018年城镇棚户区及城中村改造工作领导小组的意见，由尹益龙负责，组织住建局，根据会议提出的意见建议，进一步修改完善后，以县委办、县政府办文件印发执行。同意县纪委提交的《关于盐池县开展中央“八项规定”精神制度学习月活动的实施方案》，由孙佰柱负责，组织纪委等相关单位，进一步修改完善后，以县委办文件印发执行。同意县委统战部提交的《关于推荐吴忠市第四次民族团结进步表彰大会模范集体和模范个人的意见》，由张学良负责，严格按照程序上报。同意县巡察办提交的《十四届县委第三轮扶贫领域专项巡察工作计划》，由孙佰柱负责，组织巡察办等相关单位，进一步修改完善后，严格按照工作计划要求开展巡察工作。研究了有关纪检案件。

**【十四届第十四次县委常委会】** 2018年7月24日在党政大楼六楼第一会议室召开，县委书记滑志敏主持。传达学习了习近平总书记《在十九届中央政治局第六次集体学习时的讲话》（中办通报〔2018〕19号）精神，并研究了贯彻意见。传达学习了《习近平同志在同团中央新一届领导班子集体谈话时的讲话》（中办通报〔2018〕21号）精神，并研究了贯彻意见。传达学习了全区集中整顿软弱涣散党组织暨从严整治党员信教和参与宗教活动问题工作推进会精神，并研究审定了《关于深入推进"三大三强"行动集中整顿农村软弱涣散基层党组织的实施方案》和《关于从严整治共产党员信仰宗教和参与宗教活动问题的工作方案》。传达学习了全区网络安全和信息化工作会议精神，并研究了贯彻意见。传达学习了《关于转发〈李克强总理在中国科学院第十九次院士大会、中国工程院第十四次院士大会上的讲话〉的通知》（《内部情况通报》第13期）精神，并研究了贯彻意见。传达学习了国家贫困县退出专项评估检查反馈会议精神，并研究了贯彻意见。传达学习了《关于深入学习贯彻中央和自治区领导指示批示精神强力推进全市禁毒工作的通知》（吴禁毒委〔2018〕9号）精神。传达学习了《关于六起扶贫领域腐败和作风问题典型案例的通报》（宁纪通〔2018〕16号）和《关于我市一起违反中央"八项规定"精神问题的通报》（吴纪发〔2018〕57号）精神。会议决定：由团委负责，组织全县各级团组织和广大团干部原原本本、原汁原味地学习习近平总书记关于青年工作的重要思想，深刻领会重要讲话的丰富内涵和精神实质，准确把握强国时代青年的历史使命，紧密围绕县委重点工作，全力抓好青春助力脱贫攻坚、共青团改革攻坚及从严治团等各项重点工作任务。原则同意县委组织部提交的《关于深入推进"三大三强"行动集中整顿农村软弱涣散基层党组织的实施方案》和《关于从严整治共产党员信仰宗教和参与宗教活动问题的工作方案》，由马丽红负责，组织组织部等相关单位，根据会议提出的意见建议进一步修改完善后，以县委办秘密文件印发执行。由工业信息化和商务局负责，各乡镇及相关单位配合，针对当前电子商务进农村工作中存在的问题，要加大整改力度，在国务院大督查督察组进驻前完成整改。由网信办负责，公安局配合，进一步加大对微信公众号、APP等新媒体舆情信息的检索力度，强化对县内自媒体平台的监管和处置。同时，加大对各级党委（党组）履行网络意识形态工作主体责任的督查，确保负面信息早发现、早研判、早处置。由发改局负责，县委办、县政府办等相关单位配合，拟定于8月中旬，组织召开全县重点项目建设推进会。由人社局负责，发改局、科技局等相关部门配合，对照李克强总理提出的关于发挥好人力人才资源优势和培育良好的创新生态要求，制定出台具体落实方案。由扶贫办负责，加强与国家贫困县退出专项评估检查组对接联系，及时提供相关佐证参阅资料，确保盐池县脱贫退出评估报告客观、公正。对照专项评检查组、中央第八巡视组和自治区党委第二巡视组反馈扶贫领域中存在的问题和建议，进行再梳理，制定整改落实方案，提交县扶贫开发领导小组研究审定。由发改局负责，扶贫办等相关部门和各乡镇配合，在认真学习、充分调研的基础上，尽快启动全县乡村振兴各项规划的起草工作。原则同意政府党组提交的《盐池县2018年"航空嘉年华"文化旅游系列活动总体方案》，由牛犇、边卡负责，组织文广局等相关单位，根据会议提出的意见建议，进一步修改完善后，以县委办、县政府办文件印发执行。原则同意政府党组提交的《盐池县安全生产"一票否决"实施办法（试行）》，由张晨、刘宝清负责，组织安监局等相关单位，根据会议提出的意见建议，进一步修改完善后，以县委办、政府办文件印发执行。同意郭文科因公赴台湾交流学习，由马丽红负责，组织组织部、财政局，按照程序办理。研究了干部有关事宜。安排部署了近期重点工作。

**【十四届第十六次县委常委会】**2018年8月7日在党政大楼六楼第一会议室召开，县委书记滑志敏主持。传达学习了全国、全区组织工作会议精神，并研究了贯彻意见。传达学习了《李克强总理在全国深化"放管服"改革转变政府职能电视电话会议上的讲话》（《内部情况通报》第18期）精神，并研究了贯彻意见。传达学习了《中共中央办公厅关于印发〈中央教育工作领导小组2018年工作要点〉的通知》（中办发〔2018〕42号）精神，并研究了贯彻意见。传达学习了《王鸿津、石泰峰同志在中央第八巡视组巡视宁夏回族自治区情况反馈会议上的讲话》（宁党办〔2018〕22号）和《中共宁夏回族自治区委员会办公厅 关于转发〈中央第八巡视组关于巡视宁夏回族自治区的反馈意见〉的通知》（宁党办〔2018〕58号）精神，并研究审定了《盐池县关于落实中央第八巡视组巡视宁夏反馈意见整改方案》，听取了自治区第二巡视组反馈问题整改落实情况汇报。传达学习了《自治区党委办公厅 人民政府办公厅 印发〈关于加强和改进新时代伊斯兰教工作的实施意见〉的通知》（宁党办〔2018〕56号）精神，并研究了贯彻意见。会议决定：由县委办负责，将自治区人民政府上半年大督查结果向全县进行转发，各县领导、各级各部门要认真对照学习，深入查找盐池县在相关工作中存在的问题，认真分析落后的原因，对症下药、全面整改，确保年终效能目标考核取得好成绩。由组织部负责，县委办等相关单位配合，建立党建工作大督查制度，明确县处级领导包片负责制，制定工作清单，推进盐池县组织工作各项任务做实做细；定于8月上旬，组织召开2018年全县基层党建工作推进会。由县政府办负责，拟定于8月上旬，组织召开“放管服”改革工作推进会，扎实推进各项工作落到实处；尽快调整县推进职能转变专项领导小组，进一步明确各单位职责，充实“放管服”改革工作人员，建立工作机制，完善保障制度。由县政务服务中心负责，加强与自治区相关厅局的协调对接，确保年底盐池县80%以上审批办理事项实现“不见面、马上办”。由教体局、卫计局、政务服务中心负责，认真学习领会李克强总理到宁考察讲话精神，力争在“互联网+教育”“互联网+医疗健康”“互联网+政务服务”等改革工作上再创亮点。由马丽红、孙佰柱负责，组织县巡视反馈意见整改领导小组办公室，针对中央和自治区巡视组巡视反馈意见问题，近期开展第二轮督查，要真督实查、动真碰硬，确保反馈问题整改落实到位。由施选峰牵头，马丽红、孙佰柱负责，针对当前县巡视反馈意见整改领导小组办公室人员不够、力量不足的问题，从县财政局、审计局抽调相关人员进行补充，并将整改办公室抽调人员工作时限延长至2018年年底。原则同意《盐池县关于落实中央第八巡视组巡视宁夏反馈意见整改方案》，由施选峰、马丽红、孙佰柱负责，组织县巡视反馈意见整改领导小组办公室，根据会议提出的意见建议，进一步修改完善后，以县委办文件印发执行。由张学良负责，组织县委统战部等部门，结合吴忠市《贯彻落实〈自治区党委办公厅、人民政府办公厅关于加强和改进新时代伊斯兰教工作的实施意见〉任务分工方案》，尽快制定出台盐池县贯彻落实方案，并抓好组织实施。由张学良负责，组织县委统战部等相关单位，在全县范围内开展一次“三化”治理工作回头看，重点查找各单位各部门工作中的视频资料、宣传展板、有关文件中是否存在涉及清真产业、回乡特色等称谓。由县委统战部负责，县委宣传部配合，拟定于近期举办全县副科级以上领导干部学习马克思主义民族观宗教观专题培训班，做好培训班相关前期准备工作，确保顺利召开。由张学良、尹益龙牵头，县委统战部、住建局负责，针对北关清真寺存在超规模建设等问题，尽快完善手续，坚决彻底进行整改。原则同意县政府党组提交的《盐池县优秀教师优秀校长推荐评选指导意见》和《宁夏盐池教育发展基金会2018年先进集体和先进个人奖励及贫困学生资助方案》，由叶黎明负责，组织县教体局等相关单位，根据会议提出的意见建议进一步修改完善后，以县委办、县政府办文件印发执行。乡镇派出监察办公室的实施方案，由孙佰柱负责，组织县纪委监委等相关单位，根据会议提出的意见建议进一步修改完善后，以县委办文件印发执行。同意县委组织部提交的《关于在县民政局设立党组的意见》，由马丽红负责，组织组织部，按照程序办理。同意县委组织部提交的《关于对选派人员挂职期满考核的意见》，由马丽红负责，组织组织部，严格按照相关程序进行考核。同意县委组织部提交的《关于推进优秀年轻科级干部、优秀选调生初步人选的意见》，由马丽红负责，组织组织部，按照程序上报。同意县委组织部提交的《关于自治区巡视组反馈问题整改情况的意见》，由马丽红负责，组织组织部，按照程序办理。研究了有关纪检案件。

**【十四届第十七次县委常委会】** 2018年8月20日在党政大楼六楼第一会议室召开，县委书记滑志敏主持。传达学习了《中共中央 国务院关于防范化解地方政府隐性债务风险的意见》（中发〔2018〕27号）《中共中央办公厅 国务院办公厅关于印发地方政府隐性债务问责办法的通知》（中办发〔2018〕46号）精神，并研究审定《关于防范化解政府隐性债务风险的实施方案》。传达学习了全区深度贫困地区脱贫攻坚推进会议精神，并研究了贯彻意见。传达学习了《宁夏回族自治区委员会专题会议纪要》（宁党办〔2018〕2号）《关于吴忠市“回之乐”旅行社组织游客到韦州清真大寺参观情况的通报》（督查工作通报第12期）和《吴忠市委办公室 人民政府办公室关于做好全市古尔邦节期间有关工作的通知》（吴党办综〔2018〕57号）精神，并研究了贯彻意见。传达学习了《关于进一步激励广大干部新时代新担当新作为的实施方案》（宁党办发〔2018〕70号），并研究了贯彻意见。传达学习了《关于十二起违反中央“八项规定”精神典型问题的通报》（宁纪通〔2018〕17号）和《关于我市4起违反中央“八项规定”精神问题典型案例的通报》（吴纪发〔2018〕69号）精神，研究了贯彻意见，并强调了近期工作。书面传达学习了自治区总工会十二届一次全委会精神。会议决定：由吴科、张晨负责，分别对不按金融扶贫政策规定执行的村镇银行、中民投担保公司等金融机构负责人进行约谈，按照有关规定严肃处理。由县委、县政府督查室负责，加大对中央第八巡视组和自治区党委第二巡视组反馈问题整改落实情况的督查力度，对9月底前未按要求完成整改工作，敷衍塞责的责任人和责任单位移交纪委严肃追责。原则同意县委巡察整改领导小组提交的《关于落实自治区党委第二巡视组反馈问题整改报告》，请施铉峰牵头，马丽红、孙佰柱常委具体负责，组织县巡视整改领导小组办公室，按照会议提出的意见建议进一步修改完善后，以县委文件尽快上报。由政研室负责，各相关单位配合，开办深化改革专刊，做好各项改革工作经验成果总结提炼，定期通报交流。由政府党组负责，成立国务院大督查专项工作领导小组，统筹协调，做好国务院大督查准备工作，确保高标准、高质量完成国务院大督查各项工作。由施铉峰负责，组织县考核办，将《自治区人民政府办公厅关于2018年上半年工作大督查及考评激励的通报》（宁政府办发〔2018〕79号）结果纳入全县2018年效能目标责任制考核内容，在全县树立正确的工作导向。原则同意县委巡察办提交的《盐池县委巡察工作办法（修订稿）》《盐池县委巡察工作领导小组规则（试行）》《盐池县委巡察组工作规则（试行）》（送审稿）和《被巡察党组织配合县委巡察工作暂行规定（送审稿）》，由孙佰柱负责，组织巡察办，根据会议提出的意见建议，进一步修改完善后，《盐池县委巡察工作办法（修订稿）》，以县委文件印发执行；《盐池县委巡察工作领导小组规则（试行）》《盐池县委巡察组工作规则（试行）（送审稿）》，以县委办文件印发执行；《被巡察党组织配合县委巡察工作暂行规定》，以县委巡察办文件印发执行。原则同意县委组织部提交的《关于构建“五联五化”机制加强城市基层党建工作的实施意见》，由马丽红负责，组织县委组织部，根据会议提出的意见建议，进一步修改完善后，以县委办文件印发执行。原则同意县委宣传部提交的《中央第八巡视组巡视宁夏落实意识形态工作责任制反馈意见整改落实工作方案》，由陈旭负责，组织县委宣传部，根据会议提出的意见建议，进一步修改完善后，以县委办文件印发执行。原则同意县委巡察办提交的《盐池县落实中央巡视办专项检查反馈问题整改方案》，由孙佰柱负责，组织县委巡察办，根据会议提出的意见建议，进一步修改完善后，以县委办文件印发执行。原则同意县政府党组提交的《盐池县人民政府、宁夏水务投资集团有限公司水务一体化合作移交协议》，由张晨负责，组织兴盐国有资本投资运营有限公司，根据会议提出的意见建议，进行修改完善后，按程序办理。原则同意县政府党组提交的《盐池县“互联网＋教育”行动计划（2018—2020）》，由叶黎明负责，组织教体局、财政局等相关部门，根据会议提出的意见建议，进一步修改完善后，以县委办、县政府办文件印发执行。原则同意县委办提交的《关于加强和改进新形势下全县保密工作的实施方案》，由施铉峰负责，组织县委办，按照会议提出的意见建议，进一步修改完善后，以县委办密级文件印发执行。原则同意县政府党组提交的《2018 年上半年国民经济和社会发展计划执行情况的报告》，由边卡负责，组织发改局等单位，按照会议提出的意见建议，进一步修改完善后，按照程序提交县人大常委会审议。原则同意县政府党组提交的《2017 年全县财政收支决算和 2018 年上半年财政预算执行情况的报告》和《关于盐池县 2018 年上半年县级财政新增财力安排使用情况的报告（送审稿）》，请吴科负责，组织县财政局等单位，按照会议提出的意见建议，进一步修改完善后，按照程序提交县人大常委会审议。原则同意县政府党组提交的《2017 年度县本级财政预算执行和其他财政收支审计结果的报告》和《2017 年度县本级财政预算执行和其他财政收支审计查出问题处理意见》，请吴科负责，组织县审计局等单位，按照会议提出的意见建议，进一步修改完善，按照程序提交县人大常委会审议。原则同意县委组织部提交的《关于选派干部赴厦门大学参加“乡村振兴、脱贫富民战略”专题培训班的方案》，由马丽红负责，组织有关部门，根据会议提出的意见建议进行人员调整后，按程序办理。同意县委组织部提交的《关于中国共产党盐池县城关街道工作委员会更名意见》，请马丽红负责，以县委文件下发更名通知，并以县委办文件启用“中国共产党盐池县盐州路街道工作委员会”印章。同意县委组织部提交的《关于调整 10 个政府工作部门党组织设立的意见》，请马丽红负责，对新设立的党委班子成员，按程序选举后，报县直机关工委研究批复。同意组织部提交的干部召回管理意见，由马丽红负责，按照《盐池县不胜任现职干部召回管理办法（试行）》有关规定，对胡建军、周永胜、寇磊、李秀学、张玉虎 5 名干部进行召回管理。原则同意县政府党组提交的《关于防范化解政府隐性债务风险的实施方案》，由吴科负责，组织财政局等部门，按照会议提出的意见建议，进一步修改完善后，以县委、县政府文件印发执行。研究有关干部事宜。安排部署近期重点工作。

**【十四届第十八次县委常委会】**2018 年 8 月 27 日在党政大楼六楼第一会议室召开，县委书记滑志敏主持。传达学习了《党委领导同志批示通报》（中共宁夏回族自治区委员会办公厅第 22 期）和《自治区党委常委会纪要》（十二届〔2018〕31 号），并研究了贯彻意见。会议决定：由张晨牵头，环林局负责，对中央第八环保督察组和“回头看”以及自治区督察反馈问题整改情况，进行全面督察，确保整改效果经得起检验。原则同意县政府党组提交的《关于实施人才强县工程助推创新驱动发展战略的实施方案》，由马丽红、尹益龙负责，组织人社局等相关部门，根据会议提出的意见建议，进一步修改完善后，以县委办、县政府办文件印发执行。原则同意政府党组提交的《盐池县创建“互联网＋医疗健康”示范县实施方案》和《盐池县“互联网＋医疗健康”便民惠民行动计划（2018—2020 年）》，由叶黎明负责，组织卫计局等部门，根据会议提出的意见建议，进一步修改完善后，以县委办、县政府办文件印发执行。原则同意县效能目标管理责任制考核领导小组提交的《盐池县2018年度效能目标管理责任制考核工作实施方案》，由施铉峰负责，组织县效能目标管理责任制考核领导小组办公室，按照会议提出的意见建议进一步修改完善后，以县委办、县政府办文件印发执行。安排部署了近期重点工作。

**【十四届第十九次县委常委会】**2018年9月10日在党政大楼六楼第一会议室召开，县委书记滑志敏主持。传达学习了李克强在分析当前经济形势部署相关工作有关会议上的讲话精神，并研究了贯彻意见。传达学习了石泰峰调研盐池县推进脱贫攻坚暨教师节慰问活动精神，并研究了贯彻意见。传达学习了全国禁毒工作电视电话会议精神，并研究了贯彻意见。传达学习了2018年全国医改工作电视电话会议精神，并研究了贯彻意见。传达学习了全区生态环境保护大会、全区环保重点任务督查推进会议、全市环保重点任务交办推进会精神，研究了贯彻意见。传达学习了自治区统一战线工作领导小组会议精神，并研究审定了《盐池县落实中央第八巡视组反馈宁夏宗教领域问题整改实施方案》《盐池县2018年“民族团结月”活动方案》《关于成立盐池县民族宗教工作领导小组的意见》。会议决定：由县委、县政府督查室负责，对全县80个市县级重点项目中未开工和建设进度滞后项目进行督查，9月中旬形成专题报告，报县委、县政府由禁毒办负责，教体局配合，组织各学校在县禁毒警示教育基地开展警示教育，上好开学第一课。由叶黎明负责，组织县委办、县政府办、教体局、卫计局，尽快组织筹备全县医改工作推进会和全县“互联网+教育”工作推进会，确保工作顺利进行。由张晨负责，组织县委办、县政府办、环林局，尽快组织筹备全县生态环保工作大会，确保会议顺利召开。原则同意县政府党组提交的《盐池县农村人居环境整治三年行动实施方案》，由尹益龙负责，组织住建局等相关部门，根据会议提出的意见建议，进一步修改完善后，以县委办、县政府办文件印发执行。原则同意县政府党组提交的《2018宁夏盐池首届“中国农民丰收节”暨滩羊美食文化旅游系列活动实施方案》，由牛犇、边卡负责，组织文广局等相关部门，根据会议提出的意见建议，进一步修改完善后，以县委办、县政府办文件印发执行，并做好活动组织工作。原则同意县政府党组提交的《盐池县设施农业项目用地清理整治专项行动实施方案》，由吴科负责，组织农牧局等相关部门，根据会议提出的意见建议，进一步修改完善后，以县委办、县政府办文件印发执行。原则同意县政府党组提交的庆祝第三十四个教师节及教育工作表彰大会先进集体和优秀个人表彰名单，由叶黎明负责，组织教体局等相关部门，严格按照程序公示，以县委、县政府文件予以表彰。原则同意县政府党组提交的庆祝第三十四个教师节暨教育工作表彰大会筹备方案，由叶黎明负责，组织教体局等相关部门，扎实做好各项筹备工作。原则同意县委组织部提交的《关于盐池县2018年中小学校长、副校长公开竞聘工作方案》，由马丽红负责，组织县委组织部、教体局等相关部门，根据会议提出的意见建议，进一步修改完善后，按程序办理。听取了全县退役军人服务管理工作情况汇报。

**【十四届第二十次县委常委会】**2018年9月28日在党政大楼六楼第一会议室召开，县委书记滑志敏主持。传达学习了《中共中央 国务院转发〈国家发展和改革委员会关于上半年经济形势和做好下半年经济工作的建议〉的通知》（中发〔2018〕33号）。传达学习了全区、全市民族团结进步表彰大会精神和《自治区党委办公厅 人民政府办公厅印发〈关于进一步推进“三化”问题治理工作方案〉的通知》精神，并研究了贯彻意见。书面传达学习了《中共中央办公厅 国务院办公厅〈关于印发防范和惩治统计造假、弄虚作假督察工作规定〉的通知》（厅字〔2018〕77号）和《关于八起违反中央“八项规定”精神典型问题的通报》（宁纪通〔2018〕19号）精神。会议决定：原则同意政府党组提交的《盐池县国民经济和社会发展“十三五”规划纲要》实施情况中期评估报告，由边卡负责，组织发改局等相关部门，根据会议意见进行修改完善，提交县人大常委会审定。原则同意县委政法委提交关于盐池县社会治理服务创新工作项目建设及资金使用意见，由施铉峰、武耀兵负责，组织综治办等相关部门组织实施。由施铉峰、武耀兵、张晨负责，组织县委政法委成立专项工作领导小组，负责项目实施工作。原则同意县委组织部提交《关于 2017 年度全县星级基层服务型党组织创建评定意见》，由马丽红负责，组织组织部等相关部门，严格按程序办理。研究了有关纪检案件。安排部署了近期重点工作。

**【十四届第二十一次县委常委会】**2018 年 10 月 8 日在党政大楼六楼第一会议室召开，县委副书记、政府县长戴培吉主持。传达学习了习近平总书记为庆祝宁夏回族自治区成立 60 周年的题词，中共中央、全国人大常委会、国务院、全国政协、中央军委关于庆祝宁夏回族自治区成立 60 周年的贺电，汪洋在庆祝大会上、听取自治区工作汇报时和在固原市座谈会上的讲话、孙春兰在吴忠市座谈会上的讲话精神以及全区、全市领导干部大会精神，并研究了贯彻意见。会议研究决定：由施铉峰牵头，县效能目标考核领导小组办公室具体负责，组织召开效能目标考核调度会议，安排布置全县效能目标考核工作，确保年底考核结果圆满。由张学良负责，各责任单位配合，加快推进 2018 年深化改革各项工作，确保各项年度改革任务全面完成，全国第二批公立医院改革、第三批城镇化改革、第二批农民工返乡创业试点等三项试点改革工作按照时限要求完成相应工作任务。由吴科牵头，扶贫办、各乡镇负责，各部门配合，做好年终国务院扶贫督查考核各项准备工作。由张晨负责，环林局、资能中心、大水坑镇、惠安堡镇、麻黄山乡配合，对辖区涉油企业，特别是跨界涉油企业进行全面排查，消除各类隐患，并制定出台辖区涉油企业监管长效机制，强化监管，坚决杜绝含油废水、污油泥偷排等各类污染环境问题再次发生。由哈巴湖管理局负责，严格保护区执法，巩固环保督察和“绿盾”自然保护区专项行动成果。由工业园区管委会负责，积极争取将青山石膏产业园作为盐池工业园区单独区块列入园区整体规划布局当中，进一步完善石膏产业发展基础。由发改局负责，各相关单位配合，对全县 80 个市县级重点项目进行全面梳理，确保 10 月中旬前，重点项目应开尽开。同时，积极争取项目资金，推进县城中水处理厂、清洁煤配送中心、“双替代”供暖、工业园区集中供热等项目建设。由工信和商务局负责，加大专业市场培育力度，确保盐州商贸市场等专业市场年底投入运营。由农牧局、各乡镇负责，加大封山禁牧和秸秆禁烧巡查力度，确保封山禁牧和秸秆禁烧工作取得实效，对工作落实不力的单位和责任人要按照相关规定严肃问责。由住建局负责，强化建筑工地、道路交通、工业堆场的扬尘污染管控，全面落实 6 个 100% 防控措施。由花马池镇负责，专题研究应急水源地保护有关事宜，严格按照要求时限完成水源地保护有关工作。

**【十四届第二十二次县委常委会】**2018 年 10 月 26 日在党政大楼六楼第一会议室召开，县委副书记、政府县长戴培吉主持。传达学习了《习近平、李克强、孙春兰同志在全国教育大会上的讲话》（中办通报〔2018〕28 号）精神，并研究了贯彻意见。传达学习了自治区第十二届委员会第五次全体会议精神，并研究了贯彻意见。传达学习了中央第二环保督察组对宁夏开展“回头看”情况反馈会和石泰峰到盐池调研督查哈巴湖自然保护区生态建设及中央环保督查“回头看”问题整改情况精神，并研究了贯彻意见。传达学习了盐池县脱贫退出现场会会议精神，并研究了贯彻意见。传达学习了全区经济发展推进会精神，并研究了贯彻意见。传达学习了中央脱贫攻坚专项巡视、十二届自治区党委第四轮巡视、五届市委第四轮巡察工作动员部署会精神，并研究审定了《十四届县委第四轮脱贫攻坚专项巡察工作计划》。会议决定：由张学良、叶黎明负责，组织教体局等相关部门，切实将推动习近平新时代中国特色社会主义思想进学校、进课堂，作为一项重要的政治任务，抓好落实。由教体局负责，结合《中共宁夏回族自治区委员会 宁夏回族自治区人民政府关于全面深化新时代教师队伍建设改革的实施意见》，抓紧起草盐池县的实施意见。由各责任县领导负责，各责任单位配合，严格对照“五个不放过”整改要求，对包抓环保整改问题及时进行实地督办，确保中央环保“回头看”38件46个问题全部整改到位。由环林局负责，各责任单位配合，加快推进水源地、非煤矿山、油区等专项整治，于10月底前完成水源地内2家企业。居民的搬迁清理和非煤矿山扬尘、油区环境污染问题整治。拟于11月中旬召开全县脱贫攻坚巩固提升及乡村振兴战略推进会，由吴科负责，组织县委办、县政府办、扶贫办等相关部门，抓紧时间起草会务方案，做好会务筹备。由扶贫办负责，进一步加大与自治区扶贫办的对接力度，尽快制定迎考方案，细化任务分工，扎实做好迎接年底贫困县第三方评估交叉考核工作，做到脱贫摘帽经得起暗访，经得起评估，经得起考核。由发改局、工业信息化和商务局负责，认真对标区、市《争项目争资金和招商引资考核办法》，尽快修订完善盐池县的考核办法，对争政策、争资金和招商引资认定程序、考核办法、奖惩措施等内容进一步细化。由发改局、统计局负责，积极与自治区统计局沟通，借助国家统计数据修正机会，确保盐池县相关经济指标基数调整到位。原则同意县巡察办提交的《十四届县委第四轮脱贫攻坚专项巡察工作计划》，由孙佰柱负责，组织巡察办等相关单位，根据会议提出的意见建议，进一步修改完善后，严格抓好贯彻执行。原则同意县委统战部提交的《盐池县贯彻落实〈自治区党委办公厅、政府办公厅关于加强和改进新时代伊斯兰教工作的实施意见〉任务分工方案》《盐池县贯彻落实〈中共宁夏回族自治区委员会关于牢固树立马克思主义民族观宗教观加强新时代民族宗教工作的决定〉任务分工方案》《盐池县关于深入开展“达洼宣教团”非法活动专项治理行动的工作方案》《盐池县深化民族团结进步创建行动方案》，由张学良负责，组织统战部、宗教局等相关单位，根据会议提出的意见建议，进一步修改完善后，以县委办、政府办文件印发执行。原则同意县委组织部提交的《关于进一步深化星级党组织创建评定活动的实施意见》，由马丽红负责，组织组织部等相关部门，根据会议提出的意见，进一步修改完善后，以县委办、县政府办文件印发执行。原则同意县委组织部提交的《关于2018年度全县非公企业和社会组织党建工作指导员考核情况的意见》，由马丽红负责，组织组织部、财政局等相关部门，按照考核情况进行兑付。原则同意县委组织部提交的《关于推荐政协吴忠市第五届委员会增补委员建议人选的意见》，由马丽红负责，组织组织部等相关部门，严格按照有关程序上报。同意赵彦东因公赴美国参加培训的意见，由马丽红负责，组织组织部、财政局，按照程序办理。研究了干部有关事宜。

**【十四届第二十三次县委常委会】**2018年11月8日在党政大楼六楼第一会议室召开，县委书记滑志敏主持。传达学习了《关于加强新时代人民政协党的建设工作的若干意见》和全国政协系统党的建设工作座谈会、全国政协“习近平总书记关于加强和改进人民政协工作的重要思想理论研讨会”精神，并听取了县政协党组工作情况汇报。传达学习了全国、全区宣传思想工作会议精神，并研究了贯彻意见。传达学习了自治区实施乡村振兴战略暨深化农村改革工作推进会议精神，并研究了贯彻意见。传达学习了《关于焦连新严重违纪违法案件的通报》（宁纪通〔2018〕21号）精神，并研究了贯彻意见。传达学习了中华全国总工会第十七次全国代表大会会议精神。会议决定：由县委、县政府督查室负责，将政协议案建议办理情况纳入督查工作计划，加大督办力度，确保件件有着落、事事有回应，切实推动政协履职成果转化。由陈旭负责，组织宣传部、文广局等相关单位，尽快与宁夏京剧院进行对接联系，加大对以盐池县治沙英雄白春兰为原型的现代京剧《花漫一碗泉》的宣传力度，进一步开拓思路，创新举措，讲好盐池故事，提升盐池形象。由吴科负责，组织发改、财政、环林、住建、农牧、科技等相关部门，严格按照《2018 年盐池县实施乡村振兴战略重点工作清单》（盐党办发〔2018〕64 号）文件确定好的 92 项任务，加快推进工作进度，争取更多的惠农资金和项目，确保按期完成 2018 年的目标任务。由孙佰柱负责，组织纪委监委等相关单位，对全县各部门单位的高风险科室、站所负责人进行一轮廉政风险预警谈话，切实打好廉洁"预防针"。由施铉峰、马丽红、孙佰柱负责，组织巡视问题整改办，对中央和自治区巡视反馈问题立即进行"回头看"，确保已完成事项不出现反复，未完成事项按要求推进，对敷衍塞责、履职不力的责任单位和责任人，严肃追责。由孙佰柱负责，组织巡察办等相关单位，立即将巡察发现问题反馈被巡察单位，并于 2 个月之内反馈巡察整改情况。巡察办根据巡察反馈问题整改情况，适时开展督查回访，对落实巡察整改主体责任不力的单位，由县纪委对其主要负责人进行约谈。原则同意县委组织部提交的《关于成立全县深化机构改革领导小组的意见》，由马丽红负责，组织编办等相关部门，根据会议提出的意见，进一步修改完善后，以县委办、县政府办文件印发执行。原则同意县委组织部提交的《关于进一步加强盐池县妇女维权工作的实施意见》，由马丽红负责，组织县妇联等相关部门，根据会议提出的意见，进一步修改完善后，以县委、县政府文件印发执行。原则同意政府党组提交的《盐池工业园区优化整合和创新发展实施方案》，由刘宝清负责，组织工业园区等相关部门，根据会议提出的意见，进一步修改完善后，以县委办、县政府办文件印发执行。

**【十四届第二十六次县委常委会】**2018 年 12 月 6 日在党政大楼六楼第一会议室召开，县委书记滑志敏主持。传达学习了《习近平总书记在中央政治局第九次集体学习时的讲话》精神。传达学习了《自治党委办公厅关于做好习近平总书记对宁夏重要指示批示精神贯彻落实"回头看"有关工作的通知》精神，并研究了贯彻意见。传达学习了中国妇女第十二次全国代表大会会议精神（书面传达）。传达学习了《习近平总书记在同全国总工会新一届领导班子成员集体谈话时的讲话》精神，并研究了贯彻意见。传达学习了《全国党委秘书长会议精神传达提纲》和《赵永清同志在自治区党委办公厅干部职工大会上的讲话》精神，并研究了贯彻意见。传达学习了全区市县机构改革推进会精神，并研究了贯彻意见。传达学习了全区质量大会精神，并研究了贯彻意见。传达学习了全区教育大会和全区"互联网 + 教育"示范区建设启动大会精神，并研究了贯彻意见。会议决定：由施选峰负责，组织县委办（巡视整改办）等相关单位，严格按照自治区和吴忠市关于做好习近平总书记对宁夏重要指示批示精神贯彻落实"回头看"有关工作的通知和方案要求，尽快制定全县任务分工方案，明确责任领导、责任单位，同时加强督促检查，抓好工作落实。由陈旭负责，组织县委办、县委宣传部，抓紧筹备近期召开县委中心组理论学习会，专题学习习近平总书记关于宁夏工作的重要指示批示和习近平总书记到宁视察重要讲话精神，切实将习近平总书记对宁夏的重要指示批示精神转化为谋划发展的思路、推动工作的方法、攻坚克难的动力。由张学良负责，县委办牵头，抓紧筹备召开办公室主任联席会，做好与人大办、政府办、政协办的对接联系，切实加强对全县重点工作、重点会议的统筹安排，确保县四套班子各项工作顺畅开展。由吴科负责，组织组织部、扶贫办和各乡镇，针对入冬后驻村工作队生活保障等问题，开展走访调研，解决实际困难，全力做好驻村工作队冬季后勤保障工作。由马丽红负责，组织组织部、编办等相关单位，认真对标自治区机构改革方案，立即制定盐池县机构改革方案，严格按照时间节点报自治区审批后开展相关工作，确保于2019年3月底前全面完成改革任务。由吴科负责，组织农牧局等相关单位，抓紧筹备近期召开全县滩羊产业座谈会，专题研究解决当前滩羊产业发展存在问题，严格执行产品标准，保证产品质量。由张学良、马瑞英、叶黎明负责，组织县委办、县政府办、教体局等相关单位，认真做好全县教育大会筹备工作，确保中央和区市党委、政府关于教育工作精神全面落实。由施选峰、吴科负责，组织人社局（考核办）等相关单位，进一步细化考核工作目标任务，并对盐池县考核相关准备工作进行再梳理、再明确，全力做好全县考核加分、创新工作的梳理、审核、上报工作，确保考出好成绩。由韩向春负责，组织人大办等相关单位，加大与区市人大常委会的对接联系，尽快确定盐池县人代会的召开时间，全力做好会务的各项筹备工作。由戴培吉负责，组织政府办等相关单位，进一步加大与自治区政府及有关厅局的对接联系，确保科学确定盐池县2019年度工作目标任务。原则同意县委宣传部提交的《盐池县乡风文明建设工作方案（2018—2020年）》，由陈旭同志负责，组织县委宣传部等相关单位，根据会议意见建议进一步修改完善后，以县委办、县政府办文件印发执行。原则同意政府党组提交的《盐池县党政机关公务用车管理办法》和《盐池县事业单位公务用车制度改革实施意见》，由边卡负责，组织发改局等相关部门，根据会议意见建议进一步修改完善后，以县委办、政府办文件印发执行。原则同意政府党组提交的《盐池县全面加强生态环境保护 坚决打好污染防治攻坚战实施方案》，由徐经生、张晨负责，组织环林局等相关单位，根据会议意见建议进一步修改完善后，以县委、县政府文件印发执行。原则同意县委办提交的《关于贯彻落实〈《中共中央关于加强党内法规制度建设的意见》贯彻落实情况的督查报告〉任务分工方案》和《盐池县党内法规工作联席会议制度》，由张学良负责，组织县委办等相关部门，根据会议意见建议进一步修改完善后，以县委办文件印发执行。原则同意县委宣传部提交的《盐池县文学艺术界联合会深化改革实施方案》，由陈旭负责，组织文联等相关部门，根据会议意见建议进一步修改完善后，以县委办文件印发执行。

**【十四届第二十七次县委常委会】**2018年12月20日在党政大楼六楼第一会议室召开，县委书记滑志敏主持。传达学习了《习近平总书记在十九届中央政治局第十次集体学习时的讲话》（中办通报〔2018〕第34期），并研究了贯彻意见。传达学习了《自治区党委常委会纪要〈听取中央巡视组反馈意见整改落实进展情况汇报，研究深入推进巡视整改工作〉》（十二届〔2018〕第40号）精神，并研究了贯彻意见。传达学习了《中共中央办公厅国务院办公厅关于全面深入持久开展民族团结进步创建工作铸牢中华民族共同体意识的意见》（中办发〔2018〕65号）精神，并研究了贯彻意见。传达学习了全区2018年脱贫攻坚成效考核工作专题会议精神，并安排部署了脱贫富民有关工作。传达学习了《关于贯彻落实习近平总书记重要讲话精神严肃整治领导干部利用名贵特产类特殊资源谋取私利问题的通知》（宁纪发〔2018〕244号）精神，并研究了贯彻意见。传达学习了《宁夏回族自治区党风廉政建设责任制检查考核办法》（宁党办〔2018〕99号）精神，并研究了贯彻意见。会议决定：由马丽红负责，组织县委组织部等相关部门，按照《盐池县乡镇（街道）、部门（单位）科级及以下人员“三评一推优”日常考核办法（试行）》等制度要求，强化干部考核管理，年前完成各单位领导班子运行及班子成员履职情况考核，为县委科学用人、精准识人提供重要依据。会议决定：由滑志敏、施铉峰、马丽红、孙佰柱分别带队，县巡视整改办配合，对全县落实巡视整改工作情况进行“回头看”，确保巡视反馈的问题条条整改、件件落实。由张学良负责，组织统战部等相关单位，加强对民族团结进步创建工作的指导力度，力求创建工作载体更新、标准更高、效果更好，不断将创建工作向纵深推进。由吴科负责，组织各乡镇、扶贫办等相关部门严格按照《2018年全县脱贫攻坚巩固提升成效考核工作方案》（盐开办发〔2018〕50号）要求，认真做好2018年脱贫攻坚工作总结、典型经验材料、建档立卡贫困户动态管理等考核相关准备工作，确保国家2018年省级间交叉考核工作取得实效。由孙佰柱负责，组织县纪委监委，认真对标自治区考核办法要求，制定《盐池县党风廉政建设责任制检查考核办法》，提交县委常委会研究。原则同意县委巡察办公室提交的《中共盐池县委关于加强巡察工作的实施意见》，由孙佰柱负责，组织县委巡察办公室，根据会议提出的意见建议，进一步修改完善后，以县委文件印发执行。原则同意《中共盐池县委2018年工作总结（送审稿）》《中共盐池县委2019年工作要点（送审稿）》，由张学良负责，组织县委办，根据会议提出的意见建议，进一步修改完善后，提交中共盐池县委十四届六次全体（扩大）会议审议。由张学良负责，组织县委办等相关部门，认真做好县委十四届六次全体（扩大）会议各项筹备工作，确保大会圆满成功。由施铉峰负责，组织人社局、信访局、各乡镇（街道办）等，抓紧筹备召开全县信访联席会议，全面排查梳理当前影响全县信访整体工作不稳定因素，采取有效措施加以解决，确保全国信访工作“三无”县和自治区信访工作“四无”县创建成功。由施铉峰、武耀兵、孙佰柱负责，组织县纪委监委、政法委、公安局、检察院、法院等部门，认真对标自治区有关要求，制定盐池县“打伞破网”工作方案，深挖彻查“保护伞”，确保扫黑与打击“保护伞”同步进行，推动全面从严治党向基层延伸。同意县委组织部提交的《关于成立中国共产党盐池县工业园区工作委员会意见》，由马丽红负责，组织相关部门，严格按照组织程序执行。研究了干部有关事宜。

**【十四届第二十八次县委常委会】**2018年12月25日在党政大楼六楼第一会议室召开，县委书记滑志敏主持。传达学习了庆祝改革开放40周年大会精神，并研究了贯彻意见。传达学习了中央经济工作会议精神，并研究了贯彻意见。传达学习了《违反民族宗教政治纪律处分规定（试行）》精神，并研究了贯彻意见。会议决定：由陈旭负责，组织宣传部等相关部门，组织开展改革开放40年学习宣传活动，迅速在全县掀起学习宣传习近平总书记重要讲话精神新热潮。由施铉峰牵头，县委、县政府各分管领导负责，召开专题会议，全力做好岁末年初信访维稳、安全生产、效能考核等各项工作，并按照区市相关安排部署，结合盐池实际，制定元旦、春节“双节”期间维稳工作预案，以县委办、政府办文件印发执行。由张学良、吴科负责，组织县委办、政府办等部门，结合落实中央经济工作会议精神，进一步细化完善2019年县委工作要点和政府工作报告，确保中央决策部署在盐池县全面贯彻。由张学良负责，组织召开全县深入学习《违反民族宗教政治纪律处分规定（试行）》以下简称《规定》精神专题会议，确保《规定》成为全县党员干部的行为准则。原则同意县委巡视反馈意见整改领导小组提交的《盐池县贯彻落实习近平总书记对宁夏重要指示批示精神“回头看”工作方案》，由施铉峰、马丽红、孙佰柱负责，组织县委巡视反馈意见整改领导小组办公室，按照会议提出的意见建议进一步修改完善后，以县委办文件印发执行。原则同意县委巡视反馈意见整改领导小组提交的《关于落实中央第八巡视组巡视宁夏反馈意见整改情况的报告》，由施铉峰、马丽红、孙佰柱负责，组织县委巡视反馈意见整改领导小组办公室，按照会议提出的意见建议进一步修改完善后，以县委文件上报。由强永海负责，组织县人大办公室，全力做好盐池县第十七届人民代表大会第三次会议筹备各项工作，确保会议取得圆满成功。由代占山负责，组织县政协办公室，全力做好中国人民政治协商会议盐池县第十届委员会第三次会议筹备各项工作，确保会议取得圆满成功。由施铉峰负责，组织县委政法委等相关部门，按照区市有关要求，调整完善县扫黑除恶工作领导小组，由县委书记任组长，县委副书记、政府县长任第一副组长，进一步加强组织领导，确保专项斗争扎实推进。由施铉峰牵头，县委政法委具体负责，扫黑除恶各成员单位全力配合，全力做好中央扫黑除恶专项督导各项准备工作。由施铉峰、武耀兵、孙佰柱、陈国鸿、叶建平负责，把扫黑除恶同解决群众反映突出问题、基层“拍蝇”等工作结合起来，深挖隐藏在幕后的涉黑涉恶线索，一查到底、绝不姑息，力争在“打伞破网”工作上取得突破。原则同意县委宣传部提交的《盐池县意识形态工作责任制考核细则（试行）》，由陈旭负责，组织县委宣传部，按照会议提出的意见建议进一步修改完善后，以县委办文件印发执行。同意《关于评选推荐上报全区“七五”普法中期先进集体先进个人的意见》，由张晨负责，按程序组织上报。原则同意县深化机构改革领导小组提交的《盐池县机构改革方案（送审稿）》，由马丽红负责，组织县深化机构改革领导小组办公室，按照会议提出的意见建议进一步修改完善后，按程序上报。

## 办公室工作

【办文办会】共办理收发文900余件，切实做到传阅高效到位、送发及时准确、办理规范顺畅。坚持个人起草、集体会商、四级审核、严格把关的要求，先后起草完成各类重要文稿材料200余份，各类会议讲话、汇报材料100余份。按照会前精心筹备、会中协调服务、会后跟踪问效的原则，高标准、高质量地筹办各类大型会议70余场次，保证了县委工作高效运转。特别是在盐池县脱贫退出现场会、全县脱贫富民推进会、全县领导干部专题学习班等期间，积极作为，周密部署，精心组织，使每个会议均取得了成功。

【综合政务】认真落实四办主任联席会议制度，统筹抓好县委、人大、政府、政协四套班子综合协调，切实加强与各乡镇、各部门、各单位的协调联系，认真落实县委各项工作部署，保障全县工作高效运转。精心谋划、认真组织实施各类公务活动，先后承办国家、区、市领导到盐池考察调研公务活动60余次，组织实施四套班子领导等集体调研、观摩活动20余次，积极配合相关部门，完成“盐池滩羊”品牌宣传暨产品推介会，高标准、高质量地完成各项综合协调、服务保障工作任务。

【信息调研】坚持把信息调研工作作为服务发展、服务大局、服务决策的重要途径，采写上报各类信息1000余条、调研文章30余篇，其中《盐池县探索建立“滩羊羊行”是农民钱袋子“鼓”起来》《盐池县“四位一体”推进医疗联合体建设》等多篇信息被自治区党委办公厅评为好信息，《关于盐池县基本公共卫生服务项目工作的调研报告》《基层反映生态脆弱区防沙治沙可持续化还需加强》等多篇调研文章被《宁夏信息》采用，并专报中办，连续6年被评为全区信息工作先进集体。截至年底，质量系数得分在全区22个县市区位居前列。编发《盐池信息》13期，为各级领导掌握实情、科学决策提供了及时准确的信息服务。

【监督落实】坚持把督查落实作为推动工作、服务决策、加快发展的重要举措，通过实地督查、联合督查、“盘点”督查、跟踪督查等方式，先后围绕生态环保、巡视整改、信访维稳、脱贫攻坚等重点工作开展专项督查60余次；对常委会、专题会议决定的事项进行跟踪督查，确保县委各类决定事项迅速推进、高效落实。对群众反映到书记信箱的各类问题高度重视，根据领导批示迅速转交相关单位并及时回复办理情况，累计办理书记和县委领导批示100余件，编报《督查工作专报》18期，印发《督查工作》29期，做到了件件有着落、事事有回音。

【机要保密】定期对公文传输系统和党务内网、视频会议系统进行维护，确保了网上公文交换全程畅通和数据安全，累计办理收发文900余件次，承办各类视频会议40余场次，没有发生任何事故。坚持机要局24小时值班制度，累计办理明传电报78份、密传电报281份，切实做到了及时高效、准确保密。深入开展保密法制宣传教育，集中对全县开展保密专项监督检查3次，对全县涉及保密工作的单位进行了抽查检查，及时堵塞失泄密隐患，确保了党和国家秘密安全。

**【廉政建设】**认真落实党风廉政建设责任制，及时组织干部职工学习《中华人民共和国宪法》《中国共产党党内监督条例》等相关法律及规定，严格落实盐池县委办公室廉政制度，认真落实党风廉政建设主体责任，严格落实办公室班子“主体责任”清单和班子成员“一岗双责”清单，突出抓好廉政风险防范管理，干部职工廉洁自律意识和防范风险能力进一步提升，未发生违法违纪现象。扎实开展“两学一做”学习教育，进一步增强了干部职工守纪律、讲规矩的自觉性，办公室的服务水平得到全面提升。根据区、市党委要求，认真做好县委领导“两学一做”专题教育组织协调工作，确保达到预期效果。坚持每周一次集中学习制度，累计组织集体学习40余次。按照《关于进一步落实好基层党建七项重点任务的通知》要求，指定专人负责，一项一项抓落实，确保了各项工作按期完成。经认真排查，县委办无失联党员。规范党员管理，组织所有党员认真填写党员基本情况登记表，及时归入党员个人档案，不存在建立、补充、完善等情况；对党员干部严格要求，不断强化规矩纪律意识，没有发生违纪违法现象；完成了党费收缴补交工作。

**【宣传教育】**结合干部下基层、“学雷锋”等活动，积极开展践行社会主义核心价值观主题宣传教育活动、深入学习党的十九大和自治区第十二次党代会精神活动，组织干部职工深入村组、社区，广泛宣传党的政策、法律法规等，累计向城乡居民发放传单1000余份，接待咨询群众100余人次。认真履行成员单位工作职责，积极协助开展各类创建活动。认真抓好办公室平安建设及安全防范工作，认真开展普法教育工作，加强法制宣传教育，组织干部职工认真学习依法治国和依法治县精神，干部职工法律素质显著提升。全面落实值班备勤制度，单位没有发生任何安全事故，干部职工没有参与违法违纪活动。

**【重点工作】**认真落实县委各项工作部署，及时办理县委领导指示、批示事项。按照职责分工，配合制定了工业转型升级提速年活动实施方案，大力推进工业经济转型升级。积极承诺为群众办实事，开展脱贫攻坚帮扶工作，针对群众政策知晓率偏低和政策把握不准的问题，深入帮扶贫困户家中，面对面讲解，从而提高群众的知晓率，做到扶贫政策全覆盖。在认真调查摸底的基础上，制定科学的帮扶工作方案，做到一户一策，并有针对性地进村入户开展帮扶活动，从实际出发，帮助贫困户计划种植黄花、小杂粮等可增收的作物。结合巡视整改工作，采取重申制度、加强管理、严格考核等办法，加强学习教育，深入查摆问题，强化措施整改，使机关效能得到不断提升，有力维护了干部队伍的整体形象。及时调整充实了各项工作领导小组，修订完善了各项规章制度。积极参加全县祭扫烈士陵园活动，组织妇女干部参加妇女健康知识讲座，坚持每年为干部职工进行一次健康检查，定期组织干部职工开展业余文化活动。全面落实计划生育政策，县委办没有发生违反计划生育政策现象。利用集中学习强化干部科普教育，并深入包扶村为群众进行面对面讲解，不断提高群众致富奔小康本领。全面完成春季植树造林任务500棵，树木成活率达100%。带头贯彻落实县委、县政府各项决策，提高决策执行力。按照县委常委分工，实行分管副主任分别联系各常委、各秘书一对一服务各常委的联系服务机制，确保了县委工作快捷高效有序运行。进一步完善了办公室各项工作制度，切实加强工作人员考勤、车辆财务、机关事务和单位内部管理，各项事务管理规范、运转有序。认真开展群众评议机关干部作风活动，不断加强干部作风建设，更好地服务群众、服务基层、服务领导。

## 组织工作

【思想政治】突出理想信念和党性教育，采取专题辅导、中心组学习等形式，切实抓好《中国共产党党章》、习近平新时代中国特色社会主义思想、党的十九大精神、自治区第十二次党代会精神的教育培训，引导各级党组织和党员干部牢固树立“四个意识”，坚定维护以习近平同志为核心的党中央权威和集中统一领导。集中举办党的十九大精神、马克思主义民族宗教观、精准扶贫、乡村干部培训班35期，培训4200余人次；选派处科级领导干部参加区市调训22人次；组织367名处科级干部和320名公务员参加全区干部网络教育培训；选派2名领导干部到福建挂职锻炼，2名优秀年轻干部到区外挂职锻炼，2名新提拔副科级干部到信访部门挂职锻炼；组织各级领导班子召开严格执行中央“八项规定”精神专题民主生活会和从严整改中央巡视和自治区党委巡视反馈问题专题民主生活会。

【干部队伍】坚持健全制度，不断规范选人用人工作。结合巡视整改，进一步规范干部选任工作程序和标准，加强干部队伍管理，切实提高干部工作整体水平。健全完善工作机制，出台了《盐池县乡镇（街道）党政正职、县直部门（单位）正职综合业绩考核评价办法（试行）》《盐池县乡镇（街道）、部门（单位）科级及以下人员“三评一推优”日常考核办法（试行）》等文件，组织起草了《盐池县退出现职岗位干部管理办法》《关于认真做好全县领导干部谈心谈话工作的通知》，切实加强干部的日常考核和日常管理。严格规范选任程序，结合区市《中国共产党党内监督条例》专项检查，对近三年人事调整涉及动议、推荐、考察、讨论、表决环节等进行全面自查，进一步规范操作。共调整交流干部18名（正职2名、副职16名），提拔任用17名（正科5名、副科12名）；通过县委全委会票决乡镇党委书记及县委、县政府部门正职3名；对新提拔任职的5名副科级领导干部实行了任职试用期。制定推荐方案，在全县范围开展了优秀选调生和优秀年轻干部初步人选推荐工作。积极探索事业单位中层领导竞争上岗工作，及时总结教育、卫生系统开展中层岗位领导公推比选竞聘上岗工作经验，积极推进事业单位中层领导竞争上岗工作。今年以来，采取公开报名、资格审查、能力素质考核、差额考察的方式，在全县范围公开竞聘中小学校长21名，得到了社会各界和干部群众的一致好评。加大监督力度，不断提高干部遵纪守规自觉性。认真落实一报告两评议、领导干部离任审计、外出管理、重大事项报告等制度，进一步加大对各乡镇、部门、单位预算执行情况、政府投资项目、政策执行等方面的审计督查力度。2018年以来，共对2个乡镇、部门主要负责人进行了离任经济责任审计，与30名调整交流、提拔任用干部进行任前廉政谈话。认真落实干部“负面清单”制度，对十八大以来受到诫勉谈话、党政纪处分等问责处理人员逐人登记。严格执行“凡提四必”（“凡提必审”“凡提必核”“凡提必听”“凡提必查”）要求，对12名拟提拔人选，进行了任前审核和任前公示，从严从实确保干部选任监督工作落实。认真落实了《盐池县党政干部容错纠错实施办法》《盐池县领导干部廉政勤政提醒约谈办法》和《盐池县不胜任现职干部召回管理办法》等，对干部存在的苗头性、倾向性问题，通过提醒、函询、诫勉谈话等形式警示提醒，防止小问题演变成大错误。围绕违反工作纪律、违反会议纪律和巡视整改等内容，纪委书记、组织部部长、副部长先后对37名干部进行提醒约谈。

【基层组织】强化基层党组织的政治功能。采取领导干部联村抓、第一书记驻村抓、乡镇干部包村抓等措施，深入开展15个农村软弱涣散党组织整顿转化工作。按照“七个有”标准，积极探索设置村级党建工作站，打通基层党建“神经末梢”。

在全县开展“基层党委（工委）书记、副书记申报领办党建创新项目”活动，共组织申报党建创新项目64个，促进基层党建工作提档升级。大力构建“五联五化”城市党建工作机制，街道党工委建立联合工委，17个社区建立联合党委，充分发挥社区党组织和驻区单位的联合效应。深入实施“三强九严”工程，重点整治机关党建责任、制度不到位等问题。认真落实全市国有企业党的建设工作会议精神，持续开展国企党建“三好一促进”活动，扎实推动企业党组织作用发挥组织化、制度化、具体化。认真开展非公企业和社会组织摸底调查和党组织整合撤并工作，切实提升非公企业和社会组织“两个覆盖”质量。增强骨干队伍的引领能力。先后选派71名村组织书记参加中组部和区市党委组织部能力提升培训班，选派32名村党组织书记到厦门大学进行乡村振兴专题培训，对204名村干部进行了为期5天的集中培训，不断提升履职能力。采取县乡村三级联动考核的办法，对全县504名村干部、661名村民小组长、298名村监会成员进行绩效奖励，将受到县级及以上综合表彰的240名在职村干部纳入体检对象范围，有效激发了村干部的工作激情。建立致富带头人和村级后备干部融合培育机制，将农村致富带头人纳入支持农民工返乡创业和金融扶贫各项优惠扶持激励政策体系，培育村级后备干部337名，培育致富带头人436人。建立县委组织部、扶贫办、派出单位、乡镇、行政村“五位一体”联动管理机制和“一述职两测评四联考”考核机制，加强74名驻村工作队管理。树立党员队伍的良好形象。持续推行“三会一课”与“5+X”主题党日融合机制，推动广大党员在“学”上深化、在“做”上拓展。组织1712名在职党员到社区报到参与服务，全面推行“三包五到位”工作法，组织3100多名各级机关党员干部与11203户建档立卡户结成包联对子，引导广大党员转作风、树形象。注重教育帮扶转化，先后在全县各基层党组织中开展了“不忘入党初心、坚定理想信念”专题组织生活会和“不准共产党员信仰宗教和参与宗教活动”专题组织生活会，8556名党员作出不信仰宗教承诺，2名在网上申请报名朝觐的党员主动撤回报名申请。坚持全面清理与重点排查相结合，重点抓好发展党员违规违纪问题专项治理、退役军人党员组织关系转接、失联党员规范管理和组织处置、党员涉嫌违纪违法信息通报和及时处理等突出问题的专项整治，推动全面从严治党向纵深发展。健全落实责任的体制机制。进一步修订完善组工干部分片包抓、基层党委（工委）班子成员基层党建联系点、基层党建工作例会、基层党建工作督查通报问责等四项制度，分领域制定年度基层党建工作考核细则，逐级建立党组织书记抓党建成绩、问题、任务、责任“四个清单”，深入开展“党建促进月”活动，扎实开展基层党组织书记抓基层党建述职评议考核，把述职评议结果与年度考核相挂钩，倒逼各级党组织书记真正把抓基层党建责任放在心上、扛在肩上。

**【人才强县】** 健全体制机制，大力引才聚才。制定《关于实施创新驱动战略推动工业经济高质量发展的意见》等17个政策性文件，明确了人才工作思路、健全了人才政策体系、优化了人才服务环境。2018年，通过自治区统一招考录用公务员20名、事业单位工作人员96名，通过“三支一扶”“西部计划”志愿服务行动等方式分别招募了185名和46名大学毕业生，为各行各业注入了新鲜血液，培育骨干力量。引进120余名优秀人才，与17家高校、科研院所、医院建立对口合作关系。紧密联系实际，抓好人才培养。依托产业项目育人才引人才，组织申报了盐池县黄花优势特色产业人才培养引进项目、盐池县全域旅游人才高地建设项目、盐池县康复医学专家培养引进项目等12个区、市人才项目，引领盐池县产业发展；从卫生、教育、水利等部门申报了5名优秀专业技术人才参加2018年第十四批“基层之星”研修活动，并对2017年选派的第十三批“基层之星”5名期满研修人员进行了实地考核；举办实用技术培训58期，培训各类人员5970人次。培养了一批土专家、田秀才、致富能手等农村实用人才，助力全县脱贫富民工作。创新激励机制，用好现有人才。把基层作为挖掘和培养人才的重要“基地”，积极引导优秀人才服务基层一线干事创业，表彰了165名基层一线优秀人才。高沙窝镇农民吴海霞获2018年“全国向上向善好青年”称号，推荐4名优秀大学毕业生获得吴忠市首届高校毕业生“创新创业之星”称号，在全县范围内形成了识才爱才敬才用才的浓厚氛围，促使更多人才在盐池放飞理想、施展抱负。

## 宣传工作

【意识形态】认真贯彻落实意识形态工作责任制。与各党委（党组）、各相关部门签订意识形态责任书，明确意识形态工作责任，切实推动责任制落实。修订完善《盐池县意识形态工作责任制考核细则（试行）》，起草盐池县意识形态工作联席会议制度（试行）、意识形态工作分析研判制度（试行）、意识形态风险防控制度（试行）、意识形态舆情应对处置机制（试行）和意识形态工作责任追究实施办法。建立健全意识形态工作制度。把习近平总书记关于意识形态工作的重要论述和中央、自治区党委出台的关于意识形态工作重要文件，纳入各级党委（党组）理论学习中心组学习重点内容，2018年组织意识形态专题学习2次，县委常委会安排部署意识形态工作3次。从2018年度开始，县委常委会班子民主生活会把意识形态工作作为班子成员对照检查的重要内容，各级党委（党组）领导班子成员把意识形态工作作为民主生活会和述职报告的重要内容。加强对各类意识形态阵地的管控。扎实开展“三化”治理工作，召开纠正“阿化沙化”专题会议，制定下发《盐池县“三化”专项整治活动实施方案》，对各类公共建筑、设施、外观等，各类讲座、培训班，网站、微信等进行全面排查和整改。开展封建迷信专项整治行动，对从事封建迷信活动的场所予以取缔，拆除门头牌匾、户外广告牌和明显的封建迷信标志。严格审查文艺表演团体、演出活动节目单、各类出版物等，保证文艺演出的意识形态安全。加强各类出版物内容管理，《盐池工作研究》《盐州文苑》2个出版物，均已备案审批。梳理排查出全县在舆论引导、互联网管理、文化建设等7个方面29个风险点，加强风险预警和管控。扎实推进意识形态领域巡视问题整改工作。根据区、市整改任务和盐池县督查情况，制定了《中央第八巡视组巡视宁夏和自治区党委第二巡视组巡视盐池反馈落实意识形态工作责任制整改方案》（盐党办发〔2018〕63号），共梳理整合了5个方面22个具体问题，汇总形成了整改台账，坚持立行立改即知即改，明确整改目标、措施、责任人和时限，突出整改重点，推动意识形态工作责任制落细落实。7—8月对全县各级党委（党组）意识形态工作责任制落实情况进行专项督查，下发督查通报，推动形成一级抓一级、层层抓落实的工作格局，已完成整改19个。

【理论武装】理论武装取得新进展。以学习宣传贯彻习近平新时代中国特色社会主义思想、党的十九大精神为主线，以党员领导干部为主体，扎实推进理论武装工作。年初制定中心组学习计划、干部理论学习实施意见，坚持每月编制全县各级党委（党组）理论学习中心组学习计划，对各级党委（党组）中心组学习的计划、专题、方式等进行规范指导。2018年，共组织县委中心组理论学习15次，邀请专家学者开展辅导讲座7次。举办全县科级领导干部学习贯彻党的十九大精神轮训班3期，轮训科级领导干部350余人。发放《领导干部学习笔记本》500本，进一步规范领导干部学习教育。在“红色盐池”党政客户端和“印象盐池”微信公众号开设理论讲堂，及时推送理论文章，方便党员干部利用业余时间学习。抓好理论宣讲。组织开展“党的十九大精神进万家”百姓宣讲活动，组建了由县领导、基层包村扶贫干部、教师、道德模范、志愿者、文艺工作者、普通百姓等担任宣讲员的千人宣讲团，深入基层面向群众组织开展系列宣讲活动。党校教师、党代表深入县直机关、乡镇、村组开展集中宣讲160余场次，文化演出分队分赴各乡镇（村）巡演80余场，脱贫典型和大学生村官开展“三先开路”话脱贫活动宣讲119场，通过贫者说贫、典型引路，用身边的事教育身边的人，进一步激发广大群众的内生动力。切实推进理论成果转化。组织全县党员干部进行十九大精神知识测试，以考督学，以考验学，推进学习持久化、常态化。举办“学习十九大·争创新业绩”知识竞赛、演讲比赛等活动，使广大干部职工深刻领悟党的十九大精神，提升学习效果。中国社会科学院国家全球战略智库调研组把盐池县列为百城百县调研点之一，对盐池县改革开放40年来经济社会发展情况和脱贫攻坚情况进行了深入调研。

**【新闻宣传】**积极做好主题宣传。配合区市媒体做好“改革开放40周年”“自治区成立60周年”“主流媒体看吴忠”系列采访活动，打好扫黑除恶专项斗争、中央环保督查回头看、脱贫富民、乡村振兴、移风易俗等主题宣传战。截至12月中旬，在各级各类媒体刊发新闻报道和新闻稿件800余条，其中中央级电视台和报纸60余条。《人民日报》以专版的形式整版刊发了“蓝天绿地 创业沃土”，对盐池县各项工作进行全面的宣传报道。中央电视台采访报道最美基层村干部——朱玉国，新华社、新消息报道扬黄灌区对农民生活的影响，展示改革开放给盐池县带来的巨大变化。精心做好典型宣传。对全县范围脱贫典型、孝老爱亲典型、党员代表、模范家庭、移风易俗等典型个人进行专题采访报道。组织电视台、文联开展了“脱贫攻坚英雄谱典型人物”系列报道，组织扶贫办、文联联合开展了“中国梦盐州情·脱贫攻坚走基层”采风活动，讲好盐池故事。大力加强新媒体宣传。7月，结合航空嘉年华活动，邀请中央电视台专业团队共同策划、摄制了4场“跟着马斌去盐池”大型互联网直播活动。据统计，截至活动结束共有2061万人通过新浪微博、一直播等平台观看了直播。通过对盐池通用机场、东瓮城、宁鑫生态牧场和哈巴湖景区的全媒体直播活动，让更多的人深入认识盐池旅游扶贫的巨大力量，进一步推介盐池滩羊品牌。9月，充分发挥新媒体技术的优势，和新华网合作直播了首届“中国农民丰收节”盐池县分会场活动和“首届环古城迷你马拉松比赛”等活动，为盐池县实施乡村振兴战略、推进旅游扶贫营造了良好氛围。广泛开展社会宣传。在政府网站、微信、移动客户端等新平台，开设“改革开放40周年”“自治区成立60周年”专题网页，抢占主流网络舆论阵地。在高速公路、县城主要街道、公园、广场等显要位置，设置公益广告牌。县直单位、乡镇、社区、农村利用橱窗、板报、大喇叭广播等载体，定内容、定时段、定频次展示（播放）十九大精神，做到家喻户晓、入脑入心。拍摄的公益微电影《就恋这把土》获第六届亚洲微电影艺术节“优秀作品奖”，为全县干部职工的电话制作《盐池是个好地方》彩铃，有效地宣传、推广盐池。建立完善工作机制。严格落实《关于规范和改进时政类新闻宣传报道的实施细则》，精减会议报道，进一步提高新闻宣传质量。建立县电视台节目评阅工作机制，成立评阅工作领导小组，对新闻、专栏等节目进行日审月评。

**【核心价值观引领】**深入开展群众性精神文明创建活动。抓好社会主义核心价值观宣传阵地建设，在全县6个大型休闲活动公园、11个文化广场广泛张贴社会主义核心价值观公益广告、道德模范灯杆等，让核心价值观教育融入人们的日常生活。积极开展各类评选活动，吴海霞获2018年“全国向上向善好青年”，朱玉国、白春兰被评为“自治区60年感动宁夏人物”，张志文、呼延钦被评为第三届“最美吴忠人”，评选脱贫致富、移风易俗、孝老爱亲和家风家教39名，启动寻找“最美家庭”活动，以好家风带动好民风促进好社风。组织开展春节、元宵节、清明节、端午节等“我们的节日”活动，弘扬中华民族优秀传统文化。推动移风易俗树立文明乡风。6月初，对全县移风易俗工作进行专题调研，制定《盐池县乡风文明建设工作方案（2018—2020年）》，明确规定婚丧嫁娶随礼金额和菜品标准，引导群众不举办、不参加满月酒、老人去世周年祭奠、谢师宴等宴席，倡导文明新风。扎实开展移风易俗“过筛子”，治理高价彩礼、高价贺礼、大操大办、攀比炫富等情况。组织“堡卫爱情·缘定盐州”青年交友活动，营造健康文明的婚恋风尚。配合自治区在盐池县开展“移风易俗主题文艺巡演活动”，传播文明风尚，倡树文明乡风。加强未成年人思想道德建设。召开全县未成年人思想道德建设工作专题会议，安排部署全县未成年人思想道德建设工作。扎实开展“争做新时代好少年”“传承红色基因，争做时代新人”主题教育活动、“经典润心灵 书香溢盐州”国学大讲堂和戏曲进校园等活动，大力弘扬中华民族优秀传统文化。建成的6所乡村学校少年宫，注重开设特色活动项目、强化乡村学校少年宫师资队伍建设。开展“一对一结对帮扶”、法制教育进校园、学雷锋志愿服务月活动，2018年累计开展各类志愿服务60余场次。推广志愿服务品牌，成立6支“青春护苗志愿服务队”，通过“教师＋志愿者＋社工”形式开展关爱农村留守儿童志愿服务活动，推进志愿服务制度化、常态化。

**【网络治理】**2018年3月，大水坑、麻黄山原油污染舆情发生后，宣传部配合环林局、公安局等相关部门及时回应，确保舆情及时解决，未扩大舆情范围、未产生不良影响。加强各类新媒体管理。开展网络信息与舆情监控培训，切实增强盐池县网评员的工作素养和工作能力。扎实开展党政机关事业单位网站清理工作。结合巡视整改工作，网信办牵头对全县机关、单位互联网网站信息发布管理工作进行专项检查，要求所有对外宣传内容务必做到不涉密，不违背民族宗教等有关政策规定，清理信息931条。

**【文化软实力】**深入实施公共文化服务体系示范区创建活动。高标准完成了数字文化馆建设，新图书馆建设有序推进，建立图书馆分馆4个，新建车辆管理所慢读书吧1个。图书馆总分馆制实现了一卡通用、通借通还、文献检索与数字资源共享。管好用好8个乡镇综合文化站和102个行政村综合文化服务中心，聘请文化志愿者670名、文化专管员99名，实现基层综合性文化服务中心有综合服务设施、有专门管理人员、有基本活动经费、有常态化群众文体活动、有稳定文艺团队。5月8日，自治区加快推进文化小康助力脱贫富民和乡村振兴战略启动会在盐池县召开，观摩了环城公园、文化艺术中心和花马池镇四墩子村综合文化服务中心。深入推进文化小康，助力脱贫富民。常态化开展“盐州大集·民俗嘉年华”活动，打造冬春季文化旅游活动品牌。全国六地联动举办的“2018全国乡村春晚开幕活动暨全国百村网络吆喝村晚活动”在盐池县长城村长城关设分会场；2018中国民族春晚（宁夏分会场）在盐池县文化馆录制；完成“盐州大集·民俗嘉年华”冬春季文化旅游系列活动，包括民俗展示类、文化下乡类、戏曲表演类三大板块共20余项活动内容，参与群众31.2万人，带来经济收入8112万元。举办全区首届“中国农民丰收节”盐池县分会场活动，滩羊选美、“庆丰收”农民文艺调演、环古城迷你马拉松比赛、古城民俗文化展示等16项丰富多彩的子活动为广大游客奉献一场集滩羊美食、古城文化、民俗文化等于一体的旅游盛宴。持续开展“一个模式七大载体”的“互送共享”特色文化惠民活动。2018年，完成“唱响中国梦、舞动古盐州”广场文艺演出 60 场，“真情连万家 文化惠民生”送戏下乡 80 场，“多彩盐池清凉仲夏”文化旅游赶大集活动 20 场，开展“百姓大舞台想秀你就来”文化月活动 18 场次，开设器乐、演讲与口才、剪纸刺绣等免费培训班 22 个 196 场次。其中“经典润心灵 书香溢盐州”国学大讲堂、“品古韵书香 传中华经典”世界读书日经典诵读比赛、“绘花马湖畔 抒盐州情怀”百米长卷绘盐州活动等系列活动受到群众好评。大力弘扬传承优秀传统文化。出台《盐池县民间文艺团队扶持奖励办法》，大力发展公益性文化事业。大力扶持文化产业。扶持民间文艺团队参与各类民俗展演活动，指导各民间文艺团队自编自演节目在各村进行巡演 200 余场次。培育农民文化大院 24 个、组建各类文化（文艺）类社会团体 45 个，推荐 4 家企业为自治区级文化产业重点项目资金扶持，指导荞麦皮枕头、剪纸、刺绣“非遗”项目传承人举办技能培训班 8 期。全力开展“非遗”普查、整理、编目及数据库建设，健全县级保护名录，完成非物质文化遗产普查项目 68 项。制定出台了《盐池县非物质文化遗产代表作名录申报评审暂行办法》和《关于对盐池县非物质文化遗产传承基地和项目传承人扶持资助的实施意见》等规范性文件。加强“非遗”申报和传承人扶持资助激励机制建设，培育支持“非遗”文化人才，政府购买 70 余万元支持“非遗”传承人到各村综合文化服务中心举办培训班，促进“非遗”产业发展。四是文艺事业换发新活力。抓好“三区人才”驻村指导工作，建立盐州艺术团包乡镇机制，组织艺术骨干每月下乡培训指导农村文艺能人，抓好村级文化带头人培育和“乡土艺术家”的培养，激发农村自身的文化活力。结合革命历史文化、非遗项目等，创作富具盐池地域特色的文艺精品《盐村甜梦》《铁柱战舞盐州魂》，舞蹈《圆梦盐州》《我的滩羊情》，小品《把关》《谁都穷不了》等。出版《精准扶贫 精准脱贫 盐池脱贫富民视角》《盐池印象》，全方位展现盐池县脱贫成果。“中国梦宁夏情”慰问演出活动在盐池县长城关举行，盐州艺术团代表中国远赴希腊参加文化旅游艺术节活动，参加了第十四届中国（深圳）国家文化产业博览交易会，充分展示了盐池县的文化旅游优势资源和文化产业发展亮点，搭建起了以文化旅游企业为主体的展示交易平台。

**【干部队伍】**以“宣传工作精准落实年”和“基层工作加强年”为抓手，认真落实“三个清单”。加强宣传思想文化战线党的建设，严格落实全面从严治党主体责任和监督责任，着力营造风清气正的工作环境。根据中央第八巡视组巡视宁夏和自治区党委第二巡视组指出的问题，宣传部及时制定整改方案，细化问题清单，切实抓好巡视反馈意识形态领域问题的整改。自治区党委第二巡视组反馈问题已整改完毕。组织召开了“不忘入党初心 坚定理想信念”专题组织生活会、严格执行中央“八项规定”精神专题民主生活会和从严整治中央巡视和自治区党委巡视反馈问题专题民主生活会，进一步强化党员领导干部的政治意识和理想信念。

## 纪检监察

**【概　况】**2018 年，县纪委监委坚持“稳中求进”总基调，突出重点抓关键，创新思路谋亮点，为全县经济社会发展积极营造风清气正的政治生态。10 月 11 日，盐池县纪检监察机关强化扶贫领域监督执纪问责的经验做法得到了自治区党委常委、纪委书记、监委主任许传智的肯定和批示，并在全区各级纪检监察机关推广。

**【从严治党】**主动履行监督责任，积极组织协调、全力协助党委加强党风廉政建设工作。一是在部署推进上用力。深入学习贯彻党的十九大精神，把政治意识贯穿于纪检监察工作全过程，坚决践行“两个维护”。县委、纪委第一时间传达学习、吃透中央及区市纪委全会和区市纪检监察工作推进会精神，第一时间安排部署。县委班子成员按照分工与分管联系的乡镇、部门签订党风廉政建设责任书，逐级签字背书，层层压实责任。县委常委会先后18次传达、研究党风廉政建设议题45个，逢会必讲党风廉政建设工作、为各级压责任勤提醒已成为常态。二是在创新举措上聚力。围绕建立健全清单管理制、履责述评制、全程纪实制、巡察常态制和廉政档案制五项机制，狠抓落实。全面推行“一书三册”，统一制发纪实手册和提醒约谈记录本600余册，有效防止责任虚化空转。综合运用“两述一评”结果，结合党组织主要负责人全年述责述廉、半年述职和上年度考核评议，对测评满意率较低的6名主要负责人进行了约谈，有效解决“只挂帅不出征”问题。推行“纪检监督＋职能监督＋属地监督”三个自上而下和“群众监督”一个自下而上的“3+1”监督机制，上下联动、齐抓共管党风廉政建设主体责任的局面更加稳固，氛围更加浓厚。三是在维护政治生态上定力。制作县管干部“活页夹”，为全县377名副科级以上领导干部建立个人廉政档案，将党员领导干部遵守“六项纪律”、贯彻落实中央“八项规定”精神情况、践行“四个意识”、落实管党治党责任等情况纳入其中，并不断完善更新，实现对领导干部动态常态化监督。严把党风廉政意见回复关，累计审查回复党员干部和集体党风廉政情况1765（件）次，为疏浚干部源头，净化政治生态提供了保障。四是在督查问责上着力。强化政治巡察监督，完成巡察办机构组建及人员配备，核定编制5个，人员全部配备到位。修订完善2018—2021年巡察工作规划，建立健全巡察相关制度11个，开展巡察3轮，覆盖6个乡镇77个行政村和6个部门，并延伸至其所属站所、事业单位主要负责人，发现问题218个，移交问题线索45件，立案8件，处分16人，问责28人。3批次对“两个责任”落实情况进行督查，下发整改清单25份，问责23人和1个党组织，各级领导干部开展提醒谈话1944人次。

【反腐败斗争】廉政教育不放松。在坚持抓早抓小上下功夫，推出以“六个一”为载体的“学习教育＋曝光警示＋廉洁测验”立体廉政教育套餐，针对监察体制改革后监察对象成倍增长的实际，研发“盐池县廉政教育网络学习平台”，分层级分对象分批次开展廉政教育，确保教育全覆盖。加大正反面典型宣传及曝光力度，盐池县纪检监察工作经验做法分别被《中国纪检监察》和中央纪委国家监委网站各采用1篇；在盐池纪检监察网、“清风盐州”微信公众号和县有线电视台开设“塞上风纪曝光台”，曝光典型案例9起18人。先后开展作风建设巡回宣讲30场次，4200余人接受了警示教育，崇廉尚廉的氛围愈加浓厚。作风建设不松懈。深入开展严肃查处违反中央“八项规定”精神和隐形变异“四风”问题专项整治，公务用车、办公用房、公务接待、餐厅管理等专项整治，形式主义官僚主义等“四风”问题专项整治及违反中央“八项规定”精神突出问题专项治理 “四个专项治理”，深化巩固中央“八项规定”精神制度“学习月”活动，紧扣春节等重要时间节点，紧盯重点问题，综合运用督查指导、调查核实等方式开展监督检查。围绕“五个严禁”自查问题208个，追缴资金19.623万元，问责122人，立案查处9件13人。查处违反中央“八项规定”精神问题18起，处分23人，通报曝光典型案例7起14人。对在推动工作、落实政策中存在的形式主义、官僚主义等“四风”问题问责145人，落实中央“八项规定”精神成果不断巩固深化。专项治理不手软。结合具体实践，深入开展扶贫领域腐败和作风问题专项治理，对《2018年至2020年开展扶贫领域腐败和作风问题专项治理工作实施方案》进行了修改完善，与扫黑除恶相结合，在全县8个乡镇建立和推行村级“小微权力”清单6大类30余项，全方位公开促小微权力在“阳光”下运行。推行涉农部门扶贫工作责任报告、扶贫项目清单和扶贫资金清单“一报告两清单”制度，逐级压实责任。通过多轮次、滚动式联合巡察检查督办、召开例会催办、实地督查促办等方式，对职能部门再监督再检查，督促其履职尽责。推行一箱、一卡、一员、一号、一查的“五个一”问题线索收集方法，深挖细查扶贫领域腐败和作风问题线索。共受理扶贫领域问题线索60件，立案查处25件，处分41人，问责50人，通报曝光典型案例10起14人，扶贫领域高压线碰不得的强烈信号持续释放。惩贪肃纪不止步。一方面，坚持在减存量、遏增量上积极作为，巩固发展反腐败斗争压倒性态势。2017年12月至2018年11月，委机关共受理信访举报247件（次），处置问题线索355件，初核349件，立案118件，处分154人，同比分别增长84.3%、88.8%、82.7%、20.4%、54%，在全县形成不敢腐的强大震慑。高度重视中央及自治区巡视反馈问题的整改落实，委机关对存在的共性问题主动认领并认真整改，对交办件从快从严办理，收到移交的问题线索91件，已办结89件，立案未结案1件，正在办理1件，立案33件63人，积极配合县整改办先后两轮次对全县巡视巡察整改情况进行督查，为整改落实提供坚强纪律保证。另一方面，深化运用监督执纪“四种形态”，将工作重心由严惩极少数向管住大多数转变，从查违法向盯违纪转变，综合运用诫勉谈话、批评教育等方式，层层设防，时时提醒，使党员干部不犯或少犯错误，先后运用第一种形态处置178人，占总数的53.6%，咬耳扯袖、红脸出汗已成为常态。在做好纪律审查“后半篇文章”上想法子，健全完善“一案三查找一通报一警示”机制，从案件暴露出的问题中查找廉洁风险点和制度漏洞，督促相关单位健全完善制度6项，及时堵塞管理漏洞。

【监察体制改革】在强化人员素质和凝心聚力上求突破。坚持定期与机关干部谈心谈话和周一例会制度，采取以会代训、专题培训、跟班学习、实践培训等方式，将学习培训融入日常、做到经常。8月份举办了为期2天的纪检监察业务培训班，对全县纪检监察干部进行了集中培训，干部队伍能力素质不断提升。突出党建引领带动，对机关党支部书记重新选举，增设四个党小组，以党员组织生活会和支部开展的各类活动为平台，发挥干部特长，放手使用，机关干部凝聚力和战斗力进一步增强。在改革效应上求突破。围绕“纪法”贯通和“法法”衔接，建立健全制度6项，在重大、疑难案件多部门联审的基础上，建立对涉嫌职务犯罪的案件司法机关提前介入机制，既保证了案件质效，又确保了法法衔接顺畅。对全县4689名监察对象分门别类造册，台账式管理，动态更新，确保精准监督。5月份率先在全区探索实践监察职能向乡镇、村延伸，在8个乡镇派出监察办公室，赋予16名监察员6项监察权限9项工作职责，建立村级监察信息员与村民监督委员会衔接制度，聘任102个村监会主任为村级监察信息员，实现了对村组监察对象监察全覆盖。在强化内控管理上求突破。建立案件监督管理、案件审理和审查调查相互协调、互相制约的工作机制，把执纪监督的更多权限倾向于党风政风监督室，重新分工，使纪委常委和监委委员分管监督执纪部门不重叠。健全完善内控机制9项，并以图文并茂的形式制成电脑屏保，时刻督促纪检干部从严要求，忠诚干净履职。建立纪检干部信息库，推动纪检干部监督管理精准化，严防“灯下黑”。

## 统一战线工作

【组织保障】盐池县坚持把统战工作作为事关经济发展、社会稳定的头等大事科学谋划、稳步推进。一是工作开展到位。制定了《2018年统战系统学习计划》《盐池县牢固树立马克思民族观宗教观加强新时代民族宗教工作的通知》《盐池县关于依法治理民族事务促进民族团结的实施意见》《盐池县深化民族团结进步创建行动方案》《贯彻落实全区宗教工作会议精神重点任务分工方案》等系列文件，召开了统战工作领导小组专题会议，社区统战工作稳步推进，打造统战工作示范乡镇、示范村工作扎实开展。二是经费保障到位。将创建工作经费纳入县财政预算，每年投入资金30万元，专项用于民族团结创建工作的宣传、服务、活动、督查等，保障了民族团结进步创建工作顺利开展、深入推进。三是督促检查到位。加大对创建工作的督查和指导力度，定期深入各创建单位开展巡回督导，深入查找存在的问题和薄弱环节，盯住短板，攻坚克难，对思想不重视、领导不得力、责任不明确、工作不落实的单位，坚决追究责任。

**【宣传氛围】**扩大创建覆盖面。2018年确定了77个创建点，全县民族团结进步创建进校园、进社区、进机关等示范点达257个，创建比例达到100%，实现了民族团结进步创建全覆盖。县住建局、西苑社区、王乐井乡曾记畔村、政务服务中心4个创建点接受自治区民委验收。近年来，盐池县先后打造了回六庄村民族团结教育基地、盐池县革命烈士纪念馆民族团结教育基地、高沙窝镇民风教育基地、县政务服务中心等多个精品示范点，2018年盐池县获自治区第八次民族团结先进集体2个、先进个人3个，吴忠市第四次民族团结先进集体6个、先进个人4个。近年来，盐池县先后获国家级表彰先进集体2个、先进个人1个，区级表彰先进集体14个，先进个人7个，市级先进集体29个、先进个人31个。创新宣传方式。充分利用电视、网络、手机等新闻媒介，通过在各级报刊刊登民族团结进步创建稿件等形式，在县内国道沿线和主要街道、大型建筑立面悬挂广告牌、张贴标语，在机关企事业单位制作展板等形式，进一步加大了民族宗教政策、宗教事务管理、先进典型事迹的宣传力度。盐池县大水坑镇第二小学打造了民族文化墙，开设了民族常识以及红色土地、中华经典诵读等地方教育课程和校本课程，将民族团结教育与美术、音乐、舞蹈、手工制作、民族刺绣等综合实践活动有机结合，取得了良好效果，各族群众“共同团结奋斗，共同繁荣发展”的思想意识进一步增强。扎实开展“读书月”活动。共推荐好书3本，征集读书心得体会6篇，召开读书心得交流会1次，进一步提升干部职工的道德文化修养，增强了工作水平和为民服务水平，实现了品德修养、精神面貌和工作质效的同步提升。深入开展“大学习大调研”活动。组织全县统战干部和广大统一战线成员全面学习党的统一战线理论政策，特别是党的十八大以来习近平总书记关于统一战线工作的新理念新思想新战略等内容，深入乡镇、企业一线开展调查研究，上半年集中学习2次，调研10余次。开展“回头看”活动。对已经评选的创建活动示范单位特别是受到区市命名表彰的示范单位开展“回头看”检查活动，并对2018年创建示范单位进行督查，巩固推进民族团结进步创建活动，坚持示范带动，挖掘创建活动的突出典型，多渠道发挥示范带动作用，全面巩固提升创建活动成果。

**【管理服务】**严格审核批准了青山灵应寺大型庙会。对全县宗教领域可能引发的不稳定因素、突发群体性因素进行了摸底调查和梳理，有效预防和化解民族宗教领域各类矛盾纠纷，维护社会和谐稳定。深入开展社会主义核心价值观、国旗、宪法和法律法规、中华优秀传统文化进宗教场所活动，更好地发挥了宗教场所的阵地作用和宗教人士的教育引导作用。坚持将学习党的民族宗教政策和宗教工作作为重中之重，在县委常委会、政府常务会上传达学习马克思主义民族观、宗教观，邀请中央民族大学教授、博士生导师严庆为全县副科级以上领导干部专题讲解党的民族宗教政策及新修订《宗教事务条例》，邀请自治区民委食品安全与法规处杨晓玲处长对新修订《宁夏回族自治区清真食品管理条例》进行讲解，邀请自治区党校政治学教研部教授杨立宾专题培训马克思主义民族观宗教观，举办纪念“五一口号”发布 70 周年专题讲座和征文活动等，在 8 个乡镇全覆盖宣传马克思主义民族观宗教观、宁夏成立 60 周年大庆习总书记的题词、汪洋主席、石泰峰书记讲话以及中央、区市统战民族宗教有关政策和会议精神，切实提升了民族宗教干部的工作能力和水平。“三化”治理成效显著。县委常委会、政府常务会多次听取工作汇报，制定下发了《盐池县“三化”专项整治活动实施方案》，成立了专项整治工作领导小组，住建局、市场监管局等相关部门和乡镇密切配合、协同作战，全力投入到整改工作中。42 家字号名称中含有清真字样的企业和个体工商户全部整改完毕。全县 24 名信教党员劝其退党 2 名，退回朝觐 2 名，与全县 8154 名党员签订不信仰宗教承诺书。市委在冯记沟乡召开各县、市（区）“三化”治理工作推进会，对盐池县的整改工作给予高度评价和肯定。组织人员赴红寺堡区学习宗教活动场所购买社会服务集中代理记账模式，探索建立各宗教活动场所财务管理由乡镇代管机制，进一步完善宗教活动场所财务管理制度，不断提升财务规范管理水平。开展“三个特别”主题教育活动，对民族宗教领域不稳定因素进行了排查，加强对大型宗教活动的管控力度。出台了《关于结合“两学一做”学习教育常态化制度化开展“五联五促”工作实施意见 2018 年工作任务清单》，领导干部联系走访宗教人士和宗教活动场所 10 余次。进一步健全内部管理制度，对照中央和自治区有关规定，修订完善财务、考勤、学习等管理制度和纪律规定。

【脱贫攻坚】充分发挥统一战线“重要法宝”作用，积极动员社会各界力量参与支持脱贫攻坚工作。积极争取少数民族发展资金 721 万元，用于冯记沟乡苦水村肉牛养殖园区建设、冯记沟乡苦水村特色村寨建设、大水坑镇特色小镇建设、惠安堡镇惠苑村扶贫车间建设、花马池镇苏步井村产业发展等。引导和支持各民主党派围绕脱贫攻坚积极建言献策，发挥各自优势，开展医疗服务、捐资助学等社会服务活动，为贫困地区和贫困群众脱贫致富提出意见和建议。出台了《关于盐池县加快发展非公有制经济的实施意见》《关于盐池县支持中小企业发展暂行办法》等一系列政策措施，对非公企业发展从投资领域、准入门槛、招商引资、金融服务、财政扶持、减轻税费、奖励资金等方面做出了具体规定，降低实体企业制度性成本和企业运行成本，提振企业发展信心。整合投入 3000 多万元在企业扩规增效、创新驱动、开拓市场、以奖代补等方面给予扶持，激励企业来盐投资发展。帮助鑫海、宁鲁石化等企业争取专精特新及自治区新型工业化发展扶持资金 1526.4 万元，为企业发展提供多元化的资金扶持。推进政府、银行、企业三方合作，支持非公企业发展。不断壮大政府风险补偿基金，筹措风险补偿基金，运行特色农业风险、财保贷等撬动贷款。协调国开行、农发行等金融机构，帮助企业解决贷款。深入推进“多证合一、一照一码”改革，在前期已经实现“三十三证合一”的基础上，通过宁夏电子政务云平台“多证合一”数据交换平台，实现了“四十四证合一”。申请人只需填写“一张表格”，向“一个窗口”提交“一套材料”，经审查合格后直接核发加载统一社会信用代码的营业执照。进一步简化程序，优化流程，为非公经济健康发展和非公经济人士健康成长保驾护航。

## 政策研究

【理论学习】切实加强党员干部理论学习。始终将干部理论学习摆在突出位置，每年年初制定翔实的干部理论学习计划，明确全年干部理论学习的时间、内容、方式，将贯彻十九大和自治区十二次党代会精神作为推进“两学一做”学习教育常态化制度化和“不忘初心、牢记使命”主题教育重要内容，为“三会一课”和开展主题党日活动明确了方向和内容。全年累计召开主题党日活动12次，开展理论学习活动14次，召开组织生活会、民主生活会3次，党员人人记学习笔记，撰写理论文章4篇，心得体会12篇。不断强化党员的党性意识。严格落实组织生活会等制度，认真开展批评和自我批评，对党员干部身上的问题早发现、早提醒、早教育、早纠正，让“咬耳扯袖、红脸出汗”成为常态。制定了《县委政研室党支部关于召开“不忘入党初心 坚定理想信念”专题组织生活会方案》和《县委政研室党支部关于召开“不准共产党员信仰宗教和参与宗教活动”专题组织生活会暨“5+X”主题党日活动的方案》等活动方案。先后针对党员在理想信念不坚定、党员身份意识淡薄、党员干部参与宗教活动等问题，围绕“强化党员意识、增强党性观念、发挥先锋模范作用”等方面认真查找存在的突出问题，制定了整改台账和销号清单，责任到人、整改限时，确保查找问题不走过场，整改工作不走形式。注重党员干部意识形态教育。坚持“牢牢掌握意识形态工作领导权”，始终把党的政治建设放在首位，强化学习教育，提升党员政治意识。在“七一”期间，组织全室党员干部到县革命烈士陵园等红色教育基地，开展“铭记历史 不忘初心”主题党日暨庆“七一”系列活动。通过开展重温入党誓词活动、组织一次红色教育活动、开展慰问党员活动、观看红色电影展播活动和撰写一篇心得体会文章等活动，增强了全室党员宗旨意识和服务意识。同时，与帮扶村雨强村、回六庄村联合举办支部共建活动和“民族团结一家亲”主题活动，为增强党支部凝聚力和党员干部受教育奠定实践基础。狠抓党风廉政建设。强化“两个主体”责任，组织党员干部认真填报“两个清单”，按期做好“述职述廉”报告，做到财产公开透明，深化廉洁从政意识，做到警钟长鸣。严格执行中央“八项规定”，按照县委要求对2014年以来“三公经费”运行情况开展“回头看”，对梳理出来的问题按照要求全部进行整改。

【服务决策】调查研究成果不断丰富。每年年初，结合区市相关文件要求和盐池县实际，制定《县级领导年度重点调研课题》，围绕全县经济社会发展重大问题，超前谋划，深入调研，先后就乡村振兴、村集体经济建设、健康扶贫等方面工作开展调查研究并形成调研报告20余篇。其中《贯彻落实十九大精神 打造宁夏靓丽东大门》《金融创新畅通农民脱贫致富渠道》等7篇调研文章在《宁夏工作研究》和《吴忠工作研究》上刊登，有效宣传了盐池县亮点工作和经验成效。文稿服务质量不断提高。坚持把做好文稿服务作为提升政研工作的突破口，注重研究领导的关注重点、意图想法和文件批示，不断提高文稿服务水平。印发了盐池县县级领导2018年重点调研课题，先后牵头起草了《关于深入推进乡村振兴战略三年（2018—2020）行动方案》《盐池县全面深化改革工作要点》等多个政策性文件，有力指导了全县重点工作的落实。同时，参与了县委主要领导关于全面深化改革和农业农村工作的重大材料的起草工作。政策指导力度不断增强。编印了《盐池县实施乡村振兴战略文件汇编》《十八大以来盐池县全面深化改革任务书》《县委政研室起草重要文件及部分起草说明汇编（2014—2017年）》等一批材料汇集，切实发挥好学习研究、理论宣传和政策指导作用。

【“三农”工作】加强农业农村工作指导协调。牵头召开了全县农村工作暨脱贫富民推进会，参与指导了全县加快支持滩羊、黄花、牧草、小杂粮发展等“1+4”配套文件的起草。起草印发了《2018年盐池县实施乡村振兴战略重点工作清单的通知》

（盐党办发〔2018〕64号）和《关于落实自治区〈实施乡村振兴战略综合考评方案（试行）〉分工方案的通知》（盐党办发〔2018〕65号）文件，明确了实施乡村振兴战略的主攻方向和目标任务。注重开展“三农”工作研究。2018年是实施乡村振兴战略的开局之年，也是全县迎接国家评估组验收脱贫摘帽的关键之年，县委政研室为加强“三农”工作研究，先后4次配合区市关于乡村振兴战略开展调研，总结全县脱贫攻坚工作经验成果，形成调研报告报区、市参考，最终形成了盐池脱贫工作经验成果《国家级贫困县的脱贫之路》，受到自治区党委常委、副主席马顺清的批示，在全区推广交流。积极推进乡村振兴战略实施。先后通过组织召开全县农村工作会议、举办全县科级干部乡村振兴专题培训班、召开乡村振兴规划座谈会、课题调研等多种形式，专题进行研究部署乡村振兴战略。成立了县乡村振兴战略规划编制工作领导小组，制定了《盐池县乡村振兴战略规划编制工作方案》，明确了各乡镇和相关部门编制乡村振兴战略规划的重点和任务清单，并主动对接，邀请中科院刘彦随教授一行到盐池实地考察指导，委托其帮助盐池县制定《盐池县实施乡村振兴战略规划（2018—2022）》。起草下发了《关于深入推进乡村振兴战略三年（2018—2020）行动方案》，为实施乡村振兴战略提供理论遵循和科学指导，确保开好头、起好步。

**【推进改革】**强化统筹安排。制定了《2018年全县全面深化改革工作要点》，出台了《盐池县全面深化改革督察办法（试行）》《盐池县全面深化改革2018年重点改革事项督察计划》等协调推进全面深化改革文件，进一步明确了推进时限和责任主体，确保改革工作有序进行。强化部门联动。按照“谁主管、谁负责、谁出台、谁落实”的原则，全年确定了49项改革任务，组织召开了全县全面深化改革工作推进会，先后4次对各领域改革推进情况进行了专项督察，确保各项改革任务落地生根。金融扶贫、健康扶贫、公立医院改革、“互联网+医疗”等走在了全区、全市的前列。盐池县被确定为第二批全国公立医院改革示范县。强化上下协调。牵头迎接了区市全面深化改革督察考核工作，组织召开了4次全面深化改革领导小组会议和工作推进会，审议通过了50余个重要改革文件。创办了《盐池改革动态》专刊，上报各类改革信息50余条，《盐池县三项措施走出健康扶贫精准之路》《盐池县农业供给侧结构性改革助推脱贫富民》《深入推进放管服改革 全面改善营商发展环境》分别被国办信息、《宁夏改革动态》和《共产党人》转载刊登。

**【专刊编辑】**着力办好《盐池工作研究》机关刊物，突出刊物的政治性，不断规范办刊要求，提升刊物质量，较好发挥了刊物的学习研究、理论宣传和政策指导作用。突出党刊工作定位。紧紧围绕县委决策部署和全县工作大局，超前谋划栏目设置和文稿重点，先后就全面从严治党、乡村振兴战略、学习贯彻党的十九大精神等专题，开设特色专栏，充分体现“党刊姓党”的特点。全年高质量完成了《盐池工作研究》双月刊6期和《盐池工作研究》精装合订本的出版发行工作。同时创办了“盐州政研”微信公众号，同步推送《盐池工作研究》电子版。推进办刊工作创新。明确专人全面负责刊物的选稿、统稿、照片和特色栏目的设置，确保稿件从收稿到编辑、从校对到核稿、从印发到发行，都能体现特色，规范运行。同时，建立信息报送制度，明确县直各部门、各乡镇办公室人员为信息联络员，定期不定期上报信息稿件，进一步拓宽稿源。努力提升刊物质量。从严把好刊物的政治关、质量关，确保每篇稿件都能出思想、摆观点、有深度，使县委决策部署和重点工作能够通过党刊传播到基层干部群众当中，起到了宣传喉舌的作用。刊物整体质量、风格定位及社会影响力有了明显的提升。全年共刊登各类图片和书法绘画130余篇，稿件110余篇，每期发行量350份。

【效能目标】强化基层组织建设。开展“两学一做”学习教育常态化制度化系列活动，制定活动方案，严格按照“六个一”开展活动，党员干部认真撰写心得体会、讲党课，扎扎实实，不走过场。按照机关工委要求完成支部换届工作，强化党员教育管理，坚持“三会一课”，推进党员学分制教育，全面完成了干部网络学习任务。推进平安建设和信访维稳。深入开展平安建设，大力宣传“七五”普法，组织干部职工学法、遵法、守法，干部职工法律素质有了显著提升。严格做好财务管理和车辆管理，全年没有发生一起安全事故。以“下基层、送政策、促发展”为契机，积极宣传信访工作条例，了解群众诉求，帮助化解矛盾纠纷，有效维护了社会和谐稳定。全面落实民族宗教政策。全力做好民族团结工作，组织开展第四次民族团结进步创建活动，积极参加全县“送政策进宗教场所”活动，组织干部参加全县统战工作培训班，干部职工民族团结意识进一步增强。四是统筹抓好其他工作。积极组织开展困难职工救助、妇女权益维护、志愿者服务等工作。结合部门工作实际，抓好科普宣传、职工健康体检、计划生育检查等各项工作。

【精准脱贫】完成春季植树造林任务。组织单位干部积极植树造林，安排专人负责林木后期管护工作，树木成活率100%。落实工业经济扶贫开发工作。将工业经济转型升级作为2018年全县改革工作重点任务推进，明确了责任单位、配合单位及完成时限，推动全县工业经济转型升级。精准施策全力做好帮扶工作。政策宣传上，借助“农村法律政策超市”平台，编印了《“三农”工作法律法规选编》《中央和区市县强农惠农富农政策选编》等一批法律法规和政策性宣传书本，实现政策超市配套设施建设和宣传政策“双管齐下”。帮扶措施上，凭借政研室干部熟悉各类惠农政策的优势，走村串户，通过集中开会和深入贫困户家里等方式向广大农民群众讲解中央和区、市、县关于“精准扶贫、精准脱贫”的政策措施，与农户到田间共同劳动，通过与贫困户算清三笔账（收入账、发展账、需求账），帮助贫困户填写扶贫手册，为贫困户记录当年收入账，鼓励群众积极发展种养业，增强贫困户脱贫致富的信心。帮助贫困户落实扶贫资金、项目及各种惠农政策，结合帮扶村的自然条件、生产状况，以促进农民增收为目标，帮助群众制定好种养计划和帮扶措施，以产业发展为主的脱贫模式成为了群众的共识。扶贫成效上，先后为群众办实事10余件，并筹资2万元助力雨强村发展村集体经济，协助雨强村办企业“春雨”粮油加工厂申请了QS标志，由村集体出资为全村50名建档立卡贫困户无偿提供胡麻种子，拓宽了粮油销售渠道，因地制宜，发展土猪养殖，夯实了村集体发展基础，激发了群众致富的主动性和积极性。所包扶的15户贫困户都培育形成了各自的增收产业，初步形成了以特色种养殖为支撑，以劳务输出为附加的脱贫支柱产业，夯实了农户脱贫致富基础，2018年7月14日至21日，国家专项评估检查组对盐池县脱贫退出进行了评估检查，政研室帮扶的雨强村高标准通过了评估组的验收工作，实现问题零反馈。

## 党史研究与方志编纂

【党的建设】2018年年初，成立了史志办落实中央“八项规定”精神专项治理组，对本单位2012年以来在公务接待执行、公款吃喝、公务用车、公款送礼、公款旅游、超标准配备使用办公用房等7个方面存在突出问题进行认真细致的自查自纠。共清查接待票据66单（张），无严重超标准接待，无豪华接待。自查违规报销票据11单（张），已全部整改到位。办公用房已于5月5日前按要求进行合规整改，所有工作人员使用面积均符合规定标准，未进行豪华装修。进一步加强机关管理，重点突出机关考勤、公务接待、账务支出等方面；严格执行志书出版项目实施规定，坚持做到按程序办事，不碰红线。召开党员领导干部民主生活会2次，并召开领导班子党风廉政建设专题会议，落实相关廉政建设工作任务分工。参加档案局支部“不准共产党员信仰宗教和参与宗教活动”专题组织生活会，重温入党誓词，观看警示教育专题片，学习《中国共产党章程》《中国共产党廉洁自律准则》《中国共产党纪律处分条例》等党规党纪，学习马克思主义宗教观，严明党的政治纪律和组织纪律。撰写个人剖析材料，认真查摆对宗教的认识，对是否信仰宗教和参与宗教活动等作出说明，亮明态度。同时，签订《共产党员不信仰宗教和不参与宗教活动承诺书》。

**【年鉴编辑】**组织实施《盐池年鉴（2018）》编辑工作，已于10月初完成初稿审定，计划于2019年4月印刷出版。

**【业务指导】**协助县扶贫办实施了《盐池县扶贫开发志》编辑工作，于9月份完成初稿编辑、审定，12底印刷出版。指导水务局完成《盐池县水务志》编辑工作，已完成评审审定；指导高沙窝等乡镇继续开展乡镇志编辑工作。

**【其他工作】**协助区、市地方志办公室完成《宁夏年鉴（2018）》《吴忠年鉴（2018）》盐池部分编辑工作。开展盐池县范围内《家谱》征集工作。协助县文旅局完成长城关长城博物馆布展、创建国家级AAAAA旅游景区提供史料工作；协助县民政局开展《盐池县地名词典》编辑提供史料工作；协助甘肃省政协开展“南梁精神”研讨会提供史料工作；为自治区成立60周年、吴忠市撤地设市20周年成就展提供相关图片史料；组织开展了“5·18”地方志宣传活动。

## 机构编制

**【行政审批改革】**根据自治区人民政府办公厅关于开展全区政府部门权力清单统一规范工作的通知精神，按照相同行政职权事项在区市县三级的名称、类型、依据、编码等要素基本一致，同一层级政府相同部门的行政职权数量基本相近的要求，组织政府相关部门，对标自治区下发的第一批自治区权力清单指导目录，认真开展权力清单统一规范工作。截至7月初，完成第一批清单指导目录中涉及的行政许可、行政确认、行政给付、行政征收和其他类5类行政职权事项的调整规范，规范行政职权事项共436项，并在政府网站予以公布。第二批调整规范正在有序推进，已组织政府相关部门完成自治区行业系统权力清单指导目录（第二批）的征求意见，并将征求意见反馈上报自治区编办审核，待自治区第二批权力清单指导目录正式文件下发后按要求调整完成行政处罚、行政强制、行政检查、行政裁决、行政奖励5类职权的统一规范，全面提升权力清单标准化、规范化建设。为了全面总结行政审批制度改革成效和存在问题，按照自治区自查评估工作要求，组织政府各部门对简政放权措施落实情况进行自查评估。经自查评估，近年来，盐池县大幅度压减取消行政审批事项，行政审批事项由改革前的404项压减为168项，非行政许可事项全部清零，行政审批取消事项事中事后监管措施得到落实，区市下放115项事项全部承接落实，全面建立和调整完善了政府部门权力清单，政务服务水平有了总体提升，顺利完成了国务院大督查迎检工作。

**【行政体制改革】**根据《自治区党委办公厅印发〈关于市县（区）党委建立巡察制度的实施意见〉的通知》（宁党办发〔2017〕89号）和自治区编委《关于市、县（区）党委设立巡察机构等有关事项的通知》（宁编发〔2017〕58号）精神，设立了“中共盐池县委员会巡察工作领导小组办公室（简称县委巡察办）”，及时制定下发了《关于印发〈中共盐池县委巡察工作领导小组办公室主要职责和人员编制方案〉的通知》（盐党办发〔2018〕15号），为落实县委建立巡察制度工作提供了组织保障。组织干部职工认真学习党的十九大和十九届三中全会精神，深刻领会《中共中央关于深化党和国家机构改革的决定》和《深化党和国家机构改革方案》精神，引导干部职工深刻理解和准确把握党和国家机构改革的指导思想、目标原则和改革方向，最大限度吃透政策精神。同时，开展行政执法机构人员编制现状调查和机构编制实名制信息核查，准确掌握各单位在机构设置、人员编制等方面情况，为党政机构改革做好充分准备。下一步将根据自治区统一部署，精心制定盐池县党政机构改革工作方案，科学合理设置党政机构，进一步理顺权责关系，并严格按照自治区批复的改革方案抓好组织实施。

【改革试点】完成承担行政职能事业单位改革试点的后续工作，按要求做好涉改单位行政编制置换、人员过渡登记和分流安置。对此次改革试点中自治区下达置换的行政编制，按照专编专用的要求及时下达到相关单位；对涉改单位人员按要求制定了分流安置方案，对符合考核过渡登记的3人已严格按照人员过渡登记程序上报自治区人社厅批准，符合考试过渡登记的1人待自治区人社厅的统一安排考试；其他15名人员按照个人的意愿确定了分流去向。待考核考试人员文件批复下达、机构编制解冻后将分流人员一并在编制实名制库中调整到位，确保承担行政职能事业单位改革试点任务得到全面完成。

【盘活编制】落实自治区减编任务。按照“控制总量、盘活存量、优化结构、增减平衡”的总要求，结合各单位承担的职能职责以及实有在编在岗人员的情况，制定核减事业编制方案，经编委会研究决定，共对38个单位的事业编制进行调整，完成了自治区编委下达的核减事业编制95名的任务。优化编制使用。2018年以来，先后争取自治区编办批准盐池县招录公务员名额38个、事业单位名额123个，有效地缓解了部分单位工作人员老化和人才短缺的问题。开展机构编制实名制信息核查。按照自治区部署要求，自5月份开始，采取各机关单位自查、编制部门核对、信息更新的方法，对全县机关事业单位的机构编制和实有人员信息进行核查。通过审核、查阅文件、与组织、人社部门沟通核实，全县51个行政机构和174个事业单位信息填报核对工作全部完成，并且按照实名制管理系统的要求和标准全部导入机构编制实名制信息系统，如期完成机构编制实名制信息核对工作，真正做到机构清、编制清、领导职数清、人员清，为下一步全面完成盐池县的党政机构改革工作奠定了基础。

【事业单位登记管理】提前完成102个法人事业单位年度报告信息公示。调整工作思路，利用“网上登记管理系统”举报投诉受理平台，加强社会对法人事业单位监督管理，按照“文字内容要真实，图片资料要清晰，主管部门签字盖章部分一个不能少”的要求，倒逼事业单位对所公示的信息真实性负责，扭转了以往那种“不催不报、应付了事”的现象。严把审核关口，审核通过一个公示一个，打破了以往“集中公示”的做法。另外取消了纸质件，变“人员跑腿为信息跑路”，实现了年度报告公示“不见面、马上办”的工作模式。公示时间比往年缩减近2个月，办结时限比法定时限压缩62%。年度报告公示信息无投诉举报现象发生。开展了事业单位法人年度报告公示信息抽查。按照“双随机、一公开”相关规定，按照4%的比例随机抽取了4个法人事业单位，3名执法人员到被抽查单位进行核查。重点查看了单位印章和法人证书名称是否一致、业务开展情况与法人证书上的宗旨和业务范围是否一致等6大项20小项内容，当场填写事业单位法人公示信息实地核查记录，并请事业单位法定代表人签字确认，做到过程、程序和结果公开透明，规范有序，加强对事业单位的监管。按要求从5月初开始，利用近一个月时间，完成了76个非法人事业单位统一社会信用代码赋码工作。

【机关建设】加强党的政治建设，按要求成立了党支部，认真落实“三会一课”、组织生活会、“支部主题党日”等党建工作制度，着力在提高党员干部的素质上下功夫。深入学习党的十九大精神特别是习近平新时代中国特色社会主义思想，深刻领会党的十九大提出的重大理论观点、重大方针政策、重大工作部署，准确把握机构编制工作面临的新形势、新任务、新要求，切实把思想和行动统一到中央、自治区、吴忠市、县委的决策部署上来。认真抓好开展扶贫领域作风问题专项治理和脱贫攻坚作风建设年活动。坚持问题导向，组织干部深入王乐井乡牛记圈村，为帮扶的29户脱贫户逐家逐户宣讲脱贫富民政策，帮助农户制定发展增收计划，完善工作档案，确保扶贫工作扎实有效。开展落实中央“八项规定”突出问题专项治理和“四风”问题整治，不断改进工作作风，强化对机构编制干部的教育，全面落实党风廉政建设责任制，促使机构编制工作更好地服务中心工作、助推经济发展。四是全力做好法治政府建设、民族团结和综治等其他各项工作，保质保量地完成了春季植树造林任务、爱国卫生工作，不断巩固创卫创园工作成效。

## 党校

【概　况】2018年，党校充分发挥党校轮训培训党员干部主阵地、主渠道作用，解放思想，更新观念，高标准通过区党校五年教学评估验收工作。新建党校主体工程一、二、三标段基本竣工，正在进行附属工程建设。

【干部教育培训】完成全县党员干部十九大精神的宣讲工作，共宣讲161场12800人次。根据县委组织部《2018年度干部培训计划》和“三强九严”安排部署，以及结合“不忘初心、牢记使命”主题教育和党员主题日活动要求，积极、稳妥、全面地开展干部教育培训工作。积极组织专兼职教师以“十九大精神、习近平新时代中国特色社会主义思想、新修改的《中国共产党党章》、新修订的《中华人民共和国宪法》、新修订的《中国共产党纪律处分条例》、党史、乡村振兴战略、民风建设、扶贫政策和自治区第十二次党代会精神”等内容精心备课，先后为各部门（单位）、各乡镇及行政村举办了79场次专题讲座，共培训党员干部6120人次。配合县委组织部分两批次举办了为期7天的“村文书（党务专干）培训班”和“村党支部书记培训班”，共培训村干部230人次，邀请区党校教授及外聘兼职教员进行集中授课、封闭管理。先后配合政法委、教体局、哈巴湖管理局在县委党校各举办一期业务培训班，共计350人次。并先后配合纪检委、组织部、总工会、团委、妇联、发改局、工业信息化和商务局、安监局、公安局、统战部、国土局、扶贫办等部门（单位）以“三强九严、基层党建、铁路护路联防、和谐家庭、民族宗教和扶贫工作”等内容为主题，在县委党校报告厅举办各类培训班共计30期，培训人次约2400人。继续探索创新现场教学模式，在已经打造的“两村五点三基地”的现场教学模式基础上，县财政拨款27万元与县委组织部联手新打造革命历史纪念园“党校微课堂”、王乐井乡曾记畔村“曾记畔村党校”和“农民讲习所”、麻黄山乡“窑洞党校”、惠安堡镇“村政学校”、白春兰“劳模讲坛”五个教学点，配备了教学设备和桌椅，把县内具有产业特色和地方特质的民风民俗，尤其脱贫富民亮点纳入教学内容中，拓宽了学习领域，丰富了教学内容，拉宽了培训维度，方便了区党校以及其他县内外部门（单位）到盐池县开展现场教学活动。配合中央党校西藏班、区市党校主体班完成4场200人次现场教学活动，配合宁夏大学11个学院13场1000人次、神华宁夏煤业集团14个党支部14场700人次的主题党日教学活动，并与宁夏大学经济管理学院联手共建了“产学研基地”，实现了产学研深度融合，创新了教育培训模式。配合固原市扶贫办先后举办了6期每期三天共计600人固原市扶贫干部（包括彭阳县、隆德县、原州区、泾源县各一期，西吉县两期）精准扶贫精准脱贫培训班，配合红寺堡、同心县、平罗县、银川市、银川市兴庆区、贺兰县、灵武市、海南乐敦县举办8期共计1000人次的盐池县脱贫经验培训班。继续配合组织部和人社局搞好2018年全县副科级以上干部及公务员（包含参公人员）的网络学习和专业技术人员继续教育公需课授课任务。

【师资队伍建设】深化对中央“八项规定”的认识，加大对教职工的教育管理，追缴违反“三公”经费的不当支出，进一步规范和严格校内各项管理制度和党支部“三会一课”制度，增强党性修养，催生内生动力，转变工作作风，提高工作效率。特别是结合党校业务工作的特殊性，充分发挥专兼职教师的特长优势，采取集体备课和轮流讲学的方式不仅提高了教职工的学习力，而且达到了取长补短、查漏补缺、纠偏指正的目的，极大地提高了备课效率和质量。先后选派教师到中国高级公务员培训中心、湖南省委党校、浙江大学和区市党校进行培训学习，提高业务能力。认真配合县委办、县政府办以及政研室完成每次的约稿任务，并组织专兼职教师撰写纪检委、组织部、统战部、宣传部等相关部门（单位）要求的调研文章8篇。党校课题组在全区党校、行政学院系统科研协作活动中申请立项的课题“盐池县实施乡村振兴战略研究”已结项，所撰写的《盐池县落实“乡村振兴战略”的思考》一文在全区党校、行政学院系统深入学习宣传贯彻党的十九大精神理论研讨征文活动中获奖。论文《脱贫攻坚的“盐池模式”研究》在区党校举办的“全区党校、行政学院系统深入学习贯彻习近平新时代中国特色社会主义思想推进会暨理论研讨会”获奖。

【脱贫攻坚】为确保扶贫工作取得实实在在的成效，加派驻村工作队员一名，累计下乡86人次，在走访核查的同时，继续向建档立卡户宣传中央及区市县政策，并跟进贫困户种养殖及危窑改造等进展情况，帮助贫困户制定发展规划，鼓励他们多种经营。帮助贫困户外销滩羊肉、小杂粮、土鸡、土鸡蛋、野蜂蜜、发菜等当地特色农产品，全力帮助贫困户解决销售难的问题，实现对贫困户的定点脱贫。为进一步巩固脱贫后的富民目的，充分发挥2017年区财政厅支持发展村集体经济所拨付的200万元资金作用，已经协调好土地的征用和厂房建设的招标工作。

【函授教育】2015级“公共管理”专业学员已经毕业，2016级“法学理论”专业研究生班学员已经完成毕业论文的撰写和答辩工作，第四批村干部2017级农村经济管理专科班学员已经修完第二学年全部课程。整个教学管理工作运行正常，多次得到区党校研究生部的表扬，研究生班主任刘娜被评为“优秀班主任”。

【其他工作】完成春季义务植树，并按要求完成了浇水、涂白、圈红、除草等工作。抓好信访、保密、档案、普法、综治、报刊征订等工作。完成县委、县政府交办的其他工作，配合其他部门（单位）做好各项工作。

## 档案事业

【概　况】2018年，盐池县档案局（馆）在建立覆盖人民群众的档案资源体系、建立方便人民群众的档案利用体系、建立确保档案安全保密的档案安全体系上取得了较好的成绩；县档案馆的爱国主义教育基地、档案安全保管基地、档案利用服务中心、政府信息公开中心、电子文件管理中心的功能得到很好发挥。

【监督指导】全年共指导57个立档单位整理文书档案1843盒33089件、电子档案光盘50盘（含照片632张）；对7个乡镇、1个街道办和扶贫办、城乡建设局共10个重点立档单位的档案工作进行了档案行政执法检查。

【资料收集保管】跟踪拍摄县委、县政府举办的重大活动和重要会议36场次，拍摄照片540张、视频391分钟。接收人社局、政府办文书档案592盒8413件，接收青山乡古峰庄村档案19盒；接收印章9枚；接收立档单位的电子档案50盘（含照片632张）；全面完成馆藏11000余张老照片的翻拍、加洗、整理及510张照片的说明补写工作；完成72卷378件9841页破产企业建厂30年以来的职工工资表等档案的整理、裱糊、装盒等工作并扫描形成电子档案。在网络上收集各电视台播出的有关盐池的视频18个。

【信息开发利用】30万字的《记忆中的盐池——盐池之首》一书由阳光出版社出版发行1000册；印刷《陕甘宁边区时期的盐池（续集）》200册、《民国时期的盐池（续集）》200册、《盐池县志（1960年版）》200册；全年共接待档案利用者1211人次，提供档案2480卷次。

【宣传文化】开展了“6·9”国际档案日系列宣传活动；该局（馆）工作人员在《档案博览》“文学天空”网站、“黄鸣文苑”网站、《盐州文苑——脱贫攻坚专刊》发表散文、文章、信息5篇（条）。

【档案馆建设】盐池县档案馆新馆竣工并交付使用。档案馆馆藏档案于11月19日起搬到新馆库房，行政人员于12月下旬迁到新馆办公。

【扶贫攻坚】全局6名工作人员包扶高利乌素行政村的侯记坑和路记梁两个自然村的23户建档立卡户，为他们制定种、养殖计划；为每户送去25公斤米、面各1袋，计6456元；给王某某大病救助2000元，给王某某送去桌、椅等物品；帮助10户苏步井易地搬迁户，每户院子种树5~6株。在《盐州文苑——脱贫攻坚专刊》发表《扶贫路过哈日敖包——盐池县档案局（馆）扶贫侧记》文章一篇。

## 老干部工作

【政治思想】加强政治理论学习。为离退休干部征订《人民日报》《宁夏日报》等20多种报纸杂志，供老干部们集中学习、阅览，同时为离休干部和退休处级干部每人征订一份党报党刊，引导离退休干部全面了解党的重大战略部署，做到思想上、政治上始终与中央、区、市、县委保持高度一致。认真做好思想工作。定期向老干部传达党的路线、方针、政策和重大决策，为老干部做好“读文”服务。不定期听取意见建议，引导老干部敞开心扉，畅所欲言，做到思想信息和社会信息一起收集、思想问题和实际问题同时解决，不断增强思想政治工作的感召力。5月23日，组织部分离退休干部召开座谈会，传达学习了《关于深入开展违反中央“八项规定”精神突出问题的专项治理的通知》文件精神。9月21日，组织15名离退休干部召开了县委专题民主生活会征求意见座谈会。

【落实待遇】举办迎新春老干部茶话会。6月13日至14日，组织全县退休处级干部和离退休干部党支部书记一行40余人赴固原市六盘山红军长征纪念馆和将台堡观摩学习；10月24日，组织130多名离退休老干部利用一天时间，就盐池县2018年经济发展成果进行观摩，并由县领导通报2018年全县经济社会发展情况和组织工作情况。转发了《关于开展全区离退休干部党员“学习十九大·永远跟党走”知识竞赛活动的通知》文件，组织离退休干部集体学习，集中答题，印发《离退休干部党员学习十九大知识汇编》500册，发放到各离退休干部党支部，供各支部学习；组织200

余人参与了网上答题知识竞赛，荣获全区离退休干部党员“学习十九大·永远跟党走”知识竞赛“网络竞赛优秀组织奖”。转发《关于举办全区离退休干部学习贯彻党的十九大精神征文比赛的通知》，鼓励全县离退休干部、积极参与，通过撰写散文、诗词等体裁形式，引导离退休干部深入学习党的十九大精神，回顾党的光辉历史，4月底上报区市4篇征文稿。

【关爱生活】在“两节”期间，慰问离休干部30人，每人发放慰问金1000元。每个离退休干部生日当天都由单位领导上门送生日蛋糕。探视住院老干部20人次，每次携带500元慰问金；慰问吴润堂等6名去世离退休干部家属，共发放慰问金1.2万元。组织14名离休干部到区医院、县医院参加体检。

【活动阵地】加强离退休干部活动阵地建设。筹资5万元，为离退休干部打造室外凉棚，满足了全县离退休干部的活动需求。组织离退休干部参加了全区举办的“不忘初心60载，携手迈进新时代”全区离退休干部文化艺术节。组织举办以“学习十九大，永远跟党走”为主题的全县离退休干部文艺演出。开展“金秋献爱心，慈孝暖重阳”敬老活动。

【关心下一代】与妇联、工会联合在一幼开展了“小手拉大手，争做新时代好幼儿”试点活动。通过文艺会演的形式，让幼儿感受到团队的力量，学会了合作与分享，营造了浓厚的氛围，掀起了“争做新时代好幼儿的”教育热潮。与县文明办、教体局、团委、妇联联合印发了《新时代好少年》宣传手册2万份，发放到各中小学，引导青少年努力成长为有知识、有品德、有作为的新一代建设者。在“六一”国际儿童节，与一幼、五小等4所学校共同开展了喜迎“六一”“传承红色基因，争做时代新人”主题系列活动。活动中为167名学生送上了学习用品爱心大礼包。为高级中学16名家庭困难的学生争取到“上海清华百草缘基金会”的扶贫助学资金8000元。组织召开了“传承红色基因，争做时代新人”主题教育现场会，通过革命历史纪念园的“缅怀革命英烈”活动和观摩红色教育进校园活动，营造了浓厚的红色教育氛围，受教育人数2000多人。关工委获“全区关心下一代工作先进集体”称号，侯凤章等5名“五老”人员获“全区关心下一代工作‘五老’先进个人”称号。

【老年大学】改善了老年大学办学条件，开设音乐班、书画班等5个班，聘请教师5名，学员人数182人。在老干部迎新春茶话会中参演节目；组织学员参加吴忠市举办的“不忘初心60载，携手迈进新时代”文化艺术节，16幅书画作品参赛；参加“多彩盐池，清凉仲夏”主题文艺演出2场。重阳节来临之际，组织老年大学学员开展了趣味运动会和联谊会，通过活动丰富了学员的精神文化生活，进一步加深了学员之间的凝聚力。

【脱贫攻坚】认真学习扶贫相关文件，明确工作职责，落实责任。针对惠安堡镇50户建档立卡户生活生产中的实际困难，帮助分析原因，制定帮扶计划，落实帮扶措施。在做好扶贫政策落实、建立“一户一档”资料的基础上，多次入户宣传脱贫富民各项政策，主动访贫问苦，交流谈心，想办法出主意，解决实际困难，以此来提高建档立卡户的满意度。春节慰问建档立卡户及老党员70户，每户米面各一袋，合计金额14700元；为建档立卡户捐赠原组织部捐赠的电视机一台，解决帮扶资金、大病慰问金、去世家属慰问金等合计2万元。

【党风廉政】4月10日，组织全县各党委分管离退休干部党支部工作的副书记、各离退休干部党支部书记等30余人召开“盐池县离退休干部党建工作推进会”。传达学习了《关于进一步加强和改进离退休干部工作的实施意见》的通知精神，进一步完善了工作机制，保障了工作经费，切实增强了离退休党组织吸引力、凝聚力。安排部署了《盐池县离退休干部党组织建设“一完善六强化”工作方案》和《关于印发〈开展离退休干部党组织结对共建活动方案〉的通知》文件，要求各离退休干部党组织认真抓好落实。8 月 15 日，组织离退休干部党支部书记召开离退休干部党建重点工作部署会议，会上集中学习了《关于认真贯彻落实〈关于从严整治共产党员信仰宗教和参与宗教活动问题的工作方案〉精神的通知》文件精神，安排组织排查整治离退休干部党员信教工作。班子成员认真落实履行“一岗双责”和中央“八项规定”，于 5 月 17 日召开了领导班子严格执行中央“八项规定”精神专题民主生活会，会上进行了相关理论学习，并做了对照检查。开展领导干部勤政廉政提醒约谈，认真学习党要管党从严治党的各项规定，切实抓好廉政风险工作，不断强化干部教育管理，进一步增强廉政意识。

【基层组织】认真贯彻落实党建工作责任制，坚持政治理论学习，完成了党报党刊的征订任务，工青妇组织机构健全，积极开展相关工作，动员组织老干部力所能及开展科普宣传活动。

【其他工作】把各项工作放在重要议事日程上，定期召开会议研究部署。组织机关干部开展“七五”普法学习，积极开展社会治安综合治理、平安建设、民族团结政策等宣传，组织参加相关活动。确定每周二为信访接待日，对老干部反映的有关问题进行及时解决。

## 盐池县人民代表大会常务委员会

【概 况】2018 年，县人大常委会坚持以习近平新时代中国特色社会主义思想为指导，认真贯彻党的十九大精神，坚持党的领导、人民当家做主、依法治国有机统一，紧紧围绕全县中心工作，依法行使宪法和法律赋予的各项职权，为全县经济社会发展和民主法治建设做出了积极贡献。全年召开人大常委会会议 7 次，主任会议 14 次，组织开展视察、检查、专题询问 36 次，专项听取和审议“一府一委两院”工作报告 16 项，作出决议决定 8 项，形成审议评议意见 18 条，组织开展调研 40 余次，较好地完成了县十七届人大二次会议确定的各项目标任务。

【思想政治建设】县人大常委会传承红色基因，不忘初心，旗帜鲜明讲政治。始终把加强思想政治建设摆在首位，增强政治觉悟，强化政治引领，认真学习贯彻习近平新时代中国特色社会主义思想，着力增强“四个意识”，树立“四个自信”，筑牢“两个维护”思想基础。自觉运用党的十九大精神武装头脑、指导实践、推动工作，始终在思想上政治上行动上同以习近平同志为核心的党中央保持高度一致。主动把人大工作置于党的领导下，坚决维护县委总揽全局、协调各方的领导地位，认真落实县委的各项决策部署，严格按照法定程序，紧紧围绕县委中心工作安排和部署县人大常委会各项工作。坚持把党的领导同人大依法履职统一起来，充分发挥党组把方向、谋大局、议大事作用，全面领会和深刻认识人大党组性质和地位，制定出台了《人大党组工作规则》等规章制度，规范决策程序，找准定位，使党组与人大常委会的工作有机统一、深度融合。认真履行全面从严治党主体责任，严守政治纪律和政治规矩，严格执行党风廉政建设责任制，严肃认真抓好巡视反馈问题整改，使整改整治成为广大党员干部接受党风廉政教育的过程。深入开展贯彻落实中央“八项规定”精神突出问题专项治理和制度“学习月”活动，切实增强了执行规定制度的自觉性和约束力。扎实推进“两学一做”学习教育常态化制度化，不断提高常委会组成人员和机关干部职工的政治素质、法治素养和履职能力。坚持以问题整改为导向，制定和完善了公务接待、财务管理等规章制度，推进各项工作制度化、规范化。

【重大决策】人大常委会坚持把行使重大事项决定权作为推动县域经济社会发展的重要抓手。依据中央和自治区党委有关精神，制定出台了《盐池县人大常委会讨论决定重大事项和县人民政府重大决策出台前向人大报告暂行办法》，进一步明确人大常委会行使重大事项决定权应遵循的原则、要求、重点、范围、工作程序等，进一步促进重大事项决定权民主化、科学化、规范化。按照中共中央办公厅、国务院办公厅《关于印发地方政府隐性债务问责办法的通知》精神，常委会密切关注、主动跟进，依法听取县人民政府地方政府债务情况报告，对减少和杜绝债务风险，确保财政资金安全高效运行发挥了作用。根据“关于建立政府向同级人大常委会报告国有资产管理情况制度”要求，积极推进国有资产报告制度建设，切实管好用好国有资产，造福人民群众。加强对规范性文件备案审查，依法向吴忠市人大报备决议决定 8 件，审查备案县人民政府规范性文件 11 件。依法审议通过并作出 2018 年度新增财力安排使用情况、“十三五”规划实施情况中期评估、2017 年财政决算的决议，依法对一些事关长远发展的问题作出决定，促进了经济社会持续健康发展。

【监督检查】按照党委有要求、代表有呼声、群众有期盼的原则，县人大常委会科学安排监督议题，改进监督方式，加大监督力度，提升监督实效。把脱贫攻坚作为第一要务，全程参与、积极履职、主动作为，对与脱贫攻坚及脱贫富民相关的产业、人饮工程、危房改造、扶贫资金使用等进行了专项检查和督导，专题听取和审议了脱贫迎验准备工作进展情况的报告，凝聚推动脱贫攻坚的强大合力。加强对环境保护系列监督，专题听取和审议县人民政府关于全县环境状况和环境保护目标完成情况的报告，配合区市人大中华环保世纪行到盐池调研督查等，以实际行动扛起推动生态文明建设的政治责任，守护好盐池的绿水青山。加强对财政转移支付及扶贫、科技、水利、教育等重点领域国家财政专项资金使用情况监督，强化约束，优化存量，聚力提效。建立了人大预算联网监督中心，完成同县财政、自治区预算审查监督信息平台物理链接，实现了对预决算全口径审查和对预算执行全过程的在线监督。常委会坚持把实现好、维护好、发展好最广大人民群众利益作为人大工作的出发点和落脚点。先后听取和审议全县农村道路管理、基本公共卫生服务、承诺为民办实事等工作情况的报告，努力促进政府及相关部门进一步改进工作，让人民群众更好地共享改革发展红利；针对物业管理、居民住房、环境卫生、饮水安全、交通出行等存在的问题提出意见建议，全程跟踪督办，一些涉及群众切身利益问题得到及时解决；助推食品安全示范县创建，常委会对《中华人民共和国食品安全法》贯彻实施及食品安全工作进行专题询问，重点围绕农贸食品安全检测、屠宰检验检疫、小食品作坊监管等事关群众切身利益进行监督，筑牢食品安全防线，保障全县人民“舌尖上的安全”。坚持“宪法至上”理念，常委会把学习贯彻党的十九大精神与学习宪法、忠于宪法、实施宪法、维护宪法有机结合起来，通过《关于深入学习宣传贯彻新修订宪法的决定》，在全县掀起了尊崇宪法、学习宪法、维护宪法的新高潮。积极推进法治盐池建设，依法听取和审议了“七五”普法实施情况中期评估报告，促进法律法规在盐池县行政区域正确有效实施。围绕《中华人民共和国监察法》的贯彻实施，听取县监察委员会工作运行情况的报告，支持监察机关依法履行职责。听取和审议了县人民法院民事案件审理工作情况报告，要求县人民法院完善各项便民措施、提高审判质效、维护社会公平正义和法律尊严。听取和审议了县人民检察院行政执法与刑事司法衔接工作报告，全面了解和掌握盐池县“两法”衔接工作，对存在的不足和问题提出具体建议。依法对扫黑除恶工作进行了专项检查，督促公安机关细化措施、形成合力、精准打击，着力提升人民群众对公平、正义、安全的期望。坚持把做好人大信访工作作为解民忧、维护民利的有效途径，畅通渠道，使广大群众上诉有门、讲理有地。积极协调、交办群众来信来访，督促"一府一委两院"及相关部门，对群众反映的合理问题及时予以解决。全年受理群众来信来访138人（次），全部依照程序转办落实，重点督办的信访件全部落实，有效回应了群众诉求，维护了社会和谐稳定。

【干部任免】坚持党管干部原则与人大依法任免干部有机统一，认真履行任免权。对县委推荐的"一府一委两院"拟任国家机关工作人员，严把法律关，认真组织好任前法律测试、供职报告、票决任命及任后向宪法宣誓、表态发言等程序。一年来，依法任免国家机关工作人员22人（次）。依法开展任后监督，十七届人大十四次常委会上对人大常委会任命的34名国家机关工作人员"依法履职、依法行政"进行了述职评议，评议结果向县委报告，并向社会公开。通过依法监督，体现了"一府一委两院"国家机关工作人员由人大产生、对人大负责、受人大监督，增强了国家机关工作人员履职意识、公仆意识和接受监督意识。

【代表工作】县人大常委会注重发挥代表作用，以深化和拓展"五贴近双联系"活动为载体，不断强化工作措施，丰富活动内容，提升活动标准，支持和保障代表依法履职。加强代表的履职学习培训，在选派部分县乡人大代表赴深圳全国人大代表培训基地和红色教育基地接受教育的基础上，组织开展了2期代表履职及脱贫富民政策专题培训学习班；在人大双联微平台、代表微信群开设了"每日必阅"栏目，使代表培训教育常态化，不断提升代表的法律政策水平和履职能力。搭建代表履职平台，全县建成"人大代表之家"9个，代表工作室55个，代表个人联系点28个，全市"人大代表之家"建设经验交流会在盐池县召开。按照代表专业、职业特点，组建了法治司法、科学教育等6个专业活动小组，扎实做好代表知情知政服务保障工作，先后邀请100多名区、市、县、乡人大代表列席人大常委会，130多名代表参与常委会组织的脱贫攻坚、乡村振兴、环境保护、医疗服务等重点工作视察、检查、督查、调研等工作，160多名代表参加"一府一委两院"及有关部门开展的各类"开放日"专题活动，率先开展了人大代表进法庭活动。落实乡镇人大工作经费和代表活动经费，为代表依法履职创造条件，提供保障。出台和完善了《盐池县人大常委会代表履行职能积分评价办法》，建立了代表履职报告制度等，让代表肩有责任、干有标准、做有保障。认真开展代表述职活动，2018年先后有178名县乡人大代表向选民进行了述职，自觉接受选民监督评议。注重讲好人大代表履职故事，宣传代表典型，编辑印刷了《身影·声音·深情（第三辑）》，国内及区内多家媒体先后对盐池县人大代表履职风采进行了报道，各级人大代表不辱使命、依法履职、担当尽责，在各行各业中带头建功立业，展示了代表的时代风采。人大代表来自于人民，根植于人民，扎实推进人大常委会组成人员联系人大代表、人大代表联系人民群众工作深入开展，积极引导全体人大代表争做脱贫致富的带头人、联系群众的贴心人、化解矛盾的维权人、民风建设的宣传人、产业发展的引领人。"人大代表在行动，代表参与全员化"，结合脱贫攻坚，县人大常委会发出"三倡导、七提升"倡议书，弘扬乡风文明、助推脱贫富民工作；2018年11月中旬组织开展了"密切联系人民群众系列活动"，区、市、县、乡四级人大代表通过走访、调研、向选民述职等形式走进选民家中，用脚丈量民情，用心收集民意，打造了盐池县人大联系基层群众、汇聚人民意愿的新品牌。

【议案办理】坚持常委会领导牵头督办、"一府一委两院"分管领导领办制度，对十七届二次人代会上提出的41件议案建议，通过视察、检查、督办、面对面交流、“回头看”等方式，推动办理工作取得新的突破。闭会期间，通过人大代表微信群、双联微平台等渠道收到各类意见建议110件，经梳理转交“一府一委两院”办理70件，均得到有效办理，切实做到了民有所呼、我有所应。代表议案建议意见整体办理质量明显好于往年。

## 人大重要会议

【盐池县第十七届人大常委会第八次会议】2017年12月22日在盐池县城召开。县人大常委会副主任宋学让主持，县人大常委会主任韩向春做了重要讲话。会议通过了人事任免。县人民政府副县长吴科，县监察委员会主任孙佰柱，县人民法院院长陈国鸿，县人民检察院检察长叶建平，不是人大常委会委员的乡镇人大主席，人大各委室负责人，政府办负责人列席会议。

【盐池县第十七届人大常委会第九次会议】2017年12月26日在盐池县城召开。县人大常委会副主任袁书义主持。会议听取和审议了县人民政府关于新增财力安排使用情况及2017年预算调整方案（草案）的报告，补选了出席吴忠市五届人大三次会议代表。县人民政府副县长尹益龙，县监察委员会主任孙佰柱，县人民法院院长陈国鸿，县人民检察院检察长叶建平，不是人大常委会委员的乡镇人大主席，人大各委室负责人，政府办、财政局负责人列席会议。

【盐池县第十七届人大常委会第十次会议】2018年3月21日在盐池县城召开。县人大常委会副主任官秀敏主持，县人大常委会主任韩向春做了重要讲话。会议听取和审议了县人民政府关于全县基本公共卫生服务工作情况的报告、关于全县精准扶贫迎接国家评估情况的报告，会议表决通过了盐池县人大常委会讨论决定重大事项和县人民政府重大决策出台前县人大报告暂行办法、关于深入学习贯彻新修订宪法的决定，表决通过盐池县人大常委会2018年监督工作计划；通过了人事任免。县人民政府副县长吴科，县监察委员会主任孙佰柱，县人民法院院长陈国鸿，县人民检察院检察长叶建平，不是人大常委会委员的乡镇人大主席，人大各委室负责人，政府办、卫计局、财政局、扶贫办等相关部门负责人列席会议。

【盐池县第十七届人大常委会第十一次会议】2018年5月25日在盐池县城召开。县人大常委会副主任强永海主持。会议听取和审议了县人民政府关于农村公路建设和管理工作的报告、关于全县矿产资源开发、管理和整顿工作情况的报告，听取了县人大常委会督查组关于全县春季植树造林及林木管护工作的督查报告；通过了人事任免。县人民政府副县长尹益龙，县监察委员会主任孙佰柱，县人民法院院长陈国鸿、特邀部分县人大代表，不是人大常委会委员的乡镇人大主席，人大各委室负责人，县监察委员会，政府办、发改局、工业信息化和商务局、国土局、交通局、资源能源服务中心、扶贫办、公路段等相关部门负责人列席会议。

【盐池县第十七届人大常委会第十二次会议】2018年7月27日在盐池县城召开。县人大常委会副主任宋学让主持，县人大常委会主任韩向春做了重要讲话。会议听取和审议了县人民政府关于全县工业经济运行期情况的报告，听取了县监察委员会关于工作运行情况的报告，批准了县人民政府关于县民政局康福生态养生园PPP项目实施方案议案的决议；通过了人事任免。县人民政府副县长张晨，县监察委员会主任孙佰柱，县人民法院院长陈国鸿，县人民检察院检察长叶建平，特邀部分县人大代表，不是人大常委会委员的乡镇人大主席，人大各委室负责人，工业园区管委会，政府办、发改局、工业和商务局、教体局、民政局、国土资源局、住建局、交通局、水务局、农牧局、文广局、卫计局、市场监督管理局、扶贫办负责人，城市综合管理执法局、供水公司、供热公司、街道办等相关部门负责人列席会议。

【盐池县第十七届人大常委会第十三次会议】2018 年 9 月 28 日在盐池县城召开。县人大常委会副主任官秀敏主持，县人大常委会主任韩向春做了重要讲话。会议听取和审议了县人民政府关于“十三五”规划实施情况中期评估及 2018 年上半年全县国民经济和社会发展执行情况、关于 2017 年县本级财政决算及 2018 年上半年财政预算执行情况的报告、关于“七五”普法中期实施情况的报告、关于全县扫黑除恶专项斗争工作情况的报告、县人民法院民事审判工作情况的报告、县人民检察院行政执法与刑事司法衔接工作情况的报告；通过了人事任免。县人民政府副县长张晨，县监察委员会副主任杨锋，县人民法院院长陈国鸿，县人民检察院检察长叶建平，特邀部分县人大代表，不是人大常委会委员的乡镇人大主席，人大各委室负责人，政府办、发改局、公安局、司法局、财政局、审计局等相关部门负责人列席会议。

【盐池县第十七届人大常委会第十四次会议】2018 年 11 月 30 日在盐池县城召开。县人大常委会副主任强永海主持，县人大常委会主任韩向春做了重要讲话。会议听取和审议了县人民政府关于盐池县第十七届人民代表大会第二次会议代表议案建议办理情况的报告、关于全县环境状况和环境保护目标完成情况的报告、关于 2017 年盐池县县本级财政预算执行和其他财政收支审计结果落实情况的报告；对县人大常委会任命的国家机关工作人员进行了述职评议；通过了人事任免和关于召开盐池县第十七届人民代表大会第三次会议的决议。县人民政府副县长吴科、尹益龙、边卡、明智安、李鹏，县监察委员会主任孙佰柱，县人民法院院长陈国鸿，县人民检察院检察长叶建平，特邀部分县人大代表，不是人大常委会委员的乡镇人大主席，人大各委室负责人，“一府一委两院”及政府各组成部门负责人列席会议。

【盐池县第十七届人大常委会第十五次会议】2018 年 12 月 17 日在盐池县城召开。县人大常委会副主任宋学让主持。会议补选了吴忠市五届人民代表大会代表；通过了人事任免。县人民政府副县长张晨，县监察委员会主任孙佰柱，全县人民法院院长陈国鸿，县人民检察院检察长叶建平，特邀部分县人大代表，不是人大常委会委员的乡镇人大主席，人大各委室负责人列席会议。

## 人大办公室

【落实中央“八项规定”】2018 年，县人大机关成立专项治理领导小组，县人大主要领导多次召开会议就相关工作进行专题部署、明确目标、责任和责任人，确保整改工作有措施、有计划、有成效，按照违反中央“八项规定”五个方面的内容进行了认真的自查，共查处问题 14 条，立查立改、建档立册，全部整改完毕。将切实提高政治站位、增强“四个意识”，把“八项规定”的执行和巡视反馈意见的整改工作落实到点滴中、日常中，再学习、再认识、再深化、再提高，结合工作实际，抓好整改期间修改制定完善的相关制度的执行，认真把思想统一到维护以习近平同志为核心的党中央权威的集中统一领导上来。结合政策和工作实际，修订和完善了相关规章制度，定期开展自查检查，使各项工作在“规矩”的框架下正常有序地运行，形成落实中央“八项规定”精神的长效机制。

【办文办会】县人大办高度重视办文办会服务工作，着眼改进文风会风和提升服务质量。认真起草好县人大常委会年度监督工作计划、代表工作要点，并按月份排好“工期”，力求使常委会各专委、各工委和办公室的工作紧扣全县发展大局有条不紊地实施。认真起草好年度常委会工作报告，为常委会总结过去一年所做的工作和谋划来年工作提供思路。认真做好县委涉及人大工作和县人大常委会举行的各类重要会议、重大活动的文稿起草。常委会领导在各次县人大常委会会议主持词等。细致开展《盐池人大（2016—2020）》编撰。

【会议服务】2018年，人大办坚持注重高效节俭，扎实做优各项会议服务工作。为人民代表大会、人大常委会会议和常委会主任会议服务(简称“三会”)是人大常委会办公室工作的首要职责。县人大办坚持以提高会议质量为重点，切实把好上会议题关、材料关、分组讨论安排关、常委会审议意见督办关，不断提高办公室服务水平。全年县人大办共高效优质地完成人民代表大会、常委会会议、主任会议等重要会议15次，其中人民代表大会会议1次、常委会会议6次、主任会议10次。

【服务代表】人大代表工作是常委会的工作的重要组成部分，县人大办牢固树立为代表服务的意识，不断加强和改进代表工作，全力支持和保障代表依法履职。精心开展人大代表培训工作。给代表们作党的十九大精神和脱贫富民政策的专题授课，着力提升县人大代表履职能力、服务群众能力。全年完成1次县人大代表培训班服务工作，服务人大代表593人。精心组织常委会组成人员走访代表工作。认真起草好县人大常委会组成人员联系基层人大代表走访工作方案，切实加强常委会组成人员与人大代表的密切联系，畅通社情民意反映和表达渠道，为支持和保证人大代表依法履职提供优质服务。精心做好闭会期间代表服务工作。认真拟定代表活动、检查、视察路线和后勤保障等各项服务工作，圆满完成常委会交办的4次代表活动的组织协调和服务工作。坚持线上线下全联通，组织利用好人大双联微平台、人大代表三级微信平台，坚持通过微信平台和邮递方式向代表传送学习资料，健全代表学习方式，全面提高服务人民群众和人大代表综合水平。四是认真督办代表建议。加强与人选委的联系，联合县政府督查室，深入承办单位进行督办，切实加大对代表建议督办力度，提高代表建议的落实解决率，代表建议办理质量比往年有明显提高。全年共完成县十七届人大一次、二次会议期间86件代表议案建议、闭会期间234件代表意见建议的督办，代表建议办理质量明显提升。

【服务基层】县人大办牢固树立“四个意识”，密切联系群众，着力解决群众困难和问题，以实际成效扎实践行“两学一做”学习教育。认真办理群众来信来访。坚持把信访工作作为推动“两学一做”学习教育常态化制度化的具体举措，加强与法工委、信访室的协同配合，妥善解决一批群众反映强烈的信访问题，促进了社会和谐稳定。全年共受理群众来信来访30件次，接待来访群众48人次。抓好基层联系点工作。积极做好常委会和机关帮扶联系乡镇和村委的脱贫帮扶活动，全年先后投入5.6万元支持环境卫生整治、基础设施建设、产业富民等活动，助推了包扶村花马池镇四墩子村乡村振兴加快发展。狠抓脱贫攻坚工作。县人大办坚定政治站位，坚持把包村帮扶工作作为头等大事来抓，采取结对帮扶、春季攻势、走访宣传扶贫政策、扶贫日送温暖等多种方式，扎实做好脱贫攻坚工作，努力实现帮扶贫困户生产生活条件得到改善、扶贫对象自我发展能力得到明显增强。自精心扶贫工作以来，县人大办包扶的四墩子村建档立卡户76户、217人，已脱贫68户206人，未脱贫8户11人。贫困发生率下降到0.4 6%以下，综合贫困发生率低于国家要求的西部地区3%的目标限值，并于2018年9月通过国务院扶贫开发领导小组委托第三方评估验收。

【开展学习】按照县委的安排，人大办从7月6日开始，利用一个月时间，在全体党员干部中开展中央“八项规定”精神制度学习月活动，组织成立了领导小组，并在活动结束后及时召开专题总结会议，通过开展学习月活动，系统地学习中央“八项规定”精神和自治区纪委监察厅编印的《贯彻落实中央“八项规定”精神廉政新规》，有效提高了党员干部特别是领导干部的纪律意识和制度意识。切实统一了思想，深化了认识，有效巩固违反中央“八项规定”精神突出问题专项治理成果，建立了抓早抓小、管长管远的长效工作机制，确保中央“八项规定”精神落地落实落细。县人大办以深入推进“两学一做”学习教育常态化制度化为抓手，坚持把党的思想政治建设摆在首位，推进全面从严治党向纵深发展。采取集中学习、专题党课、报告会、支部主题党日活动等多种形式，深化党内教育，深入学习贯彻党的十九大精神，认真学习领会习近平新时代中国特色社会主义思想、习近平总书记视察宁夏重要讲话精神和“7·26”重要讲话精神，坚定理想信念，强化党性修养，不断增强“四个意识”、坚定“四个自信”，切实用十九大精神武装头脑、指导实践、推动工作，不断提升人大业务能力和工作水平，全年开展集中学习30场次，印发学习资料600余份，机关干部职工人均记学习笔记不少于2.5万字。

【内部管理】健全完善公文处理制度。坚持实行分级负责制，做到层层把关，严格审核，进一步规范了公文的写作、审核、签发、印制、发送等程序，确保了零差错、零失误。2018年共发出常委会文件19份、办公室文件49份、常委会审议意见3份、党组文件13份、支部文件14份、办公室简易通知30余份。坚持采用电子政务进行收发文件，大大提高了办文效率。对所有来文来电都能及时准确地签收办理，未发生耽搁送阅、影响工作的现象。健全完善机关内部管理制度。健全完善了县人大机关下乡出差审批及差旅费报销、公务接待、日常办公用品采购、请销假管理、固定资产管理等5个内部事务管理制度，切实强化机关车辆、财务、公务接待等管理，严格做到用制度管人、管事、管权，为常委会及机关提供了优质高效的后勤保障。此外，积极加强与上级人大办和县委办、县政府办、县政协办、县人民法院、县人民检察院等相关部门及各乡镇人大的沟通联系，2018年度召开“一府两院”联席会议1次，为常委会及机关日常工作顺畅运转营造和谐良好的环境。

【调研宣传】县人大办以深入推进“两学一做”学习教育常态化制度化为抓手，坚持把深入调查研究作为转变工作作风的突破口，按照县人大常委会年度工作计划安排，联合县人大各委室，深入开展脱贫富民、农村道路管理、基本公共卫生服务、矿产资源开发管理、食品药品监督管理等专题检查、视察、调研，充分听取和吸收基层群众意见建议，综合分析汇总形成调研报告，为常委会会议审议专项工作报告、发出审议意见书提供重要参考依据。截至2018年12月底，服务常委会开展专项检查、执法检查、视察、调研等活动30余次，工作得到了常委会领导的肯定和认可。人大办积极扩大影响范围，切实加强人大宣传工作。认真做好《中国人大》《宁夏人大》刊物的征订发行工作。通过下发文件、上门征订等方式，不断加大人大刊物在全县国家机关和人大代表中的普及。2018年度《中国人大》《宁夏人大》杂志发放份数再创新高度，持续做到区、市、县、乡（镇）人大代表全覆盖。认真做好人大宣传工作。县人大办注重加强人大制度和人大工作的宣传，借助新闻媒体和网络，讲好人大故事，传播人大声音，努力扩大人大工作的社会知晓面和影响力，全年工作信息在区市各类媒体采编10余篇。认真做好2018年党报党刊征订工作，完成上级下达的党报党刊征订工作任务。

【老干部工作】向老干部们传达学习党的十九大精神，传达县委、县政府的有关决策部署，通报县人大常委会的工作情况，给老干部们赠送学习资料，使老干部的学习活动内容充实、具体，富有实效。组织体检活动。组织机关离退休老干部到区县人民院、县人民医院进行健康检查，增强老干部身体保健意识，切实关心离退休老干部的身体健康。组织开展走访、慰问老干部活动。在元旦、春节、“七一”、重阳节等节日期间，开展走访、慰问活动，使老干部充分感受到组织的关怀。坚持送学上门。针对部分离退休干部因身体原因不能到场参加机关集中学习的情况，党支部指定专人定期为老领导送学上门。

【机关党建】认真抓好县人大机关党建工作，严格尊崇党章要求，从严从实落实机关党支部建设，着力发挥党支部的主体作用，全面提高优质服务水平、优化发展环境、创建一流队伍、一流业绩，提升改造效能。坚持把支部规范化建设和党员队伍先进性建设抓在日常、严在经常，抓实“三会一课”制度落实，认真组织开展党内生活，按要求召开好每季度的党员大会和每个月的支部会议、党小组会议。坚持每月举行一次机关党支部“支部主题党日”活动，组织支部党员学习党的理论、政策，切实增强党员党的意识，并对机关党支部党员的组织关系和党费收缴情况进行了集中排查和认真核算。认真学习贯彻《中国共产党廉洁自律准则》《中国共产党纪律处分条例》《关于新形势下党内政治生活的若干准则》《中国共产党党内监督条例》，严守党的政治纪律和政治规矩，进一步完善制度、强化措施、加强监管，优化经费支出，建设节约型、廉洁型机关。深入开展违反中央“八项规定”精神突出问题专项治理，全力配合自治区党委第二巡视组巡视整改和中央巡视宁夏反馈意见的对照落实工作，全面系统梳理县人大常委会机关贯彻执行中央“八项规定”精神、纠正“四风”工作情况，健全完善了县人大机关内部事务管理制度的机关下乡出差审批及差旅费报销、公务接待、日常办公用品采购、请销假管理、固定资产管理5个制度，深化标本兼治，推动了中央“八项规定”精神在县人大常委会机关的全面落地见效。

## 人大各委室

【财政经济工作委员会】2018年，财经委员会依法开展监督检查工作。组织人员对《全县上年度国民经济和社会发展计划执行情况及本年国民经济和社会发展计划草案的报告》和《上年全县财政预算执行情况和本年全县财政预算草案的报告》进行初审，并形成意见建议；审查了《县人民政府关于当年县级财政新增财政资金安排使用和调整预算情况的报告》，并形成意见建议，提请人大常委会审议；每年结合常委会审议财政上年度决算和本年上半年预算执行情况及财政审计报告工作，组织了财政预算执行情况检查工作，出具了初审报告，提请常委会审查批准县本级财政决算；对盐池县“十三五”规划纲要进行了中期评估，每年对本年上半年国民经济和社会发展计划执行情况进行检查并形成了报告提请会议审议；先后组织检查了全县食品安全监管工作情况、全县矿产资源开发利用及管理工作情况、全县农村公路建设及养护管理工作情况并出具了检查报告；组织视察了全县工业经济运行情况，出具了视察报告；组织督查了全县工业重点项目建设进展情况，出具了督查报告；参与督查了人大代表议案、建议办理情况；组织并参与开展了关于全县食品安全监管工作的专题询问，有力推动了食品安全的监管工作；组织协调建立了县人大预算联网监督平台与县财政部门和自治区人大网络平台的物理连接，完成了预算联网监督平台的建设；积极参加相关部门及机关党组织组织的各类会议、下基层、开展脱贫富民及落实中央“八项规定”回头看等活动，

【教科文卫工作委员会】2018年，县人大教科文卫委员会紧紧围绕全县教育、文化、体育、卫生、食药品安全等民生事业，依法履职尽责。抓阵地建设，依法开展监督。常委会根据代表身份和行业特点成立了法制司法、科学教育、医疗卫生、

文化旅游、农业农村、社会事业6个专业活动小组，设立了专业小组活动室，配置相应的电教设备，给代表活动提供必要的活动场所。教科文卫委重点联系指导科学教育、医疗卫生、文化旅游、社会事业4个专业小组，由常委会分管领导参加并指导专业小组代表小组组织代表开展学习、视察、调查和评议等，有计划有组织地安排指导各专业组人大代表开展活动，让代表更多地了解和掌握全县教育、科技、文化、卫生等方面工作情况，克服自身工作的单一性，为代表审议政府及有关部门的工作提供一些有说服力的数据和事例。区人大代表马冬梅利用自己的微平台，从教师、家长、学生中选择几名代表作为自己的联络员，及时征求到群众意见建议，及时总结反馈，做到民有所呼、我有所应；抓民生，关注社会热点问题。教科文卫委联系的是社会事业口。近年来，教科文卫委紧紧围绕常委会年度监督工作计划，依靠“委室+专业代表小组”的模式，积极开展专题调研，全年就县域内民生热点难点问题通过县人大常委会向县人民政府提出意见建议18条，通过其他方式直接向相关部门单位提出意见建议27条，走访调研、调查、联系选民2500余人，撰写调研报告9篇。了解到公办幼儿园师资严重短缺，专业代表小组通过调研，积极撰写呈报调研报告《关于加强公办幼儿园教师队伍建设的建议》，被十七届人大二次会议列为会议代表建议交县人民政府办理，政府通过购买服务模式，面向社会招聘非在编幼儿教师249名，基本解决了盐池县公办幼儿园师资短缺问题。2018年是盐池县创建区级食品安全示范县的创建年，教科文卫委向常委会提出了开展专题询问的活动。在活动开展过程中，就城镇居民关心的食品安全问题和《中华人民共和国食品安全法》贯彻实施情况开展了专题询问，针对群众关注的蔬菜农药残留、熟食店、小餐饮，农村自办宴席等食品安全问题进行了专题询问，农牧、市场监督、卫计等部门的负责人就所有问题一一进行了解答，有效促进了《中华人民共和国食品安全法》在盐池县贯彻落地和食品安全示范县创建工作。就全县职业教育工作情况进行视察。针对职业教育发展中存在的社会认可度不高、资金不足、师资力量薄弱、专业设置比较保守等问题，提出了要多措并举，加大宣传力度；千方百计，增强师资力量；拓宽渠道，加大投入；立足实际，创新发展的建议，促进宁夏职业教育体制机制进一步完善。就全县基本公共卫生服务工作情况进行检查。深入研究分析盐池县基本公共卫生服务工作现状和存在的问题，进一步提高工作水平，规范管理，推动盐池县基本公共卫生服务事业健康发展，为全面推进盐池县基层医疗卫生事业的改革与发展，满足广大群众不同层次的医疗卫生服务需求，保障人民群众身体健康。据此，建议县政府，要认真调研、科学规划，确保全县基本公共卫生服务体系布局合理；抓服务，主动履职自觉作为。教科文卫委同专业小组人员利用星期天先后深入4个乡4个镇的30个行政村90多个自然村，实地调研建档立卡贫困户的实用技术培训需求，组织开展各类实用技术培训。在调研中发现老百姓缺少技术，但参加培训不积极。针对这一问题，专业小组通过与老百姓进行沟通，采用以送培上门、现场指导、实地观摩相结合的方式，深入田间地头、农家小院、养殖大户现场教学。以“点菜式”满足群众学习需求，以“问题式”现场解答疑惑，以“电话式”跟踪指导服务。集中培训学员52期、2342人（其中1850名建档立卡贫困户），赢得群众的广泛认可和赞誉。教育扶贫是长远之计。在走访贫困户中，重点盯住因病致贫家庭孩子的教育、贫困家庭适龄儿童入学、辍学生劝返复学难、残疾儿童帮扶措施等问题。主动作为，向政府提出意见建议，由相关部门妥善解决。同时积极与教育基金等各种渠道争取资金，帮助贫困家庭的孩子上学，收到良好的效果；完成了其他工作。参与制作完成《身影·声音·深情》

画册工作，画册以“五贴近，双联系”活动为主线，从不同角度和方位对“五贴近、双联系”活动开展以来代表工作和履职活动进行了多方面的展示；协助完成5期代表分彩制作和宣传工作；完成了县十七届人大二次会议会场布置和会议期间的宣传报道工作；配合其他委室进行治法检查；完成了常委会交办的其他工作。

【农业环保工作委员会】2018年，农环委主要做了以下几个方面的工作：协助做好法律监督检查工作。常委会依法行使好监督权，紧紧围绕加强农业生态环境保护、草畜产业、农业产业结构调整，促进农业增产农民增收，实施可持续发展战略目标，协助常委会重点对精准扶贫工作迎接国家评估、植树造林及管护工作、环境状况和环境保护目标完成情况等进行了检查、督查。落实好县人大常委会的安排，积极协助区、市开展视察、检查活动。根据常委会工作安排，运用视察和工作检查等方式，搞好工作监督，积极和对口部门加强联系，掌握情况和信息，为常委会开展工作监督当好参谋，做好服务。加大对全县精准扶贫迎验工作进行督查。对林木管护进行全面督查，确保林木管护达到“三分种七分管”。积极配合区、市人大督察组对盐池县农环方面的各项督查，同时，将上级人大提出的要求及时反馈给政府。加强自身建设，系统地学习了十九大精神，尤其是习近平新时代中国特色社会主义思想以及《中华人民共和国宪法》《中华人民共和国各级人民代表大会常务委员会监督法》《中华人民共和国全国人民代表大会和地方各级人民代表大会代表法》等法律法规。认真撰写心得体会，结合分管工作，理论联系实际，重点调研精准扶贫和环境保护等工作。通过深入学习党纪法规、廉政建设有关规定，在思想道德上筑牢了拒腐防变的防线。认真践行中央“八项规定”，严格遵守《中国共产党党章》及领导干部廉洁自律有关规定，时刻做到自重、自省、自警、自勉。紧紧围绕全县工作大局，依法行使好宪法和法律赋予的各项职权，不断完善监督工作，增强监督实效。

【人事选举工作委员会】2018年，人选委员会围绕中心开展监督。先后对议案建议办理工作情况多次进行督察视察，并形成督察通报和视察报告。全年共收到闭会期间各类意见建议329件，经梳理转交政府办理的239件，已经办理的193件，正在办理的46件，十七届二次人代会上提出的41件议案建议全部办理完毕。同时积极配合区、市人大常委会对盐池县人大代表活动开展情况的进行检查、调研等工作。继续深化“五贴近双联系”活动，为人大代表依法履职发挥作用提供保障。重点狠抓代表闭会期间的活动，不断强化工作措施，深化活动内容，提升活动标准。通过不同形式对各级人大代表进行了全员培训。在双联微平台、代表微信群开辟了“每日必阅”栏目，坚持每天发布人大知识、工作动态、代表活动等内容。根据代表身份和行业特点将代表专业小组增加至法制司法、科学教育、医疗卫生、文化旅游、农业农村、社会事业6个专业活动小组。完善了《盐池县人大常委会代表履行职能积分考核办法》等，建立了代表履职报告、登记、差别化积分制度，实现了对人大代表履职管理由“粗放监管”向“精细管理”“主观印象评价”向“科学量化评价”转变。在脱贫攻坚过程中，向全县代表发出“三倡导、七提升”倡议书，弘扬乡风文明、助推脱贫富民。并在全县区、市、县、乡四级人大代表中广泛开展“密切联系人民群众系列活动”，通过走访、调研、向选民述职等形式，进一步丰富了代表活动内容，强化了与人民群众的密切联系。

## 盐池县人民政府

【概　况】2018年，全县上下深入学习贯彻习近平新时代中国特色社会主义思想和党的十九大精神，全面落实区市县党代会部署，坚持稳中求进工作总基调，坚决打好“三大攻坚战”，全面实施“三大战略”，统筹抓好稳增长、促改革、调结构、惠民生、防风险各项工作，保持了经济社会平稳健康发展。预计全年完成地区生产总值100亿元，增长10%；完成固定资产投资136亿元，下降5%；实现社会消费品零售总额14.9亿元，增长9%；县级一般公共预算收入8.28亿元，增长15.2%；城镇和农村居民人均可支配收入分别达26898元和10599元，分别增长9%和11%。

【脱贫摘帽】2018年，盐池县人民政府坚持以脱贫富民统揽经济社会发展全局，整合资金12.2亿元，全方位巩固脱贫成果。持续推进脱贫村“回头看”和非贫困村“补短板”，加快盐同红集中连片贫困区域发展，修建村组道路470公里，新建改造农村电网311公里，保障4.8万人的饮水安全。新增扶贫信贷6.5亿元，“扶贫保”理赔1610万元。实施 “普惠 + 特惠”产业扶持政策，贫困户人均可支配收入预计达9200元，贫困村集体年收入均达22万元以上。将30种慢性病门诊报销比例提高到85%以上，贫困患者住院医疗费用实际报销达90%以上，健康扶贫受到国务院扶贫办、卫健委通报表扬。累计资助贫困家庭学生1.8万人次，完成贫困群众技能培训3360人次，举办“三先开路话脱贫”等主题巡回宣讲120余场次。全县干部群众勠力同心、众志成城，展开了一场读秒时间的决战，高质量通过了国家评估检查，获全国脱贫攻坚组织创新奖，被列入全国20个脱贫退出示范县进行宣传。盐池的脱贫摘帽，是1986年国家设立贫困县以来，宁夏第一次实现贫困县数量净减少，是盐池乃至宁夏扶贫开发史上的一座里程碑，展现了老区干部群众战天斗地、摆脱贫困的惊人创造，也让老区人民更加自信地向着全面建成小康社会阔步前进。

【经济概况】2018年，面对投资下行的严峻形势，政府坚定不移，挤水分、调结构、提质量，保持了经济基本面的稳定。抢抓新型城镇化建设、乡村振兴、全域旅游等机遇，争取项目资金29.5亿元。坚持瞄准产业链精准招商，签订嘉泽环保、苏沪新材料等重大项目合作协议，力促山东华浩、新珂源等一批企业落户盐池，招商引资到位资金71.6亿元，争项目争资金和招商引资考核位居全市前列。自治区60周年大庆重点项目隰宁堡水库建成蓄水，银西高铁、宁鲁石化苯乙烯等一批事关长远发展的重大项目顺利实施，全县产业结构调整、经济高质量发展的基础更加坚实。

【特色农业】充分发挥滩羊集团和协会的引领作用，培育滩羊标准化养殖示范村27个、示范场21个，盐池滩羊入选首批中国特色农产品优势区。继续在大中城市开展盐池滩羊肉专场推介，与阿里巴巴盒马鲜生、本来生活网进行战略合作，新增盐池滩羊肉专营店36家，累计达226家。盐池滩羊肉“三上国宴”，促进了市场价格稳步提高、外销量明显增加，品牌影响力位居2018中国区域农业畜牧类榜首。成立了黄花产业协会和研究院，新增黄花种植2万亩，累计达8.1万亩，盐池黄花菜获评全区十大农产品公用品牌。种植中药材6万亩、小杂粮44.2万亩、优质牧草14.5万亩，认证“三品一标”农产品5个，盐池县被列入全国首批农村产业融合发展先导区。新增高效节水灌溉3.2万亩，覆盖率达90%以上，全区高效节水灌溉推进会在盐池召开，盐池县被评为国家高效节水灌溉示范县。全年预计实现农业总产值16.2亿元，增长4.5%。

【工业经济】出台“创新驱动28条”、优化营商环境等政策，整合投入1.5亿元支持工业发展。新建续建峰腾塑业、中圣石油等5000万元以上工业项目23个。巨拓石膏一期建成投产，石膏资源精深加工、高效开发利用开始破题，青山工矿区获全国先进石膏产业园称号。实施技改项目8个，新增专精特新企业4家，天利丰成为首家“绿色工厂”，金裕海、知学云两家企业被评为国家级高新技术企业，实现了盐池县高新技术企业“零突破”，工业两化融合率达35%以上。着眼转型发展，推进园区整合优化，园区功能定位更加明确，基础设施日臻完善。盘活“僵尸企业”7家，淘汰落后产能10万吨，单位工业增加值能耗同比下降18个百分点，新增规上企业6家，规上工业增加值预计增长15%。

【服务行业】出台“引客入盐”和促进旅游产业发展扶持办法，组建旅游产业发展服务中心。明长城保护项目、九曲民俗文化园全面建成，长城关博物馆、旅游导览标识等项目加快推进。哈巴湖景区成功创建国家AAAA级旅游景区，被评为宁夏首家五星级自驾运动营地。盐池宾馆获评四星级旅游饭店和“全区十佳旅游饭店”。哈巴湖鹿血酒、荞真堂布艺获中国特色旅游商品大赛金奖。成功举办民俗嘉年华、滩羊美食文化节等特色节会，全年游客接待量和旅游综合收入分别增长56%和57%。新建京东盐池特色馆等线上销售平台3个、农村电商站点10个，电商交易额达2.8亿元。盐州商贸广场、综合农贸市场、大型货运停车场一期建成投运，滩羊美食文化街、宝利再生资源市场等项目启动建设，国美电器、德克士、银河影院等一批品牌相继入驻，德昌铁路物流中心一期正式投入运营，商贸物流业发展步入快车道。中国银行、石嘴山银行落户盐池，全县银行业金融机构累计达9家。全年预计实现服务业增加值31.3亿元、增长9%，第三产业对经济增长贡献率同比提高6.2个百分点、达32.5%。

【生态环境】深入实施蓝天碧水净土三大行动，以壮士断腕的决心推进环境治理。中央环保督察“回头看”反馈问题全部办理，哈巴湖自然保护区人类活动点位全面清理，保护区边界核准基本划定，区市交办的重点环保任务、污染治理项目全面完成。集中整治散乱污企业64家，取缔非法采矿点29处、非法收油点23处、“地条钢”窝点2处，整顿环保不达标企业115家，淘汰黄标车老旧车1403辆、工业园区燃煤锅炉111台，城市建成区20蒸吨以下燃煤锅炉实现“清零”。立案查处环保违法案件68起，行政拘留34人，问责约谈领导干部12名。全年空气质量优良天数比例预计达96%。全面落实河湖长制，清理整治河道岸线469公里，取缔违规打井及排污点36处，饮用水水源地水质稳定达标。规模化畜禽养殖场污染防治设施实现全覆盖。完成营造林10.5万亩，平茬柠条20万亩，补播改良草原7.5万亩，治理水土流失170平方公里，森林覆盖率达21.3%，高于全区7个百分点。全国草原普法宣传月活动在盐池县举行。县环林局获评三北防护林体系建设工程先进集体。

【城乡建设】启动编制全县空间规划和乡村振兴规划，城乡建设完成投资27亿元，城镇化率达54%。古城墙修复工程全线闭合，县委党校、大水坑客运站等项目主体完工。新修改造城市道路排水及供热管网23.8公里，建成停车场2处、港湾式公交站台20个，安装电动车智能充电设备100套。新开发商住面积20万平方米，综合改造老旧小区30个、棚户区1058户。新增城市绿地100亩，城市绿地率达38.6%。大水坑区级特色小镇建设稳步推进，中期评估位居全区前列。新建美丽小城镇2个、美丽村庄30个，完成农村改厕2100户。银百高速、国道338等国省干道快速推进，新修改造农村公路201公里，“四纵八横”路网进一步完善，获评自治区“四好农村路”示范县。深入开展农村人居环境三年整治行动，农村环卫市场化运营机制不断完善，获评全国美丽乡村先进县，城市功能明显提升，农村面貌焕然一新。

【改革创新】全面完成49项重点改革任务。建成县乡村三级政务服务“一张网”，设立园区“一站式”服务窗口，将行政审批事项由404项压减到184项，商事制度改革实现“四十四证合一”，企业开办时间压减至5天，80%的服务事项实现可不见面办理，新增市场主体2669户，营商环境进一步优化。持续加大风险防范化解力度，将政府性债务严格控制在限额以内。国税地税征管体制改革、社保费非税收入划转基本完成，累计为1560家企业减免税额3.3亿元。行政村集体资产清查、农村宅基地“两证合一”登记颁证扎实推进，农村产权抵押贷款规模达3000万元。河湖水域岸线划界确权、地下水确权有序推进，扬黄水资源确权全面完成，实现水权交易243立方米。宁夏水投盐池水务公司挂牌成立，实现了水务一体化管理。国有林场改革通过自治区考核验收。县统计局获评第三次全国农业普查先进集体。县属国资国企完成重组优化，“四大投融资平台”资产总额达17.3亿元。建立产业创新平台4个，培育国家级星创天地企业2家、自治区级科技型中小企业、创业创新梯队企业16家。滩羊标准化生产关键技术等3个科研项目荣获自治区科技进步三等奖，全社会研发与试验投入强度达1%，被列入全国首批创新型县建设名单。

【民生保障】10件民生实事全部办结，财政支出的80%以上用于民生。新改扩建中小学校19所、幼儿园3所，盐池六小主体完工，全县“超大班额”全部消除，90%的教室实现与全国优质教育资源共享共用。全县中小学校长首次全部公开竞聘，“两支队伍”素质持续提升。义务教育均衡发展顺利通过国家复验，第二届宁夏教育科研成果报告会在盐池县召开。惠安堡、高沙窝卫生院扩建项目主体完工，县乡远程会诊实现全覆盖，累计建设区级以上重点专科3个、县级特色科室5个，实现跨省异地就医协议医疗机构直接结算，县级公立医院综合考核全区第一。三年免费乙肝疫苗接种基本完成，健康促进县创建经验入选国家卫健委优秀案例汇编。成功创建全国妇幼健康优质服务示范县、全国计划生育基层群众自治示范县。城乡居民基础养老金标准由170元提高到190元。“两院一中心”全面建成，永宏乐丰康养项目一期主体完工。社会救助工作绩效考核获全区优秀等次。县综合体育馆建成运营，社区健身中心主体完工，成功举办全国跳伞大奖赛、全国模拟飞行锦标赛、沿长城国际自行车邀请赛等32项赛事，获评全区群众体育先进单位。档案馆、科技馆建成投用，图书馆、博物馆分别被评为国家二级和三级馆。组织编排了《活出个样子》等一批文艺精品，《就恋这把土》获评亚洲微电影艺术节优秀作品奖，盐州艺术团代表国家赴希腊演出取得成功，全国乡村春晚、民族春晚宁夏分会场在盐池县举办，国家公共文化服务体系示范区创建通过验收，获评全区村级综合文化服务中心建设先进县。组建退役军人事务筹备机构，妥善安置了221名退役军人，让这些曾经为国家做出贡献的军人们感受到了社会的温度。出台人才强县工程实施方案，柔性引进各类高端人才30名。大力推进支持农民工等人员返乡创业全国试点，设立了800万元的创业引导资金，发放创业担保贷款9697万元，带动就业7271人，城镇登记失业率控制在3%以内，农村劳动力转移就业4.6万人，获评全区转移就业示范县。

【行政效能】坚持把党的领导贯彻政府工作始终，进一步增强“四个意识”，坚定“四个自信”，坚决做到“两个维护”。深入推进“两学一做”学习教育常态化制度化，对标对表中央和区市决策部署，修订政府工作规则和政府常务会议工作规则，完善了国资处置、公务接待等多项管理制度。严格执行重大事项向人大报告制度，自觉接受人大法律监督、政协民主监督和社会舆论监督，办理人大代表议案建议41件、闭会期间代表建议70件，办理政协委员提案74件、社情民意13件，解决群众反映强烈的突出问题263件。开通“12345”热线平台，政府公报创刊运行。深入推进法治政府建设，组建了政府法律咨询专家库和政府法律顾问队伍。严格落实党风廉政建设责任制，集中开展违反中央“八项规定”精神突出问题专项治理，主动接受纪检监察监督，加大督查督办问责力度，审计核减工程投资1.3亿元，政府行政成本持续下降，执行力和服务水平进一步提升。

## 政府重要会议

**【盐池县政府第二十一次常务会议】** 2018年1月22日召开，戴培吉主持。传达学习《宁夏回族自治区全面深化改革督察实施办法（试行）》精神。传达学习《宁夏回族自治区安全生产“一票否决”实施办法（试行）》《宁夏回族自治区扶贫资金使用管理责任追究办法（试行）》精神，全区发展和改革工作会议、全区经济和信息化工作会议、全区财政工作会议、全区卫生计生工作会议、2018年全区旅游工作会议、《宁夏回族自治区畜禽屠宰管理条例》精神。会议决定：原则同意县民政局提出的《盐池县2018年元旦春节慰问（救助）暨送温暖活动实施方案》，根据会议讨论意见修改完善后，提交县委常委会研究审定。原则同意县国土局提出的3宗国有土地使用权划拨用地的意见，由县国土资源局负责，按照相关程序予以办理。盐池县新区人民街（平安大道—政谐南路）道路及排水工程，位于盐池县人民街（平安大道—政谐南路），面积20763平方米（合31.1445亩），以划拨方式供给盐池县住房和城乡建设局，土地用途为公路用地，容积率、建筑系数、建筑密度、绿化率以县住建局出具的规划条件通知书为准。东顺路北延伸段（民族街—防秋街）道路及排水工程，位于盐池县东顺路北延伸段（民族街—防秋街），面积13691平方米（合20.5365亩），以划拨方式供给盐池县住房和城乡建设局，土地用途为公路用地，容积率、建筑系数、建筑密度、绿化率以县住建局出具的规划条件通知书为准。福州北路（民族街—四小）道路及排水工程，位于盐池县福州北路（民族街—四小），面积13876平方米（合20.814亩），以划拨方式供给盐池县住房和城乡建设局，土地用途为公路用地，容积率、建筑系数、建筑密度、绿化率以县住建局出具的规划条件通知书为准。因张晨外出挂职期满，在挂职期间由刘宝清代管的工业、工业园区、安全生产、商贸流通、市场监管、资源能源开发方面的工作，由尹益龙代管的编制、人事、社会管理综合治理方面的工作，继续由张晨分管。

**【盐池县政府第二十二次常务会议】** 2018年2月27日召开，戴培吉主持。传达学习全区农业工作会议、传达学习全区脱贫攻坚工作会和全区扶贫办主任会议精神、《关于进一步加强贫困村驻村工作队选派管理工作的通知》。会议决定：原则同意县扶贫办提出的《盐池县2018年脱贫富民实施方案》，根据会议讨论意见修改完善后，提交县扶贫开发领导小组会议研究审定。原则同意县人社局提出的《盐池县2018年脱贫富民能力培训实施方案》，根据会议讨论意见修改完善后，提交县扶贫开发领导小组会议研究审定。原则同意县卫计局提出的《盐池县2018年健康扶贫工作实施方案》，根据会议讨论意见修改完善后，提交县扶贫开发领导小组会议研究审定。原则同意县教体局提出的《盐池县2018年教育精准扶贫实施方案》，根据会议讨论意见修改完善后，提交县扶贫开发领导小组会议研究审定。原则同意农牧局提出的《盐池县2018年滩羊产业发展实施方案》《盐池县2018年黄花产业发展实施方案》《盐池县2018年小杂粮产业发展实施方案》《盐池县2018年牧草产业发展实施方案》，根据会议讨论意见修改完善后，提交县扶贫开发领导小组会议研究审定。原则同意农牧局提出的《关于进一步加强禁牧工作的意见》，根据会议讨论意见修改完善后，提交县委常委会议研究审定。原则同意县科技局提出的《盐池县2018年中药材产业发展实施方案》，根据会议讨论意见修改完善后，提交县扶贫开发领导小组会议研究审定。原则同意工业园区管委会提出的《盐池县实施创新驱动战略推动工业经济高质量发展的意见》和《盐池县 2018 年工业工作方案》，根据会议讨论意见修改完善后，提交县委常委会议研究审定。原则同意县扶贫办提出的《关于在全县开展扶贫领域作风问题专项治理暨“脱贫攻坚作风建设年”活动实施方案》，根据会议讨论意见修改完善后，提交县扶贫开发领导小组会议研究审定。原则同意县扶贫办提出的《盐池县光伏扶贫村级电站收益分配暂行办法》《2018 年盐池县光伏扶贫村级电站收益资金分配意见》，根据会议讨论意见修改完善后，以县人民政府办公室文件印发。原则同意县环林局提出的《盐池县 2018 年造林绿化实施方案》，根据会议讨论意见修改完善后，提交县委常委会议研究审定。原则同意县农牧局提出的《盐池县政府购买动物防疫服务实施方案》，根据会议讨论意见修改完善后，以县人民政府办公室文件印发；原则同意县农牧局提出的对原宁夏朔牧盐池滩羊繁育有限公司资产的审定评估结果，将评估形成的国有资产全部划拨盐池县滩羊产业发展集团管理使用。由县财政负责，支付原朔牧公司承包人经营期间形成的个人资产 342.9 万元。由县财政负责，支付宁夏农林科学院畜牧兽医研究所股权转让费 19 万元；原则同意县财政局提出的《盐池县异地交流任职公务人员节假日、双休日期间往返费用暂行规定》，根据会议讨论意见修改完善后，以县人民政府办公室文件印发；原则同意县财政局提出的通过挂牌出让方式取得盐池县货运车辆大型停车场项目、盐池县城乡公交和城乡客运一体化建设项目、盐池综合农贸市场建设项目建设用地的意见，由兴盐公司负责竞买，县财政局负责，按实际成交价格支付土地出让金。

**【盐池县政府第二十三次常务会议】**2018 年 3 月 27 日召开，戴培吉主持。传达学习自治区扶贫开发领导小组 2018 年第二次会议、全区金融扶贫推进会和全区教育扶贫专题会议精神、自治区 2018 年污染治理重点任务现场交办会、《宁夏回族自治区生态文明建设目标评价考核办法（试行）》精神，研究《盐池县 2018 年蓝天碧水净土专项整治行动实施方案》《宁夏回族自治区政府投资基金管理暂行办法》2017 年以来中央和自治区加强政府性债务管理有关精神、规定，听取全县政府性债务情况汇报、全区国土资源工作会议、全区统计工作会会议强调、吴忠市纪委《关于我市 3 起违反中央“八项规定”精神问题典型案例的通报》、党的十八大以来习近平总书记关于安全生产工作重要思想论述精神和全国全区全市安全生产电视电话会议、全区教育、全区商务工作会议、全区科技工作会议和《自治区推进创新驱动战略 2018 年重点任务分工方案》、全区民政工作会议精神、全区林业工作会议和全区国土绿化动员电视电话会议、全区审计工作会议、全市全域旅游发展推进会精神。听取了全县民族宗教工作汇报。会议决定：原则同意县环林局提出的《盐池县 2018 年蓝天碧水净土专项整治行动实施方案》，根据会议讨论意见修改完善后，提交县委常委会研究审定。原则同意县文广局提出的《盐池县促进旅游产业发展扶持办法（试行）》和《“引客入盐”旅游项目以奖代补管理办法（试行）》，根据会议讨论意见修改完善后，提交县委常委会研究审定。原则同意县农经站提出的《盐池县农村集体资产清产核资工作实施方案》，根据会议讨论意见修改完善后，以政府办公室文件印发执行。原则同意县农经站提出的公开聘用 4 名专业会计人员，负责全县村集体“三资”管理工作的意见，由县人社局负责组织实施，新聘用人员及现有人员均纳入政府购买公共服务，由县农经站负责管理，工资待遇等严格按照《盐池县委办公室 人民政府办公室关于印发盐池县政府购买公共服务人员工资待遇管理制度的通知》（盐党办综〔2017〕98 号）执行。湖水域岸线划界确权工作方案原则同意县国土资源局提出的 1 宗国有建设用地使用权划拨用地转出让的意见，由县国土资源局负责，按照相关程序予以办理。2018—1号（协议）宗地，位于盐池县花马池西街南侧、福州路东侧，面积4265.97平方米（合6.4亩），原以划拨方式供给盐池县公安局，现依法转为出让国有建设用地使用权，规划用途为商务金融用地，出让年期40年，评估价862元/平方米（57.46万元/亩），出让起始价367.73万元，容积率、建筑系数、建筑密度、绿化率以县住建局出具的规划条件通知书为准。原则同意县审计局提出的《盐池县2018年审计项目计划》，根据会议讨论意见修改完善后，以县政府办公室文件印发执行。

**【盐池县政府第二十四次常务会议】**2018年4月17日召开，戴培吉主持。传达学习全国国土绿化、森林防火和防汛抗旱工作电视电话会议精神，听取全县国土绿化、森林防火和防汛抗旱工作情况汇报、《中国扶贫》杂志社记者调研发现宁夏回族自治区存在问题、《吴忠市贫困村驻村工作队选派管理办法》《石泰峰同志在调研督办解决群众反映强烈的突出问题时的讲话》、石泰峰书记在自治区安监局《关于国务院安委办加强应急管理和事故防范工作视频会议精神情况的报告》上的批示精神，听取全县安全生产工作情况汇报。《石泰峰同志在自治区领导干部大会上的讲话》精神、传达学习自治区总河长第二次会议、《中共宁夏回族自治区委员会关于深入学习宣传和贯彻实施〈中华人民共和国宪法〉的通知》《关于六起违反中央“八项规定”精神典型问题的通报》精神。会议决定：原则同意县政府办提出的《盐池县人民政府工作规则（送审稿）》，根据会议讨论意见修改完善后，以县人民政府文件印发。原则同意县政府办提出的《盐池县政府常务会议工作规则（送审稿）》，根据会议讨论意见修改完善后，以县人民政府办公室文件印发。原则同意县财政局提出的《关于进一步加强行政事业单位财务管理的意见（试行）》，根据会议讨论意见修改完善后，以县人民政府办公室文件印发。原则同意县科协提出的为盐池县科技馆聘用5名公共服务人员的意见，其中，向社会公开招聘2人，由县就业创业和人才服务局负责组织实施；从县资源能源服务中心调配3人。所聘人员纳入政府购买公共服务，工资待遇纳入财政预算管理。一是由科协负责，加强与自治区科协沟通对接，争取将科技馆纳入全区性科普活动举办基地。二是由科协负责，研究制定科技馆利用长效机制；由教体局、科协负责，将科技馆作为全县中小学生科学课教学基地，合理安排教学内容与教学课时。三是由科协负责，加强所聘人员管理，提高科技馆服务水平。原则同意县国土资源局提出的2宗国有建设用地使用权挂牌出让、2宗国有土地使用权划拨用地、4宗建筑用砂矿采矿权挂牌出让的意见，由县国土资源局负责，按照相关程序予以办理。

**【盐池县政府第二十五次常务会议】**2018年5月6日召开，戴培吉主持。传达学习自治区扶贫开发领导小组2018年第三次会议、马顺清副主席在全区扶贫干部打好精准脱贫攻坚战专题培训班上的动员讲话和区纪委关于9起扶贫领域腐败和作风问题典型案例的通报、市纪委关于2起扶贫领域腐败和作风问题典型案例的通报、《关于加强和改进新形势下伊斯兰教工作的意见》、自治区民族工作联席会议、《中共中央办公厅国务院办公厅关于严禁自行出台政策发放工资津贴补贴有关问题的通知》、自治区政府性债务管理领导小组会议精神，听取全县政府性债务防范化解工作情况汇报。听取有关情况汇报机关事务管理服务中心筹备情况汇报、中央第八环保督察组反馈问题整改情况汇报。会议决定：原则同意县公安局提出的《盐池县深化城乡社区警务工作改革实施方案》，根据会议讨论意见修改完善后，提交县委常委会议研究审定。原则同意县农牧局提出的《盐池县粮食生产功能区划定工作实施方案》，根据会议讨论意见修改完善后，以县人民政府办公室文件印发。原则同意县国土资源局提出的《盐池县第三次土地调查实施方案》，根据会议讨论意见修改完善后，以县人民政府办公室文件印发。原则同意县国土资源局提出的国有建设用地使用权挂牌出让、国有土地使用权划拨用地的意见，由县国土资源局负责，按照相关程序予以办理。会议决定：根据宁夏交通投资集团有限公司申请，原则同意县国土资源局提出的将宁夏盐池县冯记沟乡王冲庄村建筑用砂九矿、宁夏盐池县冯记沟乡金渠子村圆梁建筑用砂矿2宗建筑用砂矿采矿权，协议出让给宁夏交通投资集团有限公司的意见，由县国土资源局负责，按照相关程序予以办理。

**【盐池县政府第二十六次常务会议】**2018年5月25日召开，戴培吉主持。传达学习全区加强财政管理工作暨政府性债务管理领导小组会议、全区防汛抗旱工作视频会议、自治区食品安全工作电视电话会议、吴忠市环保突出问题交办暨第二次全国污染源普查工作推进会会议精神。会议决定：原则同意县工信和商务局提交的《盐池县小散乱污企业专项整治实施方案》，由工信和商务局负责，根据会议讨论意见修改完善后，以县人民政府办公室文件印发。原则同意县政府法制办提出聘用29名专家、学者和律师组成法律咨询专家库，并从中遴选10名律师组成县政府法律顾问团的意见，由县政府法制办负责，尽快组织实施。所聘政府法律顾问费用和专家咨询费严格按照《宁夏回族自治区政府法律顾问工作规则》《宁夏回族自治区政府法律顾问工作费用支付暂行办法》《盐池县政府法律顾问工作规则》《盐池县关于普遍建立政府法律顾问制度的实施意见》《盐池县政府法律顾问费用管理办法》等相关规定，由县财政负责保障。原则同意县发改局提交的《盐池县促进服务业加快发展的实施意见》，由发改局负责，根据会议讨论意见修改完善后，提交县委常委会议研究审定。原则同意县发改局提交的《盐池县人民政府重大决策出台前向县人大及其常委会报告制度》，由发改局负责，根据会议讨论意见修改完善后，以县人民政府办公室文件印发。原则同意县住建局提交的《盐池县王乐井乡总体规划（2018—2035）》《盐池县青山乡总体规划（2018—2035）》，由住建局牵头，分别由王乐井乡、青山乡负责，发改、财政等部门配合，尽快组织实施。原则同意县民政局提交的《盐池县关于解决企业下岗退役士兵遗留问题做好扶持就业创业工作实施方案》，由民政局负责，根据会议讨论意见修改完善后，以县人民政府办公室文件印发。原则同意县文广局提出的以政府购买公共服务方式招聘12名旅游讲解员的意见，由就业创业和人才服务局负责组织实施，所聘人员由文广局负责管理，工资待遇纳入财政预算管理。原则同意县国土资源局提出的1宗国有建设用地使用权挂牌出让、3宗国有建设用地使用权划拨用地的意见，由县国土资源局负责，按照相关程序予以办理。

**【盐池县政府第二十七次常务会议】**2018年7月2日召开，戴培吉主持。传达学习《习近平、李克强、韩正同志在全国生态环境保护大会上的讲话》《关于六起生态环境损害责任追究典型问题的通报》《石泰峰、咸辉同志在中央第二环境保护督察组对宁夏回族自治区开展回头看工作动员会上的讲话》精神，听取2018年全县环境保护工作情况、中央第八环保督察组反馈意见整改情况、中央第二环保督察组“回头看”转办件办理情况汇报，传达学习全国深化“放管服”改革转变政府职能电视电话会议精神，听取全县“放管服”改革工作进展情况汇报。传达学习全区财政工作视频会议精神。传达学习自治区政府上半年工作大督查第三督查组到盐池座谈会精神，听取2018年全县重点项目进展情况汇报。听取2018年开展危化品运输违法犯罪行为专项整治行动工作情况汇报。传达学习全国、全区、全市禁毒工作会议和《宁夏回族自治区禁毒工作领导责任追究办法》《关于推行“八责机制”强力推进创建全国禁毒示范省区工作的通知》精神。会议决定：原则同意县发改局提出的《盐池县乡村振兴战略规划编制工作方案》，由吴科常务副县长牵头，发改局负责，相关部门配合，严格按照招投标等相关规定、程序，公开公平公正地聘请国内一流的专业团队，高标准做好规划编制工作。根据会议讨论意见修改完善后，以县政府办公室文件印发。原则同意县工信和商务局提出的《盐池县深入开展“百企帮百村”富民行动实施方案（2018—2020）》，根据会议讨论意见修改完善后，提交县委常委会议研究审定。原则同意县编办提出的第一批调整规范436项行政职权事项的意见，根据会议讨论意见修改完善后，以县人民政府规范性文件印发。原则同意县财政局提出的2018年新增地方政府一般债券资金12010万元的意见，由县财政局负责，按程序拨付。安排农业特色产业2350万元，用于各乡镇非建档立卡户多种经营补贴（各乡镇具体补贴以审核上报文件为准）。安排污染防治1680万元。原则同意县财政局提出的2018年1—6月份安排财政资金22668.98万元的意见，由县财政局负责，按程序拨付。用新增财力安排13296.29万元。原则同意县住建局提出的《2018年盐池县城镇棚户区改造工程房屋征收补偿安置方案》和成立2018年城镇棚户区及城中村改造工作领导小组的意见，根据会议讨论意见修改完善后，提交县委常委会议研究审定。原则同意县市场监管局提出的《盐池县洁净煤生产仓储供应配送中心建设方案》，根据会议讨论意见修改完善后，以县人民政府办公室文件印发。原则同意县宗教局提出的2018年少数民族发展资金项目安排的意见，由县宗教局牵头，各相关乡镇负责，尽快组织实施；由县宗教局负责，财政局、审计局配合，做好项目和资金监管。各级各部门在财政专项资金管理使用中，要严格按照有关管理使用办法，强化资金和项目监管，充分发挥财政专项资金的使用效益，严禁截留、挪用、挤占和滞拨应下拨的财政专项资金，政府督查室、财政局、审计局要加大财政专项资金使用情况督查，对擅自挪用、强行挤占、截留财政专项资金或造成重大损失浪费的，要严肃处理。原则同意县财政局提出的公开处置公安局原办公楼的意见，由县财政局负责，国土资源局、住建局等部门配合，按程序实施。原则同意县财政局提出的公开拍卖西花园剩余商业用房的意见，由县财政局负责，按国有资产出售相关政策、程序实施。原则同意县国土资源局提出的1宗已出让土地用地性质变更和3宗已出让土地调整土地使用年期的意见，由县国土资源局负责，按照相关程序予以办理。

**【盐池县政府第二十八次常务会议】**2018年7月23日召开，戴培吉主持。传达学习近期国家及区市安全生产会议精神和领导批示精神，听取全县上半年安全生产工作情况汇报，研究《盐池县安全生产行政责任规定》《盐池县安全生产“一票否决”实施办法（试行）》。传达学习中共宁夏回族自治区第十二届委员会第四次全体会议精神。会议决定：原则同意县安监局提出的《盐池县安全生产行政责任规定》，根据会议讨论意见修改完善后，以县人民政府文件印发。原则同意县安监局提出的《盐池县安全生产“一票否决”实施办法（试行）》，根据会议讨论意见修改完善后，提交县委常委会议研究审定。原则同意县文广局提出的《盐池县2018年“航空嘉年华”文化旅游系列活动总体方案》，根据会议讨论意见修改完善后，提交县委常委会议研究审定。原则同意县工信和商务局提出的《盐池县滩羊肉加工配送中心建设方案》，根据会议讨论意见修改完善后，由工信和商务局牵头，各责任部门负责，严格按照方案内容尽快组织实施，由县财政局负责保障政府补助资金。原则同意县工信和商务局提出的改造宝利再生资源市场方案，根据会议讨论意见修改完善后，由县工信和商务局牵头，各责任部门负责，严格按照方案内容尽快组织实施；由代建办负责项目建设；由县财政局负责，按工程量据实核拨建设资金。原则同意县民政局提出的《盐池县乡（镇）行政区域界线勘定（核定）和数字化工作实施方案》，根据会议讨论意见修改完善后，以县人民政府办公室文件印发。原则同意县民政局提出的公开招聘 11 名社会救助服务工作人员的意见，由县就业局负责组织实施，所聘人员由县民政局负责管理。原则同意县民政局提出的《盐池县老年福利服务中心“公建民营”项目实施方案》和《盐池县大水坑镇敬老院“公建民营”项目实施方案》，根据会议讨论意见修改完善后，以县人民政府办公室文件印发。

**【盐池县政府第二十九次常务会议】**2018 年 8 月 6 日召开，戴培吉主持。传达学习自治区扶贫开发领导小组 2018 年第四次会议和吴忠市脱贫攻坚推进会精神；传达学习全国安全生产电视电话会议暨自治区领导批示精神，听取近两年国务院安全生产巡查督查检查反馈问题整改情况汇报；传达学习全区科学技术奖励大会会议精神；传达学习《自治区党委办公厅 人民政府办公厅印发〈关于加强和改进新时代伊斯兰教工作的实施意见〉的通知》精神；传达学习《关于深入开展中央“八项规定”精神制度“学习月”活动的补充通知》精神；传达学习李克强总理在国务院全体会议上的讲话精神；传达学习《中共中央 国务院关于印发〈乡村振兴战略规划（2018—2022 年）〉的通知》《2018年自治区实施乡村振兴战略重点工作清单》和《自治区实施乡村振兴战略综合考评方案（试行）》精神；传达学习《中共中央办公厅关于印发金融和重要领域密码应用与创新发展工作规划（2018—2022 年）的通知》精神；听取 2018 年国务院大督查准备情况汇报；听取全县上半年经济指标完成情况和重点项目建设情况汇报；听取全县开展解决群众反映强烈的突出问题活动情况汇报；听取中央第二环保督察组“回头看”转办件办理情况汇报；听取全县上半年食品药品安全工作情况汇报；听取全县邪教防范和处理工作开展情况汇报。会议对下半年工作进行安排部署；会议决定：根据中组部、人社部、国务院扶贫办《关于聚焦深度贫困地区打好精准脱贫攻坚战加强东西部扶贫协助挂职干部选派管理工作的通知》（组通字〔2018〕15 号）中“挂职干部主要精力用于脱贫攻坚，分管或协管扶贫协作工作”的规定，按照自治区党委组织部要求，决定由徐情根、吕培基协助县长负责闽宁协作、扶贫开发方面的工作，不再负责其他方面的工作。按照此次文件精神，将中航油到盐池挂职领导干部分工明确为协助县长负责中航油定点帮扶、扶贫开发方面的工作。由县人民政府办公室负责，以县人民政府办公室文件下发分工调整文件，并报自治区党委组织部备案。原则同意县教体局提出的《盐池县优秀教师推荐评选指导意见》《宁夏盐池教育发展基金会 2018 年教育综合考核奖励暨贫困学生资助方案》，根据会议讨论意见修改完善后，提交县委常委会议研究审定。原则同意县卫计局提出的招聘 8 名乡镇卫生院救护车驾驶员的意见，由县就业创业和人才服务局负责组织实施；所聘人员纳入政府购买公共服务，由县卫计局统一管理；工资待遇按相关规定执行，且每人每月享受出差伙食包干 1000 元，纳入县财政预算。原则同意县国土局提出的 1 宗国有建设用地使用权现状挂牌出让及 8 宗国有土地使用权划拨用地的意见，由县国土资源局负责，按照相关程序予以办理。原则同意县机关事务管理服务中心筹备领导小组办公室提出的维修改造原职业中学 2 号楼及 3 号楼的意见，由县住建局负责，严格按照《党政机关办公用房建设标准》进行维修改造。

**【盐池县政府第三十次常务会议】**2018 年 8 月 19 日召开，戴培吉主持。传达学习全国高效节水灌溉工作视频会和全区现代化生态灌区暨高效节水灌溉推进会议精神。传达学习全区政策性移民工作会议精神。传达学习《自治区人民政府办公厅关于进一步完善和规范投资审计工作的通知》精神。听取自治区党委第二巡视组反馈2017年农村环境整治项目存在问题整改情况汇报。原则同意县发改局提出的《2018年上半年国民经济和社会发展计划执行情况的报告》，根据会议讨论意见修改完善后，提交县委常委会议研究审定。原则同意县财政局提出的《2017年全县财政收支决算和2018年上半年财政预算执行情况的报告》《盐池县防范化解地方政府隐性债务风险实施方案（送审稿）》和2018年上半年县级财政新增财力安排使用意见，根据会议讨论意见修改完善后，提交县委常委会议研究审定。原则同意县公安局提出的成立盐池县道路交通安全委员会的意见，根据会议讨论意见修改完善后，以县人民政府办公室文件印发。原则同意县教体局提出的《盐池县“互联网＋教育”行动计划（2018—2020年）》，根据会议讨论意见修改完善后，提交县委常委会议研究审定。原则同意县水务局提出的《盐池县人民政府 宁夏水务投资集团有限公司水务一体化合作协议》，根据会议讨论意见修改完善后，提交县委常委会议研究审定。原则同意县国土局提出的1宗国有建设用地使用权续期协议出让及1宗国有土地使用权划拨用地的意见，由县国土资源局负责，按照相关程序予以办理。原则同意县审计局提出的《2017年度县本级财政预算执行和其他财政收支审计结果的报告》和2017年度县本级财政预算执行和其他财政收支审计查出问题处理意见，根据会议讨论意见修改完善后，提交县委常委会议研究审定。

**【盐池县政府第三十一次常务会议】**2018年8月27日召开，戴培吉主持。会议决定：原则同意县政府办提出的成立盐池县推进政府职能转变和“放管服”改革协调小组的意见，根据会议讨论意见修改完善后，以县人民政府办公室文件印发。各工作组要严格按照责任分工，全力组织推进“放管服”改革各项工作。原则同意县工信和商务局提出的《盐池县全面优化营商环境促进民营经济发展的实施意见（2018—2020年）（试行）》，根据会议讨论意见修改完善后，以县委、县政府文件印发。原则同意县工信和商务局提出的《盐池县促进企业家创业发展大力激发市场主体发展活力的实施方案》，根据会议讨论意见修改完善后，以县委办、县政府办文件印发。原则同意县人社局提出的《关于实施人才强县工程助推创新驱动发展战略的实施方案》，根据会议讨论意见修改完善后，提交县委常委会议研究审定。原则同意县卫计局提出的《盐池县创建“互联网＋医疗健康”示范县工作方案》《盐池县“互联网＋医疗健康”便民惠民行动计划（2018—2020年）》，根据会议讨论意见修改完善后，提交县委常委会议研究审定。原则同意县财政局提出的《盐池县金融服务实体经济联席会议制度》，根据会议讨论意见修改完善后，以县人民政府文件印发。原则同意县财政局提出的2018年安排工程类建设项目资金38220537元的意见，由县财政局负责，按程序拨付，并加强资金的管理与监督，各相关单位要按照会议决定的用途，做到专款专用，坚决杜绝截留、挤占、挪用项目资金。

**【盐池县政府第三十二次常务会议】**2018年9月10日召开，戴培吉主持。传达学习《关于深化统计管理体制改革提高统计数据真实性的意见》《统计违纪违法责任人处分处理建议办法》精神，听取盐池县第四次全国经济普查准备情况汇报。传达学习全国、全区开展“大棚房”问题专项清理整治行动电视电话会议精神，研究《盐池县设施农业项目用地清理整治专项行动实施方案》。传达学习全区首届“中国农民丰收节”活动安排部署会议精神。传达学习《关于再次组织开展“地条钢”排查工作的通知》精神，听取全县“地条钢”排查整治情况汇报。听取全县退役军人服务管理工作情况汇报。传达学习《中共中央 国务院关于防范化解政府隐性债务风险的意见》《中共中央办公厅 国务院办公厅关于印发地方政府隐性债务问责办法的通知》精神。传达学习深度贫困地区脱贫攻坚推进会、《关于印发打赢脱贫攻坚战三年行动实施方案的通知》精神。会议决定：原则同意县农牧局提出的《盐池县设施农业项目用地清理整治专项行动实施方案》，根据会议讨论意见修改完善后，提交县委常委会研究审定。原则同意县发改局提出的《盐池县政府投资项目管理办法》修订意见，根据会议讨论意见修改完善后，以县人民政府办公室文件印发。原则同意县文广局提出的《全区首届“中国农民丰收节”盐池县分会场——滩羊美食文化旅游系列活动总体方案》，根据会议讨论意见修改完善后，提交县委常委会研究审定。原则同意县住建局提出的《盐池县农村人居环境整治三年行动实施方案》，根据会议讨论意见修改完善后，提交县委常委会研究审定。原则同意县教体局提出的盐池县庆祝第三十四个教师节拟表彰先进集体、个人及资助贫困生的意见和《盐池县庆祝第三十四个教师节暨教育工作表彰大会筹备方案》，根据会议讨论意见修改完善后，提交县委常委会研究审定。

**【盐池县政府第三十三次常务会议】**2018 年 9 月 28 日召开，戴培吉主持。传达学习《防范和惩治统计造假、弄虚作假督察工作规定》精神。传达学习《地方党政领导干部安全生产责任制规定》《宁夏回族自治区党政领导干部安全生产责任制考核实施细则》《关于银川佳通轮胎有限公司发生火灾事故的通报》《吴忠市安全生产巡查工作办法》《吴忠市安全生产约谈实施办法（试行）》精神。传达学习 2018 年全国医改工作电视电话会议精神。传达学习全国禁毒工作会议精神。传达学习全区生态环境保护大会、全区环境保护重点任务督查推进会及全市环境保护交办重点任务推进会精神。会议对近期工作做了强调：一是关于全年重点工作。二是关于安全生产工作。三是关于森林草原防火工作。四是关于信访维稳工作。五是关于廉洁自律和作风建设。六是关于假期值班工作。会议决定：原则同意县综治办提出的盐池县社会治理服务创新工作项目建设的意见，根据会议讨论意见修改完善后，提交县委常委会研究审定。原则同意县综治办提出的追加社会治理服务中心 2018 年运行经费及农村网格员工资等费用的意见，由财政局负责，据实核拨电信局光纤和手持终端使用费、社会治理服务中心 2018 年运行经费、农村网格员工资、2 套远程视频会议系统等费用，并将盐池县社会治理服务中心、乡镇社会治理服务中心、农村网格员工资纳入财政预算，综治办要做到专款专用，最大限度发挥财政资金效益，切实维护社会大局和谐稳定。原则同意县发改局提出的《盐池县国民经济和社会发展第十三个五年规划纲要实施情况中期评估报告》，根据会议讨论意见修改完善后，提交县委常委会研究审定。原则同意县水务局提出的《盐池县 2018 年农田水利基本建设实施方案》《盐池县水土保持工程“以奖代补”实施方案》，根据会议讨论意见修改完善后，以县人民政府办公室文件印发。由吴科常务副县长牵头，县水务局负责，各责任部门、各乡镇配合，高标准、高质量完成农田水利基本建设各项任务，确保再夺“黄河杯”。原则同意县财政局提出的 2018 年地方政府新增专项债券资金 9900 万元及 2018 年 7—9 月份安排财政资金 7908.18 万元的意见，由县财政局负责，按程序办理，并加强资金的管理与监督，各相关单位要按照会议决定的用途，做到专款专用，坚决杜绝截留、挤占、挪用项目资金。原则同意县农牧局提出的《盐池县政府与盒马公司战略签约发布暨“盐池滩羊”品牌盒马全国十城门店推广活动方案》，根据会议讨论意见修改完善后，以县委办、县政府办文件印发。由县农牧局负责，工信和商务局、文广局、滩羊集团等部门配合，尽快筹备相关活动。原则同意县国土资源局提出的 1 宗国有建设用地使用权拟协议出让的意见，由县国土资源局负责，按照相关程序予以办理。

原则同意县机关事务管理服务中心筹备领导小组办公室提出的购置更新8辆公务用车的意见，由县财政局负责，发改局、机关事务管理服务中心筹备领导小组办公室配合，严格按照政府采购相关程序规定，尽快组织实施。

**【盐池县政府第三十四次常务会议】**2018年11月1日召开，戴培吉主持。传达学习全国、全区今冬明春火灾防控工作动员部署视频会议精神，听取全县安全生产工作情况汇报。传达学习全区非洲猪瘟防控工作专题会议和农业农村部督查非洲猪瘟防控工作情况精神。传达学习全区经济发展推进会精神。传达学习《习近平、李克强、孙春兰同志在全国教育大会上的讲话》精神。传达学习自治区第十二届委员会第五次全体会议精神。传达学习盐池县脱贫退出现场会精神。传达学习中央第二环保督察组对宁夏开展"回头看"情况反馈会和石泰峰到盐池调研督查哈巴湖自然保护区生态建设及中央环保督察"回头看"问题整改指示精神。听取人大代表议案建议、政协委员提案办理及经济社会发展主要目标任务完成情况汇报。听取全县平安建设工作情况汇报。听取全国禁毒示范县创建工作开展情况汇报。会议决定：原则同意县财政局提出的《盐池县行政事业单位国有资产使用管理暂行办法》《盐池县行政事业单位国有资产处置管理暂行办法》《盐池县党政机关差旅费管理暂行办法》《盐池县党政机关培训费管理办法》《盐池县行政单位通用办公设备家具配置标准》，根据会议讨论意见修改完善后，以县人民政府办公室文件印发。原则同意县住建局提出的《盐池县物业管理实施规定》，根据会议讨论意见修改完善后，以政府规范性文件印发。原则同意县农牧局提出的《盐池县草原禁牧专项工作经费管理办法（试行）》，根据会议讨论意见修改完善后，以县人民政府办公室文件印发。原则同意县工业园区管委会提出的《盐池工业园区优化整合和创新发展实施方案》，根据会议讨论意见修改完善后，提交县委常委会议研究审定。原则同意县交通运输局提出的《盐池县大水坑公交客运一体化建设运营实施方案》，根据会议讨论意见修改完善后，以县人民政府办公室文件印发。原则同意县国土资源局提出的3宗采矿权拟挂牌出让、1宗国有建设用地使用权拟挂牌出让、3宗国有建设用地使用权划拨用地的意见，由县国土资源局负责，按照相关程序予以办理。

**【盐池县政府第三十五次常务会议】**2018年11月27日召开，戴培吉主持。传达学习自治区、吴忠市安委会2018年第四次全体（扩大）电视电话会议和宁夏庆华煤化集团有限公司"10·27"事故通报精神。传达学习《关于焦连新严重违纪违法案件的通报》。传达学习自治区实施乡村振兴战略暨深化农村改革工作推进会议精神。研究《盐池县党政机关公务用车管理办法》《盐池县事业单位公务用车制度改革实施意见》。会议决定：原则同意县发改局提出的《盐池县党政机关公务用车管理办法》《盐池县事业单位公务用车制度改革实施意见》，根据会议讨论意见修改完善后，提交县委常委会议研究审定。原则同意县环林局提出的《盐池县全面加强生态环境保护 坚决打好污染防治攻坚战实施方案》，根据会议讨论意见修改完善后，提交县委常委会议研究审定。原则同意县环林局提出的《盐池县打赢蓝天保卫战三年行动计划（2018—2020年）》，根据会议讨论意见修改完善后，以县人民政府文件印发。原则同意县环林局提出的《盐池县2018—2019年冬春季大气污染综合治理攻坚行动方案》，根据会议讨论意见修改完善后，以县人民政府办公室文件印发。原则同意县政府法制办提出的盐池县第一批拟取消和暂保留各类证明事项的意见，根据会议讨论意见修改完善后，以县人民政府规范性文件印发执行。取消的证明事项中，证明索要机关能通过法定证照、政府部门内部核查和部门间网络核验、函询等方式办理的，各责任部门要加强配合、主动对接；暂保留的证明事项，要严格执行，不得延误工作。由监察委负责，对组织不力、进展缓慢的部门，要严肃问责。原则同意县文明办提出的《盐池县乡风文明建设工作方案（2018—2020 年）》，根据会议讨论意见修改完善后，提交县委常委会议研究审定。原则同意县财政局提出的 2018 年调用预算稳定调节基金、动用预备费及调整地方政府新增专项债券资金安排使用的意见，由县财政局负责，提交县委常委会议研究审定后，按程序提请县人大常委会审议。原则同意县财政局提出的 2018 年 10—11 月份安排财政资金 2676.34 万元的意见，由县财政局负责，按程序拨付，并加强资金的管理与监督，各相关单位要按照会议决定的用途，做到专款专用，坚决杜绝截留、挤占、挪用项目资金。原则同意国家税务总局盐池县税务局提出的聘用 35 名税务征收助理员的意见。其中，公开招聘 6 人，由县就业局负责组织实施；原用 29 名税务征收助理员由盐池县税务局继续留用，出现空额时，由县就业局组织补录。所聘人员以劳务派遣方式管理，工资待遇纳入财政预算。原则同意县国土资源局提出的 1 宗国有土地使用权拟协议出让、2 宗国有建设用地使用权拟挂牌出让、3 宗国有建设用地使用权划拨用地的意见，由县国土资源局负责，按照相关程序予以办理。

**【盐池县政府第三十六次常务会议】**2018 年 12 月 25 日召开，戴培吉主持。传达学习《自治区党委 人民政府关于促进民营经济健康发展的若干意见》《吴忠市优化营商环境措施》精神。传达学习 2018 年自治区劳动关系和谐企业表彰及 2019 年春节前保障农民工工资支付工作电视电话会议精神，听取全县保障农民工工资支付工作情况汇报。听取全县扫黑除恶专项斗争工作情况汇报。听取全县妇女儿童发展“两规划”实施情况汇报，传达学习中国妇女第十二次全国代表大会、自治区政府妇儿工委七届一次会议、吴忠市第五次妇女儿童工作会议精神。书面传达学习庆祝改革开放 40 周年大会精神。书面传达学习中央经济工作会议精神。书面传达学习全区 2018 年脱贫攻坚成效考核工作专题会议精神。书面传达学习全区质量大会精神。书面传达学习全市生态环境保护大会精神。书面传达学习《关于进一步加强统计工作的通知》精神。会议决定：原则同意县财政局提出的《2018 年下半年县级财政新增财力安排使用情况的报告》，根据会议讨论意见修改完善后，提交县委常委会议研究审定。原则同意县财政局提出的 2018 年 12 月份安排财政资金 14399.63 万元的意见，由县财政局负责，按程序拨付，并加强资金的管理与监督，各相关单位要按照会议决定的用途，做到专款专用，坚决杜绝截留、挤占、挪用项目资金。原则同意县文广局提出的《盐池县 2019 年“盐州大集·民俗嘉年华”冬春季文化旅游系列活动方案》，根据会议讨论意见修改完善后，提交县委常委会议研究审定。原则同意县编办提出的取消调整一批盐池县行政职权事项有关事宜，根据会议讨论意见修改完善后，以县人民政府规范性文件印发。原则同意县人社局提出的《盐池县脱贫富民三年行动职业技能培训工作计划》，根据会议讨论意见修改完善后，以县人民政府规范性文件印发。原则同意县财政局提出的财政暂付款化解意见，依据自治区财政厅《关于坚决清理压缩财政暂付款的通知》（宁财预发〔2018〕479 号）文件要求，消化财政暂付款要坚持量力而行、尽力而为的原则，根据暂付款额度，在确保“三保”的前提下，自 2018 年至 2022 年，由财政局负责结合盐池县自身财力情况适时逐年化解，每年压缩率不低于 10%，切实做到“只减不增”。原则同意县国土资源局提出的 7 宗国有建设用地使用权拟挂牌出让、3 宗国有建设用地使用权划拨用地和 1 宗国有建设用地补缴土地出让金的意见，由县国土资源局负责，按照相关程序予以办理。

## 政府办公室

【概 况】政府办公室以“实干、团结、创新、高效、清廉”为目标，承上启下，协调各方，高标准完成了各项工作任务。全县信息调研、公文处理工作连续两年考核位居全区第一，政务公开工作在2017年度自治区第三方评估中，盐池县位列全区22个县（区）第一，2017年全县群众评议机关作风活动政府办公室排名第一；2018年政府办公室复查合格，继续保留吴忠市文明单位称号。

【依法行政】办公室以学习贯彻习近平新时代中国特色社会主义思想和党的十九大精神为总领，坚持依法行政，认真学习法律法规，自觉遵守各项规章制度，绝不触碰法律红线，逾越道德底线。坚持依法决策，能够把合法性作为决策的第一道标尺，坚持重大行政决策法定程序，确保决策制度科学、程序正当、过程公开、责任明确。坚持依法办事，明确履职责任和权力边界，落实权力清单、负面清单和责任清单，做到法无授权不可为、法定责任必须为。坚持依法用权，自觉树立正确的权力观，自觉接受组织监督、群众监督、舆论监督，习惯于在“聚光灯”下行使权力，在“放大镜”下开展工作。严格落实民主集中制。严格执行民主集中制、个人重大事项报告和分工负责制等制度，严格执行“三重一大”事项集体决策制度，对重要人事任免、重大项目安排和大额资金使用，按规定程序运行，坚持集体研究决定，切实以制度管权、管事、管人。有序推进政务公开。全县政务公开领导小组办公室设在政府办，先后印发了《盐池县2018年政务公开工作要点暨责任分工的通知》等系列文件，修订完善了《盐池县政府政务信息公开指南》等10余项制度，编制了《盐池县政府信息公开规范》等35个政府信息规范样本，明确了依申请公开的受理、审核、处理、答复等各环节的具体要求。扎实推进“政府开放日”活动，聘请了王淑萍等10名政务公开监督员，开通了“12345”热线平台，政府公报创刊运行。重新设计改版了县政府门户网站，开设6大板块，内设70余个子栏目，全县各乡镇、政府部门链接实现全覆盖。盐池县33个信息公开部门主动公开信息累计10229条，公众知晓率、参与率、满意率、好评率明显提升。依法科学部署决策。建立了重大决策预公开、决策时会议公开制度，修订完善了《盐池县人民政府工作规则》《盐池县人民政府常务会议规则》，每次政府常务会邀请1名法律顾问、1名群众代表、6名“两代表一委员”列席会议。严格执行规章制度。严格执行《党政机关厉行节约反对浪费条例》等各项规定，强化财务经费管理，严格实行审签报账制度，组织成立了县机关事务管理中心筹备组，严格接待标准、规范公务用车。坚持勤俭、节约、高效的原则，大幅缩减人、车、会等费用开支，努力建设节约型机关，“三公”经费实现逐年下降。高效化解信访纠纷。已受理县长信箱反映问题76件、群众来信来访77件；政府微博答复各类问题18件。协调解决信访部门转办诉求20余起，切实为信访群众解决了实际问题。倾力办理议案建议。督促办理人大代表议案建议41件、闭会期间代表建议68件，办理政协委员提案74件、社情民意13件，办复率均为100%。及时应对突发事件。顺利完成了自治区60周年大庆期间的应急演练和维稳工作，全国跳伞大奖赛、全国模拟飞行锦标赛、沿长城国际自行车邀请赛等32项赛事以及重大活动的应急保障工作。严格执行24小时应急值班和突发事件信息报告制度。

【行政效能】办公室各项工作能够始终围绕中心，紧扣大局，坚持把抓好智力服务、当好参谋助手作为首要任务，积极探索参谋服务的有效途径和方法，为政府决策“参”在点子上、“谋”在关键处。抓文稿质量，为决策献智。按照“短、实、新”的要求，把好文稿政策关、内容关、文字关和格式关，确保文稿的权威性和可操作性，审核以政府和政府办名义发文318份，高质量完成经济工作会议、全县表彰大会等汇报材料百余篇，下发常务会议纪要16期、专题会议纪要88期。抓信息调研，探发展路径。围绕改革创新、城乡建设、脱贫攻坚、产业发展等工作，多次开展调研工作，并撰写调研文章5篇，为县委、县政府科学决策、工作推动提供了重要的参谋服务。推行全员办信息，抓好政务信息采编，全年共采编信息500余条，被《宁夏政务快报》《宁夏政务信息晨报》采用55条，被国务院办公厅采用1条，政务信息工作连续6年蝉联县(区)考核第一。同时，自我加压，同五市评比，不断刷新成绩，政务信息累计得分已超过石嘴山市。抓会务统筹，提行政效能。按照“开短会、开现场会”的原则，认真审核会议议题，抓好会务统筹，确保会议决策的效率和质量。高标准筹备国家级、区市级会议36场次，全县经济工作会、脱贫攻坚、教师节表彰等500人以上大型会议7场次，政府常务会16场次、政府党组会26场次，县长碰头会，各类专题会议百余场次。

【**督查落实**】工作中紧紧围绕政府重大决策，创新工作方式，将督办落实放在日常运行更加突出的位置，敢于担当、敢于碰硬，确保政府各项决策部署落地生根。明确督查重点。坚持以政府决策部署和领导交办事项办理为主线，树立正确的督查督办导向，有机地将督查与调研结合推进，坚持在督查中发现问题、分析问题、反馈问题和解决问题。创新督查方式。坚持全员办督查的工作机制，积极发挥316督查室的品牌效应，围绕中心工作，组织运用明察暗访和抽查等方式，促进工作有效落实。强化督查效果。实行督查事项登记、销号、归档制度，并时时跟踪督办事项的办理动态，做到事事有落实，件件有回音。开展综合督查26次，与县委办联合督查10次，开展政务专项督查3次，编发《政府督查通报》29期，下发《领导批示办理单》38个。

【**综合协调**】2018年，政府办公室努力提高办公室综合协调能力，努力把老百姓的事解决好，把发展的事协调好。求高效。在办文办会办事的过程中，力求快节奏、高效率。突出抓好文电运行管理，实行及时收发、分类登记、内部送签、统一管理，确保文电有序高效运转。全年阅办上级来文2500余件，各部门、乡镇、企业请示、报告260余件，错退67件。求严谨。牢固树立“办公室工作无小事”和“举重若轻”的意识，按照“错误不在我这里出现”的标准要求每名工作人员，周密安排，认真协调，科学处理好各方关系，真正做到周全细致，不出差错。求规范。坚持客观、公正，严格依法办事，实事求是地搞好协调，尽量使参与协调的各方满意，努力推动所协调工作步入制度化、法治化轨道。切实加强与县委、人大、政协办公室的沟通协调，与部门、乡镇的沟通对接，做到纵横对接周密、内外协调到位。

【**廉政建设**】牢固树立领导干部廉洁自律意识，严格执行廉洁从政各项规定，坚持一手抓业务一手抓作风，努力打造一支素质高、能力强、作风优、能打硬仗的干部队伍。抓学习，强素质。充分利用办公室周日七点半例会、“三会一课”“5+X”主题党日活动等，及时组织全体党员及干部职工学习党的十九大精神和习近平新时代中国特色社会主义思想、《中国共产党廉洁自律准则》、马克思主义民族观宗教观等新理论、新政策、新规定、新方法。创新建立学习培训报告制，分享心得体会，全方位、多角度地提高干部职工文稿写作、研究分析、组织协调、依法行政能力。共开展干部理论学习26次，其中专题学习12次、培训心得分享4次。抓党建，夯基础。严格落实全面从严治党各项制度，认真落实违反中央“八项规定”精神突出问题专项治理和自治区党委第二巡视组巡视反馈问题，制定完善制度10项，开展专题学习辅导、专题会议研究等共9次，印发知识汇编等宣传学习材料共200余份，反馈问题已全部按要求整改完毕。认真贯彻《中国共产党廉洁自律准则》《中国共产党党内监督条例》，不折不扣落实好“三会一课”、民主评议党员、谈心谈话等制度，维护党内政治生活的严肃性，发挥基层党组织战斗堡垒作用和党员示范带头作用。召开党员大会7次、支委会10次，民主生活会3次、组织生活会1次。抓扶贫、做表率。办公室始终没有放松扶贫包扶工作，经常利用周末、节假日下乡入户开展帮扶，宣传政策、解决群众实际困难。同时，选派1名干部到王乐井乡挂职锻炼，积极响应全县脱贫工作需要，当先锋、做表率。全体干部职工全力参与配合国家第三方评估验收，表现出了忘我的敬业精神和过硬的工作作风，为盐池顺利脱贫摘帽做出了积极贡献。转作风，树形象。教育引导办公室全体党员干部以中央“八项规定”、纪律处分条例和廉洁自律准则严格要求自己，持续保持纠正“四风”高压态势，坚持令行禁止、洁身自好，树立政府“第一窗口”的良好形象。

## 政务服务

**【概　况】**2018年，政务服务中心以“不见面、马上办”改革为引领，在“一网一门一次”改革思路上，推进政务服务向智能化、标准化、体系化迈进。先后被评为2010—2017年全区政务服务先进集体、全区青年文明号、巾帼文明岗，吴忠市三星级政务服务中心、民族团结进步创建示范单位和“五四青年奖章”、县级文明单位。得到区市县各级领导的充分肯定和好评。共受理行政审批和服务事项283435件，其中：即办件249422件，办结率达100%，承诺件34013件。

**【智能化建设】**整合政法、政务服务、城市综合执法等部门资源，投资500万元建成了综治中心指挥大厅，设立了“12345”县级分中心，配备了13名工作人员，负责政务服务热线、数字城管、网格化矛盾纠纷业务派遣和事件的分转、督办工作，为群众提供全方位、全天候、高效率的政务服务热线电话。共受理案件1134件，已办结1037件，办结率91.4%，群众满意率98%。打造了政务服务24小时自助服务区，共配置自助办事终端设备9台，涵盖公安局、供水公司、供热公司、天然气公司等单位，提供身份证自助办理、出入境签证领取、港澳台出入境签注、打印供水、供热、天然气电子发票等受理事项，为群众提供24小时自助服务。接受群众自助办理业务3000余人次。

**【不见面审批】**组织发改局、市场监督管理局、公安局等34个部门，开展2轮事项梳理工作，共梳理同一事项、同一名称、同一编码、同一标准事项1191个，实现了群众和企业办事与区、市同标准、同流程。通过快递、代办、网办等方式，确定了可不见面办理事项963项，并实现了80%的事项可不见面办理。事项划转填报完成后，成立事项梳理审核小组，将录入系统的1191项事项的96项要素内容逐一进行检查，对录入的要素内容进行再审核、再把关、再修改。对录入的事项要素内容谨慎比对检查，存在问题的内容逐一截图反馈，反复检查，督促整改，力求提高事项办事指南的准确度。对涉及的基本公共教育、劳动就业服务、社会保险、基本社会服务、基本医疗卫生、残疾人基本公共等事项进行全面梳理，重点梳理群众关注度高、办件量大、与生产生活紧密相关的补贴类、证明类事项。共梳理出30项公共服务事项。

**【标准化建设】**规范县政务服务中心标准化建设。基础设施标准化，投资500万元，对政务服务中心三楼进行升级改造，将人社、税务、住房公积金等分厅的业务全部纳入中心办理，实现了线下只进一扇门。同时参照自治区政务服务中心的《视觉识别手册》，统一规范大厅标识标牌，设立了网上办事大厅自助区，进一步完善功能设施。窗口管理标准化，定期调换窗口工作人员，开展“红旗窗口”和“服务之星”评选活动，提升服务效能。服务制度标准化，举行政务礼仪培训班，严格落实首问负责制、限时办结制、服务承诺制、一次性告知制等制度，全面推行上门服务、代办服务和亲切服务，建立了双休日便民服务制度，开通了老年人、残疾人无障碍办事通道，提供帮办、代领办、预约服务等便民制度，为群众提供优质、高效服务。加强镇（村）政务服务标准化建设。规范了全县8个乡镇民生服务中心，和109个村级（社区）为民服务全程代办点，打通了服务群众最后“一公里”。为镇、村（社区）配备高拍仪、电脑、打印机、制证机等设备，统一刻制电子印章，覆盖率达100%，并通过制定相应的管理标准，规范管理，实现服务大厅秩序井然、服务优质、办事高效的目标，进一步提升管理和服务水平。同时，按照“十一个一”，即“一个服务台、一块牌子、一台电脑、一台高拍仪、一台打印机（带复印功能）、一个专网（网上办事系统）、一本台账、一部电话、一个公告栏、一名以上代办员、一套办事指南”，深入推进村（社区）为民服务全程代办点政务服务标准化建设。

【“三减一提升”活动】减环节。对法律、法规没有明确规定的，按照应减尽减的原则，将不必要的环节全部取消，实现了482项事项在窗口即办即结。减材料。凡法律、法规没有明确规定的申报材料，不得要求企业群众提交材料。审批事项申报材料由2018年以前的2453件精简为现在的2169件，缩减率为11.58%。减时限。政务服务事项法定时限是10834工作日，2018年以前承诺时限是7243个工作日，在前期优化流程的基础上，进一步对承诺办理时限进行压缩，承诺时限4683工作日，压缩率达35.4%。企业开办时间压缩到5个工作日内，个体工商户即来即办。新建项目7个工作日完成供水、供气、供暖报批报装。提高群众满意度。完善政务服务大厅设施功能，根据实际情况适当增设临时窗口或综合窗口，减少群众办事等候时间长、排队长的现象，加强窗口工作人员管理和考核，严把选派进驻关，畅通举报投诉渠道，对群众反映的办事不便利、服务效率低等突出问题及时核查处理，连续三年群众评议满意度达99%。

【便利化建设】大力推行代办服务，充分发挥社区网格员职能，采用“网格员＋城管员＋社区工作者”的便民服务模式，共配备了216名代办员，其中县城8个社区配备了108个代办员（网格员），其余村（社区）配备了108个，开展帮办、代办服务等。代办事项11300余件。分别投资400万元新建大水坑镇、惠安堡镇民生服务中心，将税务所、市场监管所、派出所等业务整合进入中心集中服务，极大地方便群众办事。通过发放宣传单和在政务服大厅、乡镇民生服务中心、村级为民服务代办点摆放展架、二维码等方式，对网上办事大厅、手机APP的应用工作进行了广泛宣传，让群众明白可以通过网上办事大厅和手机APP查询、咨询、办理事项，积极引导群众通过网上办事大厅办事。

【精神文明建设】结合标准化创建验收工作，通过日考核、月汇总、季通报、年终总评价，每天安排6位巡查人员分时间段轮流监察，短信实名制通报等方式，全面加强窗口人员管理，为公众营造、规范、文明、优质、高效的办事环境。积极开展扶贫帮困工作，通过实地走访、召开座谈会等方式，为14户贫困户制定帮扶计划，讲政策、送温暖，认真听取他们的意见和要求，共谋发展，2018年通过国家验收。打造党小组活动阵地，充分发挥党建引领政务服务先锋作用，落实社区“联合党委”工作，积极开展结对帮扶、志愿服务等活动。深入开展社会治安综合治理工作，做好七五普法、信访维稳等工作。通过法律援助中心窗口，向办事群众宣传法律知识。设置信访接待室，接待上访群众，听取群众诉求，为上访群众解决实际问题。积极争创区级民族团结示范单位、市级精神文明单位，并做好了普法、法治政府创建、植树造林等工作。

## 信访工作

【概 况】2018年，信访局共接待来信来访451批次2188人次，与2017年相比批次下降28.07%、人次下降33.72%。其中：集体访91批次1592人次，个体访360批次596人次；重复访79批次720人次，初信初访372批次1468人次。根据区、市通报及信息系统查询情况，到市上访20批次37人次，与2017年相比批次无变化、人次下降48.6%；赴银川上访1批次1人次，与2017年相比批次下降80%、人次下降98.8%；自治区联动中心接待盐池县信访群众来访5批次5人次。共转办信访件122件，已办结107件，正在办理15件。网上投诉67件，占转办件总量54.92%。网上及时受理率、按期答复率均为100%，群众满意率（信访部门100%，责任单位99.12%），群众参评率（信访部门100%，责任单位97.96%），初信初访办结率100%，按期复查复核率100%。群众反映的问题主要集中在：涉及土地征用及补偿、地界纠纷、土地确权、最低生活保障、困难救助等农业农村类；涉及拆迁补偿标准低、房屋质量、物业纠纷、违建拆除等城乡建设类；涉及农民工工资拖欠、养老保险、社会保险缴纳等劳动保障类；合同纠纷、意外伤害、非正常死亡等涉法涉诉类；退伍军人服务管理、企业改制遗留问题等其他方面问题。

【队伍建设】为进一步做好信访工作，提高信访干部综合素质，信访局高度重视干部素质培养和业务能力提升工作。加强政治理论学习，深入学习贯彻落实党的十九大精神和自治区十二次党代会精神，切实提高政治站位。通过不间断地政治理论学习，促使信访干部牢记自身职责和使命，坚定为党分忧、为民解难的思想认识，用理论指导实践工作。采取集中学习和个人自学方式，提升信访干部工作水平。紧密结合工作实际，利用集中培训学习方式，对新出台的信访工作相关政策、规定及时组织学习，确保政策、规定入脑入心，运用正确，切实保障信访人合法权益。督促干部加强个人自学，不断提高业务水平和综合素质，以开展“人民满意窗口”创建行动为契机，进一步转变干部作风，教育引导干部始终坚持“以人民为中心”，认真负责履行好岗位职责。

【矛盾化解】坚持矛盾纠纷排查化解常态化，不断前移信访关口，超前做好矛盾纠纷排查化解工作。全力做好各级“两会”、自治区成立60周年大庆等重要节会和盐池县各项重大活动期间信访维稳工作。县委、县政府主要领导高度重视，专门召开信访维稳工作专题会议，听取信访维稳工作汇报，研究分析信访形势，对会议、活动期间信访稳定工作提出明确具体要求。信访部门对可能出现的信访问题，提前掌控，积极协调督促，尽力化解矛盾。同时，及时抽调人员驻会维稳，配合做好节会期间信访维稳工作。各乡镇、各部门严格落实属地责任，深入细致排查各自辖区、各自行业内存在的矛盾问题，坚持源头化解，防止矛盾上行。扎实做好日常矛盾纠纷排查化解工作。继续以开展全国“三无”县、自治区“四无”县、“无上访村（社区）”创建活动为抓手，不断加强基层排查化解信访矛盾的能力和水平。按照“属地管理、分级负责，谁主管、谁负责”的原则，以力促“小事不出村（居）、大事不出乡镇（街道）、矛盾不上交”的“三不”为目标，继续发挥乡、村两级干部化解信访矛盾的基础性和前瞻性作用，进一步提升基层信访工作整体水平，努力从源头上预防重复访、越级访问题的发生。初步核查有55个村（社区）保持无上访记录。

【**领导接访**】按照“公开透明、规范有序、方便群众、解决问题”的原则，严格实行县委、县政府领导周二定期接访、重点约访、不定期下访随访制度和重要节会期间信访大厅每日坐班接访制度，及时接待群众来访，及时就地协调处理信访问题。县信访局充分发挥领导接访工作参谋助手作用，积极协调有关乡镇、部门、第三方社会力量联合接访，安排专人记录、整理、汇总领导当日接访情况，经接访县领导签字确认后，专报县委、县政府主要领导和分管副书记，加强对接访工作的跟踪问效。县领导每周二定期接访、不定期约访、主动下访群众累计176批次1564人次，推动矛盾纠纷化解144件。

【**突出重点**】按照自治区统一安排部署，坚持把中央第八巡视组、自治区党委第二巡视组移交信访案件办理及“回头看”工作及开展解决群众反映强烈的突出问题活动作为2018年信访工作的重要任务。按照“精准甄别，及时交办；深入调查，全力化解；严格督办，落实责任；程序严谨，规范立案”的工作要求，全力办理好中央及自治区党委巡视组移交信访件和自治区党委交办群众反映强烈的突出问题。共受理中央第八巡视组移交信访件9批52件，全部按期上报并答复信访人，已办结51件，正在积极推动化解1件，办结率98%。受理自治区党委第二巡视组移交信访件5批68件，全部按期上报并答复信访人，已办结67件，正在化解1件，办结率98.5%。受理自治区党委交办突出信访问题1件，已办结。同时，为确保办理效果，防止问题反弹回潮，集中利用一个月时间开展了以自查复核为主的“回头看”工作，问题整改效果明显，办结率、满意率均明显提升。成立由县委书记任组长，县长及分管县领导任副组长，各乡镇（街道）、有关部门负责人为成员的解决群众反映强烈的突出问题活动领导小组，围绕农业农村、拆迁安置及住房建设、涉众型经济犯罪、环境保护、劳动保障、安全生产及社会治安6个方面，梳理排查群众反映强烈的突出问题153件，做到边排查边化解，动态销号管理。已化解140件，正在解决13件。

【**责任落实**】认真落实县领导包保化解稳控重点疑难信访事项工作制度，推动重点疑难信访事项“案结事了”。全县确定的71件重点疑难信访事项，已彻底化解31件，已化解还需稳控29件，正在协调解决11件。坚持抓好《信访工作责任制度实施细则》的落实执行，按期报送工作情况，把明责、尽责、追责贯穿信访工作始终，推动各级领导干部进一步强化责任意识，自觉做好信访工作。

【**完善机制**】拓宽信访渠道，积极引导群众转变思维意识，推动网上信访成为群众反映诉求的主渠道，通过更加高效便捷的网络信访平台反映诉求，随时掌握信访件办理情况。积极引导群众依法逐级走访，深入推进诉访分离，配合政法部门把涉法涉诉信访纳入法定轨道解决，实现从过分依赖行政手段化解向依法化解转变。继续扎实推进依法分类处理信访诉求工作，依照各职能单位法定职责分类处理群众投诉请求，不断推动法定途径分类处理信访诉求工作落地见效。发挥信访部门督查问效职能，积极开展督查督办工作，采取电话督办、发函督办、实地督办、以会代督等形式，压实责任，推动问题化解和工作落实。不断推动信访事项复查工作见实效。认真履行县信访事项复查委员会办公室职责，及时受理复查请求，协调处理复查事项，推动信访人息访和信访事项依法有序退出信访程序。县信访事项复查委员会收到复查申请7件，不予受理3件，撤回申请1件，受理3件，召开听证会3次，办结3件。动员社会力量参与化解信访问题，推行律师、法律工作者以及“两代表一委员”参与信访问题化解，提升信访问题化解的透明度和公信力。结合“扫黑除恶”专项斗争工作，依法处置违法信访行为，积极配合公安机关，搜集证据，打击扰序等违法信访行为。

【宣传引导】以“12·4”全国法制宣传日、“综治宣传月”“扫黑除恶”专项斗争工作为契机，大力宣传党的十九大精神、信访新政策、依法逐级走访、网上信访等内容，营造和谐有序社会氛围。在实际工作中不断总结新时代信访工作的新举措新成效，提升信访公信力，群众满意率。2018年以来，上报各类信访宣传信息、典型案例、调研文章34篇。

【党风廉政和党建】认真开展违反中央“八项规定”精神突出问题专项治理工作、扶贫领域腐败和作风问题专项治理工作。持之以恒抓好作风建设、纪律建设、制度建设，推动信访工作创新发展。不断发挥党支部战斗堡垒作用和党员先锋模范作用，积极争创三星级党组织，扎实开展共产党员不信仰宗教活动，认真组织召开“不忘入党初心，坚定理想信念”专题组织生活会，严格落实党建工作各项制度，坚持以党建引领信访工作，不断扎实开展自治区级“人民满意窗口”创建行动，筑牢信访工作基础，提升信访工作效率和服务群众能力。

## 政协盐池县委员会

【概 况】2018年，盐池县政协在县委的坚强领导下，十届县政协及其常委会以习近平新时代中国特色社会主义思想为指导，深入学习贯彻中共十九大精神，认真落实中共盐池县委一系列重大决策部署，广泛团结参加政协的各党派团体和各族各界人士，集众智、用众力、重大局，努力推动人民政协事业迈出新步伐。

【思想政治建设】坚持党对政协工作的绝对领导。坚决维护习近平总书记的核心地位，坚决维护党中央的权威和集中统一领导，自觉服从和维护县委的领导，坚持重大事项向县委请示报告制度。坚持县委中心工作推进到哪里，政协履职就跟进到哪里。充分发挥政协党组的领导核心作用，党组研究讨论政协重要工作和重大事项形成制度。建立县政协中共党员委员学习教育制度，探索党组成员联系党员委员、党员委员联系其他委员机制，重要会议、重大活动成立临时党组织，政协履职的组织保证更加坚强有力。紧扣县委决策部署，围绕年度协商计划，年内召开专题议政性常委会5次、专题协商主席会11次、主席专题协商座谈会2次，形成协商报告13份上报县委、县政府，委员人均参加协商活动2次以上。高度重视政协系统的意识形态工作。扎实开展习近平总书记关于加强和改进人民政协工作的重要思想学习研讨活动，组织机关干部、政协委员、政协参加单位分不同层次，围绕“政协工作在中国特色社会主义事业中的地位和作用”等重大问题，专题培训1次，学习研讨4次，撰写理论文章、心得体会32篇；参加区市政协系统学习研讨会，并作交流发言，吴忠市政协系统学习研讨会在盐池召开。全面落实党组中心组学习制度和机关干部学习制度，把学习融入日常、抓在经常。坚持定期研讨、党组成员主题领学辅导制度，引导党员干部提高政治站位、把握正确方向、明辨是非曲直；面向广大政协委员，推送政策理论学习内容，编印学习资料7期，利用“盐池议政”微信平台开展“每日一学”，推进委员线上线下交流学习；举办委员培训班2期，选派11名委员参加全国政协委员培训班，引领委员学习新政策，了解新知识，掌握新技能。加强政协工作宣传报道，先后在《人民政协报》、宁夏政协网、《华兴时报》等媒介刊登信息50余篇；《华兴时报》头版头条报道了盐池县政协听取工作通报监督纪实，各类媒介专题报道10名委员履职风采，有效扩大了政协影响力。切实抓实机关作风建设。扎实做好中央和自治区党委巡视反馈问题整改。先后召开政协党组专题会议8次、专题民主生活会2次，深入分析问题成因，集体研究整改重点，动真碰硬改问题。在此基础上，建立健全《政协全体会议工作规则》《机关财务管理制度》等28项政协工作制度和6项机关管理制度，形成了系统完善的政协工作制度体系。

【协商议政】围绕中心，为盐池改革发展增助力聚合力。常委会紧扣全县改革发展的重大问题，深度调研、集中协商，努力贡献政协智慧。十届二次全体会议期间，委员们围绕脱贫富民、特色产业发展、国企改革、构建新型政商关系、加强社会救助等方面进行大会发言；围绕《政府工作报告》和其他工作报告协商讨论，积极建诤言献良策，共提交大会发言材料34篇，提出的100余条意见建议整理形成综述上报县委、县政府。专题议政性常委会聚焦县委关于农业农村工作的一系列决策部署，围绕农村土地"三权分置"改革议题开展专题议政性协商，组织委员深入乡镇、村、企业以及群众中调查研究，广泛征求意见、交流讨论，常委会议协商形成的"进一步搞活农村承包土地经营权"等20多条前瞻性、可操作性的意见建议报县委、县政府。主席会议针对创建国家科技创新示范县、深化教育体制改革等重点工作，围绕科技型企业发展和义务教育均衡发展等议题，在深入调研座谈的基础上进行专题协商，提出意见建议30余条，为党委、政府推进相关工作提供了参考。主席专题协商座谈会围绕人才培养和引进、小微食品加工等事关发展和群众切身利益的热点问题，以专委会组织、政协委员和群众广泛参与的形式组织协商调研，提出针对性意见建议24条，促进认识在交流中统一、分歧在讨论中减少、问题在协商中解决。

【视察监督】紧扣重点民主监督，助推县委、县政府重大决策落地生根。政协加大民主监督力度是一年来常委会工作的鲜明特点。首次开展常委会监督性专题议政。围绕城市综合执法体制改革工作推进情况议题，组织委员视察调研，深入基层、部门和服务对象了解实际情况，针对执法体制改革推进中存在的五个方面的突出问题，提出意见建议19条，为党委政府决策提供参考。继续开展视察监督。围绕县委政府全域旅游三年行动方案落实情况、特色小城镇建设推进情况，组织委员实地视察座谈，查找问题，提出意见建议20余条，形成视察监督协商报告报县委、县政府。首次开展专项监督。围绕大气和水环境治理中的控烟、控排、控尘、水源地保护等重点工作任务落实情况，中央环保督察组转办问题整改情况等开展专项监督，形成专项督查协商报告报县委、县政府。首次将常委会民主评议部门监督纳入协商计划。按照评议制度和规定程序，组织委员对社会保险事业管理局、车辆管理所、师资培训中心工作进行民主评议。常委会评议意见及时向县委、县政府及组织、纪检等部门进行上报、抄报。对座谈交流、问卷调查等评议过程中群众反映的问题及时向部门通报，促进被评议单位改进工作、更好地服务群众。进一步明确了常委会听取情况通报这一民主监督的重要形式。常态化听取法院、检察院、纪委党风廉政工作通报，专题听取县人民政府关于文化体制改革和财税、招商引资工作通报。为提升监督实效，会前深入相关单位、企业调查研究，查找问题，听取意见建议，首次将调研活动征求到的意见建议和常委会协商成果整理形成综合监督性协商报告，上报县委、县政府，为改进工作提供参考。常态化组织在盐三级政协委员视察县域经济及重点项目建设情况。组织委员听取政府工作通报和大会发言，促进政协委员掌握县情民情、积极建言献策、提振发展信心、凝聚发展合力。

【提案办理】秉持履职为民理念，助力社会各项事业发展。牢固树立"以人民为中心"思想，围绕中央和区市县各项惠民政策的落实、民生实事的实施，提出提案、反映社情民意，倾力推动民生事业发展。创新提案工作机制。县政协十届二次会议审查立案提案84件，其中梳理重点督办提案6件，向县委、县政府专报重要提案23件。内容涵盖经济建设、城乡建设、生态环境保护、文化旅游、教育卫生、民生保障等方方面面。县委滑志敏书记和政府戴培吉县长就认真负责做好提案办理工作做出重要批示。县政协在坚持提案办理面对面协商、联合县委办、县政府办全面督办等措施的基础上，推动实行由“一次性办理”转变为“跟踪式办理”、集中召开提案督办会议、开展提案质量“双向评价”等创新性工作机制，取得显著效果。一大批事关发展、事关民生的提案得到了采纳和落实。畅通社情民意渠道。全年收集社情民意35条，整理编发《社情民意》13期，上报区市政协9期，办复率达100%。《关于出台流动“小餐饮车”管理办法的建议》被自治区政协采纳并批转相关厅局办理。

【交流联谊】突出大团结大联合，发挥爱国统一战线组织作用。常委会注重发挥政协的特点优势，不断拓展团结面，画大同心圆，努力为改革发展凝聚人心、汇聚力量。深化合作共事。以政协会议为平台、调研视察为载体、界别活动为纽带，建立政协参加单位、党派、人民团体参加政协各类会议和大会发言、听取工作情况、联合调研、座谈协商等工作机制，营造了更加浓厚的协商氛围。加强交流联谊。开展“不忘初心促和谐发展，履职尽责展巾帼风采”等联谊活动，增强政协凝聚力。增进与各地政协组织间的交流，配合区市政协到盐池开展各类调研活动，先后接待区市和各兄弟县区政协组织16批300余人到盐池县交流学习。围绕科技型企业发展和小微食品加工企业管理，组织委员赴阿拉善左旗、乌海市考察学习，加强了交流，借鉴了经验。挖掘文史资政育人。致力文化传承和发展，按照“亲历、亲见、亲闻”的“三亲”原则，编印出版文史资料《花马池问史录》，启动《盐池记忆》等文史资料征集工作。

【委员联系】进一步深化委员基层联系工作，着力深化和拓展“三联系”活动。开展义诊、科普、科技咨询、政策宣传等主题活动20余场次，参与群众5000余人。增加走访接待委员频次，看望并听取委员对全县及政协工作的意见建议。年内走访委员单位11个，走访接待委员60余人次，召开委员座谈会7场次，激发了委员履职热情。积极配合自治区政协建设“互联网＋政协”综合服务系统，为委员履职提供综合信息服务。

【机关管理】始终把目标责任管理作为加强机关建设、提高工作效能的重要抓手，制定了《2018年工作分工落实方案》等多个管理文件，将主要任务、责任目标落实到各委（室），分解到个人，使机关工作有章可循。坚持机关每周学习和工作碰头会制度，加强机关内部各委（室）之间的协调互动，增强了工作的整体合力。加强对机关干部的日常教育、管理和监督，抓早抓小、从严从实，努力营造风清气正的政治生态。

## 政协重要会议

【政协十届九次常委会】2018年4月13日召开，县政协主席贺满文主持。会议集中学习了2018年全国“两会”精神、新修订的《中华人民共和国宪法》和《中国人民政治协商会议章程》，部分常委围绕学习主题作了交流发言。

【政协十届十次常委会】2018年9月20日召开，县政协主席贺满文主持。政协常委会组成人员出席会议，政府副县长张晨及部分政协委员应邀参加，政协各专委会负责人列席会议。会议传达学习了全国政协系统党建工作会精神和全区政协主席座谈会精神以及中共中央办公厅印发的《关于加强新时代人民政协党的建设工作的若干意见》，民主评议了社会保险事业管理局、师资培训中心、车辆管理所工作，审议通过了政协盐池县第十届委员会专委会机构及职责和《盐池县政协委员参加专委会工作方案》，研究通过了县政协十届委员会相关制度及其他事宜。

**【政协十届十一次常委会】**2018年11月2日召开，县政协主席贺满文主持。会议听取了县人民政府关于文化体制改革、财税、招商引资工作开展情况的通报，听取了县法院、县检察院、县纪委监委2018年工作情况通报。县委常委徐经生，副县长尹益龙，十届县政协常委及政协各专委会负责人，相关部门负责人参加了会议。

**【政协十届十二次常委会】**2018年12月12日召开，县政协主席贺满文主持。会议协商农村土地"三权分置"改革情况和城市综合执法体制改革工作推进情况。县委常委徐经生，副县长张晨，十届县政协常委，参与调研的委员及政协各专委会负责人，相关部门负责人参加了会议。

## 政协办公室

**【办文办会】**2018年，盐池县政协办公室认真做好各类会议服务工作，先后组织筹备常委会议3次、主席会议8次、党组中心组会议11次，顺利筹备庆"三八"委员联谊活动、吴忠市政协提案办理协商会议等会议活动。及时传输文件材料，严把文字材料关，印发委员会文件31份，办公室文件59份、党组文件19份、便函47份，起草各类材料30余篇。

**【制度建设】**对九届委员会制定的政协工作制度和机关管理制度进行全面梳理，修改完善制度13项，起草新建制度13项，废止制度3项，整理汇总形成《政协盐池县第十届委员会制度汇编》，印发给全体委员和机关干部，推动政协工作制度化、规范化和程序化建设。

**【学习教育】**认真抓好机关干部和委员学习教育，邀请自治区专家为全体委员进行学习习近平总书记关于加强和改进人民政协工作的重要思想专题培训，组织11名政协委员参加全国政协培训。通过微信平台开展"每日一学"活动，先后推送各类工作学习信息700余条，编发《委员微讲堂》11期，印发《盐池政协》期刊和各类学习资料300余册。

**【落实"八项规定"】**按照区市县有关要求，认真组织开展自查整改工作，并对自查出的问题全部整改落实到位。积极配合自治区党委第二巡视组巡视工作，针对反馈的问题，精心制定整改方案，已全部整改落实。加强与县公车平台联系，保障各类调研视察活动用车。严格按照规定强化办公用房管理，共清理腾退办公用房387.8平方米。

**【"三联系"活动】**2018年，盐池县政协办公室推动主席副主席与委员双向互动常态化，协助主席副主席共走访、接待委员60余人次，走访、接待政协参加单位、委员所在单位、各民主党派10个。协助委员在基层联系点和界别联系点开展调研视察、入户走访、送课下乡、"助力高考"爱心活动、爱心帮扶等活动，为委员开展"三联系"活动做好服务保障工作。

**【党风廉政建设】**严格落实"三会一课"制度，抓实党员学习教育工作，共召开党支部委员会会议11次、党员大会9次、组织全体党员开展扫墓、接受警示教育、重温入党誓词等主题党日活动11次，组织召开专题组织生活会3次。以落实党风廉政建设"两个责任"为重点，健全完善各项制度并强化制度的执行，加强对机关干部职工党风廉政建设教育引导，确保党风廉政建设主体责任落实到位。

**【其他工作】**全年收集社情民意35条，整理编发《社情民意》13期，上报区市政协9期，被自治区政协采纳并批转相关部门办理1件。在各类媒体刊登宣传稿件32篇，《华兴时报》头版、头条报道了1篇，《委员风采》栏目刊登3名委员履职事迹。"盐池议政"微信平台推动各类工作信息100余条。协助各委室做好各类调研和民主评议工作，强化机关日常办公、管理保障和服务工作。

先后组织开展帮扶活动200余人次，送去慰问品价值2.4万元，帮助筹集发展资金5万元。接待各级政协组织15批200余人到盐池县考察指导、交流学习。认真做好民族团结、综治普法、信访保密、工青妇、计生双拥、档案管理等工作。

## 政协各专门委员会

【提案法制和学习文史委】2018年，县政协提案法制和学习文史委坚持把学习贯穿于工作的始终，灵活形式，突出实效，扎实推进。通过举办培训班、微信平台经常性发送提案工作知识等，大力提升委员提提案能力。坚持提案线索征集制度，每年向党政部门征集提案选题、向社会公开征集提案线索的做法；将立案提案目录、政协提案范文、立案条件等印发全体委员，方便委员更有针对性地提出提案。结合开展“三联系”活动，组织委员深入基层，了解民情，掌握民意，发现线索，积累有价值的提案素材。鼓励界别提案、党派提案、委员联名提案，加强专委会、政协参加单位提案，不断提高集体提案比例。落实会前征集初审、会中立案联合审查、会后交办复审的“三审联合”机制，严把提案入口关。建立健全县委办、政府办、政协办和承办单位四方联合交办机制，进一步规范提案办理协商，建立承办单位、提案者、政协组织三方沟通协商机制，采取座谈协商、带案视察、走访了解、电话沟通等形式，有效提升了办理质量。进一步完善提案工作流程，制定出台了提案审查实施细则等10项制度，建立了提案工作领导机制、协商机制、督办机制、激励机制等，从制度层面保证了提案工作的规范有序开展。坚持并不断完善县领导督办重点提案机制，探索走访督办机制，加强与县委、县政府督查室的联合督办，着力增强督办的实效性。首次由主席副主席分别带队对当年立案的全部提案进行督办协商。探索开展提案工作双向评价，有力提升了提案工作的整体质量。围绕城市综合执法体制改革工作推进情况议题，组织委员深入2个乡镇实地视察调研，深入基层和部门服务对象了解实际情况，在此基础上，在常委会上监督性议政。针对发现的“执法体制仍未完全理顺”等五个方面的突出问题，提出意见建议19条，为党委、政府决策提供参考，助推各项工作开展。围绕特色小城镇建设等县委、县政府重点工作推进情况，组织委员在实地视察的基础上，在主席会议上监督协商，提出意见建议12条，形成专题民主监督协商报告上报县委、县政府。组织委员对县委关心群众关注的车辆管理所工作进行民主评议监督，采取现场察看、座谈交流、问卷调查等方式，把群众反映的问题如实向部门通报，也把部门整改情况及时反馈给服务对象，搭建起被评议部门单位与服务对象沟通的平台，促进被评议单位改进工作、更好地服务群众。组织专委会联系的委员参加在盐池三级政协委员视察县域经济及重点项目建设活动，了解情况，掌握资料，更好建言献策全县经济社会发展。《盐池县政协文史资料（第十一辑）——花马池问史录》编辑出版前期工作已完成，正式交付出版社印刷出版。《盐池记忆》《美丽乡村》等文史资料征集工作正积极协商推进。书画院选派两名学员如期在中国人民大学美术学院山水画高研班学习，年底结束培训任务。其间，姚竹创作作品入围“生态龙岩·红色闽西中国画作品展”，开盐池美术界先河。同时，认真做好三联系及界别活动，扎实搞好委员联系基层工作，积极主动做好委员服务管理工作，全面完成了领导交办的其他任务。

【教文卫体和民族宗教统战委员会】2018年，县政协教文卫体和民族宗教统战委通过学习培训、专委会会议、调研视察、走访座谈、界别活动、接访走访委员等多种形式，结合履职实际，学习习近平新时代中国特色社会主义思想，学习人民政协工作知识，学习教育、科技、文化、卫生、体育等领域的政策法规，进一步增强委员参政议政能力。同时，专委会按照政协机关的学习计划和要求落实学习任务，充分利用各项活动，紧密联系实际进行学习，不断推进政治把握能力、调查研究能力、联系群众能力和合作共事能力。根据政协 2018 年工作要点和年度协商计划责任分工落实方案，制定《教文卫体和民族宗教统战委员会 2018 年工作计划》，并按月抓好落实。对委室承担的调研全县人才培养与引进工作、义务教育均衡发展、县委全域旅游政策落实情况、城乡居民养老和医疗保险情况、民主评议县师资培训中心等工作制定了实施方案，并按照时间进度逐项抓好落实；组织部分政协常委、委员对全县人才培养与引进、义务教育均衡发展、县委全域旅游政策落实进行了视察调研，并形成调研报告和协商报告；对县师资培训中心工作进行民主评议，征求了评议单位、服务对象以及全县各乡镇各部门的意见，形成了评议报告；开展好脱贫富民相关工作，按照政协机关具体安排和要求，多次深入帮扶村高沙窝镇高沙窝村了解情况，开展帮扶工作。建立专委会所联系委员履职情况档案，根据委员平时参与视察调研、学习培训、撰写理论文章以及“三联系”活动进行量化考核，计入履职考核档案。召开教文卫体和民族宗教统战委“三联系”活动安排部署会。组织委员学习了政协 2018 年“三联系”活动实施方案，并围绕“三联系”活动的开展以及盐池县经济发展、社会民生和政协工作提出了意见和建议。组织开展庆“三八”女委员联谊会。各界别通过演唱、舞蹈、诗歌朗诵等形式彰显了女委员的精神风貌。部分女委员还参与了县妇联组织的插花培训班。组织教育、宗教等界别委员到冯记沟乡中心小学开展送课下乡活动。委员包采娥发挥自身优势，组织带领县五小青年骨干教师，为冯记沟中心小学送课。她个人围绕“教育如何构建良好的师生关系”为全体老师开展主题讲座；委员金凤宝结合个人工作实际，为全校学生开展法律知识讲座并赠送知识读本，帮助学生树立安全法律意识。委员张志文在麻黄山乡、振兴社区开展义诊活动，在小井坑社区开展健康知识教育讲座，受到了广大群众的一致好评。联合县一幼开展“假如我是幼儿教师”体验活动。参与活动的政协委员分别体验了绘本教学、主题教学、荞面坊等特色课程，畅谈了参与活动的情感体验，分享了幼儿教师无私奉献的精神。活动结束后，委员马晓莺就宣传盐池县幼儿教师典型事迹分别采访报道了四期节目，积极肯定盐池县广大幼儿教师为学前教育做出的努力和贡献，号召全社会都来支持和关心学前教育的发展。带领部分政协委员到县残疾人康复中心、王乐井乡政府、惠安堡镇惠苑村进行实地调研，与乡镇领导、联系委员、界别群众围绕残疾人康复、涉农扶贫资金公开查询系统、脱贫富民能力刺绣技能培训班、黄花产业后续发展等问题征求意见建议。开展走访、接访委员工作。副主席范海荣先后走访王淑萍、周永红等 8 名政协委员，妇联、残联参加单位 2 个，接待丁秀娟、焦全梅等 5 名委员到访，走访萍之绣、美雅滩羊裘皮等企业 2 家，先后共征集到建议 8 条，形成社情民意 4 篇。

**【经济科技委员会】**2018 年以来，政协经科委组织经济、工商联、农业界别委员参加县政协组织的集中培训，掌握履职所必需的基本知识；在坚持自学的基础上，送汇编学习资料 4 期 120 本；30 名经济、工商联、农业界别委员参加政协举办十九大精神辅导培训；高文顺等 7 名界别政协委员到北戴河、青岛培训基地参加政协业务学习；组织 11 名界别政协委员到左旗、海勃湾区考察学习科技型企业、小微食品企业发展、拓宽委员视野；提交撰写主席专题会议发言材料 9 篇；20 名界别政协委员分别列席政府常务会议；33 名界别政协委员参加县域经济发展观摩。通过培训学习、外出考察、参加会议、实地观摩，帮助界别政协委员了解政策、掌握县情、把握方向，为正确履行职能打下良好基础，不断提高委员政治把握能力。按照县政协2018年工作分工落实方案，结合工作实际，制订了经科委工作计划和时间安排，并认真抓好各项工作的落实。认真组织开展专题协商、议政调研、民主监督评议工作，为县委、县政府决策建言献策。围绕年度协商计划对全县科技型企业发展情况开展调研。组织界别政协委员到左旗等地学习了解科技型企业发展趋势，组织界别政协委员考察金裕海、绿即达等4家科技型中小企业科研生产状况，通过内外调研学习，对全县科技型企业发展有了深刻的感性认识，形成科技型企业主席重点会议协商报告，从4个方面提出意见建议，提交县委、县政府参考。对小微食品加工企业发展主席专题协商座谈会开展前期调研。会前，组织6名界别政协委员开展调研，走访了2个乡镇、5家小微食品生产企业，25户小微食品经销商，同50余人进行交流，对小微食品生产状况进行了解。到海勃湾区考察学习小微食品园区管理经验，分析盐池县小微食品企业经营状况，界别政协委员从3个方面为主席专题协商座谈会提交发言材料4篇。在主席专题协商会上，市场监督管理局等4个单位、乡镇通报了小微食品企业发展情况，综合调研、考察学习、主席专题会议意见建议，形成协商报告，报县委、县政府。民主评议监督县社保局工作，评议监督报告经评议组讨论，和被评议单位多次交流，达成共识，吸纳政协主席会议、常委意见建议，形成评议报告，客观反映县社保局工作成绩及工作不足，并结合社保工作实际，撰写2篇社情民意，报送政府，为被评议单位解决实际困难。开展专项监督和界别委员视察活动。组织9名界别政协委员实地视察骆驼井水源地等6个大气环境治理和水源地保护点，随后召开监督性座谈会议，环林局等8个单位围绕大气环境治理和水源地保护开展的工作同政协委员协商讨论，吸纳主席会议意见建议，形成大气和水环境治理监督性报告，实事求是向县委、县政府反映大气环境治理和水源地保护工作成果及存在问题。组织13名委员对花马池镇、高沙窝镇、冯记沟乡、青山乡的美丽村庄建设、农村环境综合整治进行界别视察，围绕政策落实、项目推进、群众反映、整治质量、机制建立等进行实地了解，撰写提案掌握实情。围绕农村土地确权登记开展“农村土地三权分置改革情况”调研。实地走访大水坑、青山、冯记沟、惠安堡，县农商银行，经管站等乡镇、部门、企业，初步了解农村土地三权分置改革的基本做法，随召开座谈会，部门、乡镇、金融机构就土地三权分置改革与界别政协委员共同协商，达成一致意见建议。利用一个月时间，分别征求各方面意见建议，形成调研报告，经政协十届十七次主席会议，政协十届十二次常委会专题议政协商后，形成议政性协商报告，报送县委、县政府。围绕经济社会发展的难点问题、群众普遍关心的焦点问题、涉及民生的重点问题提出提案，组织界别33名委员向十届二次会议提出提案13件（其中界别提出提案2件），2件提案被确定为重点提案，其中“关于为非公职身份两代表一委员免费体检的建议”，得到政府高度重视，安排专门资金，为37名政协委员进行免费体检。撰写的“高沙窝镇建设环镇公路的建议”得到交通部门重视，已经列入自治区交通项目，正在设计招标，预计2019年开工建设，经督查，政协界别委员提案办结率为88.2%。以政协界别委员向县政府反映社情民意3件，其中“社保项目日常管理缺乏资金的建议”得到县政府重视，安排20万元专项资金，对社保项目进行日常管理，解决社保项目监督难问题。向自治区政协上报社情民意3件。落实好区市政协及专委会对口联系工作，主动协调，配合区市政协开展调研5次。按照“三联系”活动实施方案要求，完成各项任务，不断创新界别联系点活动内容，发挥界别委员主观能动作用，做好内容设计和落实工作，带领专委会组成人员，对青山乡、大水坑镇、县工会、德昌集团、长江酒店及联系部门进行走访，征求到“禁牧处罚使用简易程序的建议”、“解决职工子女放学托管服务的建议”等10条线索，正在组织界别委员深入了解，撰写提案，向十届三次会议提交。巩固两个界别委员联系点，探索开展活动，提升委员联系界别群众的能力，沟通渠道，逐步使上情下达、下情上传成为常态。鼓励政协界别委员联系界别群众开展各类活动，6月份组织长江大酒店开展“爱心护考”公益活动，为300余名高考学子免费提供餐饮、坐车方便。7月份开展由6位界别委员赞助，3个政协参加单位参与，10只球队竞赛的“紫都学府杯”篮球比赛，8月份刘凯源委员联系国家足协，共同组织“我爱足球、盐池兴泰源杯”足球联赛，为青年提供运动舞台。据了解掌握，有9名非公职身份政协委员分别担任各类民间组织负责人，使政协团结的对象不断扩大，政协的协商作用彰显。十届二次会议以来，经济、工商联、农业界别委员，履行企业帮扶职责，发挥委员作用。马斌、刘凯源、赵永禄、白保林、王志军、胡志成、王振强等委员为贫困村，贫困户捐款7万元。永红药业、德昌集团、得发建设、飞马公司、金裕海化工等企业为医保基金会捐款100余万元。33名政协界别委员参加了各类调研、视察、评议、会议等活动，提升了履职能力。同时引导政协界别委员主动合作，参与撰写民主评议报告1篇，协商报告4篇，调研报告2篇，外出考察报告2篇，界别提交提案2篇，界别上报社情民意信息6条，特别是自治区采用1篇社情民意，21位界别委员共同通过调研、了解完成的，体现了合作共事的精神。撰写十届二次大会专题发言材料5篇，2名政协委员进行大会交流发言，19名委员围绕大会议题进行分组发言，提出建议6条。在每项工作开展前，及时向分管副主席汇报，同专委会组成人员共同讨论，制定工作方案，按照方案开展工作。对政协界别委员的履职情况平时做好记录考评，提升委员履职能力。主动参加机关组织开展各项活动以及政协十届二次会议的筹备工作；做好“卫生县城”责任区保洁日常清扫工作和“文明县城”创建巩固工作；完成2018年春季义务植树任务，做好义务植树区管护和抚育工作；同时主动服务分管副主席承担的重点工作，完成政协常委会议、主席会议交办的各项工作。

# 群众团体

QUNZHONGTUANTI

YAN CHI NIAN JIAN 2019

## 盐池县总工会

【概　况】2018年，全县共建立工会组织246家（其中：机关事业单位97家，公有制企业12家，非公有制企业102家，其他工会组织35家），发展会员15738人，农民工会员8628人，新增农民工入会715人。新建工会10家，发展会员280人（农民工会员167人）。全国模范职工之家2家；区级模范职工之家4家，小家3家；市级先进职工之家8家，小家3家；县级合格职工之家39家，小家12家。全国职工书屋1家，区级职工书屋11家，市级职工书屋7家，县级职工书屋3家。“安康杯”全国优胜单位2家，区级1家。县总机关核定领导职数1正2副，行政编5人，事业编4人；实有行政编5人，事业编4人，社会化工会工作者7人。

【提高站位】着力把学习贯彻党的十九大精神和中国工会十七大精神作为首要政治任务和工作指引。采取开展辅导讲座、知识竞赛、演讲比赛等多种形式，深入学习、推进党的十九大精神和中国工会十七大精神进企业、进车间、进班组、进一线职工。如县总工会在花马池镇曾记畔村组织职工会员参加盐池县党的十九大代表、市级劳模朱玉国关于解读十九大精神的专题讲座；组织6名党员干部到井冈山学习；教育工会组织30余名职工开展十九大精神演讲比赛；盐州路街道办、惠安堡、供热公司等5家工会组织300余名职工开展了十九大知识竞赛及知识测试活动。通过活动的开展，进一步提升了职工队伍的整体素质，切实增强了基层组织“围绕中心、服务大局”的向心力和凝聚力，为下一步开展好工会各项工作指明了方向和道路。着力引领职工群众营造劳动光荣的浓厚社会氛围。在长城公园打造劳模事迹宣传长廊，以图文形式宣传劳模先进事迹。组织开展劳模到区内外进行疗休养活动、在重大节日期间进行慰问、定期组织劳模进行体检等关爱活动。通过采用线上线下等多种方式，宣传劳模，关爱劳模，发展劳模，营造盐池县劳动光荣的浓厚氛围。

【提升素质】狠抓示范引领。在进一步转化劳模创新工作室创建成果基础上，巩固深化“四亮四带一测评”活动，创新开展“一匠一星促四模”工作，培树周永红、金宏峰劳模创新工作室2家。组织做好区、市级的先进推选工作，盐池县获得吴忠市“五一劳动奖章”2名、“五一劳动奖状”2个、工人先锋号1个。积极组织开展“巾帼建功”活动，上报“巾帼文明岗”4名，“巾帼标兵”5名。开展“五一”大型文艺晚会并表彰盐池县城关街道办事处工会委员会等星级工会组织4个；张贤等星级工会主席4名；韩淑芬等星级职工10名；盐池县医院外科等工人先锋号5个；余振忠等金牌工人8名。提升服务能力，深化工会改革，优化机构班子结构，新增工会挂职副主席1人，兼职副主席2人。举办全县工会干部业务知识培训班1期，150余人参加培训；组织干部职工观看《厉害了，我的国》《邹碧华》等教育影片，增强了干部职工国家自豪感和民族自信心；坚持开展“周五”学习活动日，不断提高工会干部职工科学文化素养和职业能力素质。与就业局、扶贫办联合举办2018年春、秋季招聘会各1场次，建立就业信息平台，全年提供用工信息165期、就业岗位308个，实现了部分困难职工、农民工从源头上解困脱困。以“提质·劳动·追梦”为主题，创新培训方式，开展订单、定向、定岗等形式的培训，举办汽修工、养老护理、中式面点培训班，共培训职工150人，130人获得初级职业技能证书。

【竞赛创新创造】突出行业特点，在建筑、卫生、餐饮等行业中开展“争一流服务”建功竞赛活动。如开展全县建筑行业技能大赛，60余名职工参赛，其中18人分别获得架子工、焊接工等五个工种的一、二、三等奖；举办盐池县第二届餐饮业技能竞赛活动，73人参加活动，分客房服务组、餐厅服务组、烹饪服务组三类竞赛，22人分别获得不同竞赛组的一、二、三等奖。主动融入全县重大工程项目、重要工作任务，开展“争创一流业绩”立功竞赛活动。在银西高铁8标段举办职工劳动竞赛1场次，80余人参加活动，开展职工礼仪培训班1场次，100余人参加互动，提高了广大职工参与劳动竞赛的积极性，增强了职工的劳动技能，促进了企业整体发展。大力开展“争一流技术”练功竞赛活动，提升职工从业技能素质。县医院举办“急救知识演练”活动，30余名职工参加活动。通过演练活动，进一步增强职工业务技能，提升工作服务能力。县中医院工会举办首届“中国医师节”表彰大会和中医药法知识竞赛活动及护理技能操作竞赛活动，50余名职工参赛，进一步推动医疗行业人员技能素质的提升，为盐池县医疗行业的发展奠定基础。开展“职工满意度”测评活动，在网络平台上开辟“职工满意度”测评活动，就工会工作开展情况在广大职工群众中开展满意度测评，并广泛征求意见建议，已收到百余条测评结果，满意度达85%以上，梳理整合5条意见、建议，总工会将认真进行整改，确保工会工作更加有为有效，广大职工群众更加称心满意。

【提质增效】开展规范化建设行动。为落实基层工会示范化建设标准，促使基层工会工作提质增效，进一步巩固提升全县规范化基层工会工作，按照“两达标三评星”的工作要求，新建示范化工会3个，着力打造全区有影响、全市居前列的基层标杆工会。同时制定并下发“四方评会”和“四亮一诺”工作实施方案，力促“四方评会”工作形成长效机制，实现“四亮一诺”工作形成常态体系，现全县126家基层工会开展“四方评会”工作。开展培树民主管理行动。为进一步做好基层民主管理工作，切实维护好广大干部职工自身权益，盐池县总工会积极召开全县工资集体协商暨四季要约推进会，按机构健全、制度完善、职权落实、管理民主的原则，对基层民主管理规范化建设进一步加强指导，培树民主管理示范单位5家，进一步打造盐池县厂务公开标杆工会。开展创建劳动保护行动。对百人以上企业的劳动保护监督员进行培训3场次，覆盖职工200余人次；在有粉尘、噪音、污染侵害的企业推广应用职业安全卫生防护“工具包”，参与企业15家。在交通、危化企业，开展“安全永驻心中”等系列活动，收到了广大企业职工的欢迎和好评。开展创建全民参与行动。积极参与“禁毒有约·全民健走”大型公益活动，推动和谐盐池的发展。联合教体局等部门开展“环古城迷你马拉松比赛”大型全民健身运动，积极组织职工参加盐池滩羊美食文化旅游系列活动，不断提升职工文化素质。倡导移风易俗行动。举办盐池县第四届“引领女性阅读·建设文明家庭”读书活动，21家单位、108名女职工参与，收集各类作品共108份，其中2名女职工摄影作品获全国优秀奖。开展和谐婚姻家庭讲座1场次、插花培训班1场次、职工礼仪培训2场次。深入实施“培育好家风——盐池女职工在行动”主题实践活动，推荐职工闫馥芳家庭获评吴忠市最美家庭。联合团委、妇联等部门举办“堡卫爱情，缘定盐州”单身职工联谊活动，参与职工146人，弘扬婚恋新风尚。开展农民工集中入会行动。创新开展“五彩阳光·关爱农民工”行动，探索农民工服务新途径。在花马池镇开展农民工集中入会行动，新增农民工会员715人，其他群体工会组织本着成熟一个建立一个的原则有序推进。

【维权服务】实施工资集体协商精细化工程。组织召开全县工资集体协商暨四季要约推进会1场次，70余家企业参会；开展全县工资集体协商指导员模拟演练1场次；开展工资集体协商培训会3场次；打造工资集体协商精细化示范企业8家以上，年内签订工资集体专项合同106份，覆盖单位144家，覆盖职工9195人，其中签订女职工专项合同51份，覆盖单位73家，覆盖女职工2171人。实施多部门联合维权联动化工程。积极联系司法、人社部门召开法律服务联席会议，建立“转办单”工作机制，推动召开劳动关系三方会议，提出会议议题4个，从源头保证工作的顺利开展；联合县人社局开展劳动执法检查、法律政策“六进”活动等各类维权法律宣传、宣讲活动40余场次，累计发放宣传资料2000余份；聘请恩知律师事务所律师在县总职工服务中心坐班为职工提供法律服务，积极参加涉及职工权益维护的劳动争议案件2次，以实际行动维护职工权益。实施健康维权全员化工程。对全县所有财政供养人员等进行免费健康体检，建立动态实用健康档案，同时在县医院工会成立职工健康服务部，为职工提供健康咨询、随访、跟踪服务。开展女职工团体安康保险工作，414名女职工参与活动。组织开展“关爱从心开始”心理讲座4场次。总工会收缴医疗互助金医疗互助金收缴62.5万元，救助金额66.6万元；争取财政400万元资金，用于全县职工体检费用，4000余人已完成体检。建立“三单”工作台账，印制“一函两书”台账本，通过协商，盐池县建筑行业、卫生行业、宁鲁石化、深燃众源等10余家单位开始为女职工发放卫生费，进一步维护了女职工特殊权益。实施服务职工普惠化工程。拓展服务职工外延，开展普惠职工三项活动。做好“春送岗位、夏送清凉、金秋助学、冬送温暖”服务职工品牌工作。利用好工会会员卡，加大发放工会会员卡力度，新增会员卡6150张，与盐池长江大酒店、西北百货超市等4家企业分别签订普惠协议，并将普惠项目细化落实，且同步更新至自治区职工之家普惠网站。下一步将普惠范围扩大到购物、加油、健身、洗车等普惠服务项目，通过会员卡为职工提供更宽领域的普会化服务。在盐池五小创新设立“职工子女课后服务班”，覆盖学生150余人，解决职工后顾之忧。实施解困脱贫精准化工程。2018年争取民政配套帮扶资金10万元，用于“两节”慰问在档困难职工（农民工）199人，发放资金9.95万元；争取财政配套帮扶资金15万元，用于慰问大病困难职工（农民工）15人，发放资金5.85万元；金秋助学活动救助困难职工（农民工）21户，发放资金8万元；“三八”节期间慰问患癌女职工8人，发放慰问金0.4万元。为做强维权帮扶工作，县总工会强化管理、规范帮扶申报程序，狠抓帮扶队伍建设、做好基础培训，通过访基层、访企业、访困难职工（农民工），深入调查、精准摸底，推动工会帮扶工作创新发展。通过对帮扶系统中原有700余名困难职工的电子档案升级、整理、在筛查，尤其是入股经商、车辆购置、财政供养、个税收入“四类人群”的逐一核实，系统57名困难职工，分别由区级5家单位(企业、学校)和县级工会结对帮扶，确保做实一对一、一对多、多对一结对帮扶，注重因人而异、一户一策，分类建立台账。变“大水漫灌”式救助为“精准滴灌”式帮扶，为精准脱贫打下了坚实基础。实施“智慧工会”信息化工程。运用“互联网+微信公众平台”，有效地把工会联系服务职工群众的职能“嫁接”到网上，主动适应职工“网络化生存”的新常态。在工会微信端开设职工维权、职工工作、职工活动等多个栏目板块。8栏目板块已正常运行，进一步拓宽工会服务范围，提升工会服务质量。同时加大信息报送力度，共上报工会信息207篇，采用165篇。

【党 建】探索创新党建“五微”载体，发挥好工会组织桥梁作用。盐池县总工会认真学习宣传十九大精神，层层压实全面从严治党责任，把加强工会党的建设作为首要工作任务，探索创新党建“五微”载体，激发党工共建新活力，以高度的政治自觉抓组织、抓制度、抓作风、抓载体、抓推进。建“支部园地”微阵地。做好基本工作、特色活动，体现党员旗帜作用。做“党风洗礼”微实践。激发干部走在前列、干在实处。上“党性提升”微党课。构建“5+x”智慧党建，抓好干部和党员的党性、宗旨、警示教育。筑“工会网络”微基础。充分依托网络渠道，了解到更多新的政策和职工的所需，为开展各项工作收集真实资料。过“党工共建”微生活。按照党中央统一部署，旗帜鲜明加强工会系统党的建设工作，做好党建带工建工作。

【服务能力】加强组织建设，提升服务能力。总工会共有职工16333人，其中工会会员15738人，农民工会员8628人，新增农民工入会715人，完成率102.6%。2018年新建工会10家，发展会员280人（农民工会员167人），按照“三同时”建立经审组织、女工组织各10家。依托“职工之家”抓好基层规范化建设，在盐池第三幼儿园、盐池县晌盐文化旅游投资发展有限公司等9家新建工会中打造“会站家”，同时依托建设“职工之家”这一综合载体，重点抓好基层工会规范化建设，其中深燃众源工会等2个工会组织和孙艳霞等5人分别被评为吴忠市先进职工之家、职工小家和自治区优秀工会积极分子、吴忠市优秀工会积极分子及吴忠市优秀工会工作者。指导盐池县气象局、宁夏都顺生物科技股份有限公司等6家基层工会完成换届选举。实施结对帮扶，精准脱贫解困。整合实施“四个一”结对帮扶脱贫工程。借助一个工会帮扶管理平台，对上报的困难职工，严格按照帮扶管理规定一户一档录入系统，及时清理、随时更新；专设一个职工帮扶中心窗口提供信访接待、用工咨询、法律援助等综合业务服务；推行一张表单（困难职工帮扶救助申报表）整合困难申报材料；制定一套帮扶制度，规范审批运行，实现困难职工档案动态化管理。做实一对一、一对多、多对一结对帮扶，注重因人而异、一户一策，分类建立台账。变“大水漫灌”式救助为“精准滴灌”式帮扶，为精准脱贫打下了坚实基础。优化竞赛方式，培育匠星人才。坚持创新、协调、绿色、开放、共享的发展理念，坚持质量第一、效益优先，突出技术创新和素质提升，实现“效益型”“智力型”竞赛。同时，按照全总建设“智慧工会”要求，利用“互联网+”等现代化手段，创新竞赛的方式和载体，使竞赛活动富有新时代特色，具有吸引力和感召力。基层组织根据自身发展需要点题，职业培训学校针对需求增能，工会组织按照选拔要求做好推选。动员广大职工，做新时代的见证者、开创者、建设者。增加星级职工和各行业先进个人进入后备劳模库的储存人数，提高向更高层次推先选优的出库率，从而成就工匠人才，塑造劳模师傅、劳模岗位、劳模班组、劳模车间，做实“一匠一星促四模”工作。创新协商机制，促进企业发展。通过打造企业文化、企业制度、企业团队主题，加强企业核心体系建设，提高企业主业竞争力。实施民主协商精细化工程。成立工资集体协商指导团，探索“团指导、精细化、重评估”机制，力促更多和谐企业开展精细化协商。通过“协商团”指导集体协商规范运行,突出“约”的程序,重在“商”的过程，严格“管”的环节，建立健全协商要约、协商指导、履约监督机制，推动完善政府、工会、企业共同参与的协商协调机制。严格经费审查，规范经费使用。为促进县本级及基层工会财务管理制度化、规范化、科学化，盐池县实现财政划拨工会经费114家、开户91家，上解上级工会经费72万元，核拨基层工会经费280万元；按要求及时对行政性资产进行登记、核算、管理，积极完成固定资产账务处理及盘点工作。加大工会经费收支使用管理的监督检查，年内对县本级工会经费审计，提出意见建议3条，对下50家基层工会经费进行审计监督，提出意见建议131条。规范经费使用，经审工作规范化建设被区总工会经审会评为特等奖。主要以“‘4+2’审计模式”，提高经审监察力。以集中审计为基础，提升经审财务人员业务能力；以特邀审计员为补充，提升工会内部审计监督工作水平，不断完善内控管理规章制度、强化资金运营管理、提高财会人员综合素质，从而管好、用好工会经费，发挥工会经费使用效益。

## 共青团盐池县委员会

【概　况】2018年以来，团县委深入开展青年大学习，扎实推进从严治团和共青团改革，持续实施“八项行动”。获“2017年度全区共青团工作目标考核一等奖”“2017—2018年度宁夏大学生志愿服务西部计划优秀项目办”“希望工程筹资工作全区一等奖”、吴忠市“你好，新时代”鼓号队交流展示活动优秀组织奖、“2018年全国优秀县级项目办”。

【青少年权益】创新发起“蜗牛壳·盐池青少年权益守护行动”，通过“百人挑战赛”启动“盐池青少年在线维权平台”，青少年可及时发起在线权益保护求助。在各中学开展青少年健康、普法主题教育讲座5场，进一步普及了青少年权益保护的法律意识和保护措施。成功举办“6•26”国际禁毒日盐池县禁毒预防教育基地挂牌仪式暨“禁毒有约·全民健走”主题志愿宣传活动，参与青少年群众1000余人，掀起禁毒集中宣传教育和禁毒志愿服务活动新高潮。注册禁毒志愿者1000余人，全年开展各类禁毒、法制等宣传教育活动20余场次，服务青少年2100余人。

【志愿服务】着眼于将青年志愿服务打造成为共青团服务党政大局的一项品牌工作，全力保障全县重大活动、重要赛会志愿服务需求，做好盐池县民俗嘉年华、“中国·盐池定点跳伞大奖赛”、宁夏自行车邀请赛等10余项大型赛会志愿服务，参与青年志愿者700余人次，服务群众8万余人次，树立了良好的青年志愿服务品牌，得到了县委、县政府的高度评价和群众的一致称赞。

【“希望工程·圆梦行动”】2018“希望工程·圆梦行动”自筹资金1282433.11元，资助529名贫困学子圆梦大学，其中建档立卡户112名，连续两年实现三本以上建档立卡户家庭大学新生资助全覆盖。持续开展“中航油少年励志班”“盐池四中共青团班”“李雨峡爱心基金”等具有盐池县特色的“希望工程”助学项目，发放助学金18万元，资助中小学生225名。举办第三届“老区少年沪上行”夏令营活动，资助30名贫困留守学生走出家门，开阔眼界。“红旗计划”“文雅奖学金”“春蕾女童计划”等爱心助学项目关爱帮扶困难留守儿童260人，发放助学金37.6万元。

【服务青年】为切实解决青年婚恋交友难题，团委结合盐池县“中国长城博物馆”的地理特点和边塞文化，设计举办“爱情堡卫战”浪漫交友活动，引导老区青年树立积极健康的婚恋价值观。活动期间共推送微信5期，阅读总量2万余次，招募单身青年男女300余名，现场表白7对，牵手3对，被新华网、《新消息报》、都市阳光等多家媒体报道。

【新媒体】组建百人骨干网宣员队伍，建立活动联系QQ群、微信群，及时发布党的新政策、团的新动向，青年舆论引导生力军作用进一步凸显。改编歌曲《盐池》，传唱大街小巷。结合各类重大节庆和热点新闻，设计开展了“什么是快闪？来振远广场，团团告诉你”“志愿服务 益路同行”“请为你心目中的优秀少先队员、少先队辅导员、少先队集体打call!”等微信互动活动60余次，微信、微博累计发送信息900余条，累计阅读量达13余万次，“请为你心目中的优秀少先队员、少先队辅导员、少先队集体打call!”单条阅读量14198次。

【从严治团】加强自身建设。将“习近平新时代中国特色社会主义思想”作为理论学习重点，举办“学习新思想•建功新时代”专题学习培训班，组织全县团干部和广大团员青年认真学习领会习近平总书记系列重要讲话精神。着力做好基层组织建设。及时下拨各乡镇（街道）团委每年2万元工作经费，为9个乡镇（街道）团（工）委配备西部计划志愿者23名，充实团的工作力量；“驻校蹲班”制度落地有声，参加并指导学校团队主题实践活动30余次。严格入团计划及名额，全年发展团员560人。

## 盐池县妇女联合会

【妇女创业贷款】2018年，共发放贷款4395万元，支持669名农村妇女创业就业；实施宁夏中部干旱带扶贫项目和母亲小额循环项目，发放小额贷款218.3万元，支持300名农村妇女发展种养殖业。同时，实施农村妇女“双培”项目，扶持3名女致富带头人每人2万元，发展种养殖业，为培育农村基层女干部队伍奠定基础。创建县、市级“巾帼农业示范基地”3个、“巾帼巧手致富示范基地”2个、“巾帼扶贫车间”2个、“巾帼家政转移就业培训基地”1个。同时，积极向自治区妇联推荐申报全国“巾帼脱贫农业示范基地”1个、区级“巾帼农业创业创新基地”1个，鼓励农村女致富带头人通过创业带动就业。结合实际，通过联办、自办方式，依托巾帼扶贫车间，举办农村妇女、基层妇联干部刺绣、中式糕点等技能培训班9期，850名妇女积极参与，有效帮助农村妇女居家灵活创业。

【家庭文明创建】常态化开展寻找“最美家庭”活动。持续深入开展寻找“最美家庭”活动，重点倾向脱贫致富、民族团结进步、移风易俗等7类典型家庭。2018年，获全国“最美家庭”1户，推荐区级“最美家庭”2户、获市级“最美家庭”“文明家庭”25户，揭晓县级“最美家庭”96户。同时，制作各级“最美家庭”典型故事宣传片，在县电视台、印象盐池、盐池妇女驿站等媒体进行专题播出。扎实做好家庭教育指导服务工作。在全县乡镇（街道）举办家庭教育巡回宣讲活动28场次、和谐婚姻大讲堂3期，受益妇女达2500余人；依托花园、龙翔社区建立家庭教育指导站，开展“五点半课堂”和亲子活动10余次；积极与教育部门联手培养全县家校合作共育工作县级专家团队，现有成员50人；建立城镇社区家庭教育指导服务站17个，覆盖率达100%。依托高沙窝镇民风教育基地建立的家风馆被区妇联命名为自治区家庭文明建设阵地示范点，并给予1万元建设经费。

【妇联改革】加强妇联领导队伍建设。年初，根据妇联改革要求，选配5名挂兼职副主席，充分发挥挂兼职副主席在社区共建、家校共育、妇女维权、妇女活动等领域资源优势，累计开展各类活动10场次。夯实基层妇联组织建设。成立由党校教师、社会律师、妇联干部等成员组成的宣讲团，对基层妇联干部全员轮训9期，并制作发放《盐池县村妇联工作应知应会读本》《农村妇女创业担保贷款政策宣传》等宣传资料6万余份。脱贫攻坚期间，开展妇联主席“串门子”活动，宣传惠民政策、寻找“最美家庭”、搭建就业平台、摸排家庭矛盾纠纷等，以最便捷、最迅速的方式实现以干代训、助推扶贫的目标。探索开展“妇女之家”创新工作。充分发挥工青妇等群团组织工作职能，牵头在龙辰、龙翔、振兴3个社区建立群团服务站；依托县文化馆建立妇女儿童活动中心；依托花马池镇苏步井村农贸市场、大水坑镇兴盛社区分别建立萍之绣手工刺绣坊扶贫车间和巧姐妹扶贫车间，带动周边近百名妇女居家灵活创业就业。

【扶贫帮困】争取到国家、自治区“两癌”救助金39万元，救助城乡贫困“两癌”妇女患者39名。与人寿保险公司联合开展关爱妇女“爱妮保”工作，4400名妇女自愿购买，完成吴忠市妇联安排任务的88%，已有4名患病妇女得到35万元理赔。开展各类贫困妇女儿童临时救助活动，其中包扶贫困村8名贫困儿童捐资助学2000元；贫困残疾妇女儿童60名5万元。

【维护妇女儿童权益】县妇联充分发挥“联”字作用，得到相关部门、社会力量的全力支持，县乡村三级妇女维权工作体系已初步形成。出台的《关于进一步加强盐池县妇女维权工作的实施意见》（盐党办发〔2018〕80号），使各成员单位职能作用发挥更加清晰化、具体化。县妇联挂牌成立了妇女维权人民调解委员会、婚姻家庭矛盾纠纷人民调解委员会；协调言凯律师事务所挂牌成立了妇女儿童维权站；依托法律援助中心，在县政务服务中心设立妇女法律援助窗口；县法院成立了家事审判庭；县检察院建立了未成年人维权室、心理减压室等。各乡镇（街道办）均建立基层妇女维权工作站，配备1名专业维权调解员；各派出所设立反家庭暴力投诉点，将家庭暴力纳入公安机关110接警职责范围。各村（社区）建立基层妇女维权组织，配备兼职妇女调解员119名，确保了妇女群众随时随地找到法律帮助，有效地将各类婚姻家庭矛盾化解在萌芽初期，做到妇女维权“零距离”。

【技能培训】结合实际，通过联办、自办方式，依托巾帼扶贫车间，举办农村妇女、基层妇联干部刺绣、中式糕点等技能培训班9期，850名妇女积极参与，有效帮助农村妇女居家灵活创业。

【宣传教育】开展“巾帼心向党·建功新时代”为主题的大学习大宣传大宣讲活动9场次，深入宣传习近平新时代中国特色社会主义思想和党的十九大精神、习近平在同全国妇联新一届领导班子成员集体谈话时的讲话精神和中国妇女第十二次全国代表大会精神等，进一步教育引导广大妇女听党话、跟党走。共撰写各类工作信息76篇，其中被全国妇联办公厅综合采用1篇，被《吴忠日报》报道3篇。

## 盐池县科学技术协会

【作风建设】以推进“两学一做”学习教育常态化制度化为契机，深入学习贯彻习近平新时代中国特色社会主义思想，学习党的十九大报告、全国“两会”精神和自治区第十二次党代会精神等内容。严格落实“一岗双责”制度，认真履行直接教育、管理、监督党员的职责，带头遵守党内各项制度规定，主动接受党内监督。坚决执行中央“八项规定”、自治区“若干规定”，狠抓工作纪律和工作作风。开展了对形式主义官僚主义等“四风”问题的自查自纠和“三强九严”党的基本知识学习。签订党风廉政建设责任书，严格落实党内监督和廉洁自律等各项规定，健全党风廉政建设各项制度，加强党员干部的自律教育，做到警钟长鸣，常抓不懈，筑牢反腐倡廉的思想道德防线。

【全民科学素质】根据区、市全民科学素质行动计划纲要实施要求，结合盐池县实际，及时调整盐池县全民科学素质工作领导小组成员单位，进一步细化分工，明确责任。主要开展了以下活动：组织参加了宁夏新型农民科技知识竞赛、中小学生“参观科技馆展览有奖征文暨科技夏令营”、第33届宁夏青少年科技创新大赛，共上报各类作品、试卷935份（件），获得一等奖2名，二等奖2名，三等奖8名，优秀奖18名，参与奖9名。完成全国模拟飞行锦标赛各项赛事的承办任务，并组建两个队代表宁夏参加比赛，共获得优秀组织奖2个，解说口才奖第三名1个，优胜奖30个。组织全县中小学师生参加“全国第33届青少年科技创新大赛”，共征集参赛作品52件，获市级奖34件，区级奖10件。组建了盐池县科普宣传员群，注册科普宣传员110名，注册科普中国手机APP用户438人；在盐池电视台开通《科普中国走进“滩羊之乡 多彩盐池”》专题节目，播放120期，共涉及三大板块九个方面的科普知识。积极协调各成员单位认真梳理《全民科学素质行动计划纲要》实施以来的各项工作，并形成自查报告，制定整改措施，全力做好全国纲要办“十三五”中期评估准备工作。以“全国科技工作日”为契机，与科技局联合召开“全国科技工作者日座谈会”，重温习近平总书记在2017年5月30日召开的“科技三会”上的重要讲话精神，讨论《盐池县优秀科技工作者评选表彰暂行办法》和《盐池县优秀科技工作者评选表彰工作实施方案》。完成惠安堡中学、高沙窝中心小学特色科普展览馆建设，全县特色科普场馆达6个，盐池一小青少年机器人科普工作室正在建设中；积极推进企业科协建设，共成立企业科协3个，已备案。组织企事业科技人员参加区、市各类培训27人次。与教体局联合开展了中小学生大手拉小手科技馆体验活动，参加人数达2755人。举办以“创新引领时代 智慧点亮人生”为主题的2018年盐池县全国科普日系列活动。举办科普宣传文艺晚会3场次；组织开展“携手残疾人 追寻蓝天梦”公益活动，邀请来自盐池天使特殊教育中心的10名孩子体验了航空模拟飞行的乐趣；开展科普讲座、科普宣传和机器人进校园、进社区、进清真寺等活动，受益师生及群众达5000余人次，发放各类宣传品1万余册（个）。

**【科普示范平台创建】**深入推进科普示范社区创建工作，加快实施“科普惠农兴村”项目，不断壮大农村科普阵地建设。积极组织申报区市科普示范基地，科普示范社区，科普带头人工作。2018年获批区级科普示范基地1个、科普示范社区1个，市级农村科普带头人1人，建成科普e站1个。

**【深化改革】**县科协（含科技馆）有工作人员16人，其中干部职工6人，挂职副主席1人、三支一扶、志愿者、实习生4人，政府购买社会服务岗位5人。县委、县政府大力支持县科协工作，县委常委会、政府常务会两次听取工作汇报，研究县科协深化改革方案和县科技馆建设相关问题，加快了县科技馆建设进度，强化了科协领导干部队伍，并积极开展提升科协组织力“3+1”试点工作，进一步强化了基层科协组织力，促使县科技深化改革工作不断向纵深推进。

**【精准扶贫】**聘请58名区内外专家（含县级专家33名）成立了盐池专家服务站，结对帮扶贫困户132户。8个乡镇分别成立了专家服务团，在册专家140名，结对帮扶贫困户560户。并组织专家深入全县各行政村和科普示范基地、农村专业技术协会，开展了以“科普迎新春在出发”为主题的科技服务活动，共举办各类培训班58场次，解决问题1600个，接受咨询2000人次，发放各类技术资料2万册，直接受益6000余人，辐射带动2万余人。为科协包扶贫困村王乐井乡王吾岔村的贫困户及老党员送去宣传品42份，种养殖科普读物926册，科普宣传资料6000余份，筹措资金2万元建设100平方米科普活动室1处。2018年度科技助力精准扶贫项目全部完成。

## 盐池县工商业联合会

**【政治思想】**强化政治理论学习。牢牢把握统一战线大团结大联合的主题，以理想信念教育实践活动为抓手，通过多种形式，组织会员深入学习习近平新时代中国特色社会主义思想，认真领会十九大、自治区十二次党代会、全联、区联代表大会精神，掌握国家大政方针，引导企业家看大势、抓本质、稳预期、树信心，着力提升非公经济人士“四信”意识，做到政治上自信、发展上自强、守法上自觉。夯实守法诚信意识。继续深入开展以“守法诚信、坚定信心”为主题的理想信念教育实践活动，在企业中建立理想信念教育基地，组织企业开展主题党日活动，树立党员先锋形象，弘扬企业文化，引导会员互比互学。加强对非公经济人士，特别是年轻一代优秀人才的发现培养及教育引导，积极搭建学习培训平台，组织非公经济人士20人次赴浙江大学城市学院参加现代企业经营管理人才高级研修班，通过学习和实地考察活动，提升非公企业的管理水平，进一步增强非公经济人士爱国敬业、诚信守法、服务奉献的精神。持续构建和谐劳动关系。加强与人社、工会等密切合作，充分发挥工商联组织网络和了解企业的优势，积极参与协调劳动关系三方机制建设，反映企业合理诉求、推动劳动关系协商、参与纠纷调解仲裁、维护企业合法权益等方面积极配合，有效促进全县和谐劳动关系构建。

【队伍建设】继续巩固“五好”工商联建设。多年来，盐池县工商联坚持把“五好”工商联的创建和巩固作为新时期加强工商联工作的重要抓手，全力推进，不断丰富“五好”工作内涵，再次被全国工商联确认为全国“五好”县级工商联，连续3年获此殊荣。同时，广泛关注有代表性和行业影响力的非公经济人士和企业，对照入会条件严格筛查，发展会员。会员总数达1514个，个人会员、企业会员、团体会员结构进一步得到优化，会员队伍不断壮大。统筹推进“四好”商协会创建工作。制定完善创建工作实施方案，明确开展活动的总体要求、主要内容、方法步骤和创新举措，做到创建工作精准对靶，有的放矢。大水坑商会被自治区工商联授予“四好”商会。全面加强机关自身建设。把党建和党风廉政建设贯穿于工作始终，以“两学一做”学习教育常态化制度化为抓手，深入开展“不忘初心，牢记使命”主题教育，着力增强干部“四个意识”，坚持把纪律挺在前面，认真落实党风廉政建设主体责任，严格执行中央“八项规定”精神，加强领导班子和机关组织化、制度化、规范化建设，机关效能建设和服务水平全面提升。

【优化服务】发挥新媒体平台互通共享优势，传播党的声音，使非公经济人士直接对话工商联。通过微信平台开展“送政策进民企”，宣传自治区“降成本30条”“创新驱动30条”以及盐池县“关于实施创新驱动战略推动工业经济高质量发展的意见”等事关非公经济的重要政策文件60余件次。梳理整理近年来国家、自治区、市、县出台的关于促进民营经济发展的有关政策文件，编印《贯彻落实全面优化营商环境促进民营经济发展实施意见“送政策进民企”》材料汇编发放到各会员企业，用微言微声和贴心服务拉近工商联与企业的距离，确保政策不截留、不打折、不走样，切实增强企业对政策的知晓率和获得感，更好的利用好扶持政策。主动帮助企业解决一些融资、用工难等问题。年以来，多次参与涉及非公有制企业、非公有制人士的各类矛盾调处和咨询服务等，把以往牵线搭桥式的服务转变为直接参与式服务，进一步强化了工商联、会员企业、政府部门三者间的联系互动，有效促进构建亲清新型政商关系，优化了发展服务环境。

【参政议政】内引外联，积极助推经济发展。发挥企业信息互联畅通的优势，以企招商，促进企企合作。继续紧盯2017年全国工商联常委会暨民营企业助推宁夏创新发展大会时签约项目的落地，对接落实正式签约项目13个，已全部开工，全面完成4亿元招商任务。2018年以来，先后赴潍坊市鲁安制药、鲁胜食品有限公司，淄博市临淄辛龙生物科技、诺立化工、聚力化工有限公司、内蒙古沃达野山猪养殖有限责任公司进行实地考察和洽谈，为非公经济发展拓展新机遇、储备新动能。广集民意，发挥参谋助手作用。充分发挥工商联界政协委员的优势，广泛收集社情民意，运用人大代表议案、政协委员提案等形式，围绕盐池县脱贫富民、生态建设、民生事业、非公经济发展等主题，组织开展形式多样的座谈会、研讨会，积极建言献策。2018 年，工商联执委会的县政协委员共提交提案 14 件。

【精准脱贫】认真贯彻落实自治区推动民营企业实施乡村振兴战略部署、区联组织实施的统一战线助力脱贫富民“百企帮百村”以及“感恩老区行”活动，结合盐池县乡村振兴实施意见，积极引导动员县内民营企业与重点脱贫行政村精准对接，以签约结对、村企共建为主要形式，着力在乡村振兴、富民产业培育、基础设施建设、社会事业发展方面给予支持，力争做到资源共享、优势互补、互利共赢。精准发力，突出产业富民。充分发挥企业人才、资金、技术、管理与贫困村土地、劳动力、特色资源的优势，通过精准对接帮扶，促进结对村稳定、可持续发展，贫困户稳定增收。大水坑镇商会、对了杂粮等企业积极收购农户黄花、苦豆草、富硒小杂粮累计 2000 多吨。盐池鑫海清真食品、奋林养殖、梭梭部落游牧产业等企业与 1600 余户养殖户签订滩羊供货协议；中民投在完成全县 74 个贫困村建设村级光伏扶贫电站的基础上，为 112 户无劳无业农户安装光伏板发电，增加收入。启智强技，提高致富能力。积极创新扶贫模式，变“输血”为“造血”，加强培训，解决就业，激发贫困村、贫困户发展的内生动力。萍之绣、金中昌信、金裕海化工等企业开展技能培训和技术培训 1692 人次，全县非公企业共新增解决就业岗位 600 多个。扶危济困，做好“光彩事业”。大力弘扬“致富思源、富而思进、扶危济困、回馈社会”的光彩精神。动员盐池永宏医药公司为县敬老院捐款捐物累计 10 万元；春节期间购买米面油慰问包扶建档立卡户；盐池县奋林养殖公司捐赠 1.1 万元，积极帮助贫困村民进行房屋翻修，使其住房安全有保障；中民融盐扶贫担保公司争取国开行资金 1.5 亿元，为 1129 户群众提供金融借贷 9700 多万元。捐资助学，抓好教育扶贫。发动爱心企业和个人精准帮扶贫困地区的寒门学子。在实施“感恩老区行”活动的同时，“奋林扶贫助学基金”继续对盐池四中“共青团班”学生进行资助；青年企业家刘铠源每年向“雨峡爱心助学基金”注入 10 万元，资助 125 名贫困小学生；高考期间，长江大酒店、德昌集团、长城驾校等 13 家非公企业筹资 5 万元，一条龙服务高考学生，为高考而忙碌的人们带来了一份关怀，传播了社会正能量。

## 盐池县文学艺术界联合会

【文艺扶贫】文艺扶贫是开启扶贫精神智慧的动力，在扶贫的最关键时刻，盐池县文学艺术界联合会大力开展文化下乡集中服务活动。把握文联精准扶贫的基本点，扶贫先开启精神智慧的宗旨，率先在全县开展春联进万家活动，把党和政府对贫困户的关怀和温暖先送进千家万户，把扶贫的政策和内容通过对联的形式，言简意赅地表达给全县的每家每户，让老百姓通过对联就了解到扶贫的精神和政策。1 月 19 号“我们的中国梦——文化进万家送春联送福字活动”在冯记沟乡平台村拉开帷幕。盐池县文学艺术界联合会联合宣传部、政法委、政研室等 21 个单位为冯记沟、大水坑、花马池等乡镇社区村民和居民现场书写春联 2000 余副。邀请宁夏楹联学会撰写贴近群众、贴近生活，更贴近扶贫攻坚，具有宣传教育意义和增强脱贫攻坚信心的楹联 400 余副并编辑成册，以此为内容，积极组织书法爱好者和教师为全县 11203 户建档立卡户送春联 33609 副、福字 11203 幅。为充分展示全县干部群众在县委、县政府的坚强领导下，凝心聚力苦干实干完成脱贫摘帽目标的决心和脱贫攻坚工作所取得的成果。组织开展“中国梦 盐州情 脱贫攻坚走基层”采风活动。组织文学、诗词协会的艺术家们组成的采访组对在全县脱贫攻坚中涌现出来的先进事迹和模范代表进行了全方位地深入细致地采访。组织10个协会的骨干会员集中利用两天的时间对8个乡镇的脱贫攻坚亮点工作进行了实地观摩和采风。让艺术家们零距离的感受盐池县脱贫攻坚工作所取得的成绩和成果，激发他们的创作热情。通过文学、书法、美术、摄影和剪纸作品等多种形式在《盐州文苑》以专辑形式刊登。为积极主动做好精准扶贫工作，盐池县文学艺术界联合会深入基层，深入群众，大力宣传党的方针政策和法律法规，为群众努力办实事，积极了解农民群众生产生活中存在的问题，对10户建档立卡户根据实际情况制定脱贫计划实现脱贫目标并在年初春耕春播之际为每户贫困户送去300元的资金帮助。

**【传承历史文化】**组织实施“魅力盐池”全国楹联征集活动，为盐池古城中的亭台楼阁以及环城公园、长城关公园、花马湖、红色爱国基地等景点配置楹联，丰富盐池县休闲观光旅游景点文化内容和内涵，让古城的文化气息更浓厚起来。征集启事先后在《中国楹联报》《中华楹联报》《宁夏日报》等报纸网站上刊登，得到全国楹联爱好者的积极响应，共收到3776副作品。通过邀请的宁夏楹联学会和盐池县文化贤士共六人组成的评委组，经过海选、初评、复评等环节评出楹联作品256副。11月初，邀请中国楹联学会的专家进行终评，评出的45副楹联作品在年内邀请全国书法名家书写并雕刻悬挂在各景点。同时，以此为基础，以盐州古城文化为主题，举办全国书法名家书盐池书法展。把盐池的人文历史和古老文化展示给世人，增添盐池的历史文化色彩和时代风貌。

**【精品文艺活动】**在迎接自治区成立60周年之际，盐池县文联积极争取自治区文联的支持，举办了由中国文联、自治区党委宣传部、中国文艺志愿者协会共同主办，中国文联文艺志愿服务中心、自治区文联、中共盐池县委、盐池县人民政府联合承办的“中国梦 宁夏情”慰问演出。殷秀梅、温玉娟、杨树泉、李丹阳、奇志、黄豆豆等文艺家在舞台上为全县人民送上了一份精神大餐，把党和政府对老区的关怀和热爱带给了老区的儿女，也体现了在脱贫攻坚的关键时刻，党和政府对盐池人民的鼓励和支持。

**【主题文艺活动】**文联以文化自信为支撑点，全方位地开展文艺活动。邀请区内外书画摄影艺术名家开展以金秋九月“最美盐州”为主题的书画摄影采风创作活动。艺术家们先后到长城旅游观光带、裕兴村建档立卡户、王旭梅文化大院和盐池古长城进行参观采风。艺术家们深入基层，深入群众，深入农村第一线，本着创作正能量的优秀作品的情怀，认真仔细地了解有关情况。采风中，艺术家们对盐池厚重的历史文化，独具魅力的地域特色以及近年来盐池人民不畏艰难，奋勇拼搏，创造沙漠变绿洲的奇迹和全县人民齐心协力脱贫攻坚摆脱贫困的行动所感染，表示将自己采风中所得所感体现在创作的作品中。此次活动，艺术家们共创作书法美术摄影作品30余幅，为“金秋翰墨飘香 盐州美景如画”书画剪纸摄影展丰富了展览内容，提升了展览档次。10月15日，“金秋翰墨飘香 盐州美景如画”书画剪纸摄影展在长城关二楼如期开幕。此次展览还得到陕西省汉中市文联、甘肃省甘谷县文联、青铜峡市美协、灵武市书协的大力支持，共收到区内外和盐池县的书法、美术、剪纸、摄影作品206幅，经过筛选展出160幅。作品主题鲜明、内容广泛，形式多样，从不同角度、以不同形式，反映出了艺术家们美好生活的期盼、对待生活的真诚、引领时代精神的良好风貌。它不仅加强了盐池县与区内外艺术家的沟通和联系，而且，为盐池县广大艺术爱好者搭建了一个学习、交流、展示的平台。同时，让观众在欣赏艺术作品中了解盐池自然风光、地域特色、绚丽多彩的民俗文化和人民群众的幸福生活，从中感受到广大人民群众寻梦、追梦、圆梦的良好精神愿望。

【文艺服务工作】经过盐池县文联的积极努力，宁夏美协在麻黄山乡平庄村建立写生创作基地并开展“我们的中国梦”文化进万家和“六个一心连心”文化惠民活动。艺术家们为农民群众赠送了30余幅美术作品，并现场书写了近200套春联和“福”字，这是艺术家们践行党的十九大精神，争做新时代“红色文艺轻骑兵”的具体实践，也是贯彻自治区第八次文代会精神的具体体现。县文联联合区文联、宁夏美协和宁夏曲艺杂技家协会深入麻黄山乡开展“送欢乐下基层”“到人民中去”文艺志愿服务主题活动，为当地老百姓带来了一场精彩演出和笔会活动。同时，宁夏美协艺术家现场为麻黄山乡包源等6个村捐赠了20余件美术、书法作品。先后举行了“盐池县各文艺家协会换届工作方案”和“盐池县文学艺术界联合会深化改革实施方案”讨论会，完善了方案内容。盐池县第四届“引领女性阅读·建设文明家庭”读书征文及书画、摄影比赛活动启动。县文联积极配合县总工会、县文明办等单位，共征集到各类作品105件，并组织相关人员评选出文学、书法、美术、摄影作品一、二、三等奖和优秀奖。该次活动旨在引领女性阅读，促进职工阅读，推动家庭阅读，使广大女性在阅读中，继承和弘扬中华民族传统美德，传播向上向善、孝老爱亲、平等和谐、敬业诚信等理念，充分发挥女性在家庭文明建设中的独特作用。

## 盐池县残疾人联合会

【从严治党】加强政治建设，严格执行党内政治生活若干准则，完善和落实民主集中制的各项制度，落实意识形态责任制，营造风清气正政治生态。加强思想建设。深入学习习近平新时代中国特色社会主义思想和党的十九大精神，推进“两学一做”学习教育常态化制度化，参加支部开展“不忘初心、牢记使命”主题教育，加强社会主义核心价值观建设、理论武装。加强组织建设。建立领导班子一岗双责制度、严格落实“三会一课”、民主生活会、组织生活会制度。加强作风建设。深入贯彻落实中央“八项规定”及实施细则精神、县委有关文件要求，深入开展“四风”查摆工作。加强纪律建设。强化政治纪律和组织纪律，严格执行廉洁纪律、群众纪律、工作纪律、生活纪律。

【深化改革】围绕全县深化改革要求积极准备，结合实际组织开展残联群团机构改革前期各项工作调研，对全县残疾人的基本情况进行摸底排查。对盐池县残疾人组织建设进行调研。对全县残疾人人才建设情况进行全面调查摸底。正在进一步对接等待区残联改革方案，待方案下发后，将严格按照区市的残联机构改革方案及盐池县群团机构改革的要求，完成机构改革方案的制定和实施工作。

【民主法治】及时办理提案议案。2018年办理提案议案2件。其中关于“在县残联设立临时公交站点”提案已办结。关于“在全县各大公共场所及交通要道完善无障碍设施”提案正在办理。加强法制建设。年度内加强单位保密工作，举办宪法学习宣传教育、“七五”普法学习等。加强平安建设。配合有关单位加强平安街道（社区）创建，年内未发生信访矛盾纠纷、群性事件发生数、火灾、公共场所聚集等情况。

【责任制工作】推进脱贫富民工作，利用元旦、春节等节日慰问贫困残疾人，发放慰问金及慰问品。包扶高沙窝镇施记圈村建档立卡户，在政策帮扶、环境整治、教育就业等方面给予救助。支持工业发展转型。做好残疾人保障金征收工作。在县国税局、财政部门的大力支持下，2018年已征收全县机关企事业单位残疾人保障金202万元。对企事业单位有残疾人就业的按比例减少保障金征收。配合有关部门做好乡村振兴工作，创建县级、市级、区级残疾人扶贫基地，争取项目资金，辐射带动贫困残疾人就业增收。残疾人社区康复站建设。经区、市、县残联实地核查审核，花马池镇南苑新村、柳杨堡村、青山乡3个康复站通过审批，每个康复站给予5万元补助资金，共争取项目资金15万元。加强生态建设。认真完成单位和辖区绿化和美化工作。2018年完成义务植树任务，并补植两年来未成活的树木。加强环境整治工作，认真完成单位和辖区卫生保洁工作。年内组织全体工作人员完成卫生责任区清扫4次，积极制定单位文明环境制度，在全单位开展环境卫生整治行动，营造良好办公环境的氛围。深入开展“两大任务”工作。获2017年全县争项目争资金二等奖、2018年全县争项目争资金三等奖，完成争项目争资金860万元，完成目标任务（600万元）的143.33%。

**【康复工作】**完成年初制定的儿童康复训练、精神病服药住院筛查、辅具发放以及家庭医生签约服务等计划指标。对2018—2019年度0~6岁12名脑瘫、12名智力、8名孤独症残疾儿童进行康复训练。做好精神病防治工作，依托宁夏宁安精神病专科医院，共免费为精神病患者发放药品610人次，救助金额达15万元；并对2018年度住院的30名重症精神病患者实施救助。做好假肢装配和矫形器筛查工作。符合装配条件的共有11人。残疾人辅助器具发放。残联自行采购普通轮椅、高靠背轮椅、功能性轮椅、坐便轮椅、儿童轮椅305辆、助行器50台、护理床6台、防褥疮垫50套、拐杖320副，总计价值20余万元，惠及全县8个乡镇1个街道共700余名有需求的残疾人。开展残疾人家庭医生签约服务，按照自治区卫生计生委员会、宁夏回族自治区残疾人联合会《关于做好残疾人家庭医生签约服务工作的通知》要求，残联协同县卫计局制定盐池县残疾人家庭医生签约服务工作的相关内容。

**【维权救助】**完成年度内困难残疾群众来访登记工作、法律援助工作，完成计划内无障碍改造、燃油补贴以及两项补贴发放等工作。认真热情的做好残疾人来信来电来访，加强残疾人法律救助援助工作，积极维护残疾人合法权益，联合司法局开展“法援惠民生、关爱残疾人”为主题的法律援助知识培训班，发放宣传资料300余份。2018年，县残疾人法律援助站对涉残疾人婚姻、财产、交通事故等方面的12起案件进行了法律援助，维护了残疾人的合法权益。元旦、春节期间在区市残联和有关部门的支持下共慰问766户贫困残疾人，发放慰问金及慰问品总计41.85万元。实施医疗救助29人，金额2.9万元。做好残疾人家庭无障碍改造。入户审核确定实施80户，2018年共进行改造80户。做好燃油补贴发放，全年审核发放残疾人（轮椅）车燃油补贴对象770名，每人补贴资金260元，共计发放燃油补贴20.02万元。做好困难残疾人生活补贴和重度残疾人护理补贴审核工作，并配合民政局做好补贴发放工作。发放困难残疾人生活补贴2555人306.6万元；护理补贴3394人325.82万元；为全县7709名持证残疾人发放县级提标扩面生活补贴每人每月50元，全年共计462.54万元。

**【教就工作】**做好学前儿童及大中专学生扶残助学工作。鼓励残疾人就业创业，扶持贫困残疾人就业增收，举办残疾人职业技能培训。做好残疾儿童和青少年扶残助学工作。2018年对18名残疾儿童及8名大中专阶段残疾学生进行登记审核后发放补贴资金，共计4.8万元。筛查盐池县义务教育阶段内建档立卡残疾学生16名，区残联联合交通银行给予每人1000元的生活补助，共计1.6万元。积极开展残疾人就业援助活动，协同相关部门组织200余名残疾人参加“2018年春风行动现场招聘会”，有60余名残疾人与用人单位达成就业意向，12余名残疾人与用人单位签订就业协议。继续做好残疾人就业创业工作，鼓励残疾人广泛参与居家就业、自主创业、灵活就业。扶持新增就业和灵活就业残疾人128名，根据就业形式和经营情况每人分别补贴1000~2000元，共计发放18.8万元。扶持2017年以来未脱贫的薛兰霞等109名就业年龄段贫困残疾人，每户分别补贴1000元，共计发放10.9万元。为帮助盲人提高职业技能，拓宽增收渠道，早日实现残疾人脱贫致富的愿望，7月份县残联举办了盲人小儿推拿按摩和盲人定向行走培训班。共有69名残疾人参与了此次培训。帮助贫困残疾人提高劳动技能，拓宽残疾人增收渠道，切实改善残疾人的生活、生产水平，举办滩羊养殖技术培训班。参培人数共计140余名。重点扶持123户农村残疾人养殖户，每户分别补贴1000元，共计发放12.3万元。

**【阵地建设】**创建区市县三级扶贫基地，辐射带动周围残疾人增收。争取残疾人社区康复站建设。全县创建县级残疾人扶贫基地5个，创建市级残疾人扶贫基地4个，申报区级残疾人扶贫基地1个（尤楠种养殖专业合作社，扶持资金64.8万元），已命名区级残疾人扶贫基地1个（百顺养殖专业合作社，扶持资金28.5万元）。残疾人社区康复站建设。盐池县对申请建立残疾人社区康复站的乡镇及村（社区）进行初步筛查；经区、市、县残联实地核查审核，花马池镇南苑新村、柳杨堡村、青山乡3个康复站通过审批，每个康复站给予5万元补助资金，共争取项目资金15万元。申报创建自治区级一星级盲人按摩机构5家，每个机构补助资金3000元，共计1.5万元。

**【数据更新】**共培训各乡镇（街道办）专职委员、村（社区）文书130余人，截至2018年8月6日，盐池县残疾人信息数据动态更新工作进度已达100%，并将数据上报吴忠市残联，此次核查残疾人共计7947人。

**【亮点创新】**国务委员王勇到盐调研盐池县民政和残疾人工作，实地走访社会福利院、敬老院、残疾人康复教育中心等场所看望低保人员、特困供养人员、残疾人和老战士，考察社会救助、社会福利、优抚安置和残疾人教育、就业、康复等工作，听取基层干部群众意见建议。王勇指出，党的十九大对保障和改善民生、做好民政和残疾人工作做出了新的部署，要按照“兜底线、织密网、建机制”的要求，加强对困难群体的帮扶，不断增强他们的获得感、幸福感、安全感。王勇对盐池县残疾人工作给予肯定，并作出进一步指示，为今后的具体工作明确了方向。自治区残联组织机关处室、各市县残联理事长、各专门协会主席等80余人到盐池县花马池镇柳杨堡村残疾人扶贫基地进行观摩。观摩会成员现场分别听取了县残联负责人对全县残疾人工作情况的汇报以及花马池镇柳杨堡村第一书记对残疾人扶贫基地项目实施情况的汇报。并对花马池镇柳杨堡村残疾人扶贫基地开展的“合作社+基地+残疾户”的残疾人就业创业模式给予了充分肯定。

# 法治建设

FAZHIJIANSHE



## 政法综治

【从严治党】政治建设工作。坚持把民主集中制原则作为加强领导班子建设的一项重要内容，以经常化、制度化学习提高班子成员贯彻执行的意识和能力，教育领导班子和领导干部身体力行，以身作则，坚持集中领导。进一步落实全面从严治党的主体责任，严肃党内政治生活，把党员干部党性锻炼放到更加突出的位置，在重大事项的决策上，严格按照议事规则和议事程序办事。领导班子带头学习、讲党课、加强理论学习，认真落实民主生活会和组织生活会制度，团结协助、勤奋工作、清正廉洁，切实履行“一岗双责”，不断加强政治建设。宣传思想工作。结合政法工作实际，制定了干部理论学习计划坚持每周一组织干部集中学习，并结合干部网络教育培训，系统学习了党的十九大、习近平新时代中国特色社会主义思想、习近平谈治国理政、自治区第十二次党代会、2018年盐池县全面从严治党、党风廉政建设和反腐败主要任务分工等内容，提高思想认识，强化作风建设。利用综治宣传月、国家安全教育日、“12·4”宪法及法制宣传日等活动定期到广场、社区开展综治、反邪教、国家安全、铁路护路等宣传服务，共发放各类宣传材料5000余份，宣传品1000余份，发送平安建设短信3万余条。高标准完成了党报党刊征订任务；稳步推进网络安全信息化建设，建立完善网络舆情应急处置联动机制。组织建设工作。扎实推进基层党组织建设，结合实际，精心组织，扎实开展“两学一做”学习教育制度化、常态化，进一步筑牢党员干部思想道德防线。在开展“两学一做”学习教育的同时，进一步扩大学习范围，充实学习内容。将马克思主义哲学原理、十九大精神等学习内容充实到“三会一课”中，按时开展“三会一课”，强化政治理论学习，把握政治方向，开阔思维，更好地干好政法工作。定期召开组织生活会，2018年5月17日、10月17日先后两次召开政法委党支部“不忘入党初心、坚定理想信念”“关于从严整治共产党员信仰宗教和参与宗教活动”专题组织生活会。深入开展星级服务型党组织创建工作，制定方案，明确目标任务，从支部班子、党员队伍、工作机制、工作业绩以及群众评价五个方面进行详细的安排部署。积极推进服务型党组织建设，组织在职党员到社区服务，为西苑社区建设图书室筹资3000元；年初，为扶贫包扶村青山乡方山村154户建档立卡户、46户非建档立卡户和8户队长每户送去价值200元的米、面、油，资金达41600元；共筹资1.5万元，开展基层扶贫及党员“十个一”活动，加大扶贫帮扶力度。作风建设工作。深入开展作风建设，组织干部网上学习“党风廉政教育”，密切联系群众，认真贯彻落实党风廉政建设有关规定，牢固树立正确的世界观、人生观、价值观，切实增强党的观念和党性修养。在开展违反中央“八项规定”精神突出问题专项治理工作方面，从领导干部到职工全员学习领会，认真展开自查自纠工作，特别是对超标准公务接待、违规公款吃喝、违规公款送礼、外出公款旅游、超标准使用办公用房“五个严禁”19项内容逐一进行排查，在公务接待和公款吃喝两方面的问题，均已整改到位，并对相关人员进行了批评教育，将中央“八项规定”精神落到实处。加强作风建设与“两学一做”学习教育紧密结合，紧盯“四风”新形势、新动向，进一步完善工作机制，加大工作力度，强化监督检查，推动机关作风建设再上新台阶。纪律建设工作。坚持党对政法工作的绝对领导，严格落实《2018年盐池县全面从严治党、党风廉政建设和反腐败主要任务分工》等文件要求，坚定不移推进全面从严治党，扎实推进管党治党主体责任落到实处。遵守党的政治纪律，组织干部职工学习党章、遵守党章，树立党章意识，自觉用党章规范自己的言行。严格执行领导干部廉洁自律的各项规定，加强对党员干部的理想信念、宗旨教育和党纪法规的教育，重点抓好政治品质和道德品行教育、岗位廉政教育和警示教育。做好中央第八巡视组和自治区党委第二巡视组交办问题的整改落实。深入贯彻落实习近平新时代中国特色社会主义思想、党的十九大、自治区第十二次党代会及石泰峰书记关于巡视工作的讲话精神，牢牢抓住“全面加强党的建设，全面从严治党”这个根本，按照中央第八巡视组交办问题和自治区第二巡视组反馈的关于“学习贯彻习近平新时代中国特色社会主义思想和党的十九大精神不够深入，落实中央重大决策部署不够到位”“惩治和解决黑恶势力欺压群众问题”“政治建设乏力，一段时间党对宗教工作领导严重缺失”等问题，结合平安建设、扫黑除恶专项斗争制定整改方案，细化工作举措，切实解决影响盐池县改革发展稳定和群众反映强烈的突出问题。针对全县77人长期从事非法行医及封建迷信活动的问题，尤其是花马池镇南苑社区“神娃”“神汉”“神婆”密集等问题，认真制定方案，加强督促落实。在集中整治过程中，注重同基层软弱涣散党组织、乡风文明建设、乡村治理行动协同起来，推动工作整体前进，全面完成了整改目标，同时不断巩固各项综合治理成果，取得了积极成效。

**【深化改革】**初步建成“一中心两平台”运行机制。社会治理服务中心对全县社会综合治理和民生服务资源进行统一协调、统一指挥、统一调度，及时受理乡镇（街道）和相关单位上报的事件和反馈的信息，及时将“12345”民生服务热线受理群众反映的问题向各职能部门和乡镇（街道）分流、交办督办。以社会治安综合治理信息系统为基础，完善了“9+X”功能构架，对行政审批与公共服务系统、数字城管系统、智能交通管理系统、视频会议系统等进行整合完善，建立了资源集中、动态更新、联通共享、功能互补的社会治理服务综合信息平台。以自治区“政务云”为基础，整合了盐池县政务服务资源，实现了跨区域、跨层级、跨部门互联共享。共联通43个职能部门，9个乡镇（街道）。初步建成县乡村三级综治中心。加强组织机构整合，综治中心主任由乡党委书记兼任，配备副主任4名、专职干部2名，整合了综治办、司法所等机构及人民调解员、社区民警、禁毒干事等人员，较好搭建了由乡综治中心牵头抓总，信访、司法、派出所、法庭、人民调解、禁毒、社区矫正、劳动人事争议调解为框架的“1+8”大综治工作平台。结合实际，探索建立了以矛盾纠纷统一受理、统一分流、统一督办、统一归档和社会治安联防、工作力量联勤、突出问题联治、群众参与联创为核心的“四统五联”工作机制，初步形成了党委政府齐抓共管、乡村组三级联动，司法所、派出所、法庭协同发力的大综治工作格局。全面推进社区网格化管理服务工作。按照网格化建设实施意见，网格化信息化二期建设已全面开展，第二批城镇社区32名网格员已经上岗，102个行政村的农村网格员已选聘到位。盐池县已实现城乡网格化全覆盖，形成了以“人”为中心，以“事件”为线索的一体化社会治理机制。

【民主法治】民主政治工作。深入贯彻落实区、市及县的决策部署，对领导批示件的办理主要领导坚持亲自阅批、亲自安排部署，亲自督办，确保领导批示件的办理件件有落实。及时向上级汇报工作动态，严格把控信息报送质量关。为了使党员更好地了解和参与党内事务，充分行使知情权、参与权、选择权和监督权，将党组织的理论学习、党风廉政建设、党费收缴等情况定期向党员群众公开，进一步加强民主政治建设。法治建设工作。紧紧围绕“振奋精神，实干兴宁”的总任务，全面推进依法行政，把政法委工作全面纳入法治轨道，争创法治政府示范单位，为全面深化改革、促进全县经济持续健康发展和社会和谐稳定提供坚实的法治保障。结合“七五”普法，政法普及，政法各部门统筹安排普法宣传工作，坚持以人民为中心，加强宪法等法律知识的普及。2018年以来，各部门在公共场所和法律下基层活动中举办百余场次的普法活动，扩大了宣传面，强化了宣传效果，引导人民群众运用法律知识维护自身利益，取得良好的社会效果。同时，定期开展普法学习，使职工充分认识普法、学法的重要性，做到普法学习常态化、制度化。县法学会举办“百名法学家百场报告会”暨法学会会员培训班，主要围绕“依法行政、社会治理、扫黑除恶”作了专题辅导，提高了政法战线人员及行政执法人员依法行政、规范用权能力。安全生产工作。将安全生产纳入社会治安综合治理，着力开展安全生产领域风险隐患专项治理。县综治办联合公安、卫生、教体、市场监督管理局等部门开展道路交通安全专项整治，取缔非法设油专项整治，药品、食品安全整治等。健全以预防为主的安全生产长效机制，深化安全生产专项治理，杜绝重大安全生产事故的发生。突出抓好娱乐场所、学校、医院、商场、车站等人员密集场所和公共交通工具的安全监管，全面落实消防安全责任制，确保消防安全。巩固深化民族团结进步创建成果。结合工作实际，认真组织全体干部职工深入开展民族团结创建活动。积极开展民族团结宣传教育活动，民族团结月期间，组织干部职工学习统一战线的方针政策和相关业务知识以及新知识，同时结合综治宣传月、“4·15”国家安全教育日、“6·26”禁毒宣传、“12·4”法制宣传日等活动，加强宣传，维护民族团结，以强烈的责任感和使命感把民族团结创建活动开展好、落实好，巩固好民族团结进步创建成果。群团工作。全面落实工、青、妇各项重点工作，建立健全党内激励、关怀帮扶机制，组织干部职工进行健康体检。加强闲散青少年关爱帮扶工作，基层团组织和团干部加大结对帮教帮扶的组织动员力度，以社区（村）为单元，摸清辖区闲散青少年实际情况，充分发挥社区老年志愿者、青年志愿者、大学生志愿者等社会志愿者力量，有针对性地开展关爱帮扶活动，预防和减少青少年违法犯罪。组织单位女职工开展了“庆三八”有奖竞赛、妇女知识有奖问答、情景游戏等文娱活动。

【全民素养】根据爱卫办的要求，认真开展爱国卫生工作，结合盐池县第30个爱国卫生月开展健康教育宣传活动，提高群众健康理念，健康知识知晓率，提升全民健康素养。结合工作实际开展以“平安创建、安全生产、道路交通安全、消费者权益保护、反邪教宣传教育”等为内容的宣传活动，通过发放宣传资料、借助大喇叭村村响、微信短信等方式，全面提高公民科学素养。认真贯彻落实《盐池县推进家庭医生签约服务工作实施方案》，组织单位职工积极参加家庭医生签约。

【平安建设】提高政治站位，及时安排部署。按照自治区《2018 年全区综治（平安宁夏建设）工作要点》和吴忠市《2018 年平安建设工作要点》文件要求，及时部署，大力推进各项重点工作。以全面推进依法治县工作为主线，以推进平安盐池建设为目标，以加强政法部门工作为抓手，积极探索社会管理创新新途径、新方法，努力创建平安和谐社会环境，从而实现了平安盐池的创建目标。做好矛盾和安全隐患排查化解工作。及时发现问题，解决问题，将不安全因素消除在萌芽状态。依托矛盾纠纷排查化解信息系统和社会治安综合治理信息系统，组织村组干部和社区网格员对辖区各类矛盾纠纷和安全隐患进行排查，及时通过系统上报有关情况。2018 年以来，共排查梳理各类不稳定因素和涉稳纠纷 756 件，化解 748 件，8 件正在积极化解中，化解率 98.9%。重点排查农民工群体存在的矛盾纠纷。要求各乡镇（街道）及各职能部门要认真排查重点工程领域存在的劳资矛盾纠纷，增强发现矛盾纠纷的敏锐性与洞察力，做到早发现，对症下药予以解决。防止因介入不及时，导致矛盾扩大甚至事态升级，引发群体性事件。强化监督措施，确保化解实效。各级领导对辖区内的矛盾纠纷排查调处进行督查，定期听取汇报，研究解决问题。对于落实到具体部门调处的矛盾纠纷，各级调处组织实行全程督查，按时通报调处工作进展情况，杜绝有调无果、有头无尾的现象。强化矛盾纠纷排查责任追究制度，把做好社会矛盾纠纷排查调处工作的实绩与年终考核奖惩挂钩。坚持回访预防，对于调处的重大矛盾纠纷由本级调解组织指定专人包案，定期回访，督促履行协议，防止纠纷出现反复，酿成新的事端。社会治理水平进一步提高。坚持专项治理与系统治理、综合治理、依法治理、源头治理相结合，大力推动工作理念、制度、机制和方法创新，全面提升社会治理社会化、法治化、智能化、专业化水平，不断增强人民群众幸福感和安全感，努力创建群众满意的平安盐池。综治系统平台录入人口数据 59584 条，房屋数据 21158 条，新经济组织数据 3227 条，发现各类隐患 956 起，民生服务 198 件。盐池县“12345”便民服务热线共受理各类诉求件 796 件，办结 764 件，办结率 95.9% 以上。切实加强命案防控工作。通过加强各类社会矛盾纠纷排查化解工作、加强社会面的管控力度、加强法制宣传教育等措施，强化命案防控工作，有效预防“民转刑”命案的发生。同时密切配合公安局做好打击防范“黄、赌、毒”三项工作及禁毒示范县创建工作。

【扫黑除恶】提高站位，及时部署。县领导小组及时组织召开县委常委会、政府常务会、全县扫黑除恶专项斗争动员会议、扫黑除恶专项斗争工作小组（扩大）会议，及时研究解决工作中遇到的困难和问题，安排部署阶段性工作，确保全县扫黑除恶专项斗争在县委的领导下沿着正确的方向发展。各乡镇（街道）、成员单位层层召开会议贯彻落实区、市、县扫黑除恶专项斗争通知精神，把扫黑除恶作为基础性工作，列入重要议事日程，摆到工作全局突出位置。组建专门班子，强化力量。成立了由县委书记任组长，县委副书记、政府县长任第一副组长，县委副书记、政法委书记任常务副组长的领导机构，确保专项斗争扎实推进。领导小组办公室设在政法委，不断加强扫黑办力量建设，先后从法院、检察院、司法局抽调 3 名工作人员在扫黑办集中办公；县公安局成立扫黑除恶专班，负责情报收集、研判，集中精力在恶意讨债、赌博等案件中查找线索。建册立账，巩固成果。自扫黑除恶专项斗争工作开展以来，严格按照“有黑扫黑、无黑除恶、无恶治乱”的总要求，精心组织、严格实施、精准发力，盐池县建立了“建册立账、挂单销号”的线索摸排新模式，对发现的各类问题线索，集中建立统一台账，实行清单式管理、挂牌式督办。共摸排有效线索83条，录入公安扫黑平台40条，初核49条，办结28条（其中涉恶3件、村霸5件）。为进一步全面掌握盐池县重点地区和突出治安问题，切实加强重点地区突出治安问题的整治力度，有效维护盐池县社会大局稳定。盐池县多措并举，充分发挥各部门职能作用，强化重点地区巡逻防控和重点部位安全防范，加强治安检查。自工作开展以来，共接警情4277起，办理涉黄案件8起，行政拘留23人罚款2人；查处涉赌案件37起（刑事案件1起），打掉赌博团伙24个，处理违法人员200人，其中罚款97人，行政拘留101人，刑事拘留2人，收缴赌资9.005万元；办理非法挡工案件16起，行政拘留40人，罚款1人，治乱工作成效明显。

【国家安全】加强领导，周密部署。盐池县把国家安全人民防线建设工作作为一项重要任务，纳入社会治安综合治理目标管理范畴，与经济工作、精神文明建设等工作联系起来。坚持“谁主管，谁负责”的原则，进一步明确履行国家安全领导责任制和目标管理责任制的责任主体，加强宣传，健全制度，强化责任，确保国家安全人民防线建设各项工作落到实处。搭借平台，广泛宣传。搭借综治宣传月、“4·15”国家安全教育日、“6·26”禁毒宣传、“12·4”法制宣传日等活动平台，在花马广场广泛开展国家安全宣传教育，通过悬挂横幅、电子屏滚动、发放宣传资料、现场解答法律政策，向来往群众重点宣讲《中华人民共和国国家安全法》《中华人民共和国反恐怖主义法》《中华人民共和国反间碟法》《中华人民共和国国家情报法》等相关法律法规知识。深入揭露邪教组织反社会、反人类、危害家庭、毒害群众的反动本质，让人民群众认识和了解邪教的基本特征和现实危害，引导群众提高国家安全意识和维护国家安全的自觉性。发挥职能，加强管理。结合平安盐池建设、维稳、反邪教工作，依托各类工作机制、平台和力量，严格按照《中华人民共和国国家安全法》和《中华人民共和国保密法》的有关规定，对出境人员、出国人员进行国家安全和保密教育，增强外出人员国家安全意识和保密意识。全力做好外事活动的安全保密管理工作，及时掌握境外人员活动情况，加强重点人员的管控和服务管理措施，确保盐池县社会政治稳定。

【反邪教】加强领导，明确责任。盐池县于3月1日召开全县政法综治信访维稳禁毒暨扫黑除恶专项斗争会，将反邪教工作确定为政法综治工作重点任务之一进行了安排部署。县委领导针对加强党管反邪教工作、健全领导小组、加强反邪教人员配备、加大工作经费保障力度等4项工作，于8月6日在县委副书记、县长戴培吉主持召开的盐池县人民政府第29次常务会议上，听取了县防范工作汇报，研究解决了防范经费等问题，在9月28日十四届县委2018年第20次常委会上，听取防范邪教工作情况汇报，进一步明确新时期反邪教工作的历史使命，认真落实工作责任，确保新时期反邪教工作再上新台阶。拓宽渠道，加强宣传。县防范办搭借“政法综治宣传月”“12·4”法制宣传日等平台，广泛开展反邪教宣传，深入揭露邪教组织的反动本质。2018年盐池县在个别社区、小区楼梯（电梯）间安装防范邪教宣传牌1000个，在邪教问题突出乡镇、村刷写宣传标语、绘制宣传墙500平方米，印制宣传折页、奖励实施细则2万份分发给各乡镇（街道）。结合扶贫工作、春节期间群众返乡过节、元宵节灯展等活动，大力开展反邪教宣传，发动群众积极参与到反邪教工作中，增强了群众的法治观念和防范意识。同时，通过微信、微博转发反邪教宣传知识，借助微信公众号及时推送反邪教相关知识，使更多的群众认识到邪教的危害。配强人员，推进工作。建立反邪教信息网络，盐池县成立反邪教工作领导小组，防范办配备了专职领导干部，全县各乡镇（街道）建立反邪教工作室，结合实际完善了反邪教组织网络，配备分管领导、兼职干部，明确县、乡、村三级信息员，并于4月3日对所有信息员进行培训，夯实基层阵线，筑牢防范网络。

【铁路联防】2018 年以来，盐池县在上级护路办的正确领导下，在县委、县政府的大力支持下，认真贯彻落实自治区、吴忠市铁路护路联防工作各项会议精神。坚持强基护路理念，全力推进护路联防承包无缝对接机制和乡村护路中心（站）建设工作，不断夯实基层基础；坚持依法护路理念，用法治思维化解整治涉路矛盾纠纷、涉路安全隐患和突出治安问题；坚持创新护路理念，全面开展“爱路护路进万家主题教育活动”，不断拓展护路文化阵地建设，实现爱路护路宣传教育全覆盖；坚持联动护路理念，深入推进“平安车站创建”及“五位一体”工作机制，形成协作配合、问题联治、工作联动、平安联创的工作格局，全面提升铁路护路联防工作能力和水平。辖区内未发生影响列车正常运输的案（事）件，继续保持“零发案”。

## 法治政府建设

【法治政府建设及示范创建】全面落实区、市和盐池县关于建设法治政府建设及示范创建的工作部署。落实法治政府建设年度报告制度。认真总结上年度全县法治政府建设工作，年初及时向区、市政府、县委、人大报告 2017 年度全县法治政府建设七个方面推进开展情况。组织全县 53 个法治政府成员单位按照规定程序向县法治政府建设领导小组提交年度报告，并在县政府门户网站集中向社会公开，接受社会监督。制定印发《2018 年度法治政府建设工作要点》（盐法府办〔2018〕2 号），确立了 2018 年度全县法治政府建设 18 项重点工作，20 项继续深化工作。明确责任单位、完成时限并采取定期检查的方式督促各项工作任务落实到位。继续深化全县法治政府示范创建活动。在上年度开展的第一批法治政府示范创建的基础上，开展全县第二批法治政府示范单位创建活动。将 17 个部门、乡镇政府确定为第二批法治政府示范创建单位，对全县法治政府示范创建工作进行安排部署，先后制定印发《盐池县人民政府办公室关于开展全县第二批法治政府建设示范单位创建活动暨做好完善第一批示范创建单位申报验收工作的通知》（盐政办发〔2018〕23 号）、《关于抓紧落实全县法治政府建设暨法治政府示范创建工作的通知》等文件，进一步明确开展示范创建的总体要求、工作目标、创建单位、创建步骤、创建要求等，通过采取平时抽查和实地检查等措施，促进全县法治政府示范创建扎实推进，取得了显著的成效。在此基础上，积极推进盐池县创建区市法治政府示范县工作。制定印发《盐池县 2018 年创建区、市级法治政府示范单位工作方案》（盐政办发〔2018〕68 号），明确创建具体目标任务，督促指导全县各单位按照进度抓好落实。开展各类宣传活动，营造法治政府建设氛围。通过各类媒体宣传全县法治政府建设的工作开展情况，先后发放法治政府法律学习读本 600 余本、依法行政宣传材料 2000 余份，积极向区市政府法制办报送法治政府建设宣传信息，共投稿信息 20 余条，完成编印《盐池县法治政府建设暨示范创建活动文件汇编》100 余本，取得了明显的社会宣传效果。

【规范性文件监管】健全的制度体系是法治政府建设的保障。加大制度建设合法性审查力度。先后参与审查了《盐池县人民政府工作规则》（修订）《盐池县人民政府常务会议规则》《盐池县党政机关差旅费管理办法》《盐池县行政事业单位国有资产处置管理使用办法》等制度文件，建立完善了行政管理制度和执法体系内部、外部的监督体系，基本上实现了对各部门、各重大事项、重点领域制度全覆盖、全监管，使各项工作有章可循，保障了权力运行和部门运作的规范性。严格规范性文件管理和长效清理机制。修订完善《盐池县规范性文件管理规定》，对规范性文件的制定、备案审查、发布等环节进行了明确和细化。严格落实区市县行政规范性文件“三统一”（统一登记、统一编号、统一印发）和有效期制度，自2018年1月1日起，全县县、乡两级人民政府及县政府部门、法律法规授权组织印发的行政规范性文件，严格实施行政规范性文件的统一登记、统一编号、统一印发的工作程序和有效期，做到从源头上预防违法行政和不当行政，保障公民、法人和其他组织的知情权和监督权。做好全县2018年规范性文件的审查、报备工作。依法审查了《盐池县人民政府关于调整规范第一批行政职权事项的决定》和《盐池县政府投资项目管理办法（修订）》规范性文件草案10件，以政府规范性文件印发6件，并在规定时限及时落实向市人民政府和县人大常委会进行备案。开展行政规范性文件清理和证明事项清理工作。制定印发《盐池县人民政府办公室关于开展涉及产权保护行政规范性文件清理工作的通知》（盐政办发〔2018〕73号）等专项清理文件，先后组织全县政府各相关部门开展了对政府出台文件和规范性文件涉及著名商标、军民融合发展、涉及产权保护、民族政策等文件进行专项清理。根据上级人民政府有关证明事项清理工作的安排，制发《盐池县人民政府办公室关于进一步做好各类证明事项清理工作的通知》（盐政办发〔2018〕91号），结合盐池县实际，集中对全县证明事项进行清理，经严格审核、审查、广泛征求意见，经政府常务会议集体审议决定，取消各类证明事项31项，保留证明事项13项，以《盐池县人民政府关于公布第一批取消和暂保留证明事项的决定》（盐政规发〔2018〕4号）向社会公布，确保“减证便民”落到实处。

**【规范行政执法】**优化完善政府行政执法体制，规范公正文明执法。进一步提高全县行政执法领域的公正执法和服务水平。规范行政执法程序。全面落实行政执法人员持证上岗和资格管理制度规定。县公安局、市场监督管理局、环林局、城市管理执法大队等执法部门在执法活动全面配备行政执法记录仪，进行同步录音、录像，保证执法程序公开公正；开展全县行政执法证件年度审验和综合法律知识培训工作。落实行政执法人员资格管理，加强对全县行政执法证件的使用监督。2018年度完成全县333名执法人员执法证件年检年审工作，确保行政执法人员持证上岗、依法行政。开展全县行政执法人员综合法律和专业法律知识学习和培训考试，对全县165名执法人员进行法律知识的集中考试，全面提升了政府各部门行政执法人员的执法能力和业务素质。

**【健全行政决策机制】**推进政府行政决策科学化、民主化、法治化。落实执行《盐池县人民政府重大决策出台前向县人大及其常委会报告制度》（盐政办发〔2018〕59号）、《盐池县人民政府重大行政决策程序规定》（盐政发〔2015〕119号），积极参与全县重大政策的研究和讨论审定工作，参加政府常务会和各类会议，提出合理、合法意见，预防政府重大决策失误的行为发生，全年共参与重大决策审定18次，为规范重大事项集体决策行为，提高政府依法决策、民主决策、科学决策水平发挥积极的参谋助手作用。充分发挥法制办公室承担的合法性审查职责，对涉及全县重大问题决策事项、重大项目安排事项、大额资金使用事项的审查，法制办严格审查把关，从政府决策主体、决策执行内容、决策程序等方面严格依法审查，提出合法合规的意见或建议，审查了《盐池县老年福利服务中心“公建民营”项目实施方案（讨论稿）》等决策类文件18件。完成县政府重大经济合同等有关法律文书的审查。共审查《盐池县生态旅游开发战略合作框架协议》等重大合同16件，确保合同内容符合法律、法规和政策规定，有效减少政府各类法律风险和矛盾产生。严格落实区市政府法律顾问制度，建立以政府法制机构人员为主体、吸收专家和律师参加的法律顾问队伍。组建了由29名法学教授及律师为盐池县政府法律咨询专家库和9名律师组成的政府法律顾问，为县政府依法行政、科学决策、民主决策，提供专业法律人才队伍建设保障。并以《盐池县人民政府办公室关于聘用县人民政府法律咨询专家库人员和政府法律顾问的通知》（盐政办发〔2018〕71号）向全县公开发布执行。

【行政复议】发挥行政复议化解行政争议的主渠道作用。认真办理行政复议案件和处理行政纠纷，不断完善行政复议工作机制和纠纷协调处理机制。全年共处理行政纠纷12件，在办理行政纠纷案件中，严格把关，提高了办件效率，注重纠偏扶正，对一些行政纠纷案件，发现行政机关存在明显违法行为的，向行政机关提出纠正意见，及时纠正，理性、合法采取调解和化解的手段，解决行政纠纷和争议。积极履行行政应诉职责。严格落实《关于加强和改进行政应诉工作的通知》（盐府法〔2017〕4号）要求，及时向有关人民法院提交答辩状，提供作出行政行为的证据和依据。做到答辩形式规范、说理充分，提供证据全面、准确、及时。严格执行《宁夏回族自治区行政机关负责人行政诉讼出庭应诉工作规定》，认真履行职责，切实发挥法制办在行政应诉工作中的组织、协调、指导作用。全年受理5件诉县政府的行政应诉案件，结案5件。客观分析，认真总结行政复议应诉工作。不断提高行政复议办理质量，做到依法受理，查明事实、公正审理、公正裁决。认真总结分析了上年度复议、诉讼案件情况，找出原因制定对策。2018年全年没有发生行政复议案件。

## 公 安

【概 况】2018年1月份至12月份，全县共立刑事案件770起，破599起，破案率77.79%；抓获犯罪嫌疑人254人，网上逃犯34人；提请逮捕141人，移送起诉236人；打掉2个涉恶团伙，2案均已判决；打掉“村霸”4个；查办涉黑恶违法犯罪刑事案件22起，刑事拘留48人；整治治安乱点12处，查处行政案件92起，行政拘留245人；受理治安案件587起，结案462起，结案率78.7%，与2017年同期相比，受理数下降23.8%，结案率下降3.4%。共处理违法人员631人，其中罚款133人，拘留451人，强戒31人，警告2人，其他处理14人。

【安保维稳】公安局牢牢绷紧反恐怖斗争这根弦，强化情报预警，严防发生暴恐袭击事件，坚决守住不发生暴恐事件反恐防线，筑牢“铁桶工程”。扎实开展反恐维稳工作，维护国家政治安全。严格落实“五见面两核查”工作机制，对来盐关注人员、可疑人员开展涉恐情报搜集研判，实现对涉恐重点人员和爆恐活动预测预警预防，做到了动态管控到位。全面开展不稳定因素的排查，尤其是涉军群体、涉众型经济案件、环境污染等重点领域、重点群体矛盾纠纷的排查化解稳控，防止发生群体性集访和群体性事件。2018年以来，盐池县来盐关注人员15人次，离开14人次。同时加大对各类邪教组织的防范和惩治力度，4月15日，破获一起邪教案件，抓获犯罪嫌疑人1人，收缴反宣品385份。排查化解矛盾纠纷，严厉打击非法阻工。重点摸排因欠薪、讨债等问题和各种矛盾纠纷引发的不稳定因素，强化风险防控，提高对各类矛盾纠纷和风险隐患的发现、化解、管控和处置能力，严防各类矛盾纠纷和风险隐患累积发酵，严防发生规模性赴京进银到吴集访，严防发生重大群体性事件，共排查化解各类矛盾纠纷683条，未发生非访等重大问题。全警动员全力以赴，确保安保工作万无一失。2018年以来先后完成航空嘉年华、2018沿长城中国国际自行车邀请赛等重大比赛、重大活动及国家级、区、市领导到盐池调研等40次安保任务。

【特色警务】构建盐池“1+2+N”模式，盘活社区警务新动能。按照“因地制宜、方便群众、分步推进、务求实效”的思路，不断深化社区警务机制改革，主动将社区警务与各类群防群治资源结合，全力构建“1+2+N”社区警务模式，强力推进公安基层基础工作开展。在“矛盾不上交、平安不出事、服务不缺位”的理念指引下不断深入总结、锐意创新，通过线下“面对面”结合线上“键对键”的警务工作模式，让新时代“枫桥经验”在各个社区落地生根。共有社区民警25名，社区辅警40名，网格员105名，农村警务专干配备率已达103%。社区民警和辅警共建立微信工作群60个涉及5000人，解决群众各类诉求8000余起。2018年以来，共采集维护一标三实信息67975条，排查化解各类矛盾纠纷683件；组建义务巡逻队50支412人，排查整治治安重点部位12处，排查违法犯罪“黑窝点”2个。交巡警合一警务机制成效凸显，有效实现一警多能。公安局在深入调研、多方综合意见建议的基础上，制定下发了交巡警合一警务改革运行方案，创新推行“综合执法+社区+交巡合一”的新型警务运行模式，形成了覆盖城区点、线、面相结合，疏密有致的防控网络。自交巡警亮相街面以来，获得了群众的认可和信任，有事可以及时向民警求助，城区各类刑事案件、治安案件发案与上年同比有了较大幅度的下降，交通事故四项指数全面下降，交通秩序明显好转。同时，酒驾毒驾等专项整治警力大幅增加，整治警力比上年同期增加近50%，布控卡点由4~5个增加到了7~8个，集中整治时间由原来的6至8个小时变成了24小时全天候的严密监控。截至年底，共接处警1587起，查处各类治安、交通案件1015起；查扣各类违法车辆129辆，行政拘留17人，刑事拘留26人，及时处置各类矛盾纠纷644起，排查消除隐患92起，服务群众1500余次，初步实现了“交通管理、巡逻防范、打击现行、接处警情和服务群众”五项职责的“一体”效果，有力维护了辖区社会治安和谐稳定。

【严打整治】深入推进扫黑除恶专项斗争。结合辖区实际确立了十六类黑恶势力为重点惩治对象，抽调精干力量组成了“扫黑除恶”专班，制定完善了“全警参与、全面摸排、线索汇总、专项核查”的涉黑涉恶犯罪线索大排查机制。共收集涉黑涉恶线索82条，录入全国扫黑平台40条（1条重复），其中35条自行录入，5条上级交办，专案组已办结线索30条；查处刑事案件19起，打掉卢某某、郗某某2个恶势力团伙（其中卢某某案件为区厅挂牌督办案件），刑拘6人，逮捕5人，取保候审1人；打掉贺某某、冯某某、孙某、王某某、顾某某5个“村霸”，刑事拘留11人，取保候审5人；抓获涉恶类上网逃犯1人；查处行政案件20起，行政拘留87人；共惩治处理违法犯罪人员139人，扫黑除恶专项斗争取得阶段性战果。强化破案攻坚行动。全面强化命案防控机制，2018年以来，盐池县未发生命案，八类案件发4起，破4起，破案率100%；不断强化工作举措，严厉打击传统盗抢骗、电信网络诈骗、网络贩枪犯罪，切实加强与法院、检察院的沟通，提高办案质量和办案效率。2018年以来，共破获传统盗抢骗案件502起，抓获盗抢骗犯罪嫌疑人162人；破获电信网络诈骗案件23起、挽回财产损失30余万元。与金融部门全面建立信息通报和分工合作机制，严厉打击涉众型经济犯罪。2018年共立涉众型经济犯罪案件1起，涉案人员11人。深化治安专项整治行动。大力组织开展了“清风行动”“铁帚行动”“护卫行动”“乡安行动”等专项整治，取得了明显成效。2018年以来，共收缴烟花爆竹124件，各类子弹118发，炸药2公斤，仿真枪3支，土枪4支，气枪一支，管制刀具112把，匕首29把，钢珠50粒，其他物品39件。共查处赌博案件41起，处理违法人员227人，罚款97人，行政拘留130人，收缴赌资14.6万余元，销毁赌具30余台；查处卖淫嫖娼案件8起，处理违法人员25人，罚款2人，行政拘留23人。积极配合县有关部门，大力开展油区整治工作。2018年共取缔非法收油点24处，扣押“三无”车辆8台，收缴油品10.3吨，查处涉油治安案件26起，行政拘留37人，油区长效整治工作机制已形成；查处污染环境案件5起，行政拘留10人。

【公共安全】加强社会面管控。不断强化社会治安大局的管控力度，共出动巡逻警力6480余人次，警车800余台次，排查可疑人员92人。共清查旅馆300余家次、娱乐场所100余家次、物流80家次、加油站72家次，发现各类安全隐患33处，现场整改23处，下发隐患通知书9份，停业整顿娱乐场所1家；查处宾馆未按实名登记旅客信息2家。加强交通安全整治。部署开展了酒驾夜查、电动车违法整治活动、“黄标车、老旧车辆淘汰”等专项整治和道路隐患排查整改工作。老旧车淘汰任务1102辆，已淘汰1098辆，淘汰率99.63%；黄标车淘汰任务数322辆，已淘汰320辆，淘汰率99.37%。2018年以来，共出动警力1.6万人，出动警车3000辆，查处各类违法行为109755万起（现场查处63480起，非现场查处46275起），其中醉酒、饮酒驾驶98起，涉牌涉证72起，严重超员、超载16起，私改车型5起，驾驶报废机动车1起，行政拘留36人，刑事拘留56人。加强消防隐患整治。全面开展重大火灾隐患集中整治，有效预防重特大尤其是群死群伤火灾事故发生。共检查社会单位2562家，督促整改火灾隐患2257处，责令三停场所10家，临时查封场所12家，罚款34.06万元，拘留10人。推进闸机系统安装和检查站建设。积极协调安装闸机系统，盐池县火车站、盐池汽车站、惠安堡汽车站和大水坑汽车站均已安装完毕，实现“人、证”合一校验。完成了萌城检查站和青银高速检查站建设，根据自治区60周年大庆安保要求，盐池县于9月13日启动了青银高速检查站、萌城检查站等5处治安检查站，共出动警力1550人次，警车675辆次，检查车辆1.8万余辆，人员4.2万余人，收缴各类违禁物150余件，查获醉驾3起，取保候审3人，无证驾驶2起，行政拘留2人（并处罚款），充分发挥了防护功能，起到了宁夏东大门的安全屏障作用。全面推进安全监所建设。以确保拘留所安全为核心，以管理机制创新为动力，以抓班子、带队伍为目标，狠抓规范化、人性化管理，完成了各项羁押监管任务。拘留所连续4年被公安厅评为全国二级拘留所，实现了连续23年民警无违纪、拘所无事故的佳绩。

【禁毒示范县创建】2018年以来，盐池县全面深化禁毒工作“一把手”工程，以推进禁毒示范县创建工作为抓手，持续推进毒品预防、教育和整治工作，不断提升毒品治理成效，全面深化禁毒斗争。持续推进缉毒执法专项行动。按照“逢嫌必检、应收尽收”要求，坚持常态化收戒，全警动员，持续收戒吸毒成瘾人员。共破获毒品刑事案件5起，逮捕涉毒犯罪嫌疑人15人，逮捕涉毒犯罪嫌疑人任务完成率115.4%；查获吸毒人员101人，强制隔离戒毒吸毒人员46人，缴获各类毒品62.78克，开展堵源截流集中行动26次，检查过往车辆6.5万辆次，各类人员18.3万人次，查获吸毒人员2人。加大吸毒人员管控和禁种铲毒力度。对全县涉毒人员全部进行见面核查，对照已登记的涉毒人员信息，对涉毒人员基本信息逐项核查，对有错误的信息进行修改。登记在册吸毒人员信息准确率100%、在册常住吸毒人员知晓率100%、见面核查率100%。针对禁种铲毒及麻黄草管理工作，层层压实责任，形成县、乡、村、组四级联防责任制，实现了三年罂粟“零种植”、大麻原植物“零产量”的禁种铲毒目标。全方位立体式拓展禁毒宣传渠道。建成了禁毒警示教育基地，参观人数达7000余人次；在春运期间组织开展“禁毒流动课堂”活动，在重要节日开展大型集中宣传活动，利用各类媒体宣传毒品预防知识，实现全县重点场所禁毒宣传全覆盖。将禁毒宣传教育工作已纳入当地教育党委的总体教学规划和工作要点，制作印发禁毒宣传资料3万余册，全县20所学校均已开展新学期“禁毒第一课”，青少年数字化平台已注册中小学生14640人次。

【队伍建设】大力推进队伍正规化建设，全力打造过硬公安队伍。紧扣习近平总书记“四句话十六字”总要求和“五个过硬”标准，始终把政治建警摆在首位，将学习贯彻十九大精神作为首要政治任务和长期战略任务，以“两学一做”学习教育常态化制度化为载体，从多角度深化人民警察核心价值观教育，增强民警“四个意识”，夯实政治根基。以党建统领队伍建设，夯实支部书记第一责任，完善领导干部双重组织生活、谈心谈话等党内制度，规范党的组织生活制度。以公安队伍能力素质提升年为指引，不断推进教、学、练、战一体化。制定出台《盐池县公安局队伍能力素质提升年实施方案》，积极组织各部门推荐的14名青年民警担任警务技战术教官，分期安排参加区厅教官培训；扎实开展警营“训练日”活动，开展针对性强、切合实际的警务技能训练、反暴恐演习。强化监督问责，全面从严治警。组织召开了党风廉政建设和反腐败工作会议，细化任务要求，层层签订了责任书。突出政治理论学习、中心业务工作、纪律作风建设、党的基层基础建设、执法规范督察指导。对各基层党支部督导检查17次，开展网上督查巡视81次，实地检查基层单位16次，发现、整改各类问题77个。密切关注民警工作情况和8小时以外生活情况，用好监督执纪手段，及时妥善处理群众投诉举报反映的问题。共提醒谈话16人次，下发督查通报7期，办理违纪案件1起，给予1名民警行政记过处分，退回辅警1名。

## 检 察

【刑事犯罪】全年受理提请逮捕各类刑事案件94件133人，经审查批准逮捕60件85人，逮捕人数同比下降16.7%，依法不捕48人；受理移送审查起诉188件280人，经审查提起公诉144件209人，起诉人数同比上升10.2%，不诉46人。严惩影响人民群众安全感的严重刑事犯罪，批准逮捕抢夺、盗窃、诈骗等多发性侵财犯罪29人，起诉65人，批准逮捕涉毒品犯罪10人，起诉16人。加大对涉外团伙犯罪惩治力度，办理了盐池县首例外国人电信诈骗犯罪案件。

【扫黑除恶】全年批准逮捕涉恶犯罪嫌疑人5人，提起公诉3人，法院作出有罪判决3人，立案监督涉恶案件1件3人，纠正漏捕1人，提前介入涉恶案件（线索）4件。专项斗争工作开展以来，县检察院主动出击，积极作为，在黑恶势力犯罪线索摸排、提前介入、信息共享和协作配合方面与公安机关建立机制。坚持“一把手”带头部署推进，成立专项斗争领导小组及办公室，制定工作方案，组建专案小组，设立举报电话，实行“捕诉合一”。对涉黑涉恶犯罪案件，提前介入引导侦查，对取证方向、收集证据、适用法律提出意见，夯实证据基础，快捕快诉，为有效指控犯罪创造条件，全面提升办案质效，依法对卢某某等人开设赌场、非法拘禁涉恶案提起公诉，并以观摩庭的形式向社会宣传、开展警示教育。对近年来已办理案件实行“回头看”，对受理审查逮捕和审查起诉案件每案必查、“一案三查”，对收集的控告举报线索中是否存在涉黑涉恶及“保护伞”线索进行逐一排查，全面梳理涉黑涉恶犯罪线索，将摸排的6条涉恶线索移送公安机关侦查。利用控申宣传周、公益诉讼宣传周、农村集市等载体发放宣传材料和检察机关“两微一端”新媒体平台，加大宣传力度，营造扫黑除恶专项斗争的浓厚氛围，展现检察机关扫黑除恶的决心和效果。

【矛盾化解】建成集“信、访、网、电（话）”为一体的“12309”检察服务中心，实现控告、申诉、法律咨询、司法救助、心理疏导等“一站式”服务，实现控告、申诉全部网上录入、网上办理、网上分流、网上监督。认真开展检察长接待、带案下访和办案回访工作。全年妥善处理群众来信、来访89件(次)，司法救助11件，发放救助金15万元。推行律师参与化解和代理涉法涉诉案件制度，代理刑事申诉案件5件，促进疑难案件息诉罢访。

【未成年保护】制定了《关于进一步做好未成年人民事行政工作的实施意见》，联合县市场监督管理局对全县经营文具、儿童玩具为主的商铺及校园周边食品安全进行专项检查活动。开展“法治进校园”巡讲活动和“预防校园欺凌和暴力”

活动，向全县29所中小学师生讲授法治课，实现“法治进校园”全覆盖。打造集释法说理、心理疏导、维权帮教“三位一体”的“星辰工作室”，建成启用“未成年人法治教育基地”，强化未成年被害人权利保护，为校园欺凌和案件当事人开展心理辅导、司法救助工作。

【诉讼监督】监督公安机关立案10件，撤案5件。纠正漏捕、漏诉14人。建议行政执法部门移送涉罪案件线索15件，公安机关立案侦查9件20人，起诉犯罪嫌疑人3人，法院作出有罪判决3人，办理了8起社会关注度较高、影响力较大的非法采矿案，其中3件建议行政执法单位移送公安机关立案侦查，5件审查后启动立案监督程序，“两法”衔接工作效果明显。监督纠正侦查活动违法14件，提出书面纠正意见14份，追加逮捕5人、追加起诉9人。审查法院裁判158件，提出抗诉2件，法院改判1件，向市检察院提请抗诉2件，法院改判1件，促进了审判质效。

【执行监督】加强工作机制建设，分别与县公安局、县司法局签订《盐池县人民检察院羁押必要性审查联席会议制度》《盐池县人民检察院社区矫正工作联席会议制度》，定期召开联席会议，强化了与相关部门间的协调、配合。对不需要继续羁押的犯罪嫌疑人建议变更强制措施18件，已全部被采纳，其中一起案件被评为全区羁押必要性审查优秀案件。监督各类刑罚执行活动，依法提出纠正意见4件，办案机关已全部采纳并予以纠正。坚持对社区服刑人员定期回访制度，加强对司法局社区矫正工作监督检查，严防社区服刑人员“脱漏管”。

【行政监督】全面履行对民事行政审判活动及执行活动的监督职能，受理各类民事行政案件125件，其中，办理虚假诉讼案件1件，已发出再审检察建议；对法院审判程序中违法行为提出检察建议43件，采纳43件；对法院执行活动监督提出检察建议35件，采纳35件；督促行政机关履行职责21件，发出检察建议19件，采纳19件；支持起诉25件，采纳24件。进一步拓宽案件线索来源，充分发挥“民行检察官监督办公室”作用，深入机关、学校、社区、街道、农贸市场等场所进行宣传，发现案件线索12件，已全部办结。

【公益诉讼】2017年7月民事诉讼法和行政诉讼法修订实施，正式确立了检察机关提起公益诉讼制度。以县委、县政府专门出台《盐池县人民检察院开展公益诉讼工作的意见》为契机，召开了全县公益诉讼工作推进会，认真履行公益诉讼检察职能，开展“检察机关公益诉讼、生态环境司法保护宣传月活动”，主动到行政机关进行专题宣讲，制作并发放宣传材料5000余份，利用检察公众号、微信群、报纸等媒体大力宣传。2018年，共发现公益诉讼案件线索50件，立案50件，其中提起刑事附带民事公益诉讼1件，法院已调解结案，起诉意见得到法院支持，向行政机关发出诉前检察建议49件，采纳45件。

【生态保护】开展生态环境整治、草原林地资源保护、医疗废物处理等公益诉讼专项监督活动。督促行政机关治理和恢复被损毁的林地30.1亩；督促行政机关整治造成污染环境的养殖场6家；督促行政机关清除违法堆放的垃圾8处。孙某某非法采矿造成生态环境破坏案依法向法院提起刑事附带民事公益诉讼，依法追缴生态修复治理资金22.68万元。

【舌尖安全】开展保障千家万户舌尖上的安全公益诉讼专项监督活动，重点监督农贸市场、超市销售的食用农产品、食品和网络餐饮等领域，纠正行政机关不当履职行为。通过诉前检察建议督促行政机关对学校周边流动摊贩和外卖平台进行监管，学校周边2家流动摊贩所存在的证照信息未公示的问题已得到整改，2家外卖平台也已及时对8家食品经营者证照信息不全的问题进行补录和更新。

【健康安全】通过诉前检察建议督促县卫计局对全县各卫生医疗机构医疗污水处理情况进行拉网式摸排，全面制止违法排放医疗污水行为，县卫计局已对多家医疗机构立项重建，从根本上杜绝违法排放医疗污水的违法行为。

**【体制改革】**全面落实以司法责任制为核心的司法改革，进一步落实检察官办案责任制，优化对检察官的科学管理与评价，打造专业化新型办案团队，进一步提升办案质效。突出员额检察官办案责任主体地位，做到“谁办案谁负责，谁决定谁负责”。落实员额检察官一线办案制度和入额院领导带头办案制度，90% 以上的案件由检察官独立作出决定并负责，办案时限大大缩短，办案效率明显提高。院领导直接办理各类案件共 111 件。严格落实检察长列席法院审判委员会制度。有序做好自侦部门转隶后与监察委员会的衔接工作，探索完善办理职务犯罪案件相关程序，实行“捕诉合一”，无缝对接办理县监察委员会移送案件，共受理监察委员会移送起诉职务犯罪案件 1 件。深入推进以审判为中心的刑事诉讼制度改革。充分发挥检察机关诉前主导作用，完善驻公安派出所检察官办公室机制，构建良性互动新型检、警关系，对重大疑难复杂案件提前介入引导侦查 6 件。推进案件繁简分流，实行轻微刑事案件快速办理、认罪认罚从宽处理，合理配置司法资源，提高办案效率。严把案件事实关、证据关、程序关和法律适用关，以事实不清、证据不足不批准逮捕 21 人，不起诉 19 人。

**【接受监督】**自觉接受人大及其常委会的监督，坚持向人大报告工作制度，加强与人大代表、政协委员的沟通联系，邀请人大代表、政协委员视察专项工作、参与执法检查、观摩案件庭审、公开审查、参加“检察开放日”等活动，对人大代表和政协委员提出的意见和建议，虚心听取、认真办理，做到件件有落实，事事有回应。全面深化检务公开，利用网络媒体、门户网站等发布检察微博微信 200 余条，公开重大案件信息 84 条，生效法律文书 194 份，程序性信息 313 条，进一步增强检察工作透明度，充分保障人民群众对检察工作的知情权、参与权、监督权。

**【从严治检】**狠抓思想政治建设。强化创新理论武装，将思想政治建设摆在首位，推进思想政治工作与各项业务工作深度融合。认真落实“两学一做”学习教育制度化常态化，落实“三强九严”工程要求，引导干警牢固树立“四个意识”，坚定“四个自信”，坚决做到“两个维护”。始终坚持党对检察工作的绝对领导，重要工作、重大案件及时请示汇报。旗帜鲜明抓好意识形态工作，完善工作机制、做好网络阵地管控、司法办案舆情引导等工作。严肃党内政治生活，落实“三会一课”、谈心谈话、党员领导干部民主生活会、组织生活会、民主评议党员制度，不断提升机关党支部工作规范化水平。通过组织开展参观盐池革命烈士纪念馆、吴忠市国防教育基地、重温入党誓词、宪法宣誓、十九大知识竞赛等主题党日活动，增强支部凝聚力创造力。狠抓队伍素能建设。组织开展素能集训、岗位练兵，业务培训，有针对性地开展分层、分人、分岗培训，提高干警综合素养。全员参加西北政法大学综合能力培训班学习，提高干警研学能力。依托高检院教育培训网、检察微信群、微信公众号，加快干警知识更新。通过组织干警开展“公诉案件庭审观摩”活动，全面提升检察人员依法全面履职的能力和水平。选拔年轻干警参加区、市检察院开展的业务竞赛，荣获全市“案件管理业务知识竞赛”一等奖。举办首届“陕甘宁蒙”检察业务论坛，入选的 2 篇调研论文分获一、二等奖。监所检察室获“全国一级规范化检察室”称号，检察理论调研、侦查监督、刑事执行检察等工作在全市检察业务考核中名列第一。狠抓廉洁自律建设。严格落实全面从严治党、从严治检要求，认真履行党风廉政建设“两个责任”，强化对《中国共产党廉洁自律准则》《中国共产党纪律处分条例》学习，筑牢廉洁基础。认真完成市检察院巡察反馈问题整改。坚持把纪律和规矩挺在前面，坚决杜绝办关系案、人情案、金钱案，规范公务接待、公车、财务管理等工作。认真开展违反中央“八项规定”精神和“四风”问题自查整改，巩固落实中央“八项规定”精神成果，严防“四风”问题反弹回潮。及时通报违纪违法典型案例，用身边人、身边事警醒检察人员知敬畏、存戒惧、守底线，将从严治检引向深入。

## 法 院

【概 况】2018 年，法院坚持以“努力让人民群众在每一个司法案件中感受到公平正义”为目标，以司法为民为工作主线，依法履行审判职权，深入开展“扫黑除恶”专项斗争，加大破解“执行难”工作力度，从严从实管理队伍，不断提高司法能力和司法公信力。全年受理各类案件 6891 件，同比增加 1359 件，同比上升 24.57 个百分点，增长幅度居全市第一，结案 6388 件，结案率为 92.70%，同比上升 0.64 个百分点。

【刑事案件】受理各类刑事案件 161 件，同比下降 5.85%，审结 138 件，结案率为 85.71%，同比上升 2.08%。深入开展“扫黑除恶”专项斗争，建立专项斗争工作台账；扩大筛查范围，深挖涉黑涉恶线索，对近三年 492 件刑事案件逐一进行全面排查，摸排涉黑涉恶犯罪及“保护伞”线索；畅通举报渠道，对收集到的 5 件疑似黑恶势力犯罪线索案件及时上报；加大宣传力度，公开开庭审理卢某某等 3 人涉嫌开设赌场、非法拘禁一案，邀请人大代表、政协委员及社会各界群众参与旁听，该案全程进行网络同步直播，取得良好社会效果。保持反腐高压态势，审结贪污、贿赂案件 2 件，依法对原自治区公路建设管理局高速公路建设管理处处长冯某某犯受贿罪判处有期徒刑五年六个月。从严惩治环境污染犯罪，对盐池县首起环境污染案被告徐某某依法作出有罪判决。开庭审理盐池县历史上首起涉外国人犯罪刑事案件，按规定时限和程序向外国驻华使馆通知相关审理情况，大使馆人员参加庭审旁听，并聘请了专业翻译，充分保障外国人刑事诉讼权利。加大轻微刑事案件和解、刑事附带民事案件的调解力度，最大限度减少对抗，调解 14 件，调解结案金额 251.36 万元。

【民事案件】受理各类民商事案件 3951 件，审结 3885 件，结案率为 98.33 %，分别同比上升 33.75%、35.98 % 和 1.61%，其中调解、撤诉结案 2430 件，调撤率为 62.55 %。坚持服务经济和创新驱动发展理念，妥善审理各类涉民营企业案件 538 件，依法保障和服务民营企业健康发展，依法平等保护各类市场主体的合法权益。加大民间借贷案件审理力度，引导借贷行为规范化，加强宣传力度，提高民众的风险防范意识，对审理中发现的集资诈骗、“套路贷”等违法犯罪行为及时移交公安机关查处，促进社会经济健康发展。积极探索家事审判方式改革，成立家事审判合议庭，建立亲情调解室，发挥家事审判在维护婚姻家庭稳定和推进公民道德建设中的重要作用。

【行政案件】受理行政案件 17 件，审结 16 件。坚持合法性审查和保护行政相对人合法权益并重原则，有效化解行政争议，努力营造依法行政、依法治县的良好氛围。积极推行行政机关负责人出庭应诉制度，强化行政机关依法行政能力。加强政府机关与法院良性互动，开展行政执法培训 1 次，座谈 5 次。完善与行政机关联席会议制度，加强行政争议和国家赔偿案件的协调化解，庭前协调化解行政争议纠纷 3 件。

【案件执行】受理执行案件 2762 件，同比上升 15.04%，执结 2349 件，执结率为 85.05%，执行到位金额 8237.48 万元。按照最高人民法院提出“基本解决执行难”“四个核心”指标，紧盯“一性两化”执行工作总体要求。以信息化为基础，积极推进智慧执行建设，与公安、房管、银行金融机构等 500 余家政府机构和企业联网，可对被执行人不动产、存款、金融理财产品及微信、支付宝账户等 28 类 1200 余项信息进行网络查询，通过网络查控系统，共冻结资金 6832.1 万元，查询房屋、车辆等信息 3.5 万条，加大网络司法拍卖力度，通过淘宝网阿里拍卖平台拍卖 50 次，拍卖成交额达 300 余万元；以规范化为保障，健全统一管理、统一指挥、统一协调的执行工作管理机制，规范执行程序的各个环节、各个节点，做到执行工作全程留痕、全程监控；以强制性为后盾，加大联合惩戒体系建设，构建“一处失信、处处受限”机制，被执行人在贷款、高消费、乘机、出境等方面进行限制，有效敦促 216 名失信被执行人主动履行法律义务。通过开展“清晨行动”“执行飓风行动”等专项活动，恢复执结了一批长达数年的“骨头案”“钉子案”。充分运用新体，加强执行工作宣传力度，在报刊、微信公众号、今日头条等宣传媒介上公开曝光失信被执行人信息，及时推送执行工作经验做法、典型案例，扩大执行工作传播面，增强群众的理解与支持，在与《宁夏日报》《宁夏法治报》等媒体联合开展的“亮剑执行难”直播活动中，在线累计观看量达 19.3 万人次，创宁夏法院新媒体直播纪录。

【诉讼服务】深化“放管服”改革工作，加强诉讼服务中心建设。改造升级立案、执行服务窗口，构建线上线下同步诉讼服务平台，为当事人和律师提供“一站式”、“门诊式”服务。通过诉讼服务网、“12308”诉讼热线、微信公众号等，为群众提供网上立案、电话立案、诉讼指引、案件信息查询等服务，实现了让老百姓少跑一次腿、少找一个人、少等一分钟的便民目标。设置律师绿色快速通道，为律师参与诉讼提供便利。建立数字化电子档案系统，案卷电子档案可同步生成，使诉讼档案信息化检索和网上查询成为现实。

【解纷机制】大力推进多元化矛盾纠纷化解机制建设，不断健全完善法官村官双助理联动机制，充分发挥“夕阳红”调解队、“三调联动”在基层矛盾纠纷化解特色优势。积极回应自治区十二次党代会号召，大力实施“法治惠民”工程，在全区首创“惠民诉讼服务站”，建立起辐射全县 4 个镇 4 个乡 1 个街道办的 9 个“惠民诉讼服务站”，构建起服务全县的法治惠民网络，将司法服务送至百姓“家门口”，全年成功化解纠纷 235 件，指导当地人民调解委员会化解纠纷 451 件。

【司法公开】加强对审判流程、庭审活动、裁判文书、执行信息四大公开平台运用，上网公布生效裁判文书及案件信息 2392 份，通过网络直播案件 157 起，充分保障当事人知情权、参与权。不断拓展司法公开渠道，组织开展 4 次法院开放日活动，邀请人大代表、政协委员、普通群众走进法院，“零距离”了解法院。加强宣传力度，编发简报 127 期，完成调研文章 17 篇，被各级各类新闻媒体报道 142 篇次。开通了官方微信、抖音等新媒体平台，定期发布法院动态、典型案例、司法解释等内容，增强与网民互动交流，其中“抖音”平台累计观看量已超过 100 万人次。

【信访化解】实行诉访分离、依法终结制度，探索建立第三方介入机制，借助党委政府、人民调解员、基层调解组织的优势，共同化解涉诉信访矛盾纠纷，把信访当事人引入依法理性信访轨道。畅通信访渠道，落实院长接访、信访积案包案负责等机制，实行信访责任倒查，对因办错案或者因作风不强、态度不好引发群众上访的，倒查办案人员的责任。2018 年法院共收到各类信访举报 5 起，相关部门转交办信访案件 3 起，经调查不属实 7 件，并按照规定予以回复，配合县监察委查实 2016 年春发生的违纪案件 1 件，并给予 4 名干警政纪处分。收到自治区巡视组转交办案件 11 件，均已按时办结回复，同时由院领导进行回访，实现化解稳控到位、回访处理到位。

【司法改革】司法责任制改革换挡提速。坚持放权与监督相结合，改革传统盯人盯案监督模式，采取制度化和信息化措施，构建全院全员全过程的监督管理机制，铸牢“制度铁笼”，实现放权不放任、用权受监督。进一步完善三类人员绩效考核体系，开发专门绩效考核软件，建立起科学、合理的绩效考核信息系统。严格落实院庭长带头办案要求，院庭长办结各类案件 3081 件，占员额法官结案数的 48.23%。繁简分流机制改革深入推进。实行案件繁简分流制度，结合审判工作实际，在诉讼法框架内和审判权运行机制改革基础上，制定出台繁简分流工作实施方案，配套完善小额速裁、诉前调解、简易程序简化审理等8项相关工作制度和细则，成立“N+1+1”的调解团队和“1+1+1”的速裁团队，办案周期平均缩短为21.5天，实现办案提速目标，通过速裁结案504件。审判质效实现监管并举。构建精细化审判管理模式，完善审判质效分析、案件研判、典型案件通报、审判经验交流等制度，推动审判工作均衡、有序开展。严格审判监督，逐月发出审判管理通报，逐案评查卷宗，全面查摆问题，及时督促整改。完善专业法官联席会议制度，强化案例指导，统一裁判尺度，召开专业法官会议26次，讨论案件368件。狠抓长期未结案件清理，8月—10月开展了为期三个月的“提质效，清积案”活动，活动期间清结案件1997件，未结案件数创历史新低。

【队伍建设】强化思想政治建设。始终坚持党对法院工作的绝对领导，按照“抓党建带队建促审判”工作思路，注重发挥党建的引领作用。认真落实好“三会一课”制度，开展好“两学一做”学习教育常态化制度化和“不忘初心，牢记使命”主题教育。坚决做好司法领域意识形态的各项工作，召开两次意识形态领域组织生活会，教育干警牢固树立马克思主义民族观宗教观，确保法院意识形态工作始终与以习近平同志为核心的党中央保持高度一致。强化司法能力建设。认真开展“大学习、大培训、大调研、大规范、大评比”五大活动，通过庭审观摩、书记员技能评比、裁判文书评比、司法警察技能练兵等活动，切实提高干警理论水平和实际能力。推行“法官导师”制度，充分发挥资深法官“传帮带”作用。先后派出212人次参加各级各类培训，提高干警运用法治思维和法治方式开展审判执行各项工作的能力和水平。加强法院文化建设，通过建设法治走廊、阅览室、荣誉室等，培育法官法治信仰，着力塑造职业人格。强化党风廉政建设。严格落实党风廉政建设主体责任，狠抓“一岗双责”落实，做到审判业务工作与党建工作同布置，同落实，同检查，同总结。坚决贯彻落实中央“八项规定”及其实施细则，持续纠正“四风”，加强对《中国共产党纪律处分条例》和《中国共产党廉洁自律准则》的学习。以自治区高院“司法作风专项整治活动”为契机，开展司法作风专项整治活动，通过司法巡查、审务政务督查进行明察暗访28次。着力纠正司法不规范问题，强化执纪问责，以“零容忍”态度发出督查通报12期，督促整改问题24件，对12名干警分别给予诫勉谈话、通报批评等处理。加强廉政提醒，根据干警岗位职责为每位干警“量岗”制作了党风廉政风险提示桌签和“口袋卡”，节假日前发送廉洁提示短信，筑牢拒腐防变防线。

【人大监督】坚持重点工作、重要问题、重大事项及时主动向县人大及其常委会汇报，坚决执行人大及其常委会的各项决议。积极配合各级人大及其常委会组织开展的对审判、执行工作视察和调研，认真高效办理人大转交办案件。对重大案件审理、执行主动邀请人大代表全程参与、见证、监督，全面增强法院工作的透明度和公信力，提高司法权威。进一步拓展监督渠道，建立人大代表监督机制，在院机关和派出法庭设立4个人大代表联络室，邀请人大代表进驻，为人大代表提供履职平台，打造起常态化、制度化、规范化的人大代表联络监督工作格局。同时，人大代表在履行监督法院和法官工作职责过程中，可利用熟悉村风民情的优势，与法官协作，积极参与群众矛盾纠纷化解，构建起群众说事，代表说理，法官说法的基层矛盾纠纷化解新途径。

## 司法行政

【公共法律服务】健全公共法律服务网络。统筹法律援助、律师、公证、人民调解等业务和资源，建成县公共法律服务中心1个，增设人民调解、司法鉴定、司法救助等岗位。建成乡镇（街道）公共法律服务工作站9个、村（社区）公共法律服务工作室119个。持续推进“一村（社区）一法律顾问”制度，公共法律服务形式更加多样、渠道更加顺畅、群众更加满意。进一步扩大法律援助受案范围。将全县3.4万建档立卡户全部纳入法律援助范围，努力做到应援尽援。全年共受理各类法律援助案件342件，提供法律咨询3500人/次，转办司法鉴定案件27件、人民调解案件35件、公证案件41件，接受司法救助申请3件，避免或挽回经济损失770余万元，受援群众5000余人。开展法律援助规范化建设专项活动。举办“宪法法律进军营”“法律援助情暖农民工”“法援惠民生关爱残疾人”“法律援助进校园关爱下一代”等法律服务专项活动。坚持律师值班制度化，律师参与信访矛盾纠纷化解39起。实行刑事案件律师辩护全覆盖试点工作，办理刑事案件89件。“放管服”改革进一步深化。自治区下放的12项行政审批和服务事项全部进驻宁夏政务服务网办理，审批权力下放至办事窗口，实现统一受理，集中办理。将事项涉及的62项要素向社会公开，大力发展电子政务，接受群众监督。80%的事项可以实现“不见面”审批，极大地方便了办事群众。

【人民调解】坚持发展“枫桥经验”试点工作扎实有效。盐池县司法局作为全区确定的十个试点县区之一，以盐池县创新推行的人民调解“四联机制”和“五调对接”作为抓手，构建大调解、大普法、大援助、大服务格局，使“枫桥经验”不断在盐池县创新发展。预警排查化解机制更加严密，“大调解”格局更加健全，工作保障更加有力，运用法治思维和法制方式化解矛盾的机制更加有效。全县共调处各类矛盾1062件，成功率达98%以上。“四张网”建设实现了广覆盖。盐池县共建立各级各类人民调解组织144个，调解小组330个，特别是在乡、村、组三级实现了调解组织全覆盖。通过重点落实“三排查”：即每周定期排查；特殊时期及重大节假日重点排查，重点人群重点排查，各级人民调解组织有效建立了“排查、分析、化解、通报”制度，有效发挥了维稳的第一道防线作用。“矛盾纠纷首选人民调解”宣传氛围更加浓厚。为了扩大人民调解影响力，坚持法治理念入脑入心，加大宣传人民调解的便民、快捷、高效作用，盐池县司法局在开展“12·4”等法治宣传活动以及各类媒体报道中，融入人民调解各类工作动态，潜移默化中帮助群众树立“调解优先”理念，引导群众自觉把人民调解作为解决民间矛盾纠纷首选，使人民调解法治观念深入人心。盐池县司法局获中华全国人民调解员协会授予的“人民调解宣传工作先进集体”称号。加强工作队伍专业化建设。从公检法司、信访等部门中遴选了一批具有专业特长和丰富调解经验的专家型人才，组建了县级人民调解专家库，为调解工作提供了强有力地“智撑”。积极组织参加司法部（厅）开展的“司法行政大讲堂”和人民调解员大培训讲堂，通过专题培训、案卷评查、以会代训、研讨交流、观摩学习等形式，有效地提升专职人民调解员的业务素质和工作能力。在2018年全县首届劳动争议调解技能大赛中，各级调解组织调解员代表辖区参赛，均取得骄人成绩，为全县调解工作顺利开展奠定了扎实基础。

【普法责任制】牵头抓总多渠道开展“七五”普法工作。制定下发《2018年全县普法工作要点》，认真落实“四清单一办法”，建立普法责任制联席会议，利用“互联网+”创新普法宣传形式，组织协调各单位全方位开展普法宣传主题活动。2018年以来共开展法治宣传教育活动20余场次，发放宣传资料6万余册，普法大礼包8000余份，提供免费法律咨询3500余人次，受教育群众达6万余人。多措并举深入开展“法律八进”工作。以领导干部和公务员学法为重点，将《中华人民共和国宪法》《中华人民共和国民法总则》《中华人民共和国环境保护法》纳入领导干部和公务员年度网络培训学习考试课程。抓好“法律进单位”活动，不断完善国家工作人员学法用法制度。通过举办村（居）法律顾问进乡村暨法律“明白人”培训班、开展“宪法下乡村”“法律进企业”“宪法法律进军营”等系列活动，不断提高法治宣传教育的影响力，推动全县普法依法治理工作深入开展。突出重点加强宪法宣传教育。举办全县领导干部“弘扬宪法精神，培育宪法信仰”专题讲座。结合“12·4”宪法日（周）宣传活动，各级各部门开展了形式多样的宪法主题宣传活动。完善县级宪法主题公园，新建大水坑法治文化广场。各责任单位积极组织开展行业普法文艺宣传专场演出。通过宪法宣誓、法治研讨、知识竞赛、文艺会演等形式，在全县范围内广泛开展尊崇宪法、学习宪法、维护宪法、运用宪法的宣传教育活动，让文本上的宪法在盐池县“落地生根”。抓点带面认真开展“七五”普法专项督查活动。对申报的17个“法律八进”示范创建单位进行了检查，充分掌握“七五”普法开展以来全县普法工作的进展动态；接受了吴忠市对盐池县“七五”普法中期督查验收工作，积极迎接国家“七五”普法督查暨自治区第三方评估。盐池县获评第四批“全国法治县（市、区）创建活动先进单位”。

【特殊人群管理】充分利用司法E通手机定位系统和宁夏社区矫正信息管理系统，落实人脸、指纹打卡验证，“人防+技防”确保社区服刑人员管理稳定。累计接收社区服刑人员687名，解除社区服刑人员567名，在管社区服刑人员120名，在册刑满释放人员578名，无一脱管漏管。落实律师上好第一堂课制度，加强日常思想教育，结合对社区服刑人员和刑满释放人员日常走访、回访，开展专项排查活动，对存在的问题早发现、早处置，坚决杜绝社区服刑人员和刑满释放人员涉黑涉恶。认真落实帮扶政策，做好对刑满释放人员的衔接管理和教育帮扶工作，预防和减少重新违法犯罪，全面提升社矫安帮工作精准化、法治化、专业化水平。近年来共安排、帮助、联系就业创业22人，申请廉租住房12人，落实低保29人，落实承包责任土地468人，累计慰问、临时救助81人次资金达3万余元。加强对社区服刑人员的心理矫治工作。2018年共开展了两期扫黑除恶警示教育活动暨心理矫治培训会议，并对在册的社区服刑人员开展心理测评，随时掌握社区服刑人员的思想动态，取得了良好的效果。

【党建和党风廉政】将“两学一做”学习教育常态化、制度化。按照“三强九严”的要求切实抓好星级党支部创建活动，认真开好民主生活会和组织生活会。将马克思主义民族观宗教观学习教育列为党员学习教育必修课。扎实开展“八项规定”回头看自查整改”工作，及时办理巡视移交群众反映强烈的突出问题。组织开展了首个以“弘扬宪法精神走进司法行政”为主题的司法行政系统第一届开放日活动。认真贯彻落实党风廉政建设责任制，层层签订党建和党风廉政建设责任书。2018年以来先后组织党员干部观看党员保密系列专题片“胜利之盾”、《镜鉴》《警钟》等党员干部违纪违法警示教育系列电教片10余次，认真执行部门领导干部勤政廉政提醒约谈制度。

【其他工作】“两大任务”完成情况。全年争取项目资金任务300万元，完成301万元，完成100%。植树造林任务。新植树造林300棵，做好平时浇水、培土等管护工作，树木成活率达100%。全力做好包村扶贫工作。

# 综合经济管理

ZONGHEJINGJIGUANLI



## 宏观经济

【概　况】2018年以来，发展与改革局围绕“三大战略”和“坚决打赢脱贫攻坚战”的奋斗目标，狠抓落实，不断创新和完善工作机制，全面提升工作水平。完成地区生产总值90.28亿元，增长10.6%；完成固定资产投资136亿元，同比下降6.8%；完成一般公共财政预算收入8.28亿元，同口径增长15.2%；实现社会消费品零售总额14.39亿元，增长6.1%；城镇居民人均可支配收入达26601元，同比增长7.8%，农村居民人均可支配收入达10685元，同比增长11.9%。

【争项目资金】紧盯国家推进乡村振兴战略以及在公共服务设施、清洁能源替代、现代服务业、生态产业开发等重点领域政策，全力争取项目资金，全年落实美丽村庄、特色小城镇、中央财政专项扶贫、贫困县农业综合开发、中央旅游发展基金补助、农村环境综合整治、农村电网改造、农村公路等130个项目，争取项目资金29.5亿元，完成吴忠市29亿元目标任务的102%。其中：涉农项目9.8亿元、基础设施建设项目2.9亿元、交通运输项目1.6亿元、社会事业项目1.2亿元、工业及服务业项目0.4亿元，其他资金13.6亿元。其中：1000万元以上的项目25个（5000万元以上的项目5个）。

【项目建设】按照“提质量、增效益、补短板、利长远”的原则，重点围绕农林水牧、工业交通、基础设施、社会事业、服务业等方面，着力推进项目建设工作。全年计划实施各类建设项目180个，年度投资178亿元，已开工项目170个，完成投资120亿元。其中，自治区60周年大庆重点项目中南部水源工程隰宁堡水库已建成投运，自治区重点建设项目宁鲁石化苯乙烯项目完成投资6.9亿元，完成计划的80%。组织实施市县级重点项目80个，78个项目已开工建设，其中29个市级重点项目已开工27个，开工率93.1%，完成投资50.3亿元，占年度计划投资的68%；51个县级重点项目已全部开工，完成投资62.7亿元，占年度计划投资的

95%。兼顾当前和长远发展的原则，积极做好2019年计划实施项目储备工作。已谋划储备2019年项目169个，计划总投资217亿元，年度计划投资118亿元。其中计划开工项目124个，年度计划投资102亿元；预开工项目45个，年度计划投资16亿元。

**【经济质量】** 充分发挥综合经济部门的职能作用，为全县经济和社会发展谋好篇、布好局。在客观总结2017年经济和社会发展计划执行情况的基础上，编制了2018年国民经济与社会发展计划，提出了全县地区生产总值增长10%；全社会固定资产投资增长10%以上；县级一般公共预算收入增长8%；社会消费品零售总额增长9%；城镇居民人均可支配收入增长9%；农村居民人均可支配收入增长11%的目标任务，并经县十七届人大二次会议审议通过，在全县组织实施。委托宁夏艾依斯数据统计有限公司共同完成了盐池县国民经济和社会发展第十三个五年规划纲要实施情况中期评估工作，并对“十三五”规划进行了修编，修编后的“十三五”规划和中期评估报告经人大常务会审议通过，《盐池县国民经济和社会发展第十三个五年规划纲要（修订本）》已经县人民政府办公室印发实施。对规划纲要中期评估情况和存在的主要问题，将以贯彻落实党的十九大和自治区第十二次党代会精神为基准，继续加强经济运行监测分析，并及时形成月度、季度分析报告向县委、人大、政府领导汇报，并针对新问题、新情况适时提出应对措施，全面推动新时代经济高质量发展，确保规划纲要目标如期实现。

**【项目管理】** 积极推进项目管理水平提升，确保项目建设规范有序运行。牵头修订完善《盐池县政府投资项目管理办法》，经政府常务会审议，已在全县印发实施。为深入推进行政审批改革，力争做到“只进一扇门”“最多跑一次”。按照“平台受理、在线办理”的要求，严格执行“一项一码”制度，力争做到“一口申请、一窗办理、一网统办”。2018年申报项目271个，其中已办理审批141个，备案130个，确保了投资项目在线审批平台及时、规范、有序的运行。

**【统筹协调】** 开展了“巩固取缔‘地条钢’成果，严防死灰复燃”专项排查工作。成立了盐池县化解煤炭过剩产能和脱困升级工作领导小组，签订县、乡、村《巩固取缔“地条钢”成果严范死灰复燃目标责任书》，切实强化取缔“地条钢”、严防死灰复燃工作。联合自治区有关厅局查处违法生产“地条钢”窝点两处，结合全县“小散乱污”企业整改工作，组织各乡镇及成员单位对全县实施无空白、无死角、零误差、地毯式清查排查，特别是老旧厂房、边远地区、确保不留“盲区”和“死角”。建立逐月跟踪审查行政审批事项合规性的长效机制，着重解决重审批、轻监管的薄弱短板，严防假借合法项目名义建设“地条钢”产能，及时对有关清单信息进行归集分析，实施动态化跟踪管理。启动了乡村振兴专题研究和规划编制工作。为贯彻落实中共中央、国务院《关于实施乡村振兴战略的意见》和《国家乡村振兴战略规划2018—2022年》精神以及区、市党委、政府做好乡村振兴战略规划编制工作的要求，由发改局牵头制定了《盐池县乡村振兴战略规划编制工作方案》，确定了乡村振兴总体规划和盐池现代特色产业体系构建，盐池乡村人才培育与汇聚工程，盐池水土资源态势与可持续利用途径，盐池生态功能价值评估与增质增效途径，盐池乡村振兴重点区域识别与特色发展路径的“1+5”规划体系。《盐池县乡村振兴规划》已完成采购，正在开展前期调研和规划文本撰写工作。现代特色产业体系构建、乡村人才培育与汇聚工程等4个专题研究采购完成，水土资源态势与可持续利用途径专题研究预计12月完成采购。推动服务业持续向好发展，主动适应经济新常态。制定出台《关于促进服务业加快发展的实施意见》，明确重点行业发展目标与方向，协调财政每年安排1000万元服务业发展引导基金，奖励和扶持重点服务行业和企业发展，引进层次高、带动作用强的工业企业、生产性服务业和新兴服务业，不断优化服务业布局。鼓励工业企业内置服务业剥离，加快推进天利丰、金裕海化工企业内置服务业剥离工作，力争年内入规入统。加大对上沟通力度，为宁夏德昌铁路物流、永宏乐丰老年生态养生园成功争取2018年自治区服务业发展引导资金400万元，极大地缓解了企业资金困难的问题。稳步推进公务用车制度改革。根据县委、县政府制定出台的《盐池县属国有企业公务用车制度改革实施方案》的文件要求，由发改局牵头组织启动县属国有企业公务用车制度改革，现正在全县开始实施。《盐池县党政机关公务用车管理办法》和《盐池县事业单位公务用车制度改革实施意见》已经县委、县政府研究同意印发，事业单位公车改革工作预计2018年12月底前全面完成。为推进盐池县公务用车制度改革，规范公务用车运行管理，有效降低行政成本做好保障，使广大公务人员和人民群众了解、支持改革，努力为改革营造良好的社会氛围。逐步推进能源替代工作。认真落实国家产业准入政策，严格按照县工业园区发展定位要求“严控生态红线、底线，严把园区产业准入关”，积极推进能源转化利用等项目工程，加大清洁能源发展，逐步实现“煤改电、煤改气”等能源替代工作。严格规范市场准入制度。为贯彻自治区和吴忠市政府关于在市场体系建设中建立公平竞争审查制度的要求，由发改局组织编制了《关于印发盐池县在市场体系建设中建立公平竞争审查制度的实施方案》，经县人民政府同意，已在全县组织实行。通过建立公平竞争审查制度，确保政府依法行政，营造公平竞争的市场环境，调动各类市场主体的积极和创造性，培育和催生经济发展新动能。配套出台《关于2018年盐池县清理现行排除限制竞争政策措施的工作方案》，明确了在对新出台政策措施开展公平竞争审查的同时，有序清理存量政策，按照“谁制定、谁清理”原则，对现行政策措施组织清理，严格把好市场准入环节，确保市场运作秩序。

**【脱贫攻坚】**加强统筹协调，抓好盐同红脱贫攻坚各项工作，计划实施90个项目，80个已开工，其中已完工68个，着力打造惠安堡交通枢纽型商贸重镇、大水坑商贸物流型大镇、麻黄山有机小杂粮和特色旅游山乡，加大对剩余贫困人口的帮扶力度，调动社会各界力量参与脱贫富民行动，推进区域攻坚工作，确保群众精准稳定可持续脱贫。开展扶贫领域腐败和作风问题专项治理。发改局成立了专项治理工作领导小组，制定《发改局2018年至2020年开展扶贫领域腐败和作风问题专项治理工作实施方案》，明确了责任领导、责任股室及责任人，为如期完成脱贫攻坚任务提供纪律保障。积极配合村镇，协调“十三五”移民搬迁入住，保障搬迁群众的基本生产、生活发展需求，通过实施集雨场、水窖、发展拱棚种植等特色产业项目，能够让贫困群众“搬得出、稳得住，能致富”，增强他们的自我发展能力。深入发改局帮扶的惠安堡萌城行政村103户结对贫困户，宣传2018年脱贫攻坚产业、金融、保险、教育、健康等政策，指导贫困户制定产业发展计划和目标。扎实开展“五个一”活动，做好真扶贫、扶真贫，为157户建档立卡贫困户送床单被套，价值2.041万元。积极争取以工代赈资金290万元，主要用于乡村道路、村容村貌整治等项目建设，切实改善农村居民生活环境。为所帮扶的萌城村有针对性地制定工作计划，解决扶贫工作经费2万元，全面配合惠安堡镇完成国家扶贫核查验收工作，助力盐池县成为我区首个脱贫退出的县区。

**【价格监管】**切实做好价格管理工作。组织各单位召开了盐池县农业水价综合改革末级渠系水价核定座谈会，聘请天际恒财务咨询有限公司对盐池县扬黄灌溉农业用水和物业收费成本进行测算，将为实现农业用水价格收费提供基础性依据。聘请中介公司开展了住宅小区物业收费价格成本测算，物业收费将实行政府限行指导价和成本指导价。完成2017年畜牧业养殖成本调查的汇总工作，为盐池县畜牧业统计数据做好监测。开展2018年盐池县行政事业性收费专项检查，在2017年全面清理行政事业性收费的基础上配合县财政局、非公有制服务中心，进行了行政事业性收费核查，通过检查发现，盐池县所有行政事业性收费项目的种类、标准、范围及依据等全部符合要求，不存在超标准、超范围收费情况。全面做好价格监督检查工作。组织开展了节假日市场价格检查。在元旦、春节、“五一”、端午节期间重点对群众节日生活密切相关的粮油、肉、禽蛋、蔬菜等商品价格进行检查，检查超市、商业门店、蔬菜平价商店、集贸市场等10余家，对极个别商店有缺标、漏标等不规范行为及时给予现场纠正。开展药品价格核查，对大水坑镇6家药品销售网点进行价格行为规范，指导做好明码标价，货签对位，一货一签。同时对盐池县国有企业供水公司和采暖公司进行了价格检查，规范城市供水、供暖领域的价格行为，维护消费者权益。切实做好“12358”价格热线、“12345”便民服务热线举报、答复工作，受理价格举报、咨询等各类事件31起，全部按期协调处理并回复当事人。积极开展价格认证工作。受司法机关的委托，受理各类价格认证案61起，认证金额605万元。为盐池县司法机关办理案件提供客观真实的价格依据，为维护社会稳定、有效打击犯罪做出了积极的贡献。

【党　建】以习近平新时代中国特色社会主义思想为统领，进一步提高政治站位，牢固树立“四个意识”，坚决维护党中央权威和集中统一领导。坚持集中学习制度，深入学习习近平新时代中国特色社会主义思想和党的十九大精神。组织干部研读《党的十九大报告辅导读本》《习近平谈治国理政》《习近平新时代中国特色社会主义思想30讲》等，进一步坚定党员干部职工坚定理想信念，增强政治定力。以新修订的《中国共产党章程》《中国共产党廉洁自律准则》《中国共产党纪律处分条例》为重点，结合“两学一做”学习教育常态化制度化，加强对党员领导干部特别是党委班子、支部书记的学习教育；深入学习贯彻党的十九大精神，进一步规范基层党组织生活，每月开展“5+X”主题党日活动，增强党性，增强组织生活吸引力，使广大党员干部紧跟时代步伐，全面贯彻落实党的十九大精神。

【廉政建设】深入推进党风廉政建设主体责任制，进一步加强廉洁自律工作。落实党委（支部）班子领导责任，明确职责及任务分工。与所属各支部签订党风廉政建设责任书8份，加强对党风廉政建设及反腐败工作的监督检查。建立“三个清单”，加强整改落实。共梳理党委班子全面从严治党主体责任5项、支部班子全面从严治党主体责任18项，党委书记、支部书记全面从严治党主体责任24项，各级班子成员“一岗双责”责任52项。查找问题清单27个，制定落实措施和工作要求79条，整改落实及长期坚持的23个。严格履行“一岗双责”，认真落实党委书记、委员的主体责任和监督责任，把党风廉政建设融入分管工作中，定期研究、布置、检查，不断完善规章制度，认真执行“一岗双责”。结合典型案例，开展党纪党风警示教育。组织广大干部职工到检察院警示教育基地进行警示教育1次，观看警示教育片2场次，筑牢干部职工拒腐防变的思想防线。深入开展违反中央“八项规定”精神突出问题专项治理。围绕超标准公务接待、违规公款吃喝、违规公款送礼、外出公款旅游、超标准配备办公用房等五个方面开展了自查自纠。针对查处的超标准公务接待等问题，对当事人给予退款，批评教育等处理，并要求干部职工牢记规定，坚决杜绝发生违规行为。从严整改巡视反馈问题。发改局涉及认领中央巡视反馈1个问题，将于年底完成整改并长期坚持；涉及认领自治区巡视反馈17个问题已整改完成并长期坚持。

## 审 计

【概　况】年初，制订翔实可行的《盐池县2018年度审计项目计划》上报县政府批转下发实施。共完成审计项目230个，审计查出违规及管理不规范资金12662.17万元，应上缴财政资金8234.76万元，工程招标控制价审计核减预算投资2288万元、工程结算审计核减10979.40万元。

【财政预算执行情况审计】2018年的审计工作以促进财政做大增量、盘活存量、优化结构、提高绩效为目标，认真贯彻中央“八项规定”精神，促进预算安排更加适应供给侧结构性改革、保障民生兜底的需要，推动财政政策更加积极有效。审计中发现，财政局在部门预算执行监管中存在一些问题：主要有为了加快支付进度，转移资金；部分单位财政资金使用效率较低；PPP项目专项资金使用率不高的问题；在预算安排方面存在垫付房车营地项目贷款利息的问题；财政收入存在未及时收缴石油开发用地供地综合地价费、土地补偿费结余闲置资金长期挂账、非税收入未及时上缴国库等问题；财政预拨经费及财政出借款方面存在财政预拨经费余额、财政借出款项快速增长的问题。调查公车服务平台公务用车管理中存在：公务用车维修和车辆保险，没有履行政府采购手续，并且将部分保险支付到个人账户。抽查8个乡镇卫生院发现存在：滞留建档立卡户家庭医生签约服务费及长期大病、慢性病服务费；用建档立卡户家庭医生签约服务费购置服装；自行出台政策发放2017年1—12月和2018年1—3月职工绩效工资等问题。

【专项资金审计（调查）】全县扶贫资金专项审计及审计调查。围绕“十三五”脱贫攻坚目标，统筹力量，沿着政策和资金两条主线，促进扶贫政策落实、规范扶贫资金管理，维护扶贫资金安全、提高扶贫资金绩效、推动脱贫攻坚任务完成。在2017年全县专项扶贫资金审计及审计调查中发现：资金支付缓慢滞留账面2015.5万元；重复、虚列、超范围、超标准补助项目资金18.69万元；支付外出务工补助资金内业资料不完善，无法确认其真实性；汇发村镇银行对县级扶贫贷款政策执行不到位。在基本养老服务体系建设跟踪审计中发现：高沙窝镇长流墩村老年饭桌项目未实施；盐池县老年活动中心、盐池县农村敬老院消防设施未完成，未进行竣工验收；盐池县大水坑镇敬老院消防验收未通过，未进行竣工验收。PPP项目：污水处理改造提升项目（政府购买服务）审计调查。探索性开展社会资本参与的基础设施及公共服务PPP投融资模式建设项目审计，重视对审计方法和重点的研究。对污水处理改造提升项目进行审计调查，正在实施过程中。

【经济责任审计】全面推进党政领导干部经济责任同步审计，促进领导干部更好践行新发展理念，依法作为、主动作为、有效作为。2018年度安排对惠安堡镇党委、王乐井乡党委政府主要负责人和农牧局主要负责人履行经济责任情况进行审计，主要存在：任期内欠账情况、专项资金结余、应缴未缴财政收入、挤占挪用专项资金、扩大开支范围、为了加快支付进度，转移资金等问题、不符合规定支付危房危窑资金、惠安堡镇异地搬迁项目搬迁户超出自筹额度的资金未返还，且补建安置工作未完成、内部控制不到位、财务管理不规范等问题。

【国有企业审计】大力推进国有企业审计全覆盖，重点关注企业执行国家重大政策措施、资产负债损益的真实合法效益情况，防止国有资产流失，实现国有资产保值增值。根据计划安排，对县属国有企业运营情况进行了审计，发现滩羊集团公司、昫盐文化旅游投资发展有限公司截至账面反映不同程度存在亏损现象；盐池县中医院资产负债累计存在结余。审计还发现：滩羊集团公司瑞牧公司赊销羊肉款回收缓慢，内部控制不规范。昫盐文化旅游投资发展有限公司财政资金转入村镇银行、资产评估及财务咨询服务费没有履行政府采购程序、存在报销部分过路费与所附车辆使用登记表中反映的出车时间不相符、没有妥善存放花灯。中医院未严格按照《医院财务制度》规定进行账务处理，存在多记、少记成本费、固定资产不计提折旧；会计基础性工作缺失，存在记账凭证不附收入票据，证明性材料缺失；药品出库记账凭证后未附出库单；库存物资账账不符、账实不符。

**【基本建设投资审计】**工程招标控制价核减情况。截至2018年6月共完成招标控制价审核85项，送审金额为67893.86万元，审定金额为65605.76万元，核减工程投资2288.1万元，核减率3.37%。工程结算审计核减情况。截至2018年6月对101项基建项目工程进行工程结算审计，送审金额98390万元，审定金额87411.52万元，核减工程投资10978.48万元，核减率11.16%。

**【重点建设项目审计】**2018年继续加强对政府投资基建项目的审计监督，积极借助社会中介机构力量，扩大审计覆盖面。

**【脱贫攻坚】**按照县委、县政府及上级审计机关的统一安排部署，审计局全力投入脱贫攻坚工作，努力推动这项政治工程、民生工程，切实将县委政府的行动部署落到实处。高度重视，落实行动。认真贯彻落实县脱贫攻坚工作会议精神，专题研究，统筹安排，强化扶贫工作领导责任制，落实第一责任人，每周由局领导班子成员带领干部职工深入到花马池镇佟记圈行政村6个自然村，与帮扶对象面对面交流，倾心交谈，全面了解帮扶对象的家庭成员情况、居住条件、致贫原因，制定帮扶脱贫规划、脱贫措施，重点关注到户项目实施情况，与帮扶贫困户一起细化脱贫规划和帮扶措施，如实填写《贫困户帮扶手册》，切实帮助帮扶户“理清思路、算好账”，审计局包扶37户建档立卡贫困户均已如期脱贫。进村入户，结对帮扶。全体包扶干部都能够沉下心、扑下身，驻守基层，贴近群众，积极开展所驻村精准扶贫各项工作。审计局扶贫攻坚工作小组认真落实各项扶贫攻坚工作，进一步促使扶贫工作取得阶段性成果。佟记圈行政村共有政策兜底户11户30人，针对这30名无法通过产业扶持和就业帮助实现脱贫的人口，按照国家脱贫政策补贴和包扶人员的帮扶、关心，均已促使其顺利脱贫。积极开展扶贫专项资金审计工作，进一步规范涉农扶贫资金使用情况，保障涉农扶贫资金落到实处、发挥效益。

**【党　建】**2018年以来，审计局深入贯彻落实党的十九大精神和习近平总书记系列重要讲话精神，突出主业主责，不断提升局机关党建工作水平。认真落实党建工作责任。牢固树立“抓好党建是本职，不抓党建是失职，抓不好党建是不称职”理念，抓班子、带队伍、善作为、敢担当，聚力抓党建，种好责任田。上半年共召开党组会议3次，支部委员会议9次，确定了党组成员构成，调整了领导分工和科室设置及人员安排，认真落实“一岗双责”责任，全局重大事项、重大资金使用情况集体决策，有效坚持了民主集中制原则。严格落实好“三会一课”制度，召开党员大会4次，组织召开了审计局2018年领导班子民主生活会、党员组织生活会、党建工作推进会，讲党课6次，认真组织，接受县巡察办4次党建工作督查，并对督查出的问题积极有效做出整改，确保审计局党建工作规范有序开展。扎实有效开展“学查改”干部作风整治活动。自2017年年底以来，认真开展贯彻落实“学、查、改”活动以及“学查改”回头看活动，以学促查、以查促改，以实际行动检验“两学一做”成效。一是以学促查，查摆问题“问诊”。结合自身实际，认真学习党的十九大精神和习近平总书记治国理政新理念新思想新战略，进一步查找党员干部在理想信念、党性修养、纪律意识、作风观念等方面的不足及在依法审计监督、增强监督实效等方面的差距。对照查找问题，进行多轮“会诊”，逐条对照分析、挨个查找根源，确保核实查定，真正把问题找准、找深、找透。二是以查促改，专项整改“理疗”。明确整改期限和目标，做到边学边改、边查边改、即知即改、以改促做，结合突出问题和重点对象，党员干部直面存在问题和不足，有针对性地进行相互提醒，不护短、不掩饰、不保留，推动存在问题和不足尽快整改到位。三是注重学习教育活动和审计业务相结合，突出“学、查、改”在审计业务开展中的实效，引导党员干部深入开展学习教育活动，切实改变干部作风，打造一支政治理论坚定、党性修养纯洁、业务素质过硬的审计铁军。扎实开展执行中央“八项规定”和防止“四风”反弹专项活动。为贯彻落实《中央“八项规定”实施细则》《党政机关厉行节约反对浪费条例》等规定，进一步防止“四风”问题反弹，于4月28日开始，成立了以局支部书记、局长为组长，分管副局长为副组长，办公室、法规科、行政事业科、经济责任科、政府投资科负责人为成员的专项整治工作领导小组，开展了为期20天的专项检查，严肃查处公务支出和公款消费中的违纪违规违法现象，确保财政资金的安全有效使用。周密编制审计检查实施方案。主要针对“六项”经费进行检查，审查单位有无内部审批控制不严、假公济私、弄虚作假、虚报冒领等情况；是否严格执行国家规定的津贴补贴政策，是否存在自行新设项目或者继续发放已经明令取消津贴补贴的问题，是否存在提高标准、扩大范围发放津贴补贴的行为，是否存在违反规定发放加班费、值班费的问题，是否存在未严格执行办公用房标准问题。组织人员专项审计培训。学习如何挖掘隐形“四风”的问题根源，有针对性地研究审计检查办法，加强财政监督和审计监督力度，掐住公款消费命脉，时刻保持高压态势，促使党员干部形成良好的作风。整改提升，建立长效机制。结合工作实际进一步修订完善相关制度，加强监督管理，形成长效管理机制；着力加强对公务接待费和差旅费等方面的管理和监督，更好地发挥审计在维护区域经济社会发展中的“免疫系统”作用。

【廉政建设】强化责任意识。组织深入学习中央和区、市、县各级党委关于全面从严治党的部署和要求，引导全局干部职工牢固树立“党要管党、从严治党”的主体责任意识，主动担当，履职尽责，切实把主体责任记牢、扛稳、抓实。明确责任任务。成立了局落实从严治党主体责任领导小组及办公室，制定了《2018年党风廉政建设和反腐败工作要点》《审计局2018年从严治党责任清单》、审计局2018年党建责任、任务、问题、整改四个清单》等文件，组织从局领导到各科室干部职工层层签订党风廉政建设责任书，将主体责任分解为具体的任务要求，层层传导压力，形成了上下联动、齐抓共管的工作格局。推进责任落实。局党支部定期研究部署党风廉政建设工作，听取工作情况汇报，对落实主体责任情况进行督促检查，并将履行从严治党主体责任情况纳入班子考评和述绩的重要内容，每半年进行一次述职测评，推进主体责任落实到位。加强党内监督。严格执行民主生活会、述职述廉、民主评议、“三重一大”事项集体决策、重大事项报告和一把手“五个不直接分管”等制度，主动接受监督。加强对审计一线的监督。坚持实行审前廉政谈话、领导现场检查、审计纪律公示和审计组执行审计纪律情况反馈卡、审计审理等制度，进一步加大对审计一线的监督检查力度，促进审计人员公正执法、廉洁从审。

## 市场监督管理

【概　况】2018年，盐池县市场监督管理局聚焦“放管服”改革中心任务，放权力、强监管、促维权、优服务、转作风，持续优化市场准入环境、竞争环境、消费环境、服务环境和执法环境。先后获得“2017—2020年度自治区文明单位”“安全生产工作先进集体”等称号；个私协会“月月有光彩”志愿服务被区宣传部授予“全区学雷锋活动示范点”；企业监管工作得到国家市场监管总局的肯定，在全国企业监管工作基层联系点座谈会上进行了经验交流。

【证照办理】深化“多证合一、一照一码”改革。实现了“四十四证合一”，企业设立登记、公章刻制、发票申领等办理时间压缩至5个工作日以内，企业准入更加便捷。截至年底，全县共办理“多证合一”营业执照733户，办理“两证整合”营业执照4016户。2018年新增市场主体2783户，市场主体总量较2017年增长了14.63%。积极推行全程电子化、电子营业执照和市场主体简易注销制度。探索解决无债权债务企业、未开业企业和个体工商户"退出难"问题，促进企业"新陈代谢"、结构优化。全县已有148家企业通过简易注销方式退出市场。加强对小微企业的政策扶持。从助企融资、指导注册商标、争创驰著名商标、打假维权等多个方面助推民营经济增量提质。2018年，全县共办理动产抵押33件、股权出质39件，助企融资39.59亿元，有力缓解了小微企业融资难、融资贵的问题。

【市场监管】大力推进"双随机、一公开"监管。制定了"双随机"抽查工作实施方案和"一单两库一细则"，将登记事项检查、公示信息检查等8类33项检查事项列入清单并向社会公开；将全县32643户市场主体信息（含存续、注销、吊销户）和全局53名执法人员信息分别纳入检查对象名录库和检查人员名录库。2018年，依托国家企业信用信息系统宁夏协同监管平台下达9件抽查任务，随机匹配检查对象723户（含原工商总局下达任务2户），范围覆盖全县所有乡镇，占全县市场主体总数的5.11%；对区工商局通过摇号方式产生的辖区内136家企业和14家农民专业合作社年报情况进行抽查，结果公示率100%。强化年报信息公示。企业、个体工商户、农民专业合作社年报率分别为94.22%、89%、91.18%，其中99.46%的市场主体通过企业信用信息公示系统自主进行年报。广泛应用国家企业信用信息公示系统（宁夏），已公示信用信息5259条，对1387家经营异常企业实施联合惩戒。2018年，全县共有15家市场主体被授予吴忠市"诚信经营示范单位"。加强重点领域综合整治。开展了合同条款违法、虚假违法广告、商标侵权、非法集资等专项执法行动，深入开展打击传销、持续规范直销。组织创建无传销村3个、复审无传销社区（村）7个，累计排查涉传案件4起、捣毁传销窝点2个、备案登记直销服务网点4家，着力压缩了传销空间，有效打击了传销嚣张气焰。扎实开展"扫黑除恶"专项斗争。全年共摸排批发市场、集市贸易、娱乐场所等易发生黑恶势力的活动行业（场所）1500余户次，悬挂、播放宣传标语200余条、设置举报箱7个、张贴扫黑除恶专项斗争通告1400余张、发放宣传资料1500余份，进一步营造了风清气正的市场环境。

【食品安全】食品安全形势稳定向好。立足食品安全示范县创建工作，进一步推动形成"党委统一领导、政府部署推动、部门依法监管、行业诚信自律、社会各方协同、公众积极参与"的食品安全治理格局。组织开展了地沟油、清真食品、校园及校园周边食品、牛羊肉炭疽病和非洲猪瘟疫防控等专项整治16次，检查各类食品生产经营单位9000余家，立案查处食品药品违法案件51件，案值1.9万元，罚没款21.19万元。完成"四品一械"监督抽检（快检）1026批次，合格率97.1%。在全县25家食品生产企业中开展信用等级评定，评定率100%；在1084家餐饮服务单位中推行"明厨亮灶"，占持证餐饮单位的98%；对全县1115家餐厅进行量化评定，评定率91.39%。完成各类重大活动期间食品安全保障工作16场次，保障就餐人数8.2万余人次，实现了食品安全零事故。2018年，共创建食品安全示范乡镇3个、食品安全示范店10家，成功创建自治区食品安全示范县。药械风险稳控有力。组织开展了城乡接合部和农村地区药品质量安全、药品医疗器械安全风险隐患、疫苗市场排查整治等工作，检查药品生产经营单位、乡镇卫生院、村卫生室、县疾控中心等152家次，监督销毁过期失效药品134个品种，货值金额1.98万元。上报医疗器械不良事件33例、药品不良反应407例，其中医疗机构占上报总数的62.7%，占比较2017年同期增长17.8%。特种设备安全监管持续加强。认真落实"一岗双责"制度，办理特种设备安装告知347台（部、条）；

特种设备注册登记446台（部、条）。检查特种设备使用单位170家次，抽查各类设备621台，消除安全隐患48处，有力保障了全县特种设备市场安全。维权工作扎实推进。开展食品药品、特种设备、计量器具、产品质量、网络市场、商标广告、节日市场等专项整治67次，检查各类市场主体5.3万余户次。立案查处各类违法案件94件，罚没款40.5万元。受理消费投诉举报128件，争议金额16.18万元，调解成功率92%，为消费者挽回经济损失4.82万元。质量计量工作开展有序。监督抽查各类产品101批次，合格率100%；抽检学生校服12批次，合格率91.7%；抽查CNG压缩天然气、液化石油气和成品油60批次，合格率98.13%；抽查煤炭生产企业1批次，合格率100%。对4家不合格生产经销单位进行立案查处。大力推进“计量惠民”活动，全年共检定计量器具4760台（件），抽查定量包装商品110批次，合格率98.2%。致力惠民生，服务环境不断优化。

【品牌建设】结合盐池县产业布局和发展重点，实行商标品牌分类指导和梯次发展，在培育肉食品、绒毛制品、瓜果蔬菜等传统商标的基础上，成功注册了盐池家政、盐池家常菜等4件集体商标，盐池黄花菜集体商标注册已被国家商标局受理，进入实质审查阶段。全县现有中国驰名商标2件、宁夏著名商标14件、地理标志商标3件，商标总量发展到669件，较2017年增长了34.6%。标准化工作持续推进。大力实施标准化战略，加快标准提档升级。引导制、修订盐池滩羊地方标准13项、团体标准7项，指导5家企业的11项标准“自我声明公开”。利用国家级黄花菜示范区的示范带头作用和黄花菜种植地方标准，引领黄花菜产业健康发展。2018年，盐池县共培育黄花菜种植合作社17家、深加工企业4家，黄花菜累计种植留床面积达6.1万亩。环境治理工作成效显著。集中整治“散乱污”企业64家、取缔非法收油点25个；监督检查煤炭经营户132家次、抽查散煤经营户31批次，合格率96.8%；组织在永生物流园区内改建全封闭洁净煤生产仓储供应配送中心，已投入使用。经过集中治理，全县“散乱污”企业乱排乱放、污染环境现象得到遏制，城区及周边环境有了明显改善。精准扶贫工作开展有力。组织全局70名干部分16个帮扶小组对219户建档立卡户开展“一对多”结对帮扶，人均入户20余次。投入帮扶资金6万余元，用于慰问贫困户、建立老年饭桌、村容村貌整治等工作。经国务院验收组验收，有212户建档立卡户摘掉贫困帽子，脱贫率96.80%。

【廉政建设】廉政建设不断深化。印发《2018年党风廉政建设工作要点》，层层签订党风廉政建设责任书，形成了党组、领导班子、科所、干部职工合力推进党风廉政建设工作的立体格局。2018年，共组织干部职工观看警示教育片1次，举办预防职务犯罪专题讲座1场，党员干部撰写心得体会56篇。扎实开展了违反中央“八项规定”精神问题专项治理工作，全面认领并从严整改中央巡视和自治区党委巡视反馈的问题，针对“四种行为”提醒谈话3人，问责处理干部1人，有力解决了干部队伍信念不坚定、宗旨不牢固、初心缺失、担当不力等问题。党的建设全面加强。全局上下系统学习了习近平新时代中国特色社会主义思想、党的十九大精神、自治区第十二次党代会精神以及《中国共产党党章》《中国共产党廉洁自律准则》《中国共产党纪律处分条例》等党规党纪，班子成员和支部书记全年讲党课16次，党员干部撰写学习心得200余篇，领导干部撰写调研报告6篇。通过学习，增强了“四个意识”，严明了政治纪律和政治规矩，坚决维护党中央权威和集中统一领导，自觉遵守各项法律法规和党的纪律。行政效能不断提升。主动接受人大的法律监督、政协的民主监督和公众的社会监督，办理政协提案3件，全部限时办结。邀请部分县人大代表、政协委员参加“市场监管局开放日”活动，意见测评满意率100%。

## 国土资源

【概 况】2018年，盐池县国土资源局紧紧围绕全县经济和社会事业发展中心，抓住重点，突出亮点，打牢基础，狠抓工作落实。2017年度违法新增建设用地中耕地占用比例为3.63%，远低于15%约谈问责线；2018年，自治区自然资源厅给盐池县下达新增建设用地计划指标80公顷，其中农用地66.6667公顷（耕地20公顷），未利用地13.3333公顷。盐池县2018年共上报单独选址项目14个批次，城镇及工业项目建设用地6个批次，共使用新增建设用地面积为44.9514公顷，其中农用地40.0513公顷（耕地9.0492公顷），未利用地2.0129公顷，未突破自治区下达盐池县用地计划指标。吴忠市人民政府下达盐池县2018年耕地保有量不低于130万亩，实际完成耕地保有量134.37万亩；基本农田保护面积104.43万亩，实际完成基本农田保护面积104.43万亩。因盐池县在土地集约节约利用方面取得显著成效，国务院（《国务院办公厅关于对2017年落实有关重大政策措施真抓实干成效明显地方予以督察激励的通报》（国办发〔2018〕28号）对盐池县给予了用地计划指标1000亩的奖励；自治区人民政府在2018年上半年工作大督查中，因“土地节约集约利用、土地利用秩序、土地利用计划执行好排序山区前3名”奖励盐池县新增建设用地计划指标200亩。

【县级改革】加快推进农村宅基地“房地一体”确权登记工作，服务农村产权制度改革。在麻黄山乡、王乐井乡试点的基础上，全面展开“房地一体”工作。依据任务目标，到年底实现符合登记条件的农村宅基地“房地一体”登薄率累计达60%。为推动农村产权制度改革，实施乡村振兴战略提供保障。累计完成98个行政村41196宗宅基地和房屋的外业权籍调查，公示29326宗，登薄15660宗，发证679本。

【土地利用】2018年国土局上报厅级审查初审共6宗；上报县级审查预审共10宗，保证了国家、自治区和县级重点建设项目用地。保障了城市建设和重点工程建设用地需求，2018年建设用地供地43宗，面积152.7224公顷，其中：划拨供应22宗，面积80.0204公顷；有偿出让21宗，面积72.7020公顷，成交价款10972.3万元。据国土资源部办公厅《关于实施〈城镇土地分等定级规程和城镇土地估价规程〉有关问题的通知》（国土资厅发〔2015〕12号）及自治区国土资源厅《关于加快推进基准地价更新相关工作的通知》（宁国土资发〔2017〕612号）要求：“基准地价每3年应全面更新一次”，“抓紧开展公共服务项目用地基准地价补充制订工作”。因现行基准地价成果自基准日已超过3年，同时需补充制定公共服务项目用地基准地价，此次基准地价更新工作进行全面更新。将盐池县高沙窝、冯记沟、青山方山村、麻黄山赵记湾村、王乐井曾记畔村6个村，面积为25.7848公顷集体建设用地提供给各乡镇，作为各乡镇易地扶贫搬迁安置项目用地。盐池县人民政府组织相关部门编制完成了《盐池县城镇低效用地再开发专项规划（2017—2022年）》（以下简称《专项规划》），确定盐池县城镇低效用地再开发总面积221.92公顷。

【河湖确权】根据自治区人民政府办公厅转发自治区国土资源厅水利厅关于河湖水域岸线划界确权工作方案的通知（宁政办发〔2017〕213号）文件要求，5月8日国土局在宁夏公共资源交易网进行全国公开招标，5月30日中国建筑材料工业地质勘查中心宁夏总队中标，2018年确保完成总任务量的40%，已完成50%。

【提升服务】根据国土资源厅印发的《关于自治区不动产登记便民利民示范窗口建设实施方案的通知》文件精神，不动产登记事务中心积极争创“全国百佳不动产登记便民利民示范窗口”，从“窗口设置、便民服务、咨询引导、受理申请、业务办理、宣传培训、应急处理”七个方面全面自查，以查带改，以查带促，在创建过程中，通过优化窗口设置、加强咨询引导、规范业务流程、定期宣传培训、建立应急机制和监督制度等方式提升不动产登记窗口的便民利民程度。“全国百佳不动产登记便民利民示范窗口”单位名单已经公示，盐池县不动产登记事务中心包含在列。中心将继续保持高服务质量，努力为广大人民群众提供更加便捷、更加高效、更加优质的不动产登记服务，争取2018年年底最终创建成为“全国百佳不动产登记便民利民示范窗口”。不动产登记事务中心累计颁发不动产权证书1810本，较2017年同期提升7.5%，不动产登记证明3148张，较2017年同期提升59.7%，受理办结5375件不动产登记业务，办理量增加10.3%，抵押融资金额10.9011亿元，增加26.1%。

**【第三次国土调查】**根据《国务院关于开展第三次全国土地调查的通知》和《自治区人民政府关于开展全区第三次土地调查工作的通知》文件要求，成立了第三次土地调查领导小组及领导小组办公室，同时制定了盐池县第三次土地调查实施方案。为提高社会对第三次国土调查的认识，利用第28个全国土地日，通过现场解读、发放彩页、悬挂横幅、电视报道等形式对全县第三次国土调查工作进行大力宣传。为满足工作需要，分批次安排不同岗位工作人员参加国土资源部和区国土资源厅组织的专业培训，提高第三次国土调查工作人员的专业技术能力，已参加三期培训，累计培训人员40人次。按照“统一领导、部门分工协作、分级负责、各方共同参与”的原则，抽调民政、林业、住建、水务、农牧、农经等部门业务骨干至调查办公室，确保各部门有效配合衔接。盐池县已通过公开招标确定了第三次国土调查项目专业技术单位，并召开了盐池县第三次国土调查启动工作会，中标单位现已正式入场全面启动开展工作，现阶段正在收集相关数据开展内业图斑判读工作。

**【矿业权设置】**2018年按照2015年国土厅《关于印发自治区非煤矿产资源矿业权设置方案编制工作实施方案的通知》（宁国土资发〔2015〕182号）要求，根据盐池县实际情况及经济发展，完成了第三轮矿业权设置，拟设置采矿权70宗。

**【采矿权出让】**依照《自治区人民政府关于印发〈宁夏回族自治区土地使用权和矿业权交易市场管理办法〉的通知》的规定，采矿权一律委托宁夏回族自治区土地和矿业权交易中心挂牌出让，已挂牌15宗，收取采矿权价款共计1070.25万元。

**【绿色矿山】**委托北京中林国际林业工程咨询有限责任公司编制完成了《宁夏回族自治区盐池县绿色矿业发展示范区建设方案（2018—2020年）》，并上报自然资源部，已通过第一次评审修改，由于中央组织机构改革，项目审批目前暂停，待审批后，由国土局负责组织实施。

**【土地整治】**宁夏高标准基本农田建设2016年盐池县王乐井乡土地整治项目，建设总规模7807亩，总投资2038.11万元；宁夏高标准基本农田建设2016年青山乡旺四滩村土地整治项目，建设总规模3936亩，总投资840万元。新增耕地99.15亩，新增耕地率2.41%。

**【两法衔接】**根据县政府办《关于进一步做好“两法衔接”信息共享平台建设工作的通知》要求，盐池县国土资源局制定了“两法衔接”责任领导和责任人，与检察院签订“两法衔接”合作协议，为两法衔接信息平台配备了专机、专网、专员，自2014年国土局将行政执法案件逐宗录入检察院行政执法与刑事司法信息共享平台。根据县委办要求，认真做好行政处罚双公示录入工作，共录入行政处罚案件110宗国土资源违法案件，其中非法占地案件共76个，非法无证开采案件共31个，非法越界开采案件共3个。2018年以来国土局共接待和受理群众来信来访18件，已全部办理完毕，信访办结率达100%。2018年，在自治区自然资源厅组织开展的“自然资源违法案件案卷质量评比”活动中，共6个优秀等次案卷盐池县国土资源局获得2个优秀等次奖项。

【党建和党风廉政】深入学习贯彻党的十九大和区市县各级会议精神，落实从严治党要求，进一步增强了政治意识、大局意识、核心意识、看齐意识，抓好党建促进事业发展；从严落实党风廉政建设主体责任，对落实党风廉政建设责任制的认识统一，态度鲜明，根据业务内容，逐级与8个队、所、站、室、中心签订党风廉政建设目标责任书，把党风廉政建设工作纳入到年度目标责任制考核的主要内容中，使党风廉政建设的任务、措施和责任逐一落实到各队所、站、室、中心和各个环节，通过深化教育、细化制度、强化监督，全面落实党风廉政建设责任制；建立完善了全面从严治党“三个清单”，层层抓落实；开展了中央“八项规定”精神执行情况检查，对下属事业单位进行了督察，持之以恒防止“四风”反弹；扎实开展“两学一做”学习教育，坚持常态化制度化，切实改变工作作风。同时，按照自治区自然资源厅和县委、县政府的统一部署，认真做好精神文明建设、政务公开、保密工作、双拥工作、计划生育、社会综合治理、依法行政、“七五”普法、民族团结、宗教、禁毒等各项工作。

## 统 计

【概 况】2018年，盐池县统计局先后获国家第三次全国农业先进集体、自治区三八红旗集体、自治区统计局统计工作综合考评二等奖等荣誉。

【第四次全国经济普查】经济普查工作涉及除第一产业外国民经济的所有行业，是一项庞大复杂的系统工程。为扎实做好盐池县第四次全国经济普查工作，县人民政府及时下发《关于开展第四次全国经济普查的通知》（盐政发〔2018〕63号），成立了以县人民政府副县长边卡为组长、各相关单位负责人为成员的盐池县第四次全国经济普查领导小组。落实普查经费30万元，由政府分管领导主持召开了全县第四次全国经济普查工作暨单位清查业务培训会议，对100余名普查指导员和普查员进行了岗前培训，发放经济普查宣传纸杯3万个，宣传折页及宣传册2万余册。已完成清查工作，清查单位2750个，个体经营户5419个，为下一步入户登记工作奠定坚实基础。

【各项调查】分期召开了各专业统计年报工作会议，对2017年年报和2018年订报工作进行了安排部署；完成编制自然资源资产负债表试点工作；完成与调查队业务的调整对接；扎实推进人口变动情况抽样调查工作，共有22个调查小区摸底上报2320户，抽取全县8个乡镇、350户建档立卡贫困户，进行收入监测；抽取2个移民村，进行生态移民监测；组织15家投入产出调查单位，完成投入产出调查填报工作；部门联动，基本单位名录库管理取得新成效。按照“先进库，后出数”的工作要求，强化“四上”企业入库管理工作。协调配合各有关部门，做好全县各企业生产经营情况监测，对符合入库条件的企业，组织相关企业完善入库手续，确保达到规模的企业及时入库，及时上报统计资料。组织实施好工业、农业、能源、投资、贸易、房地产、建筑业、基本单位名录库、服务业、人口变动等各项统计调查工作。

【统计服务】着力提高统计预测预警能力，绘好服务科学发展的晴雨表。建立健全对GDP、工业、固定资产投资等重要指标的统计预测预警体系，结合当前数据，对全年指标进行预测警示，全面分析完成全县目标任务存在的困难和问题，提出对策建议。密切关注经济走势，跟踪监测投资、消费、工业等主要经济指标，每月在区局反馈数据后，及时认真撰写经济运行形势分析，及时、准确反映各行业经济发展中出现的新情况和新问题，提出有价值的咨询建议。撰写各类分析30余篇。及时发布《盐池县统计季报》《盐池县统计年鉴》及民生统计方面的统计信息资料。印发《2017年盐池县国民经济和社会发展统计公报》《2017年盐池县经济要情手册》《盐池县2018年季度经济发展季报》（四期）

400余册，开展了统计法宣传活动，向公众发放了《中华人民共和国统计法》、宣传册1000余份等。向社会公布数据咨询电话，作为“12345”便民服务热线联动单位，随时接受公众咨询。

**【统计法制】**加大《中华人民共和国统计法》宣传力度。将统计法宣传与法治政府建设、经济普查宣传、统计开放日、法制宣传日相结合，制定法制宣传工作方案，突出重点，因地制宜，大力开展《中华人民共和国统计法》宣传。领导高度重视统计工作。及时向县委、县政府相关领导汇报《关于深化统计管理体制改革提高统计数据真实性的实施意见》《自治区党委办公厅、人民政府办公厅关于深入学习贯彻〈统计违纪违法责任人处分处理建议办法〉的通知》《中华人民共和国统计法》等主要精神;多次在常委会、常务会议传达学习统计法规条例，并提出切合实际的贯彻意见。加强理论培训，强化统计业务素养。3月统计局联合县工业商务局对51家规上企业的统计员进行了培训，重点宣讲了《中华人民共和国统计法》《中华人民共和国统计法实施条例》；4月邀请自治区统计局统计设计管理与执法监督处丁伟俊来盐池县为“四上”企业统计负责人和统计员，局全体干部职工，进行了《中华人民共和国统计法》《中华人民共和国统计法实施条例》培训。加强统计执法检查。坚持依法统计依法治统，坚决防范和惩治统计造假弄虚作假，切实把提高统计数据质量作为统计工作的生命线，作为统计事业发展的核心任务，全力以赴予以推进。加大统计数据核查力度，组织业务人员对“四上”企业、园区企业和投资项目逐一核查，确保各企业不违反“四条红线”，确保源头数据质量。开展统计执法检查。认真贯彻中央领导对“数据造假、以数谋私”的主要指示精神，坚决遏制“数字上的腐败”；开展了以统计基础工作和统计数据质量为重点的统计执法检查。各专业人员多次到“四上”企业开展督查核查，及时了解存在的问题和困难，取得了明显成效，形成有错必纠、有责必问的机制，督促统计工作系统抓、深入抓，有效杜绝统计造假。完善统计从业人员统计信用档案。全面推进依法统计、诚信统计，加快构建统计守信激励和统计失信惩戒机制，整理完善全县统计员统计信用档案180余册。

**【党　建】**梳理制定全面从严治党“三个清单”（责任、问题、问责清单），党支部“四个清单”（成绩、问题、任务、责任清单），明确责任、列明问题、强化整改。坚持锲而不舍反“四风”，组织党员干部参加廉政警示教育。以学习党的十九大精神为抓手、扎实开展“5+X”主题党日活动。先后联合区统计局人口与就业处党支部开展“不忘初心、牢记使命”主题党日活动，联合调查队党支部开展“重游历史故地 传承老区革命精神”主题党日活动。各项工作扎实推进。民族团结创建工作取得实效，计划生育、工会群团、档案、支持社区等各项工作稳步推进，各项工作任务得到全面落实。

**【精准扶贫】**切实解决实际问题解民忧。盐池县统计局筹资3.6万余元帮助包扶村解决实际困难。积极协调帮助10余户农民贷款50万余元，解决农户春耕备耕资金匮乏问题。

# 社会事业

SHEHUISHIYE



## 社会保险

**【概　况】**2018年，城乡居民基本养老保险参保72500人，完成目标任务72512的99.9%，基金征缴4991.55万元；符合参加被征地农民养老保险1277人，参保率为100%。城乡居民基本医疗保险参保146454人，完成目标任务143500人的102.05%，基金征缴1.02亿元。企业职工养老保险参保17650人，完成目标任务17349人的101.73%；基金征缴1.15亿元，完成目标任务9188万元的125.84%。城镇职工医疗保险参保17048人，完成目标任务14000人的120.45%，基金征缴6473.46万元。机关事业单位养老保险参保6715人，完成目标任务6623人的101.38%；基金征缴8984.68万元，完成目标任务6852万元的131.64%。失业保险参保7014人，完成目标任务6596人的106.33%；基金征缴380万元，完成目标任务327万元的116.20%。工伤保险参保13009人，完成目标任务10000人的130.09%，基金征缴510.21万元。生育保险参保12658人，完成目标任务9000人的140.64%，基金征缴558.56万元。建筑业按项目参加工伤保险165个（在建项目46个，新建项目119个），参保率100%；新增能源项目7个，铁路水运、机场建设暂未涉及。全县32998名建档立卡贫困人员2018年城乡居民基本养老保险和基本医疗保险参保率均达100%，实现全覆盖。

**【宣传引导】**改进宣传方式。围绕群众普遍关心的参保政策、经办流程、待遇领取等热点问题，利用现场解读、广播电视、手机微信等灵活多样、群众喜闻乐见的形式，把各项惠民政策宣传到户、到人，让老百姓一看就懂、一听就清，发放宣传政策宣传折页、日历3万余份，不断扩大群众知晓率。拓宽便民渠道。全面推广应用“掌上12333”手机APP，积极协调负责基金收缴的黄河农村商业银行为各营业网点增设自助一体机，有效缓解参保人员排队缴费时间长、缴费难等突出问题，实现人工缴费到自助缴费，线下核定到线上核定的转变，实现便民最大化。狠抓责任落实。各乡镇（街道）、帮扶部门密切配合，通力协作，同时，县财政加大补贴力度，鼓励群众选择高的缴费档次，提高参保群众的就医报销比例和受益水平。7月中旬，在迎接国家贫困县退出专项评估检查工作中，盐池县建档立卡贫困人员参加基本养老和基本医疗“两项”社会保险情况顺利通过了国家专项评估组检查。

**【政策标准】** 完成机关企事业单位退休（退职）人员养老保险调待政策，月调整增资总额109.36万元，补发调待金656.16万元。调整后，企业退休人员人均每月增资154.47元，机关事业单位退休（退职）人员人均每月增资184.28元。截至2018年12月底，盐池县企业退休职工4421人，累计发放养老金1.36亿元（含丧葬补助金671.63万元）；机关事业单位离退休人员2510人，累计发放养老金1.53亿元；城乡居民基本养老待遇领取18036人，累计发放养老金4058.31万元（含丧葬补助金110.33万元）。全县城镇职工普通门诊报销14549人次，医疗总费用429万元，统筹支付174万元；门诊大病报销19456人次，医疗总费用693万元，统筹支付469万元；住院报销2767人次，医疗总费用2712万元，统筹支付1960万元。城乡居民普通门诊报销581853人次，医疗总费用3789万元，统筹支付1375万元；门诊大病报销56179人次，医疗总费用1588万元，统筹支付833万元；住院24343人次，医疗总费用15267万元，统筹支付8472万元。生育保险待遇领取766人，基金支出483万元。

**【提升服务】** 全面落实“放、管、服”改革有关精神，盐池县社会保险经办管理服务事项实现“不见面、马上办”达50项；参保单位和企业开通“网上人社办事大厅”359个，开通率为90%，“五项”社会保险真正实现“一票征缴、一网通办”。深入开展人社系统行风建设专项行动，加快推进社会保险经办服务标准化建设，服务环境得到明显改善，8月份在国务院大督查“放、管、服”改革小组的督查中，得到了督查组一行的高度认可。深入推进跨省异地就医即时结算服务，累计办理区外异地就医备案及转诊转院432人次，实现跨省住院医疗费用直接结算245人次，涉及总费用803.41万元，医保统筹支付479.97万元。县人民医院、中医医院为外省参保群众办理异地住院医疗费用直接结算32人次，涉及总费用19.76万元，医保统筹支付10.04万元。全力保障健康扶贫“四报销、四救助”兜底模式正常运转，通过健康扶贫“一站式”结算窗口，真正实现了贫困人口医疗报销救助无缝隙、全覆盖，解决了群众看不起病和报销难的问题。2017年以来，已累计办理“一站式”报销4788人次，县财政和卫生发展基金兜底保障共计561.9万元，全县建档立卡贫困患者住院医疗费用报销控制在10%，且年内累计个人自付不超过5000元，实际报销比例从2016年的73.4%提高到2018的92.3%，群众满意度由65.4%提高到了98.6%。

**【加强监管】** 依据《中华人民共和国社会保险法》等有关法律法规，严格规范经办服务行为，严把基金支付关口，建立健全了基金支付经办、复审、审核、审批等环节制衡机制，筑牢社保基金审核自控、互控、监控三道防线。对全县415个参保单位和企业的社保缴费基数实行全程稽核，每月深入县、乡、村三级定点医疗机构和县域内30家定点药店进行监督检查，重点查看患者病例是否真实、完整，医保用药是否符合药品目录，费用报销是否出现违规操作，切实做到社保基金“颗粒归仓”，安全规范、健康运行。2018年，对全县参保单位和企业社保缴费基数稽核率达100%；共查处县域内医院违规病历1867份，发现违规资金共计32.56万元，并全部扣回；外伤调查347例，拒付26例，涉及金额70万元。

**【从严治党】** 抓制度，强功能。严格落实“三会一课”、重大事项议事规则、党员领导干部参加双重组织生活、主题党日、民主评议党员等制度，基层党组织的凝聚力和战斗力进一步增强。抓团结，强班子。认真贯彻落实中央和区、市、县各项决策部署，领导班子敢于担当，团结协作，相互支持，相互配合，不拆台、不推诿，坚持做到重责轻权，顾全大局，分工不分家。抓学习，强素质。按照“两学一做”学习教育常态化制度化要求，深入开展“不忘初心、牢记使命”主题教育，认真学习党的十九大和区、市、县党代会精神，确保了党员干部思想行动与县委、县政府保持高度一致。抓纪律，强作风。认真履行主体责任和“一岗双责”，坚持主要领导亲自抓，班子成员按照各自分工，对照《中国共产党廉洁自律准则》和《中国共产党纪律处分条例》等党纪法规严格要求、严格监督、严格管理分管范围内的干部职工。全面贯彻落实中央“八项规定”，努力从制度上规范经办行为，从源头上预防腐败发生，确保社保经办公正透明、规范运行。

【全民参保】为进一步发挥城乡居民社会保险精准扶贫功能，从根本上解决建档立卡人员老无所养、因病致贫、因病返贫等问题，县委、县政府高度重视，精准施策，各乡镇及帮扶责任部门通过筹资代缴、干部助缴等举措，引导贫困户参保、续保。针对贫困人员缴费能力弱的实际，政府加大财政补贴力度，对建档立卡贫困户中的低保对象和Ⅰ、Ⅱ级残疾人等，由县财政全额补助使其参保标准达到城乡医保二档标准；对其他建档立卡贫困户交纳城乡医保二档或三档的，由县财政补助一档费用，从参保“入口”减轻其缴费负担。为了力促参保扩面，实现应保尽保，社保局紧紧围绕群众普遍关心的参保政策、经办流程、待遇领取等热点问题，利用现场解读、广播电视、手机微信等灵活多样、群众喜闻乐见的形式，把各项惠民政策宣传到户、到人，让老百姓一看就懂、一听就清，发放宣传政策宣传折页、日历3万余份，不断扩大群众知晓率。同时，积极组织乡镇、街道业务经办人员以及村、社区代办员进行集中培训，详细解读参保缴费相关政策、操作流程和注意事项，达到了基本政策人人掌握，基本业务人人熟练，经办效率大幅度提高。2018年，盐池县建档立卡贫困人员基本养老保险和基本医疗保险参保率在全区率先实现“双百”目标，实现全覆盖。

【兜底保障】在认真落实国家和区市健康扶贫政策的基础上，大力实施“健康扶贫”工程，建立了基本医疗保险、大病保险、大病补充保险、家庭综合意外保险和民政救助、财政救助、慈善救助、盐池卫生发展基金救助的“四报销、四救助”多层次的医疗保障体系。2017年，在全区率先推行“扶贫保”，为建档立卡户量身定制“大病补充保”（90元/人）和“家庭综合意外保”（100元/户），保费全部由县财政缴纳；非建档立卡户保费由县财政补贴60%，个人承担40%；县财政共为134263人补贴1163.9万元。2018年，县财政为101109人补贴1266.55万元，有效解决了贫困群众的后顾之忧。截至年底，大病补充保险共为528名患者报销545.8万元，家庭综合意外保险共为908户报销283.13万元，民政救助1965人154.4万元，财政基金救助4183人343.94万元，卫生发展基金救助3697人219.63万元。同时，全县建档立卡人员贫困患者大病保险起付线降低到3000元，患普通疾病的报销比例达到60%~75%，患癌症、恶性肿瘤等20种大病的报销比例达到62%~77%，实现了建档立卡贫困患者住院医疗费用报销比例不低于90%且年度累计住院医疗费用不超过5000元、门诊28种慢性病报销比例不低于85%；全县因病致贫人口已由2016年年底的3078户7992人下降至2018年的201户465人，建档立卡贫困患者年度内住院医疗费用实际报销从2016年的73.4%提高到2018年的92.3%，从根本上解决了建档立卡贫困人口因病致贫、因病返贫难题。2018年7月中旬，在迎接国家贫困县退出专项评估检查工作中，盐池县建档立卡贫困人员参加基本养老和基本医疗“两项”社会保险情况顺利通过了国家专项评估组检查。

【脱贫攻坚】依托全区人力资源社会保障信息资源省集中优势，连通了区内所有医保协议医药机构，覆盖了所有建档立卡贫困参保人口，实现了同步执行健康扶贫医疗保障政策，真正实现了让“信息多跑路，群众少跑路”。同时，为方便建档立卡贫困患者住院费用报销，社保局积极协调负责大病保险报销的中国人民保险盐池分公司和负责大病补充保险的中国人寿保险盐池分公司在社保经办服务大厅设立了盐池县健康扶贫“一站式”结算窗口，真正实现了贫困人口医疗报销救助无缝隙、全覆盖，解决了群众看不起病和报销难的问题。2017 年以来，已办理建档立卡贫困患者诊疗费“一站式”报销 4788 人次，县财政和卫生发展基金兜底保障共计 561.9 万元，全县建档立卡贫困患者住院医疗费用报销控制在 10% 且年度累计住院医疗费用不超过 5000 元，实际报销比例从 2016 年的 73.4% 提高到 2018 的 92.3%，群众满意度由 65.4% 提高到了 98.6%。

## 就业创业和人才服务

【概　况】2018 年，就业创业和人才服务局培育创业实体 461 个，完成目标任务的 115.3%；创造新岗位 2409 个，完成目标任务的 200.8%；全民创业带动就业 2409 人，完成目标任务的 100.4%；发放创业担保贷款 516 笔 5388 万元，实现创业带动就业 2580 人，完成目标任务的 134.7%。共转移农村劳动力就业 4.6 万人次，完成目标任务的 102%，转移经济收入 4.8 亿元，完成目标任务的 112%；闽宁劳务协作就地就近转移就业 250 人，赴闽转移就业 54 人；举办职业技能和创业培训班 26 期，累计培训各类人员 1119 人，其中，城乡劳动力职业技能培训 17 期 849 人，完成目标任务的 105.5%，开展创业能力培训 9 期 270 人，完成目标任务的 100%；完成闽宁对口扶贫协作技能培训项目任务 168 人（建档立卡贫困户 133 人）；城镇失业人员新增就业 1809 人，完成任务的 100.5%；城镇就业困难人员实现再就业 235 人，完成任务的 188%。城镇登记失业率严格控制在 4% 以内，零就业家庭年内实现动态消零。盐池县被国家发改委等部门确定为支持农民工等人员返乡创业试点县，被自治区创业就业工作领导小组表彰为转移就业优秀示范县，经自治区考核获得全区上半年创业就业工作山区第一名。

【就业援助】认真落实积极的就业政策，加强政策宣传，让群众全面了解掌握各项就业创业的优惠政策，全力推动各项促进就业政策的落实，不断优化就业环境，保持就业形势平稳。通过开展“春季用工调查和农民工就业情况调查活动”“春风行动”“就业援助月”活动，促进就业供求双方找需对接。举办“盐池县 2018 年春风行动暨脱贫富民现场招聘会”和“盐池县 2018 年闽宁劳务协作就业扶贫专场招聘会暨高校毕业生就业供需见面会”。招聘会共吸引了 180 家企业提供的 5700 个（其中，泉州市洛江区企业 95 家提供 4700 个岗位）。适合贫困群众就业的岗位供求职者选择。招聘会吸引了全县 8 个乡镇和街道办事处 5600 多名贫困劳动力、被征地农民、残疾人和城镇就业困难人员参加，当天达成就业意向人数 1560 人，设立了就业创业、脱贫攻坚、总工会帮扶、妇女创业、残疾人就业创业等政策咨询宣传台，开设了劳动权益维护专区，共发放“春风卡”、就业创业政策汇编等各类宣传资料 1 万份。城镇失业人员新增就业 1809 人，城镇就业困难人员实现再就业 235 人，发放失业保险 319 人 1223 笔 136 万元，城镇登记失业率控制在 4% 以内。充分利用创建的盐池县就业创业和人才服务平台微信公众服务号，为失业人员提供求职登记、招聘信息发布、求职和技能培训在线报名，解决了服务群众“最后一公里”问题，并在全县 8 个乡镇 102 个行政村建立技能培训及劳务联系点，方便群众就近就地获得人力资源信息。积极推进政府购买公共服务工作。根据《盐池县政府购买公共服务人员实施方案》（盐党办发〔2017〕98 号）精神，通过公开招标确定2家劳务派遣公司为承接主体，2018年将符合政府购买公共服务条件的513人纳入政府购买公共服务范围，同时组织2次考试为相关单位公开招考104名高校毕业生从事文广局讲解员、禁毒专干、公安辅警等岗位，安置了64名复转军人。稳步推进高校毕业生就业创业。健全高校毕业生离校未就业实名制登记和就业服务制度，落实促进高校毕业生就业的税费减免、财政补贴、创业培训、创业贷款等政策，共对383名返乡高校毕业生进行了实名登记。为17名大学生提供创业担保贷款170万元。全县共录用“三支一扶”185名、到事业单位实习大学生83名，并按计划进行了分配，高校毕业生登记就业率达100%。开发公益性岗位，拓展就业扶贫途径。按照公平、公正、公开、惠民的原则，经个人申请、基层推荐、媒体公示、组织审定等程序进行安置城镇就业困难人员城镇公益性岗位人员110人，农村建档立卡户贫困人口公益性岗位人员30人，并举办城镇公益性岗位培训班1期，对他们及时进行了岗前培训。

**【劳动力转移就业】**为实现农民增收，按照“加强领导、强化培训、有序转移、富裕百姓”的工作思路，把大力发展劳务经济、推进富余劳动力转移作为增加农民收入的重点举措来抓。共转移农村劳动力就业4.6万人次，转移经济收入4.8亿元。通过政府部门、劳务中介组织和劳务经纪人有组织转移输出1.3万人次，转移经济收入1.1亿元，占输出总人数的14%；自发转移3.3万人次，转移经济收入3.7亿元，占转移总人数的86%。

**【职业技能培训】**注重精心安排。立足于盐池县产业发展和城乡劳动力的文化程度、年龄结构、就业愿望，在充分调研的基础上制订《盐池县城乡劳动力脱贫富民能力精准培训规划（2018—2020）》，按照规划制订每年的培训计划，严格按照计划进行具体的安排部署，并加强对培训实效、保障措施和日常管理的工作力度。注重精准实施。培训对象精准。通过年初开展的“春潮行动”暨脱贫富民现场招聘会以及各乡镇扶贫办和劳动保障站的培训需求登记工作，准确了解当前急需培训人员的情况。培训内容精准。为发挥培训资金最大效用，坚持按需式培训原则，通过实施盐池县城乡劳动力需求摸底调查，精准掌握培训对象与培训需求。注重过程管理。根据《盐池县2018年脱贫富民能力培训实施方案》（盐扶开发〔2018〕6号）中的要求，严格按照申请审核、选定机构、签订协议、制定计划、审批备案、组织培训、监督检查、结业鉴定、审验培训档案等培训程序实施，加强过程实时监管，实行培训摄像监控或全程录像，每日检查签到，并把视频检查和实地督查相结合，培训班开班结业实地督导，培训期间组织3~5次不定期突击检查，使培训工作有了可行的保障机制。注重上下协调。在及时推进区市下达的培训任务的基础上。将吴忠市人社局下达临时的企业经营管理人才高级研修班、盐同红集中连片区扶贫建档立卡户家庭劳动者农村实用技术培训、优秀农村实用人才拓展培训、城乡劳动力技能提升培训等名额，根据培训类型，依托地域产业特色，重点向农村贫困劳动力倾斜，做到培训紧紧围绕和积极跟进扶贫产业开发项目，切实突出了培训服务脱贫富民的实效。注重进度沟通。为切实掌握培训进度，时时总结工作得失，为县委、县政府提供决策依据加强各部门之间的信息传递共通，每月制作一期盐池县脱贫富民能力培训专报，实时汇总2018年度起始截至当月的培训情况，并根据当前培训状况和存在的问题进行分析总结，整改落实，汇总日常管理情况，切实提高培训实效。

**【创业担保贷款】**更新创业担保贷款促进就业的新观念。将创业担保贷款作为“大众创业、万众创新”的新引擎，积极为广大创业对象提供政策和资金支持，解决创业资金难的问题，切实转变观念，加大创业担保贷款扶持创业工作力度，有效推动就业创业工作深入开展。找准创业担保贷款支持优势特色产业的主方向。盐池为“中国滩羊之乡”，也是小杂粮的主要产区之一，滩羊和小杂粮是盐池的优势特色产业。为此，决定给予符合政策的小杂粮种植户种养殖户发放创业担保贷款。紧扣创业担保贷款服务脱贫攻坚的重点人群。积极落实政策，力促脱贫，支持鼓励“零就业”“低就业”贫困家庭自主创业带动一批贫困户实现“零就业”。打造创业担保贷款服务就业创业新模式。通过“大力宣传创业担保贷款政策、贷款条件一次性告知、贷前核查一次性进行、贷款资料一次性核实、审批手续一次性办结、贷款发放一次性到位”的服务模式，着力为创业者提供高效便捷的服务。

【农民工返乡创业】重主导，政策配套。积极落实《中共盐池县委办公室、政府办公室关于印发〈盐池县关于支持农民工等人员返乡创业实施意见〉的通知》（盐党办发〔2017〕100号）和《盐池县支持农民工等人员返乡创业实施细则》等5个相关配套政策。重服务，有效对接。在县人民政府政务服务中心、人力资源和社会保障服务中心、人力资源市场、县国税局服务窗口设立支持农民工返乡创业“绿色通道”服务窗口，在全县8个乡镇和街道办设立监控点，为每位创业的农民工免费提供职业介绍、政策咨询等就业创业服务。重平台，引导聚集。认定盐池县汽配物流园、电子商务产业孵化园等5家为农民工等人员返乡创业示范园区（或孵化基地），入驻创业园区（或孵化基地）企业（个体）446家，吸纳农民工等返乡创业人员3000余名。重扶持，精准施策。组织各类务工及返乡人员参加职业技能培训849人，创业能力培训270人。发放支持农民工等人员创业担保贷款417笔4410万元，其中，高校毕业生17笔170万元，残疾人7笔70万元，复转军人5笔50万元，少数民族4笔40万元，建档立卡贫困户27笔265万元，小微企业3笔275万元，返乡农民工354笔3540万元；近期正在落实返乡创业孵化示范园区补助政策。重带动，典型引路。全县外出务工返乡农民工2746人，返乡创业568人，带动就业1998人，涌现出了如天利丰能源叶树美等30余名返乡创业典型。

## 民政

【社会救助】紧紧围绕农村低保兜底脱贫目标，促进农村低保制度与扶贫开发政策有效衔接，形成了以低保为基础，以其他专项救助和社会帮扶为补充的社会救助体系，全方位保障困难群众的基本生活。在全区社会救助绩效考核中盐池县实现了“四连优”。2018年以来，累计发放各类救助资金5860.1万元。全力做好脱贫兜底保障工作。强化制度、政策、对象的衔接，对建档立卡贫困符合低保条件的优先纳入，确保实现“应保尽保、应扶尽扶”，为盐池县高标准脱贫提供了有力支撑。盐池县脱贫兜底保障工作经验在民政部社会救助兜底保障座谈会上交流。全县建档立卡户中享受低保人口达3369户6036人，占低保对象总数的71.1%；未脱贫449户999人建档立卡贫困人口中纳入低保699人，低保与建档立卡贫困重合比例达70%。委托北方民族大学启动“建档立卡户兜底救助动态核对”研究项目，科学总结盐池县实施社会救助兜底脱贫的工作经验，为全区顺利完成脱贫攻坚任务提供典型示范和经验借鉴。农村低保专项整治及扶贫领域腐败和作风问题专项治理工作扎实开展。制定相关整治方案，实行“一督查一通报”，通过实地察看、入户访问、查阅档案资料以及暗访等方式，对全县低保工作进行不定期督查，下发督查通报8期，对乡镇督查实现了全覆盖，特别是通过“八查八看”，加大低保动态化管理，努力做到保障对象精准，进退及时。2018年以来，盐池县新增低保对象504户808人，清退低保对象458户973人，对不符合条件的368户772人终止了申请资格。全县共有农村低保4959户8486人，覆盖率达6.3%。社会救助工作标准化建设稳步推进。全面完成了民政厅委托编制的《社会救助家庭经济状况核对规程》，自治区质监局发布的2017年第三批地方标准公告（2017年第40号）将其收录其中，在全区全面推广。印发了《关于进一步加强和规范低保管理工作的通知》，建立健全低保家庭情况定期报告、低保分类核查、低保举报核查、低保备案和低保规范化工作年度考核等系列制度，建立“两会一票”民主评议低保准入机制，确保救助精准，管理规范、群众认可。救济救灾工作进一步提高。加大防灾减灾宣传力度，扎实开展全国防灾减灾示范社区创建活动，高沙窝镇安康社区被国家减灾委、民政部命名“全国防灾减灾示范社区”，实现零的突破。切实保障受灾群众的基本生活，全年共下拨救灾资金1241万元，解决群众因受灾而造成的生活困难问题。

**【社会福利】**积极应对老龄化问题，全面推进养老服务机构转型升级，着力完善以居家为基础，社区为依托、机构为补充、医养相融合的养老服务体系建设。城乡养老设施建设稳步推进。坚持目标导向和需求导向，按照“因地制宜、量力而行、尽力而为”的原则，采取新建、改造、购置、租赁“四个一批”的方式，建成城镇社区日间照料中心2个，农村老饭桌8个，农村互助养老院3个；医养结合PPP项目盐池县永宏乐丰康复生态养生园项目建设，一期项目主体工程已完工，累计完成投资1.6亿元。公办养老机构改革全面完成。坚持监督指导与提升运营并举，结合全国养老机构质量提升，积极推进养老服务业转型升级，提质增效，深入推进公办养老机构“公建民营”改革。已完成运营方的招标工作， 11月完成对运营方《运营管理方案》的审定和国有固定资产的移交，运营方开始运营。老年优待持续加强。县财政全额出资，为全县老年人进行免费体检和购买意外伤害保险，做到了老年人全部参保、保费由财政全额买单“两个全覆盖”，获得2018年度全区老年人意外伤害综合保险优胜单位；实施全县建档立卡户“单老、双老户”关爱工程，为全县700户建档立卡户“单老、双老户”配置了适老户化设备。“三留守”工作扎实开展。以“发展、关爱、维权”为着力点，加强农村“三留守”人员服务体系和数据系统建设，农村“三留守”人员的生活质量和幸福指数不断提高。2018年新建农村“儿童之家”66个，实现了服务全覆盖。全区农村留守儿童关爱保护和困境儿童保障示范县通过区厅初验。

**【社区建设】**继续开展农村社区建设试点工作。认真落实《盐池县深入推进农村社区建设试点工作实施方案》（盐党办发〔2017〕89号），在全面完成2017年度确定的试点工作任务的基础上，2018年确定试点工作不少于村总数的70%。特别是针对社区工作者待遇整体不高且未同工同酬、队伍不稳定的问题，争取县委、县政府的支持，出台文件，将社区工作者的待遇由最低工资标准的2倍增加到2.5倍，并增加住房公积金，实现了“五险一金”。2018年和谐社区建设考评成绩位居全区第三名。深入推进城乡社区协商工作。继续落实《盐池县加强城乡社区协商的实施方案》（盐党办综〔2017〕55号）文件精神，在完成2017年试点任务的基础上，以扩大50%的村继续试点工作。完成了全县优秀社区工作法征集工作，向自治区民政厅上报了3个优秀社区工作法和1个街道社区治理经验，经民政厅推荐，盐池县“芙蓉社区365工作法”入选民政部全国优秀社区工作法。继续深入开展井沟组全国村民小组自治试点工作，遵循“5122”工作模式，制定《盐池县花马池镇高利乌苏村井沟组继续深入开展全国村民小组自治试点工作实施方案》，全面提升“微自治”服务水平。同时，继续完善村民小组自我服务制度，落实了加强环境卫生整治等基础设施建设工作，树立了村民的集体观念。深入做实村民代表会议制度，继续推行“55124”工作模式，对乡镇、村“对未提交村代会议定‘项目不预立项、事项不预审批、资金不预拨付’”情况的落实进行了督促检查。下发《全面做实村民代表会议制度等三项工作的通知》，在全面做实村民代表会议制度、进一步推进农村社区网格化管理、规范村规民约和村民自治章程等方面为全县农业农村工作和乡村振兴战略的实施和验收提供支撑。加强民间组织发展与管理。坚持培育发展和监督管理并重的方针，积极引导民间组织为全县经济社会发展服务，并依法依规登记管理社会组织，把好审批登记关，新登记社会组织13家，其中民非7家、社团6家。行政区划和地名管理工作得到加强。认真开展全国第二次地名普查工作，共采集到11大类、33个子类共5700条地名，多媒体信息11400条，并已全部录入数据库。完成地名普查地名成果表5700张，推动地名普查成果的转化利用。申报第二次全国地名普查先进集体1个，先进个人1名。

【双拥优抚】充分发扬盐池革命老区光荣传统，推动双拥优抚工作进一步巩固。加快萌城战斗遗址纪念园建设任务。已完成林评，正在办理土地审批手续。积极解决符合政府安排工作条件下岗失业的退役士兵安置遗留问题。制定出台了《盐池县解决企业下岗退役士兵遗留问题做好扶持就业创业工作实施方案》，对符合政府安排工作条件，分配到企业下岗失业的退役士兵，采取提供政府购买公共服务岗位或公益性岗位或发放一次性就业创业帮扶资金的方式，支持退役士兵再就业创业。经初步审查，应解决遗留问题退役士兵为231人，已解决221人，协议签订率达95.6%。其中84人已在机关事业单位上班，137人选择自谋职业，共发放创业就业一次性补助（含自谋职业金）1655.08万元。做好关键群体走访慰问。利用“八一”等特殊时段，县领导带队开展“大走访、大慰问、送温暖”活动，先后慰问重点优抚对象、贫困退役军人、“三群体”等501户，发放慰问金21.3万元；为510名现役军人、军烈属等群体家庭送挂光荣牌，为4户荣立三等功的专程送喜报，每户发放慰问金2000元；为315名重点优抚对象安排健康检查。同时，还将82户生活困难的退役军人纳入低保，给予临时救助15户，切实让退役、现役军人群体感受到了党和政府的关怀、温暖。

## 人力资源和社会保障

【概　况】2018年，人力资源和社会保障局坚持“民生为本、人才优先”的工作主线，适应经济发展新常态，深入实施“三大战略”，扎实推进创业就业、社会保障各项工作，全面深化人事制度和工资收入分配制度改革，全力构建和谐稳定的劳动关系，着力提升基本公共服务能力和水平，推进人力资源和社会保障事业健康发展。

【就业创业】搭建平台，开展就业援助服务。通过开展“春季用工调查和农民工就业情况调查活动”“春风行动”“就业援助月”活动，促进就业供求双方找需对接。举办“盐池县2018年春风行动暨脱贫富民现场招聘会”和“盐池县2018年闽宁劳务协作就业扶贫专场招聘会暨高校毕业生就业供需见面会”。招聘会共吸引了180家企业提供5700个岗位（其中，泉州市洛江区企业95家提供4700个岗位），达成就业意向人数1560人。截至年底，城镇失业人员新增就业1809人，完成任务的100.5%；城镇就业困难人员实现再就业235人，完成任务的188%；城镇登记失业率控制在4%以内，零就业家庭年内实现动态消零。积极推进政府购买公共服务工作。根据《盐池县政府购买公共服务人员实施方案》（盐党办发〔2017〕98号）精神，通过公开招标确定2家劳务派遣公司为承接主体，2018年将符合政府购买公共服务条件的513人纳入政府购买公共服务范围，同时组织2次考试为相关单位公开招聘104名高校毕业生和复转军人从事网格员、城市协管员和食品监督管理员等工作，安置复转军人64名。稳步推进高校毕业生就业创业。健全高校毕业生离校未就业实名制登记和就业服务制度，落实促进高校毕业生就业的税费减免、财政补贴、创业培训、创业贷款等政策，共对383名返乡高校毕业生进行了实名登记。为17名大学生提供创业担保贷款170万元。全县共录用“三支一扶”185名、安置事业单位实习大学生83名，高校毕业生登记就业率达100%。开发公益性岗位，拓展就业扶贫途径。2018年，安置城镇就业困难人员就业公益性岗位人员110人，农村建档立卡户贫困人口公益性岗位人员30人。鼓励创业带动就业。认定盐池县汽配物流园、电子商务产业孵化园等5家为农民工等人员返乡创业示范园区（或孵化基地），入驻创业园区（或孵化基地）企业（个体）446家，吸纳农民工等返乡创业人员3000余名。加大创业扶持力度，完善“创业培训＋担保贷款＋创新服务”三位一体帮扶机制，推进新创业担保贷款管理办法实施。全县组织创业能力培训270人，培育创业实体461个，完成目标任务的115.3%；创造新岗位2409个，完成目标任务的200.8%；全民创业带动就业2409人，完成目标任务的100.4%；放创业担保贷款516笔5388万元，实现创业带动就业1056人，完成目标任务的134.7%。精心组织，稳步推进城乡劳动力转移就业工作。共转移农村劳动力就业4.6万人次，完成目标任务的102%，转移经济收入4.8亿元，完成目标任务的112%；闽宁劳务协作就地就近转移就业250人，赴闽转移就业54人。注重实效，精准开展职业技能培训工作。制订出台了《盐池县城乡劳动力脱贫富民能力精准培训规划（2018—2020）》积极与各乡镇对接，通过协调扶贫、农牧、工会、团委、妇联五个部门，确保每一名有培训意愿的贫困人员“应训尽训”，实现贫困人口“一户一人一技能”。2018年，共开展各类培训班26期1113人，完成目标任务的104%。

【社会保障】坚持兜底线、织密网、建机制，社会保障网进一步织密扎牢。参保覆盖面持续扩大。实施全民参保登记，推进“同舟计划”二期，努力实现应保尽保、应缴尽缴。2018年，全县城乡居民基本养老、城乡居民基本医疗、企业职工养老、城镇职工医疗、机关事业单位养老、失业、工伤、生育保险参保人数分别为72500人、146454人、17650人、17048人、6715人、7014人、13009人、12658人，分别完成目标任务的98.91%、102.05%、101.73%、120.45%、101.38%、106.33%、130.09%、140.64%。其中，建档立卡人员参加养老、医疗保险参保率均达100%，实现全覆盖，新开工工程建设项目119个，工伤保险参保率达100%。跨省异地就医推进落实情况。盐池县参保群众与全国31个省份的10015家定点协议机构的住院医疗费用实现直接结算。已累计办理跨省异地就医备案及转诊转院460人次，实现跨省住院医疗费用直接结算122例，涉及总费用618万元，医保统筹支付365.14万元，主要集中在北京、上海、浙江、河北、陕西五省市。县人民医院为陕西、甘肃、内蒙古等地17例外省参保群众办理了异地住院医疗费用直接结算，涉及总费用17.48万元，医保统筹支付9.13万元。健康扶贫“一站式”报销情况。2018年以来，通过“一站式”报销服务窗口为全县建档立卡贫困患者办理诊疗费用兜底保障271人次，涉及总费用172.17万元，实现了建档立卡贫困患者住院医疗费用个人支付不超过10%且年内累计支付不超过5000元。社保基金监管情况。2018年，对全县372个参保单位和企业的社保缴费基数实行全程稽核，稽核率达100%，切实做到社保基金“颗粒归仓”。共查处县域内医院违规病历1818份，定点医疗机构违规挂床住院58例，发现违规资金共计33.57万元，并全部扣回；外伤调查314例，拒付24例，涉及金额63.74万元。

【人才队伍】实行更加积极、开放、有效的人才政策，人才创新创业环境不断优化。完善人才政策措施。积极落实自治区《关于实施人才强区工程助推创新驱动发展战略的意见》《宁夏回族自治区高层次人才优厚待遇实施办法》，制订盐池县人才培养和引进计划，出台《盐池县委办公室 人民政府办公室关于印发〈关于实施人才强县工程助推创新驱动发展战略的实施方案〉的通知》（盐党办发〔2018〕68号）文件，明确了五年内人才工作目标，建设10个有助于推动盐池县的经济社会发展的人才队伍，从6个方面优化人才工作环境，从3个方面给予保障。人才政策体系进一步完善，在全县营造出了爱才、识才、用才、聚才的浓厚氛围。扎实推进人才选拔培养工程。完成了吴忠市高层次人才统计工作；推荐马桂花、田晓梅2人参加2018年国务院特殊津贴选拔工作；组织龙渔海等14人进行自治区高层次人才认定，正在将盐池县700名左右副高及以上职称、博士学历的专业技术人才和技师及以上高技能人才信息进行采集；积极做好全区“百名专家基层服务行”前期工作；培训各类技能人才843人次。深化招才引智服务。按照不求所有、但求所用的原则，以引进高层次、专家型、创新型人才为重点，广泛发布人才需求信息，全方位、多层面、多渠道引进各类急需紧缺人才。今年，中能北方天然气股份有限公司与中科院合作引进高端人才6名，青山工业园区西北石膏产业基地与宁夏博得石膏设计研究院合作柔性引进高端人才5名，宁夏西鲜记科技有限公司柔性引进4名博士生，盐池县永宏乐丰康复生态养生园有限公司拟引进区内外医师15名。通过自治区统一招考录用公务员29名，招聘事业单位工作人员96名，免费师范生1名，源源不断地为各行各业注入新鲜血液,培养骨干力量。

【人事管理】加强干部队伍管理。深入实施公务员素质能力提升工程，组织全县342名科级以下公务员参加了干部网络教育培训。完成2017年机关事业单位工作人员考核，加强公务员平时考核，实施正向激励，工作成绩突出且平时考核开展好的乡镇公务员优秀等次比例提高3~5个百分点，调整公务员奖励奖金标准，激发公务员干事劲头和责任担当。会同县纪委监委、组织部等6部门对全县所有机关事业单位开展了“在编不在岗”“吃空饷”专项整治“回头看”行动，进一步规范了各单位（部门）人事管理制度。进一步深化人事制度改革，2018年完成15名公务员职务与职级并行。深化事业单位人事管理。严格按照职称评聘有关规定，积极稳妥地做好专业技术人员职称评聘工作，调动了专业技术人员工作积极性。根据各单位岗位设置比例控制申报指数，已审核申报高级职称25个，中级职称40个，初级职称311个。积极做好全县事业单位人事综合管理平台建立工作，已完成126个事业单位信息入库的工作。完善工资收入分配制度。及时兑现了艰苦边远地区津贴新标准，将县人民医院和县中医医院2家公立医院纳入薪酬制度改革试点，制定出台了《盐池县公立医院薪酬总量核定方案》，推进落实以增加知识价值为导向的收入分配政策。完成了全县机关事业单位工作人员按年度考核晋升工资薪级4059人；严格审核各类津补贴发放；及时办理各类人员工资晋升和2018年度分配、调动、考录等各类人员工资审批手续；加强工资数据库维护和更新，确保了数据的准确和安全。加强档案管理工作。2018年，协助查阅、复印个人人事档案1300余人次；将供水公司74名职工档案逐一查阅审核并移交至水投集团；办理企业、机关职工退休人员提档180余人次。

【制度建设】完善劳动关系建设制度机制。进一步完善构建和谐劳动关系考核指标体系，协调劳动关系三方成员单位每季度分析研判劳动关系形势制度有效落实。组织开展了2018年全区劳动关系和谐企业（工业园区）评选表彰活动，劳动争议调解员大赛，企业管理规章制度审查。推动出台《盐池县重大违法行为公布实施细则》《盐池县企业诚信评价实施细则》，健全劳动领域网络舆情监测引导工作机制，完善劳动关系领域群体性事件应急联动处置机制，劳动关系政策体系和工作机制更加完善。突出抓好农民工工资支付保障工作。大力实施治欠保支三年行动计划，开展农民工签订劳动合同专项检查和清理整顿人力资源市场秩序专项检查，组织开展拖欠职工（农民工）工资突出问题专项整治，对89个重点建设工程项目进行重点监控，一经发现存在拖欠农民工工资数额大、造成不良社会影响的失信企业，将公开进行“曝光”。全县工程建设领域在建项目农民工实名制管理率、劳动合同签订率、工资保证金收缴率、工资银行办卡率、分账管理率、22% 进度款拨付率分别达 98.1%、97.95%、98%、 90.74%、93. 08% 和 86. 57%。劳动保障监察机构共检查用人单位 231 家，涉及劳动者 1100 余人，督促用人单位与劳动者补签劳动合同 200 余人，受理劳动保障监察举报投诉案件 116 件，涉及农民工 527 人，涉及金额 450.75 万元，已全部结案，结案率为 100%，无重大欠薪案件发生。大力推进劳动合同和集体合同制度建设。全县企业劳动合同签订率达 97.95%，集体合同签订率达 91.10% 以上。提升争议纠纷处理效能。进步加强劳动人事争议仲裁办案质量管理，全县受理争议仲裁案件 28 件，结案 26 件，仲裁结案率达 92.86%。加强调解工作规范化建设，推行争议案件调解柔性化解，调解成功率 61.5%。

【基础建设】深化不见面审批改革。积极推进“放管服”改革，全县人力资源社会保障系统 142 项政务服务事项有 131 项实现“不见面、马上办”，可不见面率达 92.2%，超额完成自治区目标任务。2018 年，通过网上“不见面”办理 866 件，办结率 100%。大力推进“互联网 + 人社”。进一步拓展社保卡综合应用，参保单位和企业开通“网上人社办事大厅”341 个，开通率为 92%，“五项”社会保险真正实现“一票征缴、一网通办”。建立贯通全区的社保卡管理服务系统，发放社保卡 16 万张。持续加强作风建设。以“脱贫攻坚作风建设年”活动为抓手，持续推进人社系统窗口改进作风专项行动，安排领导班子成员定期在服务大厅为办事群众解决问题，并不定期对窗口作风进行明察暗访，窗口单位作风显著提升。加强党建和党风廉政建设。坚持以政治建设为统领，以提升组织力为重点，以“三强九严”工程为抓手，深入推进“两学一做”学习教育常态化制度化，积极开展“5+X” 主题党日活动，认真落实“三会一课”制度，组织召开组织生活会 2 次、专题民主生活会 2 次，强化党员身份意识，使党员正确理解党的宗教政策，党组织凝聚力战斗力和党员队伍执行力落实力进一步增强。严格执行中央“八项规定”，务实开展违反中央“八项规定”和突出问题专项整治，集中纠治“四风”，加强党员理想信念教育，完善各项制度，严格防治违反“五个严禁”规定的问题发生。精准做好定点帮扶工作。帮扶责任人先后 25 余次前往麻黄山乡井滩子村进村入户开展帮扶工作。该村水、电、路配套到村，特色种养殖业建设初具规模，全村实现脱贫，并顺利通过国务院第三方评估。

# 财政 税务

CAIZHENGSHUIWU



## 财 政

【收入征管】2018年，围绕财政收入增长目标，采取积极有效的财税增收措施，强化税收收入征管，加强协税护税力度，堵塞征管漏洞，确保应收尽收；积极开展非税电子化票据工作，确保及时足额入库；全面落实各项税费优惠政策，激发企业发展活力；大力支持招商引资，优化营商环境，培植财源增强财政实力。全年县级一般公共预算收入完成8.28亿元，完成年度预算数106.9%，较上年增长15.2%，增速位列全区第一。

【资金保障】狠抓以石油、煤炭企业税收为主工业企业税收为辅的财源建设，大力增加财政收入，不断增强财政对地方经济发展的支撑作用和保障力度，为产业发展重点项目提供财政资金支持。重点建设保障有力。投入资金3.63亿元，用于棚户区改造、古城墙修复、公园绿化、道路排水、综合农贸市场、康复生态养生园等重点项目建设，提升城市综合服务能力，稳步推进城市化建设；投入资金1.1亿元，用于农村道路和城乡客运一体化建设，不断改善群众出行条件；投入资金1.42亿元，用于特色小城镇、美丽小城镇、美丽村庄建设，逐步改善农村人居环境。扶持产业发展壮大。投入资金3.88亿元，加快特色农业、高效节水灌溉、造林绿化、农田水利等重点项目建设，进一步夯实农业基础发展；投入资金5490万元，用于支持工业园区低成本改造、企业科技创新、企业贷款贴息及节能减排等，全力支持工业企业发展；投入旅游项目资金4189万元，用于长城旅游风景带基础设施建设及盐州古城历史文化区AAAAA级提升创建，全力打造全域旅游示范区。脱贫富民取得新进展。整合各类项目和闽宁协作、中航油帮扶资金12.15亿元，顺利摘掉了贫困帽子向小康迈进，其中统筹整合涉农资金6.83亿元，重点用于农村基础设施建设、农业产业发展、金融扶贫及发展壮大村集体经济等方面，加大产业扶贫，重点围绕“1+4+x”产业，发展壮大滩羊、黄花等特色优势产业，实现农民持续稳定增收。投入资金 2016 万元，全面实施教育扶贫、健康扶贫工作举措，有效遏制了贫困代际传递和因病返贫等问题。

【优化支出】调整优化支出结构，在“保工资、保运转、保民生”的同时，严控一般性支出，财政资源进一步向基层延伸、向农村覆盖、向民生倾斜，全年民生支出达 31.59 亿元，占一般公共预算支出的 86.1%。促进城乡教育均衡发展。职业教育按照生均 1500 元标准安排公用经费 246 万元；高中教育按照生均 700 元标准安排公用经费 194 万元；小学和初中生分别按照生均标准 820 元和 1040 元安排公用经费 1854 万元，进一步完善经费保障机制。投入资金 1466 万元大力实施“改薄”项目，改造薄弱学校 7 所，投入资金 1500 万元新建盐池六小，推动义务教育优质均衡发展。加大社会保障投入。落实优抚安置政策，安置一次性补助资金 1573 万元，通过政府购买服务和设置公益性岗位安置退役士兵。拨付城乡低保资金 6170 万元，其中县级配套 640 万元，保障全县城乡困难群众补助及时足额发放。投入资金 68.57 万元为全县 60 岁以上的老年人购买意外伤害险，提高老年人抵御意外风险的能力。改善医疗卫生条件。投入 997 万元开展健康档案、传染病及突发公共卫生事件等 14 类 54 项基本公共卫生项目，人均服务标准由 50 元提高到 55 元。安排重大公共卫生项目补助资金 418 万元，用于妇幼健康行动、“两癌”筛查、艾滋病防治等工作。安排 917 万元为全县非建档立卡贫困人群免费购买家庭意外伤害险和大病补充保险，保障全县农村居民患病后可以得到及时治疗和救助。投入 1000 万元建设惠安堡镇卫生院，改善乡镇卫生院就医环境。四是推动文化事业发展。安排 1816 万元重点用于开展送戏下乡、广场文化、文化旅游赶大集、航空嘉年华等系列活动；投入资金 2047 万元，“九曲”民俗文化园全面建成，游客集散中心顺利建设。将文化与旅游紧密融合，充分发挥“文化 +”“旅游 +”效益。

【债务管理】研究制定了《盐池县政府性债务风险应急处置预案》和《盐池县防范化解地方政府隐性债务风险实施方案》，完善风险防控机制，明确详细工作计划，积极化解债务，完成系统锁定非债券类债务 9142 万元的置换和核销工作。严格在自治区下达的限额内依法依规举债，全年共举借新增债券 2.19 亿元，盐池县系统内锁定债务 16.38 亿元，低于自治区核定的 22.36 亿元的债务限额。全面统计隐性债务，将系统内外债务全部纳入统计监测、风险评估预警和应急处置范围，实现政府性债务信息化、精细化、动态化监管。通过设定“正面清单”和“负面清单”等措施，加强对乡镇部门和融资平台公司的管理，严禁各种形式的违法违规举债，同时加大监督检查力度，完善绩效考核体系，有效防范政府债务风险。

【改革监管】全面公开预决算。积极推进预算制度改革，建立公开透明预算管理制度，全面公开了 2017 年决算和 2018 年预算，实现部门预决算公开全覆盖。盐池县财政局被自治区财政厅授予 2017 年度全区财政总决算工作先进单位、全区部门决算工作先进单位和 2018 年度全区预算执行分析工作先进单位称号。完善政府购买公共服务机制。投入资金 7486 万元，购买了文化广场、送戏下乡、城乡卫生保洁、绿化维护等 13 项服务，不断扩大政府购买公共服务范围，通过政府购买服务等方式激发社会活力，构建多层次、多样化的公共服务体系。盘活清理财政存量资金。加强财政结余结转资金的清理，全年共清理存量资金 1.58 亿元，统筹用于扶贫、教育、农业、卫生、环保等领域。绩效管理有序推进。牢固树立“花钱必问效，无效必问责”的理念，聘请第三方评估机构，对扶持壮大村集体经济项目、保障性安居工程、综合意外伤害保险项目等多个重点项目开展了绩效评价，共涉及项目金额 7.45 亿元，达总项目资金的 35%，绩效评价体系逐步形成，绩效评价结果成为科学安排及高效使用资金的重要依据。全面落实“放管服”改革工作。

停征行政事业性收费2项，调整征收标准政府性基金1项，积极落实“费改税”相关政策，对水资源费和排污费“费改税”后收费目录清单进行更新，规范了行政事业性收费和政府性基金管理，切实减轻了企业负担。积极开展财政监督检查。制定《2018年度财政监督工作方案》，重点围绕民生、扶贫领域的资金管理使用情况和落实中央“八项规定”精神情况等方面开展监督检查，共查处违规使用财政资金22.32万元。

## 税务

**【党建工作】**2018年，税务局坚持党建重于一切理念，把全面从严治党作为带队治税的首要任务，着力夯实党建基础和水平，持续推动全面从严治党向纵深发展。一是开展多种形式的培训教育活动。制订印发了《2018年党委理论学习中心组学习计划》，集中学习10次，专题讨论8次；制订《2018年党员学习教育计划》，设置十九大精神、新修订党章等课程，结合二五学习、“两学一做”等专项活动进行学习，对十九大知识进行每旬一测，截至12月底已测试了1380人次。组织全体党员开展“不忘初心 牢记使命”5+X主题党日活动4次，组织观看《厉害了，我的国》，征订《习近平新时代中国特色社会主义思想三十讲》等书籍190余册，在全局印发《党员应知应会》基本知识小卡片100份，党员人手1份进行学习；平时利用县局微信群每周发5条党员必备小知识供党员学习，从不同领域提升了党员思想素质。二是着力夯实基层党委织建设。重视党员发展和教育管理，严把入口关，重新选举支部书记和各支部委员，健全党内激励、关怀、帮扶机制，“七一”前走访慰问老党员、生活困难党员和患重大疾病党员；召开县局机关党委暨群团组织成立和选举大会，建立健全机关党委和群团组织的领导机构；邀请讲师杨海作服务型党委织建设专题讲座；外派10名党务工作者赴井冈山参加全市优秀党员和优秀党务培训班，结合县局红色税务文化打造党建新品牌，根据上级安排部署积极建设党建文化基地。三是落实党建工作责任。制定印发《2018年全面从严治党工作要点》，签订全面从严治党责任书；调整领导干部党建工作联系点，落实党委书记述职述责评议工作责任。县局内部组织召开专题研究全面从严治党工作会议2次。严格落实“三会一课”、领导干部双重组织生活会等制度，分别召开了按照区市局党委和县委安排，围绕“严格执行中央“八项规定””“巡视整改”和“机构改革”先后开展了3次专题民主生活会，“不忘入党初心，坚定理想信念”和“强党性，聚合力，履智能，比奉献，晒业绩”专题组织生活会，进一步提高了广大干部的思想认识和政治站位，确保了在国税地税征管体制改革期间党员和干部群众思想不乱、工作不断、队伍不散、干劲不减。四是强化监督执纪问责。制定县局2018年全面从严治党“两个责任”清单，自上而下逐级签订党风廉政建设责任书和承诺书，细化考核指标，定期自查落实情况。对照“四风”突出问题和表现，开展违反中央“八项规定”精神突出问题专项治理和区局巡察自查自纠整改1次、明察暗访3次，无涉及问责处理人员。完善述责述廉、约谈函询、签字背书等制度，运用“四种形态”强化日常监管；落实巡察工作“回头看”，及时对照清单整改。邀请市局监察室刘永忠主任进行廉政专题讲座1次；结合内控监督平台，加大“一案双查”力度；在社会各界聘请到17名特邀监察员，强化外部监督。

**【税务工作】**2018年，税务局坚持将干好税务作为税务部门的天职，聚焦中心工作，持之以恒抓业务，结合高质量推进新时代税收现代化的新形势、新任务，强基础、提质效，出实招、见实效，税收业务的科学化、规范化、信息化水平得到有效提高。一是抓好组织收入，由于耕地占用税减收、政策性减税力度加大及部分重点税源企业减收等因素影响，税务局组织收入工作困难重重，通过科学分解落实收入计划，层次落实收入目标，加强税收预测和加强重点税源的动态管理等举措，确保了组织收入工作的顺利进行。截至 11 月 21 日，累计组织入库 173309 万元，同比增长 30.53%，增收 40538 万元，完成年度计划任务 160000 万元的 108.32%。其中地方级税收收入累计完成 108053 万元，同比增长 27.43%，增收 23261 万元，完成年度计划任务 100300 万元的 107.73%。全年税收收入有望突破 18 亿元，地方级预计全年完成 112000 万元，同比增长 20000 万元。二是抓严依法治税，严格执行税务行政处罚裁量基准，合并了执法文书，提高了执法效率和水平；结合区、市局案卷评查工作的要求，加强日常监管规范税务行政审批，推进行政审批制度改革，设专人对行政审批事项进行系统核查，监督行政许可事项在承诺时限办结率达到 100%；加强税收法制宣传和教育，创建税法基地，开展税法宣传进校园 1 次；认真开展税收执法督察，对上级下发 18 项 3202 条疑点数据进行积极应对，已排除疑点 803 条，已整改 2387 条；加强内控平台建设，强化税收执法过错责任追究，减少执法过错，规避执法风险，上线以来共提出过错数 27 条。三是抓实征收管理，深化征管体制改革，继续做好“邮政双代”工作，设 8 个邮政发票代开点，共计代开发票金额 3927.05 万元；重视征管大数据分析应用，定期对县局管户准期申报、发票使用等情况进行动态分析，及时发现问题并进行通报，切实将数据分析成果应用；加强了税费种管理，扎实开展了打击发票虚开和欠税清缴工作，按时完成了环境保护税的开征工作和水资源税改革试点工作和个人所得税改革；强化分级分类管理，按照区、市局工作要求，稳步开展了企业“五证合一”，个体户“两证整合”工作和实名信息采集工作，认真开展了个体定期定额户典型调查，对辖区内共计 271 家个体户进行核查，规范了定期定额核定工作，减少了税款流失；加强了金三运维管理提高问题运维率，减少了错误率。四是抓优纳税服务，继续深入开展“便民办税春风行动”，落实办税事项“最多跑一次”清单；推进办税便利化改革，增设 24 小时自助办税室，增加 10 台自助设备，并配备 1 名专员进行辅导；落实纳税服务规范，加强政策业务培训，开展税收营商环境调查及自查，健全纳税服务投诉处理机制，从日常管理提高纳税服务质效；推开综合导税服务，引进第三方机构，引进 4 家涉税专业服务社会组织机构和 2 家软件工程技术服务单位，通过办税服务厅、微信、QQ 等多渠道开展咨询辅导，弥补大厅导税咨询短板；开展 2017 年度纳税信用等级评定和 2018 年企业大走访大调研活动；拓展多元化办税服务渠道，推广应用网上申报缴税；打造升级版纳税人学堂，开展“纳税人开放日”体验活动，提高了纳税遵从度和满意度。

**【政务工作】**2018 年以来，税务局找准站位，以服务大局为已任，以“优化税收营商环境，助力地方经济高质量发展”为遵循，充分发挥税收职能作用和税务部门资源优势，积极做好多方面工作，全力服务地方经济社会发展。助力民生服务，做好社保费征收工作，截至 2018 年 10 月底，累计组织各项社保费收入 27373.5 万元，其中机关事业单位职业年金征收 1665.28 万元，其他各项保险费组织入库 25708.22 万元。在组织收入的同时，不折不扣地落实各项税收优惠政策，2018 年，累计减免各税 36397 万元，其中征前减免 34749 万元，退库减免 1647 万元，办理出口退税 274 万元。按照县委、县政府相关文件精神做好扶贫工作，组织 33 名党员干部，先后深入到 88 户对口帮扶的贫困户家中走访 2000 余人次，宣传落实产业政策，帮助制订产业计划，并派驻工作组蹲点帮扶，除 4 户兜底户外，已帮助 84 户达到脱贫标准。参与各项活动，响应地方政府号召。一方面，积极开展保卫碧水蓝天活动捡拾垃圾、义务植树和“月月我爱你”进社区慰问孤寡老人等志愿活动，落实党员到基层联系点开展志愿服务制度，共开展志愿服务活动 8 次，用去捐款1863元。另一方面，积极参与“我们的节日”相关活动，先后参加了县里组织的4·23世界读书日宣传、“堡卫爱情·缘定盐州”盐池单身青年交友联谊会、“让团徽闪耀 ·让青春舞动”为主题的快闪拍摄、“社区粽动员·欢乐迎端午”等，并组织开展了庆八一系列活动，展示盐池税务良好的精神风貌的同时，助推了地方党委、政府各项工作的落实。

【队伍建设】2018年，税务局坚持把带好队伍作为干好税务的前提，按照严管善待、刚柔相济的思路抓班子、带队伍、增活力、正风气，使干部队伍整体风貌明显改善，干事创业活力有效激发，推动了县局各项事业的稳步运行。在干部管理方面，严格贯彻落实绩效管理抓班子、数字人事带队伍的总体部署。依托绩效管理指标考核，将压力层层传导到每一个部门、每一个末梢神经，敦促干部职工“到位即入战位”，让“功夫下在平时”。重新修订了《2017年盐池县税务局工作行为管理办法(修改)》，制定了《盐池县税务局一日工作行为管理办法》，通过定期通报全局考勤、早操点名、会议签到等多种方式督促全局人员严格遵守各项纪律，充分发挥纪检监察作用，合理运用数字人事、绩效考核，强化对纪律作风的监督考核；召开县局“转作风、树形象、提质增效”大会，落实自治区税务局局长郑文敏提出的“小事不隔夜、大事不隔天、难事不过周”工作理念，扎实转作风、树形象、使各项工作提质增效。在干部教育培训方面，认真学习贯彻十九大精神，深入开展社会主义核心价值体系教育；改进教学方法，抓好分类分级培训，在全局开展政治业务竞技比武，着力提升全员专业素养和知识水平。全年共参加区内、外各类型能力提升班及业务专门培训27期，举办局内政治、业务、软件操作培训班18期，政治业务学习48期，培训覆盖全局所有干部职工，参训人员达1500人次。精神文明建设方面，积极推进精神文明，开展争先创优，办税服务厅获评县级“工人先锋号”和“青年文明号”，闫晗等4人获优秀志愿者荣誉；共申报创建县级集体荣誉3项、县级个人荣誉1项，正在争创办税服务厅“自治区青年文明号”“自治区优秀志愿服务组织”“自治区先进基层党组织”和“自治区优秀党务工作者”。在关爱职工方面，坚持“有情怀”理念，软硬件齐抓，探索建立现代学徒制度，积极培养提拔使用青年干部，为他们搭建干事创业平台，用事业拴心留人；组织开展五四青年节经典诵读、“世界咖啡屋”青年座谈、开办兴趣小组、开展心理健康讲座等形式多样的活动，帮助职工培养健康心理;对党员干部活动室、阅览室、职工食堂、健身房及其他健身场所进行改造升级，不断优化干部工作环境；在继续协助职工申请公寓的同时，考虑到两税务所的建筑年久失修、设施老化，在县委、县政府的大力支持下，借助乡镇民生服务中心的建设解决了两个税务所的办公及住宿场所问题，改善了干部工作生活环境，使其工作安心、住得舒心。

# 生态建设与环境保护

SHENGTAIJIANSHEYUHUANJINGBAOHU



## 环保 林业

**【概 况】**2018 年，环林局坚持“沿线、沿路、依水”的原则，有水区域突出效益，景观区域改造提升，沙化区域重点治理。先后获评“全国林业系统先进集体”“三北防护林体系建设工程先进集体”。完成新增造林 2.2 万亩，封山育林 2.5 万亩，平茬柠条 20 万亩，完成总任务的 100%。依法征收植被恢复费共计 11345.5958 万元(其中县财政 1370.7758 万元，区财政 9974.8200 万元)，林业环保行政罚没收入共计 1453.21 万元。不断加大环境监察及执法力度，持续推进城乡环境综合整治，着力解决群众关心和影响经济社会可持续发展的突出环保问题，扎实做好中央第二环保督察组“回头看”反馈问题整改落实。截至 11 月底，去除沙尘天气影响，全县空气质量优良率 96.7%，同比提高 12 个百分点。可吸入颗粒物（PM10）平均浓度 61 微克 / 立方米，细颗粒物（PM2.5）平均浓度 33 微克 / 立方米，同比改善 23.8% 和 29.8%。骆驼井、刘家沟饮用水水源地水质达标率保持在 100%，各项环境指标控制自治区下达的任务指标内。

**【“两大任务”】**2018 年，环林局争项目争资金任务 1.8 亿元，共争取各类资金 18139.2 万元，完成目标任务的 101%。招商引资任务 4 亿元，初步与宁夏松涛生态环境园集团有限公司达成投资意向，拟投资 4 亿元在盐池县创建生态环境园。

**【生态建设】**全力打造 AAAAA 级景区生态修复。按照盐州古城历史文化旅游风景区廊道特色打造的要求，以防沙治沙、生态修复、综合治理为原则，共围栏封育 4000 亩，补绿、插绿 500 亩，完成任务的 100%。重点抓好美丽村庄造林绿化。按照《盐池县 2018 年造林绿化实施方案》要求，共完成了高沙窝等 7 个乡镇美丽村庄建设，绿化面积共计 1500 亩。完成任务的 100%。结合乡村振兴和脱贫富民战略，因需发展庭院经济，在全县 8 个乡镇 200 个自然村，8014 户发展庭院示范经济，树种以杏、桃、枣、苹果、梨等为主，共栽植苗木 8 万余株。继续打造麻黄山经果林基地。规划以麻黄山为核心，辐射种植曹杏、红梅杏1700亩，打造区域经果林发展示范基地，为带动当地群众增收致富奠定坚实基础，完成任务的100%。严厉打击破坏林地、偷猎盗采等违法犯罪行为。认真组织开展“春雷2018”专项打击行动，重点打击盗伐林木、滥伐林木、毁林开荒、非法树木移植，非法猎捕、杀害野生动物等违法犯罪行为，立行政案件87起，刑事案件2起，处罚违法人员23人，违法单位25个，行政罚款1162.9万余元。全面落实新一轮退耕还林任务。按照自治区下达2018年3000亩退耕还林目标，完成3000亩，完成任务的100%。抓好沙化区域治理。做好全县沙化区域拉网排查、综合治理工作，同时采取围栏、封育、补植补造、扎设草方格等办法，在全域实施封育治理2.5万亩，完成任务的100%。不断加强世行项目建设。坚持生物固沙与工程固沙相结合的原则，扎设补植补造草方格3677亩、封育35340亩；完成流动沙丘及一般防火作业道12.62公里；新建护林房2处、项目标识牌2块、防火护林警示牌3块；围栏24.8公里。已完成国家林业和草原局核查。积极开展重大林业有害生物防治。严格森林植物调运和进出县管理，年内签发产地检疫证书23份、调用检疫证书32份，防治食叶害虫11.23万亩、蛀干害虫7000余亩，悬挂诱捕器7600套。检疫各类检疫苗木98万余株，防治面积11.23万亩。同时，严格按照松材线虫病监测规程，开展监测普查工作，疫源疫病检测率达100%。全面落实全县森林资源核查工作。完成国家林业局下发的978个森林疑似图斑点位核查工作，其中：哈巴湖国家级自然保护区管理局负责核查144个，环林局负责核查826个，另有8个点位属于省外误判点位。正在按照自治区林业和草原局要求按期、按时序推进工作进程。

【环境保护】不折不扣抓好中央环保督察“回头看”转办及反馈问题整改落实。中央第八环境保护督察组反馈盐池县整改意见6项、转办群众投诉问题23件，按照销号程序全部于2017年年底完成整改。中央环保督察“回头看”期间，转办盐池县38件、46个群众投诉问题。县委、县政府制定《关于深入落实中央第二环境保护督察组“回头看”转办件办理工作的通知》，拉条挂账，扎实整改。经盐池县自验，已有30件、38个问题完成整改，剩余8件、8个问题整改工作按照时序进度正在稳步推进。反馈意见整改落实方面，盐池县已制定方案，梳理出需整改任务8项。其中，涉及各县（市、区）共性整改任务7项、个性整改任务1项，整改工作有序推进。坚决打赢蓝天保卫战。制定《盐池县关于全面加强生态环境保护 坚决打好污染防治攻坚战实施方案》《打赢蓝天保卫战三年行动计划（2018—2020）》等方案，成立盐池县打赢蓝天保卫战工作领导小组。对高沙窝区块27家涉煤企业进行集中整治，其中，16家建设封闭式料棚，物料入棚、入仓封闭存储，剩余11家长期停产。青山工矿区39家石膏矿开采、加工企业已有36家完成整治，通过环保验收。建成区20蒸吨以下燃煤锅炉实现“清零”，工业园区县城区块天然气管网铺设完成。集中整治县城及周边“散乱污”企业17家，实现“散乱污”动态清零。清洁煤配送中心高标准建设完成，并投入运行。全县566家餐饮服务场所全部安装油烟净化设备，55家烧烤店全部室内经营。城市道路机扫率达83.12%，建筑工地全部落实“6个100%”扬尘污染防控措施，并严格落实冬春季停工要求。制定农业面源污染专项整治方案，建立乡镇自查、部门巡查、政府督查的秸秆禁烧工作机制，加强秸秆饲料化转化利用，秸秆综合利用率达90%以上。坚决打好净水保卫战。制定《河长制工作方案》，建立县乡村三级河长体系，县委主要领导担任总河长，确定乡级河长53名、村级河长48名。开展水源地环保专项整治和标准化建设，全面拆除违章设施，水质达标率稳定达100%。县城污水处理厂达到一级A标准，实现稳定达标排放。工业园区高沙窝区块污水处理厂通过环保验收，实现污染源在线监测。制定《畜禽粪便堆肥池建设要求》和《畜禽养殖污水沉淀池建设要求》，全面推行“干清粪 + 堆肥池 + 沉淀池”减排模式，完成 96 家畜禽养殖场（点）污染防治设施建设，最大限度减轻对周围环境的影响。坚决打好净土保卫战。持续加强油区综合整治，全面推行油区及私人油井标准化井场建设，规范含油污水排放、落地油收集处理、危险废物处置等监管。对全县 14 家危废产生、经营单位进行专项排查整治，通过自治区危险废物规范化管理督查考核。土壤污染重点行业企业空间位置遥感核查和农用地土壤污染详查点位核查全部完成。切实做好哈巴湖自然保护区清理整治。制定《“绿盾 2018”哈巴湖自然保护区清理整治专项行动实施方案》，“绿盾 2018”152 处点位全部按时整改完成，“绿盾 2017”167 处已整治点位未出现反弹。中央环保督察“回头看”反馈利源驾校、佟记圈猪场等保护区内违规点位全部高标准清理整治完毕。全力推进全国第二次污染源普查。制定《盐池县第二次全国污染源普查实施方案》，污染源普查工作清查阶段全面完成，确定污染源 389 个。已完成污染源入户普查工作，正在进行信息审核上报。不断加大环境保护执法力度。严格贯彻落实《中华人民共和国环境保护法》及“四个配套办法”，对违法行为坚持零容忍、重打击，发现一起，坚决查处一起，彻底整改一起。对部分疑难复杂案件，及时与县检察院、公安局对接，邀请提前介入。出动监察执法人员千余人次，检查企业 300 余家次，办理“12369”环保投诉事项 92 件，立案查处环境违法行为 58 件（其中，移送公安机关 2 件，查封扣押案件 5 件），行政处罚 290.31 万元。

【从严治党】把握党建重点，抓好责任落实。始终坚持党建工作与业务工作同安排、同部署、同推进。2018 年年初，局党委书记就与各支部书记签订 2018 年度基层党建目标管理责任书，并制订下发《环林局党委 2018 年党建工作计划》，要求各支部结合实际，制订支部党建工作计划。同时，建立了局党委会定期研究党建工作、领导班子成员党建联系点、党建工作例会和党建工作督查等制度，党委及支部分别建立了党组织书记抓党建成绩、问题、任务、责任“四个清单”，重点突出问题、任务、责任的落实，推动党建责任抓在日常、严在经常。加强党员管理，夯实党建基础工作。鼓励各支部积极探索微信群、研讨学习、党员到社区报到服务和党建应知应会知识考试等形式，不断丰富党支部“三会一课”和“5+X”主题党日活动形式，不断提升广大党员干部的党性意识和服务群众的能力。深入学习贯彻党的十九大精神和自治区第十二次党代会精神，围绕“两学一做”学习教育常态化制度化，集中组织各类知识测试 5 场次，通过干部网络、专业技术人员网络及廉政教育网络学习平台的参学人员达 75 人，实现干部职工网络学习的全覆盖。组织党员干部开展了“中央“八项规定”制度学习月”活动，观看《贪欲之祸》《镜鉴》专题教育片人数达 70 多人次，参与“加强作风建设 预防职务犯罪”警示教育专题讲座 70 多人次，进一步提升了全体党员干部的廉洁自律意识，切实让党员干部绷紧了廉洁履职之“弦”。同时，建立并完善了“三级党费收缴”制度，截至 2018 年年底，共上缴党费总额 26806.4 元。坚决落实中央第八巡视组、自治区党委第二巡视组巡视反馈整改意见。对环林局牵头、责任和配合的问题积极认领，举一反三，制定整改方案，明确责任领导、责任部门和整改时限，及时进行整改。第八巡视组的 1 个牵头问题和自治区党委第二巡视组的 29 个责任、配合问题已全部整改到位。立足“脱贫富民”主基调。2018 年，环林局两个工作组按照所包扶乡村的工作要求，多次深入冯记沟村和丁记掌村 116 户“建档立卡”贫困户家中，帮助农户制定帮扶措施、解决实际问题，切实提高帮扶贫困户自我发展能力，使帮扶工作取得了一定实效，2018 年 7 月，盐池县高质量高标准顺利通过扶贫验收工作。加强制度建设，着力提升机关效能。修订完善《盐池县环林局公务用车管理制度》《盐池县环境保护和林业局差旅费管理暂行办法》《盐池县环境保护和林业局项目管理制度》等20多项规章制度，使各项工作有章可循、有据可依。按照县纪委、县委组织部要求，环林局党组分别召开了严格执行中央“八项规定”精神专题民主生活会和从严整改中央巡视和自治区党委巡视反馈问题专题民主生活会，局党组领导干部“四个意识”得到明显提升，政治站位、政治觉悟明显提高。加大意识形态工作力度，提升各项工作质量。2018年以来，环林局不断加大意识形态工作力度，利用“世界环境保护日”，通过发放环保宣传手册等方式，普及环保知识，提高群众环保意识，开展“夏季消防知识公益讲座”，加强群众防火意识，减少森林火灾的发生，多次在《宁夏时报》《中国绿色时报》《中国经济时报》《宁夏电视台》等各大媒体，先后报道盐池县生态建设及防沙治沙30余次，将盐池的生态成果进行推广，打造盐池生态名片。

## 哈巴湖开发与保护

**【资源保护】**突出抓好社区共管。健全完善局站点员和县乡村队两个“四级”资源管护体系，增设保护区界碑，加强禁牧工作组织领导，完善巡护管理系统，季度向社区共管成员单位通报资源管理及禁牧情况，提升管护效率。补助社区居民养殖温棚294座、基础母羊5880只，护林员聘用坚持向贫困户大力倾斜，聘请89名建档立卡户护林员，促进生态保护与脱贫攻坚双赢。突出人类活动问题整改。进一步提高政治站位，全面落实“绿盾2017”回头看和“绿盾2018”专项行动整改责任，清理整治点位9个，保留原住民必须生产生活民生设施点位166个。其中，“绿盾2017”回头看整治拆除1处、原住居民生活设施保留22处，“绿盾2018”专项行动整治拆除8处、原住居民生活设施和军事用地保留144处。突出规范保护区管理。坚持“自然生态系统完整、地理单元完整、社会经济民生与生态保护协同、核准面积不小于国家批复面积”原则，开展保护区边界及功能区划范围实地勘测核准工作，核准后面积为87888.56公顷，核准报告已经保护区所在市县人民政府审核，正报请自治区人民政府审议批复。落实集中式饮用水源地整治，拆除办公用房、种养殖温棚18间6461.61平方米，并对对外承包的200亩耕地实施退出，已进入司法程序。按照“谁违规、谁整改，谁破坏、谁治理”的原则，开展144个疑似图斑森林资源督查，依法查处图斑4处，回收林地图斑4处，植被恢复图斑1处，执纪问责9人（4人通报批评，5人行政警告处分）。突出生态移民“让地”。针对核心区、缓冲区不允许生产生活基础设施建设，生态保护和民生建设矛盾较为突出，坚持“一次规划、分步实施、多措搬迁、彻底解决”原则，争取盐池县制定《宁夏哈巴湖国家级自然保护区和水源地一级保护区生态移民实施方案》，三年完成核心区、缓冲区生态移民搬迁。突出构筑森林资源“防火墙”。认真贯彻落实森林防火工作会议精神，坚持“12345”森林防火工作机制，修订完善多项制度职责，调整充实半专业扑火队伍和站场应急小分队，建专业扑火队伍营房、防灭火预警指挥中心终端设备，推进防火工作规范化建设。与盐池县林业派出所、人武部、消防中队、武警中队对接，共建联防联治联动机制，调拨扑火器材，盐池县武警中队协助管理局森林防火。防火宣传“进校园、进社区、进集市”15次，向进入保护区边界移动用户发送森林防火宣传信息120万条，签订“五类人员”责任书2800余份，航空监测巡护60小时，开设防火隔离带272.3公里，保护区未发生森林火灾，取得40年无重大火灾良好成绩。

**【保护区建设】**严把营造林质量关，全程跟踪，确保工程进度和质量，完成补植补造1万亩、灌木林平茬2.5万亩、乌柳扩繁10万株、有害生物防治1.9万亩、湿地抚育平茬1.72万亩，保护白榆种质资源1770亩。2008—2012年人工造林核查自验，保存率达85%以上。认真组织开展宁夏哈巴湖国家级自然保护区2018年湿地生态效益补偿项目、宁夏哈巴湖国家级自然保护区保护与监测工程建设项目等实施项目的建设管理工作，杜仲良种繁育基地和高效栽培技术示范基地，通过自治区林业和草原局绩效评价。极小种群野生动植物资源拯救保护项目自查验收完成，宁夏多功能林业研究示范项目1000亩示范林规划设计完成。启动并完成智慧保护区基础设施、保护区资源大数据中心、智慧保护区平台的建设，实现保护区林业数据库和业务应用系统共享、海量数据智能处理和智能决策，使保护区规划、建设管理与盐池县社会政治、经济、文化、科技发展相适应。

**【科研宣教】**在宁夏林业网、保护区门户网站等媒体上编发宣传信息51条，其中，林业信息网发布信息30条，保护区门户网站发布信息41条，保护区微信公众号发布宣传信息48条，累计关注271人，博物馆接待游客10万余人次，举办旅游节系列宣传活动，保护区知名度不断提升。组织开展湿地日、植树节等宣传活动4期，配合盐池县举办“全域旅游、美丽哈巴湖”旅游节宣传活动和“文化和自然遗产日”系列宣传活动。组织开展野生鸟类巡护和执法检查工作，加强候鸟高致病性禽流感等野生动物疫源疫病监测防控工作，全社会进一步关心支持野生动植物保护与保护区建设。上报《监测日报》112期、《监测周报》21期，监测到鸟类30余种。根据湿地生态补偿项目计划，与北京林业大学、南开大学等科研院所紧密配合，开展了保护区湿地生态监测、动植物资源动态监测、土壤调查、昆虫资源调查、湿地生态效益补偿研究等监测和课题研究工作。举办智慧保护区管理系统平台应用技术培训班、多功能林业理论与技术培训班、湿地生态效益补偿项目技术培训班等，促进能力提升，服务保护区资源管理工作。

**【从严治党】**强化党建责任落实，制定全面从严治党责任清单，认真部署和开展“三强九严”工程，建立党委“三强九严”督查台账，有针对性实施机关支部一分为二、东门支部撤销并入机关一支部以及党委委员下沉基层支部抓党建等，按要求开展主题党日活动，推动各项工作落地生根。建立科级干部廉政档案，深入推进党务公开、政务公开，签订党风廉政建设责任书21份，受理信访件12件，已办结5件，正在办理7件。开展违反中央“八项规定”突出问题专项治理。认真查找和清理公务接待、违规公款吃喝、违规公款送礼、公款旅游、超标准办公用房突出问题，建立台账，公务接待采取退款、完善资料、作出说明等方式整改落实，办公用房采取调整和合并等方式整改落实。并建立差旅费管理、车辆管理、公务接待管理、职工食堂管理等制度办法。盐池县森茂绿化有限公司注销工作基本完成，待国税部门税收核查后，管理局存在的两家企业全部完成脱钩。

# 农业与农村经济

NONGYEYUNONGCUNJINGJI



## 农牧业

【概　况】2018 年，盐池县农牧业依托特色品牌资源优势，以调整农业产业结构为抓手，以增加农民收入支撑脱贫富民为目标，大力扶持特色优势产业，着力打造农业全产业链，扎实推进滩羊、黄花牧草、小杂粮、甘草“1+4+X”特色优势产业提质增效，实现了农业经济平稳发展的良好势头。全年实现农林牧渔业总产值 16.68 亿元，以滩羊为主的畜牧业产值 10.71 亿元，农林牧渔业增加值 7.81 亿元，分别同比增长 4.2%、5.0% 和 4.2%，农村居民可支配收入达 10684.7 元，增长 11.9%。全县羊只饲养量 315.7 万只，其中：存栏 128.3 万只，出栏 187.4 万只；生猪饲养量 11.2 万头，同比增长 1.8%，肉牛饲养量 0.68 万头，同比增长 17.7%，奶牛存栏 0.6 万头，同比增长 2%，家禽饲养量 42.5 万羽，同比增长 1.3%。全县完成农作物播种面积 133.3 万亩。其中：以荞麦为主的小杂粮 44.2 万亩，黄花（含留床）8.1 万亩，中药材 1.3 万亩，玉米 20.7 万亩，马铃薯 13.2 万亩，其他各类作物 45.8 万亩。实现粮食总产 12381.33 万公斤，完成计划任务的 103.1%。

【特色农业】滩羊产业不断壮大。2018 年，规模养殖场空棚流转 1890 座，建设 8 个饲草加工配送企业（合作社），培育扶持了滩羊标准化养殖示范场 18 个和示范村 29 个，投放优质种公羊 2000 只，创建节本增效示范点 11 个，玉米、农作物秸秆等青黄贮和包膜黄贮 15 万吨，玉米秸秆机械化捡拾打捆 4.5 万吨，建立完善了利益联结机制，大力推行标准化养殖，着力打造盐池滩羊绿色高端养殖基地。积极引导滩羊集团公司和滩羊协会发挥作用，引领群众实行订单养殖，滩羊肉价格稳定在每公斤 50 元以上，在银川开设盐池滩羊肉专营店 11 个，拓展区外专卖店、体验店 35 家，建立稳定的滩羊肉合作供应关系 16 家。盐池滩羊文化产业园一期建设项目正式启动，进入评估立项落实建设用地阶段。在活羊跨省交易活跃的花马池镇苏步井、惠安堡镇萌城、麻黄山乡建立 3 个活羊交易市场，稳步壮大盐池滩羊产业。黄花产业有序发展。成立盐池县黄花产业发展协会，在全区率先成立了宁夏黄花菜研究院，新增黄花种植面积2万亩，累计种植面积达8.1万亩。建成黄花新品种试验示范展示区100亩，引进种植湖南祁东、山西大同等黄花新品种13个。小杂粮产业扎实推进。完成各类杂粮种植44.2万亩，完成小杂粮优新品种试验示范8万亩，建设马铃薯一级种繁育基地1万亩，种植主食化专用马铃薯1万亩。创建自治区级农业社会化综合服务站3家。牧草产业蓬勃发展。完成种植一年生优质牧草14.5万亩，完成草原补播改良7.5万亩，以紫花苜蓿为主的牧草留床面积达79.8万亩。与宁夏农科院、西北农林科技大学形成了长期的院地合作关系，宁夏大学生态草牧业研究院落地盐池。

【品牌建设】紧紧围绕标准化生产、品牌宣传和保护、质量追溯大数据建设和市场开拓与营销“四大体系建设”，助推产业快速发展，群众稳定增收。成功举办全区首届“中国农民丰收节”盐池县分会场—滩羊美食文化旅游系列活动滩羊选美暨滩羊基因鉴定（SNP）技术成果发布会。与盒马鲜生公司达成战略合作框架协议，标志着“盐池滩羊”正式进入大中城市高端消费市场。积极开展盐池滩羊肉市场专项整治行动，检查商户98家，检查纠正各类商标侵权行为45件，整改18家，立案处理3件，完成《“盐池滩羊”地理证明商标管理办法》的修订。启动了滩羊大数据平台建设，建立盐池滩羊全景监控、饲料投入品、防疫和疫病防控、产品销售等大数据库。先后组织参加了“一县一品”品牌扶贫行动对接会、“第二届中国县域经济论坛”、中央广播电视总台精准扶贫工作交流会和全国贫困地区农产品产销对接会，盐池滩羊肉再次登上国宴餐桌被上海合作组织青岛作为食材使用，举办南京、上海站滩羊品牌宣传推介会。同时，充分挖掘黄花食用、药用、观赏等多种功能，坚持走绿色、品牌、功能农业发展的路子，积极申报“黄花滩羊·多彩盐池农村一二三产业融合发展先导区”项目，加大黄花种植、加工、研发、示范、营销等关键环节扶持力度，发展集黄花种植加工、休闲观光、研究示范为一体的现代农业，着力把“盐池黄花菜”打造成第二个特色农业品牌。2018年9月，“盐池滩羊”“盐池黄花菜”被评为“全区十大农产品区域公用品牌”。

【产业扶贫】加大政策扶持力度。始终把“1+4+X”产业作为带动群众增收的核心抓手，研究出台《盐池县滩羊（牧草、黄花、小杂粮、中药材）产业发展实施方案》等相关政策文件，县级产业扶持总资金达9190万元（其中滩羊产业4860万元），整合捆绑各级财政、各类项目、金融贷款等扶贫资金10亿元以上，对全县所有农户实行县级主导产业政策全覆盖，对建档立卡贫困户实行所有产业政策全覆盖，加大对基地建设、市场开拓、产品加工等关键环节扶持力度，推动以滩羊为主导，牧草、小杂粮、黄花、中药材为辅助，黑毛猪、红葱、滩鸡等适合家庭经营的小品种为补充的特色产业经营发展体系助力脱贫富民。完善利益联结机制。创新建立“企业+基地+农户”的龙头带动型、“合作社+协会+农户”的协会拉动型、“支部+党员+农户”的支部推动型等多种产业扶贫模式，积极培育扶持产业联合体和新型经营主体，上联市场企业、下联基地农户，将千家万户连接起来，带动群众增收致富。滩羊集团公司牵头成立了盐池县滩羊产业化联合体，组建8个乡镇滩羊综合服务公司，争取自治区农牧厅“2018年龙头企业带动盐池滩羊产业融合发展”项目，由集团公司组织与养殖户签订26万只，预计全年完成订单收购26万只。创新金融支农方式。积极协调金融机构对从事优质粮食、滩羊、黄花、牧草等特色优势产业的新型经营主体给予贷款担保、风险补偿、贷款贴息，完成兑付2017年财政支农贷款603户3.9亿元贴息金额为603.62万元，积极推荐2018年特色优势产业的经营主体风险补偿贷款994户38873万元。深入推进盐池滩羊产业金融支农服务创新试点，开展“龙头企业+农户”滩羊综合性金融服务“滩羊银行”模式。全面推行滩羊基础母羊养殖保险、滩羊肉价格指数险、荞麦及黄花种植收益险等10种特色产业保险，为群众发展产业增收致富保驾护航。完成8个乡镇3851户投保羊57.4万只，总保费1844.7万元。强化科技支撑。紧扣自治区“四个一”示范工程总体要求，本着因地制宜、因村制宜的原则，加大对产业龙头企业、一村一品示范村以及专业大户扶持力度，2018年新培育产业扶贫龙头企业1家、产业扶贫合作社5家、发展致富带头人170人，全县累计培育发展产业扶贫示范村8个、产业扶贫龙头企业7家、巩固提升产业扶贫合作社40家，致富带头人320个，示范带动群众脱贫致富。

【畜禽养殖废弃物资源化利用】按照建设预算成本和建设体积，采取以“以奖代补”的方式予以扶持，在组织实施过程中，聘请专业施工监理进行监督指导，采取先建设示范场并召开现场会，现场明确建设标准分别推进的方式，确保建设质量合格达标。2018年，整合各类资金580万元完成75个规模场和20个散养户的粪污治理工作，畜禽粪污综合利用率达98.8%，规模养殖场粪污处理设施装备配套率达91.67%。培育壮大宁夏绿即达生态农业有限公司和盐池县特奇新能源技术推广专业合作社，收购畜禽粪污，通过生产沼肥和商品有机肥实现高效利用。

【动物卫生和疾病防控】狠抓动物卫生监督工作。全年开具畜禽产地检疫证18449张，检疫畜禽55.93万只（头、羽），出具动物检疫合格证明1.35万张，产品1037.95万公斤，检疫证明回收率、检疫率、无害化处理率达100%。“瘦肉精”企业自检11960份，官方兽医抽检5351份，均显示阴性，无一例阳性。检查运动物车辆11380辆（劝返7787辆，放行3593辆）。无害化处理掩埋场收集处理病死动物尸体312具，处理屠宰场病害产品和屠宰废料6800公斤。积极布置动物疾病防控工作。全年完成羊痘、布病、猪瘟等各类畜禽免疫1043万只（次），发放消毒药品5吨，采集疫情监测猪、牛、羊、鸡血样7964份，免疫抗体监测覆盖面达100%，定点监测规模养殖场监测率达100%，免疫抗体合格率均达70%以上。重大疫情防控方面，举办炭疽、非洲猪瘟防控培训班1期，培训人员123人次，发放宣传材料0.53万份，悬挂宣传条幅20条。累计排查场点12009场次，排查生猪10万头(次),在2个生猪定点屠宰场采集送检样品20份，在5个饲料经营店采集送检猪饲料11个批次11份，没有检测出阳性。在非洲猪瘟疫情严峻的形势下，盐池县逐步增设疫情防控站点至12个，全天候24小时进行堵卡防疫工作。2018年盐池县境内无重大疫情发生。

【农业农村改革】开展农村集体资产清产核资。出台《盐池县农村集体资产清产核资工作实施方案》，成立以县政府主管领导任组长，各相关单位为成员的农村集体资产清产核资工作领导小组，完成第三方清产核资机构招标采购和全县103个行政村（社区）负责人培训等工作。全县开展农村集体资产清产核资工作的行政村103个，各项工作已全面完成。切实抓好农村产权制度改革试点。在花马池镇惠泽村农村产权制度改革试点工作基础上，2018年以花马池镇盈德村（黄花种植）、王乐井乡曾记畔村（饲草加工）为重点，辐射8个乡（镇）在每个乡镇确定1个试点进行试点改革，逐步推进农村产权制度试点改革各项工作。继续做好农村产权交易服务。在县不动产登记事务中心设立2个窗口负责办理农村产权流转审批（受理）。截至年底，办理农村土地流转经营权证4户，颁发各类证照127本，完成两权抵押贷款37笔740万元。

【其他工作】严格依法行政，强化对农业投入品监管，共组织市场检查55次，出动执法人员180人次，检查投入品经营门店220家次，检查（备案、封存）各类档案资料589份，发放二维码追溯体系电脑及相关设施设备68套，实现投入品经营二维码进、存、销管理模式。全年查处（受理）种子质量投诉、出售假劣兽药等案件共11件，没收假劣投入品1224瓶（袋）。深入开展新型农民培训提升工程，全年共组织2017年新型职业农民后续服务集中培训班10期，培训学员600人，预计完成培育新型农业生产经营主体640人，培育“自治区级新型职业农民培育示范基地”1个，认定县级“新型职业农民培训实践基地”10个。依托自治区农业产业化项目扶持政策新建“盐池县千禾饲草料配送有限公司农民田间学校”1所，主推高效、绿色、生态农业生产技术20项。完成了全县1100台太阳能热水器安装任务，实现了全县农村居民太阳能热水器全覆盖。2018年新培育宁夏盐池春雪荞麦壳制品有限公司等6家市级龙头企业。全县共培育区级农业龙头企业22家，市级农业龙头企业10家。开展农业特色产品展示展销活动11次，编发《盐池农牧》信息200期，上报农牧厅信息中心205条，在中国农业信息网、宁夏农业信息网等新媒体发布特色农业信息50条。完成机械种植120万亩，完成残膜回收12.4万亩144吨，实施购机补贴资金952万元，县域内全年没有发生重特大农机事故。新增各类专业合作社20家，累计达348家，新增家庭农场15家，累计达296家。

## 扶贫开发

【概　况】2018年，盐池县整合各类资金12.16亿元，采取“普惠+特惠”的政策，统筹实施基础改善、产业扶贫、金融扶贫、健康扶贫、教育扶贫等巩固提升工程，强化民风建设，激发群众内生动力，贫困群众的获得感和幸福感明显提升，脱贫攻坚取得了显著成效。2018年7月14—21日接受了国家贫困县退出专项评估检查，评估检查组对盐池县脱贫攻坚工作给予充分肯定，9月18日国务院扶贫办反馈了盐池县脱贫退出专项评估检查结果，综合贫困发生率为0.66%，没有发现错退和漏评问题，群众认可度97.71%，符合贫困县退出条件；9月26日，经自治区人民政府研究决定，同意盐池县退出贫困县序列。全区贫困县脱贫退出现场会在盐池县召开，2018年盐池县获得全国脱贫攻坚组织创新奖。

【脱贫攻坚】坚持在健全完善脱贫责任体系、政策体系、工作体系、监督检查上下功夫，精准施策上出实招，精准落地上见实效。建立脱贫攻坚责任体系。始终把脱贫攻坚作为头号政治任务来抓，全县上下牢固树立“一盘棋”的思想，全面推行“三包五到位”工作法，县乡村逐级签订责任状，层层传导压力、级级压实责任。建立脱贫富民政策体系。制定了2018年脱贫富民实施方案及产业扶贫、健康扶贫、教育扶贫等13个行业部门脱贫富民子方案，对各级各部门脱贫富民责任进行细化量化，切实做到“六个精准”。建立聚力攻坚工作体系。组织全县3100余名干部与贫困群众结对帮扶，抽调222名区市县优秀干部驻村帮扶（其中第一书记74名），构建了党政主导、部门协作、社会参与的大扶贫格局。建立脱贫监督问责体系。严格落实领导干部、帮扶人责任追究办法和驻村工作队管理考核办法等规章制度，成立扶贫专项督查组和执纪检查组，采取每月通报、定期督查、暗访抽查等方式，开展多轮专项巡回督查，找问题、抓整改、促落实。

【精准识别】严格按照国家评定标准识别贫困对象，开展了横向到边、纵向到底的全面摸底排查，做到不漏一户不落一人。根据“一收入、两不愁、三保障”脱贫标准，结合实际，全面推行“五看十步法”，通过民主评议、综合分析等进行倒排序，精准识别贫困对象，一把尺子量到底，有效杜绝贫困对象“失真”。同时，认真开展建档立卡贫困户动态调整工作，制定了《盐池县2018年度扶贫对象动态管理工作实施方案》（盐开办发〔2018〕36号），查漏补缺，做到有进有出、动态管理，实现扶贫对象精细化管理。2018年实现了125户272人稳定脱贫，及时将因灾和因大病造成家庭困难的43户109人纳入建档立卡贫困户，加大帮扶力度，确保其早日脱贫致富。

【特色产业】按照“产业兴旺”的发展要求，全面落实“1+4+X”特色优势产业巩固提升政策。主导产业强力带动。充分发挥“中国滩羊之乡”等品牌优势，组建了盐池滩羊产业集团和县乡村滩羊协会，对产业链关键环节实行“六统一”，努力提升滩羊肉品牌价值。同时，以市场为导向，大力发展黄花菜、小杂粮、优质牧草和中药材产业，以滩羊为主的特色产业对农民增收的贡献率达60%以上。预计全年羊只饲养量315.7万只、黄花菜累计种植面积达8.1万亩、小杂粮种植44.2万亩、一年生优质牧草12.9万亩、中药材1.3万亩。适合家庭经营的特色产业遍地开花。在抓好主导产业的同时，坚持因户因人施策，出台专门扶持政策，充分发挥乡镇多种经营的主动性，大力推进“一村一品、一户一业”，让群众从发展黑毛猪、滩鸡等可快速获益且能稳定增收的小产业中得到“真金白银”，培育了增收致富新的增长点。扶贫新业态全面铺开。积极探索发展“旅游+”“电商+”“光伏+”等扶贫新业态，注入新活力，培育新动能，拉长农民增收致富产业链，促进农民增收致富。

【公共服务】人力实施基础设施巩固提升工程，把乡村振兴建设与脱贫富民结合起来，全面改善农村人居环境，建设生态宜居新农村。预计年底新修柏油路201.5公里，完成村组巷道查漏补缺水泥路硬化70公里，完成村组连接路、灌区主干道路260公里；完成人饮安全提升改造和高效节水灌溉等中小型水利工程20个。建设村集体集中式黄花晾晒场31700平方米；完成污水处理及改厕2000户；完成惠安堡镇杜记沟村、王乐井乡王乐井村、冯记沟乡杨庄台村等30个美丽村庄建设；完成了“十三五”易地扶贫搬迁到户产业项目、产业配套基础设施建设等项目。

【金融扶贫】全面落实扶贫小额信贷政策，建立诚信金融体系，破解了贫困群众贷款难、贷款贵等“十大难题”，实现了贫困群众发展产业资金“应贷尽贷”。全县符合条件的贫困户户均贷款8.8万元；全面推行“2+X”“扶贫保”，对建档立卡贫困户和一般农户2个人身保险全额补贴；对X扶贫保险中产业保险群众自筹部分财政补贴40%。建档立卡贫困户家庭综合意外伤害险和大病补充医疗险投保率均达100%，投保保费642.58万元；建档立卡贫困户基础母羊、滩羊肉价格指数等各类农业保险投保保费1342.04万元。

【健康扶贫】全面落实健康扶贫8道保障网，全县建档立卡贫困患者住院医疗费用实际报销比例达到90.6%，切实解决了群众自己报销难、不知如何报销的问题。全面实行“先住院后付费”，基本医保、大病保险、大病补充保险、民政医疗救助等政策在县内各医疗机构实现“一站式”结算，确保医疗报销救助无缝隙、全覆盖。紧紧围绕农村低保兜底脱贫目标，促进农村低保制度与扶贫开发政策有效衔接，坚持“托底线、救急难、可持续”的工作方针，全方位保障困难群众的基本生活。2018年将城市居民最低生活保障标准由450元/月提高到560元/月；农村低保标准由每人每年3150元提高到3800元，高于当年扶贫线，财政月人均补差水平由245元提高到270元。已累计发放各类救助资金4624.1万元。

【扶志扶智】坚持精神脱贫与物质脱贫并重，激发贫困群众自力更生、自主脱贫的内生动力。立足扶贫先扶志，破除精神贫困。深入开展“诚信盐池”建设，采取干部包扶等多种形式，帮助群众树立想富、敢富、能富的心气劲。组织成立三先开路讲脱贫宣讲团，集中培训后到各乡镇开展巡回宣讲，共宣讲119场，受益群众近6万人次。立足治穷先治愚，提高致富能力。全面落实16项教育精准扶贫政策，全年受助学生达10705人次，全县九年义务教育阶段实现“零辍学”，并建立了控辍保学机制。强化技能培训，全年完成培训任务3360人。其中：雨露计划860人，技能培训2000人，实用技术380人，致富带头人120人。新建扶贫车间5个，重点安排建档立卡贫困户家庭劳动力就业。带动劳动就业人数 315 人，吸纳贫困劳动力就业人数 139 人，贫困劳动力平均月收入 2000~3000 元，有效减轻了贫困家庭经济负担。立足脱贫先脱旧，树立文明新风。大力开展道德模范、第二届最美盐池人评选活动和身边好人评选等活动，评选脱贫致富、移风易俗、孝老爱亲等先进典型 70 余名。举办李进桢先进事迹宣讲报告会，启动寻找“最美家庭”活动，以好家风带动好民风促进好社风。

**【社会帮扶】**充分发挥骨干企业、闽宁对口帮扶、中航油企业定点帮扶作用，切实提高帮扶实效。闽宁协作帮扶。加强对口帮扶两县区互访交流，全年两县区互访 8 批 51 人次，其中党政主要领导互访 4 批 29 人次，在人才交流，招商引资，对口帮扶等方面取得了明显成效。积极争取闽宁对口扶贫协作资金 2855 万元（含 2017 年 475 万元），组织实施闽宁示范村建设和社会事业、特色产业发展等 15 类 20 个建设项目。中航油定点帮扶。盐池县与中国航空油料集团公司领导完成交流互访，签订《中国航空油料集团公司盐池县人民政府合作框架协议（2018—2020 年）》，2018 年落实项目资金 800 万元，重点支持贫困村主导产业、基础改善等建设项目。其他社会帮扶。区、市、县驻村工作队及帮扶单位共投入帮扶资金 2632 万元，协调资金 6753 万元，实施了 405 个帮扶项目，办实事 2150 件。

**【作风建设】**根据中央、区、市关于脱贫攻坚作风建设年工作部署，制定《关于在全县开展扶贫领域作风问题专项治理暨“脱贫攻坚作风建设年”活动的实施方案》和《开展扶贫领域作风问题专项治理暨“脱贫攻坚作风建设年”发现问题整改方案》，要求各乡镇自查自纠，详列问题清单、制定整改措施，明确责任人和整改完成时限，以责任传导压力，以时限倒逼工作落实。结合作风建设年活动，全力抓好 2017 年省级党委和政府扶贫开发工作成效考核、中央和自治区巡视及各级审计反馈问题整改工作，并举一反三，共梳理问题 103 个，已整改 102 个（产业发展组织化程度较低问题正在整改并长期坚持），对涉及违规违纪的 32 名干部进行了严肃问责，确保扶贫领域风清气正。

**【扶贫资金】**深入推进项目库建设、扶贫资金管理使用、扶贫信息三级公开等工作。项目库建设工作。制定《盐池县 2018—2020 年脱贫富民项目库建设工作方案》，严格程序，强化措施，全面精准完成项目库建设。入库项目三年共计划投资 25.56 亿元，项目库系统共录入项目 10149 个。扶贫资金管理使用。严格按照涉农扶贫资金和财政扶贫专项资金管理的要求，切实强化扶贫资金的管理，确保扶贫资金安全使用，提高资金使用效益。2018 年统筹整合财政涉农资金 68305 万元，已支出 63667 万元，支出率为 93.21%；2018 年财政扶贫专项资金 27931.16 万元，已支出 27255.71 万元，支出率为 97.6%。扶贫信息三级公开。严格按照《盐池县脱贫攻坚“三级公开”建设方案》，细化工作任务、明确工作责任，通过盐池县智慧扶贫综合管理服务系统、扶贫门户网站、扶贫百事通 APP、扶贫微信公众平台、触控查询一体机和短信平台等现代科技手段和公示栏等便于群众知晓、理解和监督的形式，实现了扶贫信息县、乡（镇）、村“三级公开”。

## 水 务

**【概 况】**2018 年，盐池县水务局抢抓新时期水利改革发展和全面推进乡村振兴战略的重要机遇，紧紧围绕水利民生工程、基础设施建设及生态环境建设等重点领域，全力推进水利基础设施建设，高效节水、农村饮水、水土保持、防汛抗旱、水利改革、河长制等各项工作按计划顺利完成。全年实施水利项目 25 个，总投资 2.74 亿元。其中：新建项目 24 个，总投资 1.75 亿元；续建项目 1 个，总投资 9900 万元。

**【水利基础建设】**高效节水灌溉成效突出。2018

年水利厅下达盐池县高效节水灌溉任务 2.7 万亩，实际落实高效节水面积 2.9 万亩，超额完成 7%。截至 2018 年年底，19.6 万亩扬黄灌区节水改造达 15.1 万亩，全县高效节水灌溉达 42.3 万亩，占全县灌区总面积 90% 以上（全县灌溉面积 46.8 万亩），农业灌溉有效利用系数达 0.656，逐步破解了农业生产缺水短板，实现了节水、增效的双赢目标。全区现代化生态灌区暨高效节水灌溉推进会在盐池县召开；全国高效节水灌溉示范县通过水利部核定并公示；并代表全区参加全国农村供水水价机制研讨会。扬黄灌溉效益全面提升。自治区 60 周年大庆献礼工程盐池县隰宁堡水库建成蓄水运行，新增蓄水能力 165 万立方米，全县应急抗旱调蓄能力达到 700 万立方米，蓄水保障能力大幅度提升；实施常山子盐碱地治理工程，治理沟道 4.9 公里，改良盐碱地 1200 亩；并以扬黄续建项目为依托，对扬黄泵站进行改造，安装测控一体化设备 23 台，为灌区实现自动化管理打下坚实基础。全年累计灌水 5883 万立方米，夏秋灌灌水 5432 万立方米（农业灌溉用水 5182 万立方米，生态用水 250 万立方米），冬灌灌水 451 万立方米，全年灌溉任务圆满完成。防汛抗旱工作扎实有力。责任体系健全，严格按照防汛抗旱行政首长负责制的要求，健全和完善了县、乡（镇）、村三级防汛抗旱指挥网络，修订完善了各类工程度汛预案，逐级签订了防汛抗旱责任书，落实重点水利工程责任人 79 处、山洪沟道责任人 9 人。查险处险及时全面，成立汛期安全度汛督查组，先后 4 次对全县主要险工险段、引洪、排洪、蓄水等重点工程进行了全面安全检查，确保了汛期零事故发生。防汛物资、队伍保障到位，县防指多方筹措资金，及时补充防汛物资，全年共储备编织袋、铁锹、救生衣等防汛物资 1 万余件，落实抢险队伍 554 人。应急值守规范严格，坚持 24 小时值班制度和汛情报告制度，主汛期间，由局领导带班，全体机关工作人员全天候轮流值班，加强信息上传下达工作，及时编发简报，做到信息报送及时、准确。山洪灾害防御措施到位，对全县 8 个乡镇 1 个街道办 52 套防汛预警监测设备进行升级改造，山洪预警监测能力得到全面提升。应急演练、安全培训到位，积极组织开展防汛安全、山洪灾害防御知识培训班和政企联合山洪灾害应急演练，对县防汛指挥部各成员单位、乡（镇）、村组、施工企业共计 300 余人进行培训，有效提升了各级水利工作人员和施工人员的应急安全处置能力。全年各类水库无一垮坝，堤防无一决口，人员无一伤亡，防汛抗旱工作扎实有力。水利改革持续深化。农业水价综合改革末级渠系水价测算（0.245 元 / 立方米）、高效节水灌溉终端水价运行成本测算（0.437 元 / 立方米）工作已完成，并经自治区物价局、县发改局进行监审实地审核，由发改局印发了《盐池县发展和改革局关于盐池县水利工程供水定价成本监审实地审核情况的报告》《盐池县发展和改革局关于盐池县高效节水供水定价成本监审实地审核情况的报告》；小型水利工程管理体制改革颁发权证 757 本，签订管护责任书 443 份；全年完成水权交易 243 万立方米；扬黄水资源确权工作全面完成，确权灌溉面积为 32.05 万亩，并将水权分配到村、到组、到户，水流产权确权确权工作全面完成。水资源管理严格规范。建立辖区内取用水总量控制指标体系，严格实行取水许可和水资源论证制度，严把行政审批关，加强地下水开采使用巡查监测工作，确保水资源正常有序利用。全县城市公共供水管网覆盖范围内的自备水井已全部关闭，完成水土保持方案审批 7 项，查处非法打井 22 处。加强地下水保护，严格按照“四个一”管理模式，对每眼井登记造册，依法规范机井建设审批管理；针对农业、工业建设项目和服务业等新增取用水行业，实行地下水限采，并逐步削减超采量，实现地下水采补平衡。同时，利用“世界水日”“中国水周”积极开展节水宣传活动，发放宣传册 3000 本，各类宣传单 1.2 万余份，宣传品 6500 个，接受群众咨询 600 余次，有力增强了全县群众的水忧患意识和水法治观念，在全县范围内营造了治理水环境、关爱水资源的良好氛围。

【人饮安全】为进一步提升全县农村饮水保障水平，结合脱贫富民战略，实施郑记堡、刘四渠、惠萌农村饮水安全巩固提升改造工程，巩固提升全县8个乡镇92个行政村265个自然村1.4万户4.9万人（其中建档立卡贫困户3980户1.4万人）的饮水安全保证率，实现水质达标率100%、常住户自来水入户全覆盖，人饮安全保障走在全区前列，并作为培训方参加全区农村饮水安全工程建设管理培训会。

【水环境治理】水土保持治水土、保生态。实施小流域综合治理项目，新增水土流失治理面积170平方公里，是自治区下达任务(70平方公里)的2.4倍，建成旱三田6万亩，旱三田总量达42.8万亩，为提升环境蓄水保土能力、改善农业生产基础条件和预防水土流失提供有力保障。河湖长制强措施、谋治理。全面贯彻落实中央、区市县全面推行河长制要求，制定并印发了《2018年盐池县河长制实施方案》《盐池县河湖水域岸线划界确权实施方案》，一河（沟）一策实施方案和一河一档编制完成，完成556.35公里河沟调查测量、水域岸线划定工作和雷家沟等5条河沟315.02公里的外业核查、界桩预编工作，并将哈巴湖列入河湖长制管理，确定湖长2名；积极组织开展河沟污染专项整治行动、“清水畅河净源”行动和清四乱行动31次，整治河道岸线469公里，清理打捞垃圾1万余吨，取缔违规排污点、违规侵占河道等14处，关停违规打井22处，河长制工作成效突出。

【安全生产】全年共进行水利工程安全巡回检查378人次，开展质量安全检查183次，工程管理规范、严格，全年水利系统未发生生产安全事故，实现水利安全生产“零事故、零伤亡”。对全县扬黄泵站、渡槽、扬黄干渠、蓄水池等各类水利工程建设现场做了全面检查，落实了工程安全生产责任人和管护责任人，层层签订安全生产责任书，共签订安全生产责任书16份，组织工程验收48次。结合安全生产月，积极开展水利安全生产知识竞赛和安全生产宣传等活动，发放安全宣传册5000余份，并组织开展了扬黄灌区安全应急演练活动，有效提升群众的水安全意识和基层管理人员的灌区运行管理水平；举办水利安全生产暨质量管理培训班、安全知识专题讲座和消防知识讲座等活动，对各水利工程建设单位、施工企业和监理单位的技术人员近400人进行培训，进一步提升了泵站工作人员的安全生产技能；开展防汛安全进校进村宣传培训教育活动，对全县4个乡镇的5所学校和2个社区进行防汛防洪安全知识宣讲，切实提升了广大师生和群众的安全意识和自我保护意识。

【党　建】2018年，水务局全面推进党的思想、组织、作风和制度建设。推进党员教育常态化制度化，制定详细学习计划，明确学习内容，探索多样的学习形式。全局共集中学习4次，中心组学习8次，各支部共集中学习30余次。认真开展组织生活，召开了“从严整改中央巡视和自治区党委巡视反馈问题”“严格执行中央“八项规定”精神”专题民主生活会，“不忘入党初心，坚定理想信念”“不准共产党员信仰宗教和参与宗教活动”专题组织生活会，参会党员全部深入查找了个人存在的问题及不足，认真剖析了产生问题的思想根源，提出了务实的整改措施，组织生活高质量完成。扎实开展“5+X”主题党日活动，在完成规定动作的同时，局各支部积极开展自选动作，开展了不同主题的集中学习、春节慰问、义务植树、节水宣传、“我为祖国骄傲、我为水利添彩”主题演讲比赛、红色教育、警示教育、困难职工慰问、安全演练等12项活动。坚持党员“三会一课”制度，定期召开支部党员大会、支委会、党小组会，按时上好党课。各支部召开支部委员会共65次、支部党员大会49次，讲党课15次。深入贯彻落实全面从严治党和中央“八项规定”精神，认真开展“集中整治”专项活动，抓细抓小抓常抓长，及时堵塞漏洞，力争从源头上预防和减少扶贫领域腐败问题的发生。严格按照巡视整改要求，认真部署并完成整改工作。针对中央第八巡视组反馈解决群众用水等方面力度不大、环境保护和污染治理不够到位两个方面问题，及时对全县人饮入户进行了全面摸排，做到入住一户入户一户，确保各项扶贫惠民政策扎根落实到户。同时，积极联合各乡镇、部门，集中开展河道污染整治31次，对妨碍行洪、倾倒垃圾等违规行为进行了全方位整治。针对自治区党委第二巡视组反馈问题共7个方面30个问题（个性问题5个，共性问题25个），及时组织成立领导小组，前后5次召开专题会议安排部署整改工作，制定整改方案，落实整改责任站所和责任人，已全面完成整改。

【综合治理】高度重视民族团结工作，将其贯穿于水利工作的始终，不定期组织学习民族理论和民族政策，积极组织局干部职工59人参加了全区民族团结知识竞赛活动，并组织全局党员干部开展了民族宗教专题组织生活会。以“抓信访促稳定、保稳定谋发展”为工作思路，始终把信访稳定工作放在首位，2018年信访上访2起，调解成功率达100%。深入推进水利系统扫黑除恶专项斗争，安排各责任站所抽调专人对垄断水资源、强揽工程、恶意竞标串标围标、非法采（运）砂、暴力抗法、破坏水利工程等重点领域进行全面查处，共开展扫黑除恶专项执法行动8次，在灌区及管辖工地累计悬挂扫黑除恶宣传横幅60余幅，督办违规修建施工便道1处，查处违规改变灌溉水资源用途2处，打击干扰水利工程建设的行为1例。全面落实工、青、妇委等工作，完成对困难干部职工、离退休干部、基层一线职工及困难党员的慰问工作。卫生工作紧抓不懈，坚持每周五组织干部职工对片区建筑、生活垃圾进行全面清理，并联合县卫计局在长城公园、各小区积极开展健康卫生宣传活动，共发放宣传资料2000余份，宣传册500余份，切实增强了县市民的环保卫生意识；并在局属办公区域大力开展禁烟工作，取得明显成效。

## 非公有制中心

【概　况】2018年，非公中心大力实施乡村振兴战略，努力推动农业产业化、农产品加工业、休闲观光农业取得新进展、新成效，适应经济发展新常态，促进农村一、二、三产业融合发展，拓宽农民增收渠道，促进农业增产、农民增收、企业增效。全年农产品加工业实现产值8.77亿元，同比增长4.4%；实现营业收入8.8亿元，同比增长3.5%；实现利润5360万元，同比增长2.7%；上缴税金520万元，同比增长2.6%。全面完成2018年招商引资和争取项目资金任务。

【培育龙头企业】新发展市级龙头企业6家，使盐池县区、市级农业化龙头发展到32家；完成22家区级农业产业化重点龙头企业的监测，新申报3家区级农业产业化重点龙头企业，农业产业化龙头企业现已成为盐池县带动农民增加收入的中坚力量。

【发展休闲农业】非公中心积极围绕提升休闲农业与乡村旅游产业发展这一主线，以全区休闲农业提升年活动为契机，强化服务意识，创新服务手段，大力发展休闲农业，助推乡村振兴。协调多方力量，联系全县50余家休闲农业企业和农产品加工企业成立休闲农业协会。营造了发展休闲农业、引导休闲消费、促进乡村振兴的良好氛围；积极争取项目资金20万元扶持了了盐池县凤仙休闲农庄的示范点的项目建设、启动了2019年自治区级休闲农业示范项目建设的申报，并有5家休闲农业项目得到确认；创建了全国四星级休闲农业企业1家，全区四星级休闲农业企业1家，三星级农家乐4家，动员5家企业加入区级休闲农业协会、参加全区休闲农业精品大赛3家企业的产品获得金奖、银奖，共同提升盐池县休闲农业发展档次，助推乡村振兴战略；同时积极配合农业部完成中国重要农业文化遗产盐池滩羊宣传推介活动；结合首届全区“中国农民丰收节”盐池县滩羊美食文化节，举办吴忠市盐池县休闲农业提升年系列体验活动，进一步提升了“滩羊之乡 多彩盐池”特色休闲农业品牌知名度和宣传力度。

**【农产品加工】**完成2017年农产品产地初加工项目绩效考核；积极争取项目资金163万元，鼓励农户和专业合作社、家庭农场建设马铃薯贮藏窖、果蔬烘干房、果蔬保鲜冷藏库，进一步减少盐池县特色优势产品产后损失，项目全面完成并通过县级验收。组织2家企业参加2018年中国（淮安）国际食品博览会，进一步宣传盐池特色优势农产品；协助完成农业企业项目资金贴息、担保、风险补偿工作；组织了3家企业参加第二十一届全国农产品加工业投资贸易洽谈会，3家企业的10余种产品参展，其中对了杂粮的“对了”荞麦粉获得金奖、坤美公司的“坤美”黄花菜、春雪荞麦壳的“荞真堂”六孔印染布耳枕评为优质奖。进一步完善辖区内监管企业的各项规章制度，与全县45家农产品加工企业和石料加工企业层层签订安全生产责任书，进一步落实安全生产责任制，积极配合开展各类安全生产专项整治活动，全年内没有发生任何安全生产事故。

**【党建工作】**紧紧围绕党建工作中心任务，把党建工作与业务工作结合起来，坚持以“党建促经济，以党建促发展，全面推进农产品加工业、休闲农业快速健康发展”的工作思路，围绕中心服务大局，认真落实党建工作责任制，着力推进基层党建工作的深入开展，为全县农产品加工业、休闲农业和乡村旅游业科学发展、不断进一步提供了强有力的组织保障；持续推进“两学一做”学习教育制度化、常态化，切实加强领导班子的作风建设、民主集中制建设和能力建设，不断强化政治理论和业务知识的学习，使广大党员和干部职工的政治素质、理论水平和业务能力得到了新的提高。

## 农业机械化

**【概　况】**2018年，盐池县2018年承担建设柠条全程机械化利用生产示范园区一个；承担建设马铃薯全程机械化生产技术示范推广项目；农用残膜回收面积5万亩；实施农机购置补贴1062万元。全年共完成机耕面积132.6万亩，机播面积82.6万亩，机收面积（含牧草收获）77.3万亩，全县主要粮食作物耕种收综合机械化率达75.8%。

**【示范园区】**探索柠条机械化平茬加工转化利用新模式。初步形成柠条机械化平茬、加工转化利用关键环节解决方案一套。区县共建盐池县农机农艺融合示范园区计划建设面积2000亩，已全部完成。开展自走式柠条收割平茬机采收机具作业质量、生产效率和经济效益进行对比试验选型，面积200亩。重点对柠条平茬收获机具作业质量、效益和进行对比试验，筛选适合件柠条平茬收获作业机具。收获加工转化柠条饲料1150吨；对王乐井乡户贫困户滩羊舍饲养殖配送饲草料400吨。向周边养殖户销售750吨。完成“柠条平茬机械引进与改制”课题中的柠条智能化流水作业生产线的调试加工生产机具试验，加工柠条200吨。在盐池农机化示范园区积极准备“宁夏柠条机械化平茬收获与加工利用技术推进会”。

**【示范推广】**完成马铃薯机械化种植2000亩。依托丰收农机作业服务公司和金中昌信农业科技有限公司进行高质量、农机化作业服务，示范区综合机械化生产水平达100%。设置大区对比试验，试验大西洋和夏波蒂两个品种、平种，起垄、覆膜种植设置三种处理，试验总面积12亩。机械作业现场观摩、培训农民100人次。

**【农机补贴】**2018年自治区农机局下达盐池县农机购置补贴资金1085万元，补贴购置各类机械

600台（套）（其中：动力机械330台，收获机械48台，牧草加工机械40台，其他配套机具182台套），受益农户415户。实际操作过程中，严格按照《2018年宁夏回族自治区农业机械购置补贴实施方案》的要求，结合盐池县实际，制定《盐池县农业机械购置补贴实施方案》，将购机补贴资金重点向玉米生产全程机械化、马铃薯全程机械化、农用残膜回收机械、秸秆加工机械倾斜。严格遵守全价购机补贴流程实施补贴。

【农机管理】拖拉机免费注册挂牌登记176台，联合收割机16台。培训农机驾驶操作员1440人，检验拖拉机、联合收割机5616台，审验农机驾驶人员1896人。2018年农机安全检查127天，出动农机监理人员146人（次），检查拖拉机、联合收割机1126台（次），纠正违规、违法行为52台次，下发责令整改指令书11份，发放宣传单，发放安全知识手册5300册，驾驶操作人员受教育达4500人（次）。全县境内未发生重大农机安全生产事故。

【深松整地】2018年自治区农牧厅安排盐池县农机深松整地任务6万亩，通过公开招标，全县4个农机作业服务组织对全县除2015年、2016年、2017年已实施深松整地作业的耕种五年以上的耕地、需要改良的新增梯田，采用“深松+旋耕”“深松+浅翻”“深松+灭茬”方法进行深松整地作业，有效提高了作业后更低的蓄水保墒能力，促进作物根系生长，提高粮食产量。

【主要成效】农机农艺融合示范园区农机化装备水平大幅度提高柠条综合加工利用生产示范园区引进柠条专用收割机、智能化流水作业生产线、秸秆生物饲料生产线、使柠条饲料加工实现了全程机械化作业。引进示范推广柠条机械收割平茬、饲草加工、青贮包膜饲草加工调制新技术，加工生产示范推广柠条青贮、饲草料配送推进盐池县精准扶贫舍饲滩羊养殖，为提升“盐池滩羊”品牌产品质量提供饲草料支撑，打造高端饲草料产品，促进盐池县滩羊以及草原发展。探索出了柠条机械化平茬加工、优质饲草转化利用新模式。充分发挥了园区的示范带动作用，按照园区建设模式，2018年全县新增运营柠条平茬加工企业5家。盐池县2018年马铃薯种植面积近13.2万亩，但由于马铃薯生产属劳动密集型产业，从耕整地、播种、中耕植保及收获等环节都需要投入大量劳动力，生产成本较高，种植效益低，影响了马铃薯产业的发展。在农村劳动力严重不足、马铃薯生产成本居高不下、经济效益提升乏力的背景下，针对盐池县马铃薯生产方式落后的实际，推广应用马铃薯全程机械化生产技术，推进盐池县马铃薯产业的发展，势在必行。以实施马铃薯生产新技术推广示范项目为契机，以马铃薯播种、植保、中耕、收获为重点环节，组织全县马铃薯种植大户、农机作业服务组织参加项目实施现场观摩活动，以推广先进适用农机化技术及装备、培育壮大农机服务市场主体、创建全程机械化示范区为主要措施，着力提升盐池县马铃薯全程生产机械化水平，有效提高马铃薯生产效益，助推农业产业结构调整，为农业增效、农民增收奠定基础。

【党风廉政】从严落实党风廉政建设“两个责任”。深刻领会把握党风廉政建设和反腐败斗争取得的新成效、新形势、新任务和新要求，细化落实年度党风廉政建设和反腐败工作任务；强化党支部担负全面从严治党主体责任，积极履行党风廉政建设监督责任。 大力开展党风廉政建设宣传教育。组织全体党员干部学习贯彻《中国共产党廉洁自律准则》和《中国共产党纪律处分条例》等；2018年农机中心就党风廉政建设将组织开展“十个一”活动：召开一次动员大会。召开全县农机系统“党风廉政宣传教育”活动动员大会，局党委主要领导以学习贯彻《中国共产党廉洁自律准则》为主题讲廉政党课，动员部署全系统党风廉政宣传教育活动具体事宜。引导党员干部不断规范从政行为；召开一次“严格执行中央“八项规定”精神”专题民主生活会。班子成员要对照《中国共产党廉洁自律准则》规定，查找廉洁从政方面存在的突出问题，并予以公示和整改，围绕5个重点方面19项具体专项整治内容进行自查，及时退还违规资金11018元；参加联合党委组织的一次有规模的参观警示教育基地接受廉政警示教育和戒毒警示教育和农牧党委举行的参观警示教育基地活动；在检察院观看一套正反典型警示教育片、组织部分干部职工观看警示教育片2次；组织一次“粽叶飘香迎端午 志愿服务进校园”活动。在教职工中开展以“廉政准则”为重点的廉洁自律活动，进行现场交流，引导党员干部践行“八项规定”，争做勤廉表率；撰写一篇有关廉政警示教育观后感。组织党员干部结合思想、学习、工作实际，带头撰写学习《中国共产党廉洁自律准则》等法规理论研讨和体会文章，深化学习成果。开辟宣传专栏，张贴学习体会，形成舆论氛围；举办一次廉政知识测试题。参加人员单位全体职工，寓教于乐，以考促学，形成合力，深入推进党风廉政建设；举办一次“惠农惠民进乡村”活动。为进一步增加单位与社区之间相互交流的机会，激发基层党建活力，强化支部书记和村领导干部的廉政意识、执政水平。组织6名在职党员开展党员进社区服务活动。全面推进服务型基层党组织建设。积极引导广大党员干部增强宗旨意识，提高服务水平。按照建设服务型政党新要求和县委的工作部署，把服务群众作为党组织和党员的根本价值导向，开展好“不忘初心、牢记使命”主题教育，引导广大党员干部悟初心、守初心、践初心，着力解决信念不坚定、宗旨不牢固、初心缺失、使命感不强、担当不力等突出问题。认真执行组织生活制度。从严落实“三会一课”、组织生活会、谈心谈话、民主评议党员等党的组织生活制度，不断深化“5+X”主题党日活动。严格执行党支部学习制度，每月召开一次支部会议，每季度进行一次党课教育，每季度组织一次全体党员活动，每年召开一次组织生活会和民主评议党员活动。

**【基层党建】**制定党建工作要点。为了进一步加强和改进党建工作，抓好党员队伍管理。支部现有在职党员14名。其中在职党员6名，退休党员5名，不在编党员3名。在党员管理方面，做好农机中心党员发展工作，重点做好2名入党积极分子的培养、考察和培训工作。加强对党员监督管理，支部退休党员均不在城内，每逢二、五集中学习少数党员由于条件的制约不能按时参加，采用“微信群发送学习资料”同步学习。积极做好党费收缴工作，按照规定党费缴纳标准，全体在册党员都及时足额缴纳党费，2018年上半年党费共2125.20元。夯实党建工作基础。严格规范“三会一课”、党员领导干部参加双重组织生活、党员活动日、民主评议党员等党内政治生活制度；开展党员组织关系排查，认真做好党员组织关系的理顺、落实和退休党员组织处理工作；落实对党员干部的人文关怀和对特困党员的关怀机制，开展对离退休老党员和困难党员的慰问工作。

**【党建成效】**深入推进“两学一做”学习教育常态化制度化和在推进“两学一做”学习教育常态化制度化中开展“不忘初心、牢记使命”专题教育。在“七一”前，组织全体党员开展以“不忘初心、牢记使命”为主题的专题研讨，同时，支部书记为全体党员上党课。坚持“三会一课”制度，认真组织党员干部开展集中学习，把学习宣传贯彻习近平总书记在建党97周年上的讲话精神作为党的建设的重大政治任务抓紧抓好。做到每月至少安排1次集中学习，9月份以来再次掀起学习习总书记来宁讲话精神热潮。通过学习、讲座等形式对党员干部进行理论辅导、政策解读、形势分析，进一步统一思想、形成共识、振奋精神、凝聚力量，把党员干部的思想行动统一到县委、县政府的重要决策部署上来，深入查找制约农机中心发展的思想障碍和实际问题。加强党员教育培训。围绕全面加强机关党员干部能力素质的目标任务，积极参加县委、组织部组织的党支部书记培训班、党务工作者培训班、年轻党员培训班。切实加强党员干部的教育管理，党支部书记与党员进行谈心谈话，支部班子成员之间开展经常性的谈心谈话，并做到“五必谈”：党员工作变动时必谈、受到表彰或处分时必谈、遇到困难或挫折时必谈、有不良反应时必谈、退休时必谈。积极开展结对共建。中心全体职工到结对帮扶村花马池镇裕兴村进行调研和指导，与村两委共谋发展大计。春节前给结对村困难党员送去了大米、食用油，共计折合18400元。组织党员积极参加创卫工作，每个月最后一个周末深入所在社区，参加卫生保洁、治安管理等活动。

## 农村合作经济管理

【村集体经济审计】农经站3月份组织工作人员对壮大村集体经济项目资金进行审计，共审计项目资金4020万元。对审计中发现的问题提出了整改措施及建议。

【集体资产清产核资】成立由县委常委、副县长任组长，县纪委监委、政研室、发改局、财政局、民政局、农牧局、审计局等部门为成员单位的农村集体资产清产核资工作领导小组，办公室设在农牧局，农经站具体负责指导清产核资工作，细化工作方案，明确时间节点，着力推进清产核资工作。各乡镇也成立相应的农村集体资产清产核资工作机构，每个行政村成立清查、评估处置和核实3个工作组，为扎实开展清产核资工作奠定基础。全县成立清产核资领导工作小组318个（县级1个、乡镇8个、行政村309个），制定清产核资工作方案112个。利用会议、广播、电视、报纸、网络、微信、QQ、公开栏等载体，充分学习中央和自治区有关文件精神，广泛宣传农村集体资产清产核资的政策、意义和内容、方法。举办清产核资培训班23次（县级1次、乡镇22次）、参加培训人数749人（县级60人次、乡镇689人次），印发宣传材料12100份，组织培训切实使参与清产核资人员了解政策、掌握方法、明确重点、熟悉程序，为开展清产核资工作奠定基础。

【农村产权交易】县农村产权流转服务中心正常运营，在县不动产登记事务中心设立2个窗口负责办理农村产权流转审批受理工作。产权交易平台共登信息72条，农村土地流转经营权证已办理4户，日光温室颁证30本，养殖暖棚颁证78本，大型农机具颁证19本，两权抵押贷款37笔，累计金额达740万元，超额完成任务。

【产权制度改革】根据《盐池县农村集体资产股份权能改革试点工作实施方案》，2017年在花马池镇惠泽村完成农村产权制度改革试点工作，2018年，按照严控条件、稳定为先的原则，选择具备条件的花马池镇盈德村、王乐井乡曾记畔村等8个村开展农村集体产权制度改革试点，积极指导，认真总结，逐步推行。

【土地流转】先后成立了县农村土地承包经营权流转办公室、乡镇流转服务中心、村级土地流转服务站。县委、县政府印发了《关于加快农村土地承包经营权流转促进特色农业适度规模经营的意见》，主要以出租、转包、入股等形式流入合作社和企业，有力推进土地流转进程。全县农户主要以出租、转包、入股等形式，向合作社和企业签订土地流转合同6031份，流转农村承包耕地23.2万亩，占全县耕地面积的12.4%，主要种植马铃薯、牧草、黄花及小杂粮等作物。

【土地确权后续管理】3月份盐池县印发了《关于进一步做好农村承包地确权后续管理工作等有关事项的通知》（盐政办发〔2018〕38号），6月底前，各乡、村、组认真审核，落实了变更登记的农户。7月初作业公司进驻各乡镇办理变更登记，全年共受理1231户，办理变更1056户。

【新型经营主体培育】2018年，新增各类专业合作社20家，新增各类家庭农场15家，完成年初任务的100%。全县共有合作社348家，国家级示范社7家，区级示范社25家。加入农民专业合作社农户1.49万户，带动农户1.98万户；全县被农业部门认定的家庭农场有 295 家（其中 215 家在工商部门注册登记），其中区级示范（四星级）家庭农场 20 个，市级示范（三星级）家庭农场 7 个。

【经济运行监测】盐池县农经站严格按照农经统计报表制度的要求，扎实做好农经统计各项工作，坚持统计人员和业务人员审核“双把关”，确保统计数据真实、准确、及时报送，切实提高统计工作的质量与效率。继续对固定观察点记账户进行记账检查，并按照要求将记账数据整理录入计算机；对监测户所记载的数据进行统计、汇总分析；每月对农产品、专业批发市场、农用生产资料价格进行调查；对农民现金收支、农村劳动就业情况等专题调查。在加强统计分析工作的基础上，及时报送各类报表，为各级领导及时掌握农村动态、判断形势、服务决策、指导工作等提供了可靠的依据。

【其他工作】“两大任务”工作。2018 年农经站争资金任务为 600 万元，经多次与区农牧厅农经处、农经站联系，完成了全年目标任务。春季义务植树造林工作。4 月份，组织全体职工积极参与春季义务植树造林工作，共栽种刺槐 4 亩，完成年初任务的 100%。

## 农村经济调查

【党的建设】强组织，坚持培养党员纯洁性。学系列讲话。认真学习习近平总书记关于统计工作重要讲话指示批示、国家统计局相关文件及总队领导重要讲话精神，切实履行“一岗双责”。组织全队干部职工认真学习习近平新时代中国特色社会主义思想。完成十九大心得体会 20 篇，新时代中国特色社会主义思想心得 14 篇，并坚持撰写读书笔记。记党章党规。认真学习领会党章、党规主要内容，吃透其精神实质，从严要求自己。组织党员全面理解党的纲领，牢记入党誓词、党的宗旨、党员义务和权利。组织开展党员应知应会问卷测试活动，通过测试达到人人心中知党章、懂党规。严格执行中央“八项规定”精神，驰而不息纠正“四风”。通过参观警示教育基地、观看《警钟》《镜鉴》警示教育片，撰写参观廉政警示教育基地心得体会 4 篇。同时做到大小节前必开节前警示教育会，对假期外出情况进行登记，尤其对出省的人员重点登记，提醒全队干部职工在保证人身、财产安全的同时，确保政治安全。增活力，不断激发党群创造力。2018 年，盐池调查队党支部通过开展丰富多样的党建活动，不断激发全队党员干部的活力、创造力。召开党员大会。3 月 20 日，组织召开一季度党员大会，会上制定了 2018 年全年学习计划，建立健全各项制度，汇编成册，同时传达学习全国统计部门党风廉政建设工作会议精神，做到会议精神必及时传达学习；认真开展“保密促进月”“党建促进月”活动。全队通过集中学习保密相关法律法规、观看《胜利之盾》纪录片、印制宣传小册子进行宣传教育以及配合盐池县花园社区开展国家秘密安全大宣传活动等形式，积极营造保密法治氛围，掀起学法用法热潮。按照盐池县发改党委的要求，积极组织第一个、第二个“党建促进月”活动。按月开展主题党日活动，认真抓实规定动作，不断丰富党员生活。上半年成功召开“不忘入党初心，坚定理想信念”专题组织生活会；与其他支部多联系，多学习。6 月 30 日联合盐池县王新庄村党支部组织开展庆祝建党 97 周年活动，与老党员密切交流，并一起观看《厉害了，我的国》纪录片。参观王新庄党支部，积极汲取其好的做法、经验、亮点，取长补短。促发展，持续提高党员凝聚力。振奋精神，凝心聚力，充分发挥党员模范带头作用。通过看各类纪录片、电影，参观革命历史纪念馆，感受历史，“继往开来，永志不忘”。踊跃参与县发改党委组织的党员学习活动，积极申请“三星级”党支部。发扬敢于担当、敢于奉献的调查人精神，组织节前慰问退休干部职工，积极配合花园社区开展志愿活动，通过“手牵手”的活动，提高全队干部职工的凝聚力、向心力。

党支部转正党员1名，递交入党申请书1份，党员与非党员人数比1:1，领导带头公开讲授党课2次。

【落实文件精神】严排查，对“以数谋私、数字腐败”零容忍。8月10日—13日盐池调查队对各专业2017年1月1日至2018年8月1日期间的所有调查工作和原始数据进行全面排查，并留痕，队长和副队长对排查工作进行检查。经排查，盐池调查队无统计造假、弄虚作假行为，无对统计造假、弄虚作假防范和惩治不力行为和无以数谋私、数字腐败行为。高要求，对统计相关文件精神深学习。按照宁夏调查总队要求，积极学习统计相关文件精神。组织专题学习会，通过“看、谈、记”的形式系统学习《关于深化统计管理体制改革提高统计数据真实性的意见》《统计违纪违法责任人处分处理建议办法》《防范和惩治统计造假、弄虚作假督察工作规定》和《中共国家统计局党组关于印发〈国家调查队系统统计违纪违法责任人责任追究办法（试行）〉的通知》的文件精神，认真贯彻执行《防范和惩治统计造假、弄虚作假督察工作规定》。明确认识《关于深化统计管理体制改革提高统计数据真实性的意见》《统计违纪违法责任人处分处理建议办法》《防范和惩治统计造假、弄虚作假督察工作规定》的重要意义。全队干部职工牢固树立“四个意识”，始终坚持“四个自信”，自觉做到“两个维护”，落实落地落细规定。熟知《防范和惩治统计造假、弄虚作假督察工作规定》内容，为贯彻落实打下坚实基础。尤其对于重点内容，通过会议讨论的形式，加深印象。落实相关责任，防范弄虚作假。作为基层统计调查部门，防范和惩治统计造假、弄虚作假，需要不断完善队内各项考核机制、明确责任主体、端正思想认识，发现造假、作假的苗头，及时扑灭，坚决做统计违法违纪的“拒绝者”。

【业务工作】深入农村推广电子记账。盐池县电子记账率已超过99.2%，120户调查户中，仅一户由于无法使用手机未开通电子记账。全年集中培训3次，深入农村调查点培训3次，通过拉近与被调查户的距离，进而取得工作上的理解和支持，进一步规范记账内容，提高城镇、农村住户调查的数据质量。脚踏实地开展农业相关工作。调查员深入田间地头和农户家里，按照时间节点完成春播意向调查、农业样方调整摸底、春播面积调查、夏粮预产、踏田估产、夏粮实测工作、秋冬播面积调查，并联合吴忠调查队完成了无人机跨区域联合飞行调查。积极开展畜禽监测样本核实工作。畜禽监测调查人员实地走访各大养殖场，与辅调员协调沟通，快速落实调查方案，保证生产经营单位与规模户核查到人，查漏补缺，完善样本框。详细了解期末存栏、各季度出栏量等基本情况，为后续的样本轮换工作打好基础。集中力量，周密部署，顺利完成劳动力样本优化摸底工作。盐池调查队认真贯彻落实全区劳动力调查样本优化摸底培训会议精神，业务主搞人员严格按照《劳动力调查摸底工作手册》的要求，根据实地勘查时的详细记录，按照6个居（村）委会的实际情况绘制居（村）委会建筑物示意图，并填写居（村）委会建筑物清单和居（村）委会住宅单元底册，做到建筑物示意图中图示明确、各界限清楚、标志性建筑物上图，清单和底册内容详细准确，保证此次调查样本摸底工作的有效和摸底数据的真实、准确。与地方统计局顺利完成相关业务工作的交接。根据国家局业务交接的相关要求，盐池调查队队长和专业主搞人员积极与盐池县统计局沟通协调，认真做好规下工业、规下服务业、限额以下批零住餐及个体工业4项调查的交接工作和培训任务，确保分工调整后工作不间断，数据质量不下降。交接工作在盐池调查队队长和盐池县统计局局长的监督下完成，并最终由双方领导人签字盖章。工作交接单一式两份，详细填写交接单位、移交单位、交接事项等信息，后双方留底存储，方便后续明确责任。高度重视完成基层统计调查工作现状调查工作。根据《国家统计局关于开展基层统计调查工作现状调查的通知》（国统字〔2018〕31号）文件精神及国家统计局宁夏调查总队《宁夏调查队系统基层统计调查工作现状实施方案》的要求，盐池调查队专门召开会议确定此次基层统计调查的主搞人员，要求所有专业人员积极配合，做好各个专业基层统计工作。主搞人员认真审核，确保不漏填、不虚填，对总队审核过程中发现的问题，即错即改，高质量完成此次工作现状调查工作。积极响应地方党政领导号召，踊跃参与精准扶贫工作。听贫困户所讲，解贫困户所需，积极宣传惠农惠民政策措施。春播时及时给帮扶村贫困户发放化肥、农药等农资用品，并联合帮扶村村干部慰问老党员，充分发挥帮扶单位职责。2018 年盐池调查队深入贫困户家里 10 次，办实事 4 件，报送扶贫信息 5 个。积极落实中央第八巡视组反馈问题。组织全队干部职工深入学习贯彻习近平总书记关于巡视工作的重要讲话精神和国家统计局党组关于中央巡视整改工作的安排部署，提高全队干部职工对此次整改工作的重视程度。通过对宁夏调查总队党组中央巡视整改问题清单、任务清单和责任清单的认真梳理，共认领 12 个存在的问题，并就清单中涉及的 14 项整改任务，结合自身实际，明确 14 项具体的整改措施，以确保各项整改任务落实落细落地，真正取得实效。

**【法治建设】**“七五”普法开展情况。按照《国家统计局关于印发〈全国统计法治宣传教育第七个五年规划（2016—2020 年）〉的通知》（国统政法函〔2016〕138 号）文件要求，全面落实“七五”普法规划，拓展“七五”普法教育向纵深发展，盐池调查队把“七五”普法教育工作作为事关统计调查工作跨越发展的一把手工程来抓。成立由队长为组长、办公室人员为成员的盐池调查队“七五”普法工作领导小组，组织协调统计系统的普法工作。是广泛动员，创新机制，落实“一岗双责”，要求全队干部职工、辅助调查员牢固树立自己既是统计调查工作人员，又是统计法律法规的宣传普法员意识，壮大普法宣传队伍。深入开展法律“八进”活动。结合业务工作，向记账户、辅调员积极、主动传播《统计违法违纪行为处分规定》《中华人民共和国统计法》等相关知识。积极联系县统计局每年在法制宣传日、中国统计开放日活动期间，充分利用标语、横幅和统计年画等形式，组织开展丰富多彩、形式多样的统计宣传活动，增强统计法治意识。“保密法制宣传月”开展情况 。盐池调查队始终高度重视保密工作，把它作为一项重要任务来抓，设有保密工作领导小组，盐池调查队队长担任组长，副队长担任副组长，领导小组负责保密工作的整体工作。为做好“保密法制宣传月”活动，盐池调查队组织全体干部职工学习《党政机关工作人员保密须知》，观看《胜利之盾》纪录片，大力开展保密常识教育，提高全队保密意识。以习近平总书记关于保密工作重要讲话为指导，全面贯彻落实党中央的部署要求，打牢保密工作基础，做好队内警言教育，落实保密责任制，严格执行保密法律法规，防止窃密泄密案事件的发生。配合盐池县街道社区——花园社区开展国家秘密安全大宣传活动，在群众聚集地、街道社区醒目位置，张贴保密宣传挂图和标语，利用黑板报和橱窗等宣传载体，宣传保密法律法规知识，借助万人广场法律咨询和便民服务之机，发放普法读本和宣传彩页；制作保密横幅和宣传单，利用住户季报下乡、劳动力月报下乡之便，在各村支部张贴“保密防线要筑牢 诱惑陷阱莫动摇”“保密需毕生之举 泄密于一念之差”等警示性标语，让保密法制意识和应知应会常识入脑入心。对办公室工作人员进行定期保密工作培训，加强办公计算机的管理与使用，对所有办公电脑设置开机密码，同时做到收发文件电脑不联网，联网电脑不收发文件，对涉密的计算机、U 盘等明确实行物理隔离。“警示教育月”活动开展情况。10 月 23 日，盐池调查队组织召开主题党日活动，传达学习中央和国家机关警示教育大会精神，认真学习习近平总书记重要批示精神及中央和国家机关警示教育大会精神，并集中观看《镜鉴》《警钟》纪录片，针对严守组织工作纪律，发挥党员模范作用展开了深入的讨论，进一步增强全队干部职工学习党章党规和党纪国法的意识。盐池调查队严格按照每周例会制，明确每周的工作和下乡任务，并对最新的文件精神及安全问题进行学习和重点强调，积极查找各个专业及个人廉政风险点和生活警示点，纪检监察员加强日常提醒，尤其是对重点节假日，担负起廉政监督第一责任人责任。

**【党风廉政建设】**2018 年盐池调查队继续弘扬清正廉洁、勤政务实的工作作风，进一步加强党风廉政建设工作。认真落实党风廉政建设主体责任和纪检监督责任。坚持谁主管，谁负责，层层抓落实，领导班子成员带头廉洁自律。全队全年未发现一起党风廉政落实不到位、干部职工不自律的问题。认真贯彻落实民主集中制和“三重一大”决策制度。对于涉及“三重一大”的事项严格执行民主决策，纪检员如实填写“三重一大”会议记录本，全队干部职工对重大事项进行民主表决。突出人财物数管理监督。加强对公务车、办公用房及队内固定资产管理的监督，严格公务用车、派车、审批制度以及加油卡加油制度，公车审批单与队内考勤表一一对应，严禁私自使用公车。严格按照规定标准用房，办公室加强对队内办公家具、电子产品等的维护、管控。

# 工业经济

GONGYEJINGJI



## 工业信息化和商务

**【概　况】**2018年，全县实施招商引资项目26个，完成投资71.6亿元，分别完成区、市目标任务的79.6%、71.6%，排名区市前列；规上工业企业完成总产值110.2亿元，实现工业增加值33.77亿元，同比增长15.5%；社会消费品零售总额达14.38亿元，同比增长6.1%。

**【精准招商】**组建了4个熟悉产业经济、掌握投资政策、通晓商务惯例、精通项目谈判的专业招商工作组，由县四套班子领导带队，先后赴北京、上海、福建等地开展招商引资活动15批次，对接洽谈嘉泽环保生物科技、山东华浩化工、汉唐能源等有望签约落地项目12个，计划投资40.41亿元。牵头出台《盐池县关于实施创新驱动战略推动工业经济高质量发展实施意见》《盐池县全面优化营商环境促进民营经济发展的实施意见（2018—2020）》《盐池县促进企业家创业发展大力激发市场主体发展活力的实施方案》等政策性文件，整合投入3000多万元资金激励企业来盐投资发展，进一步优化营商环境，先后邀请江苏昆山台商会等25批次120人次到盐池考察投资，储备北京北新集团石膏加工、山东道晟2400吨/年间氨基苯酚等意向项目39个，计划投资98.1亿元。严把项目环保准入关，坚决杜绝“两高一资”企业落户，凡引进的项目必须通过环评批复，否则一律不得开工建设。对京都科华化工等6个不符环保及产业政策的项目予以劝退。实行重点项目县领导包抓责任制，严格执行“一个项目、一名领导、一个部门、一套方案、一抓到底”的工作机制，加强协调、指导、督促和跟踪问效，全力推进项目建设。全年实施德昌铁路物流等新建项目20个、永宏乐丰康复生态养生园等续建项目7个，巨拓石膏等3个项目实现当年建设当年投产达效，协调解决萌生42万吨固废处理、闻鸡起舞等6个项目的土地调规问题。招商引资任务完成情况位居区市前列。

**【工业经济】**全面落实自治区创新驱动30条、降成本30条和全县推动工业经济高质量发展实施意见28条，降低企业运行成本，提振企业发展信心。争取自治区新型工业化发展资金4126.72万元，创历史新高；落实电力直接交易15716.9万千瓦时，降低企业用电成本92.38万元，有效减轻企业负担，缓解发展压力。加强运行监测，紧盯预期主要经济指标，对重点企业坚持做到早预警、早协调，确保工业经济运行稳定，瑞牧滩羊等6家企业纳入规上。积极指导企业开展示范创建，坚持走创新发展道路，全力推进工业转型升级。天利丰能源有限公司创建为县内首家绿色工厂；金裕海化工有限公司、知学云科技有限公司被评为国家级高新技术企业，实现县内高新技术工业企业“零突破”；恒汇鲁丰等4家企业成功申报专精特新企业；宁夏佳能创科等8家企业被确定为创业创新梯队企业。按照“新建项目促开工，开工项目促投产”的总要求，通过定期召开项目建设协调会和县领导实地调度、现场办公、一事一议等形式，加大项目建设协调力度，夯实工业发展基础。23个投资5000万元以上工业项目按计划稳步推进，完成固定资产投资67亿元。支持企业引进新技术、新工艺、新装备，加快工业转型升级步伐，全力推进传统产业改造，工业两化融合率达35%以上，工业企业研发经费投入1.4亿元，占工业总产值的比重达1.27%，位居全区前列。宁鲁石化20万吨苯乙烯、天利丰天然气储罐、润广石化石脑油加氢等8个技改项目顺利实施；淘汰恒汇丰10万吨低温煤焦油生产线一条，转产盘活实施了新珂能源日处理100万立方米天然气、中圣石油化工15万吨醇基燃料等7个项目。

**【商贸流通】**根据《盐池县促进服务业加快发展的实施意见》等相关政策文件，积极指导大中型商贸企业开展促销活动，争取区市补贴资金300余万元，组织6家农特产品企业参加区内外大型展会展销活动9批次，有效提升了产品对外宣传力和影响力；着力搭建促进消费平台，参与组织了“盐州大集·民俗嘉年华”“滩羊美食节”等大型促销活动，带动消费1.5亿元以上。全面实施加油站双层罐（防渗池）改造工程，按照两年完成改造，一年集中收尾排查的工作要求，全力推进改造工作。截至12月底，36座加油站双层罐改造已完成25座，超额完成自治区环保厅、商务厅下达的年内完成60%（22座）的改造任务。按照《盐池县电子商务进农村精准扶贫实施方案》的要求，新建农村电商站点10个，全县电商站点达117家，大力实施“互联网+流通”行动计划，依托中国邮政集团“邮乐购”“京东盐池馆”等网络平台以及宁夏卫视主办的电商扶贫“2018我是县长我代言”公益网络直播，开展线上线下融合促销活动。截至12月底，实现电商交易额2.8亿元，完成2.5亿元目标任务的112%。市场体系建设稳步推进，盐池综合农贸市场、盐州商贸广场、世纪商业广场、体育文化用品一条街已投入运营，利源商贸城和花马池市场建设有序实施，宁夏德昌铁路物流项目进入试运营阶段，辐射陕甘宁蒙的物流集散中心已初现雏形。

**【党风廉政】**扎实推进党风廉政教育活动。深入推进教育、制度、监督并重的惩治和预防腐败体系建设，严格贯彻落实中央“八项规定”和领导约谈制度，认真推行廉政风险防范工作，落实好“一岗双责”，坚持以党性、党风、党纪教育为重点，加强制度建设，推进政务公开，完善监督制约机制，建立党风廉政建设和反腐败工作长效机制，从源头上治理和预防了腐败的发生。累计收缴党的十八大以来违规报销、超标准接待费用29463.2元。

**【组织建设】**坚持“围绕中心工作抓党建，抓好党建促发展”的工作思路，充分发挥党员的先进模范作用，提高广大党员干部的政治素质、理论水平和业务能力。严格落实“三会一课”制度，全面推进党员干部下基层和到社区报到等工作，深入开展“5+X”主题党日、党建促进月等活动，有效促进了干群关系，强化了党员干部“四个意识”，不断提高党组织的凝聚力和战斗力。

**【民族团结】**坚持民族团结、共同进步的原则，严格要求领导干部不得信教、传教，深入开展民族宗教工作，扎扎实实地贯彻党的民族方针和政策，将宗教工作落到实处。全局29名党员干部无人信教。先后组织党员干部深入工业、商贸流通领域68家企业开展民族团结宣传活动4批次，进一步增强了企业职工民族团结意识，有效维护了社会稳定，为全县率先脱贫摘帽奠定了坚实基础。明峰建材、深燃众源、瀛海天池建材、三木装饰材料4家公司完成民族团结创建。

【精准扶贫】坚持“精准扶贫、一户一策”原则，严格要求各帮扶责任人认真谋划、细化措施，确保帮到点上、帮出成效。集中投入基础设施建设资金38.614万元，解决营西、宝塔、大疙瘩3个行政村通光纤、文化设施、环境卫生、小产业扶持等方面问题。75户贫困户已全部实现脱贫，大圪垯村高标准迎接了7月份国家第三方考核组的检查验收。牵头出台《盐池县深入开展“百企帮百村”富民行动实施方案（2018—2020）》，并组织召开了村企对接视频动员会，有效促进了村企共建，带动农民增收致富。

【安全生产】根据县安委会工作部署，积极开展安全生产大检查6批次，整改安全隐患40余项，组织干部深入企业宣传《中华人民共和国安全生产法》和消防知识2批次，切实增强工人安全生产意识，杜绝各类安全事故的发生。

【信访维稳】认真排查信访苗头，建立矛盾纠纷排查台账，实行矛盾纠纷“三包一”责任制，加强企业农民工工资发放监管，办理信访案件15件，中央及自治区反馈的5件信访案件成功办结4件，剩余1件由于历史原因，正在采取积极措施有效化解，积极开展扫黑除恶专项斗争，有力保障了社会稳定。

【环境保护】严格按照中央环保督察组反馈问题，安排专人盯住落实，四股泉煤矿等4家企业5个问题完成整改。按照《小散乱污企业专项整治方案》要求，对城市建成区塑料颗粒加工企业和废旧物品收购个体户进行集中搬迁治理，关停不符合环保要求的塑料颗粒加工个体户7家，重新备案4家，迁入再生资源回收市场2家，完成对宝利再生资源市场的改造升级，煤炭交易市场、面包砖制造市场按方案有序推进，县城建成区内的小散乱污企业得到有效治理。获评吴忠市住建系统扬尘治理先进单位。

【意识形态】严格落实党管意识形态工作，牢牢掌握意识形态工作的领导权、主动权，抓住思想引领、政治一致、价值宣扬、舆论导向等关键环节，不断提升领导干部对互联网规律的把握能力、对网络舆论的引导力、对信息化发展的驾驭能力、对网络安全的保障能力，有力保证了意识形态工作顺利开展。

## 资源能源开发

【概　况】2018年，资能中心共收缴费、税1.1亿元，其中上缴财政规费3899万元，完成目标任务3000万元的130%，代征代收各类税款1780万元；收取风电产业扶持资金4680.29万元，争取长庆油田分公司道路维修等扶持资金1600万元；全面完成争项目争资金8000万元、招商引资落地资金7亿元、石油产量达150万吨（两大国有企业钻采油气新井300余口）的目标任务；地产原油3.8万吨，完成目标任务3.6万吨的106%；新建风电项目45万千瓦，累计建成风场202万千瓦，并网发电202万千瓦。

【税费征收】严格按照国有企业规费征收标准，以井场、井口数为准，由资能中心按照标准统一征收前期开发规费，企业在交清各种规费后，凭资能中心出具的作业通知单进行施工，避免未交费先施工的现象发生，确保盐池县油（气）资源管理和规费征收工作有序开展；地产油井规费征收：测产收费组采取实地勘测和核对档案等方式计量，稽查站队根据计量，结合当月实际发油量，随机现场抽测核实，杜绝油量漏报少报等情况发生。全年上缴财政规费3899万元，代征代收各类税款1780万元，累计实现地产原油 3.8 万吨。

**【风电工程】**根据国务院和区、市新能源发展相关规定，结合盐池县实际，严格按照《盐池县新能源开发利用管理办法》，加大协调服务力度，风电项目有序推进。新建风电项目 4 个，即宁夏盐池马斯特冯记沟风电项目 20 万千瓦、鲁能宁夏盐池县冯记沟于家梁风电项目 10 万千瓦、神华国能惠安堡一、二期风电项目 10 万千瓦和国华盐池青山三期风电项目 5 万千瓦。累计建成风电 202 万千瓦、并网 202 万千瓦。同时，积极与风电企业联系对接洽谈，争取风电产业扶持资金 4680.29 万元。

**【资源有偿使用】**密切关注中央、国务院、区市有关扶贫工作和资源有偿使用的政策，吃透政策。依据习近平总书记在陕甘宁革命老区脱贫致富座谈会上的讲话精神，中心多次赴中石油长庆油田分公司和中石化华北油气分公司，积极争取石油、天然气资源开发及天然气指标。同时结合中共中央、国务院《关于深化国有企业改革的指导意见》和《生态文明体制改革总体方案》的精神，按照 2015 年陕甘宁蒙四省五市油气资源开发协调服务联席会议纪要，报团向上争取建立资源有偿使用和生态补偿机制、发展混合所有制及税源地征税等政策。以政府形成的专题报告正逐级向区政府、国资委申报，争取落实资源有偿使用和生态补偿机制政策。

**【争项目争资金】**按照年初县委、县政府主要领导与涉油（气）企业共同协商，为全面实现企地和谐共建、发展共赢的目标，中心积极与中石油采油三厂、五厂对接洽谈争取乡村道路建设、涉油乡镇美丽村庄建设、涉油乡镇油区环境整治、大水坑特色小城镇建设、助力脱贫攻坚等各类项目扶持资金，全面完成争项目争资金目标任务。

**【招商引资】**面对招商引资 7 亿元的艰巨任务，中心采取“走出去、引进来、讲政策、招大商、抓协调、搞服务”的方法，联系对接招商引资项目 4 个，落地资金 7 亿元，即鲁能宁夏盐池于家梁鲁能风电 10 万千瓦项目；哈纳斯 . 马斯特冯记沟风电 20 万千瓦项目；宁夏天利丰能源利用有限公司燃气储气调峰项目；长庆油田第五采油厂麻黄山乡营盘山作业区，正在审定设计方案。

**【油区管理】**2018 年，中心组织专门的核查组对历年所批复的油井开发情况进行盘点，对未批先建、移动坐标等实施的井位进行专项整治。对石油、天然气各项目组申报的井位，严格按照基本农田和退耕环林地、自然保护区不予审批的原则，全力做好油气勘采的现场踏勘、汇报审批、协调组织工作，保证了油气资源钻、采、输各环节工作的有序开展。两大国有企业钻采油气新井 300 余口，石油产量达 150 万吨；资源能源开发协调服务领导小组召开会议 4 次，审批井场 257 个；争取长庆油田分公司道路维修等扶持资金 1600 万元。

**【队伍建设】**年初中心对原有管理制度进行认真梳理、修订、补充和完善，形成用制度管人、管事，推进工作的长效机制，进一步提升了准军事化管理水平。强化考核，将考核与工资奖金、工作实际挂钩，通过激励先进，鞭策后进，促进各项管理工作再上新台阶。一年来，中心 7 个稽查站克服恶劣工作环境，全体职工守得住清贫、耐得住寂寞，凭借坚忍不拔的毅力、锲而不舍的韧劲和真抓实干的作风，高质量完成各项工作任务。

**【扶贫帮困】**按照政府总体安排部署，坚持以“深入基层、帮助发展、关注民生、促进和谐”为工作主线，全面落实脱贫富民工作。筹措资金 3 万余元，切实帮助群众解决生产生活中的实际困难，筹措资金 6000 元，慰问大病困难户 2 户。下派第一书记及 2 名工作队员驻村帮扶，各帮扶责任人深入农户家中，认真宣传党的富民政策，积极帮助建档立卡户发展生产，增加收入，确保各项考核数据达标，全面通过国务院第三方评估组的脱贫验收。积极开展社会帮扶工作，努力为群众办实事、好事。积极参加芙蓉社区开展的主题党日活动，并一同慰问老党员和困难群众。多次组织全体党员到芙蓉社区看望老人，帮助老人打扫室内外环境卫生。

【员工关怀】资能中心组织全体职工分批次在县医院进行一年一度的健康体检。2018年共有13名职工参加体检。体检内容包括内科、外科、视力、体重、尿检、血液检查、血压、心电图检查、彩超、胸透等。全方位的检查保证了职工身体健康，为中心工作的正常开展打下坚实的基础。中心结合实际开展调研，为基层站队维修房屋，更换生活设施，改善工作生活环境。同时在各传统节假日，中心领导走访慰问坚守在工作第一线的基层各站队职工，进一步稳人心、暖人心、聚人心，提高了职工的工作热情和工作效率。

## 安全生产监督与管理

【概　况】2018年，盐池县切实履行安全生产职责，保持了全县安全生产形势的总体稳定。1—11月份，全县共发生各类生产安全事故8起（均为交通事故），同比下降20%；死亡7人，同比下降30%；受伤14人；直接经济损失4.02万元。亿元GDP事故死亡率为0.089（低于0.170的年度控制指标），安全生产主要指标控制在进度内，未发生较大及以上生产安全事故。连续五年安全生产各项指标未突破吴忠市安委会下达的控制目标，连续五年获得县级考核优秀等次，县政府获评“2017年度全市安全生产先进集体”，县安监局获评“2017年度安全生产信息调研工作先进集体”，获评全市2018年“生命至上、安全发展”演讲比赛优秀组织单位。

【责任体系】坚持把安全生产作为不能触碰、不可逾越的红线，始终把安全生产与经济社会建设同规划、同部署、同推进、同考核。亿元GDP生产安全事故死亡率纳入年度国民经济和社会发展计划，加大安全生产工作在效能考核的权重，从2018年起安全生产考核分值由3分增加到4分，考核结果纳入领导班子和领导干部工作绩效考核体系。严格落实“党政同责、一岗双责”，及时调整安委会组成人员，县乡安委会主任全部由“一把手”担任，健全了县乡村（社区）“三级五覆盖”的责任体系。县政府与9个乡镇（街道）、17个监管部门签订了安全生产责任书，47家单位结合工作实际作出了书面承诺。2018年，县委、县政府先后召开12次县委常委会、政府常务会及4次县安委会会议，传达学习中央、自治区领导关于安全生产的重要指示批示及全国、全区安全生产工作会议精神，研究解决安全生产领域的重大问题。邀请自治区应急管理厅综合处来盐对盐池县党政领导干部安全生产责任制及安全生产知识集中进行专题培训，不断增进盐池县党政领导干部安全生产责任意识。县委、县政府主要领导和各分管领导每逢重要节日、活动都分别带队对重点行业领域安全生产工作进行督查检查。坚持把安全生产执法经费纳入财政预算，重点用于专项整治、安全检查、专家会诊、中介服务和宣传教育等工作，拨付安全生产专项经费141万元，为历年财政投入最多的一年。

【安全监管】在全区率先探索政府购买服务提升企业安全管理能力新方式，政府决定三年拿出资金240万元，为100家企业提供安全生产指导服务，2017年11月到2018年4月先后选择确定了34家安全管理基础薄弱的企业为试点，由5家中标服务机构驻企进行指导服务培训，10月下旬通过初步验收，效果明显。指导19家企业成功创建为三级以上标准化达标企业，超额完成吴忠市下达企业安全标准化创建任务。制定出台《盐池县安全生产行政责任规定》，明确了9个乡镇（街道）、39个部门安全生产监管责任，21个负有安全监管职责的部门编制了安全生产权力清单和责任清单。安监局设为政府工作部门和执法机构，增加行政编制2名。设立县级安全生产执法监察大队，增加事业编制6名，解决了安全生产执法“短腿”难题。工业园区增设专门安全监管机构，配备专职安全监管人员2名。制定《盐池县农村网格员选聘实施方案》，率先实现安全生产网格化监管全覆盖，9个乡镇（街道）共划分157个网格，选聘188名网格员，覆盖率达100%。每个乡镇配备了2名以上专兼职安监人员，经培训合格颁发安全生产检查证，并落实了岗位津贴，每个行政村配备2~3名农村安全交通协管员，加大安全生产监管力量。严格按照“除隐患·保安全”规定动作，先后3次跟踪督查工作进展，点名通报工作滞后、慢作为的乡镇和单位，有力促进了工作落实到位。坚持重拳打击整治非法违法、违规违章行为，查处违法违规行为5起，挂牌督办重大隐患企业13家，关闭取缔企业1家，联合惩戒失信企业14家，问责曝光工作不力的单位31家49名责任人，行政处罚148.37万元，在盐池电视台曝光了13家关闭取缔企业。对无施工许可证擅自开工建设的5个项目立案查处，对5家安全管理不到位的施工企业实施诚信扣分惩戒。按照区市安委会部署要求，开展“除隐患·保安全”跟踪问题清零行动，突出矿山、交通运输、危险化学品、烟花爆竹、人员密集场所、供暖、供水、供气等行业的专项整治，排查治理隐患，坚决防范各类事故。严格执行领导干部带班、关键岗位24小时值班制度，做到快速响应、有效应对、及时处置。县委、县政府主要领导和分管领导分别带队督查检查排查整治工作，对查出的问题跟踪督办整改落实。

**【整改落实】**严格按照自治区、吴忠市部署要求，县委、县政府强力推进盐池县安全生产领域改革发展任务，县委常委会、政府常务会专题研究部署贯彻落实措施，制定《盐池县安全生产“一票否决”实施办法（试行）》《盐池县安全生产行政责任规定》等文件，进一步厘清17个监管部门的责任边界，明确主要领导及分管人员的工作职责。组织编印《盐池县安全生产工作指导手册》2000册，分发各行业监管部门和企业。成立了以政府主要领导为组长的推进改革工作领导小组，持续推进《盐池县推进安全生产领域改革发展实施方案》任务分工，明确了五大体系28项改革任务、57项具体工作和109项具体措施，细化分解工作任务，确定时间表和路线图，2018年已完成37项，其余20项需长期坚持，实现领导责任三级“全覆盖”。

**【专项整治】**制定《盐池县百日安全专项整治行动方案》，成立县专项整治领导小组，明确责任分工和时间节点，集中在煤矿、非煤矿山、道路交通、工程建设、人员密集场所、危险化学品等11个行业领域开展了专项整治，检查生产经营单位394家，挂牌督办道路隐患点5项，煤矿重大安全隐患1项，查处一般安全隐患228项，已完成整改220项。对全县工贸企业“三同时”履行情况进行排查摸底，责令43家建成投产的工贸企业开展了安全现状评价工作，对拒不执行安监指令的1家企业立案查处，行政罚款2万元。制定《有限空间作业条件确认和较大危险因素辨识管控验收工作实施方案》，聘请专业中介机构，指导开展有限空间作业条件确认和较大危险因素辨识管控。查处非法违法违规行为69起，其中立案查处安全生产违法违规行为17起，罚款39万元，关闭取缔1家，停产整顿14家。对1家不具备生产经营条件的企业，吊销其“危险化学品经营许可证”。

**【安全屏障】**强化公共领域安全隐患治理，重点实施城乡燃气、有限空间作业、公路安全生命防护、消防安全、水利安全、学校安全、特种设备和旅游安全八大保障工程，排查治理重大公共安全问题29项，投入资金966.7万元，重点对道路安全设施、水利设施、城乡公共设施等进行了改造治理。完成了地下管线排查和信息系统建设。坚持把安全风险管控挺在隐患前面，把隐患排查治理挺在事故前面。全县上线企业91家，完成清单报备90家，占99%，辨识风险点5200个，自查隐患1.3万余个，整改率99.9%，系统达标60家，占65.9%，各项指标稳居全市前列。举办盐池县人民政府、长庆油田第三采油厂油气泄露火灾事故企地联合演练活动，指导16家高危企业开展了建筑物坍塌、危货运输车辆侧翻泄漏和危险化学品泄漏火灾事故演练，全县75家重点高危企业应急预案全部修订。投资28万元购买危险化学品侧翻泄漏事故应急救援装备设备，提升了事故应急救援能力。对举报、督查和专项整治查出的隐患和重点时段安全形势发出履职预警，要求有关单位采取有效整改措施，消除安全隐患，做到早预防、早治理。

**【宣传教育】**制定《安全生产风险分级管控与隐患排查治理体系建设实施方案》，成立专项专家技术指导组，及时召开会议安排重点工作，专题培训各监管部门、有关企业和5家中介服务机构，确保“双体系”建设顺利推进。安监部门率先在危化品、非煤矿山等行业确定34家企业开展试点工作，其他行业同步推进落实。认真组织开展“安全生产月”活动和“生命至上、安全发展”主题演讲比赛活动，6名选手入围全市安全生产月演讲比赛，盐池县获得全市优秀组织奖。在盐池电视台设置《安全生产曝光台》专栏，宣传报道安全生产工作和典型事故教育片。制定安全生产千人培训教育工作计划，深入开展安全生产宣传教育“七进”活动，发放各类宣传品6万余份。举办企业安全管理人员培训班5期，累计培训人员640人次。组织“百家企业工作”盐池培训班3期，培训700余人，有力提升企业安全管理水平。

**【节假日安全生产】**11月20日，盐池县召开县安委会第四次全体（扩大）会议，全面安排部署了岁末年初安全生产工作，制定下发了《今冬明春安全生产大检查大整治工作方案》，对当前盐池县安全生产工作的重点任务及开展节前安全生产大检查的时间、内容、形式等方面进行了明确，要求各行业监管部门、各企业采取自查与督查相结合，全面检查与重点督查相结合的方式，认真开展安全生产大检查。并对这一时期的安全值班、安全教育、事故防范、信息报送、突发事件报告处理等工作提出了具体的要求，做到了早安排、早部署、早行动。各乡镇、各部门和各企业加强领导，制定措施，立即组织开展了危险化学品领域“大抓60天争取零事故”攻坚行动，全面开展专项排查整治工作，全力打好安全生产收官战。

**【创新亮点】**建立安全生产技术管理服务工作机制。在全区率先探索政府购买服务提升企业安全管理能力新模式，制定了2017—2020年政府购买服务工作方案，2018年落实财政专项资金60万元，聘请安全专家100余人次，深入34家安全管理基础薄弱的企业进行指导培训，全面提升了企业安全生产基础管理水平。实施基层安全生产网格化管理。制定盐池县加强基层安全生产网格化监管工作实施方案，将9个乡镇（街道办）共划分为157个网格，选聘188名网格员，通过“划定网格、按格定人、以人定责”，切实把安全生产责任落实到每个网格。安排财政专项资金100万元，为全县8个乡镇102个行政村配备农村道路交通安全协管员365名，切实加强农村道路安全。全面加强安全生产应急救援管理。投资5470万元，在县城园区、高沙窝功能区新建2个消防站，配备消防车4辆，招录消防人员50名。组织开展长庆油田第三采油厂油气泄露火灾事故企地联合演练活动，检验了政企安全生产应急救援预案。指导16家高危企业开展事故演练，修订报备75家重点企业应急预案，提升了应急救援处置能力。建立风险防控和隐患排查治理情况通报机制。县安委会定期听取乡镇和部门安全生产工作履职情况汇报，对工作推进不力、成效不明显的进行通报。县安委办对各乡镇、各行业部门每月落实隐患排查治理情况进行排名，连续三个月排名在后两名的单位，由政府分管领导对其主要负责人进行约谈，在效能目标考核中扣除相应的分值。

## 工业园区

**【概　况】**工业园区（整合后）全年完成工业总产值45.38亿元，同比增长12.08%。其中，规上企业预计完成工业总产值42.96亿元，同比增长16.31%；实现工业增加值14.39亿元，同比增长

12.52%。

【基础设施】持续推进园区低成本化改造，争取自治区园区低成本化改造资金1000万元，年内园区基础设施配套项目建设预计完成投资1.5亿元，完成宁东至高沙窝园区3万立方米/天供水管线、2500立方米/天污水处理厂、500立方米/天尾水人工湿地、县城2000立方米/天污水收集泵站及管网改造等项目建设，年底前园区污水处理设施实现全覆盖。园区固废堆场项目前期工作正在加紧开展，并着手建立基础设施建设项目库。

【转型升级】加快骨干企业技改扩建。完成了《园区企业对标提升转型发展行动计划》初稿，支持重点企业开展对标提升工作，分行业引导企业聚焦产品、装备、工艺、技术、管理等生产经营环节进行改造升级。建设了宁鲁石化20万吨苯乙烯、佳能创科20万吨油气伴生清洁能源、润广石化20万吨石脑油加氢、恒汇鲁丰5万吨甲醇钠等项目建设。强化科技研发，推动深燃众源与中科院理化研究所合作建设BOG提氦项目，提升科技创新水平。金裕海化工有限公司被评为高新技术企业，园区高新技术企业实现零突破。着力解决中海外瑞丰30万吨煤焦油加氢、黄河汇通60万吨劣质重油改质等新建项目存在的问题，加快推进项目建设进度，壮大主导产业规模，形成产业集群，提升产业竞争力。推行园区招商与市场化招商相结合的方式，开展精准招商。围绕主导产业延链补链招商，与深燃众源、恒汇鲁丰等企业签订了招商引资合作框架协议，大力开展公司化招商，引进宁夏汉唐能源科技有限公司50万吨/年甲醇制乙醇及产业链一体化、宁夏苏沪新材料有限公司9.8万吨/年醋酸衍生产品、宁夏新珂源能源日处理100万立方米液化天然气等项目，不断培育工业发展新动能。制定《关于盐池县实施创新驱动战略推动工业经济高质量发展的意见》，落实2000万元财政资金，围绕扩规提质、技改技创、兼并重组、创新驱动、融资信贷等28项措施，促进工业经济持续快速发展。2018年园区实施工业项目16个，其中新建项目12个，续建项目4个，完成固定资产投资20亿元，园区主导产业产值占比达65%以上。

【绿色发展】2018年，结合环保整治工作，大力开展工业园区综合整治。淘汰20蒸吨以下燃煤锅炉63台，共79.6蒸吨；改造提升20蒸吨以上燃煤锅炉8台，共165蒸吨。加大园区"散乱污"企业治理，对涉煤和石膏加工企业粉尘、堆场进行整治，27家涉煤企业已有15家全部建设封闭式储煤棚，5家企业转产升级，青山19家石膏加工企业全部整改完成，通过吴忠市考核验收。加大对油气化工企业生产、装卸环节回收装置改造提升力度，强化挥发性有机物治理，确保达标排放。淘汰宁夏恒汇鲁丰10万吨煤焦油加工生产装置。天利丰能源利用有限公司被评为绿色工厂。严把项目准入关，坚持园区、发改、工业、国土、住建、环保、安监等八部门联审和专家咨询论证制度，实行环保、安全一票否决，严禁不符合要求的项目入园。

【土地集约利用】加大园区土地集约利用管理，制定《盐池县工业园区土地利用和管理存在问题整改方案》，对园区企业用地情况进行全面摸底排查，全面掌握企业土地利用情况。对15家低效用地企业限期增加投资、转让土地等方式提高土地集约利率，实施技改扩建5家，转产盘活企业7家，对16家批而未供用地企业正在按照相关法律法规依法处置。

【改革创新】根据自治区《关于促进开发区改革和创新发展的实施意见》《开发区整合优化和改革创新实施方案》及吴忠市关于工业园区整合优化和改革创新工作要求，结合园区实际，将原来的"一园五区"整合为"一园两区"，撤销惠安堡、冯记沟、青山功能区，保留县城和高沙窝区块。园区发展定位为煤化工后备发展基地和特色农副产品加工园区，重点发展煤化工和油气化工下游产业、特色农产品加工主导产业。为进一步优化和提升园区管理服务水平，制定《盐池工业园区机构调整编制方案》，进一步优化园区机构设置，方案已上报区、市编制部门审核。结合盐池县国民经济和社会发展规划、空间发展规划等相关专业规划，按照整合后的区块设置和产业发展方向，已委托有关专业设计机构编制园区总体规划、产业发展规划、环评规划、安全生产规划和突发环境事件应急预案、安全生产事故应急救援预案，预计12月底完成，报自治区相关厅局审批。推进“区域评”改革，县财政2019年预算安排费用200万元，用于建设项目涉及的文物考古、矿产压覆、地震影响评价、地质灾害危险性评估、水资源论证方案等具有公共属性的审批事项的评审报告编制，前期工作正在加快落实。制定《盐池县工业园区整合优化和改革创新实施方案》，县委、县政府已研究通过，报请吴忠市研究同意后组织实施。

## 石油营销

**【概　况】**盐池片区2018年截至到10月31日销售油品44475吨，完成年度任务68100吨的65.3%。同比减少8576吨，下降幅度16.2%。其中汽油销售15439吨，同比减少876吨，下降幅度5.3%，柴油销售29036吨，同比减少7700吨，下降幅度21%。非油品销售（不含租赁费）676.01万吨，完成全年任务1060万元（不含租赁费）的63.8%，2017年同期销售672.4万元，同比增加3.61万元，增长幅度0.54%。

**【研判市场】**2018年市场突变，盐池片区通过对307国道、211国道、304省道及周边市场进行踏勘十余次，通过系统分析得出结论。盐池普遍油价低，竞争对手主要为私人加油站，平均每升价格比销售公司低2.5元左右。中石化加油站2018年对公司的影响相对较小。市场严重萎缩，除工程陆续开工其余用油客户明显减少；运输车辆明显减少，减少达2/3，307线、304线尤其严重；用过往车辆油改气比例进一步上升，由原来的20%增加到当前的40%以上；由于环境卫生和大气治理趋紧，资源型矿厂企业大面积停工用油量锐减；宁夏外运货物明显减少，通过调研发现盐池2018年是一个极度疲软的市场，积极的改变策略，收窄促销力度，力争减少亏损。

**【量效平衡】**2018年盐池片区未与中石化加油站跟风进行价格促销，减少了促销站点，事实证明本次市场研判是正确的，市场份额未降反涨，费用结余2000万元，较2017年同期基本做到量效平衡。各站在紧盯竞争对手的同时从竞争对手手中挖掘固定客户。针对复杂多变的市场情况，片区要求站点针对竞争对手实施24小时不间断监控，价格变化的反应时间不得超过一个小时，对竞争对手的客户信息进行分析，根据竞争对手客户群进行重点的宣传，在中石化门口派专人进行宣传。片区要求各站建立、充实盐池片区客户群，对盐池片区的促销信息及道路交通信息第一时间传递给过往司机，同时剔除一些无效无利客户。

**【员工培训】**由于员工的流动性过大、职业技能培训不够深入，导致盐池片区现场服务不到位、开口营销等问题不能达到公司要求。针对以上问题，片区开展了以全员“淬火、除锈、百炼成钢！”为主题的“除锈行动”。邀请专项管理先进站点经理及业务能手，组织编写培训内容、考核细则以及培训后的监督。整个除锈行动分为四个阶段：培训阶段、跟踪监督阶段、片区普及阶段、回炉重塑阶段，从而加大培训力度。该行动取得了一定的成果：培训完毕的员工回到岗位开口营销能力明显改善；员工学会了危险因素识别，知道规范操作的重要性，明白了规定动作的必要性，从根本上杜绝违规操作；通过培训对本职工作有了更进一步的了解，知道自己在岗位上应该干什么，怎么去干。通过培训涌现出了一批积极向上的员工。基本实现了盐池片区全员开口营销、提高服务质量、打造强大现场、夯实基础，为后续加油站管理整体提升做好准备工作的目标。

【防渗安全】根据国家环境保护的有关要求，为响应宁夏公司双层罐改造号召，消除传统油罐由于长期腐蚀、埋地敷设而容易发生渗漏等缺陷，为地下土壤和水资源加上“双保险”，促使加油站安全环保水平将再上新台阶。盐池片区在公司各位领导的帮助下2018年对所属11座加油站进行了双层罐改造，其中改建2座，改造9座。针对该项工作点多面广、施工任务重、改造难度大、安全风险高等情况，盐池片区多举措加强安全风险管理，确保双层罐更换改造项目安全顺利实施。举办加油站双层罐改造施工安全培训，培训内容包含施工作业现场安全管理、清罐作业安全及双层罐改造施工安全等，认真落实安全施工有关作业要求和标准。严格按照《加油站双层罐改造全过程安全管理责任落实清单》要求，做到一站一套、一人一表，逐格对人，把各项任务和管理责任落实到人头。片区督查人员分赴各双层罐作业项目施工现场，开展安全检查工作，并将巡查情况及时上报。11座加油站改造均按工期完成，各种作业票均按规范操作规程操作，让加油站安全、按时投入正常运营。

【加油站管理】2018年片区通过增加下站频率，细化加油站检查细则，设立了片区巡视员，成立了督导组、考核组，督察人员随机到加油站进行巡查，现场提出整改意见并记录在案。每周不定时对加油站管理进行督察并且对巡查出来的问题整改情况进行考核评估，督察标准以加油站管理考核细则来抽丝剥茧查找处问题再进行整改督察，直到加油站管理常态化。对于加油站设备巡查，需维修等问题未查出或者未上报，所产生的维修费用由加油站经理自行负担。每月对加油站进行抽签考核，每半月抽查三座加油站并进行考核，考核结果记录在案作为年终评先选优的必备条件。

【财务管理】加油站报表在规定日当晚送达片区或者指定加油站，加油站不得再向分公司直接送达报表。对于财务资料不真实、弄虚作假、代签字等问题，每一处扣罚加油站经理50元奖金；系统操作错误处罚当事人错误金额10%当月奖金；刷卡套现一经发现，扣罚加油站经理及当事人两个月奖金，刷卡套现当事人直接勒令辞职。

【店面管理】必须要给员工灌输非油品销售是增加收入的主要来源，要求每站每月的任务完成率不得低于92%。加油站建立龙虎榜，对非油销售业绩突出的员工进行奖励。增加便利店商品品种，使便利店商品陈列饱满丰富；商品要货采取50万元以上站带30万元站，减少库存增加品种提高加油站便利店商品种类，增加销售机会；从2018年起，盐池片区50万元以上加油站品种均超过600种，40万元以上加油站品种超过500种；30万元以上加油站品种超过350种。便利店卫生必须干净整洁，货架卫生承包到员工，木质货架要求日日清洁维护。

【党建工作】2018年盐池片区党支部建设工作以宁夏销售公司党组2018年党的建设工作要点为依据，紧紧围绕企业发展这一主题，创新工作思路，创新党建工作活动载体，继续开展创先争优活动，全面推进支部的思想、组织、作风建设，为公司的健康发展，经济效益的提高，提供组织保障，为构建和谐企业提供强力的引擎。盐池片区党支部严格按组织程序发展党员，抓好入党积极分子选拔；加强入党积极分子培育。以加强基层组织建设为切入点，切实增强党组织的生机活力，把好质量关，合格一个，发展一个，不断发展，不断整顿，严格按发展程序办事，确保党员质量和水平。不断创新方法，通过培训、座谈、组织参观等多形式，多渠道抓好党员学习、教育、锻炼，努力提高党员干部思想政治素质，加强党员干部队伍建设。盐池片区党支部定期召开三会一课，坚持开展主题党日活动、召开组织生活会。开展好民主评议党员和民主评议党支部活动。同时组织好党费收缴工作。尊重党员主体地位，保障党员民主权利，推进党务公开。党建资料及时归档，提升党建工作科学化水平。盐池片区党支部及时将党建工作相关文字档案资料、图片、音像、实物等进行收集归纳，及时查缺补漏、规范完善。每季度一整理，每半年一汇总，每年一次集中梳理归档。同时，按照所属类型，细化完善档案资料，做到内容全面、条目清晰。坚持实事求是，杜绝弄虚作假，切实做到文字档案资料与会议记录相符，与图片音像资料相印证，真正使档案资料成为加强基层党组织建设、动态反映基层党建工作水平、客观记录基层党组织活动轨迹的重要载体。党建信息化平台推广应用。盐池片区党支部已完成全部在职、离退休党员数据导入。鼓励党员在手机“每日签到”，推动对话、讨论组功能应用，建立讨论组，广大党员已在对话框进行交流。全面推进党建任务项目化落实。为推动党建责任更实、党建动力更强、党建品牌更亮，盐池片区党支部将全年党建任务细化分解为一个个看得见摸得着的具体项目，以党建工作推动加油站管理。形成党员挂点帮助加油站，对各加油站进行实地查看情况、现场比拼成效、实名评议打分。对各位党员形成考核科学评判，年底进行量化打分、综合排序，将考核情况与评先树优相挂钩。对出现问题较多，管理不到位的加油站要约谈挂点党员；对成效突出、观摩评比排名靠前的加油站给予适当奖励，用考核的有效激励，促进党建项目销号清零、落实见效。丰富党建载体，密切党群、干群关系。片区党支部开展“扶贫帮困送温暖”活动，建立困难职工，生活困难党员、老党员台账。片区领导为高沙窝镇南梁村帮扶责任人，每周到村，分析治贫原因，制定帮扶计划，建立完善基础信息。同时充分运用QQ、微信平台，加强与员工沟通、交流，做好上情下达，不断丰富党组织活动载体，搭建员工学习平台和提高党建工作效率。

# 城乡建设与管理

CHENGXIANGJIANSHEYUGUANLI



## 住房建设与管理

**【概　况】**2018 年，盐池县住房和城乡建设局坚持以新型城镇化综合试点建设为统揽，重点围绕城市“双修”工作和乡村振兴战略，按照规划、建设、管理和经营城市并重的发展思路，做新做好老城区、做强做大新城区，大力实施城乡统筹、产城融合、生态立县、建管提升、民生优先、绿色建筑战略，全面加快美丽盐池建设，着力构筑功能完善、环境优美、充满活力的陕甘宁蒙区域中心城市。全年共完成城乡建设重点项目 30 个，完成投资 21.13 亿元。

**【规划引领】** 按照城乡一体化的要求，全面深入贯彻落实城乡规划法，严格把关建设项目“一书两证”，共发放项目选址意见书 46 份、建设用地规划许可证 42 份、建设工程规划许可证 31 份，完成了城乡规划各项目标任务。开展了《盐池县城市生态修复和城市修补总体规划》编制和城市“双修”基础资料收集与现状分析等工作。完成《盐池县空间规划（2018—2035）》阶段性成果审查。编制了《盐池县海绵城市建设专项规划》，并完成现场实地调研工作。指导王乐井乡、青山乡等乡镇完成了《王乐井乡总体规划》《青山乡总体规划》等编制工作，村镇建设水平明显提升、农村发展后劲得到有效促进。

**【城市基础设施】**在基础设施建设上提升标准，以强化支撑、补齐短板为目标，不断增强城市承载力、聚集力和容纳力。全年新建续建经四路、富盐南路、安居街、盐柳路和民族街共 5 条道路排水改造工程 5.8 公里；新建西花园、解放东街 2 处停车场，新增公共停车位 238 个，完成政务大厅、全民健身中心等 11 处 20 个港湾式公交停靠站改造工作，城市交通压力有效纾解、城市交通秩序持续优化；实施了国税局家属楼等 8 个老旧小区改造工程，完成改造面积 8.9 万平方米，并对 35 个老旧小区电线、网线、通信线路和私搭乱建进行规范整治，为 22 个老旧小区安装了 100 套电动车智能充电设备；启动了南关社区民俗小镇建设，供热、天然气、给排水管线和路灯安装等基础设施改造工程正在稳步推进；实施了南苑新村煤改气、煤改电新能源供热项目，着力改善群众生活条件，全年新建改造城市供热管网6条18.5公里，新增供热机组6台；高标准、高定位完成了古城墙修复工程、残疾人康复中心、托养中心等7个代建项目工程，公共服务建设水平不断提升，服务能力日趋完善；完成了环城公园景观绿化西三标段续建工程，完善了环城公园景观带绿化、硬化、亮化等基础设施，实施了纬二路、民族街、花马池街等3条道路绿化及银湖名邸、教体局、振兴社区等9处节点绿化工程，全年新增绿地面积150亩，建成区园林绿化覆盖面积达533.54公顷、园林绿地面积达500.24公顷、公园绿地面积达95.70公顷，建成区绿化覆盖率、绿地率、人均公共绿地面积分别达40.63%、38.09%、13.67平方米（建成区面积按13.14平方公里计算，人口按城镇人口7万人计算），均超出了国家园林县城标准。

**【城乡环境】**围绕“住有安居”的理念，统筹城乡住房保障同步进行，确保多层次住房保障和供应体系不断健全，让群众的居住条件不断优化。不断加强对房地产市场交易、中介、租赁等市场行为的监管，及时化解市场风险，年内新增紫玉华府、兴泰苑和景泰元公寓等商住开发面积20万平方米。实施城镇棚户区改造1058户，完成目标任务的105.8%，货币化安置率达45%。稳步推进了全区十大特色小镇之一大水坑镇的续建工作，实施了王乐井乡、青山乡2个美丽小城镇建设，完成了惠安堡镇杜记沟村、王乐井乡王乐井村、冯记沟乡杨庄台村等30个美丽村庄建设和农村污水处理及改厕2100户，农村基础设施承载力得到有效提升，农村居民生产生活生态条件得到有效改善。不断加大农村及城乡接合部环境整治力度，累计投入整治行动人员22049人次，清理垃圾21.8万余吨，清理乱堆乱放1.58万余处，拆除违章建筑156处5800余平方米，整治户外广告6729处，整治占道经营9852处。持续深化农村环卫保洁市场化服务监督管理工作，强化充实乡镇城市管理综合执法中队执法力量，不断加大督查频次、扩大督查范围，确保市场化环卫保洁制度落实到位、日常性环卫保洁工作维护到位、突发性环卫保洁问题整改到位，全年累计实地督查34次，下发督查通报9份，确保整治一片，见效一片。

**【行业监管】**深入推进城市管理综合执法体制改革，牢固树立以人民为中心的发展思想和为人民管理城市的工作理念，全力开展“强基础、转作风、树形象”行动，不断增强法治观念，提升服务和管理能力。围绕建设工程质量安全监督工作，深入推进安全文明标准化工地100%创建活动，针对建筑施工现场及燃气经营管理等方面共下发安全隐患整改通知书36份、停业整改通知书16份，全年未发生重大质量安全生产事故。年内共创建“结构杯”优质工程1个、市级标化工地11项、区级标准化工地7项，积极组织全县建筑企业和监理企业开展以“坚守安全红线，推进安全发展”为主题的建筑领域安全知识竞赛，评选出3家优胜企业代表盐池县赴吴忠市住建局参加决赛并取得了优异成绩。采取“划片分区、领导包抓、责任倒查”工作机制，扎实开展建设领域环境保护专项行动，大气污染防治、“蓝天碧水·绿色城乡”、扬尘治理“6个100%”、燃煤锅炉淘汰等任务要求得到全面落实。制定《盐池县物业管理实施规定》《盐池县规范各类普通住宅小区物业服务收费标准实施方案》，进一步完善了盐池县物业管理法规和基本制度体系，指导29个小区成立了业主委员会，在日常监管中对物业服务企业不履行职责的下发了21份限期整改通知书、对13起物业上访案件进行了协调处理。

**【党建】**按照“三强九严”工程的要求，以巡视反馈问题整改为契机，严格落实“三会一课”、组织生活会、“5+X”主题党日活动等组织制度。制定《住建局党委党支部规范化建设工作实施方案》，将2018年确定为“党支部规范化管理建设年”，促进基层党建工作规范化开展。围绕住建工作实际，开展服务型党支部示范工程创建活动，党支部在助力业务工作中树标杆、做示范、建亮点，不断推动“两学一做”学习教育常态化、制度化、规范化。2018年，各党支部组织集中学习79场次、专题讨论28场次，并组织党员干部在自治区和县级廉政教育基地接受警示教育。结合民族团结进步创建工作，扎实开展“共产党员不信仰宗教不参与宗教活动”专项治理工作，通过学习教育、谈心谈话，召开2次专题组织生活会，111名党员全部签订了共产党员不信仰宗教不参与宗教活动承诺书，获“全区民族团结进步创建活动示范机关”称号。组织101名帮扶干部为包扶村和帮扶户办实事好事200余件、联系短期就业岗位70余个，并帮助农户拓宽农副产品销售渠道。落实在职党员到社区报到“志愿服务”工作机制，设置党员先锋岗35个，党员示范窗口1个，切实帮助社区居民解决实际困难。根据工作实际和廉政风险重点，从事前、事后及全过程监督三个方面出发，建立监督清单，重点对工程招投标等12项工作进行监督把控，狠抓中央“八项规定”执行监督不松懈。认真开展违反中央“八项规定”精神突出问题专项整治和扶贫领域腐败和作风问题专项治理工作，主动认领并认真整改了中央和自治区党委巡视反馈的22个问题，对23名党员干部进行了诫勉谈话，对11名重要岗位党员干部进行了提醒约谈。

【综合治理】积极开展扫黑除恶专项斗争工作，在建筑工地、拆迁现场、公园广场、物业管理小区等地开展宣传，共计印发宣传材料1100余份，制作横幅65余条，电子屏滚动播放宣传标语120余条，公开设立举报电话、举报箱，实行全方位、滚动排查。2018年以来，共排查68次，涉及251个项目、工程，排查涉恶线索2起。认真做好信访维稳工作，畅通群众投诉渠道，着力推动行业作风建设，固化“100-1=0”的廉政意识。对于中央巡视组、自治区党委巡视组反馈的信访案件及时进行化解办理，妥善解决群众反映强烈突出问题，树立了良好的公信力。全年调解处理房屋质量、物业服务、房屋拆迁等矛盾纠纷111件，妥善解决葛某某、杨某某、朱某某等历史遗留和重点维稳对象案件6宗。有序开展“七五”普法、法治政府创建工作，严格规范公正文明执法，不断推进政务公开，健全行政执法责任制。2018年以来，进行行政处罚27件，积极邀请相关专家为执法工作人员进行了2次法律知识培训，开展警示教育3次。对施工单位、施工现场进行法律知识宣传，共发放宣传册、宣传单2000余份。通过政府门户网公开各类信息78条，运用微信公众号发布信息300余条。

## 城市管理

【管理执法】围绕中心工作，充分发挥管理职能，全方位开展市容秩序治理。大力开展沿街“六乱”治理，加大对花马池街、盐州路、振远西街、鼓楼街等重点街道的市容秩序治理力度，圆满完成盐池县民俗嘉年华、航空嘉年华、滩羊文化旅游等活动的市容市貌管理治理工作。完成各类炸串餐车进行登记备案94台，取缔凉皮摊点16家，清理店外经营1600余处，清理城市“牛皮癣” 5.3万平方米，清理橱窗即时贴广告400余处，取缔各类违章广告牌80块、清理条幅400余条。严把审批关，发放户外广告设置手续160处，抓捕流浪狗300余只，沿街市容秩序得到有效改善；集中治理非机动车辆乱停乱放，沿路车辆停放日趋规范。交通秩序中队加强重点路段巡查治理，加大醉驾酒驾的查处力度，认真完成各类大型活动的交通疏导工作，共查处各类违章停放车辆2000余辆，查处酒驾、醉驾行为30余起，规范自行车、电动车、摩托车停放200余辆（次）。发现乱停车辆对车主进行教育并协助改正，沿街车辆停放秩序明显好转，群众自觉性得到提升；全面监控，规划执法力度不断加强。按照政府要求，城管局对县城建成区内违章建筑展开了拉网式复查，尤其是背街小巷、城乡接合部重点区域，坚持“人机结合”“24 小时”“白加黑”“5+2”的工作制度，严抓规划监察工作不放松。上半共拆除违法建设、乱搭乱建 1150 平方米，规划执法震慑力不断增强。持续不断做好公园广场监管工作。修订《盐池县城区公园广场精细化管护标准和考核标准》，取缔公园广场所有的流动摊点和儿童娱乐设施，尤其是取缔了 12 家存在安全隐患的儿童娱乐气垫床，对 26 家民间广场舞组织者进行培训学习，规定活动时间，确保全民健身不扰民。经过一年的不间断巡查，针对破坏毁坏公园广场绿植设施行为，口头警告劝阻 200 余次、简易罚款 100 次，立案处罚 3 起，有效地遏制了毁坏绿植行为，维护了良好的公园秩序。

**【大气污染治理】**全面开展油烟噪音污染工作，持续改善环境空气质量。市容监察中队开展餐饮行业油烟污染治理、噪音污染投诉件处理以及中、高考期间建筑工地施工噪音治理，邀请专业人员利用检测机器对群众反映热点噪音污染问题进行检测，并出具检测报告。一年来，共开展夜查 30 余次，查处噪音扰民投诉件 60 余起，清理露天烧烤 60 处，规范治理，督促安装餐饮行业油烟净化设，建立档案，一户一档，全县 566 家餐饮业均已完成安装；自加压力，迎难而上，完成燃煤锅炉拆除任务。规划监察中队对县城建成区内燃煤锅炉情况进行逐一核查，认真落实，一炉一档，倒排时限，紧盯节点，定期销号，共拆除、查封 20 蒸吨 / 小时及以下燃煤锅炉 40 家 49 台共 30.2 蒸吨；多管齐下，建筑渣土扬尘得到有效治理。采取“抓两头、控途中”的工作方式，对建筑工地渣土生产情况进行实时监控，规范工地渣土出场管理；与建筑垃圾倾倒场建立信息反馈机制，掌握入场倾倒情况，确保运输车辆在规定时间和地点倾倒；加强沿路车辆检查，依法查处运输车辆不封盖密闭、沿路撒漏、违规倾倒行为。上半年对县城区内建筑渣土生产工地进行严格管理监控，查处违规运输、造成撒漏车辆 10 辆，建筑渣土规范管理工作初显成效。

**【人居环境】**按照产业兴旺、生态宜居、乡风文明、治理有效、生活富裕的总要求，坚定不移实施农村人居环境整治工作。以实施农村生活垃圾污水处理、卫生改厕、安全饮水、道路畅通等工程为抓手，对农村各类垃圾进行全面清理。建立县、乡（镇）、村三级督导、检查考核机制。通过定期检查、随机抽查、现场调度、及时通报及公开曝光等多种手段，严格督导、严格考核。累计投入整治行动人员 24295 人，共拆除违章建筑 7370 平方米，清理垃圾 22 万余吨，清理乱堆乱放 1.7 万余处，整治户外广告 9885 处，整治占道经营 1.2 万处，清理“三大堆”（柴堆、草堆、土堆）468 处。

**【队伍建设】**讲党性，作表率，扎实开展中央“八项规定”学习。认真开展中央“八项规定”精神制度专题学习活动，组织干部职工赴自治区廉政教育基地参观学习、学记《中国共产党廉洁自律准则》《中国共产党纪律处分条例》等规定。要求中层领导、廉政风险岗位人员进行自查自纠，现场表态发言。邀请县纪委开展廉政教育专题讲座，通过专题讲座筑牢了全体党员干部拒腐防变的思想防线。强素质，提水平，全面提升队伍凝聚力。制订学习计划，通过学习提升队员道德素质和执法水平。教育全体执法人员遵循“为民执法、廉洁执法、文明执法、规范执法、科学执法”原则，树立正确人生观、价值观、道德观，坚持以“强基础、转作风、树形象”专项行动为标准，严格依照法定职权和程序开展执法工作，按规定穿着统一的制式服装、佩戴标志标识，主动出示执法证件，做到执法方式适当，措施适当，行为适当。全面执行执法全过程记录制度，做到了全过程留痕、可回溯管理和制约。

**【法治建设】**严格把控行政执法案卷的制作审核工作。随着城市管理工作的体制改革，职权清单的划转梳理，各项行政执法案卷在日常执法过程中不断增加，案件制作审核要求也不断提高。严要求、高标准，做到有效保持行政执法的合理性、合法性，规范提升案件制作过程中的透明性、真实性、杜绝一切虚假制作、蒙混过关。严厉禁止一事不再罚、处罚法条含糊不清、为处罚而强行配备法律条文等违法行为。为民解忧、忧民所想、解民所惑，做好各类信访案件答复工作。设立“214”便民服务信访接待室用于接待来访群众。开通盐池县城管局“12345”便民服务热线，共接到来电信件单27件，均已全部办结。书记县长信箱、人大议案共计18件、社情民意1期，均已答复解决。做好执法人员行政执法培训，做到谁执法谁学法谁普法。大力提升一线执法人员的行政执法业务水平，要求谁执法谁普法，配备学习心得笔记要求做到月学习季总结半年一考试的学习任务。积极组织执法人员进行前期行政执法考试的学习辅导，保证执法证件的通过率和做好执法证的审核更换工作。派选执法人员参加自治区“七五”普法培训班。配合县检察院做好“两法衔接”工作。建立科学、高效的行政执法与刑事司法相链接工作机制，加强检察机关对行政执法机关的法律监督。在行政执法实践中，成立了以大队长为组长的“两法衔接”工作领导小组，对案件进行监督核审。并结合工作实际，配合落实行政执法与刑事司法相衔接信息，共享平台建设，保证了“两法衔接”工作的有序开展。积极配合县宣传部、司法局、禁毒办、综治办开展各项法制宣传及调解工作。积极参加配合县委县政府组织的普法、环保、禁毒、综治等宣传工作，印制宣传手册1000多份，参加大小宣传大十余次，做到我学法我普法。查漏补缺、完善规范、为行政执法提供有力保障。与县编办、法制局积极交接沟通，梳理各项行政职权229条，制作便携式行政执法手册。印制各项法律文书达1500份。

【党　建】城市管理综合执法大队党支部认真落实党委2018年工作要点，学习贯彻党的十九大精神，以习近平新时代中国特色社会主义思想为指引，进一步统一思想、提高认识、明确任务，动员和组织全体党员干部不忘初心、牢记使命、锐意进取，为加快城市管理综合执法各项工作任务建设提供了坚强的组织保证；制定支部工作计划，加强组织学习。结合城市管理工作实际，开展了党的十九大精神专题学习，并对《中国共产党党章》、自治区十二次党代会精神及党员应知应会等知识进行系统学习；严格执行“三会一课”制度。组织召开“不忘入党初心，坚定理想信念”专题组织生活会，坚持每月开展多种形式的主题党日活动，创建服务型党支部示范街。共召开党员会议6次，支委会8次，党课2次，开展主题党日活动8次；每月按时收缴党费，做好党员发展工作。严格按照党员发展程序，坚持公开、公正、公平的原则，加强沟通与了解，做好党员发展工作。2018年拟发展对象1名，入党积极分子2名；全面落实“两个责任”，严格执行廉政各项规定。组织全体党员干部对中央“八项规定”进行学习并结合自身展开讨论，提高了干部的拒腐防变的能力，进一步提升干部廉洁从政的水平。

## 城乡供电

【概　况】2018年，国网盐池县供电公司实现长周期安全运行9445天，城镇供电可靠率99.9381%，农村供电可靠率99.9042%；城网电压合格率为100%，农网电压合格率为100%；完成全口径售电量23.85亿千瓦时，同比增长30.26%，电费回收连续41年结零。

【安全管理】常态化开展安全日活动、安全网监督例会，扎实开展春秋检、安全大检查和隐患排查治理工作，累计稽查现场267个，评定遵章现场11个，违章记分121分。累计消除缺陷1368处，排查治理安全隐患171项。增强应急保障能力。修订18项应急预案，率先完成应急能力建设评估和大面积停电桌面推演，获宁夏公司好评。高质量完成自治区六十大庆等21项保供电任务。提升运维服务水平。全面推行带电接火、消缺作业，年度带电作业

51次。完成130台自愈开关安装，所辖的69条配网线路累计跳闸31次。配变重过载、低电压、三相不平衡台区降下幅度均超过20%。

【前期规划】统筹盐池县“一园五区”用电需求、新能源并网消纳、季节性用电负荷等因素，滚动修订盐池“2019—2022”配电网规划，储备项目68大项，估算投资1.61亿元。加快配网建设改造。坚持“四严格三落实”工程管理要求，及时成立工程管理办公室，强化业主项目部管理机制，全面完成2018年33大项156小项，计划投资6040万元的配网工程建设任务。

【优质服务】累计新增客户5110户，新增容量13.77万千伏安，时限达标率100%。以“量、价、费、损”为抓手，不断夯实营销基础管理。高低压营配调一致率均为100%，累计核查整改营销异动数据5012条，清算期间供暖电价54户、居民阶梯电价3500户，及时完成7003户的电价核查和退费清算工作。联合公安加大反窃电打击力度。累计处理窃电及违约用电59户，追补电量5.41万千瓦时，追补电费13.42万元。持续创新服务举措。截至12月底，当月线上缴费35558户，线上缴费率为82.64%，线上办电率实现100%。

【对标管理】全力攻坚采集及线损治理。县公司采集覆盖率为99.97%，采集成功率99.74%（低压99.87%，专变100%，公变100%），达到公司A段水平。将同业对标指标细化分解。设立专人负责督促治理，截至11月份，县公司年度同业对标排名第八，乡镇供电所同业对标排名进入A段19所/次（4、5月份未开展对标）。全力开展“全能型”供电所建设。按照国网公司“全能型”供电所建设的工作要求，2018年打造完成“一个五星级、两个四星级”供电所，已有县公司公司四星级以上供电所5个，占比达50%，以点带面推进整体农电管理水平不断提升。

【精准扶贫】紧紧围绕盐池县率先脱贫攻坚目标，高标准完成30个美丽新村和惠安堡、大水坑2个自治区特色小城镇示范点电力配套规划建设，全面推动贫困村农网提档升级。将扶贫点帮扶作为年度重点工作抓实抓细，先后开展7次精准识别“回头看”，帮助成立农机服务合作社和滩羊协会，辐射带动了其他贫困户提前脱贫。积极服务光伏扶贫项目落地，全力做好盐池县14个村级电站、2000户自然人光伏扶贫项目并网服务工作。以电力先行为盐池县率先在宁夏退出贫困县序列做出了贡献。

【依法治企】夯实思想基础。认真学习贯彻《中国共产党廉洁自律准则》和《中国共产党纪律处分条例》精神，把加强班子成员党性修养、查纠作风问题、推进短板治理活动等工作纳入“四好”领导班子创建，强化党风廉政建设教育，提高领导班子党性修养。协同履行职责。聚焦“六个围绕”全面深化巡视整改，完成巡视巡察发现共性问题及典型案例自查自纠，高质量完成综合类问题清单梳理工作，确保问题整改到位。开展党员干部和关键岗位廉政谈话，编制廉政风险隐患排查清单，依据岗位特点逐一制定防范措施。落实监督责任。班子成员严格遵守政治纪律、组织纪律、工作纪律和财经纪律，全面落实“一岗双责”要求，加强作风建设的监督检查，相互监督，坚决纠正和查处不正之风，营造“干事干净”廉洁氛围，有力促进了公司安全生产、经营业绩和依法治企等各项工作健康、持续发展。

【党　建】以“主题党日+”活动为着力点，构建党建工作目标一体化、管理标准化、载体多样化、成效显著化的“四化”党建工作格局。率先完成农电工党员组织关系转接，成立盐池公司党委。关心关爱职工生活，完成“两供一业”分离移交，职工公寓住宿环境、食堂伙食得到改善。县公司在电力公司绝缘杆法带电作业竞赛中获得团体第一，党支部获“国家电网先锋党支部”，一项管理创新成果在宁夏公司获奖，一人获得宁夏公司安全知识竞赛第七，两人在宁夏公司客户服务技能竞赛前三，四名职工在宁夏公司乡镇供电所台区经理调考前五三名职工进入综合柜员业务技能调考前十，《电费计算器的设计》获宁夏公司职工技术创新一等奖。

## 住房公积金

【业务指标】住房公积金归集稳步提升。截至12月底，全县实际缴存单位189个，实缴人数6400人。当年归集住房公积金1.26亿元，同比增长4.74%，完成年计划任务（1.23亿元）的102.37%。累计归集住房公积金9.98亿元，归集余额达到4.09亿元。新增单位4个，新增缴存职工31人，分别完成年计划任务（6个，100人）的66.67%和31%，月增加缴存额2.64万元。新增灵活就业人员17人，完成年计划任务（40人）42.5%，月增加缴存额0.86万元。住房公积金贷款持续增长。全年为272户职工家庭发放住房贷款7899.80万元，同比增长22.50%，完成年计划任务（6300万元）的125.39%，占当年归集总额的63.04 %。累计为5808户职工家庭发放住房贷款6.68亿元，贷款余额2.30亿元。个贷率为56.30%，同比增长3.38%，创历年最高，贷款逾期率为零。住房公积金提取明显扩大。当年提取住房公积金9869.19万元，同比增长1.78%，占当年归集总额的78.76%。累计提取住房公积金5.89亿元。住房公积金增值收益不断提高。2018年，业务收入1052.85万元，业务支出606.26万元，实现增值收益446.59万元，增值收益率1.14%。住房公积金社会效益发挥突出。支持商品房购房面积达3.43万平方米，拉动住房消费1.32亿元，同比增长32%，个人住房贷款市场占有率接近40%。6月底，为全县193个单位7856名职工的住房公积金账户余额结算利息，结息总额553.09万元，缴存职工人均结算利息704元。

【加强学习】2018年，主要把深入学习贯彻党的十九大精神和习近平新时代中国特色社会主义思想作为学习重点，认真学习自治区第十二次党代会精神以及市中心安排的学习内容，结合业务知识、法律知识以及服务礼仪学习，将理论学习贯穿于业务学习和工作实践中，多视野促进干部职工思想教育和业务学习，大力营造一种在干中学、学中干的良好学习氛围。

【缴存扩面】抓宣传。始终把归集扩面工作作为衡量成绩的硬指标，强化措施，明确任务，落实责任。配齐宣传力量，有针对性的到效益好的非公有制企业上门宣讲政策、发放宣传手册，通过微信、门户网站等媒体发布政策信息，不断扩大住房公积金政策的社会影响力和知晓度。抓催缴。以清理、纠正“少缴、欠缴、停缴”等突出问题为重点，规范日常缴存行为，采取电话提醒、印发催缴函、上门催收等有效措施，形成日常催缴与重点催缴相结合的滚动催缴机制，不断巩固已建单位、督促新建单位及时足额将公积金归集到位。抓规范。年初对每个单位、每名职工的缴存基数、缴存比例、缴存额度进行审核审定，严格落实“控高保低”政策，确保缴存基数和缴存比例规范正常。

【“放管服”改革】全面推行综合柜员制。按照中心实行综合柜员制工作要求，分中心从6月份开始对经办人员进行各类业务交叉轮岗培训，8月份全面推行综合柜员制，打破之前谁的业务谁办理，“各管一头”的旧例，解决了业务办理“一头热一头冷”的问题，减少了职工等待时间，服务效能和群众满意度大幅提升。积极推行网厅业务。基于中心信息化建设的稳步提升，分中心积极推进网上大厅业务，加大对网上大厅的宣传力度，推广智能快捷的查询、办事途径。8月15日在分中心顺利举办了第一期网厅业务培训，召集了22家企业单位会计人员参加并开通了网上办事功能。

【自主核算】根据中心贷款自主核算工作的要求，分中心组织工作人员从5月份开始加班加点补录存量贷款资料信息，进行存量贷款的数据移植，并于8月1日、9月1日分别实现了工行、农行存量贷款自主核算，结束了靠银行系统发放和回收贷款的历史。贷款自主核算系统的运行，缩短了贷款办理时限，贷前、贷后业务可直接在受委托银行“一站式”办理，最大限度地为缴存职工提供了优质高效服务，对于提高住房公积金管理水平起到至关重要的作用。

【廉政建设】年初，市中心党组与分中心签订党风廉政建设目标责任书，分中心与每位干部职工签订目标责任书，层层落实党风廉政建设责任，确保个个肩上有担子，人人心中有廉洁。制订党风廉政建设工作计划，严格执行中央“八项规定”实施细则和区、市、县实施办法，紧盯“四风”问题新动向、新表现，加强作风建设、纪律建设，加大预防和反腐败工作力度，教育引导干部职工增强“四个意识”，推动机关作风风清气正，队伍廉洁自律。

【脱贫攻坚】按照盐池县、县委政府扶贫工作部署，分中心抽调两名工作人员到花马池镇高利乌苏村为9个建档立卡贫困户开展帮扶工作，依据扶贫工作“六个精准”基本要求，先后进村入户29次，开展扶贫政策宣传，为农户提供技术服务，协调惠农贷款，解决医疗救助等。盐池县于9月29日正式退出贫困县序列，分中心所帮扶建档立卡户全部脱贫摘帽。

# 交通 邮政

JIAOTONGYOUZHENG



## 交通运输

【公路建设】农村公路建设情况。完成了2017年第一批王牛线至田记掌、S201线至中滩等7条71公里农村公路建设任务；完成了2017年区厅批复实施的下马关至萌城（盐池段）11.7公里农村公路路网改建项目；2018年区厅批复盐池县第一批摆宴井至林家口子、官记圈至高丽乌苏等农村公路建设项目8条68公里，已完成7条62公里建设任务，1条6公里涉及哈巴湖保护区，经调整后完成了路面沙砾铺筑；县政府安排中央扶贫资金实施6条48公里农村公路，于11月10日前全部完成建设任务。国省道路改造工作。2018年区厅在盐的国省干道建设顺利实施，年内完成固定资产投资27亿元。银百高速公路宁东至甜水堡段全长112.3公里，在盐池县境内长约109公里，路线南北走向跨三镇两乡，由交通运输厅组织实施，计划工期2017年至2019年。交通局组建国省干道建设协调办公室，安排专人全程跟进，配合开展征地拆迁等各项协调工作。工程进展顺利，正在实施路面沙砾铺筑和桥梁上部构筑工程；G338线盐池过境段116公里改造工程，由区厅组织实施，计划工期为2017—2018年。主体工程已全部完成；农村公路建设项目争取。8月中旬，交通局向区厅报送2018年第二批通村公路建设项目计划，积极争取惠安堡至向阳、古峰庄至田记台等14条121.7公里农村道路建设项目，经与区厅对接，计划下达81公里进行备案。“四好农村路”示范县创建工作。由交通局申报，市交通运输局初评、推荐，交通运输厅复核、评选，2018年6月中旬，盐池县被评为第二批自治区级“四好农村路”示范县。2018年年初，盐池县交通运输局获评区厅农村公路建设先进集体。

【工程管理】公路建设过程中，认真落实“四制”。建立工程建设、廉政建设、安全施工“三合同制”，严格执行工程建设各项管理规定，保证了工程建设的顺利实施。所有建设项目均在媒体上发布招标公告、向监督部门申报事前监督事项，进入规定的交易平台公开招标，择优选择施工单位和监理单位。同时，按照相关规定对建设项目的设计进行招投标；及时办理项目建设的工程可行性研究报告、土地利用、环评报告、施工许可及质量监督等相关手续；建立项目资金管理使用的安全体系，设立项目资金专账，严格财务管理制度。为确保资金拨付和工程进度衔接一致，工程资金的拨付严格按照县人民政府《关于印发盐池政府投资项目管理办法的通知》规定，实行计量支付、会议研究和“七笔联签”，确保专款专用；准确及时上报公路统计报表及工程计量等相关报表。按照农民工工资发放管理办法，监督施工单位与农民工签订劳动合同，实行农民工实名制管理，设立农民工工资专户，由银行代发工资制，确保农民工工资足额及时发放。

【工程质量】严格执行国家有关部委颁发的工程建设管理办法，以质量管理体系为核心，加强质量监督、巡查和监控。建立健全质量保证体系，确保“政府监督、社会监理、企业自检”落到实处。成立盐池县农村公路建设质量监督管理领导小组，设立办公室，对农村公路建设质量、进度进行全程监督管理，实行“省级机构指导、市级机构管理、县级组织监督”农村公路建设质量控制体系；完善领导包抓和责任追究制度，加强工程建设质量监管，强化职、责、权统一结合。完善落实农村公路建设“十公开”制度和工程变更 “四方联审”制度；派驻监理人员加强现场监理，全过程、全天候、全方位监理，把好每道关口，接受盐池县农村公路建设质量监督管理领导小组办公室和吴忠市公路质量监督站对工程项目进行全过程质量监督；聘请公路沿线村民代表作为农村公路建设质量管理监督员，合力打造群众信得过工程。

【公路养管】交通局承担全县 1703.252 公里（其中普通国道 72.265 公里，省道 271.232 公里，县道 5.82 公里，乡道 353.511 公里，村道 1000.424 公里）的道路养管任务，符合列养条件的农村等级公路列养率为 100%。公路养护工作树立“创新、协调、绿色、开放、共享”的发展新理念，全面提升路网通行能力和综合服务水平。以“畅安舒美路”创建为抓手，带动引领公路养护管理上台阶。在盐麻线 K1+700—K56+600 建设了 54.9 公里“畅安舒美”示范路段，高标准养管，树立“畅安舒美”示范窗口；加强日常性养护。2018 年共处治坑槽、沉陷、龟裂等路面病害 92382 平方米，整修路肩边坡 779041 平方米，疏通桥涵 21 道，刷新标志 3609 块；加强预防性养护，做好农村公路路况恢复工作。投入资金 402.2282 万元对盐王线、左蔡线等 14 条道路共 30648.91 平方米的路面病害进行预防性处治。对圈关线、灵应山沙砾路等存在安全隐患的路段进行级配料垫补 1.1 万；注重桥梁养护支撑。委托中设设计集团有限公司对全县范围内 32 座桥梁按照《公路桥梁技术状况评定标准》进行系统检测，对问题桥梁及时处置，消除桥梁安全隐患，确保桥梁的安全正常运行，并按照技术状况评定标准完成评定；推进农村公路养护市场改革。将柳李线、猫二线等 7 条 84.58 公里农村公路已承包出去，提升了偏远乡村道路养护覆盖率与村道的经常性养护率；做好公路水毁抢修和预防工作。投资 9.82 万元对盐麻线、惠红线、青涝线、杨十线、林家口子至杏树梁等水毁路段进行恢复，维修圆管涵 16 米，新做硬边沟 30.05 立方米。维修硬边沟压顶 268.7 米。在全县各安全隐患路段安装突发事件应急标志牌 600 余块，更换钢护栏 310 米，更换标志牌 300 余块，安装道口柱 450 根，极大地消除了道理安全隐患及事故的发生。为提高安全生产事故预防应急处置能力，储备吸淤泵、编织袋、挖掘机等各类机械和装备随时待命抢险。同时加强冬季防雪物资储备，各公路站共储备融雪盐 40 吨，防滑沙 120 吨。2018 年辖养的普通国省道公路优良路率为 62.4%，县道公路优良路率为 34.4%，乡道公路优良路率为 41%，村道公路优良路率为 34.6%，完成了区局下达的养护指标。进一步加强交通执法队伍监管，促进交通执法队伍正规化建设。积极组织交通执法人员学习《超限运输车辆行驶公路管理规定》《中华人民共和国公路法》《中华人民共和国道路交通安全法》《公路安全保护条例》等方面的知识，提高法律知识水平。严格执行《公路安全保护条例》《超限运输车辆行驶公路管理规定》，实行严管重罚，依据全县农村公路分布状况分别在鸦儿沟、大水坑设立了两个流动治超点，在青山设立了一个固定治超站，并采取定期轮岗。办理行政许可4项，结案率100%，交通治超共检测车辆61250余辆，其中超限车辆1102辆，卸载货物3000余吨，超限车辆大幅度下降。

【运输管理】行业服务能力进一步提升。立足行业，大力开展技能脱贫。县运管所主动对接扶贫部门，准确掌握建档立卡扶贫户信息，引导驾校在县政府的支持下，通过减免费用等措施，为建档立卡户提供驾驶技能培训，带动和鼓励技能脱贫，2018年以来共有436名贫困户通过驾驶技能培训，共计减免学费80余万元；结合卫生县城整治工作，联合县综合执法局、工商局等部门对国道338、307沿线维修业户卫生、占道经营、维修废物处理进行清理整顿。进一步规范行业管理。2018年上半年，继续推进企业管理标准化、规范化建设，对辖区内47家企业开展质量信誉考核整治工作；提升危货行业管理水平，完成辖区全部危货运输车辆4G动态监控系统安装，实现运输过程中全天候实时远程视频监控；深化“绿色汽修”创建，鼓励引导汽车维修企业购置新设备、引进新工艺、改进旧设备及场地，已确立了3家维修企业作为创建“绿色汽修”的示范培育单位。全力开展“扫黑除恶”专项整治行动。按照县委政府关于扫黑除恶专项斗争实施方案的通知要求，运管所联同县交警大队、高速交警、城市综合执法局、各乡镇派出所等单位，对群众反映强烈的盐池—银川、盐池—吴忠、高沙窝—盐池、大水坑—银川等线路，开展联合打击“黑车”等非法从事客运经营行为专项治理行动。共查扣从事“黑车”非法营运车辆46辆，处罚46辆，罚款22.2万元。联合行动有效缓解了道路旅客运输市场的突出矛盾，维护了道路运输市场的秩序。

【安全生产】按照建设“平安交通”的目标，坚持“安全第一，预防为主”的方针，以抓隐患整改为重点，狠抓安全生产责任制的落实，强化监督检查力度，交通运输安全形势稳中向好。落实安全主体责任。监督各项目施工企业认真落实公路工程施工标准化建设规范，加强项目的安全管理，落实一线施工人员的安全教育培训，严格按规范程序进行施工，把安全生产工作落到实处。督促在建工程工地全面落实防高温防汛工作，对易受强风、暴雨等影响的工地、大型设备，施工单位要提前采取防护措施。在灾害性天气期间，坚决停止施工，严防事故发生；加强道路养护安全防护措施。继续推进公路生命防护工程，2018年投资91万元安装波形防护栏6978米。加强公路路面、桥梁、边坡等的监测巡察，及时发现险情、消除隐患。加强对易发生洪水、泥石流的重点路段巡守监护，认真做好汛期安全生产防范和应急物资储备工作，并加强应急预案演练，提高对安全生产事故应急处置能力；强化客运市场安全运营检查。督促各汽车客运站加强安全管理，严格执行“三不进站、六不出站”管理制度和车辆出站安检制度，加强司乘人员的安全教育。督促企业落实车辆使用、维护、技术档案等车辆技术管理制度，确保车辆状况良好。尤其加大节假日客运高峰期间，客运市场的检查、监管力度。继续开展扫黑除恶专项行动，以高压态势依法查处“黑车”非法营运车辆，确保盐池县客运市场规范运行；抓好危货运输隐患排查工作。加强监督卫星定位监控使用管理。建立卫星定位动态监控台账，充分利用好车辆监控平台，提醒驾驶员、押运员安全行驶。要求危险品运输企业完善突发事件应急预案，切实提高从业人员突发事件处置能力和安全操作技能。对运输企业安全隐患整改工作进行复查，形成闭环管理；严格值班值守制度，保证讯息畅通。系统各单位、企业实行24小时值班制度，严格险情报告制度，及时准确报告事故信息和启动应急响应。

【党　建】局党委组织引导党员干部职工认真学习习近平新时代中国特色社会主义思想和党的十九大精神，深入推进“两学一做”学习教育常态化制度化，结合落实自治区党委第二巡视组反馈问题整改工作，坚持“党要管党、从严治党”的要求，认真落实党建工作责任制，全力推进基层党建工作深入开展，为全县交通运输事业健康发展提供了有力的组织保障。强化主体责任，落实党内政治制度，推进基层党组织建设。结合自治区党委第二巡视组反馈问题整改工作，全面落实党委班子主体责任，建立“三个清单”，梳理党委班子全面从严治党主体责任5项、支部班子全面从严治党主体责任13项，党委书记、支部书记全面从严治党主体责任7项，各级班子成员“一岗双责”责任15项，制定12条基层党支部规范化建设基本标准，逐一落实。强化班子成员基层党建联系点制度，严格执行《盐池县基层党建工作督查通报问责制度》，加强党建指导力度和督促检查，建立联系点“基层党建台账”，对照年初制订的党建工作年度计划，对所辖4个党支部开展主题民主生活会、组织生活会，落实“三会一课”、民主集中制、“三重一大”事项集体决策、党务公开等组织生活制度落实情况进行监督检查，发现问题建立台账，及时整改销号。形成了党建工作书记负总责，班子成员分工负责，各党支部具体落实的良好工作局面，有力促进党员领导干部讲规矩、懂规矩、守规矩，切实发挥基层党组织的战斗堡垒作用和党员干部的先锋模范作用。开展学习教育，提高政治站位，增强政治敏锐性和鉴别力。认真组织学习习近平新时代中国特色社会主义思想和党的十九大精神，局党委制定下发《交通运输局党员干部理论学习方案》和中心组理论学习计划，结合“两学一做”学习教育常态化制度化和“不忘初心 牢记使命”主题教育，聘请十九大党代表朱玉国和县委党校副校长石志敏对十九大报告中的重要思想、重大战略等内容进行专题讲座。并充分利用微信群等平台积极宣传，营造良好的学习氛围。制定下发党建应知应会手册200本，组织党员干部进行应知应会知识测试，不断深化学习实效。党员干部带头讲党课4次，撰写心得体会68篇，积极引导广大干部职工用习近平新时代中国特色社会主义思想武装头脑，提高政治站位，牢固树立“四个意识”，坚定“四个服从”，进一步增强政治敏锐性和政治鉴别力，坚定马克思主义信仰，在思想上、政治上、行动上自觉同以习近平同志为核心的党中央保持高度一致，坚定不移地服从县委、县政府的决策部署。系统所有党员作出不信仰宗教承诺并签订不信教承诺书，做到不信仰宗教，不参与任何宗教活动，绝不在任何场所宣扬和传播宗教，并教育好家属和身边人。开展党建活动，落实组织生活制度，切实发挥抓好党建促发展的作用。将“三强九严”工程细化量化并下发各支部进行考核，按照“强基工程”要求，党委认真抓好基层支部建设，筹集资金1.5万元捐助利源公司支部，用于党员阵地建设；开展“在职党员进社区”活动，全局在职党员全部到社区报到并认领了岗位，积极参加“5+X”主题党日等活动，为北关社区捐助2万元，推进社区共建；开展“龙头”活动，根据党员领导干部“到工作一线、管理项目、攻克难题”活动要求，安排一定比例的党员深入服务窗口、项目工地、执法一线，充分发挥党员干部职工在工作中的“龙头”带动作用。开展“党委书记申报领办党建创新项目”活动，以青山固定治超站为党建创新点，促进规范文明执法再上台阶，很好地展现了交通服务于民的良好形象。

【廉政建设】按照中央和区市党委及全县党风廉政建设和反腐败工作总体部署，局党委围绕全面从严治党这个中心，夯实党委抓党风廉政建设主体责任和纪委抓党风廉政建设监督责任，严明政治纪律，强化责任担当。明确监督执纪职责，突出监督工作重点。局纪委认真履行监督职责，加强对公路建设规划申报执行、建设工程招投标、工程质量管理、安全生产、路政执法和财务管理等重点领域、重点岗位履行职责情况的监督，防止权力滥用。坚决执行“一把手五个不直接分管”制度，“三公”经费严格按照规定程序支出，2018年“三公”经费较去年同期大幅度下降。制定《交通运输局2018年至2020年开展扶贫领域腐败和作风问题专项治理工作实施方案》，修改完善《盐池县交通运输局农村公路建设“十公开”实施细则》和《盐池县农村公路建设质量保证体系和工程质量控制要点》，项目资金拨付严格按照集体决策、“七笔联签”、计量支付，工程变更实行“四方联审”制度。从源头规范农村公路建设管理行为，有效预防公路工程建设领域腐败现象发生。狠抓廉政教育，落实廉政制度，推进党风廉政建设和反腐败工作。指导监督各单位深入开展廉政教育，组织党员干部学习中央、区、市、县关于党风廉政建设相关会议精神，学习《中国共产党党章》《中国共产党廉洁自律准则》《中国共产党纪律处分条例》及中央“八项规定”精神。党委制作《家庭助廉手册》300余本向系统干部职工发放，并签订《家庭助廉倡议书、承诺书》。在全局每台电脑的屏保设计廉政教育图文贴士，鼓励干部职工开展廉政字画和剪纸等活动，让干部职工在潜移默化中接受廉政教育。组织开展红色主题教育实践活动，参观县警示教育基地，观看《贪欲之祸》专题片，聆听县纪检干部的专题讲座，使广大党员干部接受党性教育，增强廉洁从政意识，收到良好效果。严格落实党风廉政建设“两个责任”，从严执行班子成员履行“一岗双责”、局党委每半年向县委进行一次述廉述责及领导班子成员每半年至少向局党委进行一次述廉述责等制度。局纪委定期检查全程纪实制度和提醒约谈制度，不断加强对领导干部的管理和监督，增强履行党风廉政建设责任制的责任感和自觉接受监督的意识。

【精准扶贫】交通运输局党委负责惠安堡镇、王乐井乡扶贫到户人共86人，精准扶贫对象共403户，局党委全面落实帮扶措施。进村入户，增进干群关系，进行扶贫政策的宣传工作，联合乡、村两级组织召开干部职工及群众培训4次，培训内容以2018年扶贫政策为主，发放扶贫政策宣传材料300余份。指导贫困户制定行之有效的脱贫计划，确定了产业扶持项目。并且筹集资金8万元为惠安堡镇、青山乡维修生产生活道路，为当地农民发展农业，脱贫致富做出贡献。

【落实政府任务分工】2018年，交通运输局争项目争资金目标任务2.15亿元，已完成目标任务；并完成固定资产25亿元；全力办理人大代表提出的意见建议，做到事事有答复，件件有回应。及时办理县委、县政府督办的其他工作任务，完成春季植树道路8公里建设任务。修建307至宁鲁石化道路1.4公里和德昌铁路物流道路1.4公里；加强环境污染治理工作，2018年共办理自治区党委督查室、“12345”便民服务热线和信访局反馈道路施工扬尘污染案件11件。

## 道路运输管理

【增强服务】道路旅客运输服务重点时段保障能力进一步增强。进一步做好重大节假日及活动运输保障工作，及时分析客流量，合理调配运力，顺利完成春运、自治区60周年大庆、“十一”、古尔邦等重大节会期间的旅客运输保障工作。2018年春运及其他重大节会期间，全县道路客运日均发车290班次，完成旅客运输量18.9万人次。深化“放管服”改革。以“一趟不用跑”和“最多跑一趟”倒逼服务效能提升，进一步规范行政审批程序，精简行政审批事项材料、环节和时限，方便群众的业务办理，实现业务办理零投诉。落实货运车辆检验检测改革，推进货车安全检验和综合性能检测合并，有效减轻检测费用负担。通过简化服务流程，实行“一站式”服务，12吨以上货运车辆在检测中心即可一次性办理车辆行车证、营运证年审业务。截至2018年年底，通过“一站式”年审车辆达

50% 以上。城乡公共交通建设得到进一步发展。自2016年公交行业公有制改革以来，共开通公交线路19条，其中县城区域内线路7条，农村线路10条，旅游线路2条，城乡公交一体化建设得到长足发展。2018年实现公交平稳运行里程280余万公里，安全运送乘客290万人次。同时为保证群众便捷出行，公交公司先后推出公交IC卡、云闪付等快捷支付模式，2018年累计办理公交卡5000余张，全年实现刷卡乘车15万人次。按照县委、县政府“脱贫攻坚”工作的整体部署，积极选派3名职工组成驻村扶贫工作队，专职开展驻村扶贫工作。组织全所职工入村开展结对帮扶工作，帮助村委会开展政策宣传、建档立卡户信息摸排、制定脱贫计划、落实帮扶资金等工作，同时2018年单位先后自筹资金9万元，为帮扶村困难群众购置生活生产资料，为群众解决实际困难。今年顺利通过国家脱贫验收，实现帮扶村整村脱贫。立足行业，助力脱贫攻坚主战场。在县政府的大力支持下，通过争取财政专项资金补贴农村客运、在农村线路投放公交车运营、推进城乡公交一体化建设等措施，实现全县102个建制村全部通客车。大力开展技能脱贫，主动对接扶贫部门，准确掌握建档立卡扶贫对象信息，引导驾校在县政府的支持下，通过减免费用等措施，为建档立卡户提供驾驶技能培训，带动和鼓励技能脱贫，2018年以来共有436名贫困户通过驾驶技能培训，共计减免学费80余万元。

**【安全监管】**推进道路运输行业诚信体系建设。组织执法人员对全县47家道路运输企业进行质量信誉考核工作，通过企业提交材料和现场考核相结合的方式开展，严格保证考核的进度和质量，通过信誉考核工作的开展，进一步建立和完善优胜劣汰的市场竞争机制及退出机制，引导和促进企业依法经营、诚实守信、公平竞争、优化服务。开展专项整治活动。组织开展了道路运输行业“百日专项整治”、安全生产“大检查”等活动。重点加强“两客一危”企业专项整治工作，通过查找企业安全生产工作薄弱环节和不足，督导企业建立和完善隐患排查治理台账，实行隐患销号制度，按期整改，跟踪复查，形成工作闭环。危货行业综合治理工作取得阶段性成效。进一步落实企业动态监控主体责任，完成辖区548辆危货运输车辆4G动态监控系统安装，实现运输全过程实时远程视频监控；结合自治区安委办督查反馈问题，督导危货运输企业进一步完善企业管理机构，配齐安全人员，完善安全生产各项管理制度，同时根据危货运输企业经营实际情况，积极鼓励企业开展远程在线教育平台建设工作，重点加强企业对流动驾驶员、押运员的培训教育，实现安全培训全覆盖。督导企业建立健全职业健康管理机构和相应制度，做好职业健康培训教育工作，要求企业定期组织从业人员开展职业健康体测工作。持续深化道路运输领域“扫黑除恶”专项行动。按照县政府统一部署，联合县交通、公安、交警等多部门对非法从事道路运输经营、恶意破坏市场秩序的违法行为进行重拳打击，强化线索摸排，对非法营运组织者进行重点打击，形成高压震慑，有效净化了运输市场秩序。2018年，共开展联合执法8次，出动执法人员266人次，出动车辆91车次，共查扣“黑车”64车次，有力地遏制了“黑车”非法营运势头。全力做好行业维稳工作。针对近年来客运行业整体效益下滑、非法运营扰乱正常市场经营秩序等可能诱发行业不稳定的因素，及时召开会议，研究部署维稳工作，结合政风行风评议工作，开展下企业、解难题、化矛盾走访活动，把问题、矛盾、隐患消除在萌芽状态。密切关注行业动态，落实化解好因经营效益下降等问题可能引发的停运、上访事件，全力配合县政府及公安等部门做好苗头性、倾向性不稳定因素化解工作，全力维护好行业稳定。2018年共处置行业矛盾纠纷2起，解决班线停运1起。

**【供给侧改革】**促进物流业降本增效。鼓励辖区汽车站大力拓展农村客运物流节点运输，依托完善的客运网络，建立县、镇、村三级物流配送服务体系，不断拓展农村客运物流市场，进一步提升客运服务的深度和广度。深化“绿色汽修”创建，引导汽车维修升级提质。重点从汽车维修废物分类、管理要求、维修工艺、废物处理四个方面，鼓励引导企业购置新设备、引进新工艺、改进旧设备及场地，不断提升维修行业的服务品质。2018年先后确立了3家维修企业作为创建“绿色汽修”的示范培育单位。驾培服务模式实现多样化。在驾培行业大力推行“计时收费”“先培后付”等驾培服务，实现学员自主选择培训教练，告别“一车多人”的传统教学模式，2018年通过“先培后付”等新模式结业的驾驶员占比达40%。同时在行业还组织开展了文明交通进驾校“五个一”活动、“优质课、公开课”活动，大力提升了驾培行业服务能力和培训质量水平。

**【党　建】**夯实党建工作主体责任。落实支部书记抓党建“第一责任人”职责。年初制定印发了《盐池县道路运输管理所2018年党的建设工作安排》，从党员教育管理、星级服务型党组织创建、“四风”整治等5个方面，对全年党建工作进行任务分解，明确党建工作14项任务，制定任务分解表，确定责任领导，根据任务分工，支部书记同各责任人签订党建目标责任书，层层传导党建工作压力，确保党建工作抓有目标、干有措施。落实意识形态工作主体责任。把意识形态工作纳入党建工作责任制，形成支部书记亲自抓，各支委成员按照工作分工，执行“一岗双责”，抓好分管领域的意识形态工作。督导支部党员干部结合岗位实际建立了“三个清单”和“四风”问题整改清单，明确责任内容、具体措施、完成时限，实施动态监管，强化跟踪落实。狠抓整改落实。结合支委班子2017年度民主生活会、党建工作专项检查及交通厅党委党建督促工作反馈问题，针对存在的8个方面问题，细化制定了19项整改措施，全部责任到人，确保落实到位。同时按照区市运管局党组织《关于进一步改进机关党建工作实施意见》要求，所支部结合实际制作了“三强九严”党员学习档案袋，将学习笔记、一人一档手册、谈心谈话卡等装入袋中，在每月党日主题活动中，组织纪检人员对党员“三会一课”学习情况进行抽查，确保全面从严治党主体责任落实常抓常严，抓出成效。严肃党内政治生活，夯实党建工作基础。强化理论武装。制定了《党员干部职工理论学习安排》《中心组理论学习安排》，规划全年学习任务及内容，积极设计学习主题，同时将党员学习情况纳入党员星级评定中，从严抓好党员学教育。严格党内政治生活。认真贯彻落实民主集中制，规范支委会议事制度和所务会议事制度，严格执行“三重一大”事项集体研究制度，严格落实党政主要领导“五不直接分管”要求，积极推进党务、政务公开。强化党内监督职责。充分发挥纪检监察职责，督导支部贯彻执行好“三会一课”制度、组织生活会制度、谈心谈话制度，抓好民主评议党员工作。严格党员发展程序和党员标准，积极稳妥发展党员，壮大党员队伍，2018年共推荐2名党员发展对象参加交通厅党委举办的党员发展对象培训班，并取得优异的成绩。

**【廉政建设】**完善廉政建设责任体系，细化任务分工。制定《2018年党风廉政建设工作安排》，对党风廉政建设和反腐败重点工作从6个方面进行任务分解，明确支部班子成员履行党风廉政建设责任制的具体内容，与各班子成员签订党风廉政建设责任书，确保责任落实。强化廉政风险防控体系建设。制定廉政风险防控工作实施方案，以规范权力运行为核心，围绕工作职能，岗位职责、业务流程、制度机制等方面，进一步排查梳理各关键环节及重点岗位潜在的风险点，把有效防范和化解廉政风险的责任落实到每个股队、每个岗位和每个职工，建立预防腐败的长效工作机制。积极开展纪检监察各项工作。制定《2018年纪检监察工作安排》，全面加强监督检查工作，对道路运输经营许可事项、重大案件行政处罚等事项实现全程监督；加强廉政监督提醒机制，以节假日发送廉政微信、组织收看廉政教育片、参观警示教育基地等方式，不断加强党员干部廉洁自律教育。强化日常监督。结合纪律作风专项整治工作，对单位各项规章制度进行了再次梳理，实行领导值周制度，强化日常工作监督检查，大力整治干部职工“三不为”问题，进一步加强干部职工队伍建设，提升服务群众能力。持之以恒纠正“四风”。坚持把学习贯彻落实中央“八项规定”精神作为重大政治任务。2018年支部在“八项规定”精神回头看的基础上，按照区局党委关于开展落实中央“八项规定”突出问题专项治理行动的要求，再次组织财务、纪检人员对单位十八大以来的财务支出情况进行自查，对2014年、2015年发现单位存在的部分公务接待招标准和部分职工违规报取加班用餐费用共计1.1万余元进行退费整改，同时对参与相关人员进行了集体约谈，对相关责任人进行了提醒谈话。

## 公路养护

【概　况】盐池县公路管理段现有在职干部职工100人、离退休职工71人，辖花马池等8个公路站，养护股、路政所等8个股室和1个工程机械队。养管农村公路1703.252公里，其中普通国道72.265公里，省道271.232公里，县道5.82公里，乡道353.511公里，村道1000.424公里，符合列养条件的农村等级公路列养率为100%。

【公路养护】在盐麻线K1+700—K56+600建设了54.9公里“畅安舒美”示范路段，高标准整治路肩边坡，树立“畅安舒美”示范窗口。加强公路巡查，及时处治路面坑槽、沉陷等影响行车安全的病害，2018年共处治路面坑槽、沉陷78713平方米、纵裂7778平方米、横裂5891平方米、整修路肩边坡779041平方米、疏通桥涵21道、清扫路面桥面5676平方公里，刷新标志3609块。打造内业精品工程，根据交通部《全国干线公路管理规范化检查标准》逐项逐条对照、归类整理和完善内业资料，达到格式规范统一、内容齐全完整。

【桥梁养护支撑】2018年投入9万元委托中设设计集团有限公司对对全县辖养32座桥梁按照《公路桥梁技术状况评定标准》进行一次系统检测，对出现问题的桥梁及时确定处置方案，消除桥梁安全隐患，确保32座桥梁的安全正常运行。认真落实桥梁管理十项制度，对1、2、3类桥梁，按养护规范要求，进行小修、中修。加强桥梁日常养护管理，确保排水畅通，设施齐全，功能处于良好状态，目前已按照技术状况评定标准完成评定。

【“三项养护指标”】普通国省道公路技术状况指数81.58，路面使用性能指数79.74，优良路率62.4%；县道公路技术状况指数75.4，路面使用性能指数74.6，优良路率34.4%，优良中等路率72.2%；乡道公路技术状况指数72.5，路面使用性能指数71.1，优良路率41%，优良中等路率60%；村道公路技术状况指数78.3，路面使用性能指数75.6，优良路率34.6%，优良中等路率6.1%。

【公路水毁抢修】投入资金9.82万元对盐麻线、惠红线、青涝线、杨十线、林家口子至杏树梁等水毁进行恢复，维修圆管涵16米，新做硬边沟30.05立方米，维修硬边沟压顶268.7米。

【“四好农村路”】根据区、县及交通运输局“四好农村路”建设方案，公路段主要是做好养护好和管理好两方面的工作。做好农村公路路况恢复工作，及时对路面坑槽、沉陷、翻浆等病害进行处治，3月至8月底投入资金402.2282万元对盐王线、左蔡线等14条道路的病害进行处治，共计30648.91平方米。对圈关线、灵应山沙砾路等存在安全隐患的路段用级配料进行了处治，共计1.1万平方米。做好防护栏、里程碑、百米桩等设施的刷新工作。四是有效落实了农村公路养护资金，养护人员经费正按体制改革要求逐步推进。按照农村公路养护管理资金实行“政府筹措、部门补贴”，地方政府养护资金按不低于补贴资金1∶1的比例配套，依据列养里程2018年县本级政府应配套595万元，已全部到位。公路段公路管理机构有在编人员100人，当前还是自收自支身份，正按事业单位体制改革要求，逐步纳入地方政府财政预算。

【应急保障】与各站、队、所签订安全生产责任书，完善制定各类应急预案。加强安全生产教育培训。每月组织职工系统学习安全生产知识、安全生产法律法规等。每月召开安全生产例会，对公路路面、桥梁、涵洞等及时进行巡查，对存在安全隐患的路段、桥梁、涵洞制定方案并限时整改，月末汇总上报，建立隐患台账记录本。做好节假日和汛期隐患排查和督查工作，对辖养公路的桥梁、涵洞等排水设施进行安全检查，并做好疏通工作，汛期做好值班值守工作，保证汛期出现险情能够第一时间发现并处治。并储备雨衣、雨鞋 50 套，吸淤泵 2 台，编织袋 2000 个，铁锹、洋镐 80 把，装载机、挖掘机、自卸车等车辆遇到险情随时待命抢险。制定“安全生产月”实施方案，以“生命至上安全发展”为主题，各公路站悬挂安全生产宣传标语 8 条，制作专题展板 2 块，6 月 16 日集中在万人广场广泛宣传公路安全生产知识，发放宣传单 2000 余份。定期对养护车辆、机械进行安全检查，确保车辆、机械能够安全运行。定期监督检查各站、队安全生产情况，杜绝上路不布控安全区域、不规范操作等现象的发生。投入 30 余万元配置安全设施，为职工制作夏季工装标志服 120 套，配备车辆警示灯 10 个，补充橡胶路锥 300 个，安全施工标志牌 40 块，突发事件应急标志牌 600 余块；维修、更换 S202 线、惠红线、郑马线钢护栏 310 米；为惠红线、青涝线、王青线、郭巴线等安装更换标志牌 300 余块；左蔡线、李华台线限高、限宽杆粘贴反光膜 98 平方米；辖养农村公路平交道口安装道口柱 450 根，极大地消除了道理安全隐患及事故的发生，保证上路作业的人身安全。认真做好重点时期（雨、雪天）的安全生产工作，主要做好冬季物资储备，各公路站储备融雪盐共 40 吨，对所养护路线的急弯陡坡等危险路段储备防滑沙共 120 吨。完善制定各类应急预案，进一步加强对安全生产的源头管理，提高对安全生产事故预见性和应急处置能力。

【养护信息化建设】将柳李线、猫二线、S307 至李华台、麻萌 B 线、摆宴井至井滩子、杨十线、唐平庄村道 7 条农村公路已承包出去，共 84.58 公里，提升了偏远乡村道路养护覆盖率与村道的经常性养护率。在村道沿线建立公路通信员，畅通公路信息，及时掌握公路运行状况。

【公路管理】认真落实各项分工任务。进一步压缩、精减行政许可事项，并在中国、宁夏门户网站和盐池县政府门户网站进行公示。进一步推进事权规范化、法律化建设，建立了权利清单和责任清单，并完善了交通行政执法纠错问责机制，严格落实责任追究和行政问责制度，推进政务公开工作，推行行政执法公示制度、深化安全治路管理、建立了排查和控制长效机制，严格安全治路源头管理。开展“整治公路货车违法超限超载行为”和“货车非法改装治理”专项整治活动，消除影响交通安查的隐患，严格执行交通行政执法人员持证上岗和资格管理制度。严格规范交通执法行为。加强队伍建设，提升综合能力。积极组织交通执法人员学习《超限运输车辆行驶公路管理规定》《中华人民共和国公路法》、《中华人民共和国道路交通安全法》《公路安全保护条例》等方面的知识，提高法律知识水平。修改制度，建章立制。规范执法行为，提升执法水平。严格执行《公路安全保护条例》《超限运输车辆行驶公路管理规定》，实行严管重罚。深入持久的开展治超宣传工作，组织交通执法人员沿路上街宣传，发放宣传材料 4000 余份。依据全县农村公路分布状况分别在鸦儿沟、大水坑设立了两个流动治超点，在青山设立了一个固定治超站，并采取定期轮岗。办理行政许可 4 项，结案率 100%，交通治超共检测车辆 61250 余辆，其中超限车辆 1102 辆，卸载货物 3000 余吨，超限车辆大幅度下降。

【精准扶贫】公路段包扶王乐井乡三个行政村（狼洞沟、边记洼、牛记圈），包扶十部职工共 78 人，其中下基层干部 6 人，包扶 384 户贫困户，2018

年根据县委、县政府扶贫工作安排，联合乡、村两级组织召开干部职工及群众培训4次，培训内容以2018年扶贫政策为主，给贫困户发放政策宣传材料300余份。帮助贫困户制定了产业扶持项目，做好相关的政策宣传，并将一户一档扶贫档案资料严格按照文件要求进行整改。

【党风廉政和党建】签订2018年党风廉政建设责任书，并制定了公路段2018年度《党风廉政和反腐败工作安排》，细化责任落实，确保党风廉政建设各项任务落到实处。加强思想政治建设既是党的建设的重要方面，同时也是保持党的纯洁性的必然要求。在做好党的思想政治建设方面重点抓实了六项工作：开展“5 + X”主题党日活动。党支部确定每月的20日为“5+X”党员集中活动日，除做好5个规定动作外，根据阶段性重点工作和重点任务，灵活确定“X”活动内容。党日活动中广泛征求党员群众意见，归类研究后提出解决方案。突出“基础在学”，强化学习教育，每次活动日党员提前到位，积极参与，认真记录，争当理论政策的“明白人”。突出“关键在做”，坚持边学边改，党支部班子自觉接受监督，全体党员结合自身实际，列出了问题清单，逐一制定整改措施。坚持好“三会一课制度”。严格执行学习制度，学习前做好学习计划；学习时做好记名签到、学习记录；学习后将学习计划、学习记录整理归档，保证学习质量，使理论学习走上正规化、规范化、系统化的轨道。开展“读书月活动”。深入开展主题为“学理论、聚共识、促工作”的读书月活动，通过党员干部每人推荐一本好书、撰写读书心得体会、开展读书座谈交流等活动，坚定“四个自信”，增强“四个意识”，凝聚智慧力量，有力增强公路养管队伍的凝聚力和战斗力。召开专题组织生活会。会议紧紧围绕“不忘入党初心、坚定理想信念”这个主题，以习近平新时代中国特色社会主义思想为指导，认真学习贯彻党的十九大和自治区第十二次党代会精神，教育引导全体共产党员自觉做共产主义远大理想和中国特色社会主义共同理想的坚定信仰者和忠实践行者，支部每位党员都签订了共产党员不参与宗教活动承诺书，恪守共产党员不能参加宗教活动的政治底线，建设一支政治合格、执行纪律合格、品德合格、发挥作用合格的党员队伍。开展红色主题教育实践活动。组织全体党员干部职工参观县检察院警示教育基地，参观了廉政图片展，观看了典型案例警示教育片《贪欲之祸——宁夏不收敛不收手党员领导干部违纪违法案件警示录》，参加了“加强作风建设 预防职务犯罪”警示教育专题讲座。此次活动运用反面教材，以案明纪，举一反三，不断夯实拒腐防变的思想道德防线，达到用身边事教育身边人的目的，进一步助推了党风廉政建设深入开展。开展“党的基本知识集中大学习”活动。党支部通过召开主题党日、集中学习、集体研讨等形式学习党的基本知识，发放党的基本知识应知应会手册，围绕党的基本知识等要点对党员进行应知应会知识闭卷测试。此次活动掀起“掌握基本知识、坚定理想信念”的热潮，促使广大党员深入学习党的基本理论、基本路线和基本方略，熟练掌握党的基础知识，进一步强化党性观念和党员意识，确保每名党员干部将学习教育记于心、化于行，为进一步深入开展学习教育奠定了基础。2018年春季在猫头梁完成树木栽植任务792棵，符合验收标准。

## 邮 政

【概　况】2018年，盐池分公司全年累计完成业务收入828.8万元，全员劳动生产率达13.81万元；员工收入同比增长2.46%。服务质量综合满意度达82.9分，申诉满意率达100%；建制村直接通邮率达100%，机要通信连续30年保持质量全红，《人民日报》等党报党刊县城当日见报率达100%。

【巡视整改】按照集团公司巡视整改部署及区分公司巡视整改要求，充分认识到邮政作为央企担负的使命和责任，认真做好普遍服务和特殊服务，助力打好“三大攻坚战”，确保普遍服务水平不断提升，金融风险防控持续保持高压态势，精准扶贫与农村邮政转型发展更加紧密结合，“绿色邮政”理念深入人心。围绕“人民邮政为人民”和“一封信一颗心”主题，深入推进“三大歼灭战”、平常邮件质量大提升和客户投诉专项整治等活动，全面提升服务质量，为优化调整自有网点服务功能，进一步提升网点服务营销能力，有效保障邮政普遍服务的责任和义务。在金融网点增设邮政台席，优化增加普服段道2条。明确社会渠道建设思路，优化完善邮政支局所、便民服务站、三农服务站、村邮乐购站等渠道资源，进一步打造线上线下相结合的综合便民服务平台。通过推进“平罗模式”落地实施，有效推动了普遍服务全面达标。县乡投递频次、投递深度、投递时限均达到普遍服务标准。

【改革转型】推进揽投网改革。根据寄递事业部改革相关要求，成立了县寄递事业部。全年正常运行自提点数46个，新增更换自提点12家，自提率达37%；以报刊征订数据精准分析投递流量流向规划设置普服重点单位大户段道2条和普服混投段道4条；以核心区域包快客户分布分析按照服务全覆盖网格化规划设置揽收段道2条；完成县城邮件分拣中心改建装修，新增机动车3辆，电动三轮车2辆，安检机1台。提前谋划极速鲜羊肉寄递项目，有效开通了盐池至航站直达通道，为羊肉极速鲜项目的推进奠定了坚实的基础。大力开展金融、邮务和普服五项转型工作。以转型为抓手，组织开展了代理金融、包裹快递、邮务类、普遍服务和农村邮政发展及陆运网达标五项转型工作。代理金融网点转型通过建立督导体系，导入转型标准化模板，抓试点固化和其他网点复制推广。代理金融专业。认真组织客户走访，极大地增加了基础客户数量；深入开展网点转型工作。按照转型流程导入，开展三端服务营销，全面提升了金融队伍金融融服务营销能力，为跨赛提供了有力保障；深挖潜力抓发展，全面提升网点产能。通过开展客户大走访、理财沙龙、幸运大抽奖、客户答谢会等活动，强化网点营销，增加客户黏性。坚持不懈抓窗口，提高网点人员开口率，坚持开展“1”元购活动。全年新增手机银行1886户。期缴保险业务实现重大突破，秋季特训营期缴保险新单保费突破百万元大关，振奋了员工士气，锻炼了队伍，为2019年期缴业务常态发展奠定了坚实的基础。包裹快递专业以市场为导向，以羊肉标快项目为抓手，首次采取极速鲜业务，开创了盐池分公司羊肉项目的先河，为邮政寄递业务今后发展奠定了客户基础，二代证项目标快寄递率稳居全市第一，标快寄递率达28%。兼职揽收人员培育初见成效，以李喜为代表的揽投人员2018年全年揽收快递包裹收入达14万元，各乡镇支局所揽收业绩稳步提升，为2019优化投递作业组织，提升揽投人员揽收信心起到了引领作用。邮务类专业加快经营理念和发展方式的创新转型步伐，按照“项目+活动+产品+数据”的思路，深入挖掘客户需求，发挥专业经营优势，通过整合线上线下资源，做好金融、邮务类业务的联动营销，秋收特训营、六十大庆等主题营销工作收效显著。全年新媒体收入完成11万元，同比增长幅度达226.8%。生肖文化季共实现收入46万元，完成计划目标的115%。在2019年度报刊大收订活动中，完成流转额215万元，同比增长14.07%，位列全区前列。

【专业联动】充分发挥各专业优势，整合线上线下资源，深入挖掘客户需求，促进专业间资源共享、互动发展，提升项目联动能力。各专业充分利用网点、平台、客户及项目等资源，由关注自身发展向共同研究市场、研究客户转变，实现了专业间联动发展。在“旺犬迎新”生肖贺岁主题活动中，各网点将集邮客户和金融客户进行数据比对和分析，结合“优先购买券”和“紧俏邮品优先购”活动。成立3个营销小组，积极走访当地羊肉市场，帮助羊肉商户下载支付宝并进行“EMS会员预付卡”充值，安装POS机5台，新开卡15张，帮助商户进行支付宝绑定邮储卡 23 张，增加“EMS 会员预付卡”商户 25 户，充值金额 10 万元。依靠邮乐农品网和邮乐小店推送“盐池滩羊”，通过“销售 + 寄递”活动，实现销售 1381 单，销售交易额 43.91 万元。

**【电子商务】**积极争取地方政府支持，开展电子商务进农村示范县建设。依托现有网络资源，采取盐池政府扶贫工作“政府引导、邮政牵头、相互补充、服务于民”的原则，与政府共同打造电子商务进农村仓储物流配送体系，推动电子商务与地方精准扶贫的有效结合。深入推进“平罗模式”落地，合理调整农村网点布局，有效推动了普遍服务全面达标。邮务类业务转型通过完善邮务类业务基础客群建设，加快客户经理队伍营销转型，有效提升了渠道平台效能。加强与商务局、建设局等地方部门的沟通与协调，完成电商进农村项目资金的结算工作，一次转入电商项目资金 198 万元，为市分公司改善资金流起到了较好的作用。2018 年充分利用政府城墙保护性修复项目，协调政府建设部门成功改造投递设施，新建投递作业等场地达到 420 平方米，为盐池分公司今后揽投业务发展奠定了坚实的基础，局容局貌得到明显改善。

**【企业管理】**严格人力资源管理。扎实开展后备干部培养工作。上报 2 名年轻干部为后备干部，先后面向社会招聘 16 名高校大专以上学历毕业生进入邮政企业工作，补充了新鲜血液，提升了员工队伍整体素质。扎实开展劳务工择优转招工作，按照“基本积分 + 绩效积分”的方式，将李俊娇由劳务工转招为合同工。加强员工教育培训工作。全年共参加区市分公司组织的各级各类培训班 22 期，累计参加培训 110 人次。全年参加技能鉴定考试 15 人，理论考试合格率达 90%。严格财务管理。提升财务管控能力。继续认真执行市分公司财务各项要求，推进损益核算工作，提高质效；继续加强用户欠费管理。加大成本控制力度，确保全年经营目标的顺利实现；增强财务监督、检验力度，不定期对各网点执行检验，以确保资金的安全。严格内控管理。认真落实安全生产责任制，严格执行邮政服务质量监督检查各项规章制度，通过开展“平安邮政”“安全生产月”“信息网安全运行竞赛”等活动，进一步强化了制度落实，夯实了基础管理，促进了企业的合规经营。强化风险管控，认真落实金融从业人员岗位轮换及行为排查工作，按照《2018 年关健岗位和行为排查工作通知》《代理金融关键岗位人员岗位轮换、行为排查及近亲属回避制度暂行办法》等制度，对全分公司金融从业人员进行了专项行为排查。严格执行三级权限管理制度和岗位轮换制度，加大对违规人员的处罚问责力度，切实提高金融从业人员风险防控意识。全年未发生失泄密事件及机要通信事故。

**【党建和党风廉政】**党风廉政建设增强了战斗力。认真落实“三会一课”理论学习等制度，党支部的换届工作，不断增强党的战斗力和凝聚力。积极开展党建述职评议考核工作。深入开展党员“三亮三比”活动，将“亮身份、亮承诺、亮形象”“比技能、比服务、比业绩”在党员中发扬光大，充分发挥了支部和党员在企业经营发展中的战斗堡垒和先锋模范作用。精神文明工作增强了向心力。组织开展网络文明传播和结对社区帮扶，大力弘扬劳模精神树立先进典型，盐池县分公司获得 2018 年度全市寄递渠道安全服务保障先进集体；杨红波获得 2018 年度全市寄递行业安全服务保障先进个人；民族西街营业所先后获得全区邮务类转型明星网点和全市邮政先进集体称号，黄馨萍获得全市邮政先进生产（工作者）称号。工会工作增强了凝聚力。对职工食堂进行了改造，新建了惠安堡职工小家，对盐池、大水坑职工宿舍进行了维修，配备了新设施，全年慰问离退休及困难职工家庭 5 人次，送去了企业的关怀和慰问，干部员工的获得感、幸福感日益增强。在全分公司开展以“业务自信”为主题的各项主题活动，组织年轻员工开展心理辅导团队建设、读书日等活动，建设了“高涛劳模工作室”，让员工远学时代楷模其美多吉，近学自治区劳模高涛，营造了良好的赶学比帮超的良好氛围。

## 联通通信

【概 况】截至2018年11月，中国联通盐池县分公司主营收入预算1560万元，累计完成主营收入1400万元，完成值89.7%。其中政企中心收入预算赶上进度，互联网中心完成较差。

【业务发展】截至11月，累计发展35574户，同比增长40%；净增用户6500户，完成全年预算的130%。公众线1—6月份业务发展比较乏力，渠道效能较低，三季度地推发展量提升较明显，四季度增收补欠费任务进一步加剧。

【划小改革】2018年8月底盐池县分公司化小后，员工活力得到空前激发，改革效果初显。到10月份，累计收入预算完成81.6%；完成排名县域第二，较划小前提升2位；移网月均发展量达3391户，较划小前提升84%；获得市分公司三季度劳动竞赛排名第一。业绩提升也带来员工收入增加，较划小前增长18.6%。

【转型升级】创新业务：盐池县政府信息化建设走在全区前例，各单位均有不同信息化需求，并且都处于迷茫期。经过多次沟通交流，成功中标纪检委创新项目40.68万元、盐池司法局车辆派单创新项目9.8万元、盐池公交公司发展车辆监控57.68万元，实现了创新项目的开门红。专线业务：以公司已有线路管道资源为基础，开展专线接入专项营销活动，提高公司业务收益率，其中2018年发展专线16条，银新银仪风电一次签订三年，合同总金额27.5万元，专线收入共计31.5万元。智慧校园：2018年共新拓展3所学校，盐池第五小学新发展400户、盐池一幼新发展300户、拥军路幼儿园110户。结合以上单位发展的成功经验预约新发展盐池六小，盐池三幼预计2019年年初开户。云、物联网业务：新拓展供暖公司80户温控检测物联网卡、公交公司客流量采集卡157户。云新增4家集团单位共计收入2.5万元。

## 中国移动

【宽带业务】在2018年家庭宽带发展过程中，中国移动盐池分公司将家庭宽带的发展重心移到农村市场的拓展工作上。积极配合县政府互联网进村入户的部署，完成78座基站的配套线路施工，建设微站22座，新建线路146.1公里，和挂线路500公里，新建管道5公里，新立光交箱24坐，勘察专线40条。配合新建光宽带小区23个，完成城区小区覆盖98%；新建光宽带农村28个。

【党 建】盐池分公司党支部开展“1+4+X”支部主题党日活动：每月做好一个主题，将盐池党支部“1+4+X”支部主题党日落实到位。1月份开展了开展2017年“民主评议”党日主题活动，2月份开展了支部书记“走听转”党日主题活动，3月份开展了中国移动爱“心”行动——贫困先天性心脏病儿童救助计划免费筛查盐池站志愿者活动。4月份开展了“反腐倡廉”党日主题活动以及“缅怀革命先烈、弘扬爱国精神”主题党（团）日活动。5月份开展了“红5月家宽营销活动”。6月份开展了开展“党员冲锋一线”家宽发展驻地营销主题党日活动。7月开展“庆祝建党”党日主题活动，8月组织参观盐池红色教育基地。开展“传承红色精神，努力开创未来”主题党日活动，9月开展“党课分享”普通党员讲党课党日主题活动，10月围绕“三严四有”工作法，开展“支部工作法”主题党日活动。

【智慧县城】积极与盐池县公安局、永宏乐丰医院等单位进行沟通，根据单位具体要求与相关专业专家沟通制定信息化治理和信息化管理建设方案，为智慧县城做出贡献。

# 商业贸易

SHANGYEMAOYI



## 供 销

【概 况】供销社系统现有直属公司2个，基层社9个，专业合作社6家，农民经纪人协会1家，庄稼医院8家，农资“农家店”51家，农资配送中心1家。2018年，全系统完成商品销售额2750万元，实现利润2.2万元。

【农资供应】及时安排生资公司及各基层社、农家店充分做好用肥淡季储存和旺季销售工作。在春耕用肥高峰期，全县供销系统化肥零售价格稳定。全年供应各类化肥1.8万吨，其中冬季淡储化肥3000吨。

【烟花爆竹管理】在烟花爆竹经营上，坚持“安全第一”的主导思想，严格要求生资公司认真把好进货关、储存关、销售关，严格控制仓储数量，定期不定期的抽查烟花爆竹的存放和销售，并会同公安、安监部门严格审批全县烟花爆竹经营网点，做好烟花爆竹等业务经营及财产安全的管理。全年供销系统内无烟花爆竹安全事故发生。

【农业服务中心】多方筹措资金660万元，在花马池镇城西滩建设集农资供应、配方施肥、节水灌溉、农机作业、统防统治等功能为一体的农业现代服务中心（占地面积10亩，其中仓储库房建筑面积1911平方米，办公及各种技术、信息化培训用房701平方米），年底完工。为广大农民群众提供科学种田、配方施肥、农技推广、病虫害防治等服务，最大限度降低农民种地成本。

【基层组织】以新建的惠安堡黄花供销社为依托，围绕惠安堡镇黄花产业以及农业社会化服务体系中的薄弱环节，采取“嫁接式”“联合式”等办法，与专业大户、家庭农场、合作社、涉农企业开展全方位合作，发展网上销售等业务，提供黄花产业的产中、产后全程社会化服务，真正解决了当地菜农的销售难问题，实现了农业增效，农民增收。销售黄花干菜70吨，托管种植黄花2800亩，配送黄花种苗400万株，组织病虫草害防治2万亩。

【农民经纪人队伍】为提高农民营销水平，9月

22—23日举办了一期农资培训班，培训学员100人。

【“两个体系”建设】为了扎实有效推进现代农业社会化服务体系和新型基层组织体系（两个体系）建设试点工作，争取到“两个体系”建设项目1个（2018年盐池县1万亩青贮玉米土地托管新建项目），到位资金600万元，全面完成争项目争资金任务。

## 烟 草

【党 建】着力加强思想建设，把学习习近平新时代中国特色社会主义思想和党的十九大精神作为首要政治任务，制定学习方案，集中学习11次，党课教育5次，观看警示片4次，参观警示教育基地1次，测试14次，验证学习成果，同时利用“三会一课”和支部主题党日学习《习近平谈治国理政（第二卷）》《习近平新时代中国特色社会主义思想三十讲》等，深刻领会思想内容，做政治上的明白人。压实从严治党责任，制定党建工作计划，签订党员目标责任书，及时召开会议传达上级党组文件会议精神，开展了“不忘入党初心 坚定理想信念”专题组织生活会，严肃党内政治生活,2018年共召开班子会议22次，行政办公会议14次，研究决策重大事项30多项，把全面从严治党的各项要求落到实处。深入推进“两学一做”常态化制度化，制定计划安排表，组织全体党员开展宣传贯彻《中国共产党纪律处分条例》活动，开展了“从严整治共产党员信仰宗教和参与宗教活动”，组织集中学习12次，参加79人次，开展专题讨论1次，开展谈心谈话241人次，征求意见建议73条，建立了问题整改台账，整改率100%，同时党员干部带头结对帮扶，全面落实精准扶贫工作，帮扶村通过国务院国家级贫困县退出专项评估检查验收，实现率先脱贫。着力强化党建工作规范化制度化，认真开展了党建工作“灯下黑”问题专项整治工作，制定方案，开展学习教育，进行自查自纠，针对存在问题进行整改落实；开展了党支部及党员公开承诺，每季度开展党员星级评定，深入推行党务公开，党建工作得到提升，拍摄的典型事迹片《旗帜高高飘扬》被国家烟草专卖局评为第二届行业党员教育电视片三等奖。

【营销网建】经济运行稳中有升。借助工程建设，深挖市场潜力，调整一、二类卷烟销量，挖掘三类卷烟中二线品牌的市场需求，促进卷烟结构合理提升，市场状态持续向好。2018年实现卷烟销量8235.8箱（不含雪茄烟），同比增长2.7%，实现销售收入23522.7万元，同比增长幅度1.5%。品牌培育效果好。完善品牌梯次布局，推进结构优化，把握消费趋势，立足当地消费群体特点，创新营销策略，加大雪茄、新品、细支、高价、高端卷烟培育力度。2018年三类卷烟增长幅度全市最高，新品、雪茄、细支、高价卷烟占毛利比重全市最高。终端建设整体推进。因店制宜，引导客户渐进式改造提升，同时借助推烟器等辅助工具，全面实施卷烟陈列面积最大化、方法标准化、区域功能化、维护动态化改造。2018年建成1~3级现代终端265户，占比26.7%；零盒最大化619户，占比62.5%；消费体验区6户、吸烟点26户。自律互助小组建设齐抓共管。建立小组奖励制度，对提供案件线索及反馈有用信息的小组及成员，给予举报奖励及评先评优加分等，2018年开展活动45场次，覆盖面达80.1%，反馈有成果线索9起，开展了1次现代终端建设竞赛活动，有3个自律互助小组评为“终端建设示范街”，10名客户被授予“终端建设示范店”称号，激发零售户参与积极性，营造良好的卷烟市场环境。

【市场管控】根据市场化取向改革新变化，改变监管重点，开展违法违规卖烟大户专项治理工作，建立档案，并重点监管。2018年共产生预警2327条，启动调查程序114条，处理及时率100%，全年没有发生被国家烟草专卖局督办、通报、追责的重大卷烟外流案件。加大物流寄递重点环节查处力度，积极探索新形势下打击互联网、微信卷烟售假贩假新模式，将层级有责的网格化管理和“双随机、一公开”的监管方式有机融合，搭建APCD工作法市场监管分析模型，查获“1.30”非法经营网络案件。2018年共开展市场专项治理2次，查处各类违法涉烟案件18起，移送工商部门案件1起，移送公安部门案件1起，查获各类违法卷烟6.98万支，案值7万余元。依法行政促规范。通过开展“两卷”评查，以查带训、以查促纠、以纠促改，实行案件回访制度，积极推进行政执法与刑事司法有效衔接，在查办涉烟违法犯罪方面取得阶段性成效，在县人大督查工作中得到通报表扬。

【基础管理】扎实做好法治烟草建设。制定普法工作计划，开展了“保密法制宣传月”活动及“七五”普法中期自查工作，观看禁毒影片1次，法律法规宣传活动5次，发放各种宣传资料2600余份，确保学法守法用法常态化。充分发挥“三员”协同机制。每月召开专销结合会议，现场沟通解决实际工作中存在的问题，形成会议纪要，同时对市场中存在的问题及时进行反馈，2018年共反馈信息1065条。认真落实教育培训工作。采取一对一帮扶，自主学习和测试督促相结合，组织员工参加业务技能知识培训,2018年营销岗位技能考试通过率100%；同时借助纪律作风整顿及党员教育等活动，认真查找专卖队伍自身不足，建立问题整改台账，纠偏整改，强化责任担当。重点关注安全管理。开展了安全生产标准化达标评价工作，每月开展安全教育培训和安全检查，2018年共开展3次矛盾纠纷排查、4次实操演练、7次桌面演练，不断提高员工遵纪守法的安全防范意识。

【党风廉政】严守纪律规矩，全年召开班子会议3次，支委会议6次对廉政工作进行安排部署，同时在“五一”“十一”等重要节日开展专题廉政教育，推动党风廉政建设责任制落到实处；开展了违反中央“八项规定”精神突出问题专项治理和集中整治形式主义、官僚主义自查自纠工作，严格落实中央“八项规定”及实施细则，推动党风廉政建设向纵深发展。突出督查问效，接受吴忠市局（公司）巡察检查，同时对驻点巡察存在的问题，再次开展自查自纠，对巡察提出的整改意见，主动认领，推进巡察工作常态化；每月开展一次现场管理暨作风督导，对违反劳动纪律、工作纪律的人和事实名通报并兑现绩效考核，2018年共有29人次罚款8600元，严明纪律规矩。开展“勤政廉政”专题谈话，以“勤政廉政”为主题，重点围绕涉及各岗位关键环节及廉洁自律要求开展专题谈话，填写谈话记录，强化廉洁从政的教育、管理和监督，促使大家提高思想认识，落实廉政责任。

## 粮食

【监督管理】按照《粮食流通管理条例》的要求，粮食局对辖区内原粮市场定期进行监督检查。在“五一”、开斋节、中秋节、“十一”等重大节假期日与市场监督管理部门对原粮市场以及7家“放心粮油店”开展联合专项检查，共对全县原粮市场检查6次，对“放心粮油店”检查10次，未发现问题。

【应急成品粮油储备监管】根据辖区人口数量，盐池县共储存应急成品粮300吨，应急食用植物油20吨。粮食局派专人负责，坚持每月定期对应急成品粮、油的储存点检查1次，主要检查卫生、台账、数量以及质量等情况，共检查10次，并做好了定期轮换工作，确保县级应急成品粮油储备质量、数量符合标准，在紧急情况下调得动、用得上。

【粮食流通统计】认真做好粮食流通统计工作，每月25日前汇总商品粮收支报表、县级应急成品储备粮数量报表等粮食流通统计报表，做到数据真实、准确，并及时向国家粮食部门上报。

【粮油供需调查】为掌握盐池县粮食供需情况，切实做好粮食宏观调控工作，县粮食局在全县范围内开展了粮油供需平衡统计调查工作。通过深入农户和居民家中，详细准确收集第一手资料，提高样本的代表性和布局的合理性。共调查城镇居民38户，农户62户，国有粮食经营企业1家，确保调查户数的抽样比例不低于0.3‰，并为调查户发放了每户100元的补助，共计1万元，调查结果于3月份向上级粮食主管部汇总上报。

**【价格监测】**认真做好全县粮油市场价格的监测工作，深入粮油市场，走访周边市县以及盐池县各大超市，粮油经营店对国标三级米、国标四级米、特二粉、胡麻油等价格进行调查并汇总，密切关注粮油价格的走势，做好相关记录，每周1次向上级粮食主管部门报告监测统计情况，做到及时准确，各类统计报表翔实上报。截至年底，盐池县粮油价格波动合理。

**【企业改制】**为进一步深化和完善粮食流通体制改革，加强粮食宏观调控能力，保障县域粮食安全，结合盐池县国有粮食企业实际，粮食局制定了《盐池县粮食企业改革实施方案》，并成立了清算领导小组，聘请律师以及第三方会计机构对盐池县粮油储备营销公司和盐池县富裕粮油经营有限公司资产进行清算，对公司多年账务进行清算，清算过程中解决了历史遗留问题，确保国有资产不流失。

**【精准扶贫】**结合下基层活动，深入包扶村进行政策宣传。宣讲党的扶贫政策和脱贫致富产业增收项目扶持范围及标准，并发放《盐池县花马池镇扶贫政策宣传册》，从各方面向群众宣传政策。

**【党　建】**狠抓“两学一做”学习教育，促进其常态化、长效化。通过党员领导干部带头学、开专题讨论会、落实“三会一课”制度、集中学习、讲党课、做笔记等多种方式，将“学”与“做”落到实处，提高了党员干部的思想认识，增强了为民服务的宗旨意识。

**【重点项目】**申请建设盐池县粮食质量安全检验检测站。根据国家有关粮食质量安全标准，大力推进粮食质量安全检验监测体系能力建设工作，围绕食品安全重点开展粮食质量和主要卫生指标的检验监测。对盐池县的食品安全、文明县城、卫生县城等方面的工作具有辅助作用，为盐池县杂粮产业化发展、农产品检验等提供有效服务，确保县域食品安全。中央补助投资和地方财政（省级）共同配套资金投资207.25万元，其中配置仪器设备47台（套），资金168.05万元，配套资金实验室基础设施改造39.2万元。对建设资金的使用管理上严格遵照资金用途、建设内容、支付程序验收标准不变的原则执行，由自治区粮食局和项目建设单位设立专账，做到专款专用。盐池县粮食质量俺去检测检测体系建设项目申报书已由自治区粮食局组织专家论证审核并通过，盐池县质检站申请配置仪器设备正在采购中。完成粮食产业化项目申报。积极争取自治区粮食产业化项目，对盐池县龙头企业对了杂粮食品有限公司进行扶持，项目名称为“年产1600吨荞麦精深加工项目”，区财政补助资金40万元，已全部到位。

# 教育 体育 科技

JIAOYUTIYUKEJI



## 教育 体育

【**基础设施**】扎实推进“改薄”等项目实施。完成新建盐池六小一期校舍主体工程10560平方米、运动场17488平方米，惠安堡隰宁堡运动场4000平方米；投资2230万元，开工新建盐池六小一期附属工程及二期综合楼；新建王乐井鸦儿沟小学运动场1200平方米，全面改造盐池三小、五中塑胶运动场和高沙窝中心小学等7所中小学安防监控设施，部分学校配备课桌椅柜共3166套件、饮水设备46件。积极维修改造农村校舍。投资399万元，对城西滩小学、惠安堡灌区小学、四中等12所学校校舍屋面防水及供暖管道进行维修，为全县17所农村中小学教师周转房配置电视234台、床桌椅900套、食堂设备253套/件，保障农村学校基础设施正常使用。大力改善学前教育和普通高中办学条件。投资524万元，完成王乐井幼儿园、城西滩幼儿园和青山幼儿园附属工程及装饰装修并投入使用；争取项目资金迁建惠安堡幼儿园、扩建南苑幼儿园，已完成前期准备工作；投资100万元，对北塘、南苑幼儿园燃煤锅炉进行了全面改造；投资432万元，全面改造盐池高级中学400米塑胶运动场，更新多媒体教学一体机60套。认真实施“民生计划”体育项目。投资1704万元，新建盐池县社区健身中心中小型室内综合体育馆4000平方米，主体已封顶；支持建设哈巴湖景区自行车、健身步道3000米，配备健身运动器材260套件，不断改善全民健身活动基本条件，提升公共体育服务能力。加快职教中心实训基地建设步伐。按照自治区现代职业教育质量提升计划要求，加强职教专业实训基地建设，投资455万元，新建一栋智能化玻璃温室和一栋双膜钢架日光温室，建筑面积共3346平方米。完善图书馆、心理咨询室建设，全面提升职业教育办学条件。

【**教育质量**】基础教育优质均衡发展。依托政府购买服务保障学前教育教师队伍稳定。2018年通过政府购买服务共招聘49名幼儿教师，有效缓解了幼儿教师严重短缺问题。县财政划拨 200 万元资金用于补助全县公办幼儿园聘用教师工资，解决聘用教师工资低、流失严重等问题。小学和初中生均公用经费基准定额分别调整为每年 820 元和 1040 元，并对所有寄宿制学校按照寄宿生年生均 230 元标准增加生均公用经费补助。特殊教育中心按照生均每年 6000 元标准予以经费核拨，并将学生纳入营养改善计划。有序推进普及高中阶段教育工作，根据《盐池县普及高中阶段教育实施方案》，组织盐池高级中学、职业中学对照评估考核指标，完成了办学条件、师资队伍等摸底调查工作，印发《盐池县教体局普及高中阶段教育任务分工》。创新职业教育培训方式，积极对接区域主导产业发展、就业市场需求和精准扶贫，调整开设了油气化工、电子商务、养老服务、风电光电等新兴专业。大力推进校企合作、校校合作，畅通学生升学和就业渠道。积极争创国家级农村职业教育和成人教育示范县，按照评估指标要求，着力推进创建工作。同时，积极整合职业教育资源，将国家开放大学盐池分校并入县职业教育中心。结合精准扶贫，送培下乡 68 人。扎实开展创新素养教育工作。进一步完善创新素养学校、教师和学生评价办法和指导意见，以“一师一优课、一课一名师”活动为抓手，改革课堂教学方式，推进信息技术与学科教学的深度融合，着力培养学生创新思维、创新精神和实践能力。2018 年“一师一优课，一课一名师”活动中获部级优课 5 节，省级优课 11 节，市级优课 52 节，评选县级优课 217 节，获得区市专家和教育工作者的高度评价。先后举办了 5 期全县小学语文教师创新素养教育暨学科核心素养培训班，指导区级王艳花乡村名师工作室积极开展教育教学工作，遴选建立了 33 个县级名师工作室。以“联片教研”和“盐同红协同发展”活动为抓手，印发《关于重新划定区域教研共同体的通知》，成立 12 个教研共同体，组织开展优质学校与乡村薄弱学校结对帮扶工作，切实提升乡村学校教育质量。同时，实施联合国儿童基金会“社会情感学习（SEL）”项目，邀请国家级、省级专家开展专题培训 4 次并进行现场指导，确定 5 名县级专家在县域内开展二级培训及督导工作。同时，结合家校合作共育、心理健康教育，先后组织开展了 8 批次家校共育专题培训，培养认定心理健康教育县级骨干教师 42 名。2018 年，自治区教育厅在盐池县先后召开了“社会情感学习”项目宁夏辐射项目总结交流会、第二届宁夏教育科研成果推介报告会暨“社会情感学习”项目（盐池县）成果展示现场会。参加了在湖北省麻城市举办的“社会情感学习”项目 2018 年辐射县项目总结会，做了主题发言，国家级的专家和相关领导对宁夏盐池县项目实施情况给予了充分肯定和高度评价；在北京举办的由全国 32 个省（自治区、直辖市、新疆建设兵团）的领导和专家参加的社会情感教育暨教师专业素养及校长领导力建设研讨会上，宁夏专家支爱玲就盐池“社会情感学习（SEL）”项目的经验和做法作了交流发言。推进教育优质资源共享。加快教育信息化建设进程，全县配备多媒体教学设备教室 644 间，其中互动式多媒体教室 620 间，有 555 间教室能够连接到国家教育资源公共服务平台或宁夏教育云服务平台，有 20% 的教师在常态课上使用公共服务平台或其他网络应用优质数字教育资源开展有效课堂教学活动。4 个教学点使用卫星数字教育资源方式接入，其他全部接入宽带光纤网络。出台了《盐池县互联网 + 教育行动计划（2018—2020 年）》，通过“三通两平台”和教育云的运用，推进教育现代化。争取项目资金 560 万元，启动实施“互联网 + 教育”在线互动课堂建设项目，加强村小、教学点和县城学校在线课堂建设，促进优质资源共享。投入 872.2 万元为大水坑一小、二小等学校配备更新教学仪器和信息化设备。在盐池三中和盐池五小创建信息化示范学校基础上，积极打造第五小学和高沙窝中心小学 2 所县级信息化示范学校，上报长城希望小学创建区级信息化示范学校。

【教育生态】加强学校德育建设。落实立德树人根本任务，制定和落实《盐池县德育工作制度》《盐池县书香校园创建方案》《盐池县推进中小学生研学旅行的实施意见》《教育系统 2018 年民族团结进步创建工作安排》等，强化中小学生行为规范，提高中小学生思想道德素质。遴选盐池高级中学、盐池一小等 5 所学校为研学旅行试点学校，现已有 4 所学校完成了试点工作。惠安堡中心小学、大水坑二小等 4 所市级文明单位接受了吴忠市精神文明办公室和教育局文明学校转评工作考核。深入开展中国梦系列活动和中国传统文化教育，将社会主义核心价值观融入教育教学全过程，充分利用清明节“五四”等重大节日，深入开展主题教育实践活动。推进教育治理体系改革。规范学校管理。将村小和教学点纳入乡镇中心校督导考核范畴，依托乡镇小学，推行一体化管理。完成了第一批县直 8 所中小学章程的合法性审查和意见建议的征求工作。印发《盐池县教体局关于开展幼儿园“小学化”专项治理工作方案》，全面开展小学化倾向专项治理工作。印发《盐池县教体局开展中小学违规征订教辅材料专项整治工作实施方案》，组织开展了专项整治工作，规范了教辅材料的管理和使用。规范招生入学。结合适龄儿童少年数，综合考虑学校布局、规模等因素，合理划定招生范围，严格落实就近免试划片招生政策，邀请人大代表、政协委员、家长和教师代表现场监督，随机编班、平行分班、抽签定班，均衡搭配任课教师，择校现象大幅缓解，得到了广大群众的普遍认可。加强控辍保学工作。根据县人民政府办公室《关于进一步加强义务教育阶段控辍保学工作实施方案》《关于开展义务教育控辍保学摸底排查切实做好辍学生劝返复学工作的通知》《教体局机关干部联系乡镇学校工作机制》等文件精神，认真落实“三包三保”和“双线控辍”责任制。按照“户、籍、册、人”四对照的要求，完成了适龄儿童少年就学摸底排查工作；通过以法控辍、以情控辍、以资控辍、以技补辍等多种措施加强控辍保学工作，劝返辍学生 109 人，实现了义务教育阶段无辍学。做好消除大班额工作。全面落实《盐池县关于消除大班额工作专项规划（2016—2020 年）》，全县无超大班额，56 人以下正常班额比例为 87.1%，2020 年年底完成消除大班额工作任务。五是开展校外培训机构专项治理工作。成立了以分管县长任组长，教育、公安（消防）、民政、人社、住建（城管）、市场监督管理，以及各乡镇负责人为成员的专项整治工作领导小组，开展了校外培训机构摸底排查工作，并发放《致校外培训机构举办者的一封信》，对全县 55 家校外培训机构进行了专项整治，审批 29 家，取缔 22 家，对已完成整改的 4 家艺术类培训机构进行监管，并将相关信息录入校外培训机构管理服务平台。对已经注册登记的培训机构，配备了责任督学，进行日常督导，督促其规范办学、依法办学。加强体卫艺工作。认真贯彻课程标准，广泛开展“阳光体育”活动；高度重视传染病防控工作，配合卫生部门做好流感、乙脑、炭疽、结核病等传染病预防工作；加强环境卫生整治，开展了病媒生物防制工作；加强防欺凌、防溺水、防食物中毒、防交通安全事故、消防安全、易燃易爆危险化学品管理等重点工作专项整治，确保校园安全稳定；参加了全区第六届艺术展演活动，举办了全县“六一”文艺会演、教师节文艺会演、经典诗文诵读大赛等。

**【师德师风】**加强师德师风建设。以开展“师德师风建设年”活动为载体，通过“强师德、铸师魂”演讲比赛、专题培训、国旗下宣誓、廉政警示教育等形式，切实提升教师职业道德素质。通过“校园开放日”“教学开放周”“家长会”等活动，广泛听取家长和社会对学校和教师在师德师风方面的意见建议，构建学校、教师、家长、学生、社会“五位一体”的师德监督体系，充分发挥社会监督作用，凝聚师德建设合力。加强“两支队伍”建设。落实校长、教师轮岗交流制度，交流教师 33 人；签约免费师范生 1 人；争取“三支一扶”大学毕业生 40 人；宁夏师范学院定期选派 30 名左右音体美实习生到盐池县音体美学科紧缺学校任教，缓解农村学校音体美教师短缺问题。按每人每年5万元标准，通过政府购买公共服务人员形式，返聘16名退休特级教师、高级教师和教学名师到乡村支教，优化农村学校队伍结构。开展“优秀教师”“优秀校长”“师德标兵”“优秀班主任”评选活动，营造尊师重教的浓厚氛围。免费组织教师进行体检，组织从教30年及以上市级优秀在职教师到区外参加培训疗养。落实“励耕计划”和“润雨计划”，资助困难教师20名。同时，为深化干部人事制度改革，进一步优化盐池县中小学校领导班子结构，配合县委组织部完成了中小学校长竞聘轮岗工作。竞聘工作按照公平、公正、公开、择优原则，由县委组织部、县纪委监委、县人社局全程监督，经过公布竞聘方案、组织报名、资格审查、能力素质考核、组织考察、公示等流程，聘任中小学校长21名。统筹城乡师资配置。财政预算安排专项培训经费逐年增长，2018年达240万元，人均1385元。加强教师业务培训，通过“走出去、请进来”的方式，认真落实国培计划、全员网络培训，组织跟岗学习、研讨交流、联片教研、观摩评比等活动，强化教师现代教育理念、创新素质教育培养。二是通过送课下乡、乡镇中心小学教师走教的方式，保证村小和各教学点开齐开足课程。同时，认真落实《盐池县乡村教师支持计划（2015—2020年）实施办法》，乡村教师补贴标准人均达600元，高出自治区标准100元，并将国家、区、市、县级农村骨干教师津贴分别提高到400元、300元、200元、150元。

【教育扶贫】健全贫困生资助体系。全面落实学前二年教育资助和“一免一补”政策、落实义务教育“三免一补”、普通高中国家助学金、中等职业教育免学费和生源地信用助学贷款等政策；对全县高中阶段寄宿生给予住宿费补助；所有农村学校就读的中小学生、民办特殊教育学校在校生享受营养改善计划；按照每公里0.25元的标准，给予全县中小学寄宿生交通补助；同时通过盐池教育发展基金、燕宝慈善基金等各类资助项目，保障弱势群体受教育权利。构建了以国家资助为主导，地方、学校和社会资助为补充的，从学前教育到大学教育的家庭经济困难学生“四位一体”资助全覆盖格局，2018年受助学生达32568人次。完善中考加分政策。在中考中赋予全县建档立卡贫困户学生10分的照顾政策。健全校园关怀机制。在学校搭建“七彩小屋”等爱心平台，开通免费亲情电话和网络视频，促进学生、教师和家长的和谐互动，并通过心理健康辅导给留守儿童更多的关爱。印发《盐池县义务教育阶段学校开展课后服务工作实施方案》，开展以建档立卡户家庭子女、留守儿童和进城务工人员子女为重点的学生课后指导服务工作。落实残疾儿童帮扶措施。通过随班就读、送教上门、特教学校就读的方式帮助残疾儿童少年完成义务教育，重度残疾儿童由当地学校安排教师送教。结合特殊教育二期提升计划的实施，规划在每个乡镇建立1个殊教育资源教室。2018年，盐池县三类残疾儿童入学率为98.6%。

【全民健身】加强体育基础设施建设。自治区体育局下达中央补助地方文化产业发展重大项目专项资金410万元，专项用于通用机场航空飞行营地开展高空跳伞、飞行体验、私人飞行驾照培训以及热气球、滑翔机等运动项目。2018年县财政投入全民健身活动经费752.6万元，场地建设经费700万元，优先保障公共体育设施建设用地。2018年下达盐池县中央彩票公益金支持体育项目资金825万元，其中800万元用于盐池县社区健身中心新建工程项目。广泛开展群众体育活动。按照区体育局全民健身季活动安排，先后举办了盐池县首届农民篮球争霸赛、首届中小学生象棋比赛、宁夏第四届全民健身节《国家体育锻炼标准》达标赛、盐池县乒乓球、羽毛球比赛、街舞大赛、太极拳交流展演、操舞类培训、第五届中小学生篮球运动会及“百乡千村农民体育活动月”等系列活动，被区体育局评为“全民健身季”活动二等奖、全区群众体育先进单位。

精心打造体育特色品牌赛事。举办 2018 沿长城中国盐池·国际自行车邀请赛和环古城墙“原动力杯”迷你马拉松比赛。

【重点工作】全面完成争项目争资金任务。县上安排教育体育局争项目争资金 1.4 亿元任务全部完成，完成率 100%。教育扶贫成效显著。印发《盐池县 2018 年教育扶贫实施方案》，通过提高学前教育普及程度、推进城乡义务教育一体化改革发展、发展多样化普通高中教育、加快现代职业教育发展、落实控辍保学责任、完善贫困生资助体系、关爱特殊困难学生、加快教育现代化等九个方面，扎实开展脱贫富民工作。通过实施“改薄”计划、建立教研共同体和名师工作室、实施盐同红集中连片贫困地区教育帮扶计划等措施，学校办学条件进一步改善，教育教学质量稳步提高。扎实开展法治政府示范单位创建工作。加强教育体育局法治政府建设工作领导，制定《教育体育局 2018 年度法治政府建设工作计划》，将法治政府建设工作纳入目标考核，明确了工作目标和职责分工。按照“留、废、改、立”工作要求，修订编辑了教育体育局 2018 年制度汇编，下发各级各类学校予以执行。强化教育行政执法，与各责任股室、学校层层签订责任书，扎实开展教师有偿补课、诱导或强制性向学生推销学习用具和教辅资料、体罚或变相体罚学生、侵害师生权利等专项整治行动。采取随机抽查、集中督查等方式，全面落实教育系统各项依法治理工作任务。大力开展普法教育工作，聘请法治副校长 19 名，围绕教育法律法规、依法治教、校园防欺凌、校园安全、食品安全等内容举办法治讲座。开展了“我身边的法律故事”征文比赛、反邪教、毒品预防、防不良网络信息和不良书刊侵扰等教育活动，杜绝校内出现“黄、赌、毒”等丑恶现象，增强学生自我防范保护意识，巩固“安全文明校园”创建成果。全面推进“放管服”改革。一是贯彻落实区市县行政审批制度改革，认真做好承接梳理工作。根据《自治区教育系统权力清单指导目录（第一批）》和《自治区体育系统权力清单指导目录（第一批）》，对行政许可、行政确认、行政给付、其他类四项行政职权进行认真梳理，重新列入行政审批 3 项，新增行政审批 2 项，新增其他类 8 项。对《自治区教育系统权力清单指导目录（第二批）》和《自治区体育系统权力清单指导目录（第二批）》征求意见稿进行了修改。二是深化行政审批制度改革，将学生资助中心 8 项公共服务事项和民办学校办学审批列入政务窗口集中办理，进一步方便群众办事。认真办理人大代表议案建议和政协委员提案。2018 年承办人大代表建议 1 件，承办政协委员提案 7 件，已全部办理完毕。同时，全面完成了领导批示办理工作和为民办实事。

## 科 技

【概　况】2018 年，盐池县新增国家级高新技术企业 2 家，科技型中小企业达 15 家，自治区技术创新中心累计达 5 家，工业企业创新能力不断提升。创建盐池县滩羊研发中心等 3 个产业创新平台，农业科技进步贡献率达 60%。完成以甘草为主的中药材种植任务。全面发挥科技特派员、三区人才的示范引领作用。完成义务植树 854 株（12 亩），成活率达 95% 以上。招商引资签约资金 10 亿元，完成全年任务的 100%。争项目争资金 7000 万元，完成 7990 万元，完成任务的 114%。

【科技创新】贯彻落实“创新驱动 30 条”，县委、县政府印发《关于实施创新驱动战略推动工业经济高质量发展的意见》，2018 年县财政科技投入增长 30%，全县科技投入预计达 9300 万元，全社会 R&D 投入预计达 1%，全县科技进步贡献率达到 56%。自治区政府上半年大督查盐池县创新驱动工作贫困县（区）排名第一；科技局获得全国科技管理系统先进集体；盐池县列入全国首批创新型县（市）建设单位。组织中小型企业管理人员和技术人员在区、市参加项目申请、专利知识等相关培训。2018年盐池县授权专利125件，每万人有效发明专利量1.21件。落实人才引进培育计划，鼓励引导企业引进高层次人才，深化产学研用的结合，提升创新能力。2018年企业引进18名博硕人才参与企业科研活动。11家科技型企业与科研院所、大专院校开展科技合作。

【技术推广】2018年完成甘草、菊花、芍药等中药材移栽1.05万亩，抚育甘草采种基地4万亩，甘草人工补植封育1万亩。成功打造了旺四滩、城西滩、王乐井3个千亩中药材种植示范基地，建成王乐井狼洞沟、冯记沟平台、大水坑摆宴井3个甘草采种基地；重点实施了盐池甘草节水育苗技术集成与应用等项目，示范推广甘草覆膜育苗技术、中药材全程施肥高效增产技术、中药材病虫草害绿色防治技术、甘草种子种苗分级技术、甘草采种基地建设技术等8项技术。完成沙边子基地基础设施改建工程，引进宁夏农科院、宁夏医科大学等科研院校专家团队9人，引进芍药、知母、射干、菊花等中药材新品种5个（示范种植50亩），建立优质种质资源圃50亩，归圃不同产地的乌拉尔甘草23个。

【精准脱贫】科技人才扶贫作用凸显。161名科技特派员和32名“三区人才”在特色种植业、养殖业、农产品流通、深加工等产业链各环节，起到了带头致富的作用。2018年引进新技术5项、新品种15个；培育示范户400余户，培养种养殖能手70人；建立家庭农场5个，成立合作社2个；举办培训班20场次，培训农民达1500人，发放各类技术资料4000余份。区科特办对以冒万学等开展的“电商+企业+农民+科技特员”共同创业扶持模式给予了高度评价和肯定，由冒万学创办的宁夏盐池春雪荞麦壳制品有限公司生产的荞真堂手工滩羊布艺荣获2018中国特色旅游商品大赛金奖。科技局包村扶贫受到农户肯定。包扶对象为惠安堡镇杏树梁村，共九个组114户399人。全年人均入户16人次，开展贫困人口动态管理及组织、协调、检查、督查等工作，切实做好入户调查，表册填报，结对帮扶、落实计划、政策解释、夯实基础，助推发展等工作，做到扶贫到户、责任到人。为建档立卡户举办种养殖技能培训班1期，发放农资114份，资料300余份。通过精准帮扶，2018年仅剩2户建档立卡户未脱贫。

【院地合作】与宁夏大学签订“宁夏生态草牧业技术研究院”共建协议，实施“荒漠化退化草地修复与生产力提升技术研发与示范”等多个重点研发项目，建成占地1500亩的可承担天然草原资源评价、天然草原退化修复研究、天然草原科学合理利用、气候变化对天然植被影响四大功能的野外观测区1处，引进专家团队6人，整合项目资源在各乡镇开展6场次科技培训。与中国科学院植物研究所、中国农业大学、北京林业大学达成共建意向。

【项目申报】组织全县中小企业申报各类科技项目56个，实施创新后补助、科技金融专项等各类科技项目25个；新增国家级高新技术企业2家，新增国家级星创天地2家，自治区技术创新中心累计达5家，创建盐池县滩羊研发中心等3个产业创新平台；盐池县参与实施的滩羊标准化生产关键技术、苦豆子种质资源及其内生菌生物学功能研究和开发利用、麦蚜生态控制的景观生态学机制与模型3个科研项目荣获自治区2017年度科技进步三等奖。

【廉政建设】全面落实意识形态工作，强化党员政治理论建设。扎实开展“两学一做”学习教育活动，认真组织党员干部学习习近平新时代中国特色社会主义思想、党的十九大精神、习近平总书记对宁夏重要指示批示精神、自治区第十二次党代会精神以及党章、严格执行新形势下党内政治生活若干准则等规章制度。充分发挥党支部的战斗堡垒作用，教育引导党员干部牢固树立“四个意识”、坚决维护习近平总书记在党中央和全党的核心地位。全局累计开展集中学习40余次，班子成员讲党课6次，撰写各类心得体会50篇。强化制度落实，稳步推进党员队伍建设。制定完善17项制度，同时以“三会一课”“5+X”主题党日、“三评一推优”等制度为抓手，结合党员“下基层”、在职党员到社区报到服务、承诺践诺等活动，认真落实党员学习、管理、考评、谈心谈话等工作，努力将每名党员纳入党组织有效管理，不断增强党组织的凝聚力，夯实党员队伍建设。强化党风廉政建设和反腐败工作。扎实开展“四风”问题、“严格执行中央“八项规定”精神”等整治工作，认真组织召开“严格执行中央“八项规定”精神”专题民主生活会和“不忘入党初心，坚定理想信念”组织生活会，对涉农扶贫领域资金使用情况、办公用房情况、落实中央“八项规定”情况进行自查并对苗头性问题及时整改，坚持用好勤政廉政提醒约谈记录本，加强监督指导和督导检查，坚决纠正干部“四风”问题，推动党风廉政建设全面进步、全面过硬。积极配合完成县委巡察组巡察工作，认真落实巡察各项任务，从严从实抓好巡察整改落实工作，做到条条有整改、件件有落实。

**【民族宗教】**认真开展民族团结示范点创建工作，通过加强学习教育、创新宣传载体等形式，提高领导干部民族团结意识。

**【议案提案】** 科技局2018年办理政协提案2件均完成：“关于建立加大科技工作者宣传奖励机制的建议”，通过发放征求意见表征求相关部门意见建议形成《盐池县优秀科技工作者评选表彰暂行办法（讨论稿）》；“关于大力推进盐池县沙生中药材产业发展的建议”，通过调研形成《盐池县沙生中药材产业发展的现状与思考》。积极上报县委、县政府督办工作落实情况。

**【安全维稳】**认真组织学习关于建设建各类文件精神，提高防范意识，推行群防群治。持续开展安全专项隐患排查整治活动，并及时整改落实，实现了安全生产零事故。深入开展普法宣传、普法教育工作，积极参加普法活动。领导班子成员积极化解矛盾，全年无黄、赌、毒事件和群众上访事件。

**【其他工作】**积极配合完成好健康扶贫工作。切实关心干部职工的健康，组织职工进行健康体检。关心重视青年成长，推荐1名干部为吴忠市青年联合会委员。

## | 气 象 |

**【防灾减灾救灾】**推进气象信息化及预警信息发布工作。积极完成气象数据资源收集、整理、汇交工作。不断完善精细化到乡镇及其他服务点的气象要素预报业务，不断加强暴雨、冰雹等气象灾害及次生、衍生灾害的气象风险预警能力。修订完善各项业务规章制度，修订《盐池县2018年决策气象服务周年方案》，及时为县委、县政府及相关部门提供防汛抗旱决策服务。联合县扶贫办举办气象信息员培训；做好重大灾害性天气、重大活动等决策气象服务。2018年，编发《信息专报》54期，农用天气预报48期，农业气象旬（月）报36期，草畜气象服务专报75期，发布各类天气预警146次。盐池县党政领导在决策服务材料上批示5次。完善气象综合防灾减灾体系。与农牧、国土、交通等部门联动，实现了在关键生产季节及汛期的联合会商，建立健全了联合会商机制和气象信息发布流程；与农牧局联合发布土壤墒情调查分析公报；联合民政、国土、水利、农牧等相关部门召开了2018年气象灾害防御联席会议，为共同做好全年气象防灾减灾和服务工作打下良好基础。与各乡镇签署人工影响天气安全目标责任书，完成了全县各作业点火箭弹、火箭发射架年检维修工作，完成了各乡镇人影作业人员的技术培训工作。全县实施火箭增雨作业17次，累计发射火箭弹102枚。做好重大活动服务保障。准确及时开展春运、春播、盐池县翼扬航空嘉年华、盐池县哈巴湖星空大会等重大活动气象保障服务工作。年内积极申报全区重大气象服务先进集体。

**【污染防治】**为加强重污染天气应对服务，提高大气污染预报预测能力，联合农牧、水务、环林等部门继续开展联合会商、联合调查、联合发布、信息共享。扎实开展生态立区战略，及时完成对气候资源服务生态文明工作任务，积极参加全县生态环境保护会议。同时，配合县生态建设和环境保护委员会办公室开展2018年度大气污染防治信息调度工作。

【为农服务】围绕乡村振兴的实施，盐池县开展草畜、玉米、小麦等作物气象服务，重大灾害性天气出现时，盐池县人民政府办公室印发《关于做好近期降雪低温天气防范应对工作的通知》、盐池县安委会印发《关于进一步做好全县汛期雷电灾害安全防御工作的通知》等文件及时组织、安排部署防御工作。按照县政府将农业气象体系和农村气象灾害防御体系建设覆盖率、服务到位率纳入对各乡镇年度效能目标考核，积极做好气象服务工作。

【气象现代化】综合观测质量稳步提升。盐池气象局注重观测业务人员学习，采取多种形式对业务人员进行岗位培训。选派1名业务骨干参加全国气象行业职业技能竞赛。年内区域自动站传输正常。逐步加大科研项目的投入力度。年内获批市局项目2项。顺利完成麻黄山一般气象站综合改善项目工程。麻黄山站工作和生活环境进一步得到改善。

【精准扶贫】推进盐池气象特色服务。以盐池草畜气象服务为依托，与县农牧局联合有针对性地开展农作物墒情调查。建立农业特色优势产业气象服务指标体系。对牧草专题气象服务材料进行再分类再细化，制定草畜气象服务周年方案，在天然牧草区建设特色农业小气候站1个，精心编写《草畜气象服务专报》75期。针对性地开展草畜特色农业的专业化气象业务服务。全力做好气象助力精准脱贫。认真落实气象助力精准脱贫各项任务。作为宁夏第一个脱贫摘帽贫困县，盐池气象局紧紧围绕盐池县脱贫攻坚总体要求，完成盐池县内11个骨干站升级改造、6个农业小气候站建设任务，不断提升贫困县综合气象服务能力。帮扶责任人深入联系包扶村，因村施策、因户施策、因人施策，严把包扶村贫困户基本信息收集、梳理、录入，做到包扶的贫困村、贫困户户均有一本台账、一个脱贫计划、“一户一策”的帮扶措施。同时筹资6万元，帮助解决贫困户危房改造、子女上学、处理生活垃圾等困难和问题，6名干部职工结对帮扶贫困户28户，全面了解贫困户的生产生活情况，宣传脱贫政策，制定帮扶措施，帮助贫困户建立收支台账，定期为贫困户送米、面、油等生活用品，帮助解决了诸多发展和生产生活实际困难，也与困难群众建立了深厚的帮扶友情。加强气象为农服务，发挥气象助力精准脱贫效益。围绕草畜、小麦、玉米等主要农作物，盐池气象局与县农牧局联合开展针对性的农作物墒情调查、联合会商，建立农业特色优势产业气象服务指标体系，不断提升气象为农服务内涵，发挥气象助力精准脱贫效益。1人获评全县扶贫先进个人。

【人才培养】加强人才培养，全面提升人员整体素质；3人次参加中国局干部培训学院为期7~15天的培训，12人次参加全区气象预报、气象综合保障、地面观测等各类培训。1人到区局观测处交流学习。通过各种短期、中长期培训，逐步培养出了在农业气象、综合观测、预报服务方面的年轻骨干人才。年内县电视台播出新闻或专题报道5次，媒体采访3次，《中国气象报》发表2篇、CMA发表3篇。

【法治建设】进一步理顺内部管理机制。制定了《盐池县气象局“七五”普法规划》和《盐池县气象局2018年普法工作要点》。联合安监局下发《关于做好全县2018年度防雷防静电装置安全检测》积极利用“3·23”气象日、“5·12”防灾减灾日、“6·16”安全生产日等重要时间节点开展形式多样的法治宣传教育活动。完善安全责任体系，做好安全生产管理工作。为提高气象依法行政能力，加大对危化企业、人员密集场所的安全执法巡查，与安监、消防等部门开展联合检查进行行政执法检查1次，独立开展防雷安全检查10次，涉及单位70余家，发放督办通知7份，施放氢气球行政审批4件。深入推进安全生产“一岗双责”制度落实，层层签订安全生产目标责任书、人影安全责任书。完成全县人影作业人员的年度岗前培训、考核和注册，确保安全作业。

【从严治党】突出理想信念教育，用习近平新时代中国特色社会主义思想武装头脑。开展扶贫领域作风问题专项治理暨“脱贫攻坚作风建设年”活动，为推动“两学一做”学习教育活动常态化，扎实开展“不忘入党初心 坚定理想信念”专题组织生活会引导广大党员干部进一步强化宗旨意识，坚定理想信念。按照党委要求每月开展1次主题党日活动，不断提升党员干部政治站位和政治觉悟。锲而不舍落实中央“八项规定”精神，坚持不懈纠“四风”转作风。盐池局结合实际，对贯彻落实气象部门中央“八项规定”精神进行自查，切实在公务接待、公务用车、公务用房、差旅、会议、培训等方面进行自查，强化红线意识、筑牢底线思维。抓好党风廉政建设工作。制定了《盐池县气象党组2018年度全面从严治党工作主要任务及分工》，9月11日，吴忠市局党组进驻盐池气象局开展为期1个月的巡察工作，对此，盐池气象局高度重视严格按照《中共吴忠市气象局党组2018年巡察工作方案》，对巡视组在监督检查过程中发现的问题和薄弱环节，以不回避、不敷衍，逐项检查，认真研究，做到即知即改、立行立改，认真落实巡察组工作。深入推进精神文明和气象文化建设。完成了春季植树造林任务，进行盐池划片卫生区域卫生整治和盐池局院内绿化树林整理2次，职工食堂伙食标准及就餐环境进一步得到改善。1人次获得全县扶贫先进个人、1人次获得全区气象部门科普讲解大赛三等奖。

# 文化 旅游 广播影视

WENHUALVYOUGUANGBOYINGSHI



## 文化·旅游·广电

【示范县创建】国家公共文化服务体系示范县创建卓有成效。数字文化馆建成运行，县图书馆评定为国家二级图书馆，新图书馆建设有序推进，已完成主体建设工程。建设图书馆分馆4个，慢读书吧4个，通过自主管理、委托管理、以奖代补等形式，提高管理运营水平。先后举办了庆新春有奖猜谜、小橘灯公益阅读、“品古韵书香·传中华经典”世界读书日经典诵读比赛等系列活动，激发了全民阅读热情。古城文化园非遗项目、红色收藏、老物件等文化设施布局全面展开。建立盐州艺术团包乡镇机制，聘请文化志愿者670名，文化专管员99名，指导乡镇综合文化站、村综合文化服务中心规范化管理，村综合文化服务中心建设、设备配置、管理运行走在全区前列，盐池县获全区文化扶贫工程贫困地区村综合文化中心建设先进集体称号。培育农民文化大院26个，12个农民文化大院获得吴忠市级文化大院称号。

【文化惠民】广场文化、文化旅游赶大集、农村文艺巡演等活动异彩纷呈，送戏下乡、免费培训等“一个模式七大载体”互送共享文化惠民活动形成品牌，得到区、市充分肯定。2018年完成广场文艺演出60场，送戏下乡88场次，戏曲进校园15场次，文化旅游赶大集21场次，盐池秧歌、广场舞、“4·23读书日”、文化和自然遗产日等系列文化月活动18场次，开设器乐、剪纸刺绣等免费培训班22个664场次，培训学员3万余人。全国乡村春晚、全国民族春晚分会场、中国文联下基层在盐池县成功举办，文化馆获得“2018年中国民族春节联欢晚会”宁夏分会场做出突出贡献最佳组织奖，人民群众精神文化生活日趋丰富。

【精品创作】结合党的十九大精神、脱贫富民等政策宣传，创作编排了舞蹈《中国进入新时代》《圆梦盐州》，小品《把关》《谁都穷不了》，广场舞《太阳出来喜喜洋洋》《映山红的念想》，社火《玉犬闹春》《欢天喜地秧歌情》，音乐《我的滩羊情》

《铁柱战舞盐州魂》等一批精品力作，多个作品获得区、市奖励，特别是自创品牌“铁柱战舞盐州魂”千人子母鞭杆表演被央视等多家媒体报道。反映盐池县脱贫富民工作的眉户小戏《活出个样来》编排成功并进行了公演。盐州艺术团代表中国远赴希腊参加文化旅游艺术节活动，将盐池县的戏曲、民俗文化产品等带到了希腊，促进了对外文化交流。

【民间文艺和文化产业】扶持民间文艺团队参与各类民俗展演活动巡演200余场次。盐州艺术团获得第七届全国服务农民、服务基层文化建设先进集体奖，盐池县民间旗袍艺术协会获得中央电视台2019全球旗袍春晚海选赛百花奖。加强文化产业培育，2个文化类企业被列为自治区级文化产业示范基地，1个文化类企业获得自治区级文化产业示范户，2家企业获得自治区级文化产业重点项目资金扶持。

【文化市场管理】建立健全文化市场综合执法机构，组建成立“文化市场综合执法大队”，完善办公设施设备和执法人员。年内对全县网吧、歌舞娱乐、图书、印刷企业、文化大院、景区景点等176家文化市场主体开展法律法规知识培训，开展执法检查1584次，查缴非法出版物420余本、非法音像制品216盘，取缔无证经营书报刊摊点和音像摊点2家、歌舞厅9家。会同公安、消防、市场监管等部门开展集中检查行动8次，共查处安全隐患19起，下发整改通知书14份。文旅局获得全市文化市场综合执法岗位练兵技能竞赛一等奖，花马池镇获全国扫黄打非进基层先进示范点称号。

【旅游业】以盐州古城历史文化旅游区创建国家AAAAA级旅游景区为载体，大力实施基础设施提标、公共服务提质、旅游品牌提升工程，不断丰富旅游业态，加快全域旅游示范县建设。2018年，全县旅游接待人数达110万人次（其中外籍游客达3500余人次、台湾游客1800余人次），实现旅游综合收入3.3亿元，同比分别增长56.7%和57.1%。一是旅游基础设施不断完善。2018年实施旅游重点项目9个，概算投资3.78亿元。“九曲”民俗文化园、长城关博物馆布展、明长城保护利用、旅游驿站、标识标牌及导览系统、兴武营特色产业示范村旅游基础设施等项目正在加快推进，宁夏东部环线旅游集散中心、智慧旅游建设等项目开工建设。新建改造旅游驿站4个，配套建设生态停车场6处，完成风景廊道景观优化3000亩，新建改建旅游厕所8座，其中AAA级厕所6座。二是景区创A、酒店创星、乡村旅游创品牌工作持续推进。哈巴湖生态旅游区被批准为国家AAAA级景区；盐池宾馆被评为四星级旅游饭店和全区“十佳旅游饭店”；盐池县博物馆被评为国家三级博物馆；园林人家被评为五星级农家乐；盐池哈巴湖鹿血酒荣获中国好品牌金奖，盐池春雪荞麦壳荞真堂手工滩羊布艺获2018中国特色旅游商品大赛金奖。三是特色旅游品牌影响力明显提升。全力举办好“盐州大集·民俗嘉年华”“航空嘉年华”和滩羊美食文化节等文化旅游系列品牌活动，将文化与旅游紧密融合，充分发挥“文化+旅游+”效应，中央电视台、《中国旅游报》《中国体育报》等多家主流媒体进行宣传报道，文旅局在2018年全国模拟飞行锦标赛上获得组织特等奖；积极参加区、市组织的文化旅游营销活动，充分利用新媒体和新方式全面加强文化旅游宣传，“滩羊之乡·多彩盐池”特色旅游品牌影响力和美誉度不断扩大。四是旅游发展环境日趋向好。设立盐池县旅游产业发展服务中心，新增编制5名；设立县级旅游产业发展专项基金，制定出台《盐池县促进旅游产业发展扶持办法》《“引客入盐”旅游项目以奖代补管理办法》扶持政策，通过政府购买公共服务方式，招聘专业讲解员12名，为助推全域旅游发展提供有力保障。在2018上半年自治区政府大督查中盐池县全域旅游工作获全区贫困县第二名。

【新闻宣传】围绕县委、县政府中心工作和阶段性重点工作，牢牢把握正确舆论导向，共播发新闻270档、新闻稿件1200条，其中民生新闻685条，向区、市电视媒体选送各类稿件115条。在《盐池新闻》中开设了《脱贫攻坚乡村行》《在习近平新时代中国特色社会主义思想指引下——新时代·新作为·新篇章》《全县脱贫攻坚回顾与展望》《脱贫攻坚英雄谱》等新闻宣传专栏，《何彦彬：不用扬鞭自奋蹄》《张爱 刘丹：孝老爱亲一家人》《跨省异地就医结算惠民生》等新闻，被宁夏电视台、吴忠电视台播发。积极争取国家项目资金，实施了广播电视台基础设施建设项目工程，完成中央广播电视节目无线化数字化覆盖一、二期工程结余资金采购备品备件工作，有力提高了电视台采编播和安全播出能力，确保了中央和区、市、县重大会议期间的安全稳定。

【党　建】针对自治区党委第二巡视组巡视反馈文旅局在推进基层党建工作中存在党的组织弱化、“三会一课”等制度流于形式、党支部评星定级走过场、党建资料弄虚作假、党员队伍管理不严等突出问题，文旅局高度重视，将巡视反馈问题的整改落实作为推动系统全面从严治党和基层党建工作规范化的首要政治任务，主动全面认领存在问题，深刻反思问题根源，按照“时间上从快、处理上从严、整改上从实”的要求，成立了整改工作领导小组，4次召开党委会议专题研究整改方案，明确“任务书”、“线路图”和“时间表”。及时召开党员大会，对编造会议记录、心得体会弄虚作假等问题进行了全面通报。党委书记、专职副书记和有关责任人在党员大会上做了深刻检查，约谈提醒党员干部39人，给予批评教育25人，问责处理3人；对所辖五个党支部全部重新进行了评星定级考核，将文化馆等3个党支部由三星级降为二星级，将影剧院党支部由二星级降为一星级，将机关党支部由二星级降为零星级，纳入软弱涣散党组织，由党委书记挂牌整顿。严格落实党费收缴管理、组织生活会、民主生活会、民主评议党员等党建基本制度，健全完善公务接待、考勤考核等7项内部管理制度。严格落实党风廉政建设主体责任和“一岗双责”，深入开展中央“八项规定”回头看。成立党委书记任组长的督查组，定期督查、跟踪问效，形成推动全面从严治党常态化的工作机制，真正将全面从严治党各项要求落到实处。

## 网络电视

【概　况】2018年，盐池分公司在经营创收、宽乡工程、光纤改造、创新管理等方面均取得了较好的成绩。截至11月30日总收入653万元，其中：主营收入553万元，完成年度总任务的78%，非主营收入104万元，预计12月主营收入能够完成40万元左右。

【保用户促发展】总体情况：在网用户13114户，流失用户3477户，新增用户714户，发展融合业务用户1085户。保用户：分公司年初制定了老用户回馈计划，1—11月份营销费用累计投入61 .2万元，实实在在回馈了老用户，效果明显，并扩大了影响力，月均在用率下降小于1%，下降幅度趋慢。网格的工作成效：分公司年初重新划分了网格，在人员紧缺的状况下，人力、物力向网格倾斜。同时，根据《盐池分公司2018年绩效考核方案》，进一步细化了网格人员考核指标和办法，激发了网格员工作的积极性、主动性，充分贯彻了网格工作精细化的指导思想，让用户感觉到享受到的服务是专职的、高效的、贴心的、满意的，从过去一把一把抓用户，转变为一户一户保用户，积少成多形成效应，有效地减缓了用户流失。根据实际情况，适时推出了490元套餐：年初，针对世界杯到来的有利时机，申请推出490元全互动业务套餐，3月份开通以来，累计办理817户。根据市场反馈，该套餐价格定位适中，内容全面，有利于宣传公司的互动功能和内容，深受欢迎。集客发展情况：现有宾馆用户68个（终端数1933户），均为电视、宽带、互动的融合用户55个，其中从其他运营策反23个（终端数419户），流失15个（终端数245户）。

【工程方面】光纤到户改造。围绕“中小城市基础网络建设项目”进行小区光纤改造，截至11月30日共改造开通小区39个，覆盖用户21620户，光纤到户500户左右。亮点工作：随着电信、移动在新建小区投资力度加大，新建小区配套建设费已经很难收取。年初开始，分公司调整工作思路，与开发商协商，参与新建小区的弱电工程，协同有线电视工程同步进小区，减少分公司新建小区投资成本，已经与三个新建小区签订了施工协议（2018年新建小区6个）。弱电工程累计签约金额54万元。其他工程：完成“村级综合文化服务中心”剩余工程；完成盐池环路机房接地、380伏电引入工程；配合数据部完成13个机房走线架、机柜、线缆布放、蓄电池安装和验收工作。完成部分宽乡工程验收，截至11月30日完成33个宽乡工程验收工作。

【扶贫工作】累计入户500余人次，完成户说明、档案、扶贫手册、健康扶贫材料等的填写和整理，为贫困户讲解政策、帮助解决实际困难。给村部、乡镇反馈贫困户的疑虑和问题数十条，做好中间疏通排解工作，消除贫困户与村、镇等的矛盾或不满，打消贫困户的疑虑，盐池县领导对分公司扶贫工作给予了充分肯定。7月，盐池县顺利通过国家验收，脱了贫摘了帽。

【制度建设】进一步规范内部管理机制，建立健全绩效考核制度。结合实际制定了《盐池分公司2018年绩效考核方案》，实行A、B岗、全员营销管理制度，细化考核指标，充分体现“多劳多得”的指导原则，月初根据考核结果发放上月绩效工资，有效激发了全体员工工作的积极性、主动性。

【全员培训】邀请兴庆分公司方全山师傅到盐池为全体员工进行营销技能培训。对所有网络维护及安装人员进行业务培训，现场搭建环境，对所有可能出现的网络故障和机顶盒升级可能出现的状况进行讲解培训。六盘云平台培训，使全体网格、营业、维修及安装人员，熟练掌握六盘云平台的栏目、节目、版块等内容，更好地服务用户。网格人员、营业人员参加“人人过关”营销技能培训，回到分公司再次组织进行内部学习讨论，将培训中对分公司有帮助、能落实的方法、策略一一梳理，应用到网格、营业厅的日常工作当中去。应定边广电网络公司邀请，营业厅、网格人员分批参加了定边广电网络公司组织的营销实战培训活动。组织员工参加公司组织的技术能手大赛，1人取得三等奖，1人取得优胜奖，通过参加比赛，有效地促进了大家学习的积极性，提高了学习热情。

【财务管理】加强材料成本核算，健全材料领、退料制度，提高材料的利用率和节约率。在材料出库方面，严格按照工程预算出库，材料不浪费。每月进行库房材料的盘点，做到账物相符。加强对工程成本的控制，加强工程监管，加强跟踪问效。压缩日常费用开支比例，尽量减少不必要的支出。

【安全播出】确保网络传输安全，完善安全播出体系。技术人员每周进行机房的检查、培训和演练习，熟悉设备的性能，掌握正确的操作、使用和维护技能，做到能够及时发现隐患、排除故障。定期组织人员操练安全播出预案，做到“常抓不懈、有备无患”。2018年分公司在安全播出时段内未发生重大安全责任事故。

## 图书发行与销售

【概　况】2018年全年实现销售700.51万元，比2017年597.4万元增加103.11万元，同比增长幅度17.26%。费用125万元，利润13万元。其中，教材：2018年销售334.83万元比2017年323.62万元增加11.21万元，同比增长幅度1.2%。教辅：2018年销售295.33万元比2017年203.98万元增加91.35万元，同比增长幅度44.78%。其中2018年学习之友113.48万元；初高中教辅181.85万元比2017年203.98万元减少22.13万元。一般图书：2018年销售70.35万元比2017年69.8万元增加0.55万元，同比增长幅度0.79%。

【教材发行】多年以来新华书店一直承担着全县中、小学教材的发行任务，为确保全县中、小学校“课前到书、人手一册”做出了不懈努力。在教材征订上，加强与教育行政部门的沟通和协作，严格遵守国家出台的一系列中小学教材出版发行的政策规定，采取以征订上门、送书上门、结算上门为内容的“三上门”服务，为教材发行工作的顺利开展提供了新渠道。教辅经营上，盐池县不到2万名学生从过去年销售不到50万元教辅，到2018年销售181.85万元。

【理论出版物发行】坚持把社会效益和经济效益放在同等重要的位置，认真做好政治理论读物的征订发行工作。积极组织货源，全店职工加班加点，深入机关、学校、企业、社区和乡村，主动上门征订，上门送书，及时保证了基层党员干部的学习需要，充分发挥了新华书店的宣传文化主阵地的作用。征订理论热点面对面500余本，码洋1万余元；征订《习近平新时代中国特色社会主义思想三十讲》学习丛书700余套，码洋2.3万余元；《中华人民共和国宪法》1000余本，码洋8000余元；《中国共产党纪律处分条例》400余本。

【图书销售】一般图书销售是体现书店核心竞争力的关键所在。加强一般图书销售，稳步扩大一般图书销售市场是每个基层书店的基本职责。从创新促销手段、开辟销售新途径等方面入手，着力推进一般图书发行销售。抢抓节假日的有利时机，集中促销。通过“六一”儿童节新华书店绘画比赛”等一系列形式多样的促销活动，依托节日气氛，创新促销手段，增加书店人气，增加销售份额。调整图书结构，形成有常销书、动销书、畅销书组成的合理的备货体系。不断增加更新图书品种，创造舒适的购书环境，满足各个不同阶层读者的要求，为区店一般图书的连锁经营工作提供了良好的平台。在经营体制改革创新上求突破。不断适应文化体制改革及市场经济发展的要求，遵循图书发行的经济规律，提高服务、灵活经营。努力开展跑单位促团购。实践证明，走出去才是最有效的门市创收的方法，今年干部职工的外销任务人均4万元，一年外销占门市销售40%。为年终评选的外销名次，职工们相互“比、学、帮”，干劲十足，尽管外销没有给提成，职工的积极性还是很高，使企业经济实力不断发展增强。还与众多单位建立常年团购合作关系。并将几家大型企业由原来的外市县采购图书争取到了盐池店，此举不仅增加一般图书的销售更加增强了市场竞争力。加强图书招投标工作，认真留意图书招投标市场信息，在发现图书招标信息后，第一时间联系相关招标单位及部门，了解相关信息情况并认真制定招投标工作计划，严格落实有标必投精神。

【理论学习】认真坚持每周二、五学习制度，采取集体学习和自学相结合、集中辅导和观看电教片相结合、撰写学习笔记和交流学习心得相结合等灵活多样的学习方式，积极组织职工学习党的十九大会议精神，认真学习钻研图书发行和经营管理各项业务知识，通过学习教育，干部职工的思想进一步得到解放，抢机遇、抓发展的意识明显增强，业务能力和工作水平逐步提高。

【党风廉政】在日常工作中，严格遵守廉洁从政有关规定，书店负责人带头履行廉政承诺，主动接受监督。深入贯彻落实中央“八项规定”和自治区相关文件精神，认真组织学习，深入查找突出问题。从超标准公务接待、违规公款吃喝、违规公款送礼、外出公款旅游、超标准配备使用办公用房等方面联合工作实际进行具体落实。加强党风廉政宣传教育，积极引导职工树立勤俭节约的观念，大力营造勤俭办店的良好氛围。同时，修订完善了多项内控管理制度，压缩各种费用支出。每季度汇总并公布各项费用的支出情况，加强财务成本核算，做到财务支出公开、透明。

【精神文明】在狠抓经营管理的同时狠抓企业文化建设。积极维护好门市部形象，经常组织人员对单位外围环境进行清理、打扫。使店容店貌始终保持清洁醒目。店堂内图书排放整洁有序，营业员的导购能力和服务质量在不断加强和改进。加强职工队伍建设，组织职工进行经常性的思想政治学习、业务学习练兵。提高了职工们自身综合素质。通过这些举措，新华书店的企业文化得以宣扬，新华书店主渠道经营理念深入人心。

# 卫生 医疗

WEISHENGYILIAO



## 卫生计生管理

**【概　况】**2018年，全县传染病报告发病率497.09/10万，婴儿死亡率6.02‰，出生缺陷发生率58.47/万，无孕产妇死亡。人口出生率7.48‰，出生政策符合率92.31%，出生人口性别比107.5，全面完成区、市下达的各项指标任务。

**【目标责任】**强化责任落实。及时在县委常委会、县政府常务会等层面传达区市卫生计生工作会议精神，于2月28日召开了全县卫生计生工作会议，对2018年卫生计生工作进行全面安排部署，县人民政府与各乡镇（街道办事处）、27个成员单位签订了目标管理责任书，将卫生计生工作纳入全县目标管理责任制考核，严格执行“一票否决”制。县卫计局与各医疗机构签订了医疗卫生工作责任书，细化分解了自治区2018年卫生计生工作综合目标管理责任书，确实做到思想认识到位、目标任务到位和工作落实到位。完善激励机制。根据年度考核结果，县政府安排资金17.3万元，对工作成绩突出的乡镇和计划生育先进工作者予以表彰奖励，树立实干导向，为全面完成目标任务奠定了基础。2018年2月，盐池县分别获区、市2017年度卫生计生工作综合管理目标责任制考核一等奖。

**【综合医改】**2018年，盐池县认真贯彻落实新时期卫生与健康工作方针，紧盯医改重点指标，抢抓公立医院综合改革第二批国家级示范县机遇，从制度建设、政策设计、财政投入等方面入手，推动综合医改向纵深迈进，医改主要指标完成较好。4月份，自治区卫计委对公立医院综合改革推进情况进行了综合评价考核，盐池县在全区14个县区级考核评价中排名第一。扎实推进医疗卫生服务体系建设。投资1300万元的高沙窝镇卫生院建设项目主体已完工；投资2980万元的盐同红贫困连片区县人民医院惠安堡分院改扩建项目于2018年8月份开工，预计2018年年底完成住院楼主体和附属用房全部封顶；县城西苑社区、北关社区卫生服务站装修已完成；投资90.43万元对麻黄山、青山、冯记沟、大水坑四所卫生院排污进行修建，力求达到环评标准。加快建立现代医院管理制度。继续推进人事薪酬制度改革，实行用人总量、薪酬总量管理及院长年薪制，赋予医院院长人事管理权、副职推荐权、绩效工资内部分配权等经营管理自主权，全面推行同工同酬，完善内部绩效分配，使绩效分配向临床一线倾斜，拉开收入差距，有效调动职工工作积极性。完善公立医院院长绩效考核，自治区医管委聘请第三方，对2017年县级医院院长执行医疗服务质量和效率等情况进行考核，县医院被评定为优秀等次。建立合理控费制度，有效控制医疗费用的不合理增长，截至11月底，县级公立医院药占比25.2%；百元医疗收入消耗的卫生材料费用19.99元；医疗费增长幅度达5.37%，以上指标基本达到自治区规定的指标范围之内。不断加强县域医共体建设。由2家县级医院牵头，分别与8个乡镇卫生院、1个社区卫生服务中心组成2个县域医共体，建立县乡两级医疗机构统筹协调和分工合作机制，共享医疗资源，有效控制医疗费用，减少过度医疗和资源浪费，提高医疗服务体系整体运行效率。创新开展信息化建设。以“互联网+”为手段，以“集中、联通、共享”为目标，以卫生信息数据互联互通为基础，以各类应用为核心，以便民惠民为落脚点，本着“宁让数据多跑路，不让群众多跑腿”的理念，制定下发了《盐池县“互联网+医疗健康”便民惠民行动计划（2018—2020年）》《盐池县创建“互联网+医疗”健康示范县工作方案》等文件。创新开展“让管理人员能用、医务人员有用、患者好用”三方共赢的“互联网+医疗健康”信息化建设工作，构建新型卫生健康服务模式，着力推动优质资源下沉，使居民共享优质医疗服务，有效解决了县域内医疗资源供给不平衡不充分等现实状况，缓解了群众看病难看病贵等实际问题。同时，开发居民健康档案系统，将患者医疗信息与基本公共卫生系统信息互联互通，其中，APP管理软件“医讯通”指尖上的服务，对患者信息进行在线采集，架起“健康桥”，实现数据自动上传，将健康档案“死档”变“活档”，大大提高了工作效率。利用“医讯通”进行入户电子建档达5.5万人，电子签约3.2万人。着力提升盐同红基层医疗机构服务能力。结合“千名医师下基层”活动和对口支援项目，区妇幼保健院选派2名专业技术人员对口支援惠安堡镇中心卫生院，县医院选派5名卫生专业技术人员对口支援大水坑镇中心卫生院和麻黄山乡卫生院。同时县医院在惠安堡镇卫生院打造1~2个专科建设，中医院在惠安堡镇长期安排1名中医大夫坐诊。盐同红连片的3所乡镇卫生院至少每所拥有2名及以上对口结对帮扶人员，优先选派业务骨干到区级和县级医疗机构参加全科医师转岗培训和点对点培训。抓住京宁医疗卫生精准帮扶与技术合作培训的机会，在对专业技术人员培训时重点向这3所卫生院倾斜，着力提升其医疗服务能力。2018年10月25日，盐池县在国家卫健委体改司举办的公立医院综合改革典型案例培训班暨深化公立医院综合改革座谈会上做了交流发言。

【**医疗服务**】强化医疗服务要素监管。全面完成医疗机构、医师、护士电子化注册，注册完成率均为100%。加强医务人员日常监管，鼓励医师多点执业，实行执业医师在县域内注册的分级管理制度，实现“一地注册，全区有效”。进一步加强医疗技术临床应用管理，组织开展临床技术应用能力培训和质控。落实国家基本药物制度，规范药品采购、使用，有效落实药品“两票制”管理，保障基层医疗机构临床用药需求。持续提升群众就医获得感。以新一轮“改善医疗服务行动计划”为载体，落实改善医疗服务制度，创新改善医疗服务模式。以“互联网+”为手段，推进就诊信息互联互通，优化医疗服务流程。深入开展优质护理服务，加大专科护士培训力度，扩展服务内涵，提升群众获得感。着力提升医疗服务能力。建成县级公立医院国家级重点专科1个、区级重点专科2个、院内特色科室5个。2018年，新申报了呼吸内科专科建设项目，集中力量补齐专科能力短板。先后安排34名卫生专业技术人员到县级医院、乡镇卫生院、社区卫生服务机构开展对口支援活动，着力解决基层卫生人才短缺及能力薄弱的问题。进一步健全急救服务体系，强化和规范急救网络管理、急救队伍建设、急救质量控制管理等工作，提高急救服务水平和效率。加大群众满意的乡镇卫生院创建工作，2018年，盐池县高沙窝镇、王乐井乡卫生院获得全国“2016—2017年度群众满意的乡镇卫生院”称号。全面加强医疗质量管理。深入贯彻落实《医疗质量管理办法》及医疗质量安全核心制度，要求医疗机构执行各项诊疗、操作、规范和指南，加强院感防控、护理操作、抗菌药品等关键环节管理；做好病案首页信息报送，加强病案首页质控工作。强化中医服务体系建设。进一步强化中医院住院楼、康复楼的使用，巩固中西医结合康复医学中心、治未病站的建设工作，扎实推进中医服务体系建设。在创建全国基层中医药工作先进县的基础上，着重加强基层中医药能力提升、中医类别全科医生培养、中医药信息化建设以及中医体质辨识管理。积极开展全国基层名老中医传承工作室项目，有效促进了中医药的继承与创新。2018年，盐池县被列入“2016—2018年创建周期全国基层中医药先进单位”候选地区。加强专业技术人员培训。2018年以来，继续加大专业技术人员培训力度，先后举办卫生专业知识继续医学教育实体培训班24期，培训1440人次，着力解决基层卫生人员能力薄弱的问题。先后选派27名医务人员、护理人员参加京宁医疗卫生合作护理骨干培训班、区级骨干医师培训；组织8个乡镇卫生院院长及6名专业技术人员到上海交大参加医疗卫生管理及专业技术人员继续教育脱贫富民培训班，着力提升医疗卫生整体服务水平。

**【公共卫生】**公共卫生民生计划普惠百姓。规范建立城乡居民电子健康档案15.1万份，常住居民建档率为97.1%；高血压患者管理任务数9092人，已管理高血压患者人数9656人，高血压健康管理任务完成率106.2%；糖尿病患者管理任务数2321人，已管理糖尿病患者人数1611人，糖尿病管理任务完成率69.1%。全县共报告法定传染病855例，传染病疫情报告率100%，报告及时率100%，常规疫苗接种应种31140剂次，实种31094剂次，接种率达99.85%；实施妇幼卫生“七免一救助”等惠民政策，严格落实妇幼保健、三项监测和管理工作，产妇系统管理率97.89%，孕产妇住院分娩率100%，新生儿疾病筛查率98.10%；深入开展儿童营养包免费发放惠民政策，营养包发放率为98.36%；农村妇女宫颈癌筛查5325人，任务完成113.3%，乳腺癌筛查完成3099人，完成率123.96%。2018年，盐池县获国家级妇幼健康优质服务示范县称号。重点疫情得到有效控制。针对全区疫情突发的特殊情况，盐池县从加强组织领导、强化经费保障等方面入手，先后召开各类专项防控紧急会议10余场次，着力加大投入，重点强化措施，积极应对全区炭疽病和乙脑防控疫情，确保全县无重大疫情发生。继续加强布病医防结合“三位一体”防治模式，按照经费保障到位、医保保障到位、救助保障到位的“三个保障到位”，切实加强对布病患者的规范诊疗和随访；加强鼠疫监测，强化碘盐普服率，地方病得到有效控制。民生项目顺利实施。加大政府投入，对1990年至1999年出生的10个年龄段盐池户籍人口免费接种乙肝疫苗工作全面开展。已完成70后、80后、90后重点人群乙肝疫苗三剂次接种共10.97万针剂次。政府连续3年免费乙肝疫苗接种工作完成。家庭医生签约服务成效明显。继续加强公共卫生“4221”组团服务模式，组建家庭医生签约服务团队48个，稳步推进家庭医生签约服务工作，电子签约工作全部推行。至11月底，常住人口签约率为43.5%。投入320万元，为签约贫困人口免费提供100元体检服务包，已免费体检1.9万人，健康咨询5万余人次、上门巡诊1.5万余人次，签约唐氏筛查1257人、四维彩超检查759人，救助严重精神病患者338人，家庭医生签约服务群众满意度达95%以上。2018年，盐池县代表自治区接受了国家重点公共卫生项目验收。健康盐池建设有序推进。积极贯彻落实全区卫生与健康大会精神，通过制定健康素养促进行动项目实施方案、举办全县职工健康知识培训班、开展全民健康生活方式“三减三健”等活动，深入推进健康盐池建设，提高居民健康素养水平。依托“紫都学府杯”篮球赛、“七彩杯”跆拳道交流赛事等全民健身品牌活动，启动了健康中国行——科学健身主题宣传周活动。盐池县创建全国首批健康促进县经验于2018年4月收入《首批全国健康促进县区优秀实践案例汇编》。爱国卫生工作持续推进。紧紧围绕国家卫生县城巩固提高、爱国卫生整洁行动等主题，重点对城乡接合部、公园广场等区域存在的环境卫生问题进行清理。落实爱国卫生日活动，各项任务有序推进，2018年，盐池县获“国家卫生县城（2018—2020）”，县爱卫办被自治区爱委会授予“全区爱国卫生工作先进集体”。加强病媒生物防制工作，使其控制在国家规定的标准范围内，全县完成消杀1687.54万平方米。深入推进“厕所革命·决胜小康”、健康城市健康村镇试点建设工作，有序推进健康细胞建设等工作，惠安堡镇惠苑村、街道办、龙辰社区被自治区爱卫会命名为全区首批健康“细胞”建设示范点。

**【健康扶贫】**2018年，围绕让贫困人口“看得起病、看得好病、能少得病”这一目标，不断完善报销、救治和预防等各类健康扶贫政策，有效解决因病致（返）贫的难题。抓好“三个环节”，让群众看得起病。抓好报销保障环节。建立了“四报销、四救助”体系，使建档立卡贫困患者住院医疗费用报销比例不低于90%，年度累计住院医疗费用不超过5000元，门诊30种慢性病报销比例不低于85%，建档立卡贫困患者住院医疗费用实际报销比例达92.3%，切实解决了群众自己报销难、不知如何报销的问题。抓好参保补助环节。在全区率先推行“扶贫保”并提标扩面，全县农村人口缴纳大病补充保险和家庭综合意外保险保费由财政全额补助。加大医保保障边缘人群的救助力度，对全县农村60岁以上患有腰腿痛疾病的人群，门诊补助比例大幅提高；对未脱贫患者实施“三定一限”救助措施，已有8人享受了该项政策。抓好服务环节。全面实行“先住院后付费”和“一站式”结算服务，对县内就诊的建档立卡患者，出院时只需缴纳医疗总费用的10%且全年累计自付费用不超过5000元；对县外就诊的建档立卡患者，报销剩余超过总费用10%或全年累计超过5000元的部分予以兜底救助，实现了贫困人口医疗报销救助无缝隙、全覆盖，切实解决了群众看不起病的难题。夯实“两个基础”，让群众看得好病。夯实医疗设施基础。进一步强化中西医结合康复医学中心、治未病站的建设工作，乡镇卫生院“中医馆”实现全覆盖，切实改善了医疗机构服务条件，提升了医疗服务能力。夯实医疗软件基础。充分发挥“一中心、六站点”社区服务网点作用，为居民提供更加便捷的医疗服务。每年投入150万元，与区内外多家医疗机构建立人才联合培养机制，有效提升了医疗服务水平和管理能力。发挥“县域医疗共同体”作用，贫困患者县内就诊率增幅较大。实施“三大工程”，让群众少得病。深入实施健康促进工程。大力开展健康知识宣传，建立了覆盖125个单位、14个医疗机构的健康促进工作网络，提高了居民健康素养和生活品质。广泛开展健康教育工程。通过“健康盐池大讲堂”、制作宣传彩页及“动漫”片、拍摄“微电影”等措施，持续引导群众树立正确的健康观。大力推进健康服务工程。在2017年工作的基础上，2018年又改进了“三项补助措施”，即对7~9岁儿童窝沟封闭治疗、对农村孕妇唐氏筛查和胎儿四维彩超检查进行全额补助，对原发性高血压、Ⅱ型糖尿病患者门诊购药医保报销后补助60%。2018年，盐池县健康扶贫经验做法被国务院办公厅以简报形式进行交流并受到国家扶贫办、卫健委的通报表扬；国家卫计委健康扶贫第三方评估组、体改司、宣传司等机构的对该项工作也给予充分肯定。

【计划生育】宣传教育贴近群众。结合正月十五“民俗文化活动周”活动，依托“百姓大舞台”，深入开展全面两孩政策宣传。充分利用新媒体，通过建立公众号、短信平台、网站等媒体向广大群众推送生育政策知识；结合中国计生协计生基层群众自治示范项目，开展“生殖健康保健服务”培训活动10场次，制作专题宣传片1部，编订培训手册130份，发放宣传册1.2万份，确保“人员培训全到、宣传资料送到、计生政策讲到、健康义诊进到、优质服务做到、避孕药具发到”。组织开展“把健康带回家”流动人口关怀关爱专项活动，发放健康包200个、宣传折页2万份、走访慰问流动人口和留守儿童27人次。推动计划生育家庭青少年健康发展试点工作，全面开展青春期健康教育服务活动，3月份，盐池县代表宁夏接受了国家卫计委青少年健康发展项目中期评估验收。2018年12月，中国计生协命名盐池县为计划生育基层群众自治示范县。优质服务深入开展。实行生育登记服务制度，简化办事手续，优化办事流程，提高办事效率，积极推行网上办理，为群众提供便捷、高效的优质服务；巩固流动人口健康促进活动成果，全面推进流动人口卫生计生基本服务均等化，8个均等化服务点全部投入使用，发放VIP积分卡2.7万张，服务人群向全县常住育龄妇女辐射。稳步推进孕前优生健康检查工作，对全县1259对夫妇进行了免费孕前优生健康检查。健全家庭发展支持体系。全面落实计划生育利益导向政策体系，确保目标人群及补助资金及时精准到位；建立计生特殊家庭联系人制度，开通“绿色就医”通道，审核上报“少生快富”工程项目户17户，“失独家庭”一次性抚慰对象9户，计划生育家庭奖励扶助、特别扶助、提前奖扶2306人，慰问失独家庭和困难计生家庭40户，发放“婚育文明特别关爱”救助金5万元。积极探索推进医养结合、居家养老等健康服务。综合治理扎实推进。全面推行“五到位”工作机制，不断提高全员人口信息库数据质量，全县全员人口信息完整率、逻辑关系准确率均达96%以上；加强计划生育依法行政工作，把重奖举报与协调配合、专项检查结合起来，保持打击“两非”的高压态势，坚决遏制出生人口性别比偏高的势头，出生人口性别比趋于正常。

【政风行风】建立健全执法责任制。加强依法行政工作的组织领导，对原保留的9项行政审批事项依法合并减少为6项，编制行政审批目录，优化服务流程，明确审批权力的主体、依据、运行程序和监督措施，进一步建立健全了执法责任制和权力清单制度。政务大厅设置卫生计生行政审批窗口，推进“不见面马上办”审批服务模式，实现行政审批“一窗式受理、一站式审批、一条龙服务”。共受理办理事项569件。坚持依法行政。规范卫生监督执法行为，加大执法力度，从卫生许可准入、食品安全强化、个体医疗市场整顿、职业病预防、公共卫生突发事件预防等方面，认真开展综合监督工作，有效地维护了全县人民群众身体健康和生命安全。全年，卫生行政许可103件，案件查处24件，双随机任务33家，关闭3家，完成30家，完成率90.91%，完结率100%，被监督范围736家，对辖区蓄水池进行现场水质快速监测，均符合国家生活饮用水卫生标准。着力解决群众反映强烈的突出问题。今年以来，盐池县按照区、市相关文件要求，紧紧围绕“解民情、集民智、护民利、聚民心”要求，制定下发了《卫生计生系统集中开展解决群众反映强烈的突出问题活动实施方案》，重点从健康扶贫、计划生育、安全生产、行业作风、信访积案化解这5个方面集中开展解决群众反映强烈的突出问题，共梳理排查4件，均已办结。

【党　建】坚持以活动促党建。牢牢把握新时代党的建设新要求，通过“严格执行中央“八项规定”精神”专题民主生活会、“不忘入党初心 坚定理想信念”专题组织生活会等活动，把学习贯彻习近平新时代中国特色社会主义思想，与推进“两学一做”学习教育常态化制度化结合起来，与学习贯彻石泰峰书记在全区领导干部学习班上的讲话精神紧密结合起来，自觉以习近平新时代中国特色社会主义思想统一思想和行动，提高了班子成员及党员干部与履职相匹配的政治素质、政治能力。坚持抓党建促业务。充分认清卫计系统基层党建工作面临的形势任务，切实强化落实全面从严治党要求的紧迫意识，突出问题导向，健全长效机制，在严格落实自治区党委第二巡视组、中央第八巡视组反馈问题整改上持续用力，全力推进卫计党委各支部标准化建设。全系统上下紧紧围绕习近平总书记在全国卫生与健康大会上提出的健康新要求，牢牢把握住卫生计生工作的公益性、基层性、预防性、并重性，从构建大健康大格局出发，坚持问题导向，开拓思路，务实创新，积极构建健康盐池建设、三医联动、深化医改推进机制，重点从医改实际出发，推进公立医院改革和医共体建设，切实找准新时代卫生计生工作的出发点和落脚点，群众的获得感、幸福感和安全感进一步提升。扎实开展民族团结进步模范单位创建活动并实现全覆盖，2018 年 9 月，花马池镇卫生院被自治区党委、自治区政府授予全区民族团结进步模范集体。

## 卫生计生监督

【卫生检查】卫生计生监督所开展了盐池县 2018 年上半年公共场所卫生国家随机监督抽查工作、生活饮用水卫生国家随机监督抽查工作、学校卫生国家随机监督抽查工作、餐饮具集中消毒服务单位国家随机监督抽查工作、传染病防治国家随机监督抽查工作、医疗卫生国家随机监督抽查工作、放射卫生与职业卫生国家随机监督抽查工作、计划生育国家随机监督抽查工作，共 8 项国家随机监督抽查任务，其中任务执行单数 33 家，完成 30 家，关闭 3 家，完成率 90.91%，完结率达 100%。8 月 20 日对全县公共场所集中空调通风系统进行专项监督检查，重点对集中空调通风系统卫生管理档案建立、开放式冷却塔清洗消毒等进行了检查，经检查盐池县装有集中空调的单位能够按照卫生要求建立卫生管理档案。2018 年 7 月 23 日至 31 日开展了全县范围内正常运行的二次供水单位调研工作。调研主要针对全县 16 家正常运行的二次供水单位的基本情况和卫生安全管理现状，包括单位卫生许可证、人员健康证、卫生防护、水箱清洗消毒、水质定期自检和卫生监督快速检测情况等内容，其中水箱式供水单位 3 家，无负压变频供水单位 13 家，责令限期整改的单位 5 家，无案件查处。

【放射诊疗整治】卫生计生监督所对 15 家机构进行了 2018 年放射诊疗专项整治工作，经检查个别乡镇卫生院，无放射影像医师，均由临床、公卫专业的人员兼职。卫生计生监督所对未持放射诊疗许可证和放射工作人员工作证上岗以及超出放射诊疗许可证范围从事放射诊疗工作机构和个人加大监督和处罚力度。

【综合监督】卫生计生监督所于 2018 年 7 月 9 日至 28 日，对县人民医院、县中医医院和县妇幼保健计划生育服务中心 3 家医疗机构依法执业、医疗服务收费、医疗废物处置、放射防护、计划生育技术服务、医院服务信息公示、不良执业行为积分相关制度落实情况、中医医疗机构贯彻落实《中华人民共和国中医药法》情况等方面进行了综合监督检查，对检查中存在的问题书写监督意见书反馈给医院，并依据《宁夏医疗机构不良执业行为积分管理办法》对机构及个人进行积分。

【执业整治】卫生计生监督所于 2018 年 4 月 21 日—5 月 15 日，开展了基层医疗机构的医务人员依法执业工作进行了专项整治，共抽查全县 8 家卫生院和 40 家村卫生室，对医疗机构的医务人员及乡村医生是否按照注册的执业范围和执业地点开展执业活动进行了检查。被检查的医疗机构和个人证件齐全、有效，诊疗活动均未超出核准科目，也没有开展静脉输液活动。马儿庄村卫生室因医疗废弃物记录登记不完整的违规行为，责令立即改正并给予警告。下一步将对存在问题的单位逐家跟踪，查看整改情况，督促落实。

**【非法行医整治】** 开展了以“远离非法行医 珍爱生命健康”为主题的打击非法行医法制宣传周活动，采取多种多样的形式向广大人民群众宣传了医疗相关法律法规，讲解了非法行医性质、形式、特点及危害，现场公布投诉举报途径，鼓励全社会共同参与，并召开了“打击非法行医百日整治行动动员部署会议”对该项工作任务进行安排部署，还举办了打击非法医疗美容专项行动培训班，与全县12家美容机构负责人签订了拒绝非法医疗美容承诺书。通过开展一系列的打击非法行医专项行动，有效整顿和规范了医疗秩序,切实维护了人民群众健康权益。

**【学校卫生】** 卫生计生监督所分别于3月和9月对盐池县47家中小学和托幼机构开展了春、秋季传染病防控及饮用水卫生专项监督检查工作。重点检查了学校及托幼机构传染病疫情报告登记及管理制度建立情况、晨午检、因病缺勤病因追查与登记记录和新生入学（园）接种证查验登记情况、涉水产品持有效卫生许可批件情况等。针对存在问题监督员现场进行指导，并提出整改意见要求存在问题的单位限期整改。并以第23个“世界防治结核病日”为契机，开展了主题为“开展终结结核行动，共建共享健康中国”的结核病防治宣传活动，向学校的工作人员和学生普及了结核病防治基本知识与相关法律法规和《学校结核病防控工作规范（2017版）》的内容。

**【传染病防治】** 卫生计生监督所对全县21家单位（其中二级医院3家、一级医院11家，未定级医院6家和疾病预防控制机构1家）开展了传染病防治综合评价工作，进行分类分级监督。监督检查的内容包括综合管理、预防接种、法定传染病疫情报告、传染病疫情控制、消毒隔离制度执行情况、医疗废物处置、病原微生物实验室生物安全管理和监督抽检8项。检查人员按照评分标准仔细检查医疗机构传染病防治情况并记录，当场对存在的问题指出并加以纠正，并下达卫生监督意见书21份，要求其限期整改。对全县4家设有病原微生物实验室生物实验室的机构，按照“统一标准、属地负责，全面排查、重点监管”和“谁建设、谁负责，谁使用、谁负责”的原则，针对医疗机构、疾控机构的实验室的高致病性病原微生物（毒）种或样本运输管理情况，辖区实验室备案及日常监管情况点机构实验室生物安全监督管理情况等内容进行专项检查。检查发现，盐池县的病原微生物实验室安全总体情况较好，4家单位均按要求，进一步强化了实验室生物安全意识，完善规范化管理，建立生物安全管理体系，制定科学、严格的生物安全管理制度以及安全保卫措施，大部分被查单位根据国家标准和实验室技术规范有关要求，编制本实验室标准操作规程和实验室紧急情况处理规程等。

**【医疗废物处置】** 根据《吴忠市卫生和计划生育局关于开展全市医疗废物规范管理工作专项督查的通知》（吴卫计发〔2018〕114号）和县卫计局和县环林局《关于开展医疗机构医疗废物处置专项执法检查的通知》（盐卫计发〔2018〕390号）文件要求，卫生计生监督所分别开展了全县医疗废物规范管理专项督查工作和医疗机构医疗废物处置专项执法检查工作。经检查，花马池、惠安堡、王乐井、青山和麻黄山5家卫生院医疗废物暂存设施布局不符合卫生要求，各医疗机构均将医疗废物交给取得经营许可证的单位进行收集、运送、贮存和处置并按规定填写危险废物转移联单，在运送过程中未丢弃医疗废物，未在非贮存地点倾倒、堆放医疗废物或者将医疗废物混入其他废物和生活垃圾，传染病病人或者疑似传染病病人产生的生活垃圾，均能够严格管理和处置。高沙窝卫生院、小姬口腔诊所、宥艺口腔诊所、益康口腔诊、社区服务中心、利民社区服务站6家医疗机构未按要求将医用污水处理做任何处理直接排放。根据《中华人民共和国传染病防治法》《医疗废物管理条例》等法律法规对违规的医疗机构下达了整改监督意见书，责令其整改。下一步将加大医疗废物处置工作的宣传力度，落实工作职责，明确具体责任人，进一步促进医疗废物规范管理，防止医院感染的发生，保障医疗安全，防止医疗废物造成环境污染。

**【疫苗监督】**根据《自治区卫生计生委办公室关于开展长春长生公司狂犬病疫苗接种者跟踪观察、咨询服务和疫苗补种监督检查工作的通知》要求，卫生计生监督所于8月12日至16日，对辖区内8家开展预防接种的医疗机构，从各医疗机构的咨询服务点设置情况、分类跟踪观察情况、咨询指导服务情况、疫苗补种情况和有关信息记录保存情况5个方面进行了监督检查，经检查，8家医疗机构均未接种由长春长生公司生产的狂犬疫苗，均具有合格资质和接种人员上岗证，且按要求开展疫苗补种，未发现不符合专项检查相关要求行为。依据《疫苗流通与预防接种管理办法》对8家医疗机构现场书写监督意见书。下一步，将继续对辖区内开展预防接种的医疗机构和疾控机构进行监督检查，加大案件查处力度，确保疫苗渠道合法、质量合规、接种符合操作规范。

**【卫生行政许可】**盐池县2018年应监督户数743家，实监督户数742家，监督覆盖率99.87%，监督总户次1637。除公共场所监督覆盖率为99.77%，其余专业监督覆盖率均达100%。发放卫生许可证139家，新发83家，变更23家，延续32家，注销1家。卫生行政许可按时办结率100%，全年未发生卫生行政许可相关投诉。无对符合法定条件的不予以行政许可，无不符合法定或者超越法定职权做出准予行政许可决定，无利用备案、核准等形式搞变相审批的行为。

**【案件查处】**2018年，共查处案件28起，其中公共场所14起，医疗卫生5起，传染病防治4起，放射诊疗1起，无证行医4起，已结案28起，共处罚人民币32450元，没收违法所得3件，没收金额2647元。

## 疾病预防控制

**【党性教育】**加强思想政治建设。学习党章和习近平总书记系列重要讲话特别是到宁视察重要讲话，不断增强党员干部“四个意识”。落实好党组织和党员承诺践诺。利用廉政教育平台，加强党员干部党纪党规教育，树立尊崇党章、严守纪律、廉洁从政的良好形象。开展专题教育活动。开展“不忘初心 牢记使命”、“不准共产党员信仰宗教和参与宗教活动”和“5+X”主题党日活动等专题教育活动，强化党员恪守党章，牢记使命，全心全意为人民服务。推动“两学一做”学习教育常态化。提升专业能力建设。借助继续教育网络学习平台和专业技术人员学习平台，提高专业技术人员的业务知识和业务技能。组织专业技术人员参加区、县、市相关部门的技能培训，提升专业技术人员的服务技能和服务质量。当前中心高层次人才13人，高层次人才队伍不断壮大。

**【传染病报告管理】**为进一步加强盐池县重大疾病联防联控工作，严防传染病流行和重大疫情发生，提高人民群众的健康水平。马瑞英副县长组织召开盐池县重大疾病工作联席会议并指出，重大疾病防控工作是各乡镇政府和相关职能部门的职责所在，各部门要提高认识，切实增强开展重大疾病防控工作的责任感和使命感，采取有力措施，全力以赴做好各项防控工作；要不断加强重大疾病的监测和预警，建立疫情信息报告制度；要加强宣传教育和舆论正面引导工作，消除群众恐惧心理，提高群众自我保护意识和防病能力，做到群防群控。为加强全县中小学托幼机构重点传染病防控工作，有效预防和控制季节性学校传染病的流行和暴发，县卫计局联合教体局召开了全县学校传染病防控知识培训班，要求各学校负责人要进一步落实学校常见传染病防控工作措施，强化学校传染病联防联控工作机制、成立领导小组、明确职责、做好晨午检、消毒、健康教育、疫情报告等相关传染病防控工作，确保广大师生身体健康与生命安全和学校正常的教学、生活秩序。为进一步做好盐池县夏秋季传染病防控工作，县卫计局组织召开了“盐池县2018年传染病防控工作及技术培训班”，共160余名卫生专业人员参加了会议。全县13家网络直报单位网络运转正常，审核并调查核实传染病预警信息25条；无突发公共卫生事件报告；开展月度及季度法定传染病疫情分析12期和季度传染病及突发公共卫生事件风险评估4期。开展全县小学及托幼机构常见传染病专项督导，全年共报告手足口病126例，采集病原学标本62份，送检62份，实验室结果是CoxA16：4份，EV71：7份，其他肠道病毒32份，阴性19份。全县狂犬病暴露预防处置门诊8家，全年共规范处置暴露人群864人次。2018年共报告法定传染病919例，报告发病率531.21/10万。报告发病数与去年（1033例）相比下降11.04%，其中，乙类620例，丙类299例。报告发病率居前五位的病种依次是布病（271例）156.65/10万、手足口病（126例）72.83/10万、其他感染性腹泻（119例）68.79/10万、乙肝（90例）52.02/10万、梅毒（88例）50.87/10万。

【免疫规划】2018年，常规疫苗接种应种45281剂次，实种45240剂次，接种率达99.91%；其中乙肝疫苗应种5644剂次，实种5637剂次，接种率达99.88%;首针应种1812人，24小时及时接种1725人，及时率95.2%。报告疑似预防接种异常反应15例，其中过敏皮疹1例、药物过敏1例、过敏反应——荨麻疹2例（已痊愈），其他均为一般反应。每月到医疗机构开展疫苗相关传染病主动监测，监测覆盖率100%，共报告疑似麻疹4例，均已排除。所有乡镇卫生院、社区卫生服务站、产科医院均能顺利完成预防接种信息化上报，并与全区共享接种信息。结合4·25宣传日，围绕“预防接种、守护生命”主题，重点宣传了接种疫苗对预防疾病的重要意义及肝炎、狂犬病的主要防控措施。对各乡镇卫生院及县级医疗机构督导平均6次以上，覆盖率100%。对全县各乡（镇）、社区、村级医疗机构开展预防接种服务规范及传染病报告管理规范、突发公共卫生事件报告管理规范进行培训共5次。按照新的预防接种证查验要求，对8个乡镇卫生院和4个社区卫生服务站进行了面对面现场培训，并形成总结完成上报。

【结核病防治】中盖结核病项目（三期）全面启动，继续探索和完善结核病防控“盐池模式”。截至12月底非结防机构报告疑似患者数142例，其中重卡23例，住院1例，应到位118例，实际到位117例，总体到位率99.15%；定点医院门诊登记可疑患者556例，全部拍胸片检查，查痰549例，查痰率98.7%，与2017年同期（780例）相比减少了28.7%；确诊和管理活动性肺结核患者56例，初治49例，复发1例，其他6例，病原学阳性率50%；患者数比去年同期（82例）减少31.7%；耐药筛查情况，从4月1日起对所有收治的肺结核患者进行分子生物学监测，应筛查47例，实际筛查47例，耐药筛查率100%，检测出1例耐利福平患者，已推送至第四人民医院进行治疗；涂阳密切接触者筛查45例；密切接触者筛查率为100%、学校结核病筛查1230例；均未发现活动性肺结核患者，每季度对县医院、乡（镇）卫生院进行一次督导(包括门诊、实验室、药房、放射科)；督导病人服用每剂结核药物，确保病人做到全程规律服药。3月24日是第23个“世界防治结核病日”。围绕“开展终结结核行动，共建共享健康中国”的宣传主题。中心采取走基层、进乡村和学校及监管场所等人员密集地进行宣传咨询活动，旨在将结核病防治相关知识宣贯到群众中去，提高广大居民对结核病防治知识的了解和参与意识。

【性病、艾滋病防治】疫情情况。管理现存活艾滋病病毒感染者和病人（HIV/AIDS）28例，其中艾滋病患者10例;以现住址浏览报告性病病例120例，其中艾滋病病例3例、HIV病例7例，丙肝（包括临床诊断和确证病例）14例，淋病病例1例，尖锐湿疣病例3例，生殖道沙眼衣原体感染病例3例，梅毒病例 89 例（隐性梅毒 81 例，一期梅毒 5 例，二期梅毒 3 例），报告覆盖率为 100%；监管场所监测工作。在公安、司法等部门的配合下，对监管、拘留场所 121 人进行了艾滋病和梅毒抗体检测，无阳性结果。VCT（艾滋病自愿咨询检测）监测工作。全年自愿咨询检测 469 人份。梅毒监测。对孕产妇、术前、婚前检测共计 16109 人次，筛查出阳性 8 例。高危干预工作。对 14 个服务场所 154 人次开展行为干预工作，93 人次接受 HIV 和梅毒抗体检测，发放安全套 800 余个，使他们基本掌握了高危行为的预防，营造良好的社会氛围。抗病毒治疗工作。抗病毒治疗数据录入管理系统正常运行，现存活的 HIV/AIDS 28 人，抗病毒治疗 22 人，抗病毒治疗覆盖率 78.6%。艾滋病病毒感染者 / 病人随访干预工作。对所有艾滋病病毒感染者和病人都能按要求定期进行随访、CD4 和病毒载量检测，HIV/AIDS 随访干预率 100%。美沙酮门诊工作。2018 年服药病人 2 人，共服药 442 人次。

【慢性病管理】全县常住总人口数为 15.5 万人，共建立居民健康档案 15.3 万份，常住居民建档率为 98.3%；全县应登记管理老年人 10299 人，接受健康管理 8344 人，健康管理率 81.0%。全县应管理高血压患者人数 26478 人，已管理高血压患者人数 9831 人，高血压健康管理率 37.1%（≥ 45%）。规范管理 8132 人，规范管理率 82.7%。最近一次随访血压达标患者数 8288 人，血压控制率 84.3%。全县应管理糖尿病患者人数 6073 人，已管理糖尿病患者人数 2351 人，糖尿病健康管理率 38.7%（≥ 37%）；规范管理 1938 人，规范管理率 82.4%，最近一次血糖达标患者数 1908 人，血糖控制率 81.2%。全县报告死亡病例 878 例，粗死亡报告率 5.64‰；全县登记在册的严重精神障碍患者 429 人，报告患病率 2.75‰（≥ 4‰），规范管理 392 人，规范管理率 91.3%（≥ 75%）。癫痫患者应管理 311 人，登记管理 162 人，筛查率 1.04‰，未达到项目要求（2‰）。为贯彻落实医改任务，进一步加强基本公共卫生服务项目的管理，提高基层医疗机构业务人员的水平和技能，实现基本公共卫生服务可持续及均等化，对各乡镇卫生院和社区卫生服务中心（站）的负责人、基本公共卫生服务专干及村医 190 余人进行《国家基本公共卫生服务规范（第三版）》培训。对乡镇卫生院和社区卫生服务中心（站）督导指导 4 次，上报督导报告 4 份，并对全年基本公共卫生服务项目进行绩效考核。

【地方病防治】碘缺乏病监测。采集盐样 300 份，碘盐 295 份，合格碘盐 275 份，不合格碘盐 20 份（小于 21.0 毫克 / 千克的盐样 17 份，大于 39.0 毫克 / 千克的盐样 3 份），非碘盐 5 份。碘盐覆盖率 98.3%（295/300）、碘盐合格率 93. 2%（275/295），合格碘盐食用率 91.7%（275/300）；对抽取 8~10 岁学生随机采集尿样 200 份做尿碘检测，同时做甲状腺检查；其中尿碘中位数 237.1 微克 / 升，达到国家推荐的 8~10 岁学生的适宜标准。8 岁组检出甲状腺肿大学生 3 名；9 岁组 2 名；10 岁组 2 名；甲状腺肿大率分别为 5.26%、2.23% 和 3.70%。5 月 15 日是我国第 25 个“防治碘缺乏病日”，结合“‘碘’亮智慧人生，共享健康生活”的宣传主题，通过多种形式宣传科学补碘、合理补碘，切实保障人民健康。包虫病防治及监测项目工作。全县管理病人 140 例，服药病人 29 人，全部规范管理。全县家犬登记 9005 条，建卡 8469 条，规范驱虫 8189 条，规范驱虫覆盖率达 90.00%；人群 B 超筛查 5005 人，对疑似病例 7 人采集血样做血清抗体检验，最终排出为包虫病人。包虫病监测筛查 2005 人，筛出包虫病可疑病人 4 人，同时采集血样进行抗体检验，经诊断排出包虫病；采集儿童血样 491 份进行血清抗体检验，阳性 12 份，阳性率 2.44%。采集家犬粪 200 份、无主犬粪 20 份。委托县动物疾控中心，在宗源和鑫海屠宰场检查 1 岁以上羊只内脏（肝、肺）1000 份，阳性 10 份，阳性率 1.0%。2018 年度完成土源性线虫 1000 人调查检测，采集粪便 1000 份；其中 19 人感染蛔虫，感染率为

0.9%，对3~9周岁43人采集肛拭子，未检出蛲虫。布病防控工作。全年布病门诊筛查2621人，实验室检测2621人，临床诊断病例55例，确诊病例216例，建档登记管理243人，管理率89.67%。对建档管理的病人按治疗方案规定，治疗三个疗程。对治疗结束的152例疗效判定，有效率达100%，治愈、基本治愈147人占96.71%，好转5人占3.28%。无效0例。病人规律服药率达95%；对发病率较高的乡镇的高危人群652人进行筛查，经实验室检验阳性48人，感染率7.36%；确诊病例23人，患病率3.53%,对确诊的23例病人建立档案，给予三个疗程的规律治疗。鼠疫防治工作。调查样方311公顷，布夹4290盘，捕鼠469只，平均鼠密度1.51只/公顷；捕获长爪沙鼠443只，平均密度为1.42只/公顷，单公顷最高密度为39只/公顷；夜行鼠调查，布夹6400夹次，捕鼠566只，捕获率8.84%；调查宿主动物1123只，染蚤鼠132只，染蚤率11.75%；获蚤340匹，平均蚤指数0.30。梳检主要宿主长爪沙鼠525只，染蚤鼠54只，染蚤率10.29%；获蚤102匹，蚤指数为0.19。对捕获的1123只活鼠和所有宿主及媒介生物分别做血清学抗体检验和细菌学检验，全部为阴性。2018年对哈巴湖自然保护区重点旅游区域扩大调查，踏查区域基本覆盖哈巴湖自然保护核心区，捕鼠303只，发现鼠形动物10种，分别隶属于啮齿目、兔形目、食虫目，其中白天捕获4只达乌尔鼠兔；夜行鼠298只，其中达乌尔鼠兔和鼩鼱为该区域首次发现。对捕获的303只鼠梳检，其中染蚤鼠81只，获蚤8种170匹，鼠体平均染蚤率26.7%，鼠体平均蚤指数为0.56。对捕获的303只鼠类及媒介生物蚤类共170组170匹做细菌学培养鉴定，结果全部阴性。

【公共卫生】职业健康监护。对11家企业接触布鲁氏杆菌、苯、噪声和粉尘等有毒有害气体作业的职业人员142人进行了职业健康监护，未发现职业禁忌征，发现疑似职业病8人；从业人员体检5215人，梅毒阳性23人。食源性疾病监测。监测系统运转正常，定期督促哨点医院开展监测病例并上报，全年网报133例（县医院网报127例，中医院网报6例，其他哨点医院网报0例）。按规范处理8起食源性疾病暴发。饮水安全监测。本年度枯水期和丰水期共检测水样62份，合格60份，合格率96.77%；其中出厂水2份，合格2份，合格率100%；末梢水60份，合格58份，合格率96.67%。病媒生物监测。结合全县国家卫生县城巩固提升工作，重点对老鼠、蟑螂进行密度监测各6次；对苍蝇、蚊子进行密度监测各5次；完成1次蜱类密度监测。医院消毒效果监测。对基层医疗机构采集各类样品108份，采集使用中消毒液16份，其中7份有效成分量未达到规定标准，其余样品监测均合格；环境物体表面样品（操作台、治疗车）20份，合格19份。公共场所消毒效果监测。共监测各类公共场所消毒用品46份，全部合格。农村环境卫生监测。20份土壤pH值介于8.21~8.97之间，平均值8.55，pH值评价标准6.5~7.5。铅检测值介于6.23~12.1毫克/千克，平均9.52毫克/千克；镉检测值介于0.064~0.119毫克/千克，平均0.088毫克/千克；铬检测值介于21.5~42.4毫克/千克，平均33.15毫克/千克。根据《土壤环境质量标准》（GB 15618—1995）二级标准判定，土壤重金属检测结果未出现超标情况。学校常见病和健康影响因素监测。4年级到12年级，视力不良检出率从62.35%上升到90.58%，视力不良情况非常严峻；学生龋患率达38.20%。盐池县儿童青少年近视调查工作。儿童青少年总体近视率为（43.63%），随着年级的增长，近视率依次增长，其中为幼儿园（8.24%）、小学（28.65%）、初中（68.39%）、高中（80.30%）。实验室建设与管理。严格按照实验室规范相关要求管理，做好危险化学品的管理；协助外勤科室保质保量完成包虫病、布病、水质、鼠防、HIV等所有项目检验；离子色谱仪、原子吸收分光光度计、原子荧光仪等仪器设备投入使用，除了三氯甲烷和四氯化碳 2 项需要气相色谱仪，其他 29 项全部能够开展，基本达到县级疾控机构必须承担的 31 项的检验能力。

【乙肝接种】本年度共完成 70 后、80 后重点人群乙肝疫苗接种 110045 人，110045 剂次。其中第一剂次 38654 人、第二剂次 36816 人、第三剂次 34575 人，全程接种率 89.45%（34575/38654）。通过评估，70 后抗体阳性率达为 98.29%，80 后抗体阳性率达为 96.33%。分别比接种前提高了 53.29% 和 61.66%，此轮次乙肝疫苗接种达到了预期效果。

【布病管理】2018 年县委、县政府继续将人间布病管理纳入民生工程，继续实施“三位一体”管理模式。全年共报告 271 例（临床诊断病例 55 例，确诊病例 216 例），建档管理 243 人，规范管理 243 人，规范管理率 100%；对治疗结束的 152 例疗效判定，有效率达 100%，治愈、基本治愈 147 人占 96.71%，好转 5 人占 3.28%。无效 0 例。病人规律服药率达 95%；通过三年的民生工程，老百姓对布病防控核心知识的知晓率明显提升，医务人员的诊治筛查意识增强，布病患者的治愈率明显提高，患者的治疗费用明显降低。

## 妇幼保健

【概　况】2018 年，妇幼保健计划生育服务中心圆满完成了妇幼健康行动计划等项目的指标任务和妇幼卫生监测工作，特别是自健康扶贫工作开展以来，政府将农村孕妇唐氏筛查和四维彩超纳入免费检查范畴，妇幼保健服务能力明显提升，社会效益进一步增强。

【妇幼健康】免费婚前医学检查情况。2018 年，全县登记结婚 1596 人，婚前医学检查 1582 人，婚检率 99.12%，检出疾病 328 例，疾病检出率 20.73%，其中内科疾病 93 人，指定传染病 47 人，生殖系统疾病 183 人，严重遗传性疾病 5 人，接受婚前卫生指导、婚前保健咨询 1582 人。免费孕前优生健康检查工作开展情况。2018 年区级下达的孕前优生健康检查目标任务是 1300 对（2017.11.1.—2018.10.31），中心全年共检查了 1259 对，完成目标人群的 93.25%，男女比例 1 ：1，参检对象中共筛查出高危人群 202 人（其中梅毒阳性 28 人，乙肝便面抗原阳性 48 人）其他高风险患者 146 人次，占参检人员的 16%。早孕随访 5099 人次，其中妊娠 760 人次，妊娠率 60.36%，早孕随访率 100%，妊娠结局随访 1298 人次，妊娠结局完成 731 人次，群众满意度 95%。增补叶酸预防神经管缺陷项目。充分利用新婚学习，每天下午对婚检人员培训新婚知识和妇幼健康行动计划项目内容，并对新婚人员发放叶酸，其余人员由村医摸底、发放和随访。2018 年，盐池县增补叶酸的目标人群为 1818 人，叶酸服用 1818 人，服用率 100%，服用依从 1509 人，依从率 83%。预防艾滋病、梅毒、乙肝母婴传播工作开展情况。该项目由各乡镇卫生院和县妇幼保健计划生育服务中心执行，县妇幼保健计划生育服务中心同时负责为梅毒（艾滋病）阳性孕妇提供免费治疗并定期随访孕产妇本人及其所生新生儿，县人民医院负责为乙肝阳性孕产妇所生新生儿免费注射乙肝免疫球蛋白。2018 年，盐池县户籍产妇 1651 人，免费咨询检测 2653 人，检测率 100%，其中检测出乙肝阳性孕产妇 35 人，所生新生儿全部免费注射乙肝免疫球蛋白；梅毒阳性孕产妇 4 人，4 人给予了规范的免费治疗，全年未检测出艾滋病阳性孕产妇。农村妇女宫颈癌筛查情况。近年来，在项目实施的过程中，逐渐摸索出一些经验，每年年初，由县卫计局印发通知，将筛查任务和筛查时间分配至各乡镇卫生院，然后采取就近的原则，居住在县城的妇女，直接到县妇幼保健计划生育服务中心接受筛查，居住在农村的妇女，由县妇幼保健计划生育服务中心抽调专业技术人员，乡镇卫生院提供场地，组织动员群众到各乡镇卫生院接受筛查。因筛查质量高，群众认可度好，盐池县 2018 年 6

月 8 日即完成初筛任务，2018 年，盐池县宫颈癌筛查任务 4700 人，实际完成 4825 人，任务完成率 102.7%，宫颈脱落细胞学检查可疑阳性 38 人，阴道镜检查 39 人，活检 31 人，确诊宫颈癌 3 人，已全部接受治疗，CIN Ⅰ ~ Ⅲ患者 16 人，其中 16 人全部接受治疗。农村妇女乳腺癌免费筛查情况。每年确定 4 个乡镇为乳腺癌筛查乡镇，乳腺临床手诊和超声检查采取一站式服务，对参加筛查的妇女同时给予乳腺手诊和乳腺超声检查。2018 年，盐池县乳腺癌筛查任务量为 2500 人，实际完成 3099 人，任务完成率 123.96%，筛查出可疑阳性 46 人，乳腺钼靶 X 线检查 37 人，确诊乳腺癌患者 3 人，已全部接受治疗。贫困地区儿童营养改善项目。2018 年，盐池县农村户籍 6~24 月龄婴幼儿人数为 4653 人，实际服用人数为 4653 人，发放率为 98.6%，服用依从率为 99.28%，全年共发放营养包 32637 盒。妇幼卫生监测工作完成情况。2018 年，盐池县顺利完成“三项监测”工作，具体情况如下：全县产妇 1651 人，活产 1661 人，住院分娩 1651 人，住院分娩率 100%，剖宫产 714 人，剖宫产率 43%；孕产妇保健覆盖 1650 人，保健覆盖率 99.34%；早孕建卡 1626 名，早孕建卡率 97.89%；产后访视 3 次以上 1650 人，产后访视率 99.34%；系统管理 1626 人，系统管理率 97.89%；高危孕产妇 889 人，高危产妇住院分娩 819 人，高危住院分娩率 100%；孕产妇死亡人数 0 人，孕产妇死亡率 0；出生缺陷 11 例，出生缺陷发生率 58.47/ 万；5 岁以下儿童死亡 14 例，死亡率 8.43‰；婴儿死亡 10 例，死亡率 6.02‰；新生儿死亡 7 例，死亡率 4.2‰；全县 7 岁以下儿童 12441 人，保健覆盖 12009 人，保健覆盖率 96.53%；3 岁以下儿童 5661 人，系统管理 5249 人，系统管理率 92.72%；0~6 月儿童纯母乳喂养 827 人，纯母乳喂养率 90.48%。危重孕产妇医院监测工作：2018 年，县人民医院入住孕产妇数为 1981 人，上报孕产妇个案调查表 1981 份，监测率 100%，录入 1981 份，录入率 100%，发生妊娠合并征 / 并发征 323 例，合并症 / 并发症发生率 16.31%，表卡填写错误 0 项，项目错误率 0。

**【新生儿疾病筛查】**新生儿疾病免费筛查、治疗情况。2018 年，盐池县新生儿疾病筛查 1842 人，筛查率 98.1%。可疑阳性 33 例，召回 33 例，召回率 100%，无确诊人数。新生儿听力障碍疾病免费筛查、治疗情况。2018 年，盐池县听力障碍筛查 1842 人，筛查率 98.1%，可疑阳性转诊 11 例，确诊 1 例，无确诊人数。

**【孕产妇妊娠风险评估与管理】**孕产妇妊娠风险评估与管理工作是孕产期保健的重要组成部分，为规范孕产妇妊娠风险评估与管理工作，保障母婴安全，盐池县自 2018 年起开展孕产妇妊娠风险评估与管理工作。首次建册的孕妇进行妊娠风险筛查，筛查结果为阳性的孕妇，需转诊至开展助产服务的二级以上医疗机构进行妊娠风险评估分级，按照风险严重程度分别以绿（低风险）、黄（一般风险）、橙（较高风险）、红（高风险）、紫（传染病）5 种颜色进行分级标识。结合孕产期保健服务，发现孕产妇健康状况有变化时，立即进行妊娠风险动态评估，并进行干预。在进行产后访视和产后 42 天健康检查时，再次对产妇进行风险评估。如发现阳性症状和体征，应当及时进行干预。2018 年全年，盐池县初次建册的孕妇数为 1238 人，妊娠风险筛查孕妇数 1207 人，阳性数 396 人；妊娠风险评估孕妇数 477 人，其中：黄色标识 364 人，橙色标识 19 人，红色标识 0 人，紫色标识 4 人；产后风险评估产妇数 1180，阳性产妇 2 人。

**【早产儿管理】**为提高对早产儿的医疗保健水平，降低新生儿死亡率，特别是早产儿死亡率，改善早产儿生存质量，提高出生人口素质，促进儿童早期综合发展，提高儿童健康水平，自 2017 年 10 月 1 日起，盐池县开展早产儿管理工作。2018 年全年，活产人数 1661 人，早产儿人数 62 人，早产儿发生率 3.73%，其中：高危早产儿 13 人，低危早产儿 49 人，登记管理人数 62 人，专案管理人数 62 人。

**【出生医学证明管理】**坚持专人负责、专册登记、证章分开的管理原则，使出生医学证明管理日益规范，2018年，盐池县共发放出生医学证明1900本。

【"快乐孕育"孕妇学校】2018年起，盐池县开设"快乐孕育"孕妇学校。教学形式由以往单纯面授到现在的多媒体教学，形式多样，穿插进行。教学时间为每周一期授课，使孕妇及家属的知识知晓率和参与积极性得到了很大提高。

【托幼机构卫生保健】2018年，盐池县加强了托幼机构卫生保健管理，举办了全县托幼机构卫生保健管理培训班，审核了保健员资格，督导了各托幼机构卫生保健管理落实情况，集中开展了托幼机构新生入园体检、在校学生定期健康体检工作，2018年托幼机构新生入园体检1275人、托幼机构在校学生健康体检3873人；落实了新生入学时《儿童健康管理手册》查验情况，使全县托幼机构卫生保健管理率达100%。

【计划生育服务】2018年全县免费计划生育技术服务结扎14人次，宫内节育器放置578人次，宫内节育器取出588人次，人流手术203人次，药物流产890人次，随访2365人次，B超三查3524人次，上门咨询人数3190人次，门诊咨询人数3888人次，随访率达100%，群众满意度95%。

【医疗质量】进一步健全并落实医院规章制度和人员岗位责任制度，特别是医疗质量和医疗安全的核心制度，包括首诊负责制度、三级医师查房制度、分级护理制度、疑难病例讨论制度、会诊制度、危重患者抢救制度、术前讨论制度、死亡病例讨论制度、查对制度、病历书写基本规范与管理制度、交接班制度、技术准入制度等。年内组织医务人员认真学习《中华人民共和国母婴保健法》《母婴保健管理条例》《中华人民共和国执业医师法》《中华人民共和国传染病防治法》《医疗机构管理条例》《医疗事故处理条例》《护士管理办法》等法律法规和相关政策，做好学习考核记录。根据《中华人民共和国执业医师法》和《护士管理办法》对未取得执业证书的技术人员不得独立上班，继续由有经验的师级人员带教。受盐池县卫生和计划生育局指派1人，对城关社区卫生服务中心的对口支援工作，根据县卫计局工作安排，对城关社区卫生服务中心进行帮扶，对该院进行了妇女保健工作培训、儿童保健工作培训、妇幼保健各项目培训指导，接收该院妇产科人员到中心免费进修，为冯记沟乡妇幼保健服务能力的提升做出了一定贡献。严格基础医疗和护理质量管理，强化"三基三严"训练。建立三基培训制度，科内每周组织一次业务学习，每月组织一次三基学习，对新上岗的医师严格执行住院医师培训计划，严格实行轮科及定岗考核，采取派出去、请进来的办法，提高医务人员技术水平，"三基"考试一年两次。合理检查、合理用药、因病施治。重点是贯彻落实《抗菌药物临床应用指导原则》，坚持抗菌药物分级使用，完善药品用量动态监测及超常预警制度。每月由药剂科检查处方，查看是否合理用药，因病施治。

【医德医风】2018年，采取多种形式开展职工职业道德教育，经常性地组织干部群众学习有关党纪、政纪条规，职工的思想素质与职业素养进一步提高。全体职工牢固树立了"以病人为中心"的服务理念，并将这种服务理念落实到日常工作中，竭诚为患者提供优质服务。在上一年的基础上重点开展：一是盐池县农村户籍孕妇免费四维彩超、唐氏筛查排畸检查助力健康扶贫。为降低出生缺陷率，2018年继续将农村户籍孕妇免费排畸检查纳入健康扶贫工作，自2018年4月1日起，免费排畸检查服务面由建档立卡户免费、农村费建档立卡户半费的政策扩大至所有农村户籍孕妇全部免费，四维彩超（263元/人次）、唐氏筛查（228元/人次），2018年1月1日—2018年3月31日，为建档立卡户免费检查唐氏筛查7例，四维彩超7例；非建档立卡户半价检查唐氏筛查102例、四维彩超34例；2018年4月1日至12月底，共免费为农村户籍孕妇检查唐氏筛查465例、四维彩超333例。特聘请自治区妇幼保健院专家每周定期坐诊，为全县孕妇做排畸检查。二是为方便全县妇女就近就诊，曾经只能到自治区级医院预约排队的检查项目，现与宁夏迪安乐嘉医学检验中心（有限公司）合作，开展了性激素检测六项、孕检激素三项、甲功三项、TCT 液基细胞学检测、HPV 分型检测、无创 DNA 检测等，广大妇女可以不出县域，节省交通开支，免去长途奔波、预约排队的时间，直接就诊检查。2018 年实现业务收入 303.28 万元。全年无住院人次；门诊就诊 39089 人次，门诊留观病人 198 人次，门诊收入 303.28 万元，其中药品收入 128.917 万元，产前检查 2156 人次，计划生育手术 710 人次，门诊其他手术 353 余人次，妇科检查 14836 人次，阴道镜 31 人次，宫颈脱落细胞学检查 5783 人次。

**【安全生产】**实行 24 小时门卫值班制，对各楼层、院落、重点地段进行全方位监控，加强了对各种安全隐患的日常排查和重点部门重点排查；节假日实行领导干部总值班，其他科室 24 小时轮班制度，人人保持手机畅通，突发事件及时上报。始终绷紧“医疗质量和医疗安全”这根绳，最大限度地降低医疗纠纷的发生；积极配合政法部门，完成治安巡逻等社会综治工作任务，无一综治与上访事件发生，实现了全年“四无”目标，为盐池县的稳定与和谐发挥了积极的作用。

## 县人民医院

**【概　况】**2018 年，县医院门急诊人次 284556 人次，同比减少了 3.4%，出院人次 14199 人次，同比增长了 2.3%，手术量达 3711 台次；床位使用率 85.33%；平均住院日 6.83 天，同比增长 0.1 天；床位周转次数 47.33 次，药占比 25.78 %，同比下降了 5.1%。

**【健全制度】**制定医院章程。制定《盐池县人民医院章程》，县人民医院于 9 月份启动了章程制定工作，成立章程起草工作组，收集、整理了各类管理制度和岗位职责。经院委会讨论并提交支部委员审议后，经职工代表大会审议通过，最后报自治区卫生健康委备案。在内容上紧紧围绕医院性质、功能定位、办院宗旨、发展方向、权责义务，明确党的建设和党组织重要作用、地位。章程的制订能够规范医院内部治理结构和权力运行规则，逐步将医院管理纳入法制化、制度化轨道，全面提升决策效率和执行力。健全医院内控体系。编制了《内部控制管理手册》（包括制度篇和流程篇），成立了内控工作领导小组，以内控制度为抓手，建立监管体系，规范医院各项工作流程，对医院运行过程中发现的问题予以校正和改进，实现医院管理规范化和科学化。加强成本管理。2018 年，对骨科、眼科、检验科及放射科的医用高值耗材进行线上采购和院内二次议价，要求供货商直接降低采购价，从根源上降低医用耗材的支出。通过二次议价，骨科下降幅度达 40%，检验科的下降幅度达 15%，眼科下降幅度达 9%，使医院整体成本水平较之前有明显下降。优化收入结构。县人民医院采取了一系列措施，控制药品及卫生材料收入比重，严格限制高价药、辅助药、营养药的使用。1—12 月，医疗费用的增长幅度为 5.52%，卫生材料费用占比 15.08%，检查化验收入占比 28.93%，医疗服务收入占医疗收入为 33.64%，百元收入消耗的卫生材料费用为 20.37 元，同比下降了 3 元。

**【医疗安全】**加强质量管理，落实医疗管理核心制度。每月组织职能科室人员对各科室进行质量考核，其考核结果与绩效工资挂钩，对门诊次均费用、住院次均费用、药占比、合理用药检查等情况，以《质控简报》的形式进行全院通报，对考核中存在的问题及时整改，并对医务人员进行了十八项医疗核心制度的专题培训。截至 12 月底，共考核 12 次，评审终末病历 400 份，不合格病历 27 份，病历合格率为 93.25%；点评处方 12000 张，不合格处方 86 张，处方合格率为 99.28%。控制医疗费用不合理增长。在严格控制医疗费用不合理增长方面，医院坚持因病施治、合理检查、合理用药的监管措施，从次均费用、药占比、耗占比、抗菌药物使用率等各项指标入手，药占比呈逐年下降趋势。开展临床路径管理。县人民医院开展临床路径病种数达147种，全年共开展4441例，退出变异218例，临床路径入组率为62.30％，入组完成率为95.09%，进一步扩大了临床路径管理病种覆盖范围和入组比例，规范了检查和诊疗行为，促进了医疗质量管理的持续改进，有效控制医疗费用不合理增长，减轻了患者就医负担。严格落实抗菌药物分级管理制度。加强抗菌药物使用管理，围绕抗菌药物临床应用中的突出问题和关键环节进行了积极干预。抗菌药物品种严格控制在35种以内，住院患者抗菌药物使用率为56.87%；门诊患者抗菌药物人次比9.21%（不超过20%）；急诊患者抗菌药物人次比14.82%（不超过40%）；抗菌药物使用强度为39.75DDDs，各项指标均处于合理范围之内，临床合理用药日趋规范。深入推进优质护理服务。2018年以来，开展了护理品管圈及护理安全月活动，全面促进护理质量的持续改进，不断改进管理办法，达到了“规范护理行为，提高护理服务质量，强化安全意识，构建和谐护患关系”的目的；组织4名外出进修人员在全院分享了新知识、新技术及管理经验，达到一人学习全员受益的效果。

【能力建设】人才培养有提升。县人民医院采取“走出去、引进来”的办法，一年来，选派21名管理及业务骨干前往“三甲”医院进修学习，通过进修培训，开阔了医务人员的视野，规范了诊疗流程，夯实专业基础，提升了业务素质，进一步增强了医院自我“造血”功能。重点学科建设有特色。县人民医院建设中医理疗、康复、护理一体化特色科室，建设以创伤、脊柱、关节为特色的骨科，以及提升骨科微创方面适宜技术。已建成3个区级重点专科。加强业务培训。为拓宽学习渠道，增进学术交流，更好地服务县域内广大患者，先后举办了宁夏疝与腹壁外科质量控制中心2018年第二期学术活动、自治区科技惠民专项“可视化神经阻滞技术子在基层医院推广应用”学术活动及“中华医学会呼吸病分会全国青委西部行”等30场学术讲座活动，医务人员的专业知识得到了及时更新。积极开展新技术、新业务。2018年以来，县人民医院开展了腹腔镜腹膜前腹股沟疝修补术、经皮椎体成形术、电子支气管镜检查在临床中应用、双刃针刀、可视化神经阻滞、快速STIR序列与全身MR检查、新生儿溶血病筛查等27项新技术，填补了县人民医院多项技术空白。对外交流合作有成效。以“京宁”“闽宁”医疗卫生精准帮扶活动为抓手，根据医院临床需求，截至12月底，福州二院选派两批次16名管理及经验丰富的专业技术人员组成帮扶队伍，进驻县人民医院开展对口帮扶工作，通过开展教学查房、手术示教、会诊、疑难病例讨论、学术讲座等，使盐池县群众在家门口享受到了优质的医疗服务，解决了患者看病“远”的问题。信息化建设有突破。2018年，县人民医院对信息化系统进行了升级改造，建设了县域心电、影像两个远程会诊诊断中心，基层医疗机构采集信息后通过该系统可向县级医院申请远程会诊并实时接收会诊结果，实现医学检查的远程诊断。截至12月底，为全县会诊心电图1560例，DR片2500例。实现了拍片在卫生院，诊断在县医院，让“信息多跑路，患者少跑路”的目标。

【创新机制】推行薪酬制度改革。根据《宁夏回族自治区公立医院薪酬制度改革试点工作实施意见的通知》（宁人社发〔2017〕34号）及盐池县的文件精神，县人民医院结合实际，分别制定了《人员总量及定岗定编方案》《薪酬总量改革实施方案》《绩效工资分配方案》《绩效考核方案》四个方案，进一步推动公立医院改革。实行同工同酬。2018年，根据院龄、职称、学历等确定17名编外医务人员实行档案工资、绩效工资与在编人员相同待遇，档案工资人均月增加了1800元左右，进一步提高了编外人员工作的积极性。实行高级职称未聘人员工资院内兑现。因受高级职称指数的限制，县人民医院对49名临床一线高级职称未聘人员进行了院内职称工资兑现，月兑现职称工资为34506元。健全绩效考核体系。完善了内部绩效考核办法，重点以岗位工作量、技术能力、费用控制、医德医风、患者满意度等为考核指标，降低经济核算指标比重，提高工作量在绩效分配中的比重，使绩效工资分配向高风险、高技术含量的科室倾斜。

**【文化建设】**优化服务流程，改善就医体验。为方便患者就诊，简化就医流程，开通了“门诊一卡通就诊管理”系统，解决了“三长一短”（挂号时间长、候诊时间长、取药时间长、就诊时间短）问题，有效避免了患者挂号、检查、缴费等重复排队现象。开展便民惠民服务。建立健康扶贫云管理系统、开通“一站式”结算应用系统，推行“先诊疗后付费”的诊疗模式，推动医保异地就医结算，方便群众报销，全年跨省异地就医结算达20人次。加强医德医风建设，规范医护人员从业行为。积极组织医务人员学习《宁夏回族自治区医疗卫生人员廉洁从业若干规定（暂行）的通知》，遏制医务人员收受红包、回扣及私收费等问题。加强药品、医用材料采购责任监督，严格责任追究，加强药物、高值耗材的合理使用、监管，同时加大医德考评将医德表现与医务人员晋职晋级、岗位聘用、评先选优和定期考核挂钩，强化医务人员遵守相关制度，切实保障老百姓的利益，截至12月底，县人民医院共收到感谢信10封，锦旗17面。加强文化宣传。2018年以来，公立医院改革典型做法先后被《宁夏日报》《吴忠日报》、盐池县政府网等媒体宣传报道，编写简报信息58期，其中一篇名为《张建宏把医院做成地方名片》被《中国卫生》杂志录用。注重人文关怀。在首届“中国医师节”来临之际，院领导班子深入一线，为全院医务人员送去了节日的问候；在“5·12”国际护士节之际，举办以“人文关怀，细节服务”为主题演讲比赛、慢病预防知识进社区讲座、南丁格尔志愿者护理服务等系列活动，取得了良好的社会效应；同时为全院415名职工进行了健康体检，让广大职工切实感受到医院对大家的关心和爱护。开展满意度测评。医院将公众满意度作为一项常规工作开展，通过对门诊和住院患者的满意度调查，患者对医院的满意度均达97%以上。

**【党的建设】**落实党委（党支部）领导下的院长负责制，党支部发挥把方向、管大局、作决策、促改革、保落实的领导作用，加强管理干部队伍建设，积极做好干部人才管理工作，建立科学的用人选人机制。严格落实公立医院党委（党支部）的9项重要职责，切实加强党员干部职工的思想政治工作和医德医风建设，扎实推进公立医院党风廉政建设，严格执行“三重一大”制度，凡属医院重大问题按照党委（党支部）议事规则进行。切实把党的建设与医院业务工作紧密结合起来，认真学习各项政治制度，严格落实党建制度，加强党员教育和管理，全面推进公立医院党的建设重点任务落实。加强理论学习。严格落实“三会一课”制度，制定《党支部理论学习安排》和《关于进一步加强理论学习的通知》，深入学习贯彻新时代中国特色社会主义思想和党的十九大精神以及《关于加强公立医院党的建设工作的意见》等。2018年共开展上党课3次、组织生活会3次，召开支委会12次、党员集体学习会12次，理论知识测试2次。丰富党建活动。坚持每月开展主题党日活动，以“不忘入党初心·坚定理想信念庆七一”“健康义诊暖人心”“无偿献血、奉献友爱”“重阳节义诊”等为主题的党日活动共计12次，全年慰问退休老党员13名。

**【主要荣誉】**盐池县人民医院被国家卫生健康委、国家中医药管理局会同有关部门遴选确定为建立健全现代医院管理制度的试点医院。医院心内科在改善医疗服务工作中获得自治区卫生健康委的通报表扬。医院代表队参加宁夏医学会主办、宁夏影像技术学会承办的“2018年宁夏回族自治区影像技术专业技能大赛”获得团体三等奖的好成绩。参加吴忠市“技能竞赛历练精兵，白衣天使护航健康”

护理岗位技能竞赛取得团体二等奖的好成绩。建立健全现代医院管理制度的典型经验及好做法在全区公立医院综合改革典型经验推广班上进行了交流发言。参加全县卫计系统“民族团结一家亲，和谐发展一条心”民族宗教知识竞赛获得二等奖的好成绩。魏永军等8人获得市级以上表彰。

## 县中医医院

【概 况】2018年，县中医院总收入为5309.03万元，其中财政补助收入为1717.47万元，各级财政投入占总收入的32.35%，医疗业务收入为3570.12万元，较2017年同比增长15.16%。药品收入1223.9万元，其中中药饮片收入566.5万元，药占比为23.07%；百元医疗收入消耗的卫生材料为18.06元；门诊人次133061人，次均费用为123.61元；出院患者总数为5341人，次均费用为3604.92元。2018年年底，县中医医院共有职工196人，其中在编52人，签订劳动合同122人，卫生技术人员167人，其中副高以上职称18人。2018年2月，县中医院获得县级脱贫攻坚先进单位，6月获得吴忠市卫生和计划生育局颁发的“平安医院”；10月获得吴忠市2018年中医药健康文化知识竞赛团体赛二等奖。2018年12月，县中医医院申报了县级医院综合能力第二阶段候选中医医院。

【基础设施】盐池县中医院中西医结合康复中心年初已投入使用；财政投入230余万元资金，购买康复设备；县财政投入80万元对医院原有污水处理系统进行改造，更换2台燃气热水常压锅炉。为了规范临床医疗行为，促进医疗质量管理和持续改进，投入28万元购置了合理用药、处方点评系统。加强财务管理，投入28万元购置了财务成本核算系统及预算管理系统。

【医院管理】严格落实院长负责制。院长由局党委聘任，享有人事管理、副职推荐、绩效工资内部分配、年度预算执行等四项管理自主权。医院实行全员竞聘上岗，形成了能上能下、能进能出、双向选择的用人机制。制定医院章程。成立了章程制定工作领导小组，经过起草、修改、征求意见、审核，经支部委员会审议后形成初稿，并提交职工代表大会审议通过，最后经盐池县医院管理委员会审核通过，最终形成《盐池县中医医院章程》。改革人事薪酬制度。按照“总量控制，备案管理”的原则，逐步实行同工同酬编制备案制，推行岗位管理制度，建立岗位结构比例动态调整机制，同工同酬人员工资与正式在编人员享受同等待遇；人员总量管理，医院人员总量由核定的床位1 ∶ 1.3核定人员总量，共134人；完善内部控制管理制度。围绕新的医院管理结构，建立以成本和质量控制为中心的管理模式，制定和完善了相应制度，健全了医院内部决策、运行管理、资产管理等机制。完善绩效分配制度。把控制医疗费用、医疗服务数量、提高医疗质量和服务效率以及患者满意度作为主要量化考核指标每月进行考核，使绩效分配向临床一线倾斜。

【医疗安全】加强医疗质量管理和医疗安全管理，严格贯彻医疗法律法规制度及操作规程，确保医疗安全。强化十八项医疗核心制度执行，不断完善并落实各项医疗核心制度，为医疗质量与安全提供制度保障。每月各职能科室对各科室进行质量考核，并以《质控简报》的形式进行全院通报，考核结果与绩效工资挂钩。截至12月底，共考核12次，抽取终末病历144份，不合格病历3份，甲级病历率为97.9%，点评处方2400张，不合格处方54张，处方合格率为97.75 %。加强医疗技术管理，实施新技术新项目的准入及审批，实施手术、麻醉介入、腔镜诊疗高风险技术操作的卫生技术人员实行授权管理制度，使医疗技术更安全、有效。开展临床路径管理工作。已有5个专业31个病种纳入临床路径管理，2018年全年进入临床路径1930例，入组率达85.77%，路径完成率为92.27%。

【护理管理】认真执行院科两级管理制度，职责、分工明确，每周坚持下科室检查指导工作，每月进行护理质量检查，每季度进行护理三基考试，组织护理人员礼仪培训，个人防护安全培训等讲座。2018年，护理部共进行两次中医理论考试（首次实现了无纸化中西医理论考试）、两次中西医操作考试，考试合格率分别达到了理论考试80%以上、中医操作95%以上、西医操作90%以上。开展优质护理服务，健全护理质控体系，科学调配护士资源，加强晨晚间护理、健康宣教等工作，构建和谐医患关系，三是组织开展护理操作技能竞赛，展现了县中医医院护理人员的活力和精神风貌。

【感染管理】成立科室感染质量控制管理小组，确立质控医生和质控护士，完善医院三级院感管理，协助院感科完成现患率调查等院感工作；进一步细化院感质量管理措施，加强对重点科室的监督检查；每季度对环境卫生学及消毒灭菌效果进行监测，同时加强对重点科室高危区的环境卫生学监测及医务人员手卫生监测。全年进行院感知识集中培训8次，并对培训内容进行了考核，相关知识知晓率达90%。

【人才队伍】聘请9名区级专家到县中医医院坐诊、临床带教、手术示教等，拓宽诊疗范围，增强技术实力，提升服务水平；选派8名医护人员到区内外进修学习，满足各科室的人才学习进步需求。引进各类专业技术人才9人，其中本科学历6人。积极开展对口支援工作，与自治区中医研究院、王乐井乡卫生院建立对口支援关系，上级医院安排专家到县中医医院长期指导工作，县中医医院安排医护人员到上级医院进修学习，同时下派业务骨干到下级医院指导帮扶，提升医院综合服务能力。

【诊间医保结算】为进一步深化医药卫生体制改革，优化服务流程、提升群众就医服务体验，缓解患者因挂号时间长、交费时间长、取药时间长、就诊时间短的“三长一短”现象，医院开通了“诊间医保结算”服务。“诊间医保结算”是指医保患者持身份证或者医保卡在自助服务终端上储值、挂号，再持卡去就诊，医生开具检查、化验、药品后，患者持就诊卡到相应的科室报销结算并进行检查取药，无须往返排队缴费，以往看病“三长一短”的现象不复存在了。同时，还为每个临床科室配置了多参数生命体征监测仪，可一机测量血压、血糖、体温、脉率，采集到的病人数据可通过Wi-Fi/GSM传输到医院信息系统中，提高护士工作效率，减少工作失误。

【差率补偿】医院严格按照药品“三统一”政策统一网上集中采购，无任何超目录外采购及网下采购现象；2018年，县中医医院基本药物使用率为40.26%；住院抗菌药物使用率36.29%；按照《关于调整吴忠市县级公立医院部分医疗服务价格政策的通知》（吴价发〔2018〕27）文件精神，共调整590项收费项目价格，增加了309项，减少8项，不变项9项，不涉及项264项，增长幅度达15.96%；实行医疗耗材院内询价招标采购，将普通医用耗材、检验试剂等列入医院二次议价采购目录，相比询价招标前后，平均下降幅度达15%。

【分级诊疗】组建医联体。2018年与两家乡镇卫生院建立医联体，根据帮扶医院需求，制定帮扶计划，选派相关专业技术人员，建立帮扶关系，提供医院管理、业务指导、教学查房、质量控制考核等服务，提升了基层医疗服务、医院内涵建设，引导优质资源下沉，形成分工协作的医联体管理模式。探索医共体管理模式。与花马池镇卫生院确立紧密性医共体关系，采取人员、财务、绩效、业务统一管理方式，在理事委员会的领导下开展工作。建立远程会诊平台，双向转诊制度并组织实施。积极推进健康扶贫工作。根据医联体帮扶关系，成立专家诊疗小组，建立建档立卡户就医绿色通道，对建档立卡贫困人口实行先诊疗后付费，基本医疗保险和民政大病救助“一站式”结算，同时建立建档立卡户双向转诊流程，方便建档立卡户患者就医。开展社区卫生服务工作。托管利民社区卫生服务站及北关社区卫生服务站，围绕社区卫生需求和社区人群健康，充分发挥适宜卫生技术，为社区居民提供优质的卫生服务。

【中医药特色】加强科室基础设施建设。为发展中医康复治疗，2018年，医院新成立康复科，内设床位30张，改建了约600平方米的康复治疗区，投入800余万元康复设备。聘请高技术人才。聘请辽宁中医药大学副教授、河南省中医医院康复治疗师共两名专家为期5个月的技术带教，聘请宁夏医科大学附属医院专家一名每周坐诊一次，提高科室人员的整体综合素质和康复医疗治疗水平及实际操作能力。做好名老中医药专家传承工作室建设。2017年年底，县中医医院赵学义成功入选全国基层名老中医药专家传承工作室建设项目，建立日常管理、学习交流、跟师带教、巡诊等管理制度，围绕老中医专家临床经验，每季度开展一次人才培养活动，每年开展巡诊活动不少于6次，帮助本院、乡镇卫生院中医人员和乡村医生解决实际问题。四是实施国医堂建设项目。完善中医药服务体系，全面提升的中医药服务能力，使群众享受更加优质、高效、便捷的中医药服务。

【文化建设】2018年开展社区义诊、院内义诊、下乡义诊、健康大讲堂等义诊活动6次，免费提供测血糖、测血压以及其他健康咨询，义诊人数468人次。开展护理技能操作竞赛，竞赛项目有单人徒手心肺复苏术、静脉输液、耳穴埋豆，通过竞赛，提高了护理操作水平，展示了护士风采。开展中医药法知识竞赛活动，弘扬中医药文化，传播中医药知识，促进中医药发展。举办第三届职工运动会，丰富职工的业余文化生活，激发全体员工的健身意识，提高团队协作能力，展示中医医院职工的精神风貌。

【监督管理】组织召开了加强党风廉政建设暨行风建设工作会议，在思想上、行动上得到了进一步提高和改进。严格执行医疗卫生行风建设“九不准”及《宁夏回族自治区医疗卫生人员廉洁从业若干规定》，无接受病人吃请和收受红包、礼品、回扣的现象，无医疗差错事故发生。医院与科室签订党风廉政暨行风建设目标责任书。为防止乱收费、乱计费现象发生，对收费项目逐一进行检查，不合理的收费要求其必须调整，同时公示医疗服务收费价格、药品价格。组织参观廉政警示教育基地，观看《贪欲之祸》警示教育片，增强反腐倡廉教育影响力，强化了党员和干部职工的纪律意识、规矩意识和廉洁从医意识。

【党　建】加强党员教育培训。围绕“两学一做”学习教育常态化制度化工作、学习贯彻落实“十九大”精神、“自治区第十二次党代会”和领会贯彻区、市、县主要会议精神开展学习教育。2018年，县中医医院党支部组织集中学习17次，其中党支部书记讲党课2次，召开组织生活会3次，撰写心得体会70余篇。开展“5+X”主题党日活动。每月开展1次主题党日活动，共开展12次。充分发挥在职党员在社区建设中的先锋模范作用，积极探索管理长效机制，县中医医院在职党员按要求全部到所在社区（龙辰社区）报到。全体党员在岗期间必须佩戴党徽，亮出党员身份。

【“八项规定”治理】认真贯彻执行中央“八项规定”及其实施细则和自治区十二次党代会精神，深入开展自查自纠和专项治理工作，通过自查整改，干部职工精神风貌焕然一新，违反中央“八项规定”精神的问题得到有效遏制，廉荣贪耻、遵章守纪、勤奋务实、服务群众等新风正气得到有力弘扬。

【精准扶贫】根据县委组织部安排部署，县中医医院派3名责任心强的驻村干部到青山乡猫头梁村开展工作；组织单位干部职工48人共包扶曾记畔、鸦儿沟村231户贫困户，全年组织开展下乡扶贫工作近1000人次。宣传政策，全年联合村部开展扶贫政策宣传20余场次；7月与曾记畔村部开展“庆‘七一’，不忘初心，继续前进”主题党日活动，表彰了先进典型并颁发了奖品及荣誉证书；12月与曾记畔村联合开展“新时代、新风采”元旦迎新年文体活动，共计6000余元；开展义诊及健康扶贫政策宣传，免费发放药品1000余元。

# 金融 保险

JINRONGBAOXIAN



## 中国人民银行盐池县支行

【概　况】2018年，盐池县支行切实履行基层央行职责，金融精准扶贫助推盐池县在全区帅先脱贫摘帽，金融精准扶贫工作得到总行潘功胜副行长的批示、“社会治安综合治理暨安全保卫工作转型试点”、创建平安金融示范区等工作取得明显成效。全县实现地区生产总值90.28亿元，按可比价格计算，增长10.6%；全县农林牧渔业总产值16.68亿元，增长4.2%；实现农林牧渔业增加值7.25亿元，增长4.3%；全县规模以上工业增加值增长15.5%。工业增加值占地区生产总值的比重为35.38%，对经济增长的贡献率达59%，拉动经济增长6.3个百分点；全县服务业实现增加值31.09亿元，增长3.5%；全县累计完成固定资产投资136亿元，同比下降6.8%；全县完成县级一般公共财政预算收入8.28亿元，同口径增长15.2%；其中税收收入完成5.67亿元，同比增长15.5%，占比68.5%。县级一般公共预算支出8.28亿元，同比增长15.2%。

【货币政策】组织召开辖区金融机构货币信贷工作会议，及时传达上级行货币信贷工作会议精神，引导辖内金融机构把握好信贷投放的力度和节奏，增强金融风险防范能力。按照宏观审慎要求，加强对地方法人金融机构的流动性管理，切实引导辖区地方法人金融机构贷款适度增长。截至12月末，盐池县金融机构各项存款余额106.9亿元，较上年末末增加9.8亿元同比增长7.43%；金融机构各项贷款余额67.8亿元，较上年末末增加5.6亿元，同比增长2.53%。不良贷款余额0.78亿元，不良贷款率1.15%，同比增长18.01%。

【工具管理】持续开展“五优化两对接”普惠金融工程、认真贯彻执行存款准备金政策，加强支农、扶贫再贷款管理及使用。开展2018年银行业金融机构综合评价工作、对5家涉农银行业金融机构开展2018年度涉农和小微企业信贷政策导向效果评估工作。组织对辖区扶贫再贷款合规使用和政策效果的监督考核，有效发挥扶贫再贷款的杠杆作用，加大“三农”信贷投放力度。履行好金融稳定各项工作职责，扎实开展存款保险和保费交纳工作，严格执行开业和重大事项报备制度，防范化解区域性系统性金融风险。

**【信贷政策】**组织召开2018年经济金融运行形势分析会，分析金融运行形势和经济运行情况，围绕金融支持制造业发展、绿色金融、乡村振兴等重点工作，安排部署2019年货币信贷工作。制定《关于深入推进盐池县“防沙治沙与退耕还林还草土地抵押贷款”工作的指导意见》，指导金融机构继续推进“防沙治沙与退耕还林还草土地抵押贷款”工作，持续扩大信贷投放覆盖范围。

**【金融服务】**国库管理水平不断提高。夯实国库基础工作，开展“国库会计业务标准化建设年”活动，做好电子退更免业务上线工作，加强对辖内各代理银行财政资金支付清算业务的监督管理；支付结算环境不断优化。推进移动支付便民示范工程工作，盐池县公交系统、利惠连锁超市、永宏连锁药店均已全部推广银联“云闪付”；认真做好开户服务，缩短开户工作时间，提高的人民币账户管理服务水平。截至12月底，开立各类核准类账户6149户。加强农村地区支付服务环境建设，做好惠农金融综合服务站标准化建设及农村电子商务与助农取款服务点结合发展宣传工作，稳步推进银行卡助农取款服务，丰富助农取款服务点业务功能。建立和完善金融消费者监督投诉机制，依法依规维护金融消费者合法权益。反洗钱监测能力不断提升。完成非法人义务机构年度考核评级工作，总行金融业综合统计信息系统数据的顺利导入。货币金银工作不断加强。支行与工商监管部门联合开展对辖内金融机构人民币鉴别仪专项检查及非法使用人民币图样行为专项整治行动；对农商行托管的19家农村反假网站进行检查并配备人民币残损币兑换仪。统计决策支持功能不断优化。夯实统计工作基础，做好金融精准扶贫专项统计，健全金融统计规章制度，提高数据上报质量。征信服务质量不断提升。加强征信日常管理工作，加大接入机构征信合规监管工作。有序对企业和群众提供信用报告查询服务，为各类组织办理机构信用代码证。截至12月末，累计查询个人信用报告4.6万人次，累计查询企业信用报告465次。加大征信、反洗钱、反假币、国债、网络信息安全、金融消费者权益保护等金融知识，以及“扫黑除恶”专项斗争宣传力度，开展“金融知识走进民俗嘉年华”“金融知识进企业”“金融知识进社区”“金融知识进贫困村”等系列金融知识普及宣传活动，提高辖区群众金融意识和安全意识，营造良好地经济金融环境。科技信息安全保障水平不断提高。通过技改安装网络交换机备机，支行网络设备实现了交换机双机冷备，彻底消除了支行交换机存在单点故障的风险，建设C类标准化机房，进一步提升了科技保障能力。深入推进重点创新工作。全力推动“中心支行无发行库县（市）支行社会治安综合治理及安全保卫工作转型试点”工作，建立“五位一体”工作室，努力将社会治安综合治理暨安全保卫转型试点工作做成品牌工程、示范引领工程，促使支行社会治安综合治理及安全保卫工作再上新台阶。

**【精准扶贫】**金融精准扶贫工作稳步推进。积极参与盐池县脱贫富民攻坚工作，主动承担扶贫社会责任。以包村扶贫工作为着力点，深入大水坑镇摆宴井行政村，了解建档立卡贫困户生产生活条件、劳动经营情况、金融产品需求，开展政策宣讲，鼓励贫困户树立信心努力生产，协调解决建档立卡贫困户信贷需求，集中全行干部职工智慧和力量，为贫困户谋划滩羊养殖、小杂粮、中草药种植等适合的产业，真正做到精准施策、精准脱贫。加大扶贫信贷投入，促进金融精准扶贫效果提升。发挥人民银行涉农信贷政策导向效果评估和金融精准扶贫政策导向效果评估工作机制，引导辖区金融机构进一步将金融资源投向涉农、扶贫领域。截至2018年12月末，盐池县全辖金融机构涉农贷款余额51.35亿元，较上年末末增加0.49亿元，同比增长0.97%，涉农贷款比例75.79%，发放全民创业贷款4887万元，发放妇女创业贷款4830万元；扶贫小额信贷余额3.77万户，45.49亿元，其中建档立卡贫困户贷款8447户、余额7亿元。推进农村信用体系建设工作，为金融扶贫提供信用保障。牵头实施“四信”工程。制定出台《盐池县农村信用体系建设“乡村组户”四级信用评定办法(试行)》，启动“四信平台”工程(即信用乡、信用村、信用组、信用户)，对全县所有农户进行信用评级。在盐池县委、县政府的支持下，携手金融机构，为贫困户量身打造“1351”评级授信。即基本情况10%、家庭资产30%、信用情况50%、精神文明（遵纪守法）10%。全县已评出信用乡镇8个、信用村92个、信用组513个、信用户4.2万户。

【党 建】强化党的思想建设，牢固树立理想信念。制订《党员学习计划》，以党课学习、专题讲座、集中学习、联学、主题教育和个人自学等形式抓好落实。积极开展“不忘实心，牢记使命”主题教育和“金融为民”主题实践活动，服务中心工作。抓好意识形态领域工作，加强对行内微信群风险排查，提高意识形态工作的主动性、敏锐性，牢牢把握意识形态领域的领导权和主动权。强化组织制度建设，提升党建工作水平。抓好支部标准化建设。加强支部班子建设配齐书记、委员等支部党务干部，进一步优化党务干部和党员队伍结构。落实“三会一课”制度，按季召开党课教育和党员大会，按月召开支委会和党小组会议，不定期对支部会议记录、党小组会议记录和党员学习笔记进行检查，确保学习效果。2018年2月份组织召开2017年专题组织生活会和民主评议党员工作，促进支部不断改进工作作风。2018年10月份组织召开2018年上半年组织生活会，通过深刻的对照检查，进一步巩固了支行党支部班子凝聚力，加强了党群、干群沟通，为促进整体工作争先创优发挥积极作用。强化党员队伍建设，坚持从严教育管理。加强支部党员管理，不定期组织党员谈心谈话，及时把握党员队伍思想状况，不断加强党员日常监督管理。认真落实“一岗双责”，坚持“抓党建促履职”的工作思路，把党建工作与业务工作有机结合。狠抓作风建设，不断巩固和拓展贯彻落实中央“八项规定”精神成果，密切关注“四风”问题新动向，持续保持反腐败高压态势，培养严、细、深、实的工作作风，为推动支行全面从严治党向纵深发展提供坚强保障。

## 盐池农村商业银行

【概 况】2018年，盐池农商行紧紧围绕“三个银行”战略部署，狠抓工作落实，截至年末，实现各项收入2.79亿元，经营利润1.57亿元，完成计划任务的108.91%。各项存款余额41.91亿元，市场份额为37.66%。2018年净增存款3.92亿元，增长10.33%，完成计划任务的103.16%，占全县新增存款的39.18%。日均新增存款3.79亿元，完成计划任务的166.41%。各项贷款余额31.11亿元，市场份额为42.73%。2018年净增贷款1.30亿元，完成计划任务的48.09%。“五级＋全口径”不良贷款余额4193万元，较年初减少344万元。资本充足率为21.26%；贷款损失准备余额达2.75亿元，贷款损失准备充足率为394.45%；拨备覆盖率达671.06%；流动性比率为53.59%。各项监管指标均优于最低监管要求。全年实现了安全经营无事故、无案件。

【从严治党】该行党委按照上级党委安排部署，全面加强党的建设，强化党的领导，引领业务经营工作发展。加强责任落实。组织召开了6次专题会议，专题研究部署党建、党风廉政建设和意识形态工作，逐级签订党建及党风廉政建设目标责任书，层层压实责任；制订了《年度党建工作计划》《党建暨党风廉政建设督办制度》《党支部考核工作实施细则》，加强跟踪监督，确保工作落到实处；调整优化党支部设置，按照“六有”

标准推进支部阵地规范化建设，按季开展检查考核，对存在问题逐一通报并限期整改。加强理论武装。扎实推进“两学一做”常态化制度化，重点学习习近平新时代中国特色社会主义思想、党的十九大精神、自治区第十二次党代会精神、意识形态和马克思主义民族观宗教观等方面内容。组织党员干部和员工业务集中培训共55期次，知识测试、竞赛4次。严格执行决策和选人用人工作要求。在黄河银行对各机构进行培训后，规范了干部选拔任用程序，严格选人用人；严格落实“三重一大”决策制度，严格执行民主集中制，规范了党委书记在党委会末位表态。加强作风建设。严格落实中央“八项规定”精神，深入开展自查自纠；组织各党支部同部分村组（社区）党支部开展联合主题党日活动、城乡支部联合主题党日活动。加强党风廉政建设。组织全体员工签订合规行为承诺书、党员干部廉洁承诺书，实现廉洁自律承诺全覆盖；以学习贯彻“两准则”、“三条例”为抓手，通过专题讲座、现场观摩、集中学习、家庭助廉、廉洁提醒谈话等方式，进一步教育引导广大党员员工严明纪律规矩、坚守风险底线；坚持问题导向，开展员工异常行为排查，对落实党的群众纪律、廉洁纪律、财经纪律等方面进行检查。年内共开展案件风险排查16项次，检查业务6842笔，发现问题50条次，逐一整改落实。加强群团建设。对35名退休职工和老党员进行了走访慰问；组织开展了健康体检、疾病婚丧慰问等对员工关怀活动；组织开展主题团日、趣味运动会、主题演讲比赛、业余足球联赛、“员工读书会”等活动；举办了退休职工座谈会，为退休员工颁发荣誉证书，肯定其为单位发展做出的贡献，切实增强了员工队伍的活力和凝聚力。严格落实意识形态工作责任制。成立以党委书记为组长的意识形态工作领导小组，先后召开2次党委会议、1次推进会、2期意识形态工作专题培训，专题研究部署落实各项措施；各党支部集中组织学习并开展自查自纠，形成了定期排查分析工作机制。同时，进一步加强网络舆情管理，严格落实网络意识形态安全责任制。

**【体制机制】**该行积极顺应严监管、强监管态势，进一步加强法人治理工作。督导经营层开展工作。董事会适时听取经营层工作情况汇报，督促经营层落实董事会各项决策部署，抓好经营管理工作。抓好做实各项重点工作。按照法律法规、监管规定和本行章程开好各专门委员会、董事会、股东大会；明确了董事会各专门委员会办公室及其职责，修订了议事规则；严格执行党委会研究审议作为董事会、股东大会决策的前置程序。自觉接受监事会的监督。历次董事会均邀请监事会成员全程参会、监督。加强建章立制。该行董事会严格按照监管部门和黄河银行工作要求，审议通过了《盐池农村商业银行股权管理办法》《盐池农村商业银行全面风险管理办法》等18项基本管理制度。扎实开展专项自查整改工作。坚持问题导向，开展了“市场乱象整治”“公司治理专项自查”“股东股权乱象专项排查工作”，对存在的问题进行了整改落实。

**【经营管理】**抓好存款组织。以组织开展“赢在春天”旺季营销、“赢在金秋”百日劳动竞赛活动为抓手，重点营销基础客户，夯实存款基础。班子成员主动认领任务、带头营销，全员发力，切实加强同地方政府部门协调沟通，加强财政项目资金、专项扶贫资金等低成本单位存款营销。强化工作督导。班子成员定期下基层督导存款组织工作，协调解决工作困难，促进工作取得实效。加大支农支小。紧紧围绕“三个银行”战略部署，聚焦主业，做到支农支小力度不减。按照“小额、分散、面广”的原则，对守信用、有需求、有项目、有还款来源的农户应贷尽贷，稳步提高涉农贷款户数和贷款覆盖面；对农村专业合作社、家庭农场等新型农业经济合作组织给予积极支持，重点支持滩羊养殖、小杂粮种植等县域特色种养殖产业，至年末，发放滩羊养殖贷款9.8亿元，占比31.50%。积极对接个体工商户、小微企业等有贷款需求的客户，不断加大支持力度。至年末，发放小微企业贷款2256户、7.24亿元。强化不良贷款降控。一是分解不良贷款清降任务，明确目标，强化考核；合理运用展期、续贷、借新还旧等方式缓释化解贷款风险；成立不良贷款清收小组，出台不良贷款清收奖励办法；协同县法院开展“破解执行难百日攻坚战”、惩治“老赖”集中执行活动。至年末，共清收化解表内外不良贷款454笔，本息合计11040万元，其中：清收表内不良贷款138笔10307万元；清收表外不良贷款316笔733万元。推进金融扶贫工作。聚焦扶贫阶段性验收工作，以深入打造金融扶贫示范乡和金融扶贫示范村为切入点，巩固金融精准扶贫“盐池模式”工作成果，为盐池县在全区率先实现高质量脱贫摘帽做出了积极贡献。加快电子银行渠道建设。以社保卡、工会会员卡发行、“E码付”营销等为抓手，不断拓展电子银行业务，离柜业务替代率已达79.37%，较年初上升15.95个百分点，完成任务计划的125%。社保卡激活率已达86.2%。夯实内部管控。深入推进“市场乱象”等专项整治工作，充分发挥内外部审计监督作用，借助区域审计、综合运用内部审计和非现场监测手段，加大对发现的问题整改和责任追究力度。年内，本行审计部门针对信贷、会计运行、财务、招投标、信息科技等方面开展专项审计10项，下发审计通报12期、审计意见书111份、风险提示书2份。追究责任人116人次，处罚金额53800元，为夯实内控管理奠定了基础。严格按照黄河银行信贷政策指引，落实负面清单，加大行业限控力度，扎实做好贷前各项调查工作，合规审慎发放贷款，严防信贷准入风险。加大柜面业务培训，强化非现场监测和现场监督检查，严防柜面操作风险。安防工作常抓不懈。开展了4次安全检查、1次信息科技专项检查和1次消防演练，切实提高了处置突发事件的能力。

## 中国农业银行盐池县支行

**【各项存款】**2018年末各项存款（含同业）余额233037万元，较年初增长8156万元，增量同比下降10791万元，增量份额占比8.97%，存量份额占比20.89%，位列同业第二。年末贷存比70.55%，较上年提升3.25%，存贷比高于各金融机构平均贷存比4.61%，新增贷款和存款比率159.33%。

**【各项贷款】**2018年年末各项贷款余额162714万元，较年初增长12997万元，增长幅度8.68%，贷款投向侧重支持实体经济、普惠领域和精准扶贫领域。一年来累放法人贷款17837万元，净增5882万元，大口径普惠贷款净增3911万元，普惠贷款增速9.48%，高于各项贷款增速0.8%，新增普惠贷款293户，不良率0.51%，较上年下降0.02%，控制在2%之内，央行和银监会“两增两控”目标达标；大口径小微企业贷款净增5457万元，增速20.91%，高于各项贷款增速12.23%。另外中国农业银行宁夏分行直接投放支持盐池辖内银白高速、哈纳斯麻黄山风电等项目贷款14.5亿元，有力支持盐池地方经济发展。

**【经营成果】**2018年年末实现拨备前利润7620万元，较上年增加562万元，增速7.96%，增速较上年（14.72%）减缓6.76%；实现净利润5238万元，较上年增加133万元，增速2.6%，增速较上年（8.8%）趋缓6.2%；实现中间业务收入1256万元，较上年增加93万元，增速7.99%，增速较上年（25.86%）趋缓17.89%。

**【经营风险】**2018年年末不良贷款余额837万元，不良率0.51%。其中个贷、信用卡透支不良余额分别为679万元和158万元，法人贷款质量稳定，信用风险总体可控；扎实开展夯实“双基”管理和强化案防工作，全年未发生经济案件和责任事故，实现案件与风险“两个可控”。

**【精准扶贫】**2018年年末，全行扶贫贷款（全口径）余额111841万元，占全部贷款总额的68.74%。

一年来累放个人贷款60984万元，其中：农户贷款39575万元。支持建档立卡贫困户2238户，建档立卡户贷款余额18864万元，精准扶贫贷款余额7324万元，较年初增加1500余万元。特别是针对部分农户无抵（质）押物、担保能力不足、个人征信不良、借款主体年龄超限等融资难问题，盐池支行主动作为，不断创新，积极优化和修改流程，降低贷款准入门槛，将借款人年龄放宽至65岁，累计释放黑名单客户346户，解决了部分农户因黑名单贷款难问题，不断提升农户贷款申贷率。对当地政府指派一对一帮扶的150户建档立卡户精准帮扶，80%给予贷款支持，通过第三方评估验收。

【减费让利】盐池支行认真贯彻落实党中央国务院和总分行各项金融扶贫政策和部署，通过减免费用、降低利率、对外捐助等方式，切实为广大农户、普惠客户、民营企业减费让利。建档立卡户经营类贷款不论金额大小一律执行基准利率，仅此一项每年可建档立卡户减少贷款利息支出成本200余万元，非建档立卡农户贷款客户在保本微利的基础上适度上浮。对普惠贷款和民营贷款最大限度让利。自2018年11月起对信贷对象为个体户和私营业主的普惠贷款利率全部执行基准利率，仅此一项每月至少为广大私营业主减少贷款利息支出近30万元。实体贷款利率较上年下降。2018年存量实体贷款加权利率5.97%，浮动幅度17.25%，浮动幅度较上年下降1.41%。新发放实体贷款加权利率6.05%，浮动幅度34.49%，浮动幅度较上年下降0.23%。

【防范风险】防范和化解风险是党中央、国务院三大攻坚战之一，为维护盐池县良好的金融生态环境，盐池支行始终把金融风险防控放在第一位，正确处理业务发展和风险防控关系，对于信用记录良好经营暂时困难的企业和个人采取多种风险化解措施进行风险化解和盘活，不随意进行压贷和抽贷。同时加大客户宣传和教育，坚决打击非法集资、非法房贷、电信诈骗等非法金融活动，确保地方金融生态稳定和平安。

【党　建】盐池支行认真学习宣传贯彻习近平新时代中国特色社会主义思想和党的十九大精神，树牢“四个意识”，坚决做到“两个维护”，认真贯彻党建“四个一起”、党风廉政建设“五同步”要求，“两学一做”学习教育常态化制度化深入推进，“三线一网格”管理模式应用推广全面铺开，健全完善工作机制，协调推进各项工作任务，党建和业务融合发展合力持续增强。

## 中国工商银行盐池支行

【概　况】截至2018年12月末，盐池支行实现拨备前利润4839万元，完成全年任务的105.29%，较同期增加680万元，增长幅度16.35%；净利润3025万元，完成全年任务的92.40%。各项存款首次突破20亿元大关，余额达200877万元，较年初增加19177万元，增长幅度10.55%，完成全年任务的135.69%；各项存款日均余额192940万元，较同期增加17780万元，增长幅度10.15%，完成全年任务数的172.38%，其中：储蓄存款余额81442万元，较同期增加11912万元，增长幅度17.13%，完成全年任务数的162.44%；储蓄存款日均余额70107万元，较同期增加5579万元，增长幅度8.65%；公司存款余额25205.07万元，较年初增加4732.90万元，增长幅度23.12%，完成全年任务的157.76%；机构存款余额94239.9万元，较年初增加2532.05万元，增长幅度2.76%，完成全年任务的35.17%。各项贷款余额77382万元，较年初增加299.10万元，增长幅度0.39%。支行公司贷款余额60745.31万元，较年初下降3274.73万元，法人不良贷款余额486.73万元，不良率为0.63%。个人贷款余额16279万元，较年初增长3557万元，完成任务的178%，完成率全区排名第三，个贷不良贷款余额92万元，个贷不良率0.57%。实现中间业务收入749万元，较同期增加334万元，完成分行任务的 91.68%。

【存款业务】2018 年，面对同业的激烈竞争，盐池支行将存款工作作为工作的重中之重，深入挖掘资源，存款实现了快速增长。持之以恒做好财政、社保、公积金、交通、住建等重点机构客户的营销与维护的同时，积极拓展、维护代发工资、优质公司客户和个人客户，通过多方努力，积极争取环林局开户 1 户，新增个人客户 5833 户，净增代发工资企业 14 户、净增代发客户 1202 户，通过跟踪维护累计为宁夏宁鲁石化有限公司累计办理 100% 保证金承兑汇票 9500 万元，年末新增存款 2600 万元；营销宁夏盐池鲁能新能源有限公司存款 15000 万元，年末沉淀存款 2380 万元，年日均存款 6798 万元；认真落实分层分包，同时以宁夏分行开展的业务营销竞赛活动契机，大力拓展客户、提升优质客户，实现存款的稳步增长。有效利用我行创新存款产品优势，及时筛选目标客户，一对一上门营销，截至 12 月末，支行签订商户盈 1 号 27 户，实现资金沉淀 7656 万元。

【中间业务】中间业务发展缓慢一直是支行业务发展的短板，2018 年以来，支行结合业务发展特点，制定切实可行的营销方案，中间业务收入实现快速增长。针对县域唯一一家商业广场开业契机，支行快速行动，多次上门营销，成功与盐池世纪商业广场签订了支行首笔 MIS 收单业务。成立外拓团队，利用周末时间，到县域商户进行住户营销，为支行 POS 商户数增量、活跃商户数及信用卡消费额、收单额奠定了基石，截至 2018 年 12 月末，信用卡中间业务收入 322 万元，完成任务的 134%；工银 e 支付活跃商户数 208 户，完成任务的 116%；信用卡消费额 52651 万元，完成任务的 139%。以重点客户、重点产品的发展带动收入实现的同时，全力提升结算业务发展，实现对重点客户与重点产品的双向营销，稳步推动中间业务结构优化和体量提升。截至 2018 年年末，全行实现对公中间业务收入 211.23 万元，其中: 对公结算业务收入 121.5 万元，投资银行业务收入 61.11 万元，对公代理及理财业务收入 28.62 万元，超额完成分行对公中间业务收入任务数。四是票据业务发展实现零突破，结合总行最新投产的网络化承兑汇票业务，筛选目标客户，成功营销 5 户票据贴现企业，办理贴现 1076 万元，实现了在该项业务领域多年来的突破。

【普惠金融】2018 年，支行深挖市场资源，大力营销个人贷款业务，通过加大个人住房按揭资源营销力度，新准入了 3 个优质按揭项目，实现了县域优质楼盘全覆盖的良好局面，扭转了近年来个人贷款持续负增长的不良局面，个人贷款新增 3557 万元，完成全年任务的 178%，在宁夏分行个人贷款业务排名第三；小微企业方面，支行大力发展新兴业务，创新小微信贷服务渠道与模式，利用盐池支行网上小额贷款、经营快贷白名单数据，组织客户经理逐笔逐户上门走访营销，调查了解其经营情况，办理网上小额贷款、经营快贷 8 笔共 230.8 万元，并加大扫街营销，新发放优质小微企业贷款 380 万元，同时支行公司金融业务部多次组织客户经理深入工业园区、物流园筛选目标客户，在盐池县票据市场资源相对较少的情况下，支行发动全员上下深挖客户资源，2018 年度成功新营销 5 户票据贴现企业，办理贴现 1076 万元，实现了在该项业务领域多年来的突破；在加大普惠贷款营销的同时，支行有效防范风险的防控，针对逾期贷款，能够及时采取有效措施，成功清收一笔逾期长达 14 个月的不良贷款，截至 12 月末，支行个贷剪刀差余额 49.39 万元，不良额 92 万元，不良率 0.57%，在全行范围继续保持着个贷质量优良的领先地位。

【改善环境】2018 年，盐池支行按照分行网点装修工程进度及相关要求，认真做好新办公楼装修、西门支行装修及盐州支行的筹建等工作。截至 12 月末，盐池支行完成了新办公楼的装修及迁址，10 月 1 日新办公楼正式对外营业。2018 年 10 月 1 日至 2018 年 10 月 7 日，利用政务大厅休息期间，对位于县政务大厅盐州支行进行装修，并且已具备投入使用的条件。西门支行的装修工作也在积极推进，预计2019年2月末投入使用。

【党 建】2018年，盐池支行认真贯彻落实全面从严治党、从严治行的要求，扎实开展党的十九大精神学习教育工作，深刻领会习近平新时代中国特色社会主义思想，不断强化党组织建设，切实提高党员干部的思想认识、党性修养和行为能力，积极发挥党员的先锋模范作用，确保在经济新常态和复杂多变的经济金融形势下，统一思想、坚定信心、凝心聚力、有所作为，逐步提升支行经营管理水平和服务基础管理能力，2018年获宁夏分行先进基层党组织称号。同时，以分行“内控案防提升年”主题活动和“市场乱象”整治活动为契机，认真开展员工合规教育、行为动态排查和警示教育工作，并对重点业务领域进行专项检查和治理，有的放矢地将经营管理行为与合规文化建设紧密结合起来，坚持“两手抓、两手硬”，引导员工牢固树立正确的发展观、风险观和业绩观，有效的夯实了内控管理工作基础，实现了无重大案件和风险事件的发生。同时，认真抓好人才队伍的培养，积极完善青年员工交流轮岗锻炼机制，丰富青年员工工作经历，拓宽青年员工职业发展路径，2018年以来共对3名青年员工进行内部轮岗、6人进入分行311、1555人才库，选派3名青年员工到杭院学习，向分行国际业务部输送1名优秀员工。

【精准扶贫】自2016年，盐池支行对盐池县麻黄山乡松记水16个行政村152户进行帮扶。2018年累积安排下乡扶贫帮扶80余次，参与扶贫帮扶人数达218人次，通过为贫困户宣讲扶贫政策、解决实际问题；同时在总行下达扶贫小额贷款政策后，立即着手安排支行信贷、运行、营销等各岗位人员，由支行班子相关成员带队，携带移动终端为贫困户提供驻村金融服务，开启“金融精准扶贫＋移动金融服务”新模式，在农户、工行、政府之间架起了连心桥，也为该村实现全面提前脱贫起到了重要支撑作用。2018年，盐池支行向该村捐款15万元，为46户贫困户发放扶贫小额贷款230万元；并在春节前夕开展送温暖活动，共捐赠米面油220份、价值3.9万元；赠送春联、年画1500余份、价值4万元。

## 人保财险盐池支公司

【概 况】2018年，人保财险盐池支公司以集团公司“3411工程”为指引，以总公司“卓越2020计划”为路径，以分公司“1326思路”为抓手，以向高质量发展转型为主线，较2017年提前97天突破保费亿元大关，各项指标系统排名靠前。荣获经营单位一等奖、脱贫攻坚帮扶工作先进集体、支持地方经济社会发展优秀奖、标杆县区支公司、助推脱贫攻坚团队奋进奖、中国人民保险集团先进基层党组织奖等多项荣誉。

【经营成果】强对标激流勇进，份额稳中有升。2018年全年实现全险种保费收入12675.21万元，同比增量2418.36万元，增速23.58%，对标SR比值1.09，市场份额66.7%，份额较2017年增长1.1PP，稳居行业第一。增效益固本培元，盈利优于市场。报表利润总额1874.86万元，完成利润计划。综合成本率82.75%，综合赔付率53.93%，综合费用率28.82%。稽查减损222.69万元，完成全年任务目标的106.55%；追偿减损50.74万元，完成全年任务目标的112.75%。树口碑持之以恒，服务引领行业。全年共处理车险商非已决案件4622件，已决赔款金额3768.51万元，其中车险已决案件4101件，较2017年同期下降1PP，商非已决案件521件，较2017年同期增长42.7PP。全年共处理农险已决案件20068件，已决赔款金额2207.48万元，受益农户累计达19600余人次，简单赔付率62.12%，其中：政策性农业赔款7830起，赔款679.34万元；扶贫保赔款8572起，赔款1200.21万元；商业性农险赔款2起，赔款2.14万元；农业部项目农险赔款3664起，赔款325.79万元。2018年盐池支公司理赔投诉件数共24件，均与客户有效沟通处理。2018年前三季度理赔指标排名位列系统前三。落实推进“警保联动”“车驾管”“空中救援”“心服务、芯理赔”等，构建了行业短期内难以复制的服务竞争壁垒。妥善应对重大灾害事故，赢得地方政府和广大客户的高度认可。重要客户满意度提升，政策性业务承保理赔服务能力明显优于竞争对手。宣传力度加大，宣传效果良好。2018年全年在中央级、省级主流媒体上进行保险宣传6次，扶贫工作获点赞、助推盐池县成功实现脱贫摘帽。顺利举办第四节购车节，宣传推广人保特色服务，收集客户信息，活动当日保费收入30万元。参与人行、扶贫办、交警队等单位举办的各类宣传活动，在交警队举办的第七个交通安全日知识竞赛活动中，高彩萍获得了第二名的好成绩，并在总结大会上获得主管局长对保险工作的赞誉。在“12·2”交通安全启动会上，人保工作再次获赞。在县域人/车流量大的主干道设置大型户外广告牌；在中高端居民小区设置58部电梯广告牌；在四家出租车公司320辆出租车后风挡玻璃张贴户外贴；为车管所、两家检测站制作300套座椅套；在12辆公交车车内车体上设置广告宣传牌，同时制作500张带人保LOGO的公交乘车卡；在汽车城人/车密集区刷墙体广告传；在农村市场，大水坑、惠安堡、高沙窝等重要乡镇的农贸市场门口、农商行门口及主干道进行刷墙宣传；制作8000份人保宣传海报日历，在各乡镇集市发放宣传。通过县域宣传活动的开展，扎实有效地推进中国人民保险的品牌影响力，塑造公司良好的社会口碑，提升客户对中国人民保险的品牌认知度和美誉度，有效地发挥品牌价值对县域市场业务发展的促进作用，牢牢占领县域及农村第一市场。夯基础厉兵秣马，队伍建制成型。调整人员，优化结构，不拘一格广纳贤才，加大对优质人才的招录和引进力度。全年建立了一支74人的大队伍，打造了12支优秀团队，新晋员工13人，新增三农营销服务部一个，网点覆盖全县四镇。谋发展强练内功，中后台支持能力提升。全年内网共发布20篇报道，组织培训31次，外派学员参加各类培训班12次，并均已结业，其中杨文娇在外派培训中取得了总公司级助理级培训师的资格。公司代表吴忠分公司参加区分公司文艺会演，取得了二等奖的好成绩。团支部在总公司五四青年活动“青春人保 为司打CALL”的活动中获得三等奖的好成绩；V盟团队在总公司人保V盟平台创意创新活动中获得优秀奖。出单中心共计出单18877笔；立足本职，做好服务，充分发挥了基础服务的职能。

【车辆保险】车险保费收入7858.07万元，同比增量948.97万元，增速13.74%，车险市场份额59.2%，同比下降1.2PP。车商业务部：实现保费收入2422.47万元，其中二网大卖场保费收入1886.64万，修理厂保费收入512.5万元，二手车保费收入23.24万元，渠道保费占比车险保费30.8%，为公司全年车险任务完成起到了关键作用。以服务至上的原则服务二网卖场、二手车，以送修推动修理厂续/转保业务发展。帮助二网卖场、二手车、修理厂算细账、算好账，灌输“买车险、到人保”的口碑效应。利用手机营销管理系统、意外险销售系统、人保APP等工具让客户认识保险、了解保险。不定期地给二网卖场、二手车、修理厂的负责人进行各种小工具运用培训及非车险的培训来提升各个险种的全面发展。综拓业务部：车队业务保费收入共计1491.17万元，增速85.8%，兼职营销员保费收入共计235.54万元。车队业务抓续保，利用渠道资源发展新的小中大型车队业务，拓展新渠道资源。做好出租车业务续保工作，关注出租车报废车辆退保情况，逐月反馈对比数据，努力做回出租车自保业务，补缺报废车辆保费缺口。兼职业务员，主抓该类业务续保，及时跟踪反馈，做好续保统计工作，利用该渠道发展家用车新车及转保业务，收集市场信息。寿险业务员，严防外主体高费用导致该类业务流失，该渠道涉及面较广，是发展转保、新增业务的重要突破口，更是收集外主体政策投放信息的重要渠道，做实该渠道业务员的业务培训、政策宣导、手续费发放等工作。信息的分析，核实真实性，使其在公司发展中起到至关重要的作用。续保业务部：维护业务590.67万元，其中脱保保费33.22万元，兜底保费128.47万元，交回数据保费17.38万元，电销二促保费381.41万元，外部数据保费30.2万元。全年车险商业险保单续保率为77.86%，同比增长1.27PP；保足保全率70.88%，同比增长4.66PP。在职员工全年贡献保费3434万元，对于在职员工，公司重视组织纪律，通过精细化过程管理，通过各类激励鼓励员工发扬主人翁精神，营造风清、气顺、劲足的干事氛围。

【商非保险】全年保费收入1204万元，同比增量231.15万元，增速23.76%，市场份额60.2%，较2017年提升2.43PP。传统业务稳中有升，民生救助类业务不断提标扩面，新兴险种破零，银邮渠道业务大幅提升，与汇发银行独家合作。通过先后向盐池县县长、主管县长、扶贫办、财政局、残联提交报告，残疾人保险最终实现保费收入79.52万元。新增见义勇为保险，双拥军人保险新增471人。全年实现意外健康险保费收入为726.43万元，增速26.82%（借款人意外险保费收入330万元，学幼险保费收入89万元，民生类保险91万元，驾意险65万元，其他分散性业务124万元）；责信险保费收入381.37万元，增速62.61%（履约保证保险17.65万元，承运人责任险116万元，危货承运人责任险77.4万元；民生类业务：政府求助扶贫保险、见义勇为责任保险以及养老机构责任保险保费收入19.9万元，分散性责任险96万元）；财货险保费收入69.15万元，增速为-58.03%（航空保险12.42万元，企财险35.9万元，天然气组合保险6334元，分散性财产险7.65万元），负增长原因是盐池支公司与宁波分公司分保中民投业务到期不再合作；普惠金融27.05万元，增长3490.46%。2018年残疾人共赔付22.17万元，简单赔付率28.06%，政府救助保险（双拥军人）共赔付39.7万元，简单赔付率234.36%，借款人意外险共赔付56.5万元，简单赔付率17.12%。学幼险共赔付30.16万元，简单赔付率33.89%。

【农业保险】保费收入3613.15万元，同比增量1238.25万元，增速52.14%，市场份额97.3%。政策性农业保费收入416.15万元；扶贫保保费收入2476.95万元；商业性保费收入1.34万元；农业部项目资金保费收入659.36万元。把握机遇创新险种。2017年年底根据县域主导产业滩羊的市场运行情况，结合农业部支农服务创新试点项目，在分公司农村保险事业部的大力支持下，创新开发了滩羊收益保险，此次滩羊收益保险，是宁夏首次在养殖业业务中应用的收益类保险，将传统农业保险的保险责任从保灾害、疾病向保收益延伸。仅滩羊收益保险保费收取659.36万元。积极推进农网建设与新渠道的融合。积极推广手机APP便捷展业工具，增加农网人员培训，坚持每个农网点每周培训制度，坚持农网经理每周晨会汇报制度。加大科技创新力度，推动农险管理模式转变。2018年不断加大农险科技创新力度，积极抢占农业保险技术创新竞争高地，促进公司农险依法合规经营，先后试运行“易农险”管理系统及养殖险远程查勘定损系统，推动农险信息数据向“天地空”一体化管理模式转变，加强对农村土地数据的收集整理及耕地地块信息图斑库的比对工作，强化地块基础数据底图的真实性、准确性和有效性，促使2019年能真正实现“按图承保、按图理赔”。加大政企互动频次。每月不定期的拜访政府相关部门领导，汇报“扶贫保”及各类保险开办情况，按月定期主动向县扶贫办、农牧局、中国人民银行等单位报送公司产业保险推进进度，得到了各级领导的肯定，并在“扶贫保”业务办理过程中给予公司极大地支持。有序推进普惠金融工作。2018年发放支农融资共计1403万元，其中发放个人融资19户403万元，企业融资1家1000万元。

## 人寿盐池支公司

**【业务完成】**2018 年盐池公司实现总保费 1.14 亿元，同比增长 6%。年度实现标准保费 780 万元，完成年度指标 870 万元的 89.03%，系统排名第六；保障类业务完成 547.47 万元，完成年度指标 536 万元的 101.67%，系统排名第七；首年期交完成 1893.41 万元，完成年度指标 1996 万元的 94.18%，系统排名第十一；短期险业务实现 2639.66 万元，完成年度指标 2628 万元的 100.44%，系统排名第十六。完成互动业务 413 万元。

**【渠道业务】**个险渠道快速适应市场竞争和监管环境的变化，积极作为，抢抓产品转型的发展机遇期，多措并举，通过开门红企划、“五六联动”、930 冲刺等一系列业务竞赛活动，强势推动各项业务发展。实现首年期交达成 1515.73 万元，达成目标 1636 万元的 91.91%，系统排名第七；标准保费达成 624.21 万元，达成目标标保 730 万元的 84.88%，系统排名第七；保障类达成 425.13 万元，达成目标保费 486 万元的 87.16%，系统排名第十一，短期险实现 203.2 万元，完成年度指标 358 万元的 56.76%。2018 年盐池个险长险首年对标比值是 1.61，队伍比值 1.9 超过平安。2018 年个险在册人力 259 人，其中城区下设 5 个职场，两个营销服务部。2018 年较好的完成队伍建设的各项投标，月均长险举绩人数 120 人，举绩率 46.86%；月均增员人力 19 人，增员率为 7.37%；季均有效人力 150 人，为队伍发展与团队架构稳定打下坚实基础。团险渠道按照“扩渠道、保增速、提效益、优服务、强队伍、控风险”的发展策略，逐步优化业务结构，加大信贷保、学平险、员福业务等传统业务板块的发展，提高市场份额和经济效益。2018 年，团险渠道共实现短险保费 2384.97 万元，完成年度指标 2235 万元的 106.71%，系统排名第八。实现老龄险 74.79 万元，互助资金保险 27.51 万元，学生险 130 万元，爱妮保 43.8 万元，员福保等业务达成 212.3 万元。年末客户经理在册人力 46 人。2018 年盐池公司与盐池县委、县政府建立了良好合作关系，政保业务取得的良好业绩，将民生工程做实做优，做出了品牌。盐池公司被盐池县委、县政府评为“2017 年度支持地方经济发展优秀奖”和“2017 年脱贫攻坚先进部门”。银保渠道坚持“银保姓银”的发展方向，坚持业务与队伍并重、规模与价值并重、渠道与自营并重、基础与创新并重、合规与发展并重，在自营业务转型增效的基础上，下大力气抓好渠道代理业务拓展，强化网点经营，确保渠道和自营业务“双轮驱动”。年度实现首年期交保费 377.68 万元，达成率 104.48%，系统排名第六；首年标保 156.1 万元，达成率 110.51%，系统排名第二；保障性产品完成 125.11 万元，达成率 248.22%，系统排名第三；短期险完成 50.84 万元，达成率 145.25%，系统排名第十一。银保渠道核心考核指标全部超额完成。年末在册客户经理 5 人，保规队伍 46 人，月均举绩 27 人。

**【标准化建设】**鉴于公司办公场所现状，为了进一步加强队伍建设，拉动公司业务发展，尽快实现分职场经营，让销售队伍有一个良好的培训环境，2018 年盐池公司租赁了一处城区职场，位于盐池县盐林路商业区，周边交通便利，停车方便，面积 671 平方米，年前基础装修已结束，近期将采购基础设施，并进行职场搬迁工作。通过积极推动职场标准化建设来撬动分职场经营的积极性，发挥功能组作用，为主管自主经营提供支持。

**【业绩指标】**2018 年盐池公司实现总保费 1.14 亿元，上年同期 1.07 亿元，同比增长 6%。业务与上年同期分析：年度实现标准保费 780 万元，完成年度指标 870 万元的 89.03%，系统排名第六；上年同期实现标保 942.08 万元，同比下降 17 个百分点，上年系统排名第十五。首年期交完成 1893.41 万元，完成年度指标 1996 万元的 94.18%，系统排名第十一；上年同期实现 1893.39 万元，完成情况较 2018 年基本持平，上年系统排名第 17。保障类业务完成547.47万元，完成年度指标536万元的101.67%，系统排名第七；上年同期实现473.67万元，同比增长13个百分点，上年系统排名第十四。短期险业务实现2639.66万元，完成年度指标2628万元的100.44%，系统排名第十六。上年同期实现2513.47万元，同比增长4个百分点，上年系统排名第五。

【党　建】加强党的组织建设，努力夯实支部党建基础，强化党支部阵地作用，积极开展与社区和企事业单位的联建工作，培养基层兼职党务工作人员队伍，提升支部生活制度化、常态化水平。发挥好群团组织的桥梁纽带作用，有效团结组织广大干部员工，共同推进公司改革发展。2018年4月10日，召开支委会进行专题学习，部署支部党员大会学习安排。4月10日、5月10日组织两次党员大会学习习近平新时代中国特色社会主义思想和党的十九大精神，明确要求全体党员把学习贯彻党的十九大精神作为当前和今后一个时期首要的政治任务来抓，通过学习，把支部党员思想、认识统一到党的十九大精神上来，统一到公司党支部部署和要求上来，学以致用、用以促学，在学习实践中见行动、求实效。6月15日，召开专题讨论和支部书记讲党课活动，党员畅所欲言谈个人学习感受。7月3日，支部组织开展十九大精神知识测试。通过集中学习和自学、专题研讨、三会一课等形式强化对十九大精神的落实。严防“四风”反弹，有效推进从严管党、治司向纵深发展。2018年5月17日联合盐池县邮政局党支部开展党建活动，6月4日启动公司三亮三比三评活动，6月15日开展党支部书记讲党课活动，6月22日参加吴忠区域督导中心和区扶贫办联合组织的党建活动等。

【风险管控】2018年，公司在分公司风险管理部、纪检监察等部门的强势督导下，有效提升了公司合规经营水平和风险防范能力。认真贯彻执行关于开展销售行为风险管控专项风险排查工作的通知，全面开展风险排查工作，向全体销售人员发放销售人员问卷调查表及销售行为合规承诺书，签订工作覆盖率达100%。通过开展销售误导、非法集资、反洗钱、客户投诉、舆情管理等重点风险防范工作，对各环节和风险点进行了排查，杜绝了风险的发生，进一步加强了公司风险管控能力。着力推进风险整改，重点对开展的治乱打非，防范重大风险的排查、非法集资、自媒体风险排查等一系列自查自纠工作中发现的问题进行认真整改，将各类问题化解在萌芽状态。

# 国有公司 社会企业

GUOYOUGONGSI SHEHUIQIYE



## 盐池县兴盐国有资本投资运营有限公司

**【概 况】**2018 年，兴盐国有资本投资运营有限公司以保障民生、服务社会、提供公共服务为主要目标，确保国有资产保值增值。供热、公交、市场服务、污水处理、大水坑公共交通 5 个子公司全年运行平稳，项目建设规范有序，社会服务水平显著提升，国有资本投资效益得到提高，国资监管工作总体迈上新的台阶。公司全年实现总收入 1.02 亿元，比上年同期增长 13.3%；各项可控费用比上年度同期下降 5.4%；在线供热总面积 366 万平方米，比上年同期增长 6.6%，新增供热面积 22.8 万平方米，集中供热率达 85%；县城公交全年安全运送乘客达 307 万人次，比上年同期增长 9.6%，安全运行里程达 240 万公里；污水进水量达 467.8 万立方米，达标排放水量达 433.7 万立方米；大水坑公共交通公司安全运送旅客达 15.4 万人次。

**【增收节支】**本年度公司及下属 5 个子公司的“三公经费”（因公外出经费、公务车运行费、办公经费）比上年度同期下降 5.4%。一年来，各公司创新举措，千方百计开源节流，挖掘增收节支潜力。供热公司面向热用户开展“感恩回馈”活动，为解决流动资金不足问题，与宁夏银行、黄河银行合作，由其无偿提供活动礼品，节约活动资金 40 万元；积极主动承建兴泰园小区的二网建设、花园社区和信访办管网改造工程，增加收入 120 万元；智慧供热节能运营平台投入运行，水煤电综合能耗下降 10%，年节约资金 435 万元。市场服务公司“精打细算”，辞退花马池市场和惠安堡市场保洁员 4 人，由职工自行清扫，节省支出约 10 万元。公交公司利用充电桩资源对外提供充电收费服务，为公司创收。将市场服务公司整合到兴盐综合楼合署办公，节约各项开支 2.9 万元；公司发动全员招租，将长期闲置的营业房及合署办公腾空的用房出租，年增加收入 32.3 万元。

**【企业管理】**公司在多方征求意见的基础上讨论制定了《经营业绩考核办法》《子公司薪资管理办法》

《用工管理暂行办法》，保证了企业的各项工作有章可循。在内部制度建设的基础上，开展多种形式的教育培训活动，有效提升了全员业务能力和综合水平。全年组织职工参加区级星光培训达67人次，财务人员参加“中税网”专业培训80余人次，一线优秀员工外出学习培训62人次，开展班子成员述职述廉活动5场次，班子成员为职工集中授课35场次，组织全员开展十九大知识集中考试1场次，参加考试总人数270人，及格率达96.3%。

【安全生产】牢固树立“安全是企业最大效益”的理念，公司全年开展安全培训活动18场次，召开安全工作会议50余次，累计培训人数达1760余人次；集中开展了安全生产大检查4次，“安全生产月”活动1次。各生产企业在积极参加安全培训活动的同时，注重自我预防。公交公司每季度组织驾驶员安全知识考试1次；供热公司组织职工开展应急演练8次。通过一系列活动的实施，增强了职工的安全生产意识，确保了生产运行安全平稳，公司全年未发生一起安全生产事故。

【绩效考核】按照公平公正、分类考核的原则，公司对下属子公司经营业绩进行季度考核，根据绩效量化考核结果，兑现季度绩效工资，增强了业绩考核的导向性，充分调动了员工的积极性和创造性。

【项目建设】争取项目资金落地。按照“争取项目抓落地、开工项目抓提速”的工作思路，2018年公司共争取到盐池县城市公交和城乡客运一体化、盐池县货运车辆大型停车场、2018年盐池县城棚户区安置房供热管网改扩建、2018年西区热源厂环保升级改造工程、盐池县污水处理厂污泥碳化5个重点项目，落地资金5580万元。加快项目建设进度。为推进重点项目建设进度，公司项目管理人员定期开展督查指导，强化现场监督。截至年底，2018年盐池县城棚户区安置房供热管网改扩建工程和2018年西区热源厂环保升级改造工程正在组织施工；盐池县货运车辆大型停车场项目和盐池县城市公交和城乡客运一体化建设项目完成了主体建设；盐池县污水处理厂污泥碳化项目已通过建设方案和环评。

【创新服务】公司不断创新服务方式，把公司的优质服务打造成了群众满意工程，提高了广大群众的幸福感。供热公司全面启动“不见面，马上办”服务模式，开通了24小时服务热线和微信公众号快捷缴费、业务办理等便民服务。公交公司推出手机云闪付、微信、支付宝、银行卡等多种支付方式，并在此基础上开展了“一分钱”乘坐公交的优惠政策。市场管理服务公司利用中秋节打造了“月饼一条街”，为群众提供了方便的购物点。大水坑公共交通公司积极联系镇政府，建成公交客运港湾式站台2处。污水处理公司大力实施污水提标改造项目，改善县城居住环境，诠释了“为环境、无止境”的理念。

【重点工作】全力贯彻落实县委、县政府关于坚决打赢污染防治攻坚战的工作要求，按期完成了6台燃煤锅炉的淘汰拆除工作。积极配合县拆迁办拆除花马池市场营业房139间3049.12平方米，及时高效地完成了市场的拆迁安置工作，为古城墙修复扫除障碍。积极配合县政府完成“民俗嘉年华”“航空嘉年华”“农民丰收节”等大型活动的运输保障工作，同时为配合争创国家AAAAA级旅游景区，开通2条公交旅游线路。积极配合县交通局，多方征求意见，完成城乡公交一体化大水坑地区的运营方案。全力配合完成盐池县水务一体化合作供水公司的股权、人员移交等工作。多次承办区市县有关部门的观摩、调研、学习交流活动。全力配合推进盐池县国有企业公车改革进程，取消供热公司1辆公务用车并按程序进行公开拍卖。

【扶贫攻坚】加强国有资产融资担保。充分发挥投融资平台优势，积极推动与国开行、农发行的合作。2018年为融盐公司产业扶贫提供担保共计10596万元，切实提高了国有企业服务社会的能力，有力地支持了盐池县经济社会的快速发展。积极开展帮扶活动。按照“识别到人、帮扶到户、落实到位”

的要求，公司帮扶人员深入开展联系村帮扶活动，入户走访帮扶户80人次，广泛宣传各项扶贫政策，为20户贫困户填报申请书、信息采集表等资料，深入了解帮扶需求，并及时和王乐井乡政府、鸦儿沟村部沟通协作，积极引导群众发展适合自己的产业，鼓励贫困户加入合作社等方式增加收入，完成“国检”阶段的扶贫任务。

**【企业文化】**各公司积极参加国资企业党委和总工会举办的文艺会演，充分地展示了公司的良好形象。公司组织召开了2018年工作推进会，各公司管理人员通过实地观摩，交流学习各公司的亮点工作成果。供热公司积极创建县级精神文明单位和开展法律八进活动，普及法律知识，营造大家庭的良好氛围。公交公司开展公交安全“进集市、进社区、进学校”和公交宣传周系列活动，倡导绿色出行；“五星加五心”驾驶员评比活动被县总工会列为亮点；妇女节开展了“巾帼不让须眉，尽显公交女性风采”为主题的趣味活动，增强了团队协作意识。

**【综合治理】**公司以打牢基础、不出问题、形成长效机制为目标，制定完善了综合治理的各项规章制度，并注重对各子公司平安建设、信访维稳等工作的考核，开展各项专项集中整治工作，以实实在在的工作效果为标准。2018年，公司责任辖区未发生一起火灾、投诉、失盗及其他刑事案件，平安建设和综合治理工作整体稳定，形成了“协调配合，齐抓共管”的格局。

**【党建】**将企业党组织建设内嵌到公司治理结构中，坚持执行“三重一大”制度，公司各项重大事项决议均上报党委会研究决定。遵照中央“八项规定”精神要求，结合县委、县政府工作安排，公司深入开展了违反中央“八项规定”精神突出问题自查整改工作，各子公司对自查出的超标准公务接待、违规报销差旅费等399120.2元违规资金进行了追缴，并对相关责任人予以问责；为合理利用办公用房，兴盐、市场服务公司搬迁至兴盐综合楼，整体腾退办公用房625平方米。组织召开“不忘初心、牢记使命”专题组织生活会，认真细致地在全体党员中开展了宗教信仰自查自纠活动，同时注重会后教育与动态监管，确保党内政治生活的纯洁性。组织公司党员、入党积极分子到延安接受红色教育，学习“延安精神”，加强了党性修养。坚持抓早抓小、严管就是厚爱的原则，对任职前职工开展廉洁谈话，制定党员婚丧嫁娶请示备案制度和外出请假备案制度。

## 盐池县供热有限公司

**【概　况】**2018年，公司重点开展了提升内部管理、扩宽经营渠道、保障供热运行、攻坚工程建设、强化精神文明和夯实组织建设的“六大工程”，实现了三公经费及业务运行费用比上年度同期节支10％，2017—2018年采暖期煤、电、水等能耗指标降低12.58％和主营业收入增长15.6%的“三个百分之十”的目标，折算费用为450万元。

**【制度管理】**2018年，公司紧紧围绕“抓生产、保供热、促发展、求稳定”的工作思路，不断创新运行管理方式，狠抓各项工作的落实。抓规范管理。坚持“定制度、抓管理、严奖惩”工作思路，以巩固“规范管理服务提升年”活动成果为契机，开展了“12353”创新工作机制创建活动，在原有规章制度的基础上，健全完善了《职工考勤管理办法》和《车辆管理制度》等24个规章制度，规范简化了用户办事流程，既方便了群众，又提高了效率。对违反规章制度和办理流程的职工一律严肃问责，坚持用制度管人，按制度办事。抓学习教育。本着“缺什么，学什么，少什么，补什么”及“理论联系实际”的培训原则，制定了科学有效的学习计划，并采取集中授课、现场教学、实操体验和外出培训等多种形式开展党的理论学习、业务知识的教学，提高了学习的实效性。全年共安排职工集中授课35场次，组织职工进行应知应会闭卷测试和知识竞赛各1场次，选派一线优秀职工外出学习培训62人（次），职工岗位培训率达100%；抓绩效考核。按照阶段性工作安排、绩效考核内容、业务工作实际，每月开展一次绩效考核，根据绩效量化考核结果，兑现当月工资。考核以来共对265人（次）进行了不同程度处罚，扣罚各类绩效奖金14335元，其中公司考核扣罚绩效奖金4635元。

【经营管理】积极探索新的经营管理模式、服务措施，确保高质量高效率。收费任务超额完成。组织催费员召开了供热费专题会议，通过明确任务时限、每周对收费情况公示和上门走访等形式，加强采暖费回收力度。2017—2018年度采暖期应收供热费5931万元，实收供热费5628.5万元，收费率达94.8%，较上年同期增长2个百分点。同时，公司根据为民办实事和工作业务需要，为不热用户减免13.5万元，营业变住宅调整101万元，用户延迟通暖及未通暖调整9.97万元；回馈活动互利共赢。为构建与热用户和谐融洽的服务关系，加强资金的回笼力度，2018—2019年度采暖运行期，公司与宁夏银行、黄河银行达成合作意向，共同开展“感恩回馈”活动，并由银行方面负责，在营业大厅开通便民缴费绿色通道，提供活动礼品，预计为公司节约资金40余万元；用热行为逐步规范。为引导和规范供用热环境，制定了稽查工作目标任务，明确责任分工，创新稽查方式和手段，并将收费员日常监管与稽查集中整治相结合，规范整治用户擅自增容、扩容、办停和通暖等违规行为，今年为公司挽回经济损失360万元。供热环境得到了明显改善；增收节支效果显著。公司依托集中供热的便利条件，积极扩展公司经营业务。已承建兴泰园等小区的二网建设，完成信访办、花园社区和信访办管网改造工程，为公司增加收入120万元。同时，采购小组积极推进集中采购制、直供制和责任制，建立生产配件、低值易耗品和办公用品的统一采购，强化采购人员的责任意识，逐步取消中间供应商供货环节，尽可能地接近货物的成本价；固定资产稳中有进。对原供热站淘汰的锅炉、烟囱和辅机等无使用价值的设备按规定做下账处理，对新购置的办公桌椅、电脑、打印机、文件柜和2辆公务用车等资产进行登记，对兴盐综合楼和移交车辆完成移交手续。公司注册资本达10812.49万元，资产总额31002.08万元，固定资产净值11364.95万元，应收账款444.61万元，在建工程13742.72万元；负债总额23944.24万元（应付账款564.25万元，2008年国发行贷款2200万元，现贷款余额750万元，所有者权益7893.31万元）。

【运行管理】坚持“安全第一、预防为主、综合治理”的方针，牢固树立“发展是第一要务，安全是第一责任”的意识。抓安全教育培训。定期组织职工学习建筑行业、生产行业等安全教育警示片，以“安全生产月”活动为契机，邀请县消防中队为职工讲解火灾逃生和消防器材使用等相关消防知识，增强职工自我防护和救护知识。同时，在东、西热源厂制作悬挂安全警示标语，购买和置换氧气瓶、安全帽和安全绳等安保设备；抓安全隐患排查。要求各部每月召开安全工作例会，做到发现问题、提出问题、解决问题，将安全隐患消除在萌芽状态。同时，安全领导小组不定期地对生产运行、工程建设等安全工作进行检查，发现问题立即要求限期整改，对于整改落实不到位的部门和责任人，给予相应的处罚；抓夏季维修工作。按照年初制定的工作计划，督促热源厂完成了锅炉清灰、清渣和维护保养工作，安装维修部完成了机组检修保养和龙辰苑、家和园等小区阀井内老旧设施的维护更换等工作；抓事故应急演练。全年不定期的组织职工演练热源厂停电、循环泵故障、风机颤抖和缺水等故障应急预案8次，通过预案演练提高各部门对突发事故的应急处置能力，增强了职工自我防护和救护知识。公司未发生一起安全事故。

【工程管理】严格按照城市发展的中长期规划，认真做好集中供热的专项规划工作，不断完善城市基础设施配套建设，促进县城集中供热事业可持续发展。加快施工项目工程验收。严格按照县委、县政府和总公司的要求，带领工程技术部加快2013年以来所有工程的验收进度。已完成了2016年盐池县城区供热管网改扩建工程、2017年城区道路提级供热管网改扩建和2017年供热管网改造等8项工程的项目验收工作，盐池县城新区集中供热一期工程正在进行审计结算，2015年公租房换热站及供热外网工程、盐池县东站迁建和2014年公租房供热外网工程正在进行项目验收，西区热源厂脱硫系统改造工程和盐池县棚户区改造安置房集中供热配套设施建设项目正在进行审计结算，2018年盐池县城棚户区安置房供热管网改扩建和北站改造等工程正在组织施工，东区集中供热一期工程计划于12月底前完成质监验收；淘汰锅炉拆除按期完成。按照自治区、吴忠市和县环保等部门有关淘汰锅炉限期拆除的有关要求，重点对纳入淘汰范围的6台共125蒸吨燃煤锅炉淘汰处理进行多次研究论证，制定切实可行锅炉拆除方案。放弃休假、加班加点，按时间、按进度，提前完成淘汰锅炉的拆除任务；积极筹措项目建设资金。公司准确把握项目支持方向，积极与业务部门对接，争取到城市集中供热补助资金1870万元。其中，县财政局提前供热和北站改造补助资金300万元，县住建局分户改造补助资金300万元，西区环保升级改造补助资金135万元，燃煤小锅炉淘汰补助资金180万元，中央预算内投资2018年盐池县城棚户区安置房供热管网改扩建955万元。

【精神文明建设】不断增强科学文化建设和思想道德建设，全面提高职工的科学文化素质和思想道德素质。积极选派职工参加国资企业党委和总工会举办的文艺会演。联系专业老师对节目进行指导，演职人员结合自身的工作活动，广泛参与讨论和创作，选派的节目很好地展现了职工风貌，取得了良好的反响；借春节、妇女节和端午节之机，先后组织职工在单位餐厅包饺子联谊，开展妇女半边天活动和端午送清凉等活动，努力营造一个大家庭的良好氛围；在各项工作稳步推进的过程中，积极创建县级精神文明单位和开展法律八进活动，提高企业活力和普及职工法律知识。其中，精神文明单位正在申报考核阶段，法律八进示范点已通过了县司法的验收和吴忠市司法局初验；及时召开了后勤作风推进会，转变了职工工作作风，提高了服务水平扭转了不规范的行为，使职工“绳往一起拧，劲往一处使”。工作中，安装维修部紧紧围绕“团结、协作、奉献”的工作理念，将安全生产和提高服务技能水平同重视、同提高，荣获了吴忠市总工会“工人先锋号”的称号；组织广大职工开展义务劳动，在东、西、南苑3座热源厂空地种植香花槐、金丝柳和云杉等绿色植物285株，种植爬山虎树苗998株，并定期实施浇水和除草，空地绿化面积达90%以上。

【基层组织】在国资企业党委的正确领导下，公司党支部始终坚持以习近平新时代中国特色社会主义思想为指导，深入贯彻落实党的十九大精神，做到党建业务工作齐抓共管，队伍作风建设齐头并进的良好局面。公司党支部先后召开了支部民主生活会和专题民主会议，邀请国资企业党委副书记到会指导，进一步加强了党员教育监管工作，为落实新时代党的建设总要求奠定牢固的基石；为进一步营造风清气正的政治生态环境，支部重点自查整改了2012年12月至2018年4月期间公司超标准公务接待、违规公款吃喝、违规公款送礼、外出公款旅游和超标准配备使用办公用房等5个方面存在的突出问题，清理腾退办公用房356.18平方米，追缴收回违规资金27.4万元，通报批评14人次；严格落实“三会一课”、民主集中制、“一岗双责”制和区市县党风廉政建设等有关制度，尤其是对选人用人、经费开支、重大决策、职工利益等“三重一大”事项，由经理办公会讨论后提交至支部委员会研究决定，同时，在“四项会议”的参会人员中明确邀请职工代表参加，涉及合同、协议等事项的邀请法律顾问把关，坚决做到不搞暗箱操作，做到事前广泛征求意见，事中加强有效监督，事后及时公开结果。

## 城乡供水有限公司

【概　况】2018 年，盐池水务有限公司全年资产总额 20535.99 万元，负债总额 1695.58 万元，资产负债率 8.26%。实现营业收入 4805.62 万元，较上年同期 4499.81 万元，同比增长 6.8%（增加 305.81 万元）；利润总额 −622.45 万元，较上年同期减少 177.58 万元，同比下降 250.52%（增亏 444.87 万元）；净利润 −622.45 万元，较上年同期减少 177.58 万元，同比下降 250.52%（增亏 444.87 万元）。全年累计供水 794 万吨，实现收入 3405.42 万元，较上年同期 3102.72 万元，同比增长 9.76%(增长 302.7 万元)，城乡综合漏损率 11%，水费回收率 98%，供水单方水成本 4.54 元 / 吨，单方水耗电量 0.75 千瓦时 / 吨，较上年同期降低 0.01 千瓦时 / 吨；单方水药耗 0.55 克 / 吨，较上年同期持平。全年工程安装维修收入 1400.2 万元，较上年同期 1397.09 万元同比增长 0.22%（增加 3.11 万元）。

【思想建设】深入推进“两学一做”学习教育常态化制度化，制定“二五”学习制度，以党的十九大报告及习近平总书记系列重要讲话精神为核心学习内容，拓展《中国共产党党章》《中华人民共和国宪法》、习近平新时代中国特色社会主义思想等理论知识的学习，形成学习笔记 110 本，学习心得 150 余篇，实现了党章深入人心、思想牢固统一的目标。按照兴盐国资党委要求，突出主题，开展形式多样主题学习，组织学习 12 次、中心组学习 2 次。同时加强对十九大、中央“八项规定”、中国共产党纪律处分条例、中国共产党支部工作条例等的学习，以考促学，组织考试 4 次，让理论扎根脑中，纪律融入血肉。开展红色革命教育主题活动。8 月份，组织党员、预备党员、发展对象和积极分子近 50 人，参加兴盐国资党委举办的“不忘初心、牢记使命”延安红色教育活动，传承红色精神，铭记党员身份，党员思想得到了升华，党性得到了锤炼，心灵得到了净化与洗礼。

【支部建设】认真部署和开展“三强九严”工程。一是严格落实党管一切。坚持民主集中制，坚持党的领导，“三重一大”事项全部在支部会议上集中研讨，健全完善党建基础资料，重点对会议记录、学习笔记、影像资料等进行规范，党组织“方向盘”作用进一步得到发挥。严格落实党建责任。一年来，召开组织生活会 2 次、党员大会 4 次、“5+X”主题党日 12 次、支委会 12 次，明确从严治党要求，规范党员行为，切实发挥好支部战斗堡垒作用。严格落实《中国共产党支部工作条例》。按要求梳理党建工作流程、收缴党费和党员教育管理。全年收缴党费 5040 元，转入党员 1 名，发展预备党员 1 名，确定入党积极分子 4 名，发展对象 3 名。

【班子建设】从严抓好管理层的监督管理工作，严格落实谈心谈话制度，时刻提醒各级管理人员依规依纪办事。同时，坚持深化改革、人才先行的工作理念，坚持党管人才、正确用人的原则，着力营造良好环境，汇聚人才力量，2018 年选拔任用乡镇水管所所长 1 名；外派管理人员学习 21 人次，破解管理瓶颈，促进人才培养，有效提高管理人员履职能力。

【党风廉政】突出高位推动、突出问题导向、突出上下联动、突出严格执纪，把纠正“四风”往深里抓、往实里做。落实“一岗双责”。签订责任书 15 份，形成一级抓一级、层层抓落实的工作格局，确保“一岗双责”扎根结果。筑牢廉洁从业思想防线。组织管理层参加兴盐国资党委廉政警示教育 1 次，组织党员领导干部廉政教育基地参观学习 1 次，邀请县纪委监委领导为全体员工授课 1 次，营造风清气正发展环境。创新全过程监管。注重事前事中事后监管并重，充分运用监督执纪“四种形态”，对“三重一大”决策制度执行情况、企业负责人履职尽责情况、贯彻落实中央“八项规定”精神情况反复检查整改，推动企业规范高效运行。行风建设有新突破。高质量完成盐池县委、县人民政府反恐维稳活动 2 次，答复处理“县长信箱”2 封诉求，化解群众5次来访，群众满意度达100%。

【群团建设】从职工权益保护与扶贫帮困等方面下真功夫、真下功夫，增强职工企业归属感。关心职工子女教育。扎实开展“金秋助学金”活动，为水务保障工作凝心聚力，2018年为1名考上大学的职工子女资助3000元。关注职工身心健康。购置血压计、急救药品箱等常规医护器具和打造优良的职工健身娱乐室，为职工身心健康搭建平台；组织职工积极参与环盐长城自行车赛，争取盐池县总工会出资为职工体检，以及开展职工互助医疗活动，多角度、全方位、立体式为职工保障健康。关爱退休职工和泵站看护员，班子始终将退休职工和泵站看护员的管理服务工作放在心上，春节等重大节日，公司领导带队慰问，将组织温暖送到他们的身边。2018年慰问57人，发放慰问金2.85万元。关怀女职工家庭生活。“三八”妇女节，精心组织女职工开展生活技能拓展活动，集中学习面点制作，丰富“半边天”生活。

【项目引领】2018年，投资1352万元，完成6项重点工程建设。争取中央预算内资金1036万元，实施建设了盐池县保障性安居工程配水管网工程，有效解决县城紫东苑、公租房、新区安置区居民生活用水需求，盐池城市市政配套设施及供水管网建设更加完善。争取其他资金109万元，实施建设了盐池县麻黄山乡蓄水池工程和盐池县供电小区供水分离移交改造项目，解决麻黄山乡镇区居民用水困难问题，推动“三供一业”改造，有效提升了公司水表计量管理水平。企业自筹资金221万元，实施建设了高沙窝水管所综合用房工程、公司供水调度中心电子显示器及配套设施采购项目和盐池县农村人饮自动化系统建设工程。三项工程的建设运行夯实了农村供水服务基础，实现了全网供水的自动化操控，提升了生产运行效率，节能降耗工作再上台阶。

【供水服务】企业管理更加精细。制定2018年《精细化管理提升年活动实施方案》，全面梳理公司管理工作，着力健全完善基础档案资料，做到日常管理、重大事项、业务开展等工作资料存档完整，有据可查，让抓铁留痕的工作作风落地生根；成立目标责任考核领导小组，逐级签订目标责任书，采用月度检查、季度考核、生产经营例会等方式，全面掌握公司成本效益情况，有针对性地提出优化生产经营和管理措施的意见建议，提前预警提示，有效防控风险；建立目标任务清单系统，明确工作内容与时限，责任上肩，形成逐层分解，逐级落实的工作模式；按季度开展“供水大稽查”活动，重点从基础档案管理、收费系统操作、票据管理、上水报装系统信息、库房材料管理、水表现场抄录等方面查摆，及时对日常管理和工作安排中出现的漏洞整改，保持公司管理健康发展；进一步完善法务体系，扎实开展“七五”普法工作，员工普法率达100%，围绕依法治企，聘请法律顾问，对重大项目建设、大额资金往来、敏感突发事件处置等实行法律咨询。企业持续向好发展。深化区域水务改革发展，9月，宁夏水务投资集团有限公司与盐池县人民政府签订水务一体化合作协议，宁夏水投盐池水务有限公司正式揭牌，拉开了盐池县构建现代化水资源管理体系的序幕，为实现区域水资源科学规划、高效利用，加快推进地方经济、生态和社会快速发展奠定坚实的水务基础。公司161名员工整体稳定移交。人资管理更加规范。根据兴盐公司薪酬管理办法，实行三定，优化岗位设置，确保人尽其才。完善薪酬管理办法，工作业绩与薪资挂钩，激发员工工作积极性与创新性；进一步优化了员工队伍结构，较好地满足了经营管理需要；大力实施人才培养计划，采取“请进来、送出去”培训、业务技能竞赛、供水企业经验交流、老帮新等方式培养人才，成功举办机电操作培训2次、自动化设备介绍及操作培训2次、水质检测化验培训4次，累计培训员工180人次。财务管理更加严谨。细化财务管理内容，优化工作流程。利用信息化促进财务现代化，搭建财务管理信息平台，水务系统水费收缴在全区率先开通电子发票模式，水费收缴一键完成，有效提升收缴率。强化差旅费监督管理，对2013年以来“三公经费”及外出培训进行自查，坚持问题导向，立查立改，进一步规范了财务报销手续，从源头堵住不合理开支。通过聘请第三方审计公司对2015年至2017年供用水成本进行监审，为城乡供水成本核算提供有力依据。建立严格的材料及化验药品出入库登记管理制度。组织开展固定资产盘点，对报废、毁损固定资产进行处置，完善固定资产规格型号登记，切实规范资产管理工作。实行土地房屋资产确权登记，并办理变更产权证。调整“费改税”后三大行业收费征收标准，积极争取税收优惠政策和减免税费达41.46万元，增加农村居民用水不征税自来水0.01元的征收标准，严格按照费改税政策足额上缴水资源税。科技创新更加有力。坚持以科技创新带动企业转型，促进效益提升。立足盐池地理条件复杂、人口居住分散、供水设施铺设点多、面广的实际现状，自筹资金积极建设城乡人饮自动化操控平台，为城乡供水各环节安装“天眼”，实时监控泵站、蓄水池及管网压力、流量状况，科学调配，远程操控，保证水资源充分利用。利用智能水表的数据分析和在线监控功能，探索“分区管理”经验，为科学判断漏损区域，分析漏损原因，有效控制管网漏损打下坚实基础，2013年至2018年末安装使用智能水表7007块（其中无线远传水表4230块，有线远传水表2777块）。推广使用智能水表，减少人工抄表成本，提升计量精准度，鼓励职工多提节能降耗“金点子”，各种新思路迅速转化为控漏降耗新举措，管网维修及漏损率明显降低。对外服务更加优质。积极落实国务院“放管服”工作要求，简化办事流程，告知办事要求，公示结办期限，开展让用户“最多跑一趟”服务。开通微信缴费服务平台和电子发票业务，将服务由“柜台”向“掌中”转移，让“不见面，马上办”成为现实，微信绑定用户已达23531户（县城13911户，农村9620户）。落实24小时抢修服务承诺，及时有效解决用户诉求，全年获政府及有关部门奖牌4块，获赠锦旗10面。宣传工作全面提升。创建微信公众平台，编发各类供水信息，集中展示公司在生产经营、精神文明和企业文化建设等方面所做的工作；向宁夏水协征订《供水节水报》，并积极投稿；印制宣传彩页，利用乡镇集市、重大活动现场及节庆机会，向用户发放供水、节水宣传单，普及供水管理相关法律法规。多种形式的信息宣传工作对内起到了丰富职工精神文化生活，凝聚起职工以企为家、以企为荣的共识，对外树立了健康向上的企业形象。

【安全生产】狠抓责任落实。成立安全生产领导小组，实行安全生产领导责任党政共担，签订安全生产责任书，明确职责，合理分工，层层落实安全责任；坚持把安全生产目标考核，作为衡量公司发展和管理水平高低的刚性指标，与公司绩效考核、选优评先挂钩，实行“一票否决”；分级召开安全生产工作会议，从上到下全面落实安全生产责任，形成公司一把手、分管领导、部门负责人、岗位职工人人都是安全员，人人都负安全责任的工作局面。狠抓标准化建设。进一步健全完善各类安全生产管理制度与安全生产台账，按要求重新编制泵站、蓄水池安全管理办法、门卫制度、机泵操作规程、加氯设备操作规程等9项制度，建立车辆出行登记、泵站蓄水池出入登记、泵站巡检登记、检修维修登记、安全隐患排查等5项安全台账；不断增强职工安全生产意识培养，全年组织消防安全知识培训5次、电气操作培训2次、特种作业培训1次，广泛开展以“生命至上，安全发展”为主题的安全生产月活动，普及安全生产知识和技能，形成安全生产“重在预防，常抓不懈”的良好氛围；持续加大安全生产投入，检修更换蓄水池安全防护井盖32个，配备齐全安全帽、警示牌等各类安全防护器材；执行水质检测全覆盖制度，加大对宾馆、学校、医院、集市、蓄水池等重点领域的检测频率，确保水质合格；不断强化检测药品监管力度，严格按照双人验收、双人保管、双人领取、双把锁、双本账的“五双”管理要求，实现检测药品全程管控。狠抓过程管控。实行安全生产双向监管、定期不定期排查巡查制度，主管领导负责，重点对水源地、泵站、蓄水池及城乡供水管网进行安全巡查和专项检查，发现隐患，限期整改。全年开展供水设施、水质安全、机电设备、危化药剂、道路交通、危险作业等专项检查 17 次，查处安全隐患 20 个点，形成整改办法 20 条；水质检测常规九项日检 365 次 3280 个检测数据，8 项管网检测 48 次 384 个监测数据，月检 30 项水质全分析 167 余次 5010 个检测数据，维修检查井 155 座，回填管沟 180 处，维修泵站、蓄水池 20 处，日常大型维修 110 次，中小型维修 8500 余次。实现了安全生产“零事故”目标。

【重点亮点】水务一体化合作结出硕果，水资源不足问题得到解决，公司发展平台更加广阔，发展方向更加明确；微信缴费平台和电子发票业务全面开通，创全区供水企业首例，水费收缴与供水服务全面提高；自动化操控平台建设及智能水表推广使用，增强了生产运营管理水平，加快了智慧水务建设步伐；水质检测 42 项扩项成功，检测服务能力显著提升，检测业务全面对外开拓；自筹资金 142.65 万元，助力盐池脱贫攻坚工作，加班加点改造各类管线 13.5 公里，增设减压、排气、截断阀井 65 座，安装潜水泵 12 台、管道泵 9 台、电动阀 13 台，更换变频器启动柜 6 台，确保高峰期供水正常，出色完成了脱贫摘帽“保供水”任务，得到自治区水利厅、盐池县委、盐池县人民政府等各级领导的高度赞扬。

## 市场管理服务有限公司

【概 况】2018 年，市场管理服务有限公司以花马池综合市场拆迁、小微孵化园招商、打造文化体育用品商街、盘活早市、跟进综合农贸市场工作为重点，较好地完成了各项工作。公司总收入 207 万元，同比增收 33 万元，增长比例为 19%；支出 307 万元，其中：工资及社会保险支出 165.38 万元，维修支出 6.8 万元，税金支出 10 万元，差旅费 2.1 万元，工程款支出 8.9 万元，审计支出 3.6 万元，折旧费 55 万元，新市场二号大棚改造 36 万元，其他支出 19.22 万元。2018 年营业成本 126 万元，同期减少 2.3%，三公经费支出 4.5 万元，同期下降 26%；总资产 1712 万元，总资产增长 23%，总负债 1483 万元，总负债增加 22%，净资产 101 万元，净资产减少 44%。

【队伍素质】以全面增强职工的综合素质、提高职工的工作能力为重点，切实加强培训教育工作，健全完善学习制度。同时，进一步提升“提质增效”活动主题，努力提高职工队伍的服务意识、服务质量和服务水平，切实改进工作作风。坚持每周二“学习日”制度，组织全体职工学习党的十九大精神，习近平总书记系列讲话、党的路线方针政策、法律法规、业务知识及兴盐总公司规章制度等，职工人均记录学习笔记 2 万余字；坚持“例会”工作制度，及时通报、研究、解决各部门提交的问题，做到问题不拖延、不遗留、不扩大。组织职工进行应知应会和党的十九大报告理论考试 2 场（次），参与率达 100%，提高了职工学习的积极性。参加县消防队组织学习培训班 2 次，组织职工在花马池综合市场开展消防应急演练 2 次，职工防火、灭火意识进一步增强。

【花马池市场拆迁】全力做好花马池综合市场 88 间彩钢房、温州商城 44 间营业房、市场北门口 5 间营业房和停车场 2 间彩钢房拆迁工作。成立市场拆迁工作领导小组，明确职责，落实责任，采取分组包片的办法，将拆迁工作落实到人；入户宣传，征求意见建议。悬挂宣传条幅 8 条，张贴、发放拆迁通告 360 余张（份），墙体刷写拆迁标语 50 余处，入户发放补偿办法 240 余张；在兴盐总公司大力支持下，搬迁工作取得重大进展。拆除北门口营业房 5 间、停车场彩钢房 2 间，共 115 平方米；拆除彩钢房 88 间，共 1478.4 平方米；拆除温州商城

一、二楼营业房44间，共865.92平方米；完成新市场商铺宣传、登记工作。通过张贴告示、入户宣传等形式，鼓励商户登记新农贸市场商铺。与拆迁办紧密配合，加大思想引导和宣传工作，将温州商城蔬菜区商户安置到明翠苑面西营业房处，避免了拆迁矛盾纠纷。一次性支付了93户109间拆迁商户的房屋租赁费、押金及拆迁补偿，共计56万元，维护了公司的良好信誉。

【孵化园招商】积极对接工业园区管委会、工业和商务局、非公经济服务中心，利用互联网及微信平台加大对小微孵化园的招商宣传力度。公司先后引进企业5家，出租厂房、办公楼5栋；下一步，公司将精心布局系统招商，引进企业入驻，全力为入驻企业提供从创立、成长、壮大的服务，力争将剩余3栋厂房、办公场所全部出租。

【商业街打造】对文化体育用品商业街实行规范化管理,增设景观小品,统一规划门牌,实行一店一牌,设置宣传广告牌，悬挂彩旗、条幅，丰富商街氛围。公司通过组织商户召开入驻经营推进会，下发限期入驻通知等形式，督促商户入驻，9月中旬，12家商户均入驻经营，今后公司将全力做好该街道的管理和保洁工作，实行监督管理化运行模式，提升商业街知名度及繁荣度，着力打造一处管理规范、干净整洁、文化用品丰富的亮点街道。

【早市运营】公司于5月2日接管振远广场，设立便民早市,全体职工加班加点,入户走访,积极宣传,在县电视台发布振远广场设立早市公告，并按照入驻户数、经营类型，规划区域、分配摊位。入场摆摊的农户较多，大多销售当地的蔬菜水果，季节性较强，我公司将不断加大宣传力度，以优质的服务吸引以经营为主的商户到早市销售瓜果蔬菜、畜产品、小商品等，着力打造商品丰富、经营规范、便民的早市，确保其社会效益和经济效益实现双赢。

【农贸市场】搬迁周五集市。向县政府申请农贸市场临时用地38亩，进行了场地平整，于11月30日起关停千户新村市场，将集市搬迁至农贸市场南侧空地；协调增设公交。通过协调公交公司增设1路公交，方便市民乘车购物、赶集；规范商户入驻。通过对花马池市场拆迁户及外来商户行业经营户数统计，按照新市场经营区域规划划分，属公司管辖的商铺签订入驻合同的商户95家，商户均已入驻经营。公司将不断总结管理经验，创新发展理念、提升服务水平，把市场“规范化、标准化、制度化”管理，探索行之有效的日常长效监管机制；积极探索多角度、全方位的监管评价体系，形成齐抓共管的联动机制。牢固树立以服务求效益，以服务促效益的服务意识，增强服务功能，完善服务设施，为经营者提供优质高效服务，把管理富于服务之中形成有机结合，使经营者经营舒心，消费者购物放心，打造特色鲜明、品牌聚集的亮点市场，使市场成为盐池县对外文明的窗口。

【服务管理】完善市场内商户逐一登记造册工作，与商户签订消防安全责任书和门前“三包”责任书；卫生有保障，加大对市场卫生清理，公司安排职工每天将市场内垃圾、污物和积水进行清理，实行全天候保洁，保持市场整齐，卫生整洁，设施完好；不断规范市场消防管理，加大对场内商户消防系统监管工作力度，随时检查、检修，确保消防硬件设施完善，安全体系完好，应急启动性能良好，消防通道畅通。端午节、国庆节期间，在花马池市场内设置商品交易一条街，布设商品交易便民摊位，安排商户交易节日商品。同时，加大安全防范工作宣传力度，及时清理占道摊点和车辆，要求商户既要做好生意，更要重视安全，营造氛围浓厚、营运稳定、安全有序、高效便捷的市场经营环境。

【争项目争资金】争取财政拨付历年欠账118万元，全部用于偿还历年工程欠款；积极对接滩羊公司争取冷链项目，改造标准化菜市场消防设施，为市场长远营运和发展打下基础；花马池市场拆迁后，公司经费紧张。为了节省费用支出，在总公司的大力支持下，公司将办公场所搬迁到兴盐综合楼，将标准化菜市场办公场所出租，年增加收入4.3万元。同时，辞退花马池综合市场和惠安堡市场保洁员4人，由职工自行清扫，节省费用支出10余万元。

【精准扶贫】王乐井乡鸦儿沟村为公司帮扶村，帮扶贫困户20户，按照帮扶要求，上年度，入户走访30人次，广泛宣传产业扶贫、健康扶贫等各项扶贫政策，为每户填报贫困户申请书、信息采集表、致贫资料说明，脱贫申请书，建档立卡贫困说明等资料，深入了解帮扶需求，积极引导群众发展适合自己的产业，鼓励贫困户加入合作社等增加收入，并及时和王乐井乡政府、鸦儿沟村部沟通协作，完成“国检”阶段的扶贫任务。

【平安建设】在抓好公司主体工作的同时，重视党建、宣传、社会治安综合治理、安全生产、计划生育、信访、优质服务等工作，形成了“协调配合，齐抓共管”的格局，并取得了较好的成绩。2018年，公司责任辖区没有发生一起火灾、投诉、失盗及其他刑事案件，平安建设和综合治理工作整体稳定。

## 盐池县融盐国有资本投资运营有限公司

【概　况】2018年，公司围绕“增强发展活力、放大资本功能、实现国有资产保值增值”战略目标，发挥“投资融资、资产经营、产业培育”三大职能作用，构建“资本运营、资源能源开发、多元化金融服务”三大核心业务框架，通过资本运营提高国有资本流动性，通过资源能源开发实现国有资产增值，通过金融服务支持特色产业提质增效，不断做大做强做优国有资本。公司资产总额11.26亿元，负债总额9.56亿元，净资产1.7亿元。

【棚户区改造】2016年城中村棚户区（二期）改造项目贷款5.6亿元棚改贷款全部到位，累计拨付金额5.46亿元，尚未拨付贷款资金1400万元；2017年棚户区改造项目贷款4亿元，到位2亿元，累计拨付金额1.64亿元，尚未拨付贷款资金3600万元。

【国开行项目】全年以“基准利率+补贴担保费”的方式投放产业扶贫款项六批，金额为10766万元，涉及8个乡镇75个行政村242个自然村。累计调查农户数1493户，最终放款农户数1137户，金额达9826万元（其中建档立卡户408户，金额为3288万元），户均8.6万元；调查涉农企业8家，最终放款6家，金额为940万元，涉农企业直接带动贫困户数达63户。项目的开展有效地缓解了农户和企业资金需求并降低了其融资成本，取得了明显的效果，产业扶持模式也得到国家开发银行的推广，中国银行银川分行、云南省丽江市、大理白族自治州、固原市等多地领导相继到公司进行了调研学习。项目引导了新型农业经营主体与农户共享发展。充分发挥了产业扶贫资金示范引导作用，鼓励新型农业经营主体以“入股分红”“雇佣工人”“订单带动”等模式与农户实现利益联结，多途径提升市场化、规模化、精细化经营水平，共享发展收益；促进了基层党组织建设与脱贫富民融合发展。形成了以基层党组织为堡垒，以党员干部为旗帜，以产业扶贫资金为保障，以特色产业为路子，形成“金融+党支部+产业+农户”的融合发展模式；推动了脱贫致富带头人与贫困农户互助发展。引导县域致富带头人挖掘土地、资金、劳力、农产品等资源优势，以产业为纽带与贫困群众建立帮扶关系，综合运用规模化、品牌化、市场化、信息化等手段壮大现有产业基础，帮助和带动更多贫困群众脱贫致富。

【灰岩矿项目】公司于3月初委托地勘单位开展项目详查工作并于7月底完成，详查资源储量约2.93601亿吨（水泥用石灰石岩矿石资源量为1.28894亿吨，建筑石料用灰岩资源量为1.64707亿吨）。依据国土资源部相关文件规定，水泥灰岩储量规模达8000万吨以上的大型非煤矿山必须进行勘探。公司按照程序完成地勘单位的招标，中标单位于10月2日进驻矿区开展勘探工作，2019年2月完成全部勘探工作并出具勘探报告。

【子公司经营】严格按照“财务管控、战略管控、经营管控”的监督管理思路，按照现代企业制度完善管理机制，强化纪律约束，使企业各项规章制度成为员工的自觉行为，促进企业整体工作健康、有序、规范开展。盐池宾馆公司。高质量地完成了中国·盐池定点跳伞大奖赛、全国模拟锦标赛等大型接待活动以及印度尼西亚、中国台湾等各地旅游团接待工作，共接待国内外宾客20万人次。同时，按照四星级旅游饭店标准完善宾馆硬件，先后对会议厅、客房、电梯、后厨操作间等进行装修改造，并配套相关设施设备，提升宾馆环境形象。按照四星级标准狠抓软件，通过“引进来 走出去”等方式对员工进行服务意识、服务流程、岗位技能、酒店英语等方面进行培训，多渠道提升宾馆整体素质和服务水平。不断创新特色菜肴，提升宾馆形象、扩大社会影响力，提高宾馆营收能力。全年营业收入2000万元。生猪屠宰公司。按照国企改革精神，将农牧局下属的生猪屠宰厂无偿划转至公司并成立子公司（盐池县生猪定点屠宰有限公司）。由于生猪定点屠宰场属公益性项目，由县农牧局经营管理，投入使用以来，经营处于亏损状态。为加强国有企业资产管理，保障全县生猪定点屠宰和正常的肉食品供应，减少财政支出，拟将定点生猪屠宰场经营权整体对外承包，其目的是在保障全县生猪屠宰任务的基础上，将生猪屠宰和支持发展地方黑毛猪产业有机融合，做大做强地方黑毛猪产业，正在按程序办理。长盐公司。认真抓好工业园区消防站运行管理工作，积极做好钻前工程业务发展和柳高首站的管理，预计经营收入达430万元，实现净利润95万元。同时，根据县人民政府与中国石油宁夏销售公司签订的战略合作框架协议，合资成立宁夏中油鼎盐能源有限公司，投资建设陈大梁加油加气站（大水坑镇柳条井行政村柳条井村），预计投资2500万元，其中长盐公司出资比例为49%（最终以实际投资额为准），项目已取得县发改局备案，预核准已获区商务厅批复，土地调规手续已批复，年内完成土地审批、挂牌、摘牌等手续。中民融盐担保公司（参股公司）。截至目前，营业收入355万元，净利润228万元。累计担保笔数4464笔，金额6.64亿元，2018年新增1668笔，金额2.3亿元，预计年底在保笔数2236笔，在保余额3亿元，其中企业28户1.32亿元。

【党　建】加强思想理论武装。严格落实新时代党的建设总要求，把习近平新时代中国特色社会主义思想、党的十九大精神、自治区第十二次党代会精神，习近平来宁视察重要讲话精神作为公司党员干部及职工年度培训计划的“必修课”，每周组织全体党员进行集中学习。深入开展主题教育。以党的政治建设为统领，将“不忘初心、牢记使命”主题教育作为推进“两学一做”学习教育常态化制度化和党员集中学习“三会一课”专题组织生活会、支部主题党日的主要内容，持之以恒，抓牢抓实。加强廉政作风建设。全面落实《关于把党风廉政建设要求融入组织工作的实施意见》，层层签订党风廉政建设责任书，严明政治纪律和政治规矩，教育引导全体党员干部严守中央“八项规定”精神，牢固树立“四个意识”，坚决纠正党员干部“四风”问题。

【企业文化】以人为本，树立精干高效的队伍形象，打造企业精神文化。坚持每周一、周四集中学习交流，着力推进“创新型、学习型”组织建设，抓好科学文化、国家政策和专业技能培训，培育卓越的经营管理者，带动企业文化建设。目标激励，塑造严明和谐的管理形象，打造企业制度文化。按照现代企业制度完善管理机制，强化纪律约束，使企业各项规章制度成为员工的自觉行为，提倡团队精神，成员之间保持良好的人际关系，增强团队凝聚力，有效发挥团队作用。宣传引导，塑造服务优良的公司形象，打造企业行为文化。围绕公司重点工作、重大活动和特色亮点，通过微信公众号、季度简报、工作信息报送等形式，与县直各部门和区市县主要媒体强化沟通力度，做大做亮对外宣传，赋予公司以生命力，强化公司良好形象的视觉效应。

## 盐池宾馆

【概　况】2018年，盐池宾馆高质量地的完成了中国·盐池定点跳伞大奖赛、全国模拟锦标赛等大型接待活动以及印度尼西亚、中国台湾等各地旅游团，全年接待国内外宾客20万人次，实现营业收入1961万元，缴纳税金111万元。其中客房部营业收入437万元，回餐部营业收入744万元，汉餐部营业收入699万元，安保、婚庆收入2万元，商务中心收入79万元。全年支出情况：经营成本支出1005万元，支付人员工资费用988万元（其中考核工资23万元、社会保险150万元、工资646万元），支付水、电、暖、天然气费共计101万元，支付维修费用128万元，购置设施设备共计62万元。

【完善制度】完善了目标管理方案，将目标任务完成情况与管理人员工资挂钩，季度兑现奖惩，督促管理人员全力完成经营任务。建立全员创收机制，把企业核心目标层层分解量化到每一个员工，鼓励员工转换角色从坐店等客到外出请客。完善宾客回访制度，要求班子及经营部门管理人员走出去征求宾客意见，了解宾客需求，建立合作关系，并将回访任务完成情况列入考核。四建立线上线下宾客评价奖惩制度，促进服务，提升宾客满意度，自实施以来共获得网络好评78条，收到宾客表扬意见单300余份，并按照奖励标准对相关部门及个人给予了经济奖励。建立积分制管理制度，鼓励员工做优秀的人、做优秀的事，最大限度地调动他们的积极性，员工最高积分达1090分，并根据奖励标准进行了兑现。建立员工培训考核定级办法。每年对基层员工进行一次考核定级，并按考核等级发放技术等级工资，引导员工立足本职工作、自觉学习业务技能，培养一支服务优质的高素质员工队伍。完善财务管理制度，建立《盐池宾馆内部接待管理规定》《盐池宾馆差旅费管理暂行办法》等制度。根据车改精神，制定《盐池宾馆公务用车制度改革实施方案》，积极推进公务用车制度改革，规范公务用车运行管理。

【加强学习】2018年，宾馆以更高的标准、更严的要求，采取“请进来、送出去”的方式，努力提升管理水平和服务质量。按照四星级标准在周二培训日对员工进行服务意识、服务流程、岗位技能、酒店英语等方面的培训，进一步提升服务水平。邀请中国旅游星级饭店国家级星评员和知名酒店营销总监为全体员工讲授星级饭店服务管理创新与饭店营销策划及创新管理。先后参加了盐池县第二届酒店及餐饮业专业技能提升培训及大赛活动。吴忠市星级旅游饭店服务技能大赛；宁夏饭店服务职业技能竞赛，宾馆参赛选手获得“中餐宴会摆台、西餐宴会摆台、中式铺床、中式烹调热菜、凉菜面点组”多个奖项。同时，在第八届全国烹饪技能竞赛（宁夏赛区）暨宁夏旅游金牌大师选拔赛中，宾馆选派职工万方慧、秦磊、石占宏、左瑞峰参赛并分别获得中餐热菜银奖，赵娅妮获得创意凉菜银奖，李焱龙获得宁夏旅游金牌大师称号。外派骨干管理人员赴上陵波斯顿饭店进行体验式跟班学习，吸收、借鉴品牌饭店管理经验和方法。外送管理人员、厨师到区内品牌餐饮进行交流学习50人次，不断提升他们的管理水平和工作创新能力。先后协助县就业创业和人才服务局，承办了中式烹饪（盐池家常菜）专项技能培训班两期，共计200余人，培养了一批具有滩羊肉烹饪技术的技能人才。吸收先进管理经验，开启盐池宾馆管理层授课模式，逐渐将每一位管理人员培养为专业内训师，开创全员学习新局面。

【夯实硬件】在获批国家四星级旅游饭店之后，为进一步增强盐池宾馆整体综合服务功能，宾馆先后开展了系列硬件维修改造工程。对照四星级旅游饭店标准，逐项对客房设施设备进行改进完善，包括为东楼房间更换铝合金窗户、安装遮光窗帘等，确保硬件设施达到四星级旅游饭店标准。为响应全县创建食品安全示范县号召，对回、汉餐厅后厨进行维修改造，确保食品安全工作落到实处。为满足广大宾客需求及日前市场消费群体的转变，对客房个别房间的房型进行升级改造，并配备了相关设施设备。将四楼会议室改造为多功能厅，并安装4米×8米的电子屏，同时，安装电梯一部，为宾客提供了方便。

【多方创收】利用春节销售特色食品创收。为助力脱贫攻坚，宾馆利用春节期间，向建档立卡户收购黑毛猪肉用以打造特色菜品和半成品包装外售。调整思路提高宴席接待量，创新宴席专用菜单，继续加大菜品创新力度。完善了送餐、行李、叫醒等服务程序，同时建立了VIP免查房、提升火锅档次，增加火锅品种等服务来吸引新客户、留住老客户。推出端午节、中秋节、国庆节等营销优惠活动，进一步提高了宾客入住率与就餐率。五是联合盐池县总工会、邮政储蓄银行推出各项打折活动，努力增加企业收入。利用微信公众号大力宣传宾馆各项创新工作及节日营销活动，扩大企业影响力与号召力。主办“我是小小面点师”亲子DIY公益活动16期共计805人次，实现经营创收2.5万元，既提升盐池宾馆品牌效应和知名度，也为关注儿童身心健康发展做出积极贡献。

【提升服务】打造人性化、亲情化管理服务模式，借鉴客房亲情化服务的先进经验，在两大餐厅同时开展各项服务。例如在举行生日宴会时，由部门经理带队为过生日的客人赠送蛋糕及水果，使客人体会到充满个性化、亲情化、人性化的服务。建立了雅座质量检查、餐厅经理餐中进雅座制度，加强了餐前、餐中管理，采用随时跟踪检查，对现场出现的问题给予及时的纠正和提示，对典型问题进行记录，每日例会进行分析、培训，从而使服务质量有了很大的改善，逐步达到标准化、规范化。

【精细管理】由质量检查督察领导小组每周五定期开展综合质检工作，实行班子成员轮流带队对宾馆各部门工作进行质量检查与安全隐患排查，并责成有关责任部门和责任人整改，监督部门各项日常管理工作的顺利开展。坚持执行后厨轮岗值班制度，每天安排后厨人员轮流值班，做好对原材料的验收、所出菜品的检验、宾客反馈意见整理汇总等工作，在保证菜品质量的基础上，不断提升服务水平。

【严格把关】严把采购关、使用关，确保采购原料安全可靠并实现利用价值最大化。由专职人员每周走访市场询价制度，做到货比三家，坚持同等价格比质量，同等质量比价格以控制成本。建立供应商考核制度，同时一年召开一次供应商大会，评选诚信供应商。坚持低值易耗品的限量领用管理办法，即对低值易耗品采用定时、定量的控制管理，核定每月用量，制定每月领取标准，建立领用卡片，严格控制用量。加强对员工节能意识的培训和宣传。培养员工节约意识，倡导节约一滴水、一度电、一张纸。同时引导宾客文明点餐、文明用餐、环保入住等行为，为宾馆实现经济效益奠定了基础。

【安全生产】按照《餐饮服务单位食品安全管理制度》，严把食品采购关，保证采购渠道的合法，索证索票资料的真实完整，向宾客提供安全放心食品。实行消防安全责任制，确定各部门负责人为部门消防安全第一责任人，定期组织防火检查，及时消除火灾隐患。每季度组织员工开展消防实地演练，增强员工安全防火意识，让大家了解掌握火灾的处理流程，以及提升了在处理突发事件过程中的协调配合能力，增强人员在火灾中互救、自救意识，明确防火负责人及义务消防队员在火灾中应尽的职责。时时强调用电安全、治安安全、出行安全等，从而进一步明确了各部门的安全工作重点，强化了各级责任人的安全意识。

【党建群团】党建工作。继续深入学习贯彻习近平总书记的十九大报告精神，扎实开展各项工作。以“两学一做”学习教育常态化制度化为抓手，定期组织党员学习。按时保质开展“5+X”主题党日活动，丰富党员组织生活，加强党员教育；严格按照上级党委要求，召开“不忘初心 坚定理想信念”专题组织生活会、从严整治共产党员信仰宗教和参与宗教活动问题专题组织生活会，为党员树立了正确的价值观，切实做到不信教、不传教；开展了党风廉政建设教育月活动，落实全面从严治党责任。做好公益事业、服务职工工作。首先向宁夏扶贫基金会捐赠价值300元的爱心书包10套，在全县“金秋助学”活动中为贫困大学生捐款1万元，在宾馆“金秋助学”活动中，对3户子女考上大学的职工进行了帮扶，帮扶资金3000元；慰问困难职工和困难党员，并为他们送去米、面。同时，积极与县工会、团委对接联系，为家庭困难的职工申报了全县“金秋助学”帮扶；其次，为无房职工申请了公租房。系列帮扶活动的开展，解决了职工的实际困难。工会工作。持续推进工会工作平稳运行，努力争创先进优秀。2018年以来，宾馆获评盐池县“星级工会”组织，回餐部面点组获“工人先锋号”，职工石占宏获“金牌工人”称号。发挥劳模引领示范作用，围绕宾馆服务工作重点，开展菜品创新、管理创新、服务创新、经营创新、业务创新活动。全县工资集体协商现场观摩、培训会在宾馆召开，作为企业方代表，宾馆在会上表态发言并分享经验做法。在经济下行压力下，为保障员工薪资待遇不受损，宾馆以工资集体协商会议为契机建立健全员工定级考核制度，按照制度要求，积极组织全体员工培训并考核，通过考核最终确定为74位员工增加技术等级工资50~300元，为职工待遇和福利提供坚强有力的保障。

## 长盐资源开发服务有限公司

【概　况】2018年，公司实现营业性收入430万元，完成目标任务的53.75%，成本费用支出279.5万元，纳税76万元，实现净利润94.6万元。向高沙窝油气化工产业园安全输送天然气2.03亿立方米，完成目标任务的101.5%。年内承揽钻前井场22个，完成施工井场20个，维修井场道路15公里。

【学习教育】为增加员工知识储备量，结合各部门业务特点，将公共与专业知识采取“月初定计划、月中发题库、月末集中考”的全新模式与“周五集中学”“不定期自学”“专题学习活动”等有机结合，将学习入脑入心。组织学习党的十九大报告、习近平系列重要讲话精神、安全生产及消防、天然气管道输送、钻前服务、企业管理等理论与专业知识30余次，参加国资企业党委组织的培训教育活动10余次，年内累计参加专业资格培训20余次，培训驾驶员3人，3名专业技术人员通过资格复审考试，1名专业技术人员取得资格证，整体素质明显提高，业务能力进一步增强。

【内控机制】进一步健全了内控管理制度，规范了财务管理，并加大监督力度。财务账目“日记、周核、月检”，固定资产登记成册，台账规范。以融盐开展的财务检查工作为契机，严格按照“八项规定”相关规定及融盐公司要求，查漏补缺，对财务收支审批、人员岗位职责、财务管理等方面全面规范，完善了财务制度，规范了财务审批流程。制定财务工作管理制度（5章28条）、差旅费管理制度（7章13条）、财产物资管理制度（9章20条）等财务管理制度。

【管理体系】进一步优化内设机构，不断升华管理体系。严格准军事化管理，将完成工作任务情况、业务技能、体能纳入月度考核，并建立健全考核体系，以奖优和罚劣相结合的原则，将考核与工资、绩效工资、工作业绩挂钩，通过激励先进，鞭策后进，促进各项管理工作再上新台阶，员工自身素养明显提升。修改完善公司各项规章制度、议事规则，现代企业管理模式初步形成。

【消防站管理】严格按照军事化管理标准和模式，树立“养兵千日，用兵一时”的管理理念，加强消防站管理。采取冬体能夏技能的训练方式，并结合月度考核进一步增强了消防员的体能，技能水平明显提高，单兵作战成效显著，全员掌握了消防安全知识和灭火救援操作技能。同时加强了园区企业消防安全监督检查，建立了一企业一档案，实行每季度一次大检查，每月一次常规检查，发现消防安全隐患58处，整改38处，无法整改的以书面报告上报工业园区管委会督促整改。组织开展专题培训3次，向企业宣传消防安全知识6次，要求购买、更换消防器材28件，疏通企业消防通道9处，参加应急演练10次，应急救援8次，有力保障了园区企业和周边群众的消防安全。

【安全生产】公司认真贯彻落实区、市、县及融盐公司安全生产决策部署，牢固树立“安全第一、预防为主、综合治理”的理念，严格落实安全责任制，层层签订安全生产责任书。并实行“周自检、月分析、季检查”，不断提升安全生产管理水平，深入开展隐患排查治理，时刻绷紧安全思想的弦。公司制定了安全生产应急救援预案，并进行演练，柳高输气首站制定了专项预案和防汛预案，各园区消防队针对辖区重点企业制定了消防灭火应急救援预案，切实做到安全工作无死角。全年累计开展各类安全检查12次，发现各类隐患30件，已责令整改完成。

【钻前业务】协调对接长庆油田分公司采油三厂、五厂项目组，承揽钻前井场工程，并严格按照“先合同、后施工”的要求，坚持“协调服务从优、施工速度最快、施工合同规范、施工费用最低、生态破坏最小、工程质量最高”的原则，施工前积极与县国土局、环林局、资能中心等相关部门对接，严格按规定、程序办理征借用地、地面附着物补偿及占用林地等手续。施工中指派专人严格按标准落实，施工后高标准自检自验。共计承揽钻前井场22个，完成施工井场20个，维修井场道路15公里。

【智慧项目】根据县人民政府与中国石油宁夏销售公司签订的战略合作框架协议，长盐公司与中油宁夏吴忠销售分公司合资成立了宁夏中油鼎盐能源有限公司，注册资本2500万元。已完成大水坑镇陈大梁加油（气）站选址、测绘、项目备案、预核准、土地调规、用地面积报批等工作。并积极与中油宁夏吴忠销售分公司、兴盐公司协商一致，合作建设县城北智慧加油（气）混合站项目；积极与中石化华北分公司对接洽谈合作勘探开发定北区块天然气项目。

【柳高天然气】该工程已全面通过综合验收。累计向高沙窝油气化工产业园安全输送天然气5.31亿立方米，应收管输费447.56万元，因下游企业以亏损为由，未缴纳管输费。公司委托县公证处向宁夏巨丰油气运输有限公司送达管输费催缴通知单2次未果后，按有关法律程序进行催缴；同时，为提升国有资产利用率，将该站公开挂牌竞价拍卖，拍卖所得资金与宁夏天利丰能源有限公司以参股合作开发天然气综合利用项目，经多次洽谈，已达成初步合作意向。

【党　建】以推进“两学一做”学习教育常态化制度化为契机，充分利用“三会一课”“党员活动日”等有利时机，采取多种方式组织学习《习近平谈治国理政》等内容，观看《李进帧》《厉害了，我的国》等专题片，撰写学习心得30余篇；开展“5+X”主题党日系列活动，与西苑社区开展结对共建活动2次；根据县委组织部及国资企业党委的安排部署，先后召开专题组织生活会3次，民主评议2次；与全体党员签订共产党员不参与宗教活动承诺书。党费实行月度收缴制，共收缴党费3182.2元，收缴率100%。

【党风廉政】按照融盐公司的安排部署，召开专题廉政建设工作部署会议，制定方案，并与各部门负责人签订责任书。认真对照《中国共产党党内政治生活的若干准则》《中国共产党廉洁自律准则》，结合公司实际，梳理归纳三个责任清单，并明确整改措施和时限，全面落实到人。

【群团工作】工会充分发挥桥梁纽带作用，献计献策，推动公司持续健康发展，将“四方评会”“四亮一诺”等活动落实到位、成效显著。为维护员工利益，积极开展重要法定节假日职工慰问活动，对困难职工、生育女职工进行了慰问，为工会会员发放了生日卡，组织全体职工进行体检等，将组织的温暖送到职工的心坎，增强了公司凝聚力；“三八”国际妇女节以“巾帼心向党、建功新时代”为主题，组织开展富多彩的文体活动，并邀请县医院专家开展健康知识讲座，丰富业余文化生活，提高队伍凝聚力；全面完成植树造林任务400余株，成活率达95%以上，投入资金7000余元，对近几年栽植树木进行6次浇水，并对义务植树责任区内死树补植、坑内杂草清理和刷红涂白；公务用车服务平台被县团委授予“盐池县青年文明”称号。消防一队、二队已申报创建“盐池县青年文明号”。

**【综合治理】**化解各类涉油气开发矛盾纠纷5起，积极宣传民族团结、禁烟、禁毒等相关政策，全员积极参与“七五”普法工作。严格执行节假日值班制，坚持领导带班，职工轮流值班制度，治安防范工作全面加强，员工遵法守法意识明显提高。

# 乡镇 街道

XIANGZHEN JIEDAO



## 花马池镇

【概 况】2018年，花马池镇全年农民人均可支配收入11932.6元，增长11%，其中：建档立卡贫困户人均可支配收入11260元，增长13%。2018年实现17个整村推进村脱贫销号，脱贫14户35人，累计实现2215户6204人脱贫摘帽，综合贫困发生率为0.61%。全年获得宁夏回族自治区第三次全国农业普查先进集体、吴忠市文明乡镇、2018年度吴忠市食品安全示范乡镇、吴忠市“巾帼建功”先进集体等区、市、县各类奖项。

【脱贫富民】改造升级各类出行、生产道路134.968公里，铺设排水管道6.3公里，硬化场地5.88万平方米；安装太阳能路灯146盏；实施高效节水灌溉2.6万亩；新建黄花冷藏库1座，建成老年人日间料理中心和老年饭桌2处。实施史庄子、惠泽四组2个美丽村庄建设，完成危房改造54户、农户改厕513户；续建苏步井易地扶贫搬迁农贸市场养殖园区、圈棚、停车服务区及配套设施。全面落实“1+4+X”特色优势产业巩固提升政策，滩羊饲养量72.6万只；种植以荞麦为主的小杂粮3万亩、一年生优质牧草1.9万亩、中药材3660亩，新增黄花1952亩；乡镇多种经营养殖生猪1906头，种植特色作物1296.5亩、大拱棚建设284座。积极探索发展“旅游+”“电商+”“光伏+”等扶贫新业态，打造了曹泥洼、李记沟等一批特色产业示范村。严格执行建档立卡贫困户10万元以内扶贫小额信贷基准利率放贷、贴息政策，协调县农商行在苏步井、东塘、惠泽等开设便民服务点7处，累计投放扶贫贷款1.96亿元，补贴利息359.7011万元；全面推行“2+X”扶贫保，全年补助2个人身保险300.1万元。充分发挥健康扶贫8道保障网作用，全年县内结算867人次，医疗总费用368.6391万元，报销218.7898万元，救助115.3402万元，个人自付34.5091万元，建档立卡贫困患者住院医疗费用实际报销比例达90.6%。2328户建档立卡贫困户家庭意外伤害保险投保率达100%，6421人家庭大病医疗补充保险投保率达 100%；劝返辍学生 25 名，筹资 16.1 万元资助贫困大学生 56 名，“雨露计划”救助 318 人次 47.7 万元。整合闽宁协作、中航油和帮扶单位等资金 1797.18 万元，实施冒寨子、田记掌、四墩子、裕兴等村基础设施、老年饭桌、村集体经济发展等 27 个项目，为民办实事 454 件，化解矛盾纠纷 178 件。集中开展“三先开路话脱贫宣讲”“文明乡风文艺巡演”21 场次，送戏下乡 18 场次；申报评选市县两级精神文明建设先进个人、移风易俗示范户、脱贫攻坚英雄人物 29 名。制定《关于在全镇开展扶贫领域作风问题专项治理暨“脱贫攻坚作风建设年”活动的实施方案》《开展扶贫领域作风问题专项治理暨“脱贫攻坚作风建设年”发现问题整改方案》，对各村自查自纠发现的 5 个问题，制定整改措施，明确责任人和整改完成时限，形成以责任传导压力，以时限倒逼工作落实，已全部整改完成。

【环境保护】结合“绿盾 2018 行动”“蓝天碧水净土治理”和中央环保督察组“回头看”专项整治行动，拆除哈巴湖保护区内养猪场、芒硝厂、石料厂、废品收购站、养殖合作社等经营性场所 12 处、违章建筑 6 户；拆除骆驼井水源地保护区养殖棚圈和企业 5 家，2018 年没有出现新的违建点位；拆除大型燃煤锅炉 4 台。严格落实河长制，全年巡察河沟 22 次，清理河道 2 条。全年完成人工造林 3441 亩，新一轮 2015—2016 年退耕地补植补造 355.5 亩，柠条平茬 1 万亩，沙柳平茬 2400 亩。全年共核实公益林面积 34.6 万亩，核实天然林面积 16.4 万亩，兑付退耕还林资金 6558 户 394.3 万元。配备专职护林员 206 名，其中配备建档立卡贫困户生态护林员 170 名。签订林木管护合同，责任到人。强化森林草原防火应急管护，成立了森林草原防火应急领导小组，实行全天候巡山护林防火管理制度，严禁秸秆焚烧，有效地加强林木管护和消除森林草原火灾隐患。狠抓封山禁牧工作，进一步完善镇村组三级禁牧工作机制，对重点区域、重点地段、偷牧现象严重的地段采取 24 小时不间断巡查。加强农村公益岗保洁员管理，健全农村环境卫生运作机制。全年共投入资金 120 余万元，参与群众 1500 多人次，动用各类机械 100 多台次，清理各类垃圾 0.6 万吨，整治乱堆乱放 210 余处；9 月份对 24 个行政村 64.2 万平方米进行乙脑疫情防治和蚊媒消杀工作，发放 200 公斤高效氯氰菊酯悬浮剂，为 43 名防疫员配备了防护衣罩及工具。

【意识形态】深入学习习近平新时代中国特色社会主义思想、党的十九大报告、《中国共产党章程》、《中华人民共和国宪法》、民族宗教政策及习近平总书记在党的十九大精神研讨班重要讲话精神等。联系实际深入思考，切实做到融会贯通。打造 20 个村级民风教育室，加强向上向善教育和正能量地传递。加强机关支部及 24 个行政村宣传阵地建设管理，狠抓责任落地。扎实开展民风建设，建立健全村级移风易俗“四会一约”制度，持续开展“送戏下乡”、“脱贫摘帽文艺巡演”“三先开路话脱贫”宣讲等活动，提升群众精神文化需求，革除陈规陋习。全年开展“三先开路话脱贫”宣讲 21 场次，推荐上报 25 名脱贫攻坚英雄人物，申报 1 个市级文明村，1 名第三届“最美吴忠人”，1 名市级精神文明建设先进个人，2 户市级移风易俗示范户。

【民族宗教】年初召开全镇宗教工作会议，传达学习《宗教事务管理条例》等相关政策，安排部署了全年民族宗教工作，并与宗教场所负责人签订了三包责任书、消防安全责任告知书，要求各宗教场所做好消防监督检查记录等，建立镇、村领导联系宗教场所制度，及时掌握各宗教场所活动开展情况。严格按照“六个一”的标准，先后 2 次从档案、活动载体、汇报材料、宣传氛围等方面，对 2018 年创建民族团结进步示范村的苏步井、硝池子等 9 个村进行实地指导督查。以苏步井农贸交易市场为平台，重点打造苏步井民族团结进步示范村。深入开展民族团结月活动，先后举办了镇、村、组三级干部和宗教场所负责人参加的民族宗教政策培训班 3

期，制作宣传栏3块、悬挂宣传标语2条，组织镇村干部到冯记沟乡回六庄民族团结教育基地进行了观摩学习。扎实开展“三化”治理工作，对辖区内10处不符合清真有关规定的门头牌匾统一更换，并对南苑、北塘、十六堡3处移民村的石质门牌进行整改。通过排查，全镇文件、信息、讲座、培训、微信、文化活动等方面均无“三化”现象。

【产业转型】全年完成农作物播种面积21.7万亩，粮食作物种植10.3万亩，经济作物种植3.4万亩，其中油料作物葵花、胡麻等0.36万亩，瓜菜1.1万亩，特色作物黄花、芍药、甘草等种植1.9万亩。牧草种植8万亩，其中苜蓿留床面积6.1万亩，一年生优质牧草1.9万亩。完成高效节水滴灌种植7.3万亩，完成春覆膜种植1万亩。打造了柳杨堡杨记圈自然村农作物病虫害防治实验示范点和盈德村黄花、辣椒、构树、油菜展示区。创建科技示范村10个，培育科技示范户240户，科技培训进行20场次，参加人次达1000多人次，发放科普材料3000余份。新建蔬菜冷库6座360吨，为100户农户安装了太阳能热水器，进一步提高农民的科技意识，使科技示范户至少懂1~2门农业科技实用技术。配合水务局完善了2017年惠泽村0.9万亩扬黄灌区高效节水灌溉项目地面管道铺设和泵房建设工作；完成了2018年田记掌、惠泽、裕兴、长城4个村的1.52万亩扬黄灌区高效节水灌溉工程项目，新建了蓄水池、泵房，铺设了地下主管道支管道，覆盖了二、三、五、六分支渠的灌溉用地。狠抓农机购置补贴工作，共购买农机具54台套，其中：拖拉机32台，收割机5台，其他机具17台套。全年检验拖拉机647台，检验率93%；审验驾驶员666人，审验率95%，分别完成任务的百分之百。加大残膜回收力度，在四墩子、田记掌、柳杨堡村各建立残膜回收点1处，发动群众5500人次，回收残膜10121亩。积极推荐符合农业特色优势产业合作社和种养殖大户申报贴息贷款，先后推荐64家合作社、家庭农场和423户种养殖大户办理了贷款贴息。扎实做好农民专业合作示范社和示范农场申报工作。2018年规模流转土地89宗48642.7亩；申报市级示范合作社1家、县级示范合作社3家；市级示范家庭农牧场4家、县级示范家庭农牧场3家。严格落实村级财务“双代管”工作，加强村级财务管理和资产清产核资，完成了24个村级资产清产核资工作。进一步完善土地确权后续工作，对以前土地确权漏确、少确、错确进行重新确权，确权证丢失的，给予补证。完成了长城、沟沿2个行政村城市控制区内的10个自然村的土地确权工作。

【平安建设】排查各类矛盾纠纷77起，调处成功76起，调处成功率为98%以上。调查核实中央巡视组及区市县交办的各类信访案件10起，全部办结并如期答复。集中打造了花马池镇社会治理中心，设立了信访、禁毒、网格化管理、矛盾纠纷化解大厅，开通“12345”便民服务中心，向社会公布了举报电话0953-6092114，畅通群众信访和举报渠道。坚持领导坐班接访制，确保了群众反映问题有地方、有人管、有结果。自“12345”平台开通以来，共受理信访件12件，已全部化解。严格按照“有黑扫黑，无黑除恶，无恶治乱”的工作原则，重点对辖区内农村涉黑涉恶、宗教迷信、邪教人员等重点敏感问题进行全面摸排。共排查梳理群众反映的涉及“扫黑除恶”线索11条，5条已移交派出所，其他人员都在稳控中。深入开展禁毒专项整治。全年共查获涉毒人员112人，其中社区戒毒11人，社区康复9人，帮助涉毒人员40余名，发放慰问品和小礼品1100余份，共计金额8000余元。加大对2235.54亩麻黄草种植、采集、收购、销售和运输环节的监管力度，严防麻黄草流入非法渠道，对社会产生危害性。加强安全生产监管工作，坚持每月对辖区内47个消防、民爆物品、非煤矿山、危险化学品等企业的安全隐患进行排查整治，打击取缔非法脱水站15个，非法石膏厂7家。做好护路工作，特别对铁路沿线重点部位、积水桥涵及铁路建设中遗留的矛盾纠纷等问题进行巡护排查。

【社会保障】全年享受城乡最低生活保障对象1370户2187人，发放城乡最低生活保障资金749.94万元；发放80岁高龄贫困老年人高龄津贴437人167.91万元；发放救灾救助资金236万元，解决4700户（次）1.2万余人（次）生活困难；发放残疾人各类生活、燃油补贴1929人269.48万元。便民服务中心累计办理民政、残联、社保、计生、劳动就业等便民事项5056件，其中：民政事项2090件，社保事项2966件；村级便民服务点代办各类便民服务事项2306件（主要办理老年优待证）。加大农村新型合作医疗保险和新型养老保险收缴工作，新型农村合作医疗保险缴费率达100%，新型农村养老保险缴费率达100%。加强劳务技能培训，全年累计组织中式烹饪、刺绣、电工、电焊工、育婴员、创业培训等各类培训班10期，培训人员460人，完成县局下达任务198人的232%，申报盐池县创业孵化园28家。积极组织有劳动技能的贫困户参加“春风行动”、闽宁对口家政服务招聘会，拓宽就业渠道。全年投入专项资金18.6万元，用于卫生和计生工作宣传教育、流动人口管理、优质服务等工作，免费孕前优生健康检查223对，目标完成率74.33%；随访1000余人次，其中怀孕183人，分娩109人。抓好流动信息台建设，流出人口孕情反馈304人次，反馈率99.3%；发出流动人口均等化服务卡1291张。流入已婚育龄妇女538人，建档率100%；信息平台提交率100%，为流入人口发放均等化服务卡538张。严格把关，落实奖励措施，“三项制度”档案管理规范，项目户政策符合率达100%。独生子女家庭信息登记准确，上报资料完整，并逐级公示，2018年为83户124人独生子女家庭发放保健费36200元。组织干部群众参加全县各项农民文艺比赛活动，取得了广场舞比赛第一名、秧歌比赛第二名的好成绩。同时，利用元旦、春节、“三八”“五一”“六一”“七一”和“十一”等重大节日，开展了送文化下乡等活动，丰富了广大群众文化生活，改变了精神风貌。全年放映各类片目电影264场次，观看群众达5000多人次，完成了全年任务的100%。扎实开展教育扶贫工作，加大辍学生劝返力度，全镇25名辍学生已全部返校复学。进一步完善了不同年龄段学龄人口档案，为全镇学龄人口入学提供有力依据。

## 大水坑镇

【脱贫富民】2018年，大水坑镇脱贫15户28人，贫困发生率降至0.4%，有3村229户以零问题高标准通过国家验收，4项工作经验被验收组采纳。以精准为准则，夯实工作基础。坚持把精准识别作为脱贫攻坚最基础的工作、最关键的环节，重点解决好“扶持谁”这一关键问题。大水坑镇多次进行建档立卡动态调整审核，2018年新纳入建档立卡户4户13人，并制定了到户具体帮扶措施。以政策为支撑，凝聚合力攻坚。大力实施“1+4+X”主导产业和乡镇多种经营产业扶持项目，全镇贫困农户滩羊饲养量达3万只、饲养滩鸡1.2万只、生猪1740头，肉牛（驴）77头、油料作物390亩，已兑付补助资金111.6万元。对王新庄村、新建村等16.7公里的巷道进行硬化维修，对摆宴井村前指自然村不通自来水问题进行解决，实现自来水“全覆盖”。践行“产业＋金融＋扶贫保”模式，累计贷款1.08亿元，贴息214万元，建档立卡户家庭意外伤害险、大病补充医疗险参保率均达100%，基本医疗实现“全覆盖”，健康扶贫政策惠及全镇所有农户。累计资助贫困家庭学生55人，完成技能培训2类9期班410人次。以问题为导向，着力补齐短板。围绕“两不愁、三保障”“五通八有”“三率一度”等脱贫硬指标，针对水、电、房等直接影响考核验收的个性问题，先后开展交叉督查、自查自纠，在细节上严抠紧盯、在环节上查漏补缺、在措施上细化具体、在工作上巩固提升，对排查梳理出的147个问题，全部予以解决。

【产业结构】大力发展种养殖业。实施“1+4+X”主导产业和乡镇自主经营产业项目，全镇种植小杂粮16万亩、优质牧草3万亩、油料1万亩，种植文冠果3500亩；全镇滩羊饲养量达30万只以上，存栏量16万只，黑猪3.4万头，肉驴肉牛1500头，滩鸡3.6万只。突出引领带动。抓规模化发展，累计建成规模化养殖园区22个，扶持养殖大户81家，建成滩羊示范村3个，滩羊示范场2个。抓产业升级，强化龙头企业带动作用，培育以祎峰原生态农产品加工销售中心、湖生种养殖合作社及奋林农畜产品交易中心为代表的企业，有效提升产业附加值。抓“三权分置”模式，整合土地、机械等优势资源，宋堡子、二道沟、大水坑村年内流转土地1.8万亩，实现户均稳定分红2100元。夯实农村农业基础。农村宅基地和房屋所有权一体确权有序推进，农村土地确权工作和农村集体资产清产核资全面完成。结合农田水利建设，新增治理水土流失面积6.93平方公里，洪漫坝30道，新建溢洪道64座，生产道路7.93公里，实施秋深翻4万亩。

【特色小镇】以产业为核心、以项目为载体，着力打造特色鲜明的产业形态、和谐宜居的美丽环境、彰显特色的传统文化和便捷完善的设施服务，真正做到定位准，特色特。大水坑镇特色小镇建设在自治区中期考核排名第三，在全区特色小城镇建设现场会上，刘可为副主席三次点名认可大水坑镇特色小镇的做法。强化产业支撑，突出产城融合。按照“拉伸产业链条，提高产业附加值，激活商贸动力，实现产城融合”的原则，引进宁夏巨拓实业有限责任公司投资建设石膏深加工项目，形成集约化生产、多区域销售的劳动密集型产业，一期工程已于2018年6月投产，二期于2018年9月开工建设，现已完成投资6000万元，安置就业200余人，其中建档立卡户34人，成立了盐池首家“就业扶贫车间”，日产值达16万元以上，实现产值约1700万元。依托太中银铁路，引进宁夏德昌公司建设铁路物流项目。该项目一期已完成与太中银铁路并轨，进入试运行准备阶段，已完成投资2.6亿元，项目建成后将成为盐池县首个铁路物流运输集散地，填补了盐池境内无铁路货运的空白。2018年巨拓石膏及德昌铁路物流项目被列为吴忠市县域经济盐池县观摩点。利用PPP项目模式，共计引进社会资金1.18亿元，建设的大水坑集中供热工程实现累计供热面积达17.6万平方米，建设的大水坑生活污水处理厂已进入试运营，日处理生活污水量达500立方米，污水处理能力已通过第三方检测达标。统筹城乡建设，打造宜居环境。年内实施了25个项目，包括棚户区改造、长庆路等基础设施改造提升、西入口等主要入口的绿化美化及便民服务大厅等公共服务项目，已完成主体工程建设23个，预计2019年上半年全部投入使用。积极开展美丽村庄建设，新建井沟、柳条井、马儿沟美丽村庄，项目概算总投资800万元，已完成全部建设内容。补齐设施短板，完善公共服务。新建民政救援物资仓库、滩羊场办公楼、盐池县城市公交和城市客运一体化等项目，总计投资达5063万元，小镇公共服务体系进一步夯实，商贸活力进一步增强，在镇商户1500余家，从业人员5000余人。挖掘历史文化，恢复特色风貌。以小礼堂、石油博物馆为切入点，保留原有建筑肌理，恢复历史建筑风貌。对沿街建筑风貌正在进行适当改造，在西入口修建“宁夏第一井”景观雕塑，强化石油小镇概念，在中心广场增设石油雕塑景观小品，有效凸显石油小镇的风貌特色，同时增添法治元素，营造浓厚普法氛围。提升管理措施，助力镇区整治。充分发挥驻镇城管执法中队力量，全面规范镇区城市管理，下发拆除违章通知书5份、限期整改通知书13份、停工通知书10份，强拆违法占地1处，有效遏制全镇抢建、违建势头，年内未发现新增抢建问题，街区环境秩序得到持续改善。通过政府购买公共服务，实现镇村卫生市场化运行，配合盐池县神州智慧环境科技有限公司及宁夏康洁为民环卫工程有限公司开展镇村环境卫生整治，有效提升镇村面貌改善。

【生态保护】着力加大环境“网格化”巡查力度。制定蓝天碧水净土专项整治行动实施方案，落实禁牧封育强化“党政同责、一岗双责”。建立健全环保工作考核机制，构建镇村组三级环境防控网络，形成以镇政府、派出所协同的打防管控局面，通过村组会议宣传到人，各村(社区)对辖区进行合理划分，形成巡查网格，专人负责，确保时间上不留空当、空间上不留死角。着力做好环保问题整改工作。及时开展污染源普查清查工作，先后对镇区内废品收购点9家进行搬离、对存在清洗油罐车的洗车行3家进行责令整改、对有产生油污水隐患的问题排查整改2起。针对中央第二环保督察组开展的督察整改“回头看”反馈问题，涉及该镇主办件1件、协办件5件及自查发现的12件，均已办结。着力扩大全镇绿植范围。完成围镇造林500亩，庄点绿化植树2000亩3.4万株。完成退耕还林460亩，补植补造及夏播柠条2.6万亩。着力完善“河长制”长效机制。全面开展巡河、治河、护河工作，镇村组三级河道巡护员已上岗履职，先后巡河500次，发现各类问题10余次，并将问题及时上报，联系协助责任单位对发现问题逐一解决，有效防止河道污染。加大河道清理力度，先后对在镇2条河道进行疏浚，共计投入3万余元。

【社会治安】聚焦社会安全稳定，坚持“发展是第一要务，稳定是第一责任”思想，严格落实社会治安综合治理责任。全力开展“扫黑除恶”专项斗争。成立了大水坑镇“扫黑除恶”专项斗争行动工作领导小组，形成镇综治中心、派出所、司法所、村“两委”工作行动的组织网络。先后出动流动宣传车42台次，制作悬挂横幅、标语510余条，发放传单、公告2万余张，营造了浓厚的扫黑除恶舆论氛围。全面摸排整治，上报发现的涉黑涉恶线索3条，其中向阳村道沟自然村李琴等3人已被公安机关给予行政处罚；新桥村党青山等5人已移交公诉机关进行公诉并终止了5人干部职务并进行改选，县纪委对参与阻挡封堵长庆石油沙七井施工的党员冯其杰给予党内警告处分，镇纪委对其他3名参与阻挡封堵长庆石油沙七井施工的党员给予了党纪处分；北王场村崔金荣问题线索正在办理。“双百工程”示范点创建工作有序开展。对社区戒毒(康复)中心进行规范化建设，确保通过自治区禁毒委验收。建立健全“教育、打击、管控、帮教”措施，切实减少毒品对社会的危害，实现禁毒“预防教育成效显著，打击犯罪效能升级，基础工作扎实有效，涉毒人员管控严密”的目标，确保全镇禁毒工作持续健康发展，最大限度减少由毒品问题引发的社会不稳定因素，全镇戒断巩固率48.3%和社戒社康执行率100%。全力推动信访维稳工作持续向好发展。成立了镇综治信访维稳工作中心，并调整领导小组成员，选聘农村网格员15名，强化调解小组力量。积极探索“三级”一律闭合式信访化解考核模式，层层传导压力，加强源头预防，调动村级作用发挥，将矛盾纠纷调处结果作为考核村组及村干部的主要依据，下发通报8期，倒逼村级责任落实，确保“小事不出村、大事不出镇、矛盾不上交”。2018年，共计调处矛盾纠纷327起；接转办信访案件24起，处理24起，年内未发生恶性刑事案件、群体性事件和到吴、赴银、进京上访案件，未发生重大安全事故。

【民生保障】把民生工作作为最终的落脚点，时刻抓在手上，切实解决群众关心的教育、医疗、文化、社会保障等问题，增强群众满意度和获得感。社会保障有效落实。年中对全镇低保户严格按照标准再次复核，做到应纳尽纳，合理规范。全年发放农村低保470户924人318.1404万元，城镇低保117户210人113.6436万元。发放各类救灾款172.92万元，解决了2882户11528人次的基本生活保障问题。另对优抚对象、高龄老人、留守妇女、儿童、孤儿等特殊人群均按照规定进行救助帮扶。文化事业蓬勃发展。充分调动群众积极性，利用村级文化戏台先后组织表演25场次，大力开展十九大精神、健康生活等主题宣传活动。成立了以向阳村秧歌队、柳条井村皮影社团为代表的4个农村文艺演出队，进一步增强村级文化宣传力量。由大水坑镇选送的2个节目分获县级农民调演一等奖、二等奖。大水坑镇图书馆分馆已建成，并投入使用，极大地满足了群众对文化图书的需求。教育卫计工作扎实推进。筹资15万元，及时解决学校存在的停车、排水等问题，并在校门口设立公交站台，提升校园周边设施建设。通过座谈、实地调查等方式，结合“六一”、教师节等节点，向镇区学校各拨付2万元，支持改善办学条件。结合特色小镇建设，拆除镇卫生院老旧院墙，预留非机动车道，并开放绿化让利群众。抢抓时间节点，强化炭疽、乙脑疫情的防控，加大对炭疽、乙脑疫情防控知识宣传，对镇村散养猪（牛）棚圈2378个进行药物消杀，确保消杀无死角。全镇人口出生率7.4‰，自增率4.56‰，出生政策符合率87.7%，出生人口性别比112，各项指标均符合规定。提前奖扶200人24万元，特别扶助5人5.52万元，60周岁奖扶46人9.72万元。群团工作成效显著。组织开展了“妇联主席串门子”活动，形成广泛社会反响，助力脱贫攻坚。发放妇女小额贷款56户311万元，开展妇女培训3期，260人次掌握实用技术，实现80人稳定就业，成立了刺绣扶贫车间基地。积极开展关爱女性健康活动，向患“两癌”贫困妇女发放救助资金3万元。镇团委自筹资金对43名应届大学生发放助学金11万元。积极创建“青年文明号”和“青年先锋岗”，组织青年参加“五四”系列活动。工会组织全镇干部职工进行了健康体检，救助困难职工4人。民族团结宗教和顺。深入开展民族团结进步示范点创建活动，累计创建示范点18个，实现民族团结进步示范点创建“全覆盖”。加大邪教势力活动排查力度，规范宗教活动，全年无邪教势力人员传播反动言论和破坏团结案件发生。积极做好“三化”治理工作，强化规范引导，对全镇32处清真标识进行更换。大水坑镇党委获评吴忠市第四次民族团结进步模范集体。基层武装工作有序开展。全面完成基层民兵整组各项任务，派出民兵参与县航空“嘉年华”等重大活动维稳工作。所有适龄青年全部纳入网络兵役登记范围，向部队输送优秀青年。高标准完成连部、值班备战室、征兵办公室的达标建设任务。积极做好基层武装“双拥”工作，发放新兵家属慰问金2.5万元、现役军人家属慰问金0.95万元，优抚对象慰问金3.3万元。退役士兵管理服务工作稳步推进。认真排查，做好信息采集，对退役士兵进行信息录入。多渠道安置，先后通过公益性岗位、各类招考及后备干部培育选拔，52人安置上岗。落实政策帮扶，将44名困难退役士兵纳入建档立卡户，其中6人享受低保政策。加大优抚慰问，年内向退役士兵77人发放慰问金3.27万元。

【党　建】狠抓意识形态工作。围绕社会主义核心价值观、十九大精神及习近平新时代中国特色社会主义思想、马克思主义民族观宗教观等内容，制定干部理论学习、中心组学习计划，规范和完善了学习考勤签到、研讨、调研等制度并严格执行。抓实干部理论学习，先后开展集中学习6次，组织中心组理论学习12次，邀请专家学者辅导讲座1次；组织全镇党员领导干部学习十九大和中央“八项规定”等精神150余人次。坚持党管网络意识形态原则，充分发挥制度体制优势，统筹网上网下两条战线，确保了网络意识形态主流导向明确、旗帜鲜明、引导有力。抓班子队伍，强化第一责任人职责。明确落实基层党建联系点制度，压实了党要管党、全面从严治党责任，对照“四个清单”，签订党建目标责任书，使问题清单化、措施具体化、责任明确化。修订完善《村（组）干部管理考核制度》《机关干部考勤制度》等制度，严格落实党建工作例会制和基层党建督查制，确保制度作用发挥，真正起到管人管事的作用。严格落实《关于加强扶贫开发驻村工作队选派管理的通知》，实行驻村工作队在村日签到制、季度考核制，针对各级通报、巡察反馈的问题，对1名驻村工作队员进行提醒约谈，强化对驻村工作队的管理，增强工作实效。抓党员教育，确保上下拧成一股绳。抓住书记队伍这一“关键少数”，实现党支部书记培训经常化，分7批次组织村支书参加北京、江苏、厦门等培训班，有效提升党组织书记抓党建的业务能力；抓住普通党员这一“普遍多数”，贯彻落实好三会一课、“5+X”主题党日等要求，抓党员日常学习，切实推动“两学一做”学习教育常态化制度化。全镇建成党建工作站75个，实现分区域分功能的多样化讨论学习，把学懂弄通悟透党的十九大精神和习近平新时代中国特色社会主义思想贯穿始终。抓党组织建设基础工作，筑牢战斗堡垒。重点对新建村、莎草湾村2个软弱涣散党支部和柳条井村、王新庄村2个连续两年未发展党员的党支部进行专项整顿，分别成立工作组，分析研判“病因”，对症下药，整顿工作有序开展；按照星级创建工作要求，审核把关党支部星级党组织创建方案，帮助支部制定针对性的创建方案，从而全面提升基层党组织综合服务能力的提升，年内实现创三星级党组织3个，四星级党组织1个。坚持以“三大三强”和“两个带头人”工程为工作重点，先后选拔出了47名有能力、想干事、群众认可的村级后备干部，其中致富带头人、合作社协会负责人18人，有效地改善了“一大三低”的现状。通过镇村两级“集中问诊”，有效厘清发展思路、产业发展、信访稳定等反面存在的问题及原因，对照问题促整改，达到清理“病灶”，推动发展的良好效果，有4个村的发展项目得到了区市县财政支持，支持资金总计800万元，13个村的集体经济累计超过20万元，其中宋堡子村、二道沟村、新泉井村年集体经营性收入超过10万元。抓党员队伍建设，发挥党员先锋作用。扎实开展从严整治共产党员信仰宗教和参与宗教活动，先后组织各党支部书记、党务干部集中学习2次，各支部按要求召开专题组织生活会。对排查发现1名党员参与宗教活动场所管理的党员问题，认真整改，全镇每名共产党员作出不信仰宗教、不参与宗教活动的书面承诺，其他工作按照秘件要求的步骤环节有序开展。注重发展党员工作质量，严格按照县委组织部关于开展发展党员工作调研排查活动的文件要求，对2013—2017年发展的47名党员进行自查、督查和专项检查，严把党员入口关，全年吸纳积极分子25名，发展党员12名，其中农民11名，社区干部1名（大专以上5名，复转军人1名，致富带头人4名）。扎实开展失联党员、“口袋”党员“回头看”工作，排查发现自2016年年底累计转出党员43名，已全部转入新的党组织参加组织生活，2016年开展的失联党员和口袋党员排查中排查出的失联党员和口袋党员8名，除1人死亡注销外，其余7人均正常参与支部组织生活。抓党风廉政建设，全面落实党委主体责任和纪委的监督责任。严格落实“两个责任”，通过细化班子、班子成员、各党支部书记责任清单88条，强化执纪问责，有效将“两个责任”向基层压实。重点开展扶贫领域腐败和作风问题专项治理工作，制定《大水坑镇2018年至2020年开展扶贫领域腐败和作风问题专项治理工作实施方案》，成立专项治理工作领导小组，建立健全工作责任网络，践行“五个一”要求，各类渠道累计收集扶贫领域腐败和作风问题线索9条，已全部处置。集中开展中央“八项规定”精神制度学习月活动，组织党员干部90余人到革命烈士纪念馆开展了“缅怀革命先烈、重温入党誓词”活动、参观县廉政警示教育基地和观看《贪欲之祸》警示教育片。高压态势落实监督执纪问责，2018年以来，对接收及上级转交问题线索16件，初核了结8件，立案7件，对7名党员给予党纪处分。压紧责任，不打折扣抓好巡视巡察整改及“八项规定”突出问题专项治理。镇党委政府高度重视各级巡视巡察反馈问题整改，切实担负起整改的主体责任，成立了巡视巡察反馈意见整改领导小组，镇党委先后5次召开会议研究，推动整改工作。认领中央第八巡视组反馈问题2条，制定12条措施；认领区第二巡视组反馈问题18条，制定52条措施；认领县巡察组巡察反馈23条问题，制定50条措施。

各级巡视巡察反馈意见均已完成整改并长期坚持。深入开展中央“八项规定”精神突出问题专项治理，对照要求，全面自查，收缴各类违规报销费用8.3万元，对7人进行诫勉谈话、59人进行批评教育、35人做出书面检查。

## 惠安堡镇

【概 况】2018年，惠安堡镇紧扣脱贫摘帽一条主线，全面落实农村供给侧结构性改革、基础设施建设、生态环境治理、社会事业发展、党的建设和反腐败等六项工程，实现了全镇经济社会各项事业健康发展，农民人均可支配收入预计达9886元。

【乡村振兴】种植业稳定发展。充分发挥县级主导产业政策、乡镇多种经营政策以及中央和自治区的各类强农惠农政策优势，引导农民种植玉米3万亩、冬小麦2.3万亩、荞麦7万亩、马铃薯5万亩，全年粮食产量达8.2万吨。产业结构调整深入推进。依托扬黄灌区节水改造，调整种植结构，全镇新增黄花种植5000亩，黄花留床面积达3.5万亩，集中连片种植节水滴灌马铃薯6000亩，打造了旱作节水种植示范区。草畜产业蓬勃发展。全镇滩羊、生猪、滩鸡饲养量分别达37万只、1.7万头、7.8万羽，完成任务的100%。培育滩羊示范场1处，完成玉米秸秆打捆3万亩8700吨，种植牧草2.2万亩。农田水利建设提质扩面。全年累计投资1200万元，动用土石方47万立方米，完成农路修整2条4.59公里，清淤渠道82条42公里，兴修防洪坝72座，高效节水10815亩，秋深翻2.5万亩，成立节水滴灌供水合作社4个，年新增节水能力23万立方米，隰宁堡165.1万立方米蓄水池全面竣工开闸蓄水，有效解决了滴灌缺水的问题。农村集体资产清产核资工作推进有序。及时组建了清产核资工作小组，全面完成了13个村的资产、资金、资源登记、公示、录入和报送工作，切实加大宣传力度，做到了宣传到位、清查到位、公示到位，确保农民群众的知情权、参与权、表达权和监督权。村镇建设顺利推进。全面完成美丽城镇建设任务、便民服务中心附属配套项目全面建设完成。争取财政资金836万元，实施一事一议财政奖补项目10个，完成美丽村庄2个建设任务，完成农村厕所改造209户。协调工作稳步推进。认真做好银西高铁、银百高速、338国道等重点工程协调服务工作，确保了重大项目工程建设有序开展。

【脱贫攻坚】全面完成建档立卡户动态调整工作。新增建档立卡户2户7人，2018年脱贫17户36人，未脱贫39户92人，全镇贫困发生率0.5%。全面落实扶持政策。认真落实金融扶贫政策，发放贴息补贴210万元；全面落实主导产业扶贫政策，发放县级主导产业和乡镇多种经营项目补助250万元；全面推进教育扶贫政策，培训驾驶员61人，发放补助金额共计18.3万元，实施雨露计划107人次，发放补助32.1万元，完成建档立卡户技能培训260人；切实落实扶贫保政策。积极引导1280户缴纳大病补充、家庭意外等保险，共发放补助金额50.5万元。进一步加强基础设施建设。硬化村组道路及灌区生产路共计25.9公里，灌区生产路43公里，排水沟5.7公里，新建黄花晾晒场9.7万平方米，冷库2座40栋。切实抓好项目建设。完成了2018–2020年全镇脱贫富民项目库和惠苑村肉牛养殖托管代养项目计划，惠苑村扶贫车间立项、设计、招标全面完成。“十三五”易地扶贫搬迁产业发展项目完成集雨场6865.7平方米，小拱棚5274.1平方米，20方水窖58口，配备水泵、水管58套。

【生态环境】封山禁牧工作持续巩固，全面贯彻执行草原生态奖补政策，加大封山禁牧工作力度，不断巩固封山禁牧成果，保证生态不受进一步破坏。完成新补植造林122亩6400株，夏播3500亩柠条种植，庭院经济绿化8900株，涉及41个自然村857户，完成新一轮退耕还林200亩。进一步加大封育治沙力度，全年封育治沙工作共封育3500亩，围栏 13 公里，扎草方格 390 亩，补植补造 2500 亩。共聘用 11 名生态护林员，70 名天保护林员，管护面积 23 万亩，对重点区域落实森林防火责任，做好森林防火工作。村镇环境卫生治理深入推进。先后投入资金 620 万元，累计投入各类机械 1.5 万台次、人员 5820 余人次，清运垃圾 1.3 万吨，投入公益性岗位 660 余次，清理主干道路、晒场空地、房前屋后乱堆乱放作物秸秆、牲畜粪便、建筑材料、生活垃圾等 1800 余处。集中整治重点村庄 41 个，拆除农村危房 980 间 1.2 万平方米、拆除危窑 248 口 8928 平方米，拆除残垣断壁、旧棚烂圈 1.9 万米，拆除违章建筑物构筑物 1694 处，整治户外广告 5680 处，整治各类占道经营 1600 余处。开工建设美丽村庄 2 个，新建污水处理站 1 处、垃圾填埋场 1 处，新建砖混结构垃圾池 246 个，更换投放垃圾箱 1200 个。农村环境脏乱差现象明显改善。强化污染治理。水环境治理方面，全面落实河长制工作，积极开展“清河专项行动”，排查封堵生活排污口三个，开展专项执法行动 6 次，出动人员 364 人次，机械 542 台班，清理打捞垃圾 2253 吨，拆除违法建筑面积 14.3 万平方米，巡河工作日趋常态化，全年巡河 800 余次，切实改善水环境。空气污染治理方面，基本消除辖区秸秆、垃圾焚烧现象，“双替代”项目民用改气 110 户，企事业单位改气 10 家，小，散，乱、污企业及个体经营户予以整治。工业污染治理方面，对中央环保督察组反馈出的问题，开展专项整治，在全镇范围内排查梳理出洗煤厂、养殖废品回收站等污染企业 30 家，建立问题台账，已全部整改销号，做到了将污染扼杀在摇篮里，为打造可持续“绿色家园”添砖加瓦。

【民生工作】文教卫生方面，惠安堡中学附属设施建设项目和盐池县人民医院惠安堡分院项目全面开工建设；深入开展文化体育活动，举办文艺晚会 1 场，举办广场舞比赛 1 场，开展文化卫生法律三下乡 9 场次，选送的《精准扶贫夸大坝》快板书和《滚滚长江东逝水》歌曲在全区首届“中国农民丰收节”盐池分会场农民文艺调演中，分别获得一等奖和优秀奖。认真落实“全面两孩”政策，符合政策生育率 92.6%，人口自然生长率为 2.6%。社会保障方面，进一步扩大低保面，严格规范低保申请审查程序，切实做到应保尽保，全镇共有低保户 468 户 732 人，新增低保 126 户 173 人，其中农村低保 442 户 692 人，城镇低保享 26 户 40 人，发放低保金 208.4 万元；共有特困人员 28 户 28 人，发放特困人员补助金 21.2 万元；享受高龄津贴 172 户 172 人，发放高龄津贴 59 万元；享受孤儿津贴人员 21 户 21 人，发放津贴 9.1 万元；重点优抚对象 27 户 27 人，发放优抚津贴 19.9 万元；全年救助受灾农户 2630 户，发放救灾资金 145.52 万元；建成 11 所留守儿童之家，聘用 14 个村（社区）关爱督导员，为 21 名困境儿童、97 名留守儿童送去学习和生活上的关爱；新型农村医疗保险参保率为 96%。“双拥”共建方面，扎实开展国防动员，双拥共建和基干民兵军事训练工作，鼓励适龄青年，响应国家号召，为国防军事建设做出自己的贡献，完成秋季征兵工作。

【综治信访】平安建设方面，全面落实 2018 年综治目标责任书各项指标任务，以预防为主，打防结合为目的，加大治安调处力度，全年治安案件共案发 42 起，结案 42 起；交通事故案件共案发 266 起，调处 266 起。信访维稳方面，深入推行统一接访，定期走访，行业分流，包案化解工作机制，落实值周接访主要领导下访制度，最大限度地预防和减少缠访缠诉，民事转刑事案件和群体性事件的发生。受理“12345”服务平台群众诉求、投诉事项 4 件，办结 4 件，信访事项 24 批次，调处成功 20 批次，4 批次正在化解中，排查矛盾纠纷 257 起，成功化解 253 起，调处成功率 99%，无 50 人以上到县到市群体访，无发生群体性事件。普法宣传方面，通过开展以宪法、劳动法、土地法等为主要内容的普法讲座、法律知识竞赛、法律进校园、进社区、进寺院、进工厂等活动，共发放普法宣传册 5500 册，各类普法宣传品 5000 余份，向清真寺捐赠法律书籍读本300本，使群众的法律意识明显增强，收到了良好效果。民族宗教方面，切实加强马克思民族宗教观的宣传，深入开展国旗、宪法和法律法规、社会主义核心价值观、中华优秀传统文化“四进”活动。认真开展“三化”治理工作，对全镇51家“阿式”风格商业店铺牌匾进行了集中整顿，营造了和顺和谐的宗教氛围。安全生产方面，把安全生产工作同政府中心工作同步抓，严格执行党政问责、“一岗双责”制度，组织开展了安全生产“七进”活动、“地条钢”等专项整治活动，取得良好效果，确保全镇安全生产形势持续稳定。

【效能建设】决策落实方面，全面完成年初《县委工作要点》《政府工作报告》分工的各项任务。土地确权颁证工作全面完成，宅基地确权稳步推进。污染源和经济普查全面推进。清产核资深入推进，进展顺利。依法行政方面，联合国土、计生、住建等执法部门开展执法活动50余次。积极推行网上预审和办理工作，受理办理各类事项2.1万余件。主动拓展镇村事务公开渠道，依法依规对政府财务收支、救济救灾、土地确权等信息进行了公开。效能建设方面，强化各项制度执行力度，探索以平时考核为主、年终考核为辅的效能考核方式，加强机关干部作风建设，不断提高工作效率和服务效能。严格落实中央“八项规定”，深入贯彻党内“两项法规”，严控“三公”经费支出，切实把有限的资金用在刀刃上。

【民主建设】积极支持人大、政协工作。重视和支持人大依法开展履职，新建人大代表活动室一处。积极支持政协工作，办理办结政协提案3件，配合完成政协相关调研督查工作。高度重视残联工作。发放残疾人护理补助、生活保障金、燃油补助等各类津贴94.44万元，直接受益残疾人1283人次。认真抓好妇联工作，支持妇女创业，发放农村妇女创业小额担保贷款245万元。实施“农村贫困母亲两癌救助”项目，对符合“两癌”救助条件的妇女进行救助，发放“母亲邮包”72份。开展庆“三八”活动，评选表彰了一批“三八红旗手”“最美家庭”“优秀妇女组织”等先进典型，举办“巾帼心向党 建功新时代”习近平新时代中国特色社会主义思想和党的十九大精神专题讲座、新时代新家风幸福家庭教育讲座等，注重妇女培训，提升妇女素质，促进妇女工作。切实抓好工会工作，不断拓展服务领域、创新服务手段，为职工提供更多悉心周到的服务，共为26名职工上缴职工医疗互助金，为55名职工参加免费健康体检，慰问离退休职工6名、帮助困难职工11名。依托镇文化站，建立职工之家，组织开展了广场舞、“庆‘三八’话脱贫 谋发展 添光彩”座谈联谊会、庆“五一”趣味游戏等活动，丰富职工文化生活，提高职工整体素质。不断推进共青团建设。加强团支部阵地建设和团员队伍建设，积极开展各项评选，申报“五四红旗团支部”1个，青年岗位能手2名。深入开展“希望工程·圆梦行动”资助二本以上院校学生75人，发放资助金额10.7万元。

【党　建】狠抓党建责任落实，建立“1+X,2+1”党建联系联络制度，严格落实基层党组织书记抓党建“四个清单”“三会一课”“三重一大”集体决策以及党建督查述职“四个一”落实制度，切实做到党建工作和中心工作一起谋划、一起部署、一起推进。持续深化“三大三强”“三个带头人”工程，创建三星级党组织4个、四星级党组织1个；新建、扩建村级活动场所3个，设置党建工作站27个，培育农村致富带头人76人，致富带头人选树、宣传道工作得到市委组织部肯定。抓好党建促脱贫富民、乡村振兴工作，实行“党建+”模式，打造了狼布掌村“1+1，1带1”双赢工程、杨儿庄全国法治示范村、老盐池环境整治绿化示范村等党建示范点5个，开展了党建互观互评和“两个致富带头人”观摩活动。抓好党建重点任务落实及中央、区市县督查党建整改工作，推行党建工作菜单式标准化工作模式，促基层党建工作规范化、标准化、常态化。集中加强软弱涣散党组织杏树梁村、连续两年未发展党员麦草掌、林记口子村的整顿，从严整治共产党员信仰宗教和参与宗教活动，增强党员“四个意识”。做好发展党员工作，对2013—2017年度发展党员工作开展了调研排查、整改落实，严格发展党员政治标准，2018年培育入党积极分子16名、发展党员10名。意识形态方面，切实加强党员干部和群众的宣传教育力度，制定完善机关干部学习制度，坚持每周开展“机关讲堂”，着力推进机关学习常态化、制度化。在镇中心广场召开了“落实十九大精神 讲好脱贫富民故事”表彰大会，对近年来在脱贫攻坚中涌现出的农村致富带头人、脱贫致富先进户、移风易俗文明户、创业就业先进个人和最美家庭等50余人进行表彰奖励，制定完善各村、社区村规民约14个。党风廉政和反腐败方面，设立监察员2人、监察信息员13人，认真开展专项治理工作，对十八大以来特别是自治区十二次党代会以来存在的违规公务接待、违规公款吃喝、外出公款旅游、超标准配备办公用房、违规公款送礼5个方面问题进行了深入细致地自查自纠，并建立台账进行立即整改。制定了《关于惠安堡镇2018年至2020年开展扶贫领域腐败和作风问题专项治理工作的实施方案》，签订责任书22份，收到群众举报问题线索23个，其中已整改19个，配合县纪委办结1件、待核实问题线索3个，上缴违纪资金37658.5元，提醒约谈相关干部15人次，通报典型案例6次。切实加强党风廉政建设教育力度，组织全体镇村干部共计90余人参加县委组织的参观革命烈士纪念馆、盐池县廉政警示教育基地，对接县纪委组织观看自治区监委制作的《贪欲之祸》和《作风建设永远在路上》等警示教育专题片，促使全体镇村干部知敬畏、存戒惧、守规矩。从严整改巡视问题方面，主动认领中央和自治区巡视组反馈问题21个，采取明确整改责任领导、责任人、建立整改台账等措施，认真加以整改，已全面整改完成并长期坚持。

## 高沙窝镇

【概　况】2018年，高沙窝镇坚持稳中求进工作总基调，以工业经济提速、脱贫攻坚巩固提升、美丽村庄扩面、民风建设巩固为主题，突出抓好特色经济、基础建设、民生保障、作风建设，力促高沙窝镇各项经济社会事业全面发展。先后荣获全区铁路护路联防工作先进集体、吴忠市全国第三次农业普查先进集体、吴忠市食品安全先进乡镇。全年完成地区生产总值7.45亿元，增长10%以上；农民人均可支配收入达10599元，增长11%。

【脱贫富民】2018年，全镇上下始终把工作重心放在脱贫攻坚上，全力抓实抓好脱贫富民产业，创新工作机制，不断激发贫困户的内生发展动力，着力推进“输血”式扶贫向“造血”式扶贫转变，顺利通过国家扶贫专项评估检查。精准布局富民产业。全面落实“1+4+X”产业扶持政策，扶持壮大滩羊产业，做大做强乡镇多种经营产业，大力推进产业结构调整，大力推广优质牧草、小杂粮、红葱、钙果、黄花和中草药种等特色产业种植。加强农村基础设施建设。新修水泥巷道18.9公里、柏油路2条19.52公里；新建文化体育广场7个，全镇文化体育广场达24个，覆盖率达57%；在美丽村庄安装路灯93盏；深入开展“厕所革命”，实施农村改厕215户，完成下达任务的100%。构建金融扶贫长效机制。全镇建档立卡贫困户实现家庭意外综合保和大病补充医疗保缴纳“全覆盖”，羊肉价格险、基础母羊死亡险投保597户62831只，扶贫小额信贷完成8100万元，发放小额妇女贷款162万元、互助资金1800万元，贫困户户均贷款达8.4万元，金融扶贫资金成为撬动农民脱贫致富的有力杠杆。发挥“扶贫保”和技能培训的撬动作用。全镇建档立卡贫困户家庭意外险、大病补充保险实现缴纳全覆盖，各类种养殖业保险做到应保尽保，保险赔付92.6余万元。技能培训、实用技术培训、机动车驾驶证培训、致富带头人等目标任务全面完成，技能培训人员达365人。建立企业结对帮村扶贫工作新机制。深入开展“百企帮百村”富民行动，对接安排高沙窝镇的7家企业落实帮扶措施，为帮扶村在产业发展壮大上给予帮助和支持。同时，镇党委多方捕捉信息，主动与企业对接，采取“党支部+企业+农户”的模式，与宁夏佰康实业有限责任公司、宁夏梭梭部落游牧产业发展有限公司等6家企业达成协议，每个企业负责帮扶1~2个村，连续帮扶3年，每家企业每年投入帮扶资金20万元左右，在健康扶贫、产业扶贫、就业扶贫、思想扶贫等方面为帮扶村农户提供扶持。全力抓好易地搬迁后续产业扶持。着力为易地搬迁户搭建家门口产业增收平台，制定精准的扶持易地搬迁农户到户产业方案，为搬迁户每户院内建设集雨场1处、修建4立方米水窖1座，为庭院经济发展提供保障，就近发展设施农业大拱棚34座、温棚7座，户均享受产业扶持补贴资金1.115万元；有15户家庭成员外出务工。通过发展种养殖业和外出务工，所有搬迁户都有了稳定增收的产业。

【工业经济】按照“工业提速增效”的目标要求，立足交通、区位优势，借助两个园区和一个光伏新能源示范区等平台，大胆创新，本着“边招商、边规划、边建设、边完善”的原则，强力推进工业转型升级。配合县工业园区管委会在宝塔工业园区和高沙窝工业集中区2个园区各建成污水处理厂1处。充分发挥宁夏黄河汇通石化有限公司60万吨/年劣质重油综合项目、中海外瑞丰新能源（宁夏）有限责任公司30万吨/年煤焦油加氢项目等大型项目的示范带动作用，积极配合招商，宁夏新珂源能源有限公司等3家企业落地高沙窝工业集中区，宝塔工业园区盘活僵尸企业10家，3家煤化企业成功转型，全镇工业经济实现又好又快发展。

【乡村振兴】高沙窝镇美丽小城镇活力彰显。老百姓的幸福感不断提升，高沙窝生活污水一体化处理项目投入运营，高沙窝镇中心卫生院建设项目顺利完工并交付使用。积极“筑巢引凤”，引导社会资本参与城镇建设，达成投资意向10余项，住宅小区、劳务派遣公司、四星级酒店，商住楼、加油加气站等项目已完成土地规划调整，正在办理建设用地审批手续。美丽村庄建设覆盖面继续扩大。投资640余万元对魏庄子、蔡家梁2个美丽村庄进行了高标准改建，并配套跟进房屋亮化、环境美化、道路硬化等项目。全镇美丽村庄达11个，达到中心村的40%，村容村貌明显改观。旅游村庄带动效应凸显。依托镇域内独有的新能源文化、边塞文化、草原文化旅游资源优势，对黄记台光伏旅游村庄进行旅游村庄打造。协调中民投出资46万元对黄记台新村部进行装修，配套打造了游客接待中心、民风教育室、村史馆，争取资金60余万元建成文化演绎舞台1处、民俗长廊1处；引导农户发展农家乐8家，打造精品民宿10家，开设便利店3家，并在该村庄举办了我镇首届文化活动周，先后接待广西南宁、西安体育学院、自治区党校、宁夏大学等区内外游客及全区扶贫观摩游客1.2万余人次。同时，强力推进兴武营特色产业示范村的边塞旅游品牌建设，完成精品民宿建设8家，在长城沿线种植荞麦2000亩，该村精品民宿规模已达16家，吸引了多批次游客到当地观古城、体验农家乐。2个旅游村庄共接待区内外游客3万余人次，旅游业创收60余万元,接待人次和收入较2017年大幅度提升。

【生态建设】大力推进生态保护治理。依托三北防护林、天然林保护、退耕还林等重点项目，因地制宜推进生态治理，荒山造林下达任务7280亩，完成1.01万亩；柠条平茬下达任务1万亩，完成1.33万亩；人工种草任务1万亩，完成2.35万亩；林地封育2万亩，完成5万亩；新一轮退耕环林5376亩，实施庭院经济造林11450株。采取草原封育补播、柠条补植、扎草方格、草原围栏等措施在施记圈村、李庄子村封育治理3120亩，超额完成120亩。保持禁牧工作高压态势。禁牧机制得到有效优化，形成镇禁牧组、村组干部、护林员、公益性岗位人员齐抓禁牧工作的四级联动工作格局，切实巩固了封山禁牧成果，全年未被区市县相关部门通报1次。全面推动环保治理。针对境内沙石料场采矿点较多的实际，实行党委书记亲自抓，明确1名分管领导具体负责，实行24小时不间断巡查，建立巡查台账。对已关停的砂石料场进行严格监管，防止死灰复燃；对证照齐全，正在开采作业的砂石料场，要求企业每天对矿区和厂区进行定时洒水，对暴露的作业区、石料堆放点覆盖防尘网，严防扬尘污染问题，镇政府安排专人进行不定时巡查，并会同高沙窝派出所，开展联合执法，对307省道过境拉料车进行查处，对没有安装防尘网、超高、超限的拉料车进行严肃查处。同时，全面加强散煤污染治理工作，实施"双替代"项目改造331户，超额完成31户；大力支持盐池县"绿盾2018"哈巴湖自然保护区清理整治专项行动，协调解决12户村民在核心区内保有宅基地的问题；高标准完成了全国第二次污染源普查阶段性工作，普查企业67家，网格化环境监管体系建设部署的任务全面落实。

【农业经济】坚持做好"旱文章"，全力做足"水文章"。特色产业稳步壮大。在旱作区大力推广优质牧草、小杂粮和红葱种植，全镇种植小杂粮7500亩、苏丹草22188亩、玉米3万亩、红白葱4000亩，累计发展种植温棚77座。科协科技助力特色产业发展作用凸显，采取"示范带动，点面结合"等措施，扩大特色产业种植规模，全年种植黄花249.1亩、糜谷3240亩、枸杞、甘草等中药材1000余亩，种植结构的不断优化，加快了农民增收的步伐。高标准完成设施农业种植区大棚房违规超标面积拆除整治工作，规划粮食功能区8000亩。畜牧产业快速发展。以政策扶持、项目带动为抓手持续推进畜牧业快速发展。全力做大做强乡镇多种经营产业，全镇生猪饲养规模达1.3万头，养殖特色家禽6.5万羽。借助盐池滩羊行情持续向好的趋势，培育滩羊养殖示范村3个、滩羊示范场6个，积极引导园区和散户对空置圈棚进行羊只补栏，解决空置圈棚176座，补栏羊只1.4万只，2018年全镇滩羊饲养量达27万只，出栏14.6万只。畜牧业总产值达6000万元以上，畜牧业成为群众增收的稳定来源。切实抓好乙脑、非洲猪瘟等动物疫病防控工作，全年重大动物疫病免疫密度和强制免疫密度均达100%。农业基础设施不断完善。利用吴忠市建行扶贫资金新打机井1眼，协调资金维修机井20眼；新发展节水滴灌800亩，累计发展9100亩；新修生产道路68公里。农业基础设施的改善，加快了农业产业化进程。

【民风建设】在脱贫攻坚中高沙窝镇注重物质文明与精神文明同步推进，民风教育成为该镇助推脱贫攻坚工作的有力抓手。2018年，实现对全镇党员干部、农民群众、青少年民风轮训全覆盖，共有90余批次干部群众参加了轮训，承办国家及区市县领导调研和兄弟市县扶贫观摩60余次，轮训人员达6000余人次。在抓实抓好民风教育工作中，高沙窝镇不断创新形式、丰富载体、拓宽渠道，制定出台《高沙窝镇民风建设巩固年实施方案》，编印《高沙窝镇民风教育巩固年读本》，树立了农村致富带头先进典型9名、表彰了9名脱贫示范户、10名道德模范。将民风教育与民俗文化紧密结合，制定出台了村规民约、成立了红白理事会，对当前农村婚丧嫁娶出现的高彩礼、高礼金、高标准接待，进行了限定，引导群众自觉遵守。不断夯实村级民风教育阵地，长流墩村民风教育室、村史馆和南梁村村史馆已率先建成。县委、县政府组织的"感恩奋进·我的脱贫故事"主题巡回宣讲、高沙窝镇组织成立的脱贫富民巡回宣讲团先后深入各村开展了巡回宣讲活动9次。各村组织开展"学习十九大谈身边新变化""庆三八""庆七一"等扶贫主题活动30余次。举办首届文化活动周，组织开展丰富多彩的文化体育活动，传播正能量，倡导新民风，有效解决了部分群众精神思想空虚的问题。民风建设工作走在了全县前列。

【社会事业】切实做好农村居民最低生活保障、救济救灾等工作，对重点优抚对象、散居五保户、孤儿、企业困难职工、离职干部等发放临时生活救助款和慰问金114万元。城乡居民基本养老保险、基本医疗保险参保率均达100%。认真落实公共文化、教育体育、医疗卫生等惠民政策，组建了2个广场舞蹈队，举办了2018年高沙窝镇“振兴乡村文化 树立文明新风 迎接幸福生活”文化活动周活动。落实计划生育各项政策，深入开展计生优质服务工作，人口出生率、计划生育率、自然增长率等各项指标均分别控制在13‰、93%、9‰之内，孕前检查下达任务95对，完成99对；高血压、糖尿病患者健康管理任务完成率100%。充分发挥工、青、妇等群团组织的桥梁纽带作用，积极开展“抓学习、抓作风、抓维权、抓载体、抓服务”等形式多样、富有成效的活动，进一步凝聚发展力量。积极筹集资金5万元资助家庭困难的大中专及本科上线学生，实现全镇大学生资助全覆盖。进一步完善了统计工作制度，及时准确上报各类报表，全国第四次经济普查取得阶段性成果。坚持党管武装政策，认真贯彻党的各项优抚政策，扎实做好民兵整组、训练等工作，各项工作取得新成效。

【综合治理和效能建设】社会大局和谐稳定。坚持有黑扫黑、无黑除恶、无恶治乱的工作方针，从镇情实际出发，以“四个结合”为抓手，即“将扫黑除恶与网格化管理相结合，将扫黑除恶与加强基层组织建设相结合，将扫黑除恶与反腐斗争相结合，将扫黑除恶与民风教育相结合”，多措并举全力推进扫黑除恶专项斗争，加大宣传，营造声势，共排查问题线索10条，查处背后的组织者和个别村民小组长，行政拘留5人。创建人大代表之家、区市县三级政协委员基层联系点，健全了民调组织网络、成立了综治工作中心，有效化解各类矛盾纠纷78件，调解成功率达98%，帮助协调追讨拖欠农民工工资90余万元。抓好流动人口、特殊人群、社会治安等重点领域服务管理，社会综合治理进一步加强，禁毒工作全面开展。全镇治安和刑事案件同比大幅下降，无上访村达7个，占80%，实现“赴银进京”零上访的社会和谐局面。深入开展安全生产大检查、大整治专项行动，扎实开展安全生产“七进”活动，每月至少集中开展1次安全生产大检查，在治理隐患和事故预防上下足功夫，全镇安全生产形势稳定向好。全面推进政务公开工作，主动公开政府信息114条。高度重视理论武装和新闻宣传工作，全年向区、市、县各类报纸、网站和媒体发表信息报道300余篇。机关效能建设措施得力。加大对不作为、慢作为和乱作为行为的惩戒力度，责令1名履职不力的镇干部辞职，实行人脸识别机打卡考勤制度，每月对考勤情况进行通报，机关效能得到进一步加强。切实加强驻村干部日常管理和工作考核，为每村购置指纹考勤机，按照对第一书记的考核结果与派出单位定点帮扶工作考核相挂钩的要求，严格驻村工作队管理考核、工作制度和纪律落实。

【基层组织】狠抓党建促组织力提升。牢固树立“四个意识”，进一步落实党委主体责任，加强对意识形态工作的研判，牢牢掌握意识形态工作的领导权和主动权。每次党委会必研究党建工作，通过每月召开一次党建工作例会，每季度召开一次党建工作推进会，每季度对各支部党建工作进行督查，包村领导协助抓，党委书记、副书记、组织委员包抓支部等措施，落实党建“三项制度”。从严执行“双重组织生活会”制度，全年召开民主生活会3次、组织生活会3次。广泛开展“三大三强”行动、“三个带头人”工程，调整村干部3名，培育致富带头人23名，发挥产业引领示范带动作用。高度重视发展党员工作，全年发展党员5名，培养入党积极分子12名。深入开展整治、整顿工作，共整顿软弱涣散党组织2个，安排专人紧盯3名信教党员，全部如期转化。建立党建工作站40个，实现党小组全覆盖。狠抓学习促履职能力提升。坚持党委中心组学习不动摇，结合“5+X”主题党日活动，大力宣讲习近平新时代中国特色社会主义思想、十九大精神、乡村振兴、脱贫富民政策等方面的内容。

创新载体建立了“支部＋旅游＋农户”“1+1”村企帮扶、“党委＋支部＋民风建设”等模式，着力构建一批叫得响、引领作用强的党建品牌。狠抓整改促机制健全。把巡视巡察反馈问题整改落实作为首要政治任务来抓，先后6次召开党委会议、10次召开专题会议对巡视整改工作进行研究。对照自查整改中央第八巡视组反馈问题2个，其中反馈盐池县脱贫攻坚工作存在的12个突出问题全部认领；梳理整改自治区党委第二巡视组反馈问题28个；对县巡察组巡反馈的31个问题全部整改到位，责成2个党建工作弱化的党支部书记全面进行剖析整改。经过整改，干部思想有较大转变，作风明显好转，基层党建整体水平有一定提升。

**【党风廉政】** 2018年，高沙窝镇坚持党委主动担责，主要领导带头尽责，班子成员坚持带头贯彻执行中央和区市县有关规定，带头履行党风廉政建设主体责任，始终做到业务工作管到那里，廉政责任落到那里。深入开展扶贫领域腐败和作风问题专项治理，对25名帮扶责任人进行通报批评，责令3名帮扶责任人作出深刻检查，对3名履职不力的帮扶责任人进行效能问责，全力查处作风漂浮、责任不落实等问题，为脱贫攻坚保驾护航。扎实开展违反中央“八项规定”精神专项治理，收回违规超标准接待餐费3888元，对5名干部进行批评教育并责令作出书面检查。坚持逢会必讲廉政建设，及时传达区市县廉政会议精神，狠抓镇、村干部党风廉政学习教育，持续提高廉洁自律意识，紧抓“关键少数”的预防教育，组织中层以上领导、村两委负责人40余人赴县廉政教育基地接受廉政培训教育。坚持改进监督执纪手段，对存在苗头性倾向性问题或轻微违纪的党员干部开展提醒约谈，共约谈镇、村干部80人次，达到“咬耳扯袖、红脸出汗”目的。选优配强镇村纪检干部，聘用监察员2名，聘任村级纪检员9名、监察信息员9名。加大案件查处力度，全年查办案件2起，给予党纪处分2人，核实了结问题线索3个。

## 青山乡

**【概　况】** 2018年，青山乡坚持“产业富乡、工业强乡、科技兴乡、生态立乡”的方针不动摇，全力实施脱贫富民战略和乡村振兴战略。全年完成社会生产总值8.3亿元，同比增长10.7%；固定资产投资3.5亿元，同比增长6.1%；农民人均可支配收入10076.5元，同比增长12.8%。

**【基础设施】** 以改善农村居住环境为抓手，以美丽村庄建设和危房改造工程为依托，不断夯实基础设施条件。先后整合各类资金5968万元，完成青山美丽小城镇建设和龙记湾等4个美丽村庄建设项目，新建住房59户、文化广场2400平方米、垃圾中转站1处，安装路灯178盏，新修院墙286户、改厕280户。全面推行河长制水流域治理工程，完成9座骨干坝远程实时监控系统、治理支沟4.88公里，在常山子等5个自然村实施高效节水滴灌改造工程3243亩，完成585户安全饮水提升工程，新修农村公路19.9公里、灌区硬化路9.61公里、灌区砾石路5.67公里、村组硬化道路6.77公里。完成“一事一议”巷道硬化12.46公里、护坡硬化1086平方米。

**【生态环境】** 环境卫生整治扎实有效。加强与康洁公司的协作，全面开展农村环境清理整治工作，实现54个自然村全覆盖，做到农村环境保洁常态化。生态建设持续加大。完成青山美丽小城镇、尖山湾美丽村庄建设周边绿化500亩，义务植树区绿化3000亩，环灵应山旅游线路绿化1500亩，夏播柠条1500亩，发展种植苹果、大接杏等庭院经济林1000亩。大力开发旅游资源。结合良好的生态优势和天然的浅层沟坝水的特点，持续做好乡村全域旅游规划，会同文广局编制《青山乡全域旅游发展方案》，积极申报北马坊生态旅游和红石峡谷特色地貌项目库工程。全面加强农村环保工作。扎实做好禁牧工作，先后组织召开乡村组全体干部及护林员参加的禁牧工作推进会2次，对禁牧工作人员进行了及时调整，进一步明确分工、落实责任。积极落实秸秆禁烧政策，全乡未发生焚烧秸秆和垃圾现象。全面开展全国第二次污染源普查工作，完成辖区37家运行企业的污染源普查任务，2018年“绿盾行动”得到全面落实。

**【脱贫富民】** 坚持“脱贫不脱责任、脱贫不脱政策、脱贫不脱帮扶、脱贫不脱监管”的原则，集中力量抓重点、补短板、强弱项，扎实推进脱贫攻坚巩固提升工程，全年完成脱贫退出18户39人，贫困发生率下降至0.31%。聚焦产业发展，夯实脱贫基础。大力推行“1+4+X”产业扶贫模式，采取“企业+农户”“合作社+农户”“协会+农户”等发展模式，重点扶持以滩羊、小杂粮、中药材、优质牧草为主的特色产业发展，发展滩羊养殖示范村5个，滩羊饲养量达39万只，完成小杂粮种植3.3万亩、黄花种植333亩、中药材种植449亩、优质牧草种植6242亩。积极发展以生猪、肉牛和大拱棚为主的多种经营产业，完成养殖生猪4503头、滩鸡31434羽、肉牛（驴）218头、红葱917.5亩。成立青山乡百万欣种植合作社，累计种植西甜瓜大拱棚435座，打造“青山欣”西甜瓜品牌，种植的香瓜进入新百连锁超市和小任果业，打响了“青山香瓜”的名号，实现年增收500多万元，棚均收入达1.3万元。突出示范带动，提升内生动力。大力弘扬“三先开路”脱贫精神，多措并举开展精神扶贫，提升群众内生动力。按照找准对象、摸清需求、学习技术促脱贫的思路，扎实推进贫困劳动者就业技能培训，完成汽车驾驶技术培训69人、农村实用技术培训41人、家政服务培训37人、建筑工程技术培训11人、刺绣技术培训53人、机械工程技术培训17人、电焊技术培训2人，完成任务的117%。大力培育种养殖经营主体大户，充分发挥示范带动效应。引进建成金昌万头肉牛养殖基地，通过村集体入股分红和代养模式帮助贫困群众脱贫致富。积极支持古峰庄土地股份合作社和盐池丰收农业机械合作社等农业合作社走土地流转和劳务就业增收的路子。培养闽宁协作致富带头人110人，带动贫困户220户，新建绿林公司扶贫车间1处、乏牛坡扶贫示范带动合作社1个，形成了“大户带小户、富户帮穷户、先富带后富、实现共同富”的喜人局面。积极开展脱贫攻坚宣传工作，共接待区、市各级观摩考察11次，青山乡脱贫攻坚的好经验好做法得到广泛推广宣传。抓实社会帮扶，构筑攻坚堡垒。充分调动社会各界力量投身到脱贫富民工作中来，宁夏广电总台为营盘台争取资金470.5万元硬化村道1.8公里、慰问困难群众200余户；市法院筹集扶贫资金8.45万元、市政法委筹集扶贫资金2万元、县民政局筹集扶贫资金19.3万元、县住建局筹集扶贫资金33万元、县纪检委筹集扶贫资金3.5万元，并为常山子自然村争取到排碱沟项目工程。积极开展“百企帮百村”活动，组织召开石膏企业助推脱贫富民联席会议，对所有未脱贫进行了结对帮扶。扩大金融扶贫，补齐发展短板。继续加大金融扶贫力度，全面落实扶贫小额信贷政策，完成建档立卡贫困户825户贷款9750万元，贴息150.2万元，发放村级互助资金1585万元，贴息27.6万元，全力解决群众发展缺乏资金的问题，全国小额信贷调研工作在青山乡顺利开展并完成。全面落实“2+X”扶贫保政策，实现建档立卡户家庭综合意外险和大病补充保险全额补贴，产业保险群众自筹部分补贴40%，为群众发展生产提供了有力保障。强化项目建设，推进社会事业。坚持以改善基础设施、社会事业发展、培育扶贫产业、壮大村集体经济为主要目标，完成了2018—2020年脱贫富民项目库的申报和信息录入工作，共涉及8个大项193个具体项目，统筹资金20175.44万元，实现8个行政村54个自然村全覆盖，受益人口达12258人。建强基层组织，推动履职尽责。充分发挥乡党委统揽全局、协调各方的领导核心作用，构建了乡村两级书记抓脱贫的责任体系，进一步强化“六抓”帮扶机制，坚持抓好驻村干部管理，实行驻村干部出勤、村干部值班“月月查”制度，强化责任追究，靠实履职责任。坚持把“下基层”作为脱贫攻坚的重要内容，围绕“走访、座谈、帮扶”目标，深入了解村情民意，转变干部工作作风，全年200余名帮扶干部共走访农户7000余次，现场解答群众提出的问题800余件。

**【改善民生】**民生保障不断加强。进一步完善社会保障制度和社会救助体系，全面完成低保核查工作，做到应保尽保，应退必退，全乡共取消低保291户593人，新增28户39人，保留农村低保212户385人。完善救济救灾预案，保障受灾困难群众的生产生活问题，年内共发放灾害救济资金80.76万元、临时救助资金25.5万元、残疾人补助资金100.5万元。完成月儿泉村老年饭桌基础设施建设和营盘台村等4个村的儿童之家建设。全力推动“两险”缴纳工作，实现参保全覆盖。全面落实家庭医生签约制度，建立贫困户健康档案，督促群众进行健康体检，积极推行地方病、慢性病救助政策，实现农村人口健康、就医情况智慧管理。积极做好退役军人服务管理和退役军人信息采集工作，发放现役军人家属优抚金11.7万元、退役军人抚恤金14万元、重点优抚对象慰问金2.1万元。教育体育优先发展。全面落实“控辍保学”责任制，持续抓好义务教育阶段摸底排查，实现零辍学率的目标，投资3万元，对青山中心小学的硬件设施加以完善，联合自治区广电总台开展“圆梦行动”助学活动，为50名学生捐赠服装、书籍、体育用品等。青山乡获评全区关心下一代工作先进集体。积极参加全县首届农民篮球运动会、全民健身季“中国体育彩票杯”盐池县羽毛球比赛，举办“青山乡农民运动会”，倡导健康生活，增强全民体质。文化生活丰富多彩。充分发挥乡综合文化站和村级文化服务中心功能，先后开展了“群众才艺大赛”“庆‘三八’文艺活动”等活动。积极参加县文广局组织的广场舞比赛、秧歌舞比赛、农民文艺调演等活动，获得了全县农民秧歌舞比赛一等奖。不断推进村史文化建设，深入挖掘红色文化传承和优秀文化底蕴，8个村的村史馆全面建设完成。全民健康推进有力。坚持以服务群众健康、满足群众需求为出发点，全面完成健康盐池各项工作。实行周五计生宣传员集中办公制度，为群众提供“一站式”服务。认真落实计生三项制度，全面完成孕前优生健康检查目标任务。积极开展各类健康教育宣传和培训，结合爱国卫生运动，开展农村环境卫生清洁、乙脑防治、蚊虫消杀等病媒生物防控工作。年内共发放各类宣传单2000余张、宣传品2000余份，入户宣传1000户，完成各类健康教育培训8场400人次。群团工作亮点纷呈。深入推进志愿服务队伍建设，开展“关爱弱势群体、弘扬传统美德”志愿服务活动，用雷锋精神点亮文明乡风。积极开展希望工程圆满行动，为94名专科以上大学生申请燕宝基金、雨露计划等各类资助36万元，乡政府自筹5.5万元资助11名贫困大学生。健全完善工会工作机制，打造工会之家，为干部职工进行健康体检，全力保障干部职工的合法权益。认真落实妇女权益保障工作，为120名育龄妇女进行了“两癌”筛查，发放妇女小额贷款64户447万元，积极支持妇女自主创业。基层武装持续加强。坚持党管武装工作，抓实基层武装队伍建设，完成年度整组点验、野营拉练、分队训练、征兵、政治教育等任务。组织并完成全县航空嘉年华、灵应寺大型宗教等重大活动的安保执勤任务。全县基层武装专干和民兵骨干观摩和交流会在我乡举行。农村集体资产清产核资全面完成。严格落实村集体资产清产核资工作方案，共清理核实出资金1799万元，固定资产1462万元，各类资源87.9万亩。大力宣传和落实土地确权后续管理工作，积极探索建立土地流转机制，开展古峰庄村股权量化和股民身份认定试点工作，全面盘活土地资源，为壮大村集体经济创造效益。科技兴农举措有力。全面完成乡村两级科协换届选举工作，充分发挥农村科协作用，全面提升农村科普工作，不断优化农业产业结构，为乡村振兴战略奠定基础。统计工作成效显著。全面完成第三次全国农业普查和农村经济普查年度任务，获得吴忠市第三次全国农业普查先进集体称号。

【社会治理】大力开展扫黑除恶专项斗争。严格按照中央和区市县关于扫黑除恶专项斗争的工作部署，成立扫黑除恶专项斗争工作领导小组，先后9次召开专题会议安排部署工作。严格落实乡党委班子成员包村责任制，切实加强对扫黑除恶工作的督促和指导。建立涉黑涉恶问题线索举报和台账制度，把扫黑除恶工作纳入对各村年度责任目标考核的重要内容，并将各村助力扫黑除恶专项斗争与基层“拍蝇”和惩治“村霸”结合起来，推动扫黑除恶专项斗争向纵深发展。加大宣传力度，在全乡设置大型宣传牌6块、悬挂宣传标语30条，开展专题宣讲13场次，发放宣传单5000余张。健全信访、普法工作长效机制。继续深入开展“七五”普法宣传教育工作，推进平安建设，集中开展普法宣传咨询活动6次，累计发放各类宣传材料1万份，受教育人数达5000余人，先后召开乡村干部法律培训会议5场次。严格落实信访工作机制，妥善解决好群众合理诉求，做到有访必接，有问必答，小事不出村，大事不出乡，积极预防和化解社会矛盾。完善综治工作平台，健全以村党支部为主体、警务室配合、广大党员参与的综治工作站，聘任网格员8人。认真落实党的民族宗教政策。认真贯彻落实民族宗教政策，大力开展马克思主义民族观宗教观宣讲活动，邀请县委领导到乡开展民族宗教政策宣讲，组织9个党支部参加民族宗教应知应会知识竞赛，进一步推动全乡上下形成民族团结、乡风文明、和谐共处的良好氛围。积极开展民族团结进步创建工作，实现村级民族团结进步创建全覆盖，创建旺四滩和郝记台2个县级民族团结示范村，先后5次迎接区市县领导观摩。全力抓好安全生产。严格落实安全生产责任制，先后组织开展“安全生产万里行”“安全生产法宣传七进”等活动，为企业进行消防安全知识培训4场200人次，印制发放宣传资料和物品5000余份，使社会公众安全意识进一步增强。扎实开展“除隐患、保安全”、道路交通、安全生产大检查等专项整治行动，共检查非煤矿山企业23家、涉油企业3家，排查和整改安全隐患16起，全年道路交通运行平稳，未发生安全生产事故。积极做好森林草原防火、防汛等公共安全工作，社会环境和谐稳定。创新开展禁毒工作。先后投入20余万元，按照“四室七统一”的标准，建成青山乡戒毒康复中心并创建为自治区级戒毒康复示范点。积极进行宣传教育，所有戒毒人员的安置帮教达到全覆盖。

【党　建】突出责任抓落实。紧紧围绕抓党建“四个”清单，坚持“一月一清单、一月一督查、一季一通报”，层层传导压力，全力夯实基层党建工作基础，做到各项工作真正抓实、抓细、抓常。继续深化“5+5”工作法，形成了责任明确、领导有力、运转有序、保障到位的工作机制。突出常态抓学习。严格落实“三会一课”制度，把学习党章党规作为“基础课”，把学习习近平新时代中国特色社会主义思想作为“必修课”，把学习党员先进典型事迹作为“标榜课”。先后举办专题培训班8场次，乡村干部集中学习30余次，乡领导班子成员带头讲党课20余次，覆盖党员、群众达3000余人次。组织观看了《厉害了，我的国》《李进祯》《榜样3》等电教片，向典型看齐，向身边的榜样看齐。坚持主动作为，深入开展“党建促进月”“不忘初心、我脱贫我光荣”等活动；召开专题民主生活会3次、专题组织生活会3次；表彰优秀共产党员32名，走访慰问困难党员67名，各党支部和党员承诺办实事全部办理完毕。突出主体抓基础。深入开展“三大三强”行动，大力实施“三个带头人工程”，培养村级后备干部24名，培育党群共富示范基地5个，致富带头人11名。投入资金20余万元，对9个党支部的活动阵地、为民代办服务点进行规范化布置，按照“七有”的标准，设立党建工作站14个。坚持号清“脉搏”，找准“短板”和“硬伤”，集中整顿软弱涣散党组织1个，整改问题4个方面6条。通过基层自评、群众测评、组织考评的步骤，评出三星级党支部2个，二星级党支部7个。严格发展党员工作“5大程序25个步骤”，全年发展党员7名，转正预备党员7名，取消预备党员资格1名，吸收积极分子11名。扎实推进“三强九严”工程，对标基本组织，基本队伍、基本制度，建立规范化建设台账，“三会一课”、组织生活会等基本制度得到有效落实。突出党建抓引领。坚持融入扶贫抓党建，抓好党建促脱贫，大力推行“党建+”发展模式，充分发挥公司引领、党员示范、能人带动的作用，形成了古峰庄村“党支部+金融扶贫+文明创建+党员+农户”模式、旺四滩村“党支部+龙头企业+土地流转+农户”模式、营盘台村和猫头梁村“党支部+公司+大拱棚+党员+农户”模式、月儿泉村、郝记台村、方山村和青山村“党支部+美丽村庄建设+农户”模式，弘扬文明新风，助推脱贫富民。

【意识形态】坚持压实责任。把党委意识形态工作摆在重要位置，成立党委意识形态工作领导小组，建立党委主体责任清单、班子成员“一岗双责”清单，先后召开4次专题会议研究意识形态工作。强化理论学习。建立乡党委中心组理论学习制度，开展党委中心组理论学习12次，成立乡党委理论宣讲小组，下村宣讲20余次，集中宣讲社会主义核心价值观和普法知识、扫黑除恶、民族宗教等政策，教育广大党员干部牢固树立“四个意识”，坚决做到“两个维护”。积极对外宣传。牢牢把握意识形态工作主动权和主导权，通过会议、悬挂条幅、印发宣传资料、微信公众号等方式积极宣传基层党建、乡村振兴、农村改革等重要工作，营造浓厚的舆论氛围。向区市县各级媒体、网络平台报送信息200余篇，接受自治区、市、县电视台采访5次，大力宣传产业扶贫、生态治理、移风易俗等工作中的亮点经验，并在《光明日报》《共产党人》《宁夏日报》及《宁夏卫视》等媒体刊登和播出。抓好风险防范。加强网络意识形态阵地管理，定期梳理排查意识形态领域风险点，列出问题清单，加强风险预警和管控。积极关注各类微信群，了解群众舆情动态，提高网络安全，形成意识形态工作网格。打造精神文明阵地。抓好乡村两级道德教育基地建设，积极推动移风易俗树立文明乡风，制定《青山乡推动移风易俗树立文明乡风实施方案》等一系列工作方案，先后举办“不忘初心 砥砺前行”“移风易俗引领风尚 文明新风润泽青山”主题活动和“三先开路话脱贫”“感恩奋进 我的脱贫故事”等宣讲活动，联合宁夏广电总台开展“新春文化走基层”公益活动，组织各村广泛开展“我推荐、我评议身边好人”“移风易俗带头人”“好婆婆”“好媳妇”“最美家庭”等评选活动，表彰道德模范16名。以古峰庄村全国文明村镇为引领，大力开展文明村镇创建行动，青山乡获评吴忠市先进文明村镇，古峰庄村获自治区精神文明建设先进单位，猫头梁村获吴忠市精神文明建设示范村，郝记台村获得吴忠市优秀红白理事会等称号。

【从严治党】严格落实“两个责任”。认真开展扶贫领域腐败和作风问题专项治理工作，围绕美丽村庄、村级文化活动阵地建设等重点项目开展跟踪监督，实行党委委员负责制，对工程招投标、工程施工、工程质量、验收决算等关键环节实施全程监督7次，确保了项目实施公开透明，资金管理规范有序。全面开展违反中央“八项规定”精神突出问题专项治理。严格对照自治区“五个严禁”19条要求和吴忠市“四个严禁”15条要求，坚决查处和纠正违反中央“八项规定”精神等“四风”问题，开展中央“八项规定”制度专题学习7场次，清退上缴十八大以来违规报销的加班餐和工作餐费、差旅费及奖金、信息费等共计17.49万元，批评教育13人次，集体约谈6人，确保了中央“八项规定”精神落地生根。从严从快查办扶贫领域腐败和作风问题案件。聚焦监督执纪问责主业，坚持做到有案必查、有贪必惩，充分运用监督执纪“四种形态”，对监督检查中发现有乱作为、慢作为、不作为等现象及时咬耳扯袖，对屡禁不止或造成严重后果的启动问责机制，确保扶贫领域风清气正。2018年以来，共开展扶贫领域专项督查30余次，自查整改问题70条，收回超兑和重复兑现、错列等扶贫项目资金5.49万元；受理扶贫领域问题线索7个，给予党内警告处分4人、严重警告1人、政务警告1人、批评教育3人，通报各级扶贫领域典型案例12次，提醒约谈48人。对禁牧工作不力的6人给予通报批评。深入开展形式主义官僚主义等“四风”问题集中整治。向广大党员干部深入宣传《盐池县党员干部纪律作风“十条禁令”》等“四风”问题专项整治内容，乡党委班子成员和全体干部对照“八个方面”作风问题和“四种行为”进行全面自查自纠，并提出整改措施，明确完成时限。年内共发送警示教育类微信、短信息200余条，收集党员干部个人“四风”问题50余条，梳理出班子成员“四风”问题5类12条，提出整改措施和落实情况30条，确保“四风”问题整治落实见效。严格落实巡视巡察整改工作。认真贯彻落实习近平总书记关于巡视工作重要讲话精神和对宁夏重要指示批示精神，切实从思想自觉、政治自觉和行动自觉上抓好巡视巡察整改工作。严格落实党委书记为整改工作第一责任人责任，把整改工作纳入党委班子重要议事日程，根据中央第八巡视组、自治区党委第二巡视组和县委第二巡察组反馈的问题和整改要求，成立了整改工作领导小组，先后8次召开党委专题会议研究部署整改工作。对照中央和自治区反馈意见主动认领问题46项，并对照县委第二巡察组反馈的6个方面18条意见，逐项制定整改措施，明确责任领导、责任站所和完成时限，确保整改工作扎实有效推进。除需长期坚持的工作外，其余问题全部整改完成。

## 冯记沟乡

【概　况】2018年，冯记沟乡以脱贫富民、乡村振兴为总揽，突出做好草畜、生态、资源三篇文章，统筹推进特色产业发展、基础设施完善、乡风文明培育、社会治理、民生改善五项重点工作。农民人均可支配收入10620元，同比增长11%；建档立卡贫困户人均可支配收入9605元，同比增长13%。

【精准脱贫】按照外部帮扶与激发内力相结合、短期脱贫与稳定脱贫相结合的原则，大力实施“1+4”主导产业和乡镇自主经营产业扶持项目，全乡贫困群众年滩羊饲养量达3.3万只，饲养滩鸡1.5万只。2018年脱贫退出12户26人，剩余贫困人口23户44人，贫困发生率由2014年年初的17%降至0.43%。2017年7月国务院评估组随机抽取245户样本（其中建档立卡户101户），未出现错退漏评现象。为确保33户搬迁户稳得住、能致富，争取项目资金为每户搬迁户新建集雨场、大拱棚和蓄水池，发展庭院经济，拓宽增收渠道。按照“金融创新推动产业发展、产业发展促进农民增收”的思路，积极实践“产业+金融+脱贫保”扶贫模式，鼓励引导建档立卡户通过扶贫小额信贷和脱贫保险发展草畜产业实现脱贫致富。全乡建档立卡户累计贷款459户5470万元，户均贷款8.2万元，贴息50.75万元，实现了“应贷尽贷”。按照坚持小康路上不让一名贫困群众掉队的目标要求，全面落实健康扶贫、“三免一补”“雨露计划”“燕宝基金”等扶持政策，申报雨露计划43人，实施希望工程资助项目40人，资助金额7.9万元。全乡所有贫困户全面落实家庭医生签约服务，义务教育阶段无一例辍学生，高中、中等职业及大学等阶段相应教育措施全面落实到位。全年完成各类培训240人次，实现了有发展能力的建档立卡户每户掌握1~2门实用技术。转移就业3360人，总收入4455.3万元。自治区党委、政府主要领导先后到冯记沟乡调研脱贫富民工作开展情况。10月中旬，冯记沟乡在自治区宣布盐池县脱贫退出现场会上作经验交流发言。

【特色产业】围绕节水增效主导方向，新增一年生优质牧草2万亩，黄花、板蓝根等高效节水作物2000亩。争取农业综合发展项目资金1800万元，打造马儿庄、汪水塘高效节水灌溉面积1.2万亩，全乡节水面积达6.8万亩，农业发展基础更加稳固。强化科技成果运用转化，评选科技示范村1个，辐射带动农户70户。全面推广以水肥一体化技术为引领的节水灌溉技术及金源辣椒、先玉335、振大788等12种玉米、黄花、板蓝根优良品种种植，马儿庄节水灌区玉米亩均产量达800公斤，创灌区开发20年来最高水平。全区现代化生态灌区暨高效节水灌溉现场观摩会赴冯记沟乡观摩，宁夏天朗现代农业公司被农业部评为“全国农业农村信息化示范基地”。围绕持续壮大支柱产业，按照“普惠项目扩面提标、自主项目精准施策”的原则，充分尊重贫困群众发展意愿，需求什么就扶持什么，适合什么就发展什么，不搞一刀切，大力发展滩鸡、黑毛猪、肉牛等小产业，全乡饲养滩鸡4.5万只、黑毛猪1万余头、肉牛400余头，种植小杂粮3万亩，实现了家家有产业、户户有项目、人人有干头。积极发挥冯记沟乡及各行政村滩羊协会作用，通过滩羊协会出售滩羊达3.5万只。新增基础母羊补栏1万只，累计达15万只，全年滩羊饲养量稳定在40万只。打造滩羊养殖示范村5个、养殖示范园区4个，滩羊成为群众致富增收主导产业的地位更加稳固。围绕发展壮大村集体经济，与宁夏大学饲料工程研究中心建立互惠合作机制，完成马儿庄鑫宇饲料加工厂生产车间建设、生产设备安装，计划年后调试运营。结合冯记沟乡特色优势产业，先后成立了36家种养殖专业合作社，各村均成立了滩羊养殖协会和村级互助合作社，有效推动了全乡农业产业化经营，提高了农民组织化程度，在千家万户小生产与千变万化大市场之间架起了一座衔接农产品生产、加工、储存、销售诸环节的桥梁，较好地解决了农产品买难、卖难、发展资金短缺等问题。

**【生态环境】**牢固树立“金山银山就是绿水青山”理念，以中央第二环境保护督察组“回头看”为契机，完成第二次污染源普查信息采集。配合县国土、环保、交通等部门成立联合执法队，开展24小时不间断巡查，关停境内16家无证砂石料厂。对施工场地采取必要降尘、防护措施，对境内煤矿、洗煤厂、拌合站、砂石料厂等企业露天堆放的煤堆、矸石料、砂石料等铺盖防护网，同时要求国道338、银白高速等施工单位安装防尘网。严格落实草原生态奖补政策，完成春季植树造林1.3万株，荒山造林2600亩，天保林补植补造7300亩，草原补播（撒播）改良1.4万亩。持续加大封山禁牧力度，实现区市县草原禁牧“零通报”。

**【乡村建设】**坚持“美丽村庄和整村推进相结合，示范村和一般村相结合”，高标准完成了苦水、三道井和金凤煤矿采煤塌陷区李新庄美丽村庄建设。硬化巷道7公里，新建房屋107户，改造农户房屋、院落170户，铺设给排水管道60公里。坚持新建与整治同步推进，不断巩固农村环境卫生整治成果，完成平台、三道井、苦水3个庄点微动力一体化户厕改造250户。加强对康洁公司的监督协调，农村环境卫生持续改善。坚持“因地制宜、务求实效、科学管理、高效利用”原则，完成蓄水池建设6处，维修2处，并全部投入使用，农业发展基础不断夯实。实施村级公益事业建设“一事一议”财政奖补项目8个，硬化巷道12.3公里，安装太阳能路灯280盏，基础设施短板不断补齐。

**【社会事业】**立足巩固教育强乡工作成果，积极控辍保学，全乡义务教育阶段学生入学率达100%。持续加大对冯记沟中心小学及井沟、马儿庄教学点的投入支持力度，教育教学条件不断改善。冯记沟中心小学被教育部评为“2018年国防教育示范学校”。立足活跃乡村文化，依托8个村级文化活动中心及百姓大舞台，组建成立了沙枣花文艺宣传队，开展“脱贫富民·乡村振兴”文艺演出6场次、“送戏下乡”活动10场次。积极配合开展“三下乡”、电影放映、广场文艺会演等活动，组织参加全县“百姓大舞台·想秀你就来”农民文艺调演、“广场舞”、“秧歌大赛”活动，其中秧歌比赛获得二等奖，广场舞比赛获得优秀奖。冯记沟、平台、马儿庄村广场舞等群体活动蓬勃兴起，广场舞不再是城镇居民的“专利”，群众加快发展的“精气神”进一步提振。开展好代表“三联”一家亲（党代表引领、人大代表助推、村民代表共建）活动，发挥好每一位代表作用，引领带动家风、村风、民风好转。乡“人大代表之家”接受吴忠市“人大代表之家”建设现场观摩交流学习；通过吴忠市到届“市级文明乡镇”抽查考核验收；淑琴文化大院获“首批吴忠市文化大院”称号。立足应保尽保、应退尽退、应助尽助，切实解决残疾、孤寡、特困户等弱势群体的生产生活困难，完成低保动态调整318户553人，全年共发放最低生活保障178万元，临时救助、救济救灾款140万元，让困难群众真真切切感受到党和政府的关怀。立足优生优育，全面完成2018年家庭奖励扶助、特别扶助以及独生子女父母奖励等惠民政策，共发放补助费15.6万元，乡村卫生健康事业不断加强。争取中航油扶贫资金100万元，支持乡卫生院扩建，不断完善农村医疗卫生基础建设。高血压、糖尿病患者健康管理任务完成率100%。组织老年人体检567人，全年诊治村民1500余人次。妇女工作全面发展，组织100余名农村妇女参加家政服务、刺绣等技能培训，全年发放妇女小额贴息贷款682万元，为妇女就业创业提供了资金保障。完成退役士兵、现役军人信息采集工作，人武、工会、团委等工作成效显著，为全乡改革发展稳定做出了重要的贡献。

**【综合治理】**深入开展扫黑除恶专项斗争，发放宣传单7000余份，刷写标语90条，摸排线索12条，处理非法阻工挡工2起，行政拘留7人，有力地震慑了违法犯罪。扎实开展集中解决群众反映强烈的突出问题活动，共排查梳理群众反映强烈的突出问题28件，已解决23件，需长期稳控5件。积极开展矛盾纠纷大排查、社会综合治理大清查、安全生产大检查工作，对境内砂石料厂、农业企业、蓄水池进行了多次“地毯式”检查。全年共调处各类矛盾纠纷74起，调解率100%，调解成功率98%以上，全乡无重大刑事案件、重大安全责任事故发生。6个行政村成功创建“无访村”。依法推进民族宗教工作，组织乡村干部认真学习习近平总书记关于民族宗教工作的重要论述，牢固树立马克思主义民族宗教观，扎实推进社会主义核心价值观等“四进”宗教活动场所活动，深入开展民族团结进步创建，率先完成“三化”整改工作，被自治区党委、自治区政府评为“全区民族团结模范集体”。加强铁路沿线巡查，强化铁路护路队伍建设，在沿线村庄聘用2名专职铁路护路工作者，开展专项宣传活动4次，全年未发生涉铁矛盾纠纷及事故。利用网格化管理对辖区内各类人员进行摸排，对重点人员定期走访、帮教，开展专项宣传活动4次，帮教转化17人。

**【基层党建】**立足主责主业。建立书记抓党建“四个清单”、基层党建联系点、党建工作例会等制度，不断压实基层党建工作责任。每月召开一次党建工作例会，分析交流全乡党建工作情况，研究解决党建工作中的问题，安排部署阶段性重点工作任务，推动了党建工作落地见效。围绕“三会一课”“5+X”主题党日活动等制度落实和重点工作开展，建立党建工作督查通报问责制度，建立问题台账24个，整改销号问题96条，确保了党建工作扎实有效推进。立足理论武装。坚持“牢牢掌握意识形态工作领导权”，始终把党的政治建设放在首位，强化学习教育，提升政治意识。严格执行党委中心组理论学习和周二集中学习制度，组织党员干部深入学习贯彻党的十九大精神和习近平总书记系列重要讲话精神，教育引导全体党员干部牢固树立“四个意识”，增强“四个自信”，落实“两个维护”，做到在思想上、行动上无条件地与以习近平总书记为核心的党中央保持高度一致。全年开展党委中心组理论学习12次、党员干部理论学习35次，举办专题培训班6场次，提交心得体会120篇。立足队伍建设。深入开展“三大三强”行动、实施“两个带头人”工程，培养农村致富带头人31名，在致富带头人中培养入党积极分子9名、发展对象3名。机关干部分级实行季度互评、半年测评、年终考核的“三评一推优”考核办法，切实加强日常考核管理。村组干部实行考核直接与年终奖励挂钩的管理办法，其干事创业、服务群众动力不断激发。严格落实《驻村第一书记“1+6”管理办法》，全面加强第一书记管理考核，确保第一书记下得去、沉得住、干得好。立足夯实基础。紧盯巡视、巡察整改“问题病灶”，对所有党支部倒排整顿，以问题整改推动党组织“强筋壮骨”。2018 年，乡党委整改中央、区、县巡视、巡察反馈问题 9 个方面 38 条，整顿软弱涣散党组织 1 个，教育转化参与宗教活动党员 5 名。坚持党内组织生活制度，高标准召开了严格执行中央“八项规定”精神及从严整改中央巡视和自治区党委巡视反馈问题专题民主生活会、“不忘入党初心、坚定理想信念”组织生活会。新建村部 1 处，规范村级活动场所 3 个，建立民生服务代办点 9 个，设置党建工作站 19 个，打通了基层党建“神经末梢”。实行星级考评动态管理，党委班子指导基层党建联系点开展星级创建工作，对工作下滑、与所属星级不符的 1 个党支部进行提醒整改，支部服务群众能力不断增强。立足示范带动。坚持把发展壮大集体经济作为增强村党支部服务能力的突破口，积极探索推行“支部 +”模式，培育了雨强粮油加工厂、马儿庄饲料加工厂、暴记春村黄花种植合作社，村级党组织服务脱贫富民能力显著增强。注重发挥党员先锋作用，全乡党员领办、创办、协办规模种养基地（园区）、家庭农场、农民专业合作社 49 家，培育了张清云等一批党员带领群众发展草畜产业脱贫致富典型。开展“我是党员向我看”“党员争当脱贫户”等活动，农村党员在脱贫富民、移风易俗、环境整治等工作中先锋模范作用愈发明显。

【作风建设】抓责任落实。乡党委始终把党风廉政建设列入重要议事日程，坚持同经济建设、社会建设同谋划、同部署、同落实、同考核，班子主要负责人带头落实第一责任，班子成员认真落实“一岗双责”。全年党委会议研究党风廉政建设工作 20 次，听取乡纪委工作开展情况汇报 2 次，建立责任清单 117 条、问题清单 14 条、问责清单 8 条、监督责任清单 32 条。抓思想教育。定期组织乡村干部学习新修订的《中国共产党廉洁自律准则》《中国共产党纪律处分条例》等法规制度，为民服务理念更加牢固；参观廉政警示教育基地，组织观看《榜样》《贪欲之祸》等正反两面典型教材影片，通过正面引导与反面警醒，拒腐防变意识不断提升。抓作风建设。党委领导班子严格遵守政治纪律、组织纪律、财经纪律和群众工作纪律，坚持民主集中制原则，不断完善内部议事规则和决策程序，重大事项集体研究、民主决策。严格执行领导干部个人重大事项报告制度，主动向组织申报个人情况，自觉接受组织和干部群众的监督。坚持班子成员谈心谈话制度，定期召开民主生活会，经常沟通思想、交流情况、增进了解、加强团结，及时解决出现的矛盾和问题。全年召开专题民主生活会 2 次，提醒谈话 51 人次，班子成员谈心谈话 36 人次。抓查处整顿。深入开展违反中央“八项规定”精神突出问题、扶贫领域腐败和作风问题专项治理、形式主义官僚主义“四风”问题集中整治、扫黑除恶专项斗争，收集扶贫领域腐败和作风问题线索 12 条，查摆“四风”问题 3 个方面 8 个问题，排查各类重点纠纷 35 件。以最严肃的态度、最严格的标准、最严厉的举措、最严谨的作风，抓实习近平总书记对宁夏重要指示批示精神“回头看”、中央第八巡视组、自治区党委第二巡视组及县委第一巡察组反馈问题整改，坚持“真认账、真反思、真整改”的原则，建立台账，责任到人，明确时限，彻底整改，不断巩固和扩大整改成果。加大信访件核查力度，全年共查办案件 6 件，初核了结 3 件，立案审查 3 件，对 3 名党员予以党纪处分，给予 1 名党员开除党籍处分。

## 麻黄山乡

【脱贫富民】特色产业提质增效。结合全县“1+4+X”

政策网络体系，在乡村组“几上几下”征求意见，制定了符合全乡实际的自主经营产业发展方案。全乡小杂粮种植面积突破15万亩、优质牧草种植面积突破3万亩、羊只饲养量突破29万只、黑毛猪饲养达到4500余头、生态鸡存栏突破2万只，预计全乡人均因特增收突破3000元。特别是在包塬村孙崾岘自然村万亩有机荞麦种植示范区的引领带动下，井滩子、包塬村均发展有机荞麦种植超过2万亩。农业产业化水平不断提升。积极发展合作社、农家乐等新型经营主体，推动农牧业经营体制和生产方式的转型升级，新培育合作社3家，发展农家乐5家，带动近50户群众在家门口增收致富。如唐平庄村大发养殖合作社以“功能党小组+协会+企业+农户”的发展方式，带动40余户建档立卡户发展黑毛猪养殖近200头，预计带动户均增收4000元以上。不断强化集约化、专业化经营，充分发挥小杂粮、大接杏、黑毛猪、麻黄山羊四个协会作用，全面践行“抱团致富”工作法，增强市场竞争和抵御风险的能力。已完成黄羊岭村山香博康粮油加工厂招投标手续，建成后预计带动农户发展小杂粮2万亩以上，实现村集体经济收入超过10万元。不断加强农业品牌建设，提升农产品的市场竞争力。“麻黄山羊”“麻黄山大接杏”商标获得国家工商总局商标局批准，“盐池麻黄山”保护性商标知识产权获得国家知识产权局批准，绿色、原产地、原生态的“一绿两原”农产品价值逐步被市场认可。特别是2018年9月首家黑毛猪直销店在银川开业，全年销售生猪达100头以上，营业额达70万元以上。农村改革有序推进。深入推进农村集体产权改革，全面完成农村承包地确权登记颁证工作，完成确权到户23.87万亩，发放农村土地承包经营权证书3033本。组织开展农村宅基地使用权和房屋所有权“两证合一”工作，“两证合一”二轮公示已全部完成。全面开展清产核资工作，截至11月底，13个村已全部完成了清查、评估处置、登记、核实、公示、审计、确认程序，确认各村固定资产4201905.4元，经营性固定资产132800元。

**【生态环境】**农村人居环境持续改善。以实施美丽村庄和发展庭院经济为抓手，新选聘天保护林员110名，着力发展庭院经济，栽植栽植垂柳、樟子松等各类树苗1.4万余株；新栽植大接杏1700亩，补植补造大接杏1000株；组织实施退耕还林614.6亩，荒山造林1000亩，种植各类牧草1万亩，生态建设成果巩固成效显著。科学合理规划，因地制宜推进村镇建设，着力打造宜居乡村，李塬畔美丽村庄建设项目、李塬畔县委旧址、高崾岘炮楼遗址修复项目已开工建设，长庆油田采油五厂营盘山作业区已进入挂牌招标阶段，乡村人居环境得到持续优化美化。生态环保工作不断抓实。着力开展蓝天碧水净土专项整治行动、农村环境综合治理、封山禁牧和农村“厕所革命”，结合第二次全国污染源普查和中央第二环保督查组“回头看”工作，先后排查油区油井、农家乐、养殖场100余家，建立问题台账，逐项整改销号，杜绝生产污染。建立河长制和河湖水域长效保护治理机制，对全乡18条河沟有效管理，乡村两级河长及巡河员开展巡河工作1000余次，清理河道40余公里，河道环境质量得到明显改善。农田水利基本建设扎实推进。按照“亮点精品更多、质量标准更高、综合效益更好”的要求，坚持“问题导向、统筹规划、连片推进”的原则，集中打造了麻黄山、井滩子、松记水、黄羊岭、包塬等16个综合治理区，涉及小流域面积达3000余平方公里，新增治理水土流失面积4.77平方公里，新修水平梯田476.9公顷、秋深翻1.6万亩、抚育林木3600余亩、新修道路35.6公里。群众种植难、行路难、增收难、村庄整治难的问题得到有效解决。

**【党　建】**基层组织建设不断加强。严格按照县委组织部有关工作要求，坚持“书记抓、抓书记”的原则，着力开展“1531”工作模式，种好“责任田”，当好“带头人”。与各党支部签订麻黄山乡基层党建目标管理责任书14份，持续夯实党建“第一责任”。围绕“三大三强”“三个带头人”工作要求，有计划、有步骤地将8名农村致富带头人纳入村党组织中，3名在岗大学生村官均被培养成为党支部书记，积极为村支部培育储备了后备人才。制定《麻黄山乡相对后进村党组织整顿转化工作实施方案》，着力整顿转化胶泥湾、包塬、下高窑3个软弱涣散党组织，全体党员干部在思想政治素质和引领发展能力方面得到有效提升。全面开展“党建提升年”工程，围绕阵地标准化建设、制度规范化运行和提升村干部能力素质三个方面，已完成对13个村级阵地的规范化建设。进一步细化了“三会一课”、组织生活会、“5+X”主题党日、民主评议、“评星定格”等制度，加强开展对村党组织书记的集中轮训，参加区市县级培训学习的支部干部40余人，乡级培训村干部、致富带头人、新民风带头人200余人次。成功创建四星级服务型党组织1个，三星级党组织3个，乡党委评定二星级服务型党组织4个、一星级服务型党组织2个。成立功能党小组41个，根据支部特点设置了党建工作站13个，选派13名优秀机关干部到各党支部任党建指导员，基层党支部的引领和带动能力得到进一步的提升。党风廉政建设扎实推进。按照全县党风廉政建设责任目标要求，乡党委与各支部签订党风廉政建设目标责任书13份，党委书记与党委委员签订责任书10份，将党风廉政建设目标责任细化到人，形成横到边、纵到底的责任制网络。严格落实中央第八巡视组和自治区第二巡视组巡视反馈问题整改工作，先后主动认领问题17项，均已整改完毕。深入开展违反中央“八项规定”精神突出问题专项治理自查工作，修改完善相关规章制度16项，进一步扎紧制度牢笼。将提醒约谈记录作为帮助乡、村干部改进工作作风、提升工作能力、促进廉洁自律的重要抓手，全年共提醒约谈乡、村干部100余人次。加大党风廉政和反腐败问题线索查处力度。把从严管理干部、从严执行纪律、从严落实制度、从严责任追究作为一种常态，全乡党内警告处分2人，开除党籍2人，党员干部操办婚丧嫁娶喜庆事宜未发现违规行为。宣传精神文明工作长足发展。深入推进移风易俗对行政村“过筛子”工作，全乡13个行政村均建立红白理事会，完善修订村规民约，切实做到有人管事、有章理事、规范办事，陈规陋习现象得到有效遏制。运用麻黄山道情、快板、三句半等群众喜闻乐见的形式，继续开展“脱贫攻坚文艺巡演”“脱贫致富大讲堂宣讲”、农村精神文明“十个最美”评选表彰等活动，创新开展麻黄山乡“文化小康助力脱贫富民乡村振兴”主题文化活动周，持续推进移风易俗转变。截至2018年年底，在13个村开展民风民俗巡回演出宣讲15场次，举办各类“文明乡风文艺巡演”11场次。特别是以包塬村为主场，举办“文化小康助力脱贫富民乡村振兴”主题文化活动周，参观群众近1万人次，有效地转变了乡村奢靡攀比现象，逐步引导群众把精力集中到脱贫致富上来，激发内生动力，提振致富信心。

**【平安建设】**综治工作稳步推进。深入开展扫黑除恶专项整治，积极组织干部群众进行“七五”普法学习和考试，投入资金10万元，建立乡村两级法律政策超市各1处，配备法律政策读本近5000份，建成了全区首家便民惠民诉讼服务站，全面提升了司法便民惠民实效。深入推进无毒乡镇建设，完成“三区一室”标准化禁毒示范点建设，联合综治办、司法所、派出所三方力量，不断加大综合治理力度，加强对“黄、赌、毒”的专项整治，严厉打击违法犯罪和严重扰乱社会秩序的人和事，确保社会大局稳定和人民安居乐业。安全生产工作扎实开展。成立了安全生产专项工作领导小组，紧盯重点行业领域和关键环节，坚持问题导向，按月对全乡13个行政村、3个油井作业区、52个餐饮单位的经营场所、15座宗教场所进行拉网式大排查。排查各类安全一般隐患11条，现场整改了6条，限期整改5条，均已全部整改到位，年内无重大安全事故。信访工作成效显著。不断强化乡村组“三级联动”矛盾纠纷调处机制，全面实行“五包一保”矛盾纠纷化解和“限时办结”和“办结答复”，不断加强普法宣传和教育，推动广大群众运用法治思维和依法、守法的方式解决各类矛盾和纠纷。借助县法院设立了惠民诉讼服务站，适度推行“自治调解”，引导广大群众有序参与乡村治理，促进政府法理和村民自治良性互动，构建德治、法治、自治相结合的乡村治理体系。全年共摸排各类矛盾纠纷6件，均得到有效及时处理，自治区党委巡视组移交的3件信访案件已全部结案。

**【社会事业】**教育事业优先发展，认真落实定期调查、劝读劝返、动态监测、送教上门等工作机制，持续推进控辍保学工作落地落实，劝返8名适龄学生返校就读，全乡义务教育阶段按时入学率达到100%。文化旅游事业前景广阔，全力打造了平庄村书画大院，进一步加强农民文艺团队组建，加强保护道情非物质文化遗产，丰富了群众文化生活。实现了13个行政村均有1支文艺团队，每年至少开展2~3次文艺演出。抢抓自治区“国家全域旅游示范区”建设机遇，重点抓实“互联网＋脱贫＋农特产品销售＋乡村休闲游”机制，成功申报何新庄村旅游扶贫村，何家大院休闲驿站获评自治区休闲农业示范点、三星级农家乐，辐射带动新注册成立民宿、农家乐7家，从业人员达50余人。全乡入境观光、消费游客已突破1万人次，创收达100余万元。卫生保障能力不断增强，不断完善村标准化卫生室建设，13个村标准化卫生室和持证村医配备均实现了“全覆盖”。乡卫生医疗服务得到优化，全年开展健康扶贫知识讲座28场次，医疗保险参合率达100%。计生服务工作有效提升，全乡全年出生106人，出生率为9.14‰，死亡35人，死亡率3.02‰，自增率为11.33‰；完成孕前优生检查102对，“少生快富”工程提前奖励扶助对象3户，办理生育服务证78件，独生子女证3件，全面完成了上级部门下达的各项指标任务。社会保障惠及民生，认真落实城乡居民最低生活保障制度，建立健全低保信息网络化管理机制，加强动态管理，切实做到“应保尽保，应退尽退，阳光施保”。全乡享受城市低保15户21人；享受农村低保448户824人；享受高龄补贴人员87人；散居特困供养人员达18人。累计发放城乡低保金283.2万元、特困供养人员供养金9.73万元、高龄金32.82万元、农村优抚对象补助金30.1万元。民族团结创建凸显亮点，全面巩固提高纯汉族乡民族团结进步模范单位的创建成果，成功创建市级民族团结示范村3个，民族宗教工作成效得到进一步巩固。武装工作成绩突出，认真落实党管武装职责，高标准高质量完成预备役整组训练和兵役登记工作，同时顺利完成今秋参军人员回访工作。群团组织作用显著，乡工会大力推进职工文化建设，年内新修干部文化活动室1处，组织机关干部职工体检75人。实施“希望工程”圆梦行动，筹资11.4万元资助应届贫困大学生36名。全面落实妇女组织有关工作要求，发放妇女创业担保贷款70户446万元，带动近100人扩大种养殖业发展规模，切实解决了农村妇女发展资金短缺的问题。就业创业扎实推进，创新工作方法，采取乡统筹、村负责的工作模式，不断加大政策宣传力度，年内完成技能培训90人次，完成转移就业3500余人，实现劳务收入3228万元。

## 王乐井乡

**【概　况】**2018年，王乐井乡继续坚持“生态立乡、产业兴乡、旅游活乡、作风固乡”，围绕三个重点（脱贫富民、特色乡镇、作风建设），实现两大目标（人民生活水平不断提高、社会大局和谐稳定），大力推进转方式、调结构、惠民生、促和谐，有力推进了全乡经济社会和各项事业全面发展。全年完成地区生产总值3.61亿元，农民人均可支配收入达9960.8元，增长11%；其中建档立卡贫困户人均收入7927.9元，增长13%。

**【脱贫富民】**特色产业方面，全面落实县级产业扶持政策，扶持发展滩羊、牧草、小杂粮以及滩鸡、生猪等优势产业，全年补栏羊只5万余只，养殖生猪18845头，滩鸡、兔子等46315只，种植红葱580余亩，拱棚300座，小杂粮（含马铃薯）60860亩。基础保障方面，全年整合资金490余万元，新修道路30.8公里（其中灌区生产硬化路11.42公里，砾石路19.38公里）。完成危房改造15户，进一步改善了群众的住房条件。金融扶贫方面，完成信贷1337户8473万元，协调闽宁协作资金476.61万元，安装屋顶分布式光伏电站107户，仅此一项户年均增收3000元以上。村集体经济建设方面，借助互助资金、光伏电站等措施，年内13个村集体经济收入均超过5万元，村集体经济收入基础得到了进一步巩固。加大了黄花种植力度，重点打造王乐井村原生态绿色无污染主题加工土作坊产业园、官滩村集中流转日光温棚30座等村集体经济发展示范点，刘四渠特色产业种植示范区种植辣根、高粱等2000亩，逐步形成了多元化的特色农业产业链，增加产业收入。同时，发放就业创业补贴1651人48万元，“雨露计划”160人，农业实用技术培训150人，进一步增强了造血能力。

【特色产业】养殖业方面，充分发挥滩羊协会引领作用，整合利用滩羊溯源、农产品加工配送等项目，实现滩羊全产业生产标准化、全流程产品可追溯、全产业效益有提升。全年羊只饲养量达45万只，新增基础母羊近4000只，培育滩羊养殖示范村1个（刘相庄）。种植业方面，重点打造王乐井村原生态绿色无污染主题加工土作坊产业园、官滩村集中流转日光温棚30座等村集体经济发展示范点；刘四渠特色产业种植示范区种植辣根、高粱等2000亩；做大做强盐兴公路两侧西甜瓜拱棚建设长廊，完成丁记井、郭记洼大拱棚建设300座，种植西甜瓜150亩。全年粮食播种面积达6万亩，新增黄花890亩，种植中药材729亩，春覆膜360亩。草畜产业方面，共计完成优质牧草种植2.1万亩，优质牧草留床面积达3.2万亩，新建专业化饲草配送中心1个。

【基础设施】经多方努力协调，完成投资1400余万元，启动实施了美丽小城镇项目，新建了牛记圈、狼子沟、鸦儿沟、丁记井、石山子5个美丽村庄，大力实施“五改一增”（改院、改气、改厕、改照明、改门窗、增添绿化）、乡村环境治理等工作，共计改造421座，农村人居环境治理取得实质进展。持续加强农田水利基本建设，新修平阳沟小流域水平梯田3050亩，平整洪漫地3800亩，新建洪漫坝184条，维修洪漫坝85条，开挖鱼鳞坑500亩，新增治理水土流失面积10.3平方公里。鸦儿沟小流域综合治理水平梯田6675亩，新修洪漫坝6座，加固洪漫坝5座，配套建设溢洪口11处，实施封禁治理25166.7亩，修理生产道路5.48公里，田间道路26.7公里，经济林33.9亩，封禁标志碑5座。实施边记洼蓄水池及实施管网改造项目，每年可节约水资源100万立方米。

【生态环境】全面落实年度生态建设任务，全年完成围村造林680亩，林木抚育1.2万亩，种植各类牧草1万亩。健全和完善了村民自治禁牧工作长效机制和林草管护制度，结合生态扶贫工程，配备天保林、生态林护林员123名，加大重点区域管护力度。严格执行河长制工作制度，创新“河长制+”模式统筹推进各项工作，对全乡2条河沟有效管理，基本实现了“水清、河畅、生态”的目标，人民群众环境满意度得到有效提升。全力推进爱国卫生运动，采取机械与人工结合的方式，投入资金100余万元对35个自然村进行了全面整治，共投入机械4200工时，拆除危旧房屋1605平方米，清理残垣断壁近3050米，清理垃圾1187吨。选聘保洁员113名，建立卫生长效保洁机制，全乡农村环境卫生面貌明显改善。

【民生改善】文化建设方面，建立了3支业余文化艺术团队，成立牛记山皮影艺术演出团，先后参加县级大小演出二十余次。在县农民文艺调演活动中王乐井乡的诗歌朗诵《不忘初心》获三等奖，眉户

《银灯结彩》获优秀奖。教育发展方面，认真落实定期调查、劝读劝返、动态监测、送教上门等工作机制，持续推进控辍保学工作落地落实，全乡义务教育阶段按时入学率达95%以上。民族团结及民生保障方面，全面巩固提高民族团结进步模范单位的创建成果，成功创建县级民族团结示范村3个。运用“民政云”系统对现有低保户进行严格核查，发放救济救灾款3820户191万元。筹资15万元资助应届贫困大学生141名，救助困难职工5名。全年发放妇女创业贷款497万元，“两癌”救助8万元。为残疾人士发放燃油补贴90人23400元、两项补贴（困难补贴428人，护理补贴504人）44510元，残疾人滩羊培训24人。超额完成兵役登记工作，不断加强国防动员和民兵预备役建设。财产保障及务工创业培训方面，积极主动配合开展农民土地承包经营权、住房财产权试点工作，年内共完成技能培训432人次，完成转移就业5400人，实现劳务收入5149余万元。

【综治维稳】全面巩固提升“平安乡镇”创建成效，发挥大综治中心牵头抓总作用，深入开展扫黑除恶专项斗争，共查处治安案件23起，调处各类纠纷103起，信访案件33起。成立“双节”及自治区60周年大庆维稳工作预案，严防死守（未发生进京、赴银、到吴信访或越级访事件）。将禁毒工作纳入了乡党委政府工作议程，与13个行政村签订了责任书，开展禁毒“六进”宣传活动，辖区内治安状况良好，无黄、毒、赌等不良社会现象。不断强化安全生产和食品药品安全监察责任制，开展食品药品安全检查11次，审验各类农用机动车460台，审验农用驾驶证520本，检审验率和合格率均达100%。积极组织干部群众开展 “七五”普法学习和考试。

【作风整改】针对巡察组巡察反馈问题制定整改方案，确立了以乡党委书记为第一责任人、班子成员为具体负责人的责任追究体系，研究制定针对性整改措施和完成时限，有计划、有步骤地推进整改工作。开展了相关主题教育8场次，组织党建应知应会测试14场，发放口袋书宣传书150本，修订完善相关制度5项。全力强化制度建设，制定并完善了《财务报销制度》《公务车辆使用管理制度》《乡村干部考勤管理制度》等，全面实行乡灶接待制、办公用品购买派单制等一系列管理制度，做到用制度管人、用制度管权。通过开展违反中央“八项规定”精神突出问题专项治理及制度“学习月”活动、涉农扶贫领域腐败和作风问题专项治理工作和形式主义官僚主义等“四风”问题集中整治工作，共收回违规报销资金98146元，对自查发现问题所涉及的19名经办乡干部进行了通报批评，组织专题学习4期，对1名受党纪处分的工作人员工资职级执行情况进行了自查整改，对13个行政村扶贫工作开展督查，累计通报4期48人次，提醒谈话8人，批评教育7人。通过自查和群众举报共受理问题线索11条，初核结束问题线索3条，另有8条已进行线索处置，拟进行初步核实。

【基层党建】乡党委创新提出抓党建工作“1+5”模式，认真落实村党支部书记、支部副书记、驻村第一书记、包村领导和党建指导员5类重点人员的工作职责。选派13名优秀机关干部到各党支部任党建指导员，促进基层党建工作科学化、制度化和规范化。强化主体责任落实，与各党支部签订党建工作责任书，推动各党支部开展工作有目标，党委监督有依据，工作落实有保障。制定《王乐井乡关于进一步扎实推进“活力提升工程”切实加强基层党建工作的实施方案》，采取月督查、月通报的工作方法，对党建工作进行督查，共发出通报3期。强化队伍建设，各村通过村“两委”换届工作全面选优配强班子成员，紧抓党员干部队伍教育管理，平均各支部开展各类教育活动10余次，各级党员干部讲党课16次。围绕党员宗教信仰排查工作，对全乡5名参与宗教活动的党员进行教育转化，共签订党员不参与宗教活动的承诺书533份，做到了党员不参与宗教活动承诺的百分百覆盖。强化阵地建设，组织王吾岔村党支部、刘四渠村党支部党员活动中心扩建工程立项、招标，对牛记圈村、官滩村、曾记畔村党支部全面改造升级，打造了标准化、规范化村级组织活动阵地。聚焦软弱涣散党组织整治，围绕“三大三强”行动，提升软弱涣散党组织党员干部思想政治素质和引领发展能力，成立软弱涣散党组织整顿小组 3 个，结合村情实际共制定整改措施 19 条，已实行 16 条，王吾岔村党组织软弱涣散情况得到明显改善。积极开展基层服务型党组织建设工作，创建四星级服务型党组织 1 个，三星级党组织 3 个，边记洼、双圪垯等 4 个村三星级服务型党组织。

【意识形态】加强组织领导，落实意识形态责任。把意识形态工作纳入党建工作责任制，纳入领导班子、领导干部目标管理的重要内容，纳入领导班子成员民主生活会和述职报告的重要内容，纳入年终绩效考核的重要内容。加强学习教育，确保理论武装到位。制定学习计划、健全学习制度、筛选学习内容，建立了签到制、发言制、通报制、反馈制。2018 年各项理论学习共 13 次，心得体会 20 余篇。加强舆论引导，传播凝聚正能量。健全完善对外信息发布，站所负责人、分管领导、主要领导“三审制”，对一些政策性、政治性、苗头性、敏感性问题做到早预见、早发现、早处置。重点打造 12 个村级综合文化服务中心，强化党的文化阵地建设。结合各行政村制定完善的“四会一约”组织机构及章程，开展“好媳妇”“最美家庭”“星级文明户”等道德模范评选活动，积极培育科学生活观念。

## 城关街道办事处

【概　况】2018 年，盐州路街道党工委、办事处按照“保稳定、促发展，强服务、重创新，抓落实、求实效”的工作思路，奋力拼搏，各项事业稳步推进。被吴忠市委、吴忠市人民政府评为“全市民族团结进步模范集体”；被吴忠市妇联评为“全市三八红旗集体”；被吴忠市精神文明建设指导委员会评为“吴忠市精神文明建设先进集体”；被吴忠市食品药品安全委员会办公室评为“吴忠市示范乡镇（街道）”；被自治区爱卫办评为“全区健康单位建设示范点”。

【社会保障】社会保障落实有力。认真落实各项惠民政策，不断扩大社会救助服务领域，社会保障应保尽保、应退尽退。完成了城市低保年度核查，全年共取消 182 户 338 人，新增 48 户 74 人，共有城市低保户 835 户 1522 人，全年发放城市低保金 873 万元；实施城乡居民临时救助 47 户 91 人，发放资金 12.05 万元；实施自然灾害救助 928 户 2192 人，发放救助资金 47.9 万元；为住房困难户申请办理保障性住房 181 户；为 5 位家庭贫困的高职大中专学生申请了临时教育救助金 1 万元；发放残疾人两项补贴 116 万元；发放残疾人创业就业基金 1.9 万元；发放残疾人燃油补贴 1.82 万元；为 6 户残疾人家庭实施了无障碍改造。老龄工作扎实有效。开办运营社区老年人日间照料中心 4 所，老年人多元化养老需求基本得到满足。棚户区改造深入推进。签订房屋征收安置协议 76 户，支付补偿资金 1678.6 万元；拆除了小井坑片区 2009 年以来遗留的 6 户居民中的 4 户；提请县政府制定了《南关社区改造工程实施方案》，总投资 1 亿元。2018 年完成了第六片区 110 户水、电、暖、气等基础设施改造以及部分墙面、屋顶保温等外立面工作。

【综合治理】矛盾纠纷化解措施得力。全年共排查各类矛盾纠纷及治安隐患共计 260 件，集中梳理上报群众反映强烈问题及突出治安问题 83 件。特别是“两会”、自治区 60 周年大庆等敏感时期加大了对重点信访问题的排查化解力度，实行涉稳信息“零报告”制度，对重点信访问题涉及的重点人员进行了分片包干，掌握适时动态，确保了重大节点期间的社会治安稳定。特殊群体管理工作深入有效。针对缠访、闹访等特殊群体，采取 24 小时不间断跟踪服务，深入细致做好思想工作、真心实意解决生活困难。针对重点群体，采取上门走访、电话沟通、解决生活需求等方式，全力做好575名涉军群体的管理帮扶工作，尤其是在自治区60周年大庆等重大节庆活动期间，全员出动，确保矛盾化解在萌芽状态。针对邪教群体，深入调查邪教组织成员信息，全面排查新线索、新苗头，加大宣传取缔力度，整治"神婆""神汉""神娃"24家。社区矫正、戒毒（康复）工作扎实推进。抓好社区矫正人员日常服务管理，对在册的49名矫正对象实行一人一档，详细记载了矫正方案、监护人协议书、公益劳动记录等方面的资料；落实帮扶救助措施解决两类人员低保23人，廉租住房22套，帮助解决就业再就业20余人。抓好戒毒人员的跟踪服务管理，对在册的254名涉毒人员逐一进行了入户信息核查，并落实"双四色管理"模式和分级分类管控措施，严格落实管控责任，密切掌握其动向，有效预防和减少了复吸、脱管、漏管及失控现象。扫黑除恶专项斗争深入开展。积极运用网格化管理、政法云、手持终端大情报等信息化手段和人力情报手段，针对扫黑除恶重点打击对象、线索全方位展开集中排查、滚动排查。特别是对解决群众诉求、清理信访积案、化解社会矛盾工作中发现涉黑涉恶线索及时跟进、上报，并配合相关部门严厉打击。全年共排查上报各类线索20条。

【卫生健康】卫生计生工作进一步加强。积极拓展计划生育药具发放渠道，创新发放模式，打造了多点分布、社区服务、自动服务、送领结合的发放格局。在辖区内设立32个药具固定发放点，基本做到了避孕药具发放全覆盖；深入推进免费孕前优生健康检查工作，街道社区每月定期督促新婚及备孕的夫妇进行孕前检查等服务项目，全年参加免费孕前优生健康检查132对；完成芙蓉社区"流动人口之家"打造；结合"三八"妇女节、"5·29"计生协会日等开展宣传活动，共举办健康讲座和集中宣传2场次，制作发放宣传彩页、宣传折页5000余份、发放宣传品3000余份，受益人群达3000余人次。环境卫生整治进一步巩固。针对辖区内无物业、无主管部门、无人防物防的小区楼院，通过协调成立业主委员会、制定居民公约、督促物业公司履职尽责等方式，逐步推进"三无小区"物业化或居民自治化，全力破解老旧小区无人管的难题。先后成立业主委员会23个；投入资金30余万元，为紫东苑小区等购买活动桌椅、硬化院落、安装门禁系统等。制定了《关于进一步加强环境卫生长效管理实施意见》，动员辖区101家单位，投入200余万元，为居民小区更换垃圾桶、垃圾车、购置休闲座椅、硬化停车场等。建立了一季度一检查一评比一表彰的工作机制。同时，聘请2名专职卫生监督员对辖区各居民小区、环境责任区的环境不定时巡查；积极协调县住建局制定了《盐池县物业管理实施规定》，不断提升物业服务水平。健康盐池建设深入推进。进一步做好健康盐池建设，建立健康盐池建设长效工作机制，大力开展健康文化宣传，提高居民对健康盐池的理解和认知，不断完善促进健康的场所和公共环境，打造了西南城墙角健康文化园，不断提升居民群众健康意识和健康素养水平。

【从严治党】党建工作呈现蓬勃生机。严格按照"三会一课"要求，督促各支部定期开展党员大会、党支部委员会、党小组会及书记讲党课；扎实开展"5+X"主题党日活动、党建促进月等活动，制定了详细的主题党日活动安排表，做到月月不重复，月月有亮点；认真执行发展党员工作新细则，严把党员"入口关"，全年共培养积极分子9名，发展党员8名；筹措资金3.12万元，慰问党员43名；签订共产党员不参与宗教活动承诺书607份。深入实施"强龙工程"，为10个社区全部配齐了党支部书记、副书记、党务干部；指导成立了10个社区离退休党支部，按照每人每月260元，严格落实离退休党支部书记、委员津贴；成立功能党小组40个；整治软弱涣散党组织1个；处置不合格党员1名；创建"四星级和谐社区"7个，"五星级和谐社区”3个；创建四星级服务型党组织2个，三星级服务型党组织4个。严格落实自治区党委第二巡视组反馈问题整改工作。紧紧围绕自治区党委第二巡视组巡视反馈的问题，按照“整改问题不清不过关、整改措施不硬不过关、整改时限不明不过关、整改效果不实不过关”的要求，及时制定了整改方案，成立了整改领导小组，进一步明确了责任人及完成时限，并建立了整改销号台账。15个问题已全部整改完毕。扎实推进党风廉政建设。认真落实党风廉政建设“两个责任”，巩固深化中央“八项规定”精神“回头看”工作，坚持领导班子成员提醒谈话常态化，组织党员认真学习党章，严格贯彻执行《中国共产党廉洁自律准则》《中国共产党纪律处分条例》，切实把政治纪律和政治规矩挺在前面。坚持集体研究、集体决策，对涉及“三重一大”事项必须坚持集体协商，不搞个人主义和偏亲厚友，专项经费支出在4000元以上的提交党工委会集体讨论决定。深入开展了违反中央“八项规定”精神突出问题专项治理。对照“五个严禁”19个方面和“四个严禁”15个方面内容，通过召开专题会议、明确责任人、整改时限等形式，对该单位2012年12月以来的落实中央“八项规定”精神进行了一次全面细致的排查。经过认真自查，共自查出违规发放信息奖励费、便餐费等资金38545元，已全部上缴县财政。共开展批评教育及提醒约谈12人次；提交书面检查材料12人。

**【群团工作】**筹措资金5万元，开展“希望工程·圆梦工程”资助贫困大学生30名；举办妇联干部各类知识讲座培训班20期，培训人员1000人次；旗袍协会等6个妇女协会组织，自编自演的节目在小区巡回演出20场次；评选表彰奖励最美家庭6户；开展康乃馨送温暖关爱活动，慰问贫困母亲及困难孤儿103户，发放慰问金5.6万元；为城镇贫困“两癌”妇女帮扶资金1万元；举办劳动技能培训及创业培训10场次，受益人数300余人；成立劳动争议调解组织11个，接待并成功调解各类矛盾纠纷200余起；帮扶困难职工家庭（含农民工）118户；开展庆中秋暨“凡人有善举、天天正能量”模范评选表彰活动，共评选表彰各类模范20名。

# 荣 誉

RONGYU



## | 先进集体 |

### 国家级先进集体名录

【全国脱贫攻坚奖组织创新奖】

盐池县（扶贫办）

颁奖单位：国务院扶贫开发领导小组

【国家卫生县城（2018—2020）】

盐池县（卫计局）

颁奖单位：全国爱国卫生运动委员会

【2017 年落实有关重大政策措施真抓实干成效明显予以督查激励的通报】

盐池县（国土局）

颁奖单位：国务院办公厅

【第四批全国法治县（市、区）创建活动先进单位】

盐池县（司法局）

颁奖单位：全国普法办

【国家健康扶贫工程先进县】

盐池县（卫计局）

颁奖单位：国家卫生健康委员会办公厅、国务院扶贫办综合司

【中国计生协第二、三批全国计生基层群众自治示范县】

盐池县（卫计局）

颁奖单位：中国计划生育协会

【全国基层中医药先进单位创建活动先进集体】

盐池县卫生和计划生育局

颁奖单位：国家中医药管理局

【2016—2017 年度群众满意的乡镇卫生院】

盐池县高沙窝镇卫生院

盐池县王乐井乡卫生院

颁奖单位：国家卫计委

【优秀县级车辆管理所】

盐池县（交警大队）

颁奖单位：公安部

【全国林业系统先进集体】

盐池县环境和林业局

颁奖单位：人力资源和社会保障部、国家林业局

【三北防护林体系建设工程先进集体】

盐池县环境和林业局
颁奖单位：国家林业和草原局
【全国科技管理系统先进集体】
盐池县科学技术协会
颁奖单位：人力资源和社会保障部、科技部
【全国一村一品示范村镇】
盐池县花马池镇柳杨堡村
颁奖单位：农业农村部
【全国文明村镇】
盐池县花马池镇佟记圈村
颁奖单位：中央精神文明建设指导委员会
【第七届全国服务农民、服务基层文化建设先进集体】
盐池县盐州艺术团
颁奖单位：中共中央宣传部、文化部、国家新闻出版广电总局
【全国中小学生研学实践教育基地】
盐池县博物馆
颁奖单位：教育部办公厅
【全国粮食流通执法督察创新示范单位】
盐池县粮食局
颁奖单位：国家粮食和物资储备局
【2018年度全国妇女新闻宣传阵地建设先进单位】
盐池县妇女联合会
颁奖单位：中国妇女报社
【2018年全国科普日予以表扬的组织单位】
盐池县科学技术协会
颁奖单位：中国科协办公厅
【2017年全国“五好”县级工商联】
盐池县工商业联合会
颁奖单位：中华全国工商业联合会
【2018年全国模拟飞行锦标赛组织特等奖】
盐池县文化旅游广电局
颁奖单位：国家体育总局航空无线电模型运动管理中心、中国航空运动协会
【2018年全国优秀县级项目办】
共青团盐池县委员会
颁奖单位：全国大学生志愿服务西部计划项目管理办公室
【2017—2018年全国节约型公共机构示范单位】
盐池县总工会
颁奖单位：国管局、国家发展改革委、财政部联合组织颁发
【全国优秀县级车辆管理所】
盐池县交管大队车管所
颁奖单位：公安部
【全国供销合作社系统先进集体奖】
盐池县供销社
颁奖单位：中华供销合作总社
【教育部关于公布2018年中小学国防教育示范学校】
盐池县冯记沟中心小学
颁奖单位：教育部
【宁夏回族自治区吴忠市盐池县“2018年全国脱贫攻坚奖组织创新奖”】
盐池县就业创业和人才服务局
颁奖单位：国务院扶贫开发领导小组
【全国粮食流通执法督察创新示范单位】
盐池县粮食局
颁奖单位：国家粮食和物资储备局
【全国文明单位】（2017.11）
盐池县审计局
颁奖单位：中央精神文明建设指导委员会
【中国农业普查先进集体】
宁夏回族自治区吴忠市盐池县第三次全国农业普查领导小组办公室
颁奖单位：国务院全国第三次农业普查领导小组
【全国科技管理系统先进集体】
盐池县科学技术局

颁奖单位：人力资源和社会保障部、科学技术部

【全国文明单位】

盐池县财政局

颁奖单位：中央精神文明建设指导委员会

【全国林业系统先进集体】

盐池县环境保护和林业局

颁奖单位：人力资源和社会保障部、国家林业局

【三北防护林体系建设工程先进集体】

盐池县环境保护和林业局

颁奖单位：国家林业和草原局

【第七届服务农民、服务基层文化建设先进集体】

盐池县文化馆

颁奖单位：中共中央宣传部、文化部、国家新闻出版广电总局

【2018年中国民族春节联欢晚会宁夏分会场做出突出贡献最佳组织奖】

盐池县文化馆

颁奖单位：中国民族春节联欢晚会组委会

【国家二级图书馆评定】

盐池县图书馆

颁奖单位：中共中央宣传部、文化部、国家新闻出版广电总局

【国家三级博物馆评定】

盐池县博物馆

颁奖单位：教育部办公厅

【全国法治（市、区）创建活动先进单位】

盐池县司法局

颁奖单位：全国普法办

【2018年度人民调解宣传工作先进集体】

盐池县司法局

颁奖单位：中华全国人民调解员协会

【2017—2018年节约型公共机构示范单位】

盐池县麻黄山乡

颁奖单位：国管局、国家发展改革委、财政部

## 省（部）级先进集体名录

【2018中国县域经济发展优秀实践县】

盐池县

颁奖单位：新华网

【2018中国县域经济投资潜力县】

盐池县

颁奖单位：新华网

【全区民族团结进步模范集体】

盐池县花马池镇卫生院

颁奖单位：宁夏回族自治区党委、宁夏回族自治区人民政府

【信访工作责任目标管理考核先进县】

盐池县（信访局）

颁奖单位：宁夏回族自治区信访工作联席会议

【信访信息系统应用先进单位】

盐池县（信访局）

颁奖单位：宁夏回族自治区信访工作联席会议

【2017年招商引资指导性目标任务完成一等奖】

盐池县（工信和商务局）

颁奖单位：宁夏回族自治区人民政府

【2017年度全区社会治安综合治理平安县】

盐池县（政法委）

颁奖单位：宁夏回族自治区社会治安综合治理委员会

【2013—2017年度全区社会治安综合治理优秀县】

盐池县（政法委）

颁奖单位：宁夏回族自治区社会治安综合治理委员会

【全区铁路护路联防工作先进县】

盐池县（政法委）

颁奖单位：宁夏回族自治区铁路护路联防工作领导小组

【自治区食品安全示范县】

盐池县（市场监督管理局）

颁奖单位：宁夏回族自治区食品安全委员会

【2017年度全区农田水利基本建设“黄河杯”竞

赛特等奖】

盐池县（水务局）

颁奖单位：宁夏回族自治区农田水利基本建设指挥部

【2017年度全区住房保障工作目标责任考核一等奖】

盐池县（住建局）

颁奖单位：宁夏回族自治区人民政府办公厅

【转移就业示范县】

盐池县（就业局）

颁奖单位：宁夏回族自治区创业就业工作领导小组

【自治区第三次全国农业普查先进集体】

盐池县花马池镇

颁奖单位：宁夏回族自治区第三次全国农业普查领导小组办公室

【2018—2021年度自治区文明乡镇】

盐池县惠安堡镇

盐池县王乐井乡

颁奖单位：宁夏回族自治区精神文明建设指导委员会

【2018—2021年度自治区文明村】

盐池县惠安堡镇隰宁堡村

颁奖单位：宁夏回族自治区精神文明建设指导委员会

【自治区精神文明建设先进单位】

盐池县青山乡古峰庄村

颁奖单位：宁夏回族自治区精神文明建设指导委员会

【2017年度全区铁路护路联防工作先进集体】

盐池县高沙窝镇

颁奖单位：宁夏回族自治区铁路护路联防工作领导小组

【全区民族团结进步模范集体】

盐池县冯记沟乡

颁奖单位：宁夏回族自治区党委、自治区人民政府

【2017年度全区森林防火工作先进单位】

盐池县环境和林业局

颁奖单位：宁夏回族自治区森林草原防火指挥部

【2018—2021年度自治区文明单位】

盐池县财政局

颁奖单位：宁夏回族自治区精神文明建设指导委员会

【2017年度全区工业稳增长先进工作单位】

盐池县工信和商务局

颁奖单位：宁夏回族自治区经济运行协调领导小组

【关于2017年贫困县党委政府扶贫开发工作成效考核情况的通报】

盐池县

颁奖单位：宁夏回族自治区党委办公厅 自治区人民政府办公厅

【关于2018年贫困县党委和政府扶贫开发工作成效考核情况的通报】

盐池县

颁奖单位：宁夏回族自治区委员会办公厅 自治区人民政府办公厅

【2018上半年工作大督查考核全域旅游贫困县第二名】

盐池县

颁奖单位：宁夏回族自治区人民政府办公厅

【2018年上半年工作大督查中考核为全域旅游贫困县第二名】

盐池县

颁奖单位：宁夏回族自治区人民政府办公厅

【驻村帮扶工作先进单位】

盐池县委党校

颁奖单位：宁夏回族自治区扶贫开发领导小组

【创业与就业工作贫困县第一名】

盐池县就业创业和人才服务局

颁奖单位：宁夏回族自治区人民政府办公厅

【2018年全区就业创业工作考核C类等次】

盐池县就业创业和人才服务局

颁奖单位：宁夏回族自治区创业就业工作领导小组

【星级和谐社区创建三等奖】

盐池县民政局

颁奖单位：宁夏回族自治区基层政权与社区治理工作领导小组

【“工人先锋号”一流班组】

国网盐池县供电公司配电运检班

颁奖单位：国家电网公司

## 自治区厅（局）级先进集体名录

【2017年度社会救助工作绩效评价优秀等次】

盐池县（民政局）

颁奖单位：宁夏回族自治区民政厅、宁夏回族自治区财政厅

【2018年度全区老年人意外伤害综合保险优胜奖】

盐池县民政局

颁奖单位：宁夏回族自治区民政厅 宁夏回族自治区老龄委

【2017年度单位GDP和固定资产投资规模增长的新增建设用地消耗考核优秀等次】

盐池县（发改局、国土局）

颁奖单位：宁夏回族自治区自然资源厅、宁夏回族自治区发改委

【全区文化扶贫工程贫困地区村综合文化中心建设先进集体】

盐池县

颁奖单位：宁夏回族自治区党委宣传部、财政厅、文化厅、新闻出版广电局、体育局

【全区离退休干部党员“学习十九大，永远跟党走”网络知识竞赛优秀组织奖】

盐池县老干部局

颁奖单位：宁夏回族自治区离退休干部党工委、宁夏回族自治区党委老干部局

【自治区党建研究会2017年度优秀会员单位】

盐池县委组织部

颁奖单位：宁夏回族自治区党的建设研究会

【撰写《依托微信公众平台推进基层党建工作探索》被组织区党建研究会2017年度研究课题优秀成果二等奖】

盐池县委组织部

颁奖单位：宁夏回族自治区党的建设研究会

【撰写《改进干部教育培训方式方法研究》被组织区党建研究会2017年度研究课题优秀成果三等奖】

盐池县委组织部

颁奖单位：宁夏回族自治区党的建设研究会

【全区爱国卫生工作先进集体（2012—2017）】

盐池县卫计局（爱卫办）

颁奖单位：宁夏回族自治区爱国卫生运动委员会

【自治区健康单位建设示范点】

盐池县街道办办事处

颁奖单位：宁夏回族自治区爱国卫生运动委员会

【自治区级“四好农村路”示范县】

盐池县（交通运输局、公路段）

颁奖单位：宁夏回族自治区交通运输厅

【2017年度全区统计工作综合考评二等奖】

盐池县（统计局）

颁奖单位：宁夏回族自治区统计局

【2018年政法经费保障绩效考核一等奖】

盐池县（公安局）

颁奖单位：宁夏回族自治区财政厅

【全区关心下一代工作先进集体】

盐池县青山乡

颁奖单位：宁夏回族自治区关工委、宁夏回族自治区文明办

【全区纪检监察机关2017年度执纪审查工作互查互评通报表扬】

中共盐池县纪律检查委员会

颁奖单位：宁夏回族自治区纪委、监察厅

【2017年度全区共青团工作目标考核一等奖】

共青团盐池县委员会

颁奖单位：宁夏回族自治区团委

【2017—2018年度宁夏大学生志愿服务西部计划优秀项目办】
共青团盐池县委员会
颁奖单位：宁夏大学生志愿服务西部计划项目管理办公室
【希望工程筹资工作全区一等奖】
共青团盐池县委员会
颁奖单位：宁夏青少年发展基金会、宁夏回族自治区希望工程办公室
【庆祝自治区成立60周年主题文艺活动先进单位】
盐池县文学艺术界联合会
颁奖单位：宁夏回族自治区文联
【2017年度全区扶贫系统先进单位】
盐池县扶贫开发办公室
颁奖单位：宁夏回族自治区扶贫办
【2018年度扶贫系统先进单位】
盐池县扶贫开发办公室
颁奖单位:宁夏回族自治区扶贫开发办公室
【2017年度全区农村公路建设先进集体】
盐池县交通运输局
颁奖单位：宁夏回族自治区交通运输厅
【全区住房城乡建设工作先进集体】
盐池县住房和城乡建设局
颁奖单位：宁夏回族自治区住房和城乡建设厅
【民族团结进步创建活动示范机关】
盐池县住房和城乡建设局
颁奖单位：宁夏回族自治区党委统战部、民族事务委员会
【十大农产品区域公用品牌“盐池滩羊肉”“盐池黄花菜”】
盐池县农牧局
颁奖单位：宁夏回族自治区农牧厅
【2017年度表彰审计项目】
盐池县审计局
颁奖单位：宁夏回族自治区审计厅
【自治区三八红旗集体】
盐池县统计局
颁奖单位：宁夏回族自治区妇女联合会
【第八批全区民族团结进步创建活动示范机关】
盐池县政务服务中心
颁奖单位：宁夏回族自治区统战部、自治区民族事务委员会
【2017年度全区社会保险综合业务工作、机关事业单位养老保险经办工作、被征地农民养老保险经办工作、医疗保险经办工作先进单位】
盐池县社会保险事业管理局
颁奖单位：宁夏回族自治区社保局
【2018年度全区就业创业工作先进集体】
盐池县就业创业和人才服务局
颁奖单位：宁夏回族自治区就业局
【2018年度贫困县区党委政府扶贫开发工作（残疾人救助）优秀等次】
盐池县残疾人联合会
颁奖单位：宁夏回族自治区残联
【全区关心下一代工作先进集体】
盐池县关心下一代工作委员会
颁奖单位：宁夏回族自治区关工委、宁夏回族自治区文明办
【2018年全区工会组建和发展会员工作考核第7名】
盐池县总工会
颁奖单位：宁夏回族自治区总工会
【2017年度全区工会经审规范化建设特等奖和2018年度全区工会优秀审计项目】
盐池县总工会
颁奖单位：宁夏回族自治区总工会
【区级劳模创新工作室】
李炎龙劳模创新工作室
颁奖单位：宁夏回族自治区总工会

【爱心妈咪小屋】
盐池县人民医院工会“爱心妈咪小屋”
颁奖单位：宁夏回族自治区总工会
【2018年自治区劳动关系和谐企业】
宁夏德昌建设工程有限公司（县总工会基层工会组织）
颁奖单位：宁夏回族自治区人力资源、社会保障厅、自治区总工会、自治区发展和改革委员会、自治区工业和信息化厅等14个区级单位
【2018年全区休闲农业创意精品大赛优秀组织单位】
盐池县非公有制经济服务中心
颁奖单位：宁夏回族自治区农牧厅农产品加工局
【关于对全区公安机关圆满完成春节安保维稳工作先进集体予以表扬的通报】
盐池县花马池派出所
颁奖单位：宁夏回族自治区公安厅
【全区供销合作社系统2017年度效能目标考核一等奖】
盐池县供销社
颁奖单位：宁夏回族自治区供销社
【2018年全国青少年体育冬夏令营（陕西站）暨第四届陕甘宁革命老区青少年足球联赛第四名】
盐池县教育体育局
颁奖单位：陕西省体育局、宁夏回族自治区体育局、甘肃省体育局
【2017年度全区生源地信用助学贷款工作先进集体】
盐池县教育体育局
颁奖单位：宁夏回族自治区教育厅 国家开发银行宁夏分行
【五星级基层党组织】
盐池县教育体育局
颁奖单位：宁夏回族自治区教育工委、教育厅党组
【“阳光下成长”宁夏回族自治区第六届中小学艺术展演优秀组织奖】
盐池县教育体育局
颁奖单位：宁夏回族自治区教育厅
【全区第四届幼儿园优秀自制玩教具评选活动优秀组织奖】
盐池县教育体育局
颁奖单位：宁夏回族自治区教育厅
【宁夏2018年全民健身季优秀单位二类补助单位】
盐池县教育体育局
颁奖单位：宁夏回族自治区教育厅
【2018年百城千村交流展示系列活动暨第四届宁夏健身气功站点联赛三等奖】
盐池县教育体育局
颁奖单位：宁夏回族自治区教育厅
【全区民族团结知识竞赛优秀组织奖】
盐池县教育体育局
颁奖单位：宁夏回族自治区党委宣传部、党委统战部、民族事务委员会
【2017年度全区财政总决算工作先进单位】
盐池县财政局
颁奖单位：宁夏回族自治区财政厅
【2018年度全区预算执行分析工作先进单位】
盐池县财政局
颁奖单位：宁夏回族自治区财政厅
【2018年度全区非税收入分析评比三等奖】
盐池县财政局
颁奖单位：宁夏回族自治区财政厅
【2018年度全区行政事业性国有资产管理工作先进单位】
盐池县财政局
颁奖单位：宁夏回族自治区财政厅
【宁夏回族自治区巾帼文明岗】
盐池县财政局国库集中支付中心
颁奖单位：宁夏回族自治区妇女联合会
【全区星级司法所创建工作先进集体】
盐池县司法局

颁奖单位：宁夏回族自治区司法厅
【2018 年全区重大气象服务先进集体】
盐池县气象局
颁奖单位：宁夏回族自治区气象局
【国网宁夏电力有限公司先进集体】
国网盐池县供电公司
颁奖单位：国网宁夏电力有限公司
【电力优秀共产党员服务队】
国家电网塞上电力（盐池）共产党员服务队
颁奖单位：国网宁夏电力有限公司
【党支部标准化建设示范点】
国网盐池县供电公司
颁奖单位：国网宁夏电力有限公司
【“工人先锋号”一流班组】
国网盐池县供电公司配电运检班
颁奖单位：国网宁夏电力有限公司
【“互联网+”营销服务先进集体】
国网盐池县供电公司
颁奖单位：国网宁夏电力有限公司
【绝缘杆法技能竞赛团体一等奖】
国网盐池县供电公司
颁奖单位：国网宁夏电力有限公司

## 吴忠市级先进集体名录

【2017 年度社会治安综合治理优秀奖】
盐池县（政法委）
颁奖单位：吴忠市委、吴忠市人民政府
【2018—2021 年吴忠市文明乡镇】
盐池县花马池镇
盐池县冯记沟乡
颁奖单位：吴忠市委、吴忠市人民政府
【全市民族团结进步模范集体】
盐池县大水坑镇
盐池县盐州路街道办事处
颁奖单位：吴忠市委、吴忠市人民政府
【吴忠市文明单位（2018—2021 年）】
盐池县人民政府办公室
盐池县委宣传部
盐池县委组织部
盐池县委党校
盐池县科学技术局
盐池县发展和改革局
盐池县农牧局
盐池县民政局
颁奖单位：吴忠市委、吴忠市人民政府
【“双拥模范城（县）”创建工作先进单位】
盐池县公安局
颁奖单位：吴忠市委、吴忠市人民政府、吴忠军分区
【吴忠市“你好，新时代”鼓号队交流展示活动优秀组织奖】
共青团盐池县委员会
颁奖单位：吴忠市委、吴忠市人民政府
【吴忠市文明村】
盐池县花马池镇沟沿村
盐池县花马池镇红沟梁村
颁奖单位：中共吴忠市委员会　吴忠市人民政府
【2018 年度脱贫攻坚工作先进集体】
脱贫攻坚工作先进县
盐池县
脱贫攻坚驻村帮扶先进单位
盐池县农牧局派驻花马池镇皖记沟村工作队
盐池县工业园区管委会派驻大水坑镇新泉井村工作队
盐池县住房和城乡建设局派驻青山乡古峰庄村工作队
盐池县扶贫开发办公室派驻冯记沟乡平台村工作队
盐池县卫生和计划生育局派驻王乐井乡刘四渠村工作队
2018 年度脱贫攻坚先进乡镇
盐池县惠安堡镇

盐池县冯记沟乡
脱贫攻坚先进村
盐池县花马池镇惠泽村
盐池县大水坑镇二道沟村
盐池县惠安堡镇大坝村
盐池县高沙窝镇长流墩村
盐池县王乐井乡边记洼村
盐池县青山乡营盘台村
盐池县冯记沟乡冯记沟村
盐池县麻黄山乡黄羊岭村
脱贫扶贫攻坚社会扶贫先进单位
盐池县农村商业银行
颁奖单位：中共吴忠市委员会、吴忠市人民政府
【2017年度卫生计生工作综合管理目标责任奖励一等奖】
盐池县（卫生和计划生育局）

## 盐池县级先进集体名录

【2018年效能目标管理责任制考核工作】
乡镇
优秀等次
盐池县惠安堡镇
盐池县麻黄山乡
盐池县大水坑镇
盐池县冯记沟乡
良好等次
盐池县花马池镇
盐池县青山乡
盐池县高沙窝镇
盐池县王乐井乡
县直部门
优秀等次
盐池县委组织部
盐池县委宣传部
盐池县委办公室
中共盐池县纪律检查委员会
中国共产党盐池县委政法委员会（综治办）
政协盐池县委员会
盐池县人大常委会
中国共产党盐池县委员会政策研究室
盐池县扶贫开发办公室
盐池县农牧局
盐池县财政局
盐池县水务局
盐池县卫生和计划生育局
盐池县审计局
盐池县政府办公室
盐池县人力资源和社会保障局
盐池县信访局
盐池县政务服务中心
盐池县法制办
盐池县社会保险事业管理局
盐池县就业创业和人才服务局
盐池县医院
盐池县中医院
盐池县融盐国有资本投资运营有限公司
良好等次
盐池县盐州路党工委
共青团盐池县委员会
盐池县总工会
盐池县妇女联合会
中国共产党盐池县委员会统战部（民族宗教局）
盐池县机构编制委员会办公室
盐池县委党校
盐池县工商业联合会
盐池县科学技术协会
盐池县委老干部局
盐池县残疾人联合会

盐池县文学艺术界联合会
盐池县工业信息化和商务局
盐池县工业园区管委会
盐池县发展和改革局
盐池县住房和城乡建设局
盐池县科学技术局
盐池县交通运输局
盐池县环境保护和林业局
盐池县文化旅游广电局
盐池县司法局
盐池县民政局
盐池县统计局
盐池县教育体育局
盐池县市场监督管理局
盐池县安全生产监督管理局
盐池县兴盐国有资本投资运营有限公司
盐池县供热公司
盐池县滩羊集团
盐池县资源能源服务中心
盐池县城市管理综合执法局
盐池县非公有制经济服务中心
盐池县公路段
盐池县供销社
盐池县农村合作经济经营管理站
盐池县粮食局
昫盐公司
盐池县农业机械化推广服务中心

【支持地方经济社会发展突出贡献奖】

盐池县供电局
盐池县国税局
盐池县调查队
盐池县农村信用合作联社

【支持地方经济社会发展优秀奖】

盐池县供水公司
中国人寿保险盐池支公司
宁夏银行盐池支行
中国人保财险盐池支公司
建设银行盐池支行
农业银行盐池支行
工商银行盐池支行

【村级（社区）工作先进集体】

先进村

盐池县花马池镇惠泽村
盐池县花马池镇柳杨堡村
盐池县花马池镇四墩子村
盐池县花马池镇长城村
盐池县大水坑镇二道沟村
盐池县大水坑镇东风村
盐池县大水坑镇马坊村
盐池县大水坑镇李伏渠村
盐池县惠安堡镇狼布掌村
盐池县惠安堡镇老盐池村
盐池县惠安堡镇大坝村
盐池县惠安堡镇四股泉村
盐池县高沙窝镇长流墩村
盐池县高沙窝镇大疙瘩村
盐池县王乐井乡刘四渠村
盐池县王乐井乡郑家堡村
盐池县王乐井乡王乐井村
盐池县青山乡营盘台村
盐池县青山乡古峰庄村
盐池县青山乡冯记沟乡雨强村
盐池县青山乡冯记沟村
盐池县青山乡马儿庄村
盐池县麻黄山乡胶泥湾村
盐池县麻黄山乡沙崾岘村
盐池县麻黄山乡何新庄村
盐池县麻黄山乡唐平庄村

先进社区
盐池县惠安堡镇惠安社区
盐池县高沙窝镇安康社区
盐池县盐州路街道办事处芙蓉社区
盐池县盐州路街道办事处西苑社区
盐池县盐州路街道办事处龙辰社区
【实施创新驱动战略及“两大任务”】
工业经济先进集体
一等奖
盐池县工业信息化和商务局
二等奖
盐池县工业园区管委会
盐池县发展和改革局
盐池县高沙窝镇
盐池县安全生产监督管理局
三等奖
盐池县政务服务中心
盐池县污水公司
盐池县统计局
盐池县供电局
盐池县青山乡
盐池县环境保护和林业局
盐池县市场监督管理局
争项目争资金
1. 先进集体
第一名
盐池县财政局
第二名
盐池县扶贫开发办公室
盐池县环境保护和林业局
第三名
盐池县交通运输局
残联
2. 突出贡献奖
盐池县发展和改革局
3. 固定资产投资先进集体
盐池县统计局
盐池县工业信息化和商务局
盐池县农牧局
盐池县交通运输局
盐池县住房和城乡建设局
招商引资先进集体
一等奖
盐池县工业园区管委会
二等奖
盐池县工业信息化和商务局
三等奖
盐池县农牧局
优化营商环境服务先进单位
盐池县发展和改革局
盐池县住房和城乡建设局
盐池县财政局
盐池县大水坑镇
盐池县政府办公室
科技成果转移转化院地合作突出贡献奖
宁夏农林科学院盐池基地
【脱贫攻坚工作先进集体】
先进乡镇
优秀等次
盐池县冯记沟乡
盐池县麻黄山乡
盐池县青山乡
盐池县高沙窝镇
良好等次
盐池县王乐井乡
盐池县惠安堡镇
盐池县大水坑镇
盐池县花马池镇

先进村

盐池县花马池镇柳杨堡村

盐池县花马池镇四墩子村

盐池县花马池镇东塘村

盐池县花马池镇长城村

盐池县大水坑镇新建村

盐池县大水坑镇向阳村

盐池县大水坑镇马坊村

盐池县惠安堡镇惠苑村

盐池县惠安堡镇杨儿庄村

盐池县惠安堡镇狼布掌村

盐池县高沙窝镇高沙窝村

盐池县高沙窝镇施记圈村

盐池县高沙窝镇南梁村

盐池县王乐井乡双圪垯村

盐池县王乐井乡牛记圈村

盐池县王乐井乡狼洞沟村

盐池县青山乡古峰庄村

盐池县青山乡猫头梁村

盐池县青山乡旺四滩村

盐池县冯记沟乡马儿庄村

盐池县冯记沟乡丁记掌村

盐池县冯记沟乡回六庄村

盐池县麻黄山乡松记水村

盐池县麻黄山乡唐平庄村

盐池县麻黄山乡后洼村

先进包扶部门（企业）

盐池县人大常委会

盐池县武装部

盐池县公安局

盐池县政府办公室

盐池县委组织部

盐池县财政局

盐池县委办公室

盐池县发展和改革局

中国人寿保险股份有限公司盐池支公司

政协盐池县委员会

盐池县工业园区管委会

盐池县委宣传部

盐池县水务局

盐池县中医院

中共盐池县纪律检查委员会

中国共产党盐池县委政法委员会（综治办）

盐池县扶贫开发办公室

盐池县环境保护和林业局

盐池县人民检察院

中国工商银行盐池县支行

先进金融机构

盐池县农村信用合作联社

中国农业银行股份有限公司盐池县支行

宁夏银行盐池支行

中国人民财产保险股份有限公司盐池支公司

中国人寿保险股份有限公司盐池支公司

驻村工作先进单位

宁夏回族自治区残联派驻花马池镇柳杨堡村

盐池县市场监督管理局派驻花马池镇红沟梁村

盐池县供电公司派驻花马池镇冒寨子村

宁夏回族自治区委组织部派驻大水坑镇向阳村

宁夏回族自治区电信公司派驻大水坑镇新建村

盐池县检察院派驻大水坑镇二道沟村

宁夏回族自治区卫健委派驻惠安堡镇老盐池村

盐池县国土局派驻惠安堡镇隰宁堡村

吴忠市国税局派驻惠安堡镇杨儿庄村

吴忠市城市管理局派驻高沙窝镇长流墩村

建行吴忠市分行派驻高沙窝镇二步坑村

盐池县就业创业和人才服务局派驻王乐井乡王乐井村

盐池县公路段派驻王乐井乡王吾岔村

盐池县妇幼保健计划生育服务中心派驻王乐井乡郑

家堡村
宁夏广播电视台派驻青山乡旺四滩村
吴忠市政法委派驻青山乡方山村
吴忠市广播电视台派驻冯记沟乡回六庄村
盐池县电信公司派驻冯记沟乡暴记春村
盐池县人力资源和社会保障局派驻麻黄山乡井滩子村
盐池县资源能源服务中心派驻麻黄山乡何新庄村
先进帮扶企业
宁夏盐池滩羊产业发展集团有限公司
宁夏水投盐池水务有限公司
国网盐池县供电公司
宁夏巨拓实业有限公司
宁夏深燃众源天然气有限公司
【农田水利基本建设】
特殊贡献奖
盐池县水务局
农田水利基本建设先进乡镇
一等奖
盐池县麻黄山乡
盐池县惠安堡镇
二等奖
盐池县花马池镇
盐池县王乐井乡
三等奖
盐池县大水坑镇
盐池县青山乡
盐池县冯记沟乡
组织奖
盐池县高沙窝镇
农建成员单位
盐池县农牧局
盐池县环境保护和林业局
盐池县住房和城乡建设局
【农业农村工作先进集体】
特色产业发展先进集体
盐池县惠安堡镇
盐池县青山乡
盐池县农牧局
盐池县扶贫开发办公室
盐池县王乐井乡牛记圈村
盐池县麻黄山乡包塬村
宁夏盐池滩羊产业发展集团有限公司
预防重大动物疫病先进集体
盐池县农牧局
【绿化工作先进集体】
植树造林先进集体
一等奖
盐池县环境保护和林业局
二等奖
盐池县青山乡
盐池县财政局
三等奖
盐池县国土资源局
盐池县麻黄山乡
盐池县花马池镇
环境保护先进集体
一等奖
盐池县环境保护和林业局
二等奖
盐池县花马池镇
盐池县工业园区管委会
三等奖
盐池县住房和城乡建设局（城市管理综合执法局）
盐池县市场监督管理局
盐池县国土资源局
【村镇建设先进集体】
村镇工作先进集体
一等奖

盐池县高沙窝镇
盐池县麻黄山乡
二等奖
盐池县花马池镇
盐池县大水坑镇
盐池县惠安堡镇
盐池县青山乡
三等奖
盐池县冯记沟乡
盐池县王乐井乡
农村环境治理工作先进集
一等奖
盐池县高沙窝镇
盐池县冯记沟乡
二等奖
盐池县花马池镇
盐池县大水坑镇
盐池县青山乡
盐池县王乐井乡
三等奖
盐池县惠安堡镇
盐池县麻黄山乡
【政法综治及平安建设先进集体】
政法综治工作先进集体
中共盐池县纪律检查委员会
盐池县委办公室
盐池县人大常委会
中国共产党盐池县委政法委员会
盐池县委组织部
盐池县政府办公室
盐池县公安局
盐池县司法局
平安创建工作先进集体
盐池县政府办公室
盐池县市场监督管理局
盐池信访局
盐池县城管管理综合执法局
盐池县大水坑镇
盐池县高沙窝镇
盐池县青山乡
盐池县盐州路街道办事处
禁毒工作先进集体
盐池县财政局
盐池县公安局
盐池县花马池镇
盐池县冯记沟乡
盐池县就业创业和人才服务局
盐池县第五中学
【信访工作先进集体】
信访工作责任目标管理考核先进集体
先进乡镇
一等奖
盐池县冯记沟乡
二等奖
盐池县高沙窝镇
三等奖
盐池县大水坑镇
先进单位
一等奖
盐池县住房和城乡建设局
二等奖
盐池县公安局
三等奖
盐池县人力资源和社会保障局
特殊贡献奖
盐池县信访局
无上访乡镇
所辖村（社区）中 50% 以上行政村（社区）无上

访记录的乡镇：
盐池县高沙窝镇
盐池县冯记沟乡
盐池县麻黄山乡
盐池县盐州路街道办事处
所辖村（社区）中30%以上行政村（社区）无上访记录的乡镇：
盐池县大水坑镇
无上访村
盐池县花马池镇红沟梁行政村
盐池县花马池镇苏步井行政村
盐池县花马池镇北塘新村
盐池县花马池镇佟记圈行政村
盐池县花马池镇四墩子行政村
盐池县花马池镇芨芨沟行政村
盐池县花马池镇皖记沟行政村
盐池县大水坑镇二道沟行政村
盐池县大水坑镇新桥行政村
盐池县大水坑镇王新庄行政村
盐池县大水坑镇柳条井行政村
盐池县大水坑镇东风行政村
盐池县大水坑镇马坊行政村
盐池县大水坑镇新泉井行政村
盐池县惠安堡镇惠安堡行政村
盐池县惠安堡镇麦草掌行政村
盐池县惠安堡镇四股泉行政村
盐池县高沙窝镇南梁行政村
盐池县高沙窝镇营西行政村
盐池县高沙窝镇施记圈行政村
盐池县高沙窝镇大疙瘩行政村
盐池县高沙窝镇宝塔行政村
盐池县高沙窝镇高沙窝行政村
盐池县高沙窝镇长流墩行政村
盐池县王乐井乡王乐井行政村
盐池县王乐井乡刘四渠行政村
盐池县王乐井乡郑家堡行政村
盐池县青山乡猫头梁行政村
盐池县青山乡旺四滩行政村
盐池县冯记沟乡丁记掌行政村
盐池县冯记沟乡暴记春行政村
盐池县冯记沟乡雨强行政村
盐池县冯记沟乡平台行政村
盐池县冯记沟乡汪水塘行政村
盐池县冯记沟乡马儿庄行政村
盐池县麻黄山乡井滩子行政村
盐池县麻黄山乡下高窑行政村
盐池县麻黄山乡包塬行政村
盐池县麻黄山乡平庄行政村
盐池县麻黄山乡李塬畔行政村
盐池县麻黄山乡麻黄山行政村
盐池县麻黄山乡黄羊岭行政村
盐池县麻黄山乡胶泥湾行政村
盐池县麻黄山乡后洼行政村
盐池县麻黄山乡沙崾岘行政村
盐池县麻黄山乡管记掌行政村
盐池县盐州路街道办事处北关社区
盐池县盐州路街道办事处花园社区
盐池县盐州路街道办事处龙辰社区
盐池县盐州路街道办事处芙蓉社区
盐池县盐州路街道办事处振兴社区
盐池县盐州路街道办事处利民社区
盐池县盐州路街道办事处龙翔社区
盐池县盐州路街道办事处西苑社区
盐池县盐州路街道办事处小井坑社区

【安全生产先进集体】

一等奖
盐池县安全生产监督管理局
盐池县盐州路街道办事处

二等奖
盐池县花马池镇
盐池县公安局
盐池县工业园区管委会
三等奖
盐池县大水坑镇
盐池县消防救援大队
宁夏神瑞工贸有限责任公司
中石油长庆油田分公司第三采油厂红井子作业区
【治理拖欠农民工工资先进集体】
盐池县高沙窝镇
盐池县大水坑镇
盐池县惠安堡镇
盐池县青山乡
盐池县住房和城乡建设局
盐池县水务局
盐池县交通运输局
盐池县人力资源和社会保障局
盐池县资源能源开发服务中心
盐池县农牧局
【食品安全先进集体】
盐池县市场监督管理局
盐池县农牧局
盐池县盐州路街道办事处
盐池县大水坑镇
盐池县高沙窝镇
【卫生健康工作先进集体】
一等奖
盐池县花马池镇
盐池县大水坑镇
盐池县惠安堡镇
盐池县冯记沟乡
盐池县盐州路街道办事处
二等奖
盐池县高沙窝镇
盐池县王乐井乡
盐池县青山乡
盐池县麻黄山乡
【人大议案建议、政协提案办理先进集体】
人大议案建议办理先进集体
盐池县政府办公室
盐池县住房和城乡建设局
盐池县水务局
盐池县农牧局
盐池县文化旅游广电局
政协提案办理先进集体
盐池县住房和城乡建设局
盐池县卫生和计划生育局
盐池县教育体育局
盐池县文化旅游广电局
盐池县市场监督管理局
【组织工作先进集体】
盐池县大水坑镇党委
盐池县惠安堡镇党委
盐池县冯记沟乡党委
盐池县住房和城乡建设局党委
盐池县水务局党委
【宣传思想文化工作先进集体】
盐池县妇女联合会
盐池县农牧局
盐池县文化旅游广电局
盐池县青山乡
盐池县麻黄山乡
【民族团结进步创建活动先进集体】
盐池县医院
盐池县青山乡
盐池县盐州路街道办事处
盐池县市场监督管理局

盐池县教育体育局

【先进基层工会】

宁夏深燃众源天然气有限公司工会

盐池县住建系统工会

盐池县第五小学工会

盐池县盐州艺术团工会

盐池县供热公司工会

【全县创建区级法治政府示范活动先进集体】

一等奖

盐池县市场监督管理局

盐池县政府法制办

盐池县机构编制委员会办公室

二等奖

盐池县环境保护和林业局

盐池县住房和城乡建设局

盐池县安全生产监督管理局

三等奖

盐池县政务服务中心

盐池县人力资源和社会保障局

盐池县花马池镇

【普法工作先进集体】

盐池县委办公室

盐池县政府办公室

盐池县人民检察院

盐池县司法局

盐池县统计局

盐池县惠安堡镇

盐池县第五小学

盐池县王乐井乡曾记畔村

盐池县盐州路街道办事处芙蓉社区

【公共文化服务体系建设先进集体】

乡镇

盐池县花马池镇

盐池县王乐井乡

部门

盐池县文化旅游广电局

村综合文化服务中心

盐池县大水坑镇新建村

盐池县高沙窝镇长流墩村

盐池县惠安堡镇大坝村

盐池县麻黄山乡唐平庄村

盐池县冯记沟乡冯记沟村

盐池县青山乡猫头梁村

【支持农民工返乡创业工作】

支持农民工返乡创业先进企业

盐池县赤源家庭农场

盐池县湖生种养殖业专业合作社

盐池县绿林农业科技有限公司

宁夏盐池世纪鑫源商贸有限公司

盐池县丰泽养殖专业合作社

盐池县彤辉滩羊养殖专业合作社

盐池县民生种养殖专业合作社

盐池县梦根喜农牧业开发有限公司

盐池县生存劳务服务有限公司

盐池县瀑森劳务有限公司

支持农民工返乡创业示范乡镇

盐池县大水坑镇

盐池县高沙窝镇

盐池县麻黄山乡

【2018年度全县教育工作先进集体】

初中优秀年级学科组

语文学科组：盐池一中

数学学科组：盐池一中

英语学科组：盐池一中

物理学科组：盐池五中

化学学科组：盐池五中

政治学科组：盐池一中

史地生学科组：盐池一中

中小学综合考核先进集体

盐池高级中学

盐池县职业中学

盐池一中

盐池五中

盐池三中

盐池四中

惠安堡中学

惠安堡中心小学

盐池三小

大水坑镇幼儿园

盐池一幼

星阳幼儿园

【2018 年度全县城镇社区绩效考核】

优秀等次社区

盐池县惠安堡镇惠安社区

盐池县高沙窝镇安康社区

盐池县盐州路街道芙蓉社区

盐池县盐州路街道西苑社区

盐池县盐州路街道龙辰社区

良好等次社区

盐池县大水坑镇石油社区

盐池县大水坑镇裕民社区

盐池县大水坑镇兴盛社区

盐池县冯记沟乡兴隆社区

盐池县盐州路街道振兴社区

盐池县盐州路街道龙翔社区

盐池县盐州路街道利民社区

盐池县盐州路街道花园社区

盐池县盐州路街道北关社区

一般等次社区

盐池县花马池镇南苑新村

盐池县盐州路街道小井坑社区

盐池县南关社区

【2018 年度全县村级组织绩效考核】

优秀等次村

盐池县花马池镇惠泽村

盐池县花马池镇柳杨堡村

盐池县花马池镇四墩子村

盐池县花马池镇长城村

盐池县大水坑镇二道沟村、东风村、马坊村、李伏渠村

盐池县惠安堡镇狼布掌村

盐池县惠安堡镇老盐池村

盐池县惠安堡镇大坝村

盐池县惠安堡镇四股泉村

盐池县高沙窝镇长流墩村

盐池县高沙窝镇大疙瘩村

盐池县王乐井乡刘四渠村

盐池县王乐井乡郑家堡村

盐池县王乐井乡王乐井村

盐池县青山乡营盘台村

盐池县青山乡古峰庄村

盐池县冯记沟乡雨强村

盐池县冯记沟乡冯记沟村

盐池县冯记沟乡马儿庄村

盐池县麻黄山乡胶泥湾村

盐池县麻黄山乡沙崾岘村

盐池县麻黄山乡何新庄村

盐池县麻黄山乡平庄村

良好等次村

盐池县花马池镇裕兴村

盐池县花马池镇红沟梁村

盐池县花马池镇东塘村

盐池县花马池镇皖记沟村

盐池县花马池镇北塘村

盐池县花马池镇田记掌村

盐池县花马池镇盈德村

盐池县花马池镇苏步井村

盐池县花马池镇冒寨子村
盐池县花马池镇沙边子村
盐池县花马池镇李华台村
盐池县花马池镇高利乌素村
盐池县大水坑镇新建村
盐池县大水坑镇新泉井村
盐池县大水坑镇向阳村
盐池县大水坑镇宋堡子村
盐池县大水坑镇莎草湾村
盐池县惠安堡镇萌城村
盐池县惠安堡镇惠安堡村
盐池县惠安堡镇杜记沟村
盐池县惠安堡镇惠苑村
盐池县惠安堡镇隰宁堡村
盐池县惠安堡镇杨儿庄村
盐池县高沙窝镇高沙窝村
盐池县高沙窝镇宝塔村
盐池县高沙窝镇二步坑村
盐池县高沙窝镇南梁村
盐池县王乐井乡边记洼村
盐池县王乐井乡曾记畔村
盐池县王乐井乡官滩村
盐池县王乐井乡孙家楼村
盐池县青山乡猫头梁村
盐池县青山乡旺四滩村
盐池县青山乡郝记台村
盐池县青山乡方山村
盐池县青山乡月儿泉村
盐池县青山乡青山村
盐池县冯记沟乡暴记春村
盐池县冯记沟乡回六庄村
盐池县冯记沟乡汪水塘村
盐池县冯记沟乡丁记掌村
盐池县冯记沟乡平台村
盐池县麻黄山乡李塬畔村
盐池县麻黄山乡后洼村
盐池县麻黄山乡黄羊岭村
盐池县麻黄山乡管记掌村
盐池县麻黄山乡包塬村
盐池县麻黄山乡井滩子村
一般等次村
盐池县花马池镇八岔梁村
盐池县花马池镇硝池子村
盐池县花马池镇李记沟村
盐池县花马池镇芨芨沟村、
盐池县花马池镇佟记圈村
盐池县花马池镇郭记沟村
盐池县大水坑镇大水坑村
盐池县大水坑镇王新庄村
盐池县大水坑镇摆宴井村
盐池县大水坑镇新桥村
盐池县大水坑镇柳条井村
盐池县大水坑镇红井子村
盐池县惠安堡镇林记口子村
盐池县惠安堡镇麦草掌村
盐池县惠安堡镇杏树梁村
盐池县高沙窝镇李庄子村
盐池县高沙窝镇营西村
盐池县高沙窝镇施记圈村
盐池县王乐井乡双圪垯村
盐池县王乐井乡牛记圈村
盐池县王乐井乡鸦儿沟村
盐池县王乐井乡王吾岔村
盐池县王乐井乡狼洞沟村
盐池县麻黄山乡松记水村
盐池县麻黄山乡麻黄山村
不合格等次村
盐池县花马池镇沟沿村

盐池县王乐井乡石山子村
盐池县麻黄山乡下高窑村

## 先进个人

### 国家级先进个人名录

【从事密码工作二十年，为党的密码事业做出贡献】
王 平 盐池县委办公室机要局干事
颁奖单位：中共中央办公厅机要局 宁夏回族自治区密码管理局
【全国青少年毒品预防教育“6·27”工程优秀校外辅导员】
胡永峰 盐池县公安局
颁奖单位：国家禁毒委员会办公室 中国禁毒基金会
【2017 年度全国毒品案件信息管理先进个人】
杨 婷 盐池县公安局
颁奖单位：国家禁毒委员会办公室
【荣获国家开放大学教务工作优秀个人】
陈 静 盐池县教育局
颁奖单位：国家开放大学
【发明专利奖（一种苄星氯唑西林与次硝酸铋复合物的长效乳房注入剂）】
马桂花 盐池县农业局
颁奖单位：国家知识产权局
【安全生产监管监察先进个人】
张 虎 盐池县安全生产监督管理局
颁奖单位：国家安全生产监督管理总局、国家煤矿安全监察局
【2018 年全国模范司法所所长】
李慧斌 盐池县司法局
颁奖单位：司法部
【基层理论宣讲先进个人】
朱玉国 盐池县王乐井乡
颁奖单位：中央宣传部
【全国林业系统劳动模范】
张学敏 宁夏哈巴湖国家级自然保护区管理局巡护员
颁奖单位：人力资源社会保障部、国家林业局

### 省（部）级先进个人名录

【第三次全国农业普查自治区级先进个人】
冯 冰 盐池县冯记沟乡
侯彩云 盐池县冯记沟乡
颁奖单位：宁夏回族自治区第三次全国农业普查领导小组办公室
【第三次全国农业普查工作自治区级先进个人】
孟彦东 盐池县惠安堡镇干事
颁奖单位：宁夏回族自治区第三次全国农业普查领导小组办公室

### 自治区厅（局）级先进个人名录

【自治区精神文明建设先进工作者】
杨琴琴 盐池县委宣传部
颁奖单位：宁夏回族自治区精神文明建设委员会
【2017 年全区精神文明建设优秀信息员】
杨琴琴 盐池县委宣传部
颁奖单位：宁夏回族自治区精神文明建设委员会
【撰写的《脱贫攻坚的“盐池模式”研究》入选全区党校、行政学院系统深入学习贯彻习近平新时代中国特色社会主义思想推进会暨理论研讨会】
陈玉霞 盐池县委党校
颁奖单位：中共宁夏回族自治区委员会党校、宁夏回族自治区行政学院
【2018 年全区党政机要系统业务技能竞赛“汉字录入”二等奖】
李静童 盐池县委办公室机要局干事
颁奖单位：宁夏回族自治区党委机要局 宁夏回族自治区密码管理局

【2018年全区党政机要系统业务技能竞赛“报头制作录入排版”一等奖】
李静童 盐池县委办公室机要局干事
颁奖单位：宁夏回族自治区党委机要局 宁夏回族自治区密码管理局
【2018年全区党政机要系统业务技能竞赛“3G应急密码通信测试”一等奖】
李静童 盐池县委办公室机要局干事
颁奖单位：宁夏回族自治区党委机要局 宁夏回族自治区密码管理局
【2018年度全区优秀社会化工会工作者】
李 巧 盐池县总工会
颁奖单位：宁夏回族自治区总工会
【全区优秀人民警察】
何 耀 盐池县公安局
颁奖单位：宁夏回族自治区公安厅
【2016年至2018年度全区卷烟打假先进个人】
戴彦才 盐池县公安局
颁奖单位：宁夏回族自治区公安厅治安管理总队
【个人嘉奖】
刘仲斌 盐池县公安局
颁奖单位：宁夏回族自治区公安厅
【个人二等功】
李昱利 盐池县公安局
颁奖单位：宁夏回族自治区公安厅
【个人三等功】
温仲飞 盐池县公安局
颁奖单位：宁夏回族自治区公安厅
【全区优秀通讯员】
沈 伟 盐池县公安局
颁奖单位：宁夏公安厅交通管理局
【全区优秀通讯员】
沈俊伟 盐池县公安局
颁奖单位：宁夏公安厅交通管理局
【自治区区优秀教研员】
薛 青 盐池县教育局
颁奖单位：宁夏回族自治区教研室
【全区农业行政处罚优秀案卷办案人员二等奖】
孙 铎 盐池县农业局
杨 芳 盐池县农业局
颁奖单位：宁夏回族自治区农业农村厅
【农村阳光沐浴工程先进个人】
温宏武 盐池县农业局
王孝东 盐池县农业局
颁奖单位：宁夏回族自治区农业农村厅
【2018年第二批塞上农业专家】
马桂花 盐池县农业局
颁奖单位：宁夏回族自治区农牧厅、宁夏回族自治区财政厅、宁夏回族自治区人力资源和社会保障厅
【自治区三八红旗手】
翟云玲 盐池县金龙饺子有限公司总经理
颁奖单位：宁夏回族自治区妇女联合会
【2018年度全区老年人意外伤害综合保险先进个人】
刘佳佳 盐池县民政局
颁奖单位：宁夏回族自治区民政厅 宁夏回族自治区老龄委
【2018年区级普法先进个人】
李慧斌 盐池县司法局
颁奖单位：宁夏回族自治区普法办
【2013—2017年度全区社会治安综合治理“先进工作者”】
苏 宁 盐池县惠安堡镇干事
颁奖单位：宁夏回族自治区社会治安综合治理委员会
【“互联网+”营销服务先进个人】
乔利平 国网盐池县供电公司
王乐乐 国网盐池县供电公司
卓智霜 国网盐池县供电公司
颁奖单位：国网宁夏电力有限公司

【自治区五一劳动奖章】

王锦林 宁夏哈巴湖国家级自然保护区管理局生产科科长、正高职林业工程师

颁奖单位：宁夏回族自治区总工会

## 吴忠市级先进个人名录

【第四届道德模范】

郝瑞刚 盐池县公安局

颁奖单位：吴忠市人民政府

【2018 年度脱贫攻坚工作先进个人】

脱贫攻坚驻村工作

刘向东 盐池县文化旅游广播电视局派驻花马池镇田记掌村第一书记

李春柱 盐池县工业园区管委会派驻大水坑镇新泉井村第一书记

张树宏 盐池县税务局派驻惠安堡镇杨儿庄村第一书记

朱晓斌 盐池县就业创业和人才服务局派驻王乐井乡王乐井村第一书记

韩海乾 盐池县妇幼保健计划生育服务中心派驻王乐井乡郑家堡村第一书记

白静静 盐池县公路管理段派驻王乐井乡王吾岔村第一书记

高海滨 盐池县民政局派驻青山乡郝家台村第一书记

张建军 盐池县环境保护和林业局派驻冯记沟乡冯记沟村第一书记

呼延保卫 中国电信盐池分公司派驻盐池县冯记沟乡暴记春村第一书记

王学信 盐池县人力资源和社会保障局派驻马黄山乡井滩子村第一书记

刘鹏程 盐池县教育体育局派驻麻黄山乡麻黄山村第一书记

脱贫攻坚先进村级组织带头人和致富带头人

白　峰 盐池县花马池镇沙边子村党支部书记

张生龙 盐池县花马池镇北塘新村党支部书记

李宗明 盐池县大水坑镇东风村党支部书记

杨学生 盐池县大水坑镇二道沟村村委会主任

殷秉虎 盐池县惠安堡镇惠苑村党支部书记

范志伟 盐池县高沙窝镇施记圈村党支部副书记

牛　娜 盐池县王乐井乡边记洼村党支部书记

拓万图 盐池县王乐井乡郑家堡村村委会主任

李向成 盐池县青山乡猫头梁村村委会主任

杨　芳 盐池县冯记沟乡冯记沟村村委会主任

张经乾 盐池县麻黄山乡麻黄山村党支部书记

计治国 盐池县麻黄山乡松记水村党支部书记

脱贫光荣户

王　飞 盐池县花马池镇佟记圈村村民

高登军 盐池县花马池镇盈德村村民

夏树金 盐池县大水坑镇沙草湾村村民

宗仁彬 盐池县大水坑镇马坊村村民

赵　荣 盐池县惠安堡镇惠苑村村民

许昌武 盐池县惠安堡镇杜记沟村村民

石玉飞 盐池县高沙窝镇高沙窝村村民

官仁博 盐池县王乐井乡牛记圈村村民

李生峰 盐池县王乐井乡边记洼村村民

杨荣国 盐池县青山乡郝记台村村民

刘向文 盐池县青山乡古峰庄村村民

薛　虎 盐池县冯记沟乡平台村村民

金　万 盐池县冯记沟乡冯记沟村村民

何新成 盐池县麻黄山乡何新庄村村民

徐有银 盐池县麻黄山乡平庄村村民

脱贫文明户

孙清艳 盐池县花马池镇红沟梁村村民

何学成 盐池县惠安堡镇老盐池村村民

魏树连 盐池县高沙窝镇宝塔村村民

闵慧军 盐池县高沙窝镇二步坑村村民

郭彦林 盐池县王乐井乡刘四渠村村民

徐创业 盐池县青山乡旺四滩村村民

马春良 盐池县冯记沟乡回六庄村村民

颁奖单位：中共吴忠市委、吴忠市人民政府

## 盐池县级先进个人名录

【实施创新驱动战略及“两大任务”】

“工业经济”先进个人

焦　远　盐池县工信和商务局副局长

汤　军　盐池县税务局副局长

孙万龙　盐池县国土局规划所副所长

胡凤巧　盐池县科技局工业办主任

刘　海　盐池县水务局办公室副主任

王照华　盐池县工业园区高沙窝功能区主任助理

李聪敏　盐池县花马池镇计财室主任

何仲让　盐池县惠安堡镇安监站站长

冯玉冰　盐池县住房和城乡建局科员

冯新波　盐池县资源能源中心干事

争项目争资金先进个人

刘贵银　盐池县农牧局副局长

张孝君　盐池县工信和商务局副局长

徐永生　盐池县住房和城乡建设局副局长

杨秀芳　盐池县卫生和计划生育局副局长

牛创民　盐池县发改局服务业促进中心主任

牛艳玲　盐池县水务局办公室主任

招商引资先进个人

王　勇　盐池县自然资源局副局长

钱永智　盐池县工信和商务局副局长

张天勇　盐池县工商业联合会副主席

陈　慧　盐池县发展和改局副局长

贺满晶　盐池县统计局副主任科员

范国茂　盐池县工业园区规划发展科副科长

高菊红　盐池县文化旅游广电局干事

以企招商先进个人

叶树美　宁夏天利丰能源利用有限公司董事长

张　帅　宁夏金裕海化工有限公司副总经理

张玉娟　宁夏深燃众源天然气有限公司办公室主任

滩羊基因鉴定技术研究先进个人

马　青　宁夏农科院动科所研究员

黄花产业推广研究先进个人

陈卫民　宁夏大学教授、驻盐池科技扶贫指导员

张清云　宁夏农科院荒漠所副研究员、驻盐池科技

【脱贫富民工作先进个人】

乡镇干部先进个人

郑　军　盐池县花马池镇纪委书记

何淑清　盐池县花马池镇组织委员

王旭红　盐池县花马池镇扶贫站站长

宋玉军　盐池县花马池镇扶贫干事

黄波涛　盐池县大水坑镇副镇长

陆桂金　盐池县大水坑镇土地所所长

梁　净　盐池县大水坑镇市政站干事

王占军　盐池县惠安堡镇纪委书记

田卫华　盐池县惠安堡镇干部

赵治平　盐池县惠安堡镇特色产业服务中心副主任

王生彦　盐池县高沙窝镇党委书记

蔡生文　盐池县高沙窝镇人大主席、工会主席

闵建文　盐池县高沙窝镇扶贫站长

饶　秀　盐池县王乐井乡纪委书记

王生刚　盐池县王乐井乡扶贫站站长

侯旺春　盐池县王乐井乡国土所所长

贺满栋　盐池县青山乡政府副乡长

王　强　盐池县青山乡党政办主任、林业站站长

饶晓琳　盐池县青山乡扶贫站站长

赵　军　盐池县冯记沟乡党委书记

冯　冰　盐池县冯记沟乡政府副乡长

王亚红　盐池县冯记沟乡扶贫干事

谢国臣　盐池县麻黄山乡政府副乡长

李桓印　盐池县麻黄山乡民政办主任

李智民　盐池县麻黄山乡纪检、林业干事

驻村工作先进个人

饶文峰　盐池县花马池镇裕兴村驻村第一书记

罗忠龙 盐池县花马池镇南苑新村驻村第一书记
雍泽红 盐池县花马池镇惠泽村驻村第一书记
齐　煜 盐池县大水坑镇宋堡子村驻村工作队员
范　亮 盐池县大水坑镇向阳村驻村工作队员
林志斌 盐池县惠安堡镇杜记沟村驻村第一书记
靳光学 盐池县惠安堡镇隰宁堡村驻村第一书记
张　訸 盐池县高沙窝镇施记圈村驻村第一书记
吴凤彪 盐池县高沙窝镇二步坑村驻村第一书记
李树飞 盐池县王乐井乡石山子村驻村第一书记
姚　磊 盐池县王乐井乡双圪垯村驻村第一书记
马松勇 盐池县王乐井乡官滩村驻村第一书记
单盼龙 盐池县青山乡月儿泉村驻村第一书记
王艳莉 盐池县青山乡猫头梁村驻村工作队员
呼延钦 盐池县冯记沟乡平台村驻村第一书记
任宏伟 盐池县冯记沟乡回六庄村驻村工作队员
李景文 盐池县麻黄山乡黄羊岭村驻村第一书记
汪志奋 盐池县麻黄山乡下高窑村驻村第一书记

村、组干部先进个人

冯明海 盐池县花马池镇红沟梁村支部书记
李文娟 盐池县花马池镇沟沿村妇联主任
石彩玲 盐池县花马池镇八岔梁村妇联主任
左存东 盐池县花马池镇四墩子村委会主任
张玉萍 盐池县花马池镇高利乌素村文书
白　雯 盐池县花马池镇苏步井村妇联主任
郝自军 盐池县花马池镇李华台村文书
曹　瑞 盐池县花马池镇芨芨沟村文书
史建雄 盐池县大水坑镇东风村史堡子自然村村民小组组长
贺红军 盐池县大水坑镇新桥村山泉峁自然村村民小组组长
刘贵清 盐池县大水坑镇红井子村甜水河自然村村民小组组长
石宏太 盐池县大水坑镇摆宴井村摆西自然村村民小组组长
康　吉 盐池县大水坑镇向阳村支部书记
牛玖民 盐池县大水坑镇马坊村文书
赵治斌 盐池县大水坑镇李伏渠村支部书记
齐彦平 盐池县大水坑镇莎草湾村支部书记
刘建全 盐池县惠安堡镇杏树梁村支部副书记
张丽霞 盐池县惠安堡镇麦草掌村支部副书记
刘红丽 盐池县惠安堡镇杜记沟村文书
宋德有 盐池县惠安堡镇萌城村支部书记
杨宗仁 盐池县惠安堡镇林记口子村支部书记
杨秉君 盐池县惠安堡镇四股泉村支部书记
武晓霞 盐池县惠安堡镇惠安堡村文书
张爱红 盐池县惠安堡镇老盐池村文书
郭建松 盐池县高沙窝镇宝塔村支部书记
孙柏林 盐池县高沙窝镇南梁村麻黄梁自然村村民小组组长
李凤艳 盐池县高沙窝镇长流墩村文书
潘生文 盐池县高沙窝镇二步坑村支部书记
刘　洪 盐池县高沙窝镇李庄子村支部副书记
余占虎 盐池县高沙窝镇营西村村委会副主任
赵福义 盐池县高沙窝镇大圪垯村文书
冯　平 盐池县王乐井乡刘四渠村委会主任
孙宁业 盐池县王乐井乡孙家楼村支部书记
李文义 盐池县王乐井乡石山子村文书
郭永茂 盐池县王乐井乡王乐井村支部书记
田忠孝 盐池县王乐井乡王吾岔村支部副书记
张柱兵 盐池县王乐井乡鸦儿沟村文书
牛生宽 盐池县王乐井乡曾记畔村牛记山自然村村民小组组长
王生兵 盐池县王乐井乡官滩村支部书记
陈有聪 盐池县青山乡猫头梁村委会主任
刘挺欢 盐池县青山乡郝记台村文书
石月琴 盐池县青山乡方山村妇联主任
侯振玉 盐池县青山乡青山村文书
龙存普 盐池县青山乡古峰庄村委会副主任

王宗武 盐池县青山乡旺四滩村文书
张宏博 盐池县青山乡月儿泉村文书
张旭莹 盐池县冯记沟乡雨强村文书
陈 涛 盐池县冯记沟乡平台村平台自然村村民小组组长
戴 杰 盐池县冯记沟乡马儿庄村余台子自然村村民小组组长
郭丽娟 盐池县冯记沟乡暴记春村文书
白小梅 盐池县冯记沟乡回六庄村文书
郭菊林 盐池县冯记沟乡丁记掌村妇联主任
李军堂 盐池县冯记沟乡汪水塘村委会主任
张彦阳 盐池县麻黄山乡麻黄山村马记口子自然村村民小组组长
何 彬 盐池县麻黄山乡何新庄村网格员
李建学 盐池县麻黄山乡井滩子村支部书记
贺新茂 盐池县麻黄山乡下高窑村凉风掌自然村村民小组组长
沈怀军 盐池县麻黄山乡管记掌村支部副书记
穆海春 盐池县麻黄山乡包塬村委会主任
徐向村 盐池中学麻黄山乡李塬畔村文书

脱贫致富光荣户

马 刚 盐池县花马池镇皖记沟村村民
季治信 盐池县花马池镇南苑新村村民
游成世 盐池县花马池镇北塘新村村民
王文成 盐池县花马池镇裕兴村村民
高连霞 盐池县花马池镇沙边子村村民
刘彦明 盐池县花马池镇八岔梁村村民
杨玉川 盐池县花马池镇郭记沟村村民
宋继成 盐池县花马池镇冒寨子村村民
王 飞 盐池县花马池镇盈德村村民
顾 彪 盐池县花马池镇东塘村村民
王建雄 盐池县花马池镇佟记圈村村民
郭文金 盐池县花马池镇四墩子村村民
赵红金 盐池县花马池镇田记掌村村民
郝宝军 盐池县花马池镇硝池子村村民
张 珍 盐池县花马池镇长城村村民
袁 显 盐池县大水坑镇东风村村民
贺如存 盐池县大水坑镇新桥村村民
刘玉强 盐池县大水坑镇红井子村村民
王 瑞 盐池县大水坑镇摆宴井村村民
袁世海 盐池县大水坑镇向阳村村民
李风元 盐池县大水坑镇马坊村村民
张建泽 盐池县大水坑镇李伏渠村村民
陆汉斌 盐池县大水坑镇莎草湾村村民
冯学广 盐池县大水坑镇二道沟村村民
董国聪 盐池县大水坑镇王新庄村村民
牛学林 盐池县大水坑镇大水坑村村民
杨 旺 盐池县大水坑镇宋堡子村村民
杨继堂 盐池县大水坑镇柳条井村村民
柴玉林 盐池县大水坑镇新建村村民
牛占荣 盐池县大水坑镇新泉井村村民
张兴东 盐池县惠安堡镇隰宁堡村村民
董生玉 盐池县惠安堡镇惠苑村村民
李俊邦 盐池县惠安堡镇惠苑村村民
张世耀 盐池县惠安堡镇惠苑村村民
崔登宝 盐池县惠安堡镇狼布掌村村民
武耀平 盐池县惠安堡镇杨儿庄村村民
刘文杰 盐池县惠安堡镇大坝村村民
关学银 盐池县惠安堡镇杜记沟村村民
邹万林 盐池县惠安堡镇老盐池村村民
宋满真 盐池县惠安堡镇萌城村村民
陈东虎 盐池县惠安堡镇四股泉村村民
施俊进 盐池县惠安堡镇惠苑村村民
范玉香 盐池县惠安堡镇惠苑村村民
薛 凤 盐池县惠安堡镇惠安堡村村民
李 升 盐池县惠安堡镇林记口子村村民
顾壮业 盐池县高沙窝镇长流墩村顾记圈自然村村民
汪富学 盐池县高沙窝镇施记圈村范记圈自然村村民

魏明礼 盐池县高沙窝镇宝塔村魏庄子自然村村民
孙万举 盐池县高沙窝镇南梁村麻黄梁自然村村民
孙万进 盐池县高沙窝镇南梁村麻黄梁自然村村民
闵生朴 盐池县高沙窝镇营西村闵庄子自然村村民
高翠红 盐池县高沙窝镇营西村贺庄子自然村村民
霍礼军 盐池县高沙窝镇二步坑村兴武营自然村村民
石慧龙 盐池县高沙窝镇二步坑村杨记梁自然村村民
余 虎 盐池县高沙窝镇高沙窝村余庄子自然村村民
陈占有 盐池县高沙窝镇高沙窝村马场自然村村民
石学良 盐池县高沙窝镇大圪垯村黑土坑自然村村民
任生广 盐池县高沙窝镇大圪垯村李记海子自然村村民
汪献平 盐池县高沙窝镇李庄子村禹记圈自然村村民
黄生霖 盐池县高沙窝镇李庄子村刘范坡自然村村民
官 宏 盐池县王乐井乡刘四渠村官东庄自然村村民
孙荣柱 盐池县王乐井乡孙家楼村孙东自然村村民
赵红福 盐池县王乐井乡孙家楼村大阳沟自然村村民
夏 荣 盐池县王乐井乡郑家堡村康庄子自然村村民
郑 清 盐池县王乐井乡郑家堡村郑家堡自然村村民
王 海 盐池县王乐井乡牛记圈村百记井自然村村民
周欣文 盐池县王乐井乡石山子村东南自然村村民
张金龙 盐池县王乐井乡双圪垯村钱记滩自然村村民
刘 义 盐池县王乐井乡王乐井村西沟自然村村民
尤金禄 盐池县王乐井乡王吾岔村刘记窑自然村村民
郭金伟 盐池县王乐井乡鸦儿沟村柒家渠自然村村民
朱自发 盐池县王乐井乡狼洞沟村朱家窑自然村村民
鲁永胜 盐池县王乐井乡曾记畔村曾记畔自然村村民
李修玉 盐池县王乐井乡曾记畔村三道井自然村村民
马创文 盐池县王乐井乡官滩村村民
吴峰山 盐池县青山乡猫头梁村村民
郭永红 盐池县青山乡猫头梁村村民
张成山 盐池县青山乡郝记台村村民
冯 铎 盐池县青山乡郝记台村村民
朱红文 盐池县青山乡方山村村民
侯风山 盐池县青山乡方山村村民
慕树平 盐池县青山乡营盘台村村民
侯树河 盐池县青山乡青山村村民
侯永峰 盐池县青山乡青山村村民
刘文东 盐池县青山乡古峰庄村村民
康津瑞 盐池县青山乡古峰庄村村民
陆正川 盐池县青山乡旺四滩村村民
胡存有 盐池县青山乡旺四滩村村民
牛玉文 盐池县青山乡月儿泉村村民
李 彪 盐池县青山乡月儿泉村村民
尚 武 盐池县冯记沟乡雨强村村民
郭文龙 盐池县冯记沟乡雨强村村民
闫俊生 盐池县冯记沟乡平台村村民
闫 涛 盐池县冯记沟乡平台村村民
王学忠 盐池县冯记沟乡马儿庄村村民
张自斌 盐池县冯记沟乡马儿庄村村民
邵建武 盐池县冯记沟乡暴记春村村民
张文杰 盐池县冯记沟乡暴记春村村民
马忠礼 盐池县冯记沟乡回六庄村村民
马进洲 盐池县冯记沟乡回六庄村村民
王爱民 盐池县冯记沟乡丁记掌村村民
李炆玺 盐池县冯记沟乡丁记掌村村民
杨景翔 盐池县冯记沟乡冯记沟村村民
殷 东 盐池县冯记沟乡汪水塘村村民
赵 勇 盐池县冯记沟乡汪水塘村村民
范玉涛 盐池县麻黄山乡麻黄山村村民
王永学 盐池县麻黄山乡麻黄山村村民
王国彬 盐池县麻黄山乡松记水村村民
贺彦锋 盐池县麻黄山乡松记水村村民
冯世富 盐池县麻黄山乡何新庄村村民
谢国虎 盐池县麻黄山乡井滩子村村民
曹 平 盐池县麻黄山乡下高窑村村民
管生智 盐池县麻黄山乡管记掌村村民
刘德清 盐池县麻黄山乡黄羊岭村村民
王生春 盐池县麻黄山乡后洼村村民

余金全 盐池县麻黄山乡包塬村村民
龚依林 盐池县麻黄山乡李塬畔村村民
张志春 盐池县麻黄山乡胶泥湾村村民
范爱君 盐池县麻黄山乡唐平庄村村民
米生军 盐池县麻黄山乡沙崾岘村村民
包扶部门先进个人（帮扶责任人）
杨学军 盐池县人大办农环委主任
杨海波 盐池县政协办办公室主任科员
张宗文 盐池调查队队长
田　峰 盐池县农牧局副书记
周　勇 盐池县统计局局长
吴　德 盐池县人民医院副书记
王晓鹏 盐池县法院政工科副科长
关向高 盐池县科学技术局副局长
高文伟 盐池县交通运输局副局长
温　增 盐池县社会保险事业管理局副局长
张海霞 盐池县机构编制委员会办公室副主任
官生全 中国共产党盐池县委员会统战部副部长
尚　涛 中国共产党盐池县委员会政策研究副主任
蒋　刚 盐池县环境保护和林业局局长
范庭山 盐池县社会保险事业管理局局长
张永胜 盐池县就业创业和人才服务局局长
左向东 盐池县农村合作经济经营管理站站长
李薛锋 盐池县水务局水政办主任
孟成鸿 盐池县委办公室干事
张崇贤 盐池县政府办公室秘书
贠有波 盐池县卫生和计划生育局医政科科长
张宏建 盐池县审计局办公室主任
冯士刚 盐池县农村商业银行干事
李成西 盐池县市场监督管理局办公室主任
李建华 盐池县司法局宣教科科长
张莹双 盐池县总工会办公室主任
王岩峰 盐池县税务局党建工作股股长
牛硕民 盐池县委老干部局主任科员
杨青春 盐池县农业银行盐池支行干事
王红银 盐池县邮政公司办公室主任
刘春玲 盐池县残疾人联合会干事
呼国宝 盐池县工业园区管委会安全生产科科长
路增记 盐池县公路管理段书记、副段长
韩卫东 宁夏回族自治区哈巴湖国家级自然保护区管理局干事
夏宇轩 盐池县科学技术协会干事
王雅娜 盐池县信访局办公室主任
张彩艳 盐池县住房和城乡建设局办公室干事
田玉龙 盐池县民政局办公室主任
张连文 盐池县道路运输管理所支部副书记
郭　状 盐池县扶贫开发办公室主任
刘　向 盐池县妇幼保健计划生育服务中心副主任

【农业农村工作先进个人】

特色产业发展先进个人
王世雄 盐池县农牧局副局长
冯彦东 盐池县农牧局副局长
胡金钟 盐池县高沙窝镇副镇长
冯　冰 盐池县冯记沟乡副乡长
喻培龙 盐池县大水坑镇草原站站长
梁永军 盐池县青山乡特色产业服务中心主任
周　托 盐池县农牧局畜牧技术推广中心主任
李　强 盐池县农业技术推广中心主任
吴晓强 盐池县滩羊产业发展协会常务副会长
赵彦吉 盐池县飞达农机化服务专业合作社总经理
预防重大动物疫病先进个人
马桂花 动物疾病预防控制中心主任
李培东 花马池镇市场监管所北所所长
胡玉海 公安局科员
冯建鹏 盐池县农牧局动物卫生监督所干事
屈仲海 盐池县住房和城乡建设局城市公用管理所副所长
杨　虎 盐池县高沙窝镇农业服务中心主任

冯海斌 盐池县花马池镇畜牧兽医站干事
顾海龙 盐池县冯记沟乡畜牧兽医站站长

【绿化工作先进个人】

植树造林先进个人

杨万胜 中共盐池县纪律检查委员会派出第四纪检监察组组长
单　广 盐池县交通运输局局长
郝峰茂 盐池县发展和改革局副局长
张志文 盐池县冯记沟乡副乡长
侯继东 盐池县水务局水保站副站长
张智平 盐池县市场监督管理局南所副所长
胡高峰 盐池县大水坑镇林业区域站站长
陈红喜 盐池县惠安堡镇林业区域站站长
周立甫 盐池县高沙窝镇林业区域站站长
姚永增 盐池县委办公室干事
赵建宁 盐池县政府办公室秘书
周文亮 盐池县委组织部科员
马占利 盐池县王乐井乡林业区域站干事
梁　成 盐池县环境保护和林业局财务室主任
王　军 盐池县住房和城乡建设局绿化中心副主任

环境保护工作先进个人

李岩铭 盐池县人大常委会人选委主任
王堰民 政协盐池县委员会经科委主任
崔振华 中共盐池县纪律检查委员会委员
陈　慧 盐池县发展和改革局副局长
冯锐东 盐池县青山乡人大主席
黄波涛 盐池县大水坑镇副镇长
冯美瑾 盐池县冯记沟乡武装部干部
郭　科 盐池县资源能源开发服务中心副主任
尚鹏飞 盐池县公安局治安大队教导员
刘君莉 盐池县委办公室信息秘书
官世博 盐池县政府办公室秘书
高　翔 盐池县环境保护和林业局办公室副主任
刘贵彪 盐池县交通运输局副主任
饶天师 盐池县农牧局畜牧中心副主任
郭华锋 盐池县麻黄山乡环保林业干事

【村镇建设先进个人】

村镇工作先进个人

官永刚 盐池县惠安堡镇副镇长
谢瑞峰 盐池县住房和城乡建设局村镇办干事
郑士凯 盐池县住房和城乡建设局村镇办干事
朱林锋 盐池县花马池镇项目办干事
郑　冲 盐池县王乐井乡村镇办主任
和东东 盐池县大水坑镇市政干事
李　浩 盐池县青山乡土地城建干事
马巧娟 盐池县冯记沟乡乡村规划建设干事
牟　智 盐池县高沙窝镇社会与经济管理办公室主任
唐云霞 盐池县麻黄山乡民生服务中心主任

农村环境治理工作先进个人

张永昊 盐池县惠安堡镇副镇长
刘君子 盐池县青山乡武装部干部
冯美瑾 盐池县冯记沟乡武装部干部
李国军 盐池县高沙窝镇武装部干部
郜　阳 盐池县住房和城乡建设局党政办公室副主任
张宏斌 盐池县城市管理综合执法局法制信访室副主任
冯凯祥 盐池县花马池镇党政办公室干事
李金晓 盐池县王乐井乡住建干事
罗文辉 盐池县大水坑镇市政站站长
庞佳娣 盐池县麻黄山乡乡政府会计

【政法综治及平安建设工作先进个人】

政法综治工作先进个人

钱学良 中国共产党盐池县委政法委员会(综治办)专职副主任
高春梅 盐池县人民法院民一庭庭长
金红岩 盐池县惠安堡镇派出所副所长
武　德 盐池县市场监督管理局纪检监察室主任
刘　洋 盐池县委办公室督查秘书

官世博 盐池县政府办公室秘书
蔡 铭 盐池县人力资源和社会保障局劳动监察执法局监察员
崔海录 盐池县教育体育局综治干事
季志栋 盐池县政府法制办综治干事
闫新乾 盐池县麻黄山乡综治干事

平安建设工作先进个人

贾永锋 盐池县委组织部副部长、非公有制经济和社会组织党工委书记
王新华 共青团盐池县委员会副书记
陈红喜 盐池县惠安堡镇党委委员、环林站站长
冯全东 盐池县花马池镇党政办主任
冯茹霞 盐池县委宣传部干事
邵 佳 盐池县总工会办公室干事
董晓云 盐池县妇女联合会办公室干事
张 倩 盐池县政务服务中心综治干事
聂 飞 盐池县冯记沟乡武装干事
孔令东 盐池县王乐井乡综治干事、禁毒干事

禁毒工作先进个人

吴 岩 盐池县麻黄山乡党委委员、纪委书记
郝瑞刚 盐池县公安局花马池镇派出所所长
尚 波 盐池县教育体育局营养办副主任
白 波 盐池县总工会经审办主任
苏比青 团县委办公室主任
王润琴 盐池县妇女联合会办公室干事
孙 嘉 盐池县文化旅游广电局执法队干事
王海东 盐池县大水坑镇禁毒专干
赵振翔 盐池县王乐井乡禁毒专干
李国君 盐池县花马池镇禁毒专干

【信访工作先进个人】

宋旭英 盐池县惠安堡镇人大主席
张自文 中国共产党盐池县委政法委员会副秘书长、防邪办主任
钱永智 盐池县工业信息化和商务局副局长
温 增 盐池县社会保险事业管理局副局长
张建宁 盐池县盐州路街道办事处南关社区党支部书记
李生宝 盐池县青山乡司法所所长
姬志国 盐池县人力资源和社会保障局监察大队大队长
雷和平 盐池县信访局接访室主任
张 财 盐池县麻黄山乡综治办副主任
钱江山 盐池县花马池镇信访干事

【安全生产先进个人】

焦 远 盐池县工业信息化和商务局副局长
高万东 盐池县安全生产监督管理局副局长
黄 峰 盐池县公安局交警大队教导员
侯智雷 盐池县青山乡人民政府安监站站长
许秋禄 盐池县麻黄山乡人民政府安监站站长
赫平元 盐池县环境保护和林业局矿管所所长
汪学娟 盐池县机构编制委员会办公室干事
冯燕梅 盐池县水务局安全生产干事
白雪冬 盐池县市场监督管理局特设岗主任
陈志国 盐池县和顺矿业有限公司董事长
胡亚军 盐池县金裕海化工有限公司安环部部长
韩 智 盐池县瀛海天池建材有限公司安全主管

【治理拖欠农民工工资先进个人】

牛庆润 盐池县司法局副局长
张伟林 盐池县住房和城乡建设局管理站副站长
孙世瑞 盐池县冯记沟乡党政办公室主任
郭军伟 盐池县政府办公室秘书
吴彦娟 盐池县麻黄山乡团委副书记、工会干事
陈 凤 盐池县市场监督管理局企业注册岗科长
李 宁 盐池县花马池镇派出所北关社区民警
李 岩 盐池县花马池镇综治办干事
贺 玲 盐池县王乐井乡就业干事
乔 婷 盐池县工业园区管委会干事
虎 楠 盐池县人力资源和社会保障局人事争议

仲裁院仲裁员
赵国舜 盐池县人力资源和社会保障局监察执法局协管员
王　娜 中国共产党盐池县委政法委员会综治中心干事
陈有禄 盐池县总工会干事
郑皓轩 盐池县信访局干事

【食品安全先进个人】

陈　燕 盐池县冯记沟乡人民政府组织委员
张惠明 盐池县城市综合执法大队副大队长
张彩玲 盐池县市场监督管理局食品安全监管岗科长
崔海录 盐池县教育体育局义务教育营养办公室主任
饶占国 盐池县花马池镇人民政府食品安全干事
马瑞泽 盐池县青山乡人民政府办公室干事

【卫生健康工作先进个人】

张文东 盐池县高沙窝镇卫生计生办公室主任
张　岩 盐池县政府办公室干事
秦学敏 盐池县财政局社保股股长
姚　远 盐池县大水坑镇卫生计生办公室主任
梁沼芬 盐池县冯记沟乡卫生计生干事
王奋香 盐池县青山乡卫生计生干事
李云鹏 盐池县麻黄山乡卫生计生干事
张培虎 盐池县卫生和计划生育局办公室干事
宋凯萍 盐池县卫生和计划生育局医改办干事
丁　渊 盐池县卫生和计划生育局健教所干事

【纪检监察工作先进个人】

王生彦 盐池县高沙窝镇党委书记
蒋　刚 盐池县环境保护和林业局局长
范希霞 中共盐池县纪律检查委员会常委
唐文虎 中共盐池县纪律检查委员会常委、监委委员
杨彦宁 中共盐池县纪律检查委员会常委、监委委员
路　炬 盐池县住房和城乡建设局纪委书记
郑　军 盐池县花马池镇纪委书记
王占军 盐池县惠安堡镇纪委书记
付兴军 盐池县青山乡纪委书记
张增琴 中共盐池县纪律检查委员会监委案件监督管理室主任
黄清林 盐池县教育体育局工委副书记、纪检室主任
张永辉 中共盐池县纪律检查委员会监委干事
刘鹏飞 中共盐池县纪律检查委员会监委干事
高巧燕 盐池县委巡察办干事
陈　颖 盐池县大水坑镇纪检监察干事

【组织工作先进个人】

徐凤英 盐池县公安局政工监督室主任
张建宏 盐池县人民医院党支部书记、院长
李志勇 盐池县教育体育局工委办公室主任
杨靖启 盐池县委组织部科员
折彤彤 盐池县花马池镇组织干事
郭建松 盐池县高沙窝镇宝塔村党支部书记
杨菊梅 盐池县盐州路街道办事处芙蓉社区党支部书记
管明杰 盐池县国资党委兴盐公司党支部书记
李继业 盐池县麻黄山乡胶泥湾村党支部书记
温洁雄 盐池县王乐井乡刘四渠村党支部书记

【宣传思想文化工作先进个人】

丁秀娟 盐池县盐州路街道办事处副主任
牛韶华 盐池县花马池镇干事
邱文瑞 盐池县大水坑镇干事
苏　宁 盐池县惠安堡镇党政办主任
王　鹏 盐池县高沙窝镇干事
王鑫荣 盐池县王乐井乡干事
张婷婷 盐池县冯记沟乡干事

【民族团结进步创建活动先进个人】

刘永宏 盐池县税务局副局长
刘九君 盐池县惠安堡镇派出所所长
海宗瑞 盐池县惠安堡镇民族宗教干事
马春燕 盐池县麻黄山乡民族宗教干事
王　鹏 盐池县高沙窝镇民族宗教干事
曾莉娜 盐池县民政局办公室干事
王鑫荣 盐池县王乐井乡民族宗教干事

冒万鹏 盐池县委办公室督查秘书
田立鹏 盐池县政府办公室秘书
冒莉芳 盐池县花马池镇民族宗教干事
【优秀工会工作者】
冒莉芳 盐池县花马池镇总工会副主席
张丽香 盐池县人民医院工会主席
梁海林 盐池县政府办工会主席
李普成 宁夏金裕海化工有限公司工会干事
李　巧 盐池县总工会社会化工作者
【推进民主法治建设先进个人】
全县创建区级法治政府示范活动先进个人
李　方 中国共产党盐池县委政法委员会(综治办)办公室科员
孙　铎 盐池县农牧局农业执法大队副队长
龚雪晓 盐池县公安局法制室科员
代　颖 盐池县司法局办公室科员
黄学花 盐池县政府法制办公室科员
崔　铭 盐池县国土资源局执法大队队长
刘　晶 盐池县王乐井乡人民政府办公室干事
普法工作先进个人
杨吉林 盐池县青山乡副书记、乡长
杨　威 盐池县冯记沟乡副书记、乡长
王建成 盐池县法制办主任
杨继刚 盐池县委宣传部文明办副主任
屈　昊 盐池县麻黄山乡武装部干部、办公室主任
刘　娜 盐池县委组织部科员
杨永彤 盐池县花马池镇党政办干事
张彦香 中国共产党盐池县委政法委员会办公室干事
王文龙 盐池县司法局宣教科负责人
焦清红 盐池县文化旅游广电局干事
乔秋菊 盐池县第一小学教师
郑淑琴 盐池县第三小学教师
曹俊峰 盐池县农牧局干事
李　成 盐池县人力资源和社会保障局办公室主任
叶舒雯 盐池县总工会干事
李慧斌 盐池县高沙窝镇司法所所长
高　俊 盐池县大水坑镇司法所所长
张志霞 盐池县盐州路街道办事处综治办干事
杨海霞 盐池县惠安堡镇司法所人民调解员
闵幸福 盐池县王乐井乡司法所人民调解员
【公共文化服务体系建设先进个人】
刘　丽 盐池县财政局副局长
郭凤红 盐池县教育体育局副局长
王新华 共青团盐池县委员会副书记
杨延晨 盐池县青山乡副乡长
杨琴琴 盐池县委宣传部办公室主任
秦香风 盐池县花马池镇文化干事
孙晓芳 盐池县高沙窝镇文化站站长
范文云 盐池县大水坑镇文化站站长
韩世兵 盐池县惠安堡镇隰宁堡村文化管理员
王　波 盐池县王乐井乡文化站站长
张婷婷 盐池县冯记沟乡文化站站长
郭亚娟 盐池县麻黄山乡文化干事
单巧云 盐池县图书馆干事
郑友静 盐池县文化馆干事
张菊艳 盐池县博物馆干事
【返乡创业致富带头人】
刘　贵 盐池县乏牛坡种养殖专业合作社
石天祎 盐池县祎峰原生态农副产品研发有限公司
杨　涛 盐池县清新蔬菜水果店
王建玉 盐池县天丰泰家庭牧场
李志强 宁夏沙洲叶子食品科技有限公司
孙　裕 盐池县福兴工贸有限公司
刘东雄 盐池县东雄家庭园林场
李广军 盐池县兆源种养殖专业合作社
王占贵 盐池县百顺养殖合作社
王　鑫 盐池县何家大院休闲驿站
颁奖单位：中共盐池县委 盐池县人民政府

【盐池县2015—2017年度考核连续三年获得优秀等次公务员】
张宏贤（县委办）
陈志良 黄 飞（政府办）
崔振华（检察院）
宗茂彬 杨彦宁 李 江（纪检委）
高 磊（组织部）
官生全（统战部）
王泽勇（老干部）
石治敏（党校）
周永霞（总工会）
乔发成（残联）
李苗苗（公安局）
温锦梅 王永峰（财政局）
刘彦龙（人社局）
李亦军（国土局）
蒋 刚 呼连峰 任海明（环林局）
郭晓澜（文广局）
冯育勤（审计局）
白淑珍（统计局）
武爱芳 白雪冬 魏永旺（市场监督管理局）
王慧强 张培虎（卫计局）
王明兰（工业信息化和商务局）
郭凤红（教体局）
杨 泉 冯桂芳 惠兴丰（街道办）
郑 军（花马池镇）
李建荣 蔡婷娥（大水坑镇）
宋旭英（惠安堡镇）
李玉龙（高沙窝镇）
胡建军（王乐井乡）
冯锐东（青山乡）
孙世瑞（冯记沟乡）
王永鲜（麻黄山乡）
颁奖单位：盐池县人民政府

【见义勇为先进个人】
杨 志（个体经营）
赵尚佐（县委办公室工作人员）
颁奖单位：盐池县人民政府

【2018年度全县教育工作先进个人】
优秀教师
一等奖
李茂林 盐池高级中学化学教师
田仙梅 盐池高级中学英语教师
杨学红 盐池县职业中学数学教师
李瑞三 盐池一中英语教师
高 毓 盐池三中数学教师
高存霞 盐池四中英语教师
张爱萍 盐池五中语文教师
武 冲 盐池一小语文教师
王凤花 长城希望小学语文教师
李生玺 盐池三小数学教师
刘秀玲 盐池四小语文教师
郭秀仙 盐池五小语文教师
贺文成 惠安堡中心小学数学教师
寇晓伟 大水坑第二小学语文教师
周月琴 盐池一幼幼儿教育教师
二等奖
胡建华 盐池高级中学历史教师
党丽芳 盐池高级中学数学教师
冯春艳 盐池高级中学英语教师
张天波 盐池高级中学语文教师
谢志强 盐池县职业中学政治教师
李玉宁 盐池一中语文教师
饶惠宁 盐池一中语文教师
吴生娟 盐池三中数学教师
王自华 盐池三中语文教师
李彦虎 盐池四中数学教师
徐富强 盐池五中数学教师

董玉荣 盐池五中化学教师
张　清 惠安堡中学历史教师
曹秀宏 盐池一小语文教师
王桂芬 长城希望小学思想品德教师
袁玉玲 盐池三小数学教师
朱　莎 盐池三小语文教师
赵永象 盐池四小语文教师
樊莎莎 盐池五小数学教师
蔡彦茹 高沙窝中心小学英语教师
李清东 王乐井中心小学数学教师
强生嘉 冯记沟中心小学数学教师
钱丽锋 惠安堡中心小学语文教师
杜娅丽 大水坑第一小学数学教师
张吉河 大水坑第二小学数学教师
白　灵 盐池一幼幼儿教育教师
王建东 盐池二幼幼儿教育教师
王学梅 师资培训中心语文教师
三等奖
牛振民 盐池高级中学数学教师
张淑萍 盐池高级中学政治教师
陈福财 盐池高级中学语文教师
闵清香 盐池高级中学物理教师
陈东萍 盐池高级中学历史教师
王自安 盐池高级中学化学教师
刘学岚 盐池高级中学英语教师
张淑英 盐池县职业中学语文教师
林　锋 盐池一中数学教师
贺艳红 盐池一中政治教师
贺玉文 盐池一中地理教师
贾遂林 盐池一中语文教师
郭建新 盐池三中生物教师
冯　斌 盐池三中生物教师
王晓玲 盐池四中地理教师
张海平 盐池四中数学教师
薛鹏云 盐池五中数学教师
沈学峰 盐池五中数学教师
李培琴 盐池五中语文教师
孙　玲 盐池五中语文教师
张菲菲 惠安堡中学语文教师
白永凤 盐池一小微机教师
李淑红 盐池一小语文教师
朱志刚 盐池一小数学教师
孙永蔚 长城希望小学数学教师
刘巧玲 长城希望小学英语教师
刘冬梅 长城希望小学语文教师
李生瑞 盐池三小思想品德教师
李佳丽 盐池三小英语教师
高文充 盐池三小数学教师
刘　波 盐池四小语文教师
陈建梅 盐池四小语文教师
牛菊民 盐池四小英语教师
孟祥龙 盐池五小数学教师
高玉萍 盐池五小英语教师
施原旗 盐池五小语文教师
吴佳利 高沙窝中心小学数学教师
官　月 王乐井中心小学语文教师
杨志国 冯记沟中心小学语文教师
温秀娟 青山中心小学语文教师
李滋波 麻黄山中心小学数学教师
杨　婷 惠安堡中心小学语文教师
姚振亮 惠安堡中心小学数学教师
李卓芳 惠安堡中心小学语文教师
王　辉 大水坑第一小学数学教师
闫晓红 大水坑第二小学数学教师
范文兰 盐池一幼幼儿教育教师
张欣芳 盐池二幼幼儿教育教师
孙彦风 盐池三幼幼儿教育教师
孙学敦 师资培训中心数学教师

优秀任课教师

高中优秀任课教师

段明东（语文） 张廷海（语文） 路建国（数学）

沈爱莉（数学） 高锦艳（英语） 吴澎棠（物理）

冯学东（化学） 沈　英（地理） 何　超（历史）

初中优秀任课教师

盐池一中：余敏敏（语文） 王玲霞（数学）

彭海梅（英语） 周银丽（政治）

李春梅（生物）

盐池三中：路学会（政治） 陈彦华（数学）

盐池四中：何凤玲（化学） 刘　河（化学）

冯杰智（生物）

盐池五中：范红燕（物理） 黎　静（化学）

殷晓萍（数学） 孙　丽（英语）

惠安堡中学：杨冬霞（英语）

小学优秀任课教师

盐池一小：刘冬梅（语文） 李柠妨（数学）

长城希望小学：高彩珍（语文）

盐池三小：杨学峰（数学） 任海霞（数学）

盐池四小：李亚茹（语文）

盐池五小：禹晓兰（数学） 贺玉玲（语文）

高沙窝中心小学：余海琴（语文）

青山中心小学：李清云（语文）

惠安堡中心小学：赵娟娥（语文）王科军（数学）

大水坑一小：任建堂（数学）

大水坑二小：冯万礼（语文） 李淑琴（数学）

幼儿园优秀任课教师

盐池县第一幼儿园：王香珍（语言）

盐池县第二幼儿园：王晓仙（语言）

音体美、信息技术、综合实践课优秀任课教师

师资培训中心：张　兵（信息技术）

盐池高级中学：马　栋（信息技术）

盐池三中：李　娟（体育） 张海燕（美术）

盐池一小：王文珍（体育）

盐池五小：方琰芸（美术）

优秀特岗教师

盐池高级中学：李　文　2015 年特岗（英语）

盐池一中：李慧军　2016 年特岗（数学）

盐池四中：王丹丹　2015 年特岗（美术）

盐池五中：张丹丹　2015 年特岗（英语）

惠安堡中学：官晓蕾　2015 年特岗（数学）

盐池一小：杨凤香　2015 年特岗（数学）

长城希望小学：马裕清　2016 年特岗（数学）

盐池三小：杨金金　2015 年特岗（数学）

盐池四小：杨　旭　2015 年特岗（音乐）

盐池五小：高力文　2015 年特岗（语文）

高沙窝中心小学：余姿慧　2015 年特岗（美术）

青山中心小学：朱银贵　2015 年特岗（体育）

大水坑一小：李　娟　2016 年特岗(语文)

大水坑二小：吕来雄　2016 年特岗(语文)

惠安堡中心小学：孙晶晶　2015 年特岗（语文）

幼儿园优秀教师

盐池一幼：石岩芳

盐池二幼：王润巧

大水坑镇幼儿园：邵雅茹

大水坑二幼：陈园芳

惠安堡幼儿园：刘金锭

高沙窝幼儿园：魏　静

冯记沟幼儿园：马小艳

盐池县艺术幼儿园：周凤娟

盐池县艺术二幼：冯小英

盐池县天使特殊教育中心：石月丽

颁奖单位：中共盐池县委 盐池县人民政府

**【2018 年度全县村干部绩效考核】**

一等奖

官　玉　盐池县花马池镇惠泽村党支部书记

杨宗宝　盐池县花马池镇柳杨堡村党支部书记

郭　伟　盐池县花马池镇柳杨堡村主任

张志铭　盐池县花马池镇四墩子村党支部书记
高　瑞　盐池县花马池镇长城村文书
高锦河　盐池县花马池镇长城村主任
吕元林　盐池县大水坑镇二道沟村党支部书记
李宗明　盐池县大水坑镇东风村党支部书记
宗胜彬　盐池县大水坑镇马坊村党支部书记
赵治斌　盐池县大水坑镇李伏渠村党支部书记
苏建军　盐池县惠安堡镇狼布掌村主任
尤生贵　盐池县惠安堡镇老盐池村党支部书记
刘　旭　盐池县惠安堡镇大坝村党支部书记
李　兴　盐池县惠安堡镇四股泉村主任
赵红林　盐池县高沙窝镇长流墩村党支部书记
高占宝　盐池县大圪垯村党支部书记
温洁雄　盐池县王乐井乡刘四渠村党支部书记
张学鹏　盐池县王乐井乡郑家堡村党支部书记
郭永茂　盐池县王乐井乡王乐井村党支部书记
侯春茂　盐池县青山乡营盘台村主任
张玉东　盐池县青山乡古峰庄村党支部书记
杨　云　盐池县冯记沟乡雨强村党支部书记
杨　芳　盐池县冯记沟乡冯记沟村主任
关尚锋　盐池县冯记沟乡马儿庄村主任
李继业　盐池县麻黄山乡胶泥湾村党支部书记
吴建东　盐池县麻黄山乡沙崾岘村主任
何三广　盐池县麻黄山乡何新庄村党支部书记
董国泰　盐池县麻黄山乡平庄村主任

二等奖

王占存　盐池县花马池镇惠泽村主任
梁欣莲　盐池县花马池镇惠泽村党支部副书记
鲁　娟　盐池县花马池镇惠泽村计生宣传员
杨　斌　盐池县花马池镇惠泽村文书
李艳娥　盐池县花马池镇柳杨堡村文书
黄艳梅　盐池县花马池镇柳杨堡村妇联主席
尤　楠　柳杨堡村党支部副书记
左存东　盐池县花马池镇四墩子村主任
马德珍　盐池县花马池镇四墩子村党支部副书记
梁巧如　盐池县花马池镇四墩子村文书
罗晓涛　盐池县花马池镇四墩子村妇联主席
黄保邦　盐池县花马池镇长城村党支部书记
冯生和　盐池县花马池镇长城村党支部副书记
孙付英　盐池县花马池镇长城村妇联主席
冯凯祥　盐池县花马池镇裕兴村党支部书记
季建军　盐池县花马池镇裕兴村主任
冯明海　盐池县花马池镇红沟梁村党支部书记、村主任
李文奇　盐池县花马池镇东塘村党支部书记
白云江　盐池县花马池镇皖记沟村党支部书记
张生龙　盐池县花马池镇北塘新村党支部书记
杨文志　盐池县花马池镇盈德村党支部书记
孙万成　盐池县花马池镇苏步井村党支部书记
孙学军　盐池县花马池镇苏步井村主任
白　峰　盐池县花马池镇沙边子村党支部书记、村主任
郝自军　盐池县花马池镇李华台村文书
朱玉清　盐池县花马池镇高利乌素村党支部书记
杨学生　盐池县大水坑镇二道沟村主任
刘建明　盐池县大水坑镇二道沟村副主任
杨锦涛　盐池县大水坑镇二道沟村文书
樊明慧　盐池县大水坑镇二道沟村妇联主席
李红文　盐池县大水坑镇东风村主任
李林发　盐池县大水坑镇东风村副主任
袁宝吉　盐池县大水坑镇东风村文书
袁　萍　盐池县大水坑镇东风村妇联主席
韩兆春　盐池县大水坑镇马坊村主任
赵　银　盐池县大水坑镇马坊村党支部副书记
牛玖民　盐池县大水坑镇马坊村文书
李小霞　盐池县大水坑镇马坊村妇联主席
张志武　盐池县大水坑镇李伏渠村主任
任世忠　盐池县大水坑镇李伏渠村党支部副书记

高培岳　盐池县大水坑镇李伏渠村文书
李向琴　盐池县大水坑镇李伏渠村妇联主席
何振坤　盐池县大水坑镇新建村文书
冯彦涛　盐池县大水坑镇新泉井村主任
康　吉　盐池县大水坑镇向阳村党支部书记
张耀天　盐池县大水坑镇宋堡子村主任
齐彦平　盐池县大水坑镇莎草湾村党支部书记
杨　锋　盐池县惠安堡镇狼布掌村党支部书记
丁佐宇　狼布掌村党支部副书记
宋华国　盐池县惠安堡镇狼布掌村文书
李桂兰　盐池县惠安堡镇狼布掌村妇联主席
李海峰　盐池县惠安堡镇老盐池村主任
尤　亮　盐池县惠安堡镇老盐池村党支部副书记
张爱红　盐池县惠安堡镇老盐池村文书
王　琴　盐池县惠安堡镇老盐池村妇联主席
何　江　盐池县惠安堡镇大坝村主任
杨培文　盐池县惠安堡镇大坝村党支部副书记
郝兴柱　盐池县惠安堡镇大坝村文书
陈爱芳　盐池县惠安堡镇大坝村妇联主席
杨彬君　盐池县惠安堡镇四股泉村党支部书记
陈东旭　盐池县惠安堡镇四股泉村党支部副书记
梁　婷　盐池县惠安堡镇四股泉村文书
刘艳琴　盐池县惠安堡镇四股泉村妇联主席
姜晓艳　盐池县惠安堡镇萌城村文书
杨　业　盐池县惠安堡镇惠安堡村主任
刘红丽　盐池县惠安堡镇杜记沟村文书
陈东忠　盐池县惠安堡镇惠苑村文书
张丽霞　盐池县惠安堡镇惠苑村村妇联
张新田　盐池县惠安堡镇隰宁堡村文书
武振林　盐池县惠安堡镇杨儿庄村文书
杨延兵　盐池县高沙窝镇长长流墩村主任
顾远仁　盐池县高沙窝镇长长流墩村党支部副书记
李凤艳　盐池县高沙窝镇长长流墩村文书
张翠珍　盐池县高沙窝镇长长流墩村妇联主席
冯克勤　盐池县高沙窝镇长大圪垯村主任
竺德荣　盐池县高沙窝镇长大圪垯村党支部副书记
赵福义　盐池县高沙窝镇长大圪垯村文书
王　珍　盐池县高沙窝镇长大圪垯村妇联主席
张　克　盐池县高沙窝镇长高沙窝村党支部书记
朱万珍　盐池县高沙窝镇长高沙窝村主任
郭建松　盐池县高沙窝镇长宝塔村党支部书记
潘生文　盐池县高沙窝镇长二步坑村党支部书记
孙付瑞　盐池县高沙窝镇长南梁村党支部书记
官胜文　盐池县王乐井乡刘四渠村党支部副书记
冯　平　盐池县王乐井乡刘四渠村主任
张　海　盐池县王乐井乡刘四渠村文书
李　欣　盐池县王乐井乡刘四渠村妇联主席
王永亮　盐池县王乐井乡郑家堡村党支部副书记
郑文广　盐池县王乐井乡郑家堡村主任
拓万图　盐池县王乐井乡郑家堡村副主任
任永贵　盐池县王乐井乡郑家堡村文书
孙梅凤　盐池县王乐井乡郑家堡村妇联主席
蒋　军　盐池县王乐井乡王乐井村主任
周慧珍　盐池县王乐井乡王乐井村副支书
李　连　盐池县王乐井乡王乐井村副主任
何　宏　盐池县王乐井乡王乐井村文书
李彩娥　盐池县王乐井乡王乐井村妇联主席
郭正张　盐池县王乐井乡边记洼村主任
朱玉国　盐池县王乐井乡曾记畔村党支部书记
乔向泽　盐池县王乐井乡官滩村文书
孙宁业　盐池县王乐井乡孙家楼村党支部书记
马瑞优　盐池县青山乡营盘台村文书
冯建贵　盐池县青山乡营盘台村党支部书记
卢　根　盐池县青山乡营盘台村副主任
张树玲　盐池县青山乡营盘台村妇联主席
张红义　盐池县青山乡古峰庄村主任
龙存普　盐池县青山乡古峰庄村党支部副书记、副主任
李　波　盐池县青山乡古峰庄村文书

刘艳芳　盐池县青山乡古峰庄村妇联主席
李向成　盐池县青山乡猫头梁村党支部书记、主任
王宗武　盐池县青山乡旺四滩村文书
张宏良　盐池县青山乡郝记台村党支部书记
吴长银　盐池县青山乡方山村党支部副书记
张宏博　盐池县青山乡月儿泉村文书
侯振玉　盐池县青山乡青山村文书
尚　华　盐池县冯记沟乡雨强村主任
张旭莹　盐池县冯记沟乡雨强村文书
崔月霞　盐池县冯记沟乡雨强村妇联主席
蒋　锋　盐池县冯记沟乡冯记沟村党支部书记
冯巧燕　盐池县冯记沟乡冯记沟村文书
余　红　盐池县冯记沟乡冯记沟村妇联主席
冯立珍　盐池县冯记沟乡马儿庄村党支部书记
叶慧宁　盐池县冯记沟乡马儿庄村党支部副书记
白学锋　盐池县冯记沟乡马儿庄村文书
张慧娥　盐池县冯记沟乡马儿庄村妇联主席
杨　明　盐池县冯记沟乡暴记春村党支部书记
马自霞　盐池县冯记沟乡回六庄村党支部书记
李军堂　盐池县冯记沟乡汪水塘村主任
王爱成　盐池县冯记沟乡丁记掌村党支部书记
郭玉峰　盐池县麻黄山乡胶泥湾村主任
饶良成　盐池县麻黄山乡胶泥湾村副主任
张建英　盐池县麻黄山乡胶泥湾村妇联主席
朱　昱　盐池县麻黄山乡胶泥湾村文书
潘自强　盐池县麻黄山乡沙崾岘村党支部书记
潘自刚　盐池县麻黄山乡沙崾岘村党支部副书记
刘慧敏　盐池县麻黄山乡沙崾岘村文书
包经茂　盐池县麻黄山乡沙崾岘村妇联主席
何宝峰　盐池县麻黄山乡何新庄村主任
何三虎　盐池县麻黄山乡何新庄村党支部副书记
何成涛　盐池县麻黄山乡何新庄村文书
李月珍　盐池县麻黄山乡何新庄村妇联主席
范殷贵　盐池县麻黄山乡平庄村党支部书记
张廷海　盐池县麻黄山乡平庄村党支部副书记
董彦江　盐池县麻黄山乡平庄村文书
刘艳娥　盐池县麻黄山乡平庄村妇联主席
王世富　盐池县麻黄山乡李塬畔村党支部书记
王玉山　盐池县麻黄山乡后洼村党支部书记
李生元　盐池县麻黄山乡黄羊岭村主任
曹佐栋　盐池县麻黄山乡管记掌村党支部书记
穆海春　盐池县麻黄山乡包塬村主任
李建学　盐池县麻黄山乡井滩子村党支部书记

三等奖

王文成　盐池县花马池镇裕兴村党支部副书记
刘瑞佳　盐池县花马池镇裕兴村文书
冯莉霞　盐池县花马池镇裕兴村妇联主席
王　银　盐池县花马池镇红沟梁村党支部副书记
党瑞峰　盐池县花马池镇红沟梁村副主任
牛晓玲　盐池县花马池镇红沟梁村文书
余　琦　盐池县花马池镇红沟梁村妇联主席
吕丰岐　盐池县花马池镇东塘村主任
祁　娟　盐池县花马池镇东塘村文书
张秀梅　盐池县花马池镇东塘村妇联主席
李　肖　盐池县花马池镇皖记沟村文书
李清丽　盐池县花马池镇皖记沟村主任
王学德　盐池县花马池镇皖记沟村党支部副书记
施彩虹　盐池县花马池镇皖记沟村妇联主席
何三存　盐池县花马池镇北塘新村主任
何仲莹　盐池县花马池镇北塘新村党支部副书记
张巧梅　盐池县花马池镇北塘新村文书
李晓雨　盐池县花马池镇北塘新村妇联主席
冯瑞娟　北塘新村党务工作者
赵　帅　盐池县花马池镇盈德盐池县花马池镇村主任
高　林　盐池县花马池镇盈德村副主任
魏茸茸　盐池县花马池镇盈德村文书
梁　艳　盐池县花马池镇盈德村妇联主席
王泽军　盐池县花马池镇苏步井村党支部副书记

刘小霞　盐池县花马池镇苏步井村文书
白　雯　盐池县花马池镇苏步井村妇联主席
慕　军　盐池县花马池镇沙边子村党支部副书记
耿丽虹　盐池县花马池镇沙边子村文书
王爱娟　盐池县花马池镇沙边子村妇联主席
王对辛　盐池县花马池镇沙边子村党务工作者
黄琛辛　盐池县花马池镇李华台村主任
王旭娥　盐池县花马池镇李华台村党支部副书记
冒彦芳　盐池县花马池镇李华台村妇联主席
官　茂　盐池县花马池镇高利乌素村主任
张学彪　盐池县花马池镇高利乌素村党支部副书记
张宇萍　盐池县花马池镇高利乌素村文书
党瑞芳　盐池县花马池镇高利乌素村妇联主席
李广银　盐池县花马池镇田记掌村党支部书记
王　玮　盐池县花马池镇田记掌村党支部副书记
赵红兴　盐池县花马池镇田记掌村主任
王海燕　盐池县花马池镇田记掌村文书
魏淑霞　盐池县花马池镇田记掌村妇联主席
黄执江　盐池县花马池镇冒寨子村党支部书记
崔　忠　盐池县花马池镇冒寨子村主任
王子宝　盐池县花马池镇冒寨子村党支部副书记
蒋春仙　盐池县花马池镇冒寨子村妇联主席
孙巧蕊　盐池县花马池镇冒寨子村文书
焦升亮　盐池县花马池镇硝池子村党支部书记
姬学胜　盐池县花马池镇硝池子村主任
黎仲彪　盐池县花马池镇郭记沟村主任
何永东　盐池县大水坑镇新建村党支部书记
林艳萍　盐池县大水坑镇新建村党支部副支书
余如涛　盐池县大水坑镇新建村主任
赵治花　盐池县大水坑镇新建村妇联主席
张明雄　盐池县大水坑镇大水坑村主任
张廷才　盐池县大水坑镇新泉井村党支部书记
牛振鹏　盐池县大水坑镇新泉井村副主任
崔　刚　盐池县大水坑镇新泉井村文书
冯　芳　盐池县大水坑镇新泉井村妇联主席
李　强　盐池县大水坑镇向阳村主任
李志宪　盐池县大水坑镇向阳村文书
赵红娟　盐池县大水坑镇向阳村妇联主席
李向林　盐池县大水坑镇宋堡子村党支部书记
史宝霞　盐池县大水坑镇宋堡子村文书
陈淑琴　盐池县大水坑镇宋堡子村妇联主席
柴凤桐　盐池县大水坑镇莎草湾村主任
梁晓安　盐池县大水坑镇莎草湾村文书
冉菊平　盐池县大水坑镇莎草湾村妇联主席
王海全　盐池县大水坑镇王新庄村文书
沈建明　盐池县大水坑镇摆宴井村主任
贾文升　盐池县大水坑镇新桥村党支部书记
杨　文　盐池县大水坑镇柳条井村副主任
李　相　盐池县大水坑镇红井子村党支部副书记
宋德有　盐池县惠安堡镇萌城村党支部书记
赵志忠　盐池县惠安堡镇萌城村党支部副书记
殷兆春　盐池县惠安堡镇萌城村主任
何欣玲　盐池县惠安堡镇萌城村妇联主席
张　勇　盐池县惠安堡镇惠安堡村党支部书记
杨　涛　盐池县惠安堡镇惠安堡村党支部副书记
武晓霞　盐池县惠安堡镇惠安堡村文书
尤素霞　盐池县惠安堡镇惠安堡村妇联主席
贾治龙　盐池县惠安堡镇杜记沟村党支部书记
曹树江　盐池县惠安堡镇杜记沟村主任
张海金　盐池县惠安堡镇杜记沟村党支部副书记
郭自红　盐池县惠安堡镇杜记沟村妇联主席
殷秉虎　盐池县惠安堡镇惠苑村党总支书记
徐成武　盐池县惠安堡镇惠苑村主任
赵　雄　盐池县惠安堡镇隰宁堡村党支部书记
张新福　盐池县惠安堡镇隰宁堡村主任
吴克勤　盐池县惠安堡镇隰宁堡村党支部副书记
宋淑巧　盐池县惠安堡镇隰宁堡村妇联主席
陈君锋　盐池县惠安堡镇杨儿庄村主任

杨宗仁 盐池县惠安堡镇林记口子村党支部书记
张富翔 盐池县惠安堡镇杏树梁村文书
高秀萍 盐池县高沙窝镇长高沙窝村党支部副书记
余振旺 盐池县高沙窝镇长高沙窝村文书
王海波 盐池县高沙窝镇长宝塔村主任
张　杰 盐池县高沙窝镇长宝塔村党支部副书记
张海霞 盐池县高沙窝镇长宝塔村文书
姜巧云 盐池县高沙窝镇长宝塔村妇联主席
杨　海 盐池县高沙窝镇长二步坑村主任
呼生仪 盐池县高沙窝镇长二步坑村党支部副书记
王彩霞 盐池县高沙窝镇长二步坑村文书
孙淑香 盐池县高沙窝镇长二步坑村妇联主席
孙泽清 盐池县高沙窝镇长南梁村主任
孙付和 盐池县高沙窝镇长南梁村党支部副主任
王昱娇 盐池县高沙窝镇长南梁村文书
石淑萍 盐池县高沙窝镇长南梁村妇联主席
贠　智 盐池县高沙窝镇长李庄子村党支部书记
郭生强 盐池县高沙窝镇长营西村党支部书记
牛　娜 盐池县王乐井乡边记洼村党支部书记
郭　千 盐池县王乐井乡边记洼村党支部副书记
王　金 盐池县王乐井乡边记洼村文书
李锦娟 盐池县王乐井乡边记洼村妇主席
王登平 盐池县王乐井乡曾记畔村党支部副书记
张　琨 盐池县王乐井乡曾记畔村主任
鲁永胜 盐池县王乐井乡曾记畔村文书
官晓兰 盐池县王乐井乡曾记畔村妇联主席
王生兵 盐池县王乐井乡官滩村党支部书记
马　胜 盐池县王乐井乡官滩村主任
孙小荔 盐池县王乐井乡官滩村副主任
乔爱萍 盐池县王乐井乡官滩村妇联主席
孙荣武 盐池县王乐井乡孙家楼村党支部副书记
李红张 盐池县王乐井乡孙家楼村主任
孙　忠 盐池县王乐井乡孙家楼村文书
周　军 盐池县王乐井乡双圪垯村党支部书记
田　翔 盐池县王乐井乡牛记圈村主任
牛有朋 盐池县王乐井乡牛记圈村文书
张柱兵 盐池县王乐井乡鸦儿沟村文书
刘文国 盐池县王乐井乡王吾岔村文书
陈有聪 盐池县青山乡猫头梁村副主任
张秀秀 盐池县青山乡猫头梁村文书
姬卫霞 盐池县青山乡猫头梁村妇联主席
田学青 盐池县青山乡旺四滩村党支部书记
张奋明 盐池县青山乡旺四滩村主任
侯学香 盐池县青山乡旺四滩村党支部副书记
杨菊荣 盐池县青山乡旺四滩村妇联主席
汪泽殿 盐池县青山乡郝记台村委会主任
张彦良 盐池县青山乡郝记台村党支部副书记
刘挺欢 盐池县青山乡郝记台村文书
贾慧娟 盐池县青山乡郝记台村妇联主席
高　升 盐池县青山乡方山村党支部书记
吴铁章 盐池县青山乡方山村主任
石月琴 盐池县青山乡方山村文书
高　宁 盐池县青山乡方山村妇联主席
李　彦 盐池县青山乡月儿泉村党支部书记
牛　国 盐池县青山乡月儿泉村主任
唐风明 盐池县青山乡月儿泉村党支部副书记
康巧丽 盐池县青山乡月儿泉村妇联主席
侯树勇 盐池县青山乡青山村党支部书记
侯学军 盐池县青山乡青山村委会主任
王　金 盐池县青山乡青山村党支部副书记、村委会副主任
冯晶平 盐池县青山乡青山村妇联主席
王卫林 盐池县冯记沟乡暴记春村主任
李泽明 盐池县冯记沟乡暴记春村党支部副书记
郭丽娟 盐池县冯记沟乡暴记春村文书
田秀平 盐池县冯记沟乡暴记春村妇联主席
马忠礼 盐池县冯记沟乡回六庄村主任
白小梅 盐池县冯记沟乡回六庄村文书

马爱琳　盐池县冯记沟乡回六庄村妇联主席
张　伟　盐池县冯记沟乡汪水塘村党支部书记
路　军　盐池县冯记沟乡汪水塘村党支部副书记
王丽玲　盐池县冯记沟乡汪水塘村文书
汪浩礼　盐池县冯记沟乡汪水塘村妇联主席
王建玉　盐池县冯记沟乡丁记掌村主任
石　勇　盐池县冯记沟乡丁记掌村党支部副书记
刘景晓　盐池县冯记沟乡丁记掌村文书
郭菊林　盐池县冯记沟乡丁记掌村妇联主席
陶　旭　盐池县冯记沟乡平台村文书
张春洁　盐池县冯记沟乡平台村妇联主席
薛广仁　盐池县冯记沟乡平台村党支部书记
袁　玉　盐池县冯记沟乡平台村主任
曾武伟　盐池县麻黄山乡李塬畔村党支部副书记
李彦鹏　盐池县麻黄山乡李塬畔村主任
徐向村　盐池县麻黄山乡李塬畔村文书
冯云云　盐池县麻黄山乡李塬畔村妇联主席
王耀峰　盐池县麻黄山乡后洼村主任
李　虎　盐池县麻黄山乡后洼村党支部副书记
饶天俊　盐池县麻黄山乡后洼村文书
李生霞　盐池县麻黄山乡后洼村妇联主席
宋河英　盐池县麻黄山乡黄羊岭村党支部副书记
梁鑫娟　盐池县麻黄山乡黄羊岭村文书
龚巧霞　盐池县麻黄山乡黄羊岭村妇联主席
王红清　盐池县麻黄山乡管记掌村主任
沈怀军　盐池县麻黄山乡管记掌村党支部副书记
管明双　盐池县麻黄山乡管记掌村文书
刘继萍　盐池县麻黄山乡管记掌村妇联主席
余存敏　盐池县麻黄山乡包塬村党支部副书记
冯　天　盐池县麻黄山乡包塬村文书
张润霞　盐池县麻黄山乡包塬村妇联主席
王建军　盐池县麻黄山乡井滩子村主任
岑国举　盐池县麻黄山乡井滩子村副主任
张明胜　盐池县麻黄山乡井滩子村文书
郭玉翠　盐池县麻黄山乡井滩子村妇联主席
计治国　盐池县麻黄山乡松记水村党支部书记
张经乾　盐池县麻黄山乡麻黄山村党支部书记

四等奖

马占华　盐池县花马池镇八岔梁村党支部书记
季治仁　盐池县花马池镇八岔梁村主任
王建功　盐池县花马池镇八岔梁村党支部副书记
王海霞　盐池县花马池镇八岔梁村文书
石彩铃　盐池县花马池镇八岔梁村妇联主席
汪玲仙　盐池县花马池镇硝池子村妇联主席
张学娟　盐池县花马池镇硝池子村文书
李　湖　盐池县花马池镇李记沟村主任
关海丹　盐池县花马池镇李记沟村文书
高登梅　盐池县花马池镇李记沟村妇联主席
黄明升　盐池县花马池镇李记沟村党务工作者
姚　谕　盐池县花马池镇芨芨沟村党支部书记
王　举　盐池县花马池镇芨芨沟村主任
禹　鹏　盐池县花马池镇芨芨沟村党支部副书记
曹　瑞　盐池县花马池镇芨芨沟村文书
孙　霞　盐池县花马池镇芨芨沟村妇联主席
李晓飞　盐池县花马池镇佟记圈村主任
佟生文　盐池县花马池镇佟记圈村党支部副书记
吴广斌　盐池县花马池镇佟记圈村文书
张菊巧　盐池县花马池镇佟记圈村妇联主席
张志彪　盐池县花马池镇郭记沟村党支部副书记
谢丽娜　盐池县花马池镇郭记沟村文书
王心语　盐池县花马池镇郭记沟村妇联主席
杨　海　盐池县花马池镇郭记沟村党支部书记
马　海　盐池县大水坑镇大水坑村党支部书记
郑怀东　盐池县大水坑镇大水坑村党支部副书记
冯　丽　盐池县大水坑镇大水坑村文书
胡牡锋　盐池县大水坑镇大水坑村妇联主席
冯起波　盐池县大水坑镇王新庄村党支部书记
刘建泽　盐池县大水坑镇王新庄村主任

李芸丽　盐池县大水坑镇王新庄村妇联主席
杨郁娜　盐池县大水坑镇摆宴井村党支部副书记
崔　翔　盐池县大水坑镇摆宴井村副主任
李菊梅　盐池县大水坑镇摆宴井村妇联主席
李金聪　盐池县大水坑镇摆宴井村文书
贺海倫　盐池县大水坑镇新桥村主任
余学虎　盐池县大水坑镇新桥村文书
冯进红　盐池县大水坑镇新桥村妇联主席
赵彦江　盐池县大水坑镇柳条井村党支部书记
刘小瑕　盐池县大水坑镇柳条井村文书
刘翠萍　盐池县大水坑镇柳条井村妇联
李玉贵　盐池县大水坑镇红井子村主任
高培彪　盐池县大水坑镇红井子村文书
张月萍　盐池县大水坑镇红井子村妇联主席
李　永　盐池县惠安堡镇林记口子村主任
宋春红　盐池县惠安堡镇林记口子村文书
刘艳娟　盐池县惠安堡镇林记口子村妇联主席
施原旌　盐池县惠安堡镇麦草掌村主任
梁彦虹　盐池县惠安堡镇麦草掌村文书
刘　微　盐池县惠安堡镇麦草掌村妇联主席
姬文胜　盐池县惠安堡镇杏树梁村主任
刘建全　盐池县惠安堡镇杏树梁村党支部副书记
许银月　盐池县惠安堡镇杏树梁村妇联主席
石　国　盐池县高沙窝镇长李庄子村主任
刘　洪　盐池县高沙窝镇长李庄子村党支部副书记
李文祥　盐池县高沙窝镇长李庄子村副主任
禹金录　盐池县高沙窝镇长李庄子村文书
孙巧玲　盐池县高沙窝镇长李庄子村妇联主席
蔡　茂　盐池县高沙窝镇长营西村主任
余占虎　盐池县高沙窝镇长营西村党支部副主任
李秀敏　盐池县高沙窝镇长营西村妇联主席
史付喜　盐池县高沙窝镇长施记圈村党支部书记
赵洪亮　盐池县高沙窝镇长施记圈村主任
范志伟　盐池县高沙窝镇长施记圈村党支部副书记
王生巧　盐池县高沙窝镇长施记圈村文书
闫秀君　盐池县高沙窝镇长施记圈村妇联主席
郭存盛　盐池县王乐井乡双圪垯村党支部副书记
宁金成　盐池县王乐井乡双圪垯村主任
周　建　盐池县王乐井乡双圪垯村文书
王丽娟　盐池县王乐井乡双圪垯村妇联主席
孙广泽　盐池县王乐井乡牛记圈村党支部书记
官占武　盐池县王乐井乡牛记圈村党支部副书记
侯立娜　盐池县王乐井乡牛记圈村妇联主席
毛志勇　盐池县王乐井乡鸦儿沟村党支部书记
杨文军　盐池县王乐井乡鸦儿沟村党支部副书记
杨　金　盐池县王乐井乡鸦儿沟村主任
郑月英　盐池县王乐井乡鸦儿沟村妇联主席
高文岐　盐池县王乐井乡王吾岔村党支部书记
田忠孝　盐池县王乐井乡王吾岔村党支部副书记
叶树花　盐池县王乐井乡王吾岔村妇联主席
郭长明　盐池县王乐井乡狼洞沟村党支部书记
朱　汉　盐池县王乐井乡狼洞沟村党支部副书记
胡万智　盐池县王乐井乡狼洞沟村主任
祁宗强　盐池县王乐井乡狼洞沟村文书
杨淑燕　盐池县王乐井乡狼洞沟村妇联主席
饶文明　盐池县麻黄山乡松记水村副主任
李海帮　盐池县麻黄山乡松记水村文书
景翠英　盐池县麻黄山乡松记水村妇联主席
沈俊峰　盐池县麻黄山乡麻黄山村主任
范晓锋　盐池县麻黄山乡麻黄山村副主任
贺振芳　盐池县麻黄山乡麻黄山村文书
陈生兰　盐池县麻黄山乡麻黄山村妇联主席

不定等次

郭华峰　盐池县麻黄山乡下高窑村党支部书记
曹军队　盐池县麻黄山乡下高窑村党支部副书记

直接评定为不合格等次

孙柏清　盐池县花马池镇李华台村党支部书记
王向东　盐池县花马池镇佟记圈村党支部书记

张治金　盐池县花马池镇沟沿村党支部书记
杨　登　盐池县花马池镇沟沿村主任
王　军　盐池县花马池镇沟沿村党支部副书记
李文娟　盐池县花马池镇沟沿村妇联主席
黄文新　盐池县花马池镇沟沿村文书
石松林　盐池县大水坑镇摆宴井村党支部书记
冯其杰　盐池县大水坑镇新桥村党支部副书记
李鹏飞　盐池县大水坑镇红井子村党支部书记
武　相　盐池县惠安堡镇杨儿庄村党支部书记
陈继森　盐池县惠安堡镇杨儿庄村党支部副书记
魏淑琴　盐池县惠安堡镇杨儿庄村妇联主席
刘占雄　盐池县惠安堡镇杏树梁村党支部书记
王生泰　盐池县王乐井乡官滩村党支部副书记
赵治勇　盐池县王乐井乡石山子村党支部书记
周景涛　盐池县王乐井乡石山子村党支部副书记
赵彦军　盐池县王乐井乡石山子村主任
李文义　盐池县王乐井乡石山子村文书
季治垚　盐池县王乐井乡石山子村妇联主席
姜世峰　盐池县麻黄山乡包塬村党支部书记
宋少亭　盐池县麻黄山乡黄羊岭村党支部书记
饶　鹏　盐池县麻黄山乡松记水村主任
刘仲选　盐池县麻黄山乡松记水村党支部副书记
张　伟　盐池县麻黄山乡麻黄山村党支部副书记
徐得俊　盐池县麻黄山乡下高窑村主任
张　水　盐池县麻黄山乡盐池县麻黄山乡下高窑村文书
刘　香　盐池县麻黄山乡下高窑村妇联主席
颁奖单位：中共盐池县委 盐池县人民政府

【2018年度全县城镇社区工作者绩效考核】

一等奖

杨菊梅　盐池县盐州路街道芙蓉社区党支部书记
代雯辉　盐池县盐州路街道西苑社区党支部书记
孙冬梅　盐池县盐州路街道龙辰社区党支部书记
曹茂盛　盐池县高沙窝镇安康社区党支部书记
苏　宁　盐池县惠安堡镇惠安社区党支部书记、居委会主任

二等奖

季志敏　盐池县盐州路街道芙蓉社区居委会副主任
程小红　盐池县盐州路街道芙蓉社区社区工作者
吴艳梅　盐池县盐州路街道芙蓉社区社区工作者
王艳风　盐池县盐州路街道芙蓉社区社区工作者
张晓瑞　盐池县盐州路街道芙蓉社区社区工作者
曾丽芳　盐池县盐州路街道西苑社区党支部副书记
寇晓雪　盐池县盐州路街道西苑社区社区工作者
孙建蕊　盐池县盐州路街道西苑社区社区工作者
徐佳云　盐池县盐州路街道西苑社区社区工作者
饶久梅　盐池县盐州路街道龙辰社区党支部副书记
李晓红　盐池县盐州路街道龙辰社区社区工作者
胡雅琪　盐池县盐州路街道龙辰社区社区工作者
饶文晓　盐池县盐州路街道龙辰社区社区工作者
刘文香　盐池县盐州路街道振兴社区党支部书记、居委会主任
张志霞　盐池县盐州路街道振兴社区社区工作者
刘　宁　盐池县盐州路街道龙翔社区党支部书记
陈　恬　盐池县盐州路街道利民社区社区工作者
栾　梅　盐池县盐州路街道花园社区党支部书记
王学霞　盐池县盐州路街道北关社区党支部副书记
余建鲂　盐池县高沙窝镇安康社区党支部副书记
赵菊梅　盐池县高沙窝镇安康社区妇联主任
闵清仙　盐池县高沙窝镇安康社区社区工作者
刘玉婷　盐池县高沙窝镇安康社区社区工作者
黄明珍　盐池县高沙窝镇安康社区社区工作者
田　茂　盐池县惠安堡镇惠安社区居委会副主任
刘晓春　盐池县惠安堡镇惠安社区党支部副书记
陈光儒　盐池县惠安堡镇惠安社区社区工作者
张　平　盐池县惠安堡镇惠安社区社区工作者
王　静　盐池县惠安堡镇惠安社区社区工作者
王海东　盐池县大水坑镇石油社区党支部书记

赵淑英 盐池县大水坑镇裕民社区党支部书记
张荣梅 盐池县大水坑镇兴盛社区党支部书记
三等奖
李雪燕 盐池县盐州路街道振兴社区社区工作者
张永文 盐池县盐州路街道振兴社区居委会副主任
李晓萌 盐池县盐州路街道振兴社区社区工作者
曹巧娟 盐池县盐州路街道龙翔社区社区工作者
呼延文 盐池县盐州路街道龙翔社区社区工作者
李泽娟 盐池县盐州路街道龙翔社区社区工作者
李莎莎 盐池县盐州路街道龙翔社区社区工作者
王淑霞 盐池县盐州路街道利民社区党支部书记
李晓娟 盐池县盐州路街道利民社区党支部副书记
吴春梅 盐池县盐州路街道利民社区居委会副主任
叶佳文 盐池县盐州路街道利民社区社区工作者
尚　博 盐池县盐州路街道利民社区社区工作者
白萍萍 盐池县盐州路街道利民社区社区工作者
陈晓芳 盐池县盐州路街道利民社区社区工作者
李宁霞 盐池县盐州路街道 花园社区党支部副书记
王　强 盐池县盐州路街道花园社区社区工作者
许巧霞 盐池县盐州路街道花园社区社区工作者
叶树城 盐池县盐州路街道花园社区社区工作者
李生明 盐池县盐州路街道北关社区党支部书记
尤鑫东 盐池县盐州路街道北关社区社区工作者
张　瑜 盐池县盐州路街道北关社区居委会副主任
贺佳妮 盐池县盐州路街道北关社区社区工作者
聂　瑛 盐池县盐州路街道北关社区社区工作者
周凡雅 盐池县盐州路街道北关社区社区工作者
武海燕 盐池县盐州路街道小井坑社区社区工作者
徐海霞 盐池县盐州路街道南关社区党支部副书记
李彦昕 盐池县冯记沟乡兴隆社区社区工作者
冯紫华 盐池县冯记沟乡兴隆社区社区工作者
张海红 盐池县冯记沟乡兴隆社区社区工作者
裴学彬 盐池县大水坑镇石油社区居委会主任
何晓璇 盐池县大水坑镇石油社区社区工作者
范海菊 盐池县大水坑镇石油社区社区工作者
戴　立 盐池县大水坑镇石油社区社区工作者
赵鹏宏 盐池县大水坑镇裕民社区社区工作者
郝晓芬 盐池县大水坑镇裕民社区社区工作者
郭雪琴 盐池县大水坑镇裕民社区社区工作者
卢晓迪 盐池县大水坑镇裕民社区社区工作者
宁雅萍 盐池县大水坑镇兴盛社区社区工作者
李秋冉 盐池县大水坑镇兴盛社区社区工作者
杨树林 盐池县大水坑镇兴盛社区社区工作者
官清云 盐池县大水坑镇兴盛社区社区工作者
包得科 盐池县花马池镇南苑新村社区党支部书记
郝瑞军 盐池县花马池镇南苑新村社区居委会主任
四等奖
郑　杰 盐池县盐州路街道小井坑社区党支部书记
王永珍 盐池县盐州路街道小井坑社区党支部副书记
贺云仙 盐池县盐州路街道小井坑社区社区工作者
袁秀婷 盐池县盐州路街道小井坑社区社区工作者
高玉琴 盐池县盐州路街道小井坑社区社区工作者
张建宁 盐池县盐州路街道南关社区党支部书记
郭瑞娟 盐池县盐州路街道南关社区社区工作者
李雪梅 盐池县盐州路街道南关社区社区工作者
呼兰芳 盐池县盐州路街道南关社区社区工作者
李彦霖 盐池县盐州路街道南关社区社区工作者
罗　薇 盐池县花马池镇南苑新村党支部副书记
曹巧玲 盐池县花马池镇南苑新村居委会副主任
马晓倩 盐池县花马池镇南苑新村社区工作者
李慧琴 盐池县花马池镇南苑新村社区工作者
王海琴 盐池县花马池镇南苑新村社区工作者
张志广 盐池县花马池镇南苑新村社区工作者
颁奖单位：中共盐池县委　盐池县人民政府

# 附　录

FULU

YAN CHI NIAN JIAN 2019

## 组织机构与负责人名单

### 中国共产党盐池县委员会

书　记　滑志敏

副书记　戴培吉　施选峰　牛　犇（回族，挂职）

常　委　陈　旭（回族）　武耀兵　杨学军

　　　　张学良（回族）马丽红（女，回族）

　　　　徐经生　吴　科　孙佰柱

　　　　徐情根（挂职）　郭　飞（4 月任）

　　　　明智安（9 月任，挂职）

　　　　李奉恒（12 月任，挂职）

　　　　刘一鹤（挂职，4 月免）

### 盐池县人民代表大会常务委员会

党组书记、主任：韩向春

党组副书记、副主任：强永海（回族）

副主任　宋学让

党组成员、副主任：袁书义　官秀敏（女）

### 盐池县人大常委会工作部门

人大常委会办公室主任：孙才彪

人事选举工作委员会主任：李岩铭

教科文卫工作委员会主任：魏立宏

农业环保工作委员会主任：杨学军

法制民族工作委员会主任：石春林

财政经济工作委员会主任：陈东虎

办公室副主任：张　宁

### 盐池县人民政府

县　长：戴培吉

副县长：吴　科　徐情根

　　　　明智安（9 月任，挂职）

　　　　李奉恒（12 月任，挂职）

　　　　尹益龙　马瑞英（回，女）

　　　　边　卡　张　晨　叶黎明（挂职，4 月任）

　　　　李　鹏（挂职，11 月任）

　　　　杨学军（9 月免）　刘一鹤（4 月免）

　　　　刘宝清（党组成员、盐池县工业园区管委会主任）

## 政协盐池县委员会

党组书记、主席：贺满文

党组副书记、副主席：代占山

党组成员、副主席：范海荣（女）

副主席：吴斌辛

## 政协盐池县委员会工作部门

秘书长、办公室主任：

卢 平（2017 年 12 月当选为秘书长）

提案法制和学习文史委员会主任：赵彦和

教文卫体和民族宗教统战委员会副主任：鲍菊艳

经济科技委员会主任：王堰民

办公室副主任：闫生武

## 中共盐池县纪律检查委员会

县委常委、纪委书记、监察委主任：孙佰柱

纪委副书记、监察委副主任：宗茂彬

纪委副书记、监察委副主任：杨 锋

纪委常委：范希霞（女）

纪委常委、监察委委员：段爱民 唐文虎 杨彦宁

监委委员：崔振华（2 月任）

## 盐池县委巡察办

主 任：周 坦（9 月任）

副主任：冯彩萍（女，9 月任）

## 纪委监委派出纪检监察组

派出第一纪检监察组组长：李 江（2 月任）

派出第二纪检监察组组长：白永昶（2 月任）

派出第三纪检监察组组长：李 樾（2 月任）

派出第四纪检监察组组长：杨万胜（2 月任）

## 盐池县人民法院

党组书记、院长：陈国鸿

党组副书记：李春华

党组成员、副院长：刘贵锋

党组成员、审委会专委：牛锦民

党组成员、审委会专委：李生国

## 盐池县人民检察院

党组书记、检察长：叶建平

党组成员、副检察长：刘 德

党组成员：武占祥

党组成员、检委会专委：包和萍（女）

检委会专委：何仲荟（女）

## 宁夏哈巴湖国家级自然保护区管理局

党委副书记、局长：吴 宏

党委书记：王学增

党委委员、副局长：尤万学 张维军 任成宝

## 盐池县委工作部门及所属事业单位

**县委办公室**

主任、机要局长：罗 刚（11 月任） 官 雨（1 月免）

副主任：牛有柱 高巧仙（女） 张宏贤（5 月任）

**县委组织部**

部 长：马丽红（女，回族）

副部长、县直机关工委书记：张海波

副部长、老干部局长：丁佐前

副部长、非公经济党工委书记：贾永锋

副部长：陈 顺

部务委员：任 燕（女）

**县委老干部局（盐池县离退休干部工作委员会、老年大学、关工委）**

离退休干部工作委员会书记、老干部局局长：丁佐前

支部书记：汪泽勇（兼老年大学常务副校长）

副局长：佟云山（1 月任）

关心下一代工作委员会主任：裴明芳

**县委宣传部（文明办）**

县委常委、宣传部部长：陈旭（回族）

宣传部副部长、文明办主任：卢星明

宣传部副部长：张志奋 张金成

文明办副主任：杨继刚

**县委统一战线工作部（民族宗教局）**

部　长：张学良（回）

副部长、宗教局局长：强永军（回）

副部长、工商联党组书记：官生全

**县委政法委员会**

县委副书记、政法委书记：施铉峰

政府副县长、政法委副书记：张　晨

政法委常务副书记、综治办主任：金明科

政法委副秘书长、铁路护路办主任：官　涛

政法委副秘书长、防邪办主任：张自文

综治办副主任：钱学良

**机构编制委员会办公室**

主　任：袁宝山

副主任：饶　政

**盐池县事业单位登记管理局**

局长：张海霞（女）

**县委政策研究室**

主　任：王玉标

副主任：尚　涛（女）

**县委党校**

县委党校校长、自治区党校盐池分校校长：滑志敏（兼）

宁夏行政学院盐池分院院长：戴培吉（兼）

支部书记、常务副校长、行政学校校长：石治敏

副校长：张克鹏

**县档案局（馆）**

局　长：施原明

副局长：牛海武

**县地方志编纂委员会办公室**

主　任：党英才

副主任：张德龙（1月任）王凤玲（女，1月免）

## 群众团体

**县总工会**

主　席：官秀敏（女、兼）

常务副主席：齐　向

副主席：石志林

经费审查委员会主任：周永霞（女，满）

**共青团盐池县委员会**

书　记：张旭斌

副书记：王新华（女）王　婷（1月挂职）

张　文（2月挂职书记助理）

**县妇女联合会**

主　席：张少华（女）

副主席：王义梅（女）

温红艳（女，1月30日—12月6日挂职）

**县文学艺术界联合会**

主　席：张　玮

副主席：候永琴（女）

**县残疾人联合会**

理事长：焦　智

副理事长：乔发成

**县工商业联合会**

主　席：王振学

副主席：张天勇

**县科学技术协会**

主　席　、支部书记：瞿捍泽

副主席：官杰红（女）

## 盐池县人民政府工作部门及所属事业单位

**县政府办公室（外事办）**

主　任：郑　参（11月任）陈志良（9月免）

副主任、信访局局长：王　军

副主任：黄　飞　张俊川

**县发展和改革局**

党委书记、局　长：刘永辉

副局长：陈　慧　郝峰茂　张文懋

**县工业信息化和商务局**

**（加挂盐池县经济技术合作局牌子）**

局　长：贺满勇

副局长：焦　远　钱永智　张孝君

**县教育体育局**

党委书记、局长：张志远

副局长：郭凤红（女，体育中心主任）李越荣
　　　　左海飞(高级中学校长)

**县科学技术局**

局　长：王紫琥

党支部书记：范文平

副局长：关向高 周威丞

**县公安局**

县委常委、党委书记、局长：武耀兵

党委委员、政委：吴伟章

副局长：冒万峰 刘光宏 刘 闯

**县民政局**

局　长：何仲双

副局长、支部书记：杨继文（7月免支部书记）

副局长：温锦梅（女）

**县司法局**

局　长：王 有（7月任党支部书记）

副局长：崔明峰（7月免党支部书记）
　　　　牛庆润（女）

**县财政局**

局　长：张立泽

副局长：龙鹏春 刘 丽（女） 牛雅民（女）

**县人力资源和社会保障局**

局　长：刘世琛

副局长：刘彦龙 强秋香（女，回）

**县国土资源局**

局　长：夏晓冬

副局长：李亦军
　　　　苏文江（兼不动产登记事务中心主任）
　　　　张廷强 石天翔

**县环境保护和林业局**

党委书记、局长：蒋 刚

党委副书记、纪委书记、副局长：呼连峰

副局长：王增吉 陈志栋 任海明

绿化办副主任：郭 毅

**县住房和城乡建设局**

党委书记、局长：陈 华(1月免) 王金文(2月任)

党委副书记、纪委书记：路 炬

副局长：徐永生 李 锐 王国军

**县交通运输局**

党委书记、局长：单 广

副局长：王晓光 高文伟

**县水务局**

党委书记、局长：蔡向阳

党委副书记、纪检书记、机关支部书记：张建军

副局长：黄明森 刘春莉（女） 孙 峰（2月任）
　　　　张德龙（1月免）

**县农牧局**

党委书记、局 长：曹 军

副局长：刘贵银 王世雄 张宏坤 冯彦东

**县工业和安全生产监督管理局**

局　长：樊镇洪

副局长：高万东 王旭鹏

**县文化旅游广电局**

党委书记、局长：郭晓澜

党委副书记、纪委书记：蒋佩宏

副局长：杨德礼 周于智 李月新（女）

**县卫生和计划生育局**

党委书记、局长：陈志红（女）

党委副书记、副局长：闵生勤

纪委书记、副局长：王慧强

副局长：杨秀芳(女)

副局长、县医改办专职副主任：李 成

**县审计局**

局长、支部书记：袁志杰

副局长：秦玉雪（女） 周轩宇 丁冬花（回，女）

**县市场监督管理局**

党委书记、局长：郭文科

党委委员、副局长：武爱芳（女） 谢永宁 田鸿强
韩晓梅（女，3月免） 郝峰蓉（女）

**县扶贫开发办公室**

主 任：范钧

支部书记：武万春（7月免）

副主任：周桂琳（女） 李树禄

**县工业园区管理委员会（县工业园区党工委）**

党工委书记：戴培吉（12月任）

主 任：刘宝清（12月任党工委副书记）

副主任：彭文霄

规划发展科科长：高云林

经济发展科科长：孙付升

安全环保科科长：蔡永清

**县信访局**

局 长：王 军

副局长：冒彩云（女，5月免）

**县政府法制办**

主 任：王建成

**县粮食局**

党总支书记、局长：崔明智

副局长：陈有明

**县统计局**

局 长：周 勇

**县城市管理综合执法局**

局 长：王金文（2月兼盐池县住房和城乡建设局局长）

陈 华（1月免，兼城市管理综合执法局局长）

副局长、综合执法大队大队长：王国军

（兼盐池县住房和城乡建设局副局长）

综合执法大队副大队长：蔡 俊

**县公路管理段**

段 长：吴军章（1月任）

支部书记、副段长：路增记

**县政务服务中心**

主 任：张铁胥

副主任：蒯 军（1月任）

**县资源能源服务中心**

主 任：何 强

副主任：郭 科 孙 强

**县社会保险事业管理局**

局 长：范庭山

副局长：姚守军 温 增

**县就业创业和人才服务局**

局 长：张永胜

副局长：白永刚

**县农村合作经济经营管理站**

站 长：左向东

党支部书记：王兴云

副站长：张 峰 陈晓雪（女）

**县非公有制经济服务中心**

主 任：王东林

支部书记、副主任：吴永皓

副主任：张立环 黎 东

**县农业机械化推广服务中心**

主 任：吴军章（1月免）

党总支书记：王耀武

副主任：杨晓瑜

**县供销合作社**

主 任：何 勇

党支部书记：何永汉

副主任：王秀梅（女，回，4月免）

**县人民医院**

院 长：张建宏（兼支部书记）

副院长：王国刚 魏永军 尤 攀

支部副书记：吴 德

**县中医院**

院 长：宋彦梅（女）

副院长：曹 亿 刘 敏

党支部书记：尤 伟

**县妇幼保健计划生育服务中心**

主 任：尤 雁（兼支部书记）

副主任：刘 向 吴佩芬（女） 温景亮

**县卫生计生监督所**

所 长：官生茂

副所长：李 刚（兼支部书记） 关建国

**县疾病预防控制中心**

主 任：饶 锐（7月兼支部书记）

支部书记：杨 林（7月免）

## 企 业

**兴盐国有资本运营公司**

总经理：曹 忠

副经理：管明杰 韩卫民

**县供水公司（9月3日后改为宁夏水投盐池水务有限公司）**

执行董事：徐 林

总经理：吴占荣

副经理：范海蛟（9月任） 王全龙 张志权

苏 华（9月免） 杨晓虎（9月免）

**县供热公司**

经 理：金宏峰（兼支部书记）

副书记：官智博

副经理：李耀宏 贾 瑞 官 文

**县市场管理服务有限公司**

经 理：李 新

副经理：董宏波 黄明宏(9月任)

**融盐国有资本运营公司**

总经理：许鹏程

副总经理：李天军 黄永兴

总经理助理：武 新（2月任）

**县兴盐公共交通有限公司**

经 理：施雨谷

副经理：彭小军（7月任） 李岱泓

**县污水处理有限公司**

经 理：朱光斌

副经理：韩荣春

**县大水坑公共交通有限公司**

副经理：冯永武

副经理：贺 云（2月任）

**县宾馆**

党支部书记、总经理：金建仁

副总经理：陈志宁 李焱龙 孙艳霞（女）

**县长盐资源开发服务有限公司**

总经理：李天军

副总经理：薛 柱 武 新(2月免) 刘 欢（2月任）

副总经理：邓永宏 李 谦

## 乡镇 街道

**盐池县花马池镇**

党委书记：饶文志

党委副书记、政府镇长：李学春

党委委员、人大主席、工会主席：丁振宁

党委副书记：陈淑艳（女）

党委副书记：刘銮民（2018年12月挂职期满回原单位）

党委副书记：张 宁（2018年7月挂职期满回原单位）

党委委员、纪委书记：郑 军

党委委员、副镇长：吴晓鹏 王登海 饶 秀(9月免)

党委委员：王贵东

党委委员、组织委员：何淑清（女）

**盐池县大水坑镇**

党委书记、人大主席：陈 华（1月任）

范学礼（1月免）

党委副书记、政府镇长：王 勇

人大副主席、工会主席：张铁汉

党委委员、党委副书记：李建荣

党委委员、纪委书记：高 琴（女）

党委委员、副镇长：冯 彪 李生权 黄波涛

党委委员：康学斌

组织委员：于根万

**盐池县惠安堡镇**

党委书记：陈有强

党委副书记、政府镇长：石学晶

党委委员、人大副主席、工会主席：宋旭英

党委委员、副书记：李自仙(女)

党委委员、纪委书记：王占军

党委委员、政府副镇长：官永刚 张永昊

政府副镇长：丁长青(回)

党委委员：田卫华

**盐池县高沙窝镇**

党委书记：王生彦

党委副书记、政府镇长：李玉龙

党委委员、人大主席、工会主席：蔡生文

党委委员、纪委书记：李昀利（1月兼任党委副书记）

党委副书记、委员：佟云山（1月免）

党委委员、政府副镇长：吴永昱　胡金钟

党委委员：李国军

党委委员 组织委员：叶增燕

镇党委委员：贠　智　官艳梅（女）

**盐池县王乐井乡**

党委书记：刘廷志

党委副书记、政府乡长：崔雪峰（9月任）

胡建军（8月免）

党委委员、人大主席、工会主席：牛树林

党委委员、副书记：朱　娜（女）

郭文涛（11月挂职结束）

党委委员、纪委书记：饶　秀（8月任）

周永胜（8月免）

党委委员、副乡长：王海升　寇　磊（8月免）

党委委员：陈有泉

党委委员、组织委员：刘建宏（女）

**盐池县青山乡**

党委书记：郑　参（11月免）

党委副书记、政府乡长：杨吉林

党委委员、人大主席、工会主席：冯锐东

党委委员、副书记：李宗权　胡剑锋（11月挂职期满）

杨万胜（7月挂职期满）王伟庆（7月挂职期满）

党委委员、纪委书记：付兴军

党委委员、副乡长：贺满栋

副乡长：杨延晨（女）

党委委员：刘君子

党委委员、组织委员：郭永幸

**盐池县冯记沟乡**

党委书记、武装部政治教导员：赵　军

党委副书记、政府乡长：杨　威

党委委员、人大主席、工会主席：唐馥香（女）

党委副书记、委员：崔雪峰（9月免）

党委委员、纪委书记：王卫军

党委委员、政府副乡长：张志文　冯　冰

政府副乡长：焦风东

党委委员、武装部部长：冯美瑾

党委委员：陈　燕（女）

**盐池县麻黄山乡**

党委书记：罗　刚（11月免）

党委副书记、政府乡长：王永鲜（女）

党委委员、人大主席、工会主席：文建雄

党委委员、副书记：周　坦（9月免）

党委委员、纪委书记：吴　岩

党委委员、政府副乡长：谢国臣　张佳钰

党委委员：屈　昊

党委委员、组织委员：薛万刚（女）

**盐池县城关街道办事处［2018年8月21日中国共产党盐池县城关街道工作委员会更名为中国共产党盐池县工作委员会（盐州路街道办事处］**

党工委书记：郑文林

党工委副书记、办事处主任：鲁　虎

党工委副书记：杨　权　张　智

党工委委员、副主任：冯桂芳（女）

党工委委员：马刚刚

办事处副主任：丁秀娟（女，回族）惠兴丰（1月免）

## 区、市驻盐池单位

**县国家税务局**

书记、局长：金文涛（回）

副局长：汤　军　张　国　冒万军　刘永宏

张树宏

党组成员、纪检组长：李万仁

**吴忠市住房公积金管理中心盐池县分中心**

主　任：周景秀

**国家统计局盐池调查队**
队 长：张宗文
副队长：马仙蓉（女）
**县气象局**
局长、支部书记：龚晓德
副局长：石玉龙
**县运管所**
支部书记、副所长：周永胜
副所长：徐永生
副书记：张连文
**县烟草专卖局（吴忠市烟草公司盐池分公司）**
局长、经理：张 鹏(11月免)
副经理：孙桂兰（女）
副局长：牛传国
**县供电局**
经 理：袁鸿鹏（6月任） 王金忠（6月免）
党委书记：陈有霖
副经理 ：刘江涛 范 舜（6月任）
**县邮政局**
局长、支部书记：杜宏峰(4月任)
季 宁（4月免，满族）
副局长：周岐魁
**宁夏有线电视网络公司盐池分公司**
经 理：莫 平
副经理：徐 银 刘文龙
总经理助理：王福东
**县新华书店**
经 理：高继军
**宁夏移动公司盐池营业部**
经 理：杨 洋
**宁夏联通公司盐池营业部**
经 理：贺彦辉
**中油宁夏吴忠销售分公司盐池经销部**
经 理：蔡 峰
副经理：李小刚

## 金融保险机构

**中国人民银行盐池县支行**
行 长：陈 洪
副行长：岳爱君 刘廷君
**中国工商银行盐池县支行**
行 长：冯胜平
纪检员：吴彦伟
副行长：王 礼 潘 超
**中国农业银行盐池县支行**
支行党委书记、行长：毛玉银
副行长：牛自华 杨德虎 芮 春（12月任）
**县农村商业银行**
董事长：徐海云
行 长：何向东（回）
监事长：罗永仁（回）
副行长：钟驰南 史建龙
纪委书记：马灵海
行长助理：李海宁
**中国人寿保险股份有限公司盐池支公司**
总经理：贠雪林（4月任） 赵建成（4月免）
副经理：王建宏（4月任） 施苏斛
**中国人民财产保险股份有限公司盐池支公司**
经 理：叶 盛
副经理：杨 莲（女）

## 中共盐池县委、盐池县人民政府制定的重要文献一览表

表 1

| 发文名称 | 发文文号 |
| --- | --- |
| 中共盐池县委 2018 年工作要点 | 盐党发〔2018〕1 号 |
| 关于同意召开人大领导班子 2017 年度民主生活会的批复 | 盐党发〔2018〕2 号 |
| 关于同意召开政府领导班子 2017 年度民主生活会的批复 | 盐党发〔2018〕3 号 |
| 关于同意召开政协领导班子 2017 年度民主生活会的批复 | 盐党发〔2018〕4 号 |
| 关于表彰奖励 2017 年度效能目标管理责任制考核及重点工作先进集和先进个人的决定 | 盐党发〔2018〕5 号 |
| 关于对 2017 年度获得市厅级以上表彰奖励的乡镇部门（单位）予以通报表扬的决定 | 盐党发〔2018〕6 号 |
| 中共盐池县委 盐池县人民政府 关于实施创新驱动战略推动工业经济高质量发展的意见 | 盐党发〔2018〕7 号 |
| 关于自治区党委第二巡视组进驻情况的通报 | 盐党发〔2018〕8 号 |
| 关于印发《中共盐池县委员会巡察工作规划（2018—2021 年）》的通知 | 盐党发〔2018〕10 号 |
| 中共盐池县委 盐池县人民政府 盐池县人武部关于表彰 2017 年度武装工作先进单位和个人的决定 | 盐党发〔2018〕11 号 |
| 关于自治区巡视组批转信件办理情况的报告 | 盐党发〔2018〕12 号 |
| 中共盐池县委印发《关于深入贯彻中央“八项规定”精神进一步加强和改进县级领导班子作风建设的实施意见》的通知 | 盐党发〔2018〕13 号 |
| 中共盐池县委关于印发《中共盐池县第十四届委员会常务委员会工作规划》的通知 | 盐党发〔2018〕14 号 |
| 中共盐池县委关于转发《自治区党委关于深入开展违反中央“八项规定”精神突出问题专项治理的通知》的通知 | 盐党发〔2018〕15 号 |
| 关于自治区党委第二巡视组批转信件办理情况的报告 | 盐党发〔2018〕16 号 |
| 中共盐池县委印发《关于实施“三强九严”工程进一步加强和改进机关党的建设实施意见》的通知 | 盐党发〔2018〕18 号 |
| 关于同意召开严格执行中央“八项规定”精神民主生活会的批复 | 盐党发〔2018〕19 号 |
| 关于同意召开严格执行中央“八项规定”精神民主生活会的批复（政府） | 盐党发〔2018〕20 号 |
| 关于同意召开严格执行中央“八项规定”精神民主生活会的批复（政协） | 盐党发〔2018〕21 号 |
| 关于自治区巡视组批转信件办理情况的报告 | 盐党发〔2018〕22 号 |
| 关于自治区巡视组批转信件办理情况的报告 | 盐党发〔2018〕23 号 |
| 印发《关于深入推进乡村振兴战略三年（2018—2020）行动方案》的通知 | 盐党发〔2018〕25 号 |
| 关于对自治区党委第二巡视组反馈有关问题处理的决定 | 盐党发〔2018〕26 号 |
| 关于中国共产党盐池县城关街道工作委员会更名的通知 | 盐党发〔2018〕27 号 |
| 关于调整部分政府工作部门党组织设立的通知 | 盐党发〔2018〕28 号 |
| 关于印发《中共盐池县委员会巡察工作办法》的通知 | 盐党发〔2018〕29 号 |

续表 1

| 发文名称 | 发文文号 |
|---|---|
| 关于印发《盐池县全面优化营商环境促进民营经济发展的实施意见（2018—2020）（试行）的通知 | 盐党发〔2018〕30 号 |
| 关于表彰 2018 年度教育工作先进集体先进个人的决定 | 盐党发〔2018〕32 号 |
| 关于同意召开政府党组从严整改中央巡视和自治区党委巡视反馈问题专题民主生活会的批复 | 盐党发〔2018〕33 号 |
| 关于同意人大常委会党组召开从严整改中央巡视和自治区党委巡视反馈问题专题民主生活会的批复 | 盐党发〔2018〕34 号 |
| 关于同意政协党组召开从严整改中央巡视和自治区党委巡视反馈问题专题民主生活会的批复 | 盐党发〔2018〕35 号 |
| 关于同意成立全县三级政协委员县域经济观摩会议临时党支部的批复 | 盐党发〔2018〕36 号 |
| 关于提名推荐政协吴忠市第五届委员会增补委员建议人选的报告 | 盐党发〔2018〕37 号 |
| 关于终止李树相中国共产党盐池县第十四次代表大会代表资格的通知 | 盐党发〔2018〕38 号 |
| 关于同意各党组启用印章的批复 | 盐党发〔2018〕39 号 |
| 关于组建盐池县退役军人事务机构的通知 | 盐党发〔2018〕40 号 |
| 关于印发《关于全面加强生态环境保护坚决打好污染防治攻坚战实施方案》的通知 | 盐党发〔2018〕41 号 |
| 关于同意赴甘肃、河南和山西省考察学习城市建设及城市管理等工作经验的批复 | 盐党发〔2018〕42 号 |
| 关于成立中国共产党盐池县工业园区工作委员会的通知 | 盐党发〔2018〕43 号 |
| 关于印发《中共盐池县委关于加强巡察工作的实施意见》的通知 | 盐党发〔2018〕44 号 |
| 关于盐池县 2018 年第一批次城镇建设用地的请示 | 盐政发〔2018〕1 号 |
| 关于神华国能宁夏盐池惠安风电场一期 50mw 项目建设用地的请示 | 盐政发〔2018〕2 号 |
| 关于申请退出贫困县的请示 | 盐政发〔2018〕3 号 |
| 关于宁夏姬塬油区 110kv 输变电工程（天字 110kv 变电站）建设用地的请示 | 盐政发〔2018〕4 号 |
| 关于审批盐池县大水坑镇特色小镇规划的请示 | 盐政发〔2018〕7 号 |
| 关于呈送盐池县空间规划多规合一信息系统建设工作实施方案 | 盐政发〔2018〕9 号 |
| 关于印发《2018 年盐池县经济社会发展主要目标任务分解落实分工方案》的通知 | 盐政发〔2018〕11 号 |
| 关于盐池县 2018 年第二批次城镇建设用地的请示 | 盐政发〔2018〕15 号 |
| 关于盐池县 2018 年第三批次城镇建设用地的请示 | 盐政发〔2018〕16 号 |
| 盐池县人民政府 2017 年度法治政府建设情况的报告 | 盐政发〔2018〕17 号 |
| 关于给杨学军和蔺荣欣同志记二等功的请示 | 盐政发〔2018〕20 号 |
| 关于宁夏盐池凯能 20MWP 分布式光伏电站项目建设用地的请示 | 盐政发〔2018〕23 号 |

续表 1

| 发文名称 | 发文文号 |
| --- | --- |
| 关于盐池县光大 15MWP 光伏电站项目建设用地的请示 | 盐政发〔2018〕24 号 |
| 关于宁夏盐池兆亿新能源 15MWP 光伏电站项目建设用地的请示 | 盐政发〔2018〕25 号 |
| 关于宁夏江山新能源 10MWP 光伏电站项目建设用地的请示 | 盐政发〔2018〕26 号 |
| 关于盐池县民生工程有关情况的报告 | 盐政发〔2018〕27 号 |
| 关于上报盐池县普及高中阶段教育实施方案的报告 | 盐政发〔2018〕28 号 |
| 关于支持 2018 年“航空嘉年华”文化旅游系列活动及宣传经费的请示 | 盐政发〔2018〕29 号 |
| 关于上报隐形债务核实结果的报告 | 盐政发〔2018〕34 号 |
| 关于鲁能宁夏盐池于家梁风电项目建设用地的请示 | 盐政发〔2018〕35 号 |
| 关于上报盐池工业园区土地利用和管理存在问题整改方案的报告 | 盐政发〔2018〕36 号 |
| 关于盐池县 2018 年第一批次工业项目建设用地的请示 | 盐政发〔2018〕37 号 |
| 关于印发《盐池县人民政府工作规则》的通知 | 盐政发〔2018〕40 号 |
| 关于给予年度考核中连续三年获得优秀等次公务员记功奖励的决定（2014—2016） | 盐政发〔2018〕41 号 |
| 关于给予年度考核中连续三年获得优秀等次公务员记功奖励的决定（2015—2017） | 盐政发〔2018〕42 号 |
| 关于宁夏盐池马斯特冯记沟（一期）风电项目建设用地的请示 | 盐政发〔2018〕43 号 |
| 关于宁夏盐池马斯特冯记沟（二期）风电项目建设用地的请示 | 盐政发〔2018〕44 号 |
| 关于宁夏盐池马斯特冯记沟（三期）风电项目建设用地的请示 | 盐政发〔2018〕45 号 |
| 关于宁夏盐池马斯特冯记沟（四期）风电项目建设用地的请示 | 盐政发〔2018〕46 号 |
| 关于调整防汛抗旱工作领导小组的通知 | 盐政发〔2018〕47 号 |
| 关于凯能等四家光伏企业违法建设用地情况的报告 | 盐政发〔2018〕48 号 |
| 关于印发《开展防范非法集资宣传月》活动方案的通知 | 盐政发〔2018〕50 号 |
| 关于印发《开展涉嫌非法集资风险专项排查活动方案》的通知 | 盐政发〔2018〕51 号 |
| 关于清理偿还政府欠款情况的报告 | 盐政发〔2018〕52 号 |
| 关于修订废止脱贫攻坚政策文件的通知 | 盐政发〔2018〕54 号 |
| 关于请求现场勘界灵武市白土岗乡海子井村与盐池县冯记沟乡井沟村行政地界的报告 | 盐政发〔2018〕56 号 |
| 关于工业园区土地利用和管理工作存在问题整改情况的报告 | 盐政发〔2018〕60 号 |
| 关于调整四好农村路建设工作领导小组的通知 | 盐政发〔2018〕61 号 |
| 关于创建四好农村路全国示范县的请示 | 盐政发〔2018〕62 号 |
| 关于开展第四次全国经济普查的通知 | 盐政发〔2018〕63 号 |
| 关于上报国家高效节水灌溉示范县宁夏盐池县申请的报告 | 盐政发〔2018〕65 号 |
| 关于神话宁煤集团金凤煤矿二分区接续工程项目建设用地的请示 | 盐政发〔2018〕68 号 |
| 关于盐池县生态移民迁出区复垦范围及面积情况的报告 | 盐政发〔2018〕69 号 |

续表1

| 发文名称 | 发文文号 |
| --- | --- |
| 关于印发《盐池县城镇棚户区改造工作推进方案》的通知 | 盐政发〔2018〕73号 |
| 关于举办2018年航空嘉年华文化旅游系列活动的请示 | 盐政发〔2018〕74号 |
| 关于盐池县2018年第四批次城镇建设用地的请示 | 盐政发〔2018〕76号 |
| 关于宁夏村庄布局规划2015—2030年修改意见的报告 | 盐政发〔2018〕78号 |
| 关于上报2017年财政总决算的报告 | 盐政发〔2018〕79号 |
| 关于上报2018年财政总预算的报告 | 盐政发〔2018〕80号 |
| 关于上报盐池县大棚房问题整治整改实施方案的报告 | 盐政发〔2018〕81号 |
| 关于下调全区石膏矿业权出让收益市场基准价的请示 | 盐政发〔2018〕85号 |
| 征兵令 | 盐政发〔2018〕86号 |
| 关于印发《盐池县2018年最严格水资源管理制度和节水型社会建设实施方案》的通知 | 盐政发〔2018〕87号 |
| 关于审核盐州古城历史文化旅游区景点导览系统对照翻译的请示 | 盐政发〔2018〕88号 |
| 关于给徐情根和吕培基同志记二等功的请示 | 盐政发〔2018〕90号 |
| 关于成立盐池县金融工作领导小组的通知 | 盐政发〔2018〕91号 |
| 关于龙源盐池西大井风电项目建设用地的请示 | 盐政发〔2018〕92号 |
| 关于宁东至甜水堡（宁甘界）公路项目建设用地的请示 | 盐政发〔2018〕93号 |
| 关于中南部水源工程暨隰宁堡水库项目建设情况的报告 | 盐政发〔2018〕94号 |
| 关于举办全区首届农民丰收节盐池县分会场——滩羊美食节文化旅游系列活动的请示 | 盐政发〔2018〕95号 |
| 关于撤销盐林证字（2013）第723892号林权证的决定 | 盐政发〔2018〕97号 |
| 关于国华盐池青山三期风电项目建设用地的请示 | 盐政发〔2018〕98号 |
| 关于2018年第五批次城镇建设用地的请示 | 盐政发〔2018〕99号 |
| 关于2018年第六批次城镇建设用地的请示 | 盐政发〔2018〕100号 |
| 关于西气东输一线盐池压气站燃机烟气余热利用发电项目建设用地的请示 | 盐政发〔2018〕101号 |
| 关于盐池麻黄山风电场国电二期49.5兆瓦风电项目建设用地的请示 | 盐政发〔2018〕102号 |
| 关于成立宁夏建工集团有限公司“10·13”机械伤害事故调查组的通知 | 盐政发〔2018〕116号 |
| 关于印发盐池县国民经济和社会发展第十三个五年规划纲要的通知 | 盐政发〔2018〕118号 |
| 对杨志赵尚佐见义勇为进行表彰奖励的决定 | 盐政发〔2018〕119号 |
| 关于盐池县“十二五”期间2013年生态移民迁出区回复农用地整改情况的报告 | 盐政发〔2018〕121号 |
| 关于审定盐池工业园区整合优化和改革创新实施方案的请示 | 盐政发〔2018〕123号 |
| 关于太阳山至红寺堡公路惠安堡段改建有关问题的请示 | 盐政发〔2018〕124号 |
| 关于2013年以来城市出入口景观建设情况的报告 | 盐政发〔2018〕125号 |
| 哈纳斯盐池风电场（大水坑柳条井） | 盐政发〔2018〕126号 |

续表 1

| 发文名称 | 发文文号 |
| --- | --- |
| 哈纳斯盐池风电场（大水坑新泉井） | 盐政发〔2018〕127 号 |
| 马斯特盐池风电场（大水坑杨儿庄） | 盐政发〔2018〕128 号 |
| 马斯特盐池风电场（大水坑摆宴井） | 盐政发〔2018〕129 号 |
| 晶澳盐池光伏扶贫配套 20MWP 光伏电站项目建设用地的请示 | 盐政发〔2018〕130 号 |
| 盐池县 2018 年第七批次城镇建设用地的请示 | 盐政发〔2018〕131 号 |
| 关于盐池县 2018 年第二批次工业项目建设用地的请示 | 盐政发〔2018〕132 号 |
| 关于推荐自治区财政支持居家及社区养老服务事业发展项目的请示 | 盐政发〔2018〕133 号 |
| 关于麻乡 35 千伏输变电工程项目建设用地的请示 | 盐政发〔2018〕134 号 |
| 关于月泉 110 千伏输变电工程项目建设用地的请示 | 盐政发〔2018〕135 号 |
| 关于对大棚房问题专项清理整治行动再排查再核实工作的报告 | 盐政发〔2018〕136 号 |
| 关于印发 2018 年盐池县粮食安全省长责任制考核工作方案的通知 | 盐政发〔2018〕137 号 |
| 关于申请调整盐池县骆驼井水源地保护区边界的请示 | 盐政发〔2018〕138 号 |
| 关于盐池风电场（麻黄山史家湾）哈纳斯 49.4 兆瓦工程项目建设用地的请示 | 盐政发〔2018〕139 号 |
| 关于盐池县第八批次城镇建设用地的请示 | 盐政发〔2018〕140 号 |
| 关于盐池风电场（麻黄山史家湾）马斯特 49.4 兆瓦工程项目建设用地的请示 | 盐政发〔2018〕141 号 |
| 关于修建银百高速公路大水坑出口至宁夏德昌铁路物流中心公路的请示 | 盐政发〔2018〕142 号 |
| 蓝天保卫战 | 盐政发〔2018〕143 号 |
| 关于转发自治区人民政府办公厅关于做好社会保险费和非税收入征管职责划转工作的实施意见的通知 | 盐政发〔2018〕144 号 |
| 关于戴培吉同志 2018 年安全生产工作履职情况的报告 | 盐政发〔2018〕145 号 |
| 关于 2019 年棚户区改造项目财政承受能力论证评估的报告 | 盐政发〔2018〕146 号 |
| 关于对农村集体资产清产核资工作进行验收的请示 | 盐政发〔2018〕147 号 |
| 关于呈报《盐池县 2018—2019 年居家及社区养老服务项目可行性实施方案》的报告 | 盐政发〔2018〕148 号 |
| 关于变更《盐池县扶持壮大村集体经济发展试点项目》的请示 | 盐政发〔2018〕149 号 |
| 关于上报大棚房问题专项清理整治工作自验情况的报告 | 盐政发〔2018〕150 号 |
| 关于 2018 年盐池县耕地保护目标责任履行情况自查的报告 | 盐政发〔2018〕151 号 |
| 关于撤回一个批次建设用地批复的请示 | 盐政发〔2018〕152 号 |
| 关于调整盐池县土地利用总体规划（2006—2020 年）（调整完善版）的请示 | 盐政发〔2018〕153 号 |
| 关于成立大棚房问题专项清理整治行动考核验收领导小组的通知 | 盐政发〔2018〕154 号 |
| 申请承办房车露营大会的请示 | 盐政发〔2018〕155 号 |
| 关于呈报《盐池县 2019 年农村污水处理及改厕项目计划》的报告 | 盐政发〔2018〕156 号 |
| 关于呈送盐池县 2019 年村镇建设项目计划的报告 | 盐政发〔2018〕157 号 |